"科学发展 成就辉煌"系列丛书

建设美好城乡 迈向住有所居

——科学发展观指引下的住房城乡建设工作（2002-2012）

■ 住房和城乡建设部 编

人民出版社

编　委　会

编　辑　组

目　录

上篇　综 合 篇

下篇　地方、部属单位及人物篇

序　言

　　人民出版社组织中央国家机关各部门就十六大以来的工作进行回顾和总结,撰写书稿,汇编出版《科学发展　成就辉煌》丛书,这是件很有意义的事。

　　党的十六大以来,住房城乡建设系统在党中央、国务院的坚强领导下,深入贯彻落实科学发展观,认真做好住房建设与发展、城乡规划与建设、工程建设与建筑业发展、法规标准建设与科技进步、人才队伍建设与基础保障等工作,努力推动住房城乡建设事业又好又快发展,为保障和改善民生,促进经济社会平稳健康发展做出了贡献。总结这些工作,住房城乡建设部组织编辑了《建设美好城乡　迈向住有所居——科学发展观指引下的住房城乡建设工作(2002—2012)》一书,力求客观、准确、全面、系统地展示党的十六大以来住房城乡建设系统在科学发展观指引下工作的历程、取得的成绩、创造的经验,以及下一步的工作展望。

　　当前,我国处在全面建设小康社会的关键时期和深化改革开放、加快转变经济发展方式的攻坚时期,经济社会发展过程中面临的矛盾和问题更加尖锐和复杂。相信本书的出版,必将激发住房城乡建设系统广大职工的自豪感和使命感。住房城乡建设系统广大职工要坚定信心,勇敢直面困难和挑战,在继承和总结经验的基础上,在服务国家经济社会发展的大局中,与时俱进,开拓创新,扎实工作,促进人民群众住有所居和城乡建设事业科学发展,为全面建设小康社会、加快推进社会主义现代化、开创中国特色社会主义事业新局面做出新的贡献。

是为序。

姜伟新

2012 年 8 月 24 日

科学发展 开拓创新
把住房城乡建设事业不断推向前进

党的十六大以来,住房城乡建设系统在党中央、国务院的坚强领导下,深入贯彻落实科学发展观,不断解放思想,开拓创新,推动住房城乡建设事业又好又快发展,为保障和改善民生、促进国民经济平稳健康发展作出了贡献。

一、以人为本,强化保障,城镇住房条件显著改善

科学发展观的核心是以人为本。住房是民生之要,努力满足群众合理住房需求是贯彻落实科学发展观的重要方面。随着经济的快速发展,群众的温饱问题基本解决,改善住房条件逐步成为群众最关心的一个问题。党中央、国务院对此高度重视,积极采取措施,加快城镇住房建设,健全和完善住房体系,增加住房有效供给,强化政府住房保障责任,遏制部分城市房价过快上涨,努力实现全体人民住有所居。

2002 年,党的十六大提出了全面建设小康社会的奋斗目标。推动房地产市场持续健康发展,对于全面建设小康社会具有十分重要的意义。为贯彻落实党的十六大精神,2003 年,国务院下发通知,强调坚持住房市场化的基本方向,调整供应结构,逐步实现多数家庭购买或承租普通商品住房。

在房地产市场快速发展的同时,也出现了一些矛盾和问题,从

2005 年起,国务院多次下发文件,要求遏制投机投资性购房,合理引导住房消费,重点发展与居民自住需求相适应的中低价位、中小套型普通商品住房,不断改善群众居住条件。

随着住房市场化程度不断深化,部分城市低收入家庭住房困难问题逐渐突出。2007 年,党的十七大提出,努力使全体人民住有所居。为切实解决城市低收入家庭住房困难,中央决定扩大城市廉租住房制度保障范围,加大棚户区、旧住宅区改造力度,力争到"十一五"期末,使低收入家庭住房条件得到明显改善,农民工等其他城市住房困难群体的居住条件得到逐步改善。2008 年下半年,为加快解决中低收入家庭住房困难问题,以及应对国际金融危机,我国开始大规模推进保障性安居工程建设。2010 年,中央决定着重发展公共租赁住房,加快解决城镇中等偏下收入家庭、外来务工人员、新就业职工等"夹心层"的住房困难问题。

伴随着房地产市场的回升,2009 年以来,部分城市出现房价上涨过快、投机性购房过度活跃等问题。中央根据市场形势变化,连续出台了一系列有针对性的调控措施,要求部分城市从严制定和执行住房限购措施,抑制不合理住房需求。2011 年,"十二五"规划纲要提出,逐步形成总量基本平衡、结构基本合理、房价与消费能力基本适应的住房供需格局。

十年来,我国住房工作始终坚持以人为本的价值取向,努力解决城镇化进程中出现的居住困难问题,并与建立完善社会主义市场经济体制、保持国民经济快速增长等要求相统一。十年来,我国住房事业取得了瞩目成就。

(一)城镇住房投资增加,住房建设规模扩大

2010 年城镇住宅投资为 3.95 万亿元,是 2002 年的 5.4 倍,年均增长 23.6%。城镇住宅投资的快速增加为住宅建设提供了坚实的物质基础,2010 年,城镇新建住宅面积达到 8.69 亿平方米,是 2002 年的

1.45 倍;2002 年到 2010 年,全国累计建成住宅 61.5 亿平方米,同比增长 53.8%。住宅建设规模大幅度增长,为改善居民居住条件奠定了坚实基础。

(二)人均居住面积显著增加,住房品质不断提高

在城镇人口持续较快增长情况下,我国城镇人均住房建筑面积从 2002 年的 24.5 平方米提高到 2010 年的 31.6 平方米。据国家统计局数据,截至 2010 年年底,我国城镇居民成套住房面积占总面积的比例已达到 82%。65.5% 的城镇居民家庭住宅有装修,比 2005 年提高 7.9 个百分点。98.7% 的城镇居民家庭使用独用自来水,95.0% 的城镇居民家庭有厕所。新建住房质量明显提高,内外部配套设施日趋完备,居住区划布局趋于合理,人均绿地、文化设施、娱乐休闲空间增加,环境清洁优美,城市的宜居性普遍明显提高。

(三)住房保障初显成效,中低收入家庭住房困难问题逐步得到缓解

近十年来,尤其是党的十七大以来,是我国住房保障工作快速发展的时期,也是保障性安居工程建设规模大、政府投入多、建设进度快的时期,逐步形成了以廉租住房、公共租赁住房为主要内容,包括适当发展经济适用住房和限价商品房、加快各类棚户区改造在内的层次丰富的城镇住房保障体系。截至 2011 年年底,我国累计用实物方式解决了约 2650 万户城镇低收入和中等偏下收入家庭的住房困难问题。此外,还有近 450 万户城镇低收入住房困难家庭享受廉租住房租赁补贴。

(四)房地产业为国民经济平稳较快发展做出了贡献

根据国家统计局数据,2001 年以来,房地产开发投资占城镇固定资产投资比例基本保持在 20% 以上(2009 年为 18.7%)。2010 年房地产业增加值达到 2.23 万亿元,占当年国内生产总值的比重达到

5.56%,带动了50多个相关行业发展。中国人民银行的货币政策执行报告显示,2011年年末,主要金融机构(含外资)房地产贷款余额为10.73万亿元,占各项贷款余额的20.1%。房地产业的快速发展,扩大了投资和消费,对保持经济平稳较快发展、改善居民居住条件发挥了积极作用。

二、统筹协调,规划引导,城乡面貌发生新的变化

科学发展观的基本要求是全面协调可持续,根本方法是统筹兼顾。促进城乡规划建设统筹发展,推进城镇化健康发展,是践行科学发展观的重要体现。

2002年,党的十六大提出"坚持大中小城市和小城镇协调发展,走中国特色的城镇化道路"。2007年,党的十七大进一步强调指出,"走中国特色城镇化道路,按照统筹城乡、布局合理、节约土地、功能完善、以大带小的原则,促进大中小城市和小城镇协调发展"。2010年,党的十七届五中全会又强调积极稳妥推进城镇化,完善城市化布局和形态,加强城镇化管理,把城镇化发展作为经济结构战略调整、加快经济发展方式转变的重要举措。2008年,《中华人民共和国城乡规划法》开始实施,更加突出以人为本和城乡统筹理念,更加注重生态环保和自然历史文化资源保护,使城乡规划逐步成为引导调控城乡建设、优化城镇布局形态以及促进城乡可持续发展的重要公共政策。在各方共同努力下,城乡规划建设管理工作取得了可喜进展。

(一)城镇化加快推进,大中小城市协调发展格局初步形成

2011年,我国城市总数为657个,城镇化水平达到51.3%,比2001年提高了13.6个百分点。2001年,城镇人口为4.8亿。2011年,城镇人口为6.9亿。10年间增加了2亿多,平均每年新增城镇人口2000万人。城镇化的快速发展,对扩大内需、转变经济发展方式、优化产业结

构、解决"三农"问题等都发挥了至关重要的作用,有力地促进了我国经济的平稳较快发展。在城镇化快速推进的同时,城镇空间结构进一步优化,初步形成以大城市为中心、中小城市为骨干、小城镇为基础的多层次城镇体系。城镇群发展迅速,成为我国重要的经济增长极,国际竞争力大幅提升。目前,全国已形成长三角、京津冀、珠三角三大城镇密集地区,以及辽中南、中原、武汉、长株潭、成渝、闽东南、山东半岛、关中天水、北部湾等多个城市群,带动和促进了城乡与区域协调发展。

(二)市政公用设施服务和供给能力增强

2011 年,全国城市市政公用设施建设固定资产投资达到 13934 亿元,比 2001 年增加了 4.9 倍。城市自来水普及率由 2001 年的 72.3% 提高到 2011 年的 97.0%。燃气普及率由 2001 年的 60.4% 提高到 2011 年的 92.4%。集中供热面积由 2001 年的 14.6 亿平方米提高到 2011 年的 47.4 亿平方米,增加了 2.2 倍。人均拥有道路面积由 2001 年的 6.98 平方米提高到 2011 年的 13.75 平方米,提高了将近 1 倍。城市建成区排水管道密度由 2001 年的 5.1 公里/平方公里提高到 2011 年的 9.5 公里/平方公里,提高了 86.3%。2011 年全国 26 个城市有在建轨道交通线路 70 余条、1900 多公里,比 2003 年增加近 1700 公里。市政公用设施供给能力大幅提升,城市综合承载能力不断增强。

(三)城镇人居生态环境不断改善

城市建成区绿地面积从 2001 年的 58.3 万公顷增加到 2011 年的 154.6 万公顷。人均公园绿地面积从 2001 年的 4.56 平方米增加到 2011 年的 11.80 平方米。建成区绿地率从 2001 年的 24.26% 提高到 2011 年的 35.27%,建成区绿化覆盖率从 2001 年的 28.38% 提高到 2011 年的 39.22%。公园个数从 2001 年的 3408 个增加到 2011 年的 10780 个。公园面积从 2001 年的 9.1 万公顷增加到 2011 年的 28.6 万公顷。污水处理厂日处理能力由 2001 年的 3106 万立方米,发展到

2011 年年底的 11303 万立方米,全国城市生活垃圾无害化处理率由 2001 年的 58.2% 提高到 2011 年的 79.8%。城镇生态环境不断优化, 人居环境持续改善。截至目前,国家历史文化名城数量增加到 118 个, 国家级风景名胜区总数已达到 208 处,省级风景名胜区达到 701 处,风景名胜区总面积占我国陆地总面积的比例超过 2%。至 2010 年,已命名 183 个国家园林城市,25 个城市获得了"中国人居环境奖",有 12 个城市获得了"联合国人居奖",极大地推动了人居环境建设工作。

(四)小城镇和新农村建设稳步推进,城乡公共服务水平差距有所缩小

截至 2011 年年底,累计有 89.3% 的建制镇、67.4% 的乡编制了总体规划。全国建制镇用水普及率达 79.8%,燃气普及率达 46.1%,绿化覆盖率达 15.0%。全国行政村中,有生活垃圾收集点的占 41.9%, 对生活污水和垃圾进行处理的分别占 6.7% 和 24.5%。村庄居住环境和农民生产生活条件明显改善。2008 年,农村危房改造试点工作启动,截至 2011 年年底,累计支持 473.4 万贫困农户改造危房。结合农村危房改造,在"三北"地区和西藏自治区开展了农房建筑节能示范。城乡基础设施建设和公共服务水平差距逐步缩小。

三、改革创新,开拓进取,建筑业蓬勃发展

科学发展观,第一要义是发展。建筑业是国民经济支柱产业,是保持国民经济平稳较快增长的重要力量。促进建筑业平稳健康发展,是创造就业岗位、提高群众收入的重要途径,也是贯彻落实科学发展的重要内容。

改革开放初期建筑业改革成为城市经济体制改革的破冰之举,其后改革逐步深化,建筑市场的竞争力度不断加大,有力地推动了建筑业的现代化和市场化。党的十六大以来,随着我国社会主义市场经济体

制的逐步完善,建筑业按照党的路线方针政策,在工程招投标体制、项目管理体制、企业产权结构和经营机制等方面的改革不断深入,同时建筑业"走出去"步伐大大加快。政府对建筑业的监管不断强化,企业资质、从业人员执业资格、建筑施工许可、建筑质量安全监管等一系列管理制度逐步完善,政府管理从产业干预向创造环境、维护秩序、提供服务转变。

(一)建筑业成为支柱产业,有力地促进了经济增长和社会就业

十年来,建筑业产业规模持续保持高速增长,已经成为重要的吸纳就业部门和国民经济的重要支柱产业。2011年,全国具有资质等级的总承包和专业承包建筑业企业完成建筑业总产值11.8万亿元;全社会建筑业实现增加值32020亿元,占国内生产总值的比重达6.8%;全国具有资质等级的总承包和专业承包建筑业企业从业人员达4311.07万人,建筑业成为大量吸纳农村富余劳动力就业、拉动国民经济发展的重要产业,在国民经济中的支柱地位不断加强。

(二)建筑业科技进步加快,建筑节能水平提高

青藏铁路、三峡水利枢纽、小浪底水库、西气东输工程、北京奥运会场馆和配套工程等一大批重大建设工程建成投入使用,反映了我国工程设计和施工技术水平的不断提高。目前,我国桥梁、地铁工程、超高层建筑技术已处于国际领先水平。国有建筑企业技术装备率由2001年的7136元/人提高到2010年的9547元/人。工程建设标准定额基本覆盖了工程建设的各个领域,发挥了重要的技术引导和基础保障作用。建筑节能不断推进,新建建筑节能标准执行率不断提高,北方既有居住建筑供热计量和节能改造步伐加快,"十一五"以来共完成改造3亿多平方米;可再生能源建筑应用范围扩大,国家机关办公建筑、大型公共建筑节能示范作用增强。

（三）建筑业"走出去"步伐加快，国际竞争力增强

"十一五"期间，我国对外承包工程完成营业总额是"十五"期间的四倍，年均增长 32.5%；新签合同额是"十五"期间的五倍，年均增长20%。2011 年，我国对外承包工程业务完成营业额 1034 亿美元，同比增长 12.2%，新签合同额 1423 亿美元，同比增长 5.9%。截至 2011 年年底，对外承包工程累计完成营业额 5390 亿美元，签订合同额 8417 亿美元。建筑领域交流合作呈现新局面，对外承包工程管理走向法制化轨道，对外承包工程的地域格局也日趋均衡。在亚洲和非洲地区仍然维持主要市场地位的基础上，拉美、欧洲市场份额不断扩大，北美市场也取得了新的突破，对外承包工程业务已拓展到全球 180 多个国家和地区。

（四）建筑市场和工程质量安全监管体系不断完善

建筑市场和工程质量安全监管涉及人民的切身利益和生命安全，做好监管工作，维护群众利益，是贯彻落实科学发展观的必然要求。十年来，不断完善制度，健全建筑市场准入清出制度，规范房屋建筑和市政工程招投标制度，推行了住宅工程质量终身责任制。深入整顿规范建筑市场秩序，清理拖欠工程款和农民工工资，开展工程建设领域突出问题专项治理，依法整治围标、串标、转包、违法分包等违法违规行为。推进建筑市场信用体系建设，加强对市场主体资质资格的动态监管。组织开展了多次全国工程质量和施工安全大检查，严肃查处质量安全事故。在各方面共同努力下，工程质量和安全生产形势总体稳定好转。2011 年全国房屋建筑与市政工程生产安全事故起数和死亡人数，分别比 2002 年下降 51.12% 和 43.10%。

十年来，住房城乡建设事业取得的成绩，是在党中央、国务院正确决策和领导下，党中央和国务院有关部门、解放军总后勤部和地方政府大力支持的结果，是住房城乡建设系统各级主管部门、企业事业单位、社团组织和广大职工共同奋斗、辛勤工作的结果。

回顾十年来的工作,有以下几点体会。

一是必须始终坚持以人为本,着力保障和改善民生。以人为本是科学发展观的核心,是立党为公、执政为民的本质要求。住房城乡建设领域涉及住房保障、商品住房市场监管、城市规划建设、市政公用服务、工程质量安全等多个方面,与人民群众利益息息相关。坚持以人为本、着力保障和改善民生是住房城乡建设工作的重要职责和发展导向。回顾住房城乡建设十年来的发展历程,可以发现,只要我们的政策措施符合群众利益、得到群众拥护,我们的事业就不断蓬勃发展,对社会主义现代化建设的贡献也就更加突出。必须牢固树立为人民服务的根本宗旨,把实现好、维护好和发展好最广大人民群众的根本利益作为住房城乡建设工作的出发点和落脚点,切实解决好群众普遍关心和反映强烈的突出问题,以群众是否满意作为衡量各项工作的主要标准。

二是必须始终坚持实事求是,各项政策都要立足基本国情。实事求是是党的思想路线的重要内涵。坚持实事求是,最重要的是要立足于基本国情。我国仍然处于并将长期处于社会主义初级阶段,人口多、底子薄,地区、城乡之间差异大,资源环境约束明显。住房城乡建设领域的政策措施必须符合上述基本国情,努力走中国特色的住房和城乡建设发展道路。如对于城镇化道路的探索,就是不断根据实际情况进行调整、完善,最终确定了中国特色城镇化的正确方向。当前推进城镇化,更要立足我国的基本国情,既要积极,更要稳妥,认真吸取国内外经验教训,切实研究解决深层次矛盾,着力提高城镇发展质量。

三是必须始终坚持解放思想、与时俱进,把深化改革作为推动各项工作前进的强大动力。解放思想、与时俱进是党的先进性的重要体现。住房城乡建设事业要永葆生机和活力,符合时代的要求和人民的期待,就必须不断解放思想,与时俱进,改革创新,大胆破除制约发展的思想观念和体制机制障碍,努力探索和寻找解决问题的新思路、新途径、新方法,使住房城乡建设工作体现时代性、把握规律性、富于创造性。实践证明,改革创新是推动住房城乡建设事业发展的不竭源泉和强大动力,也是十年来住房城乡建设事业发展的重要特点。

四是必须始终坚持加强队伍建设,增强凝聚力和战斗力。政治坚定、业务过硬、作风优良的职工队伍是住房城乡建设事业健康发展的有力保障。十年来,住房城乡建设领域涌现出了徐虎、范玉恕、赵正义、沈迟等一大批全国劳动模范和先进工作者,成为激励全系统职工奋发向上、立足本职、建功立业的巨大动力。必须坚持不懈地加强全系统的队伍建设,不断提高政治业务素质,不断改进工作作风,不断增强为人民服务的能力,以队伍建设促进事业发展。

五是必须树立大局意识,始终坚持全面协调、统筹兼顾的工作方法。住房城乡建设工作涉及几乎所有部门和地方政府,如保障性安居工程建设工作,就涉及发改、财政、民政、国土、环保、银行、林业、农业、监察、审计等多个部门,以及各级地方人民政府。这几年的实践证明,开展工作要有大局观念和长远思考,部门之间、部门与地方之间协调配合好了,就能产生一加一大于二的效果。要继续增强团结意识、合作意识,加强系统上下和内外部的协调配合,相互支持,相互理解,形成合力,促进住房城乡建设事业健康发展。

四、再接再厉,攻坚克难,把住房城乡建设事业继续推向前进

当今世界正处于大发展大变革大调整时期,当代中国正在新的历史起点上向前迈进。全面建设惠及十几亿人口的更高水平的小康社会,进而基本实现现代化、实现全体人民共同富裕,需要我们付出艰巨努力。今后一段时期城镇化、工业化的持续快速推进,将给住房城乡建设事业提供更大空间和难得机遇。必须紧紧抓住和用好这一机遇期,推进住房城乡建设又好又快发展。但同时应该清醒看到,住房城乡建设也面临着诸多挑战。下一步,我们将以党的十七大及历次全会精神和即将召开的十八大精神为指导,以科学发展观统领全局,更加注重发展方式转变,更加注重改革创新,更加注重改善民生,力争开创住房城

乡建设事业科学发展新局面,为全面建设小康社会做出新的更大贡献。

(一)进一步推进住房保障工作,着力改善民生

加快推进《基本住房保障条例》出台,强化政府的住房保障责任。继续大规模推进保障性安居工程建设,重点发展公共租赁住房,提高公共租赁住房在保障性住房中的比重,并逐步实现与廉租住房统筹建设、并轨运行。改进规划建设管理,确保保障性住房工程质量过关、配套设施完善。完善准入分配机制,健全纠错机制,防范和严查骗购骗租、变相福利分房及以权谋私等行为。进一步健全退出制度,制订有利于退出的租金标准,完善并严格执行购置型保障房上市交易收益调节规定。建立全国住房保障基础信息平台,建立健全保障性住房管理服务机构。

(二)着力抓好房地产市场调控,促进房地产市场健康发展

房地产市场健康发展事关宏观经济的平稳运行,事关住有所居目标的实现,事关社会和谐稳定。要进一步落实地方政府责任,把稳定房价和房地产市场监管纳入各地经济社会发展的工作目标。编制全国住房发展中长期规划,明确住房发展目标,引导关联资源配置,给社会以明确的预期。切实增加中小套型普通商品住房供给,继续严格执行并逐步完善抑制投机投资性需求的政策措施。加快建设全国城镇个人住房信息系统。配合有关部门,总结上海、重庆两地开展房产税试点的经验,扩大试点范围。着力建立健全保持房地产市场长期平稳健康发展的机制。

(三)更加注重城市规划建设管理,提升城镇发展质量

强化城市规划对城镇化发展的调控和引导。制定实施好全国及省域城镇体系规划,合理确定城镇布局、功能定位及产业布局,促进大中小城市和小城镇功能互补和协调发展。加快城市总体规划审批步伐,贯彻落实以人为本、节地节能、生态环保、安全实用、突出特色、保护文

化和自然遗产等要求。加强规划实施管理,继续扩大城乡规划督察员派驻城市范围,及时纠正违反规划行为。加快城市市政基础设施建设,推广数字化城市管理模式,提高城市综合承载力。加强自然资源和文化遗产的保护与合理利用。

(四)大力推动建筑节能和城镇减排,为建设"两型"社会贡献力量

建筑节能和城镇减排潜力很大,是住房城乡建设转变发展方式和提高质量效益的关键工作之一。要着力提高新建建筑在施工阶段执行节能强制性标准的比例,加快既有居住建筑供热计量和节能改造,推动城镇供热体制改革。扩大可再生能源建筑规模化应用范围,进一步发挥国家机关办公建筑和大型公共建筑的节能示范作用。继续加快污水和垃圾处理设施建设,强化对污水和垃圾处理设施建设运行的监管,提高污水处理率和垃圾无害化处理率。加快城市综合交通体系规划编制与实施,鼓励绿色交通出行方式,缓解城市交通拥堵。

(五)加快完善住房公积金制度,确保资金安全和有效使用

加快修订《住房公积金管理条例》,扩大住房公积金制度覆盖范围,进一步增强对中低收入家庭解决住房困难的支持力度。研究拓宽使用渠道,提高住房公积金使用效率。继续推进利用住房公积金贷款支持保障性住房建设的试点工作。推进住房公积金运行监管系统建设,制定完善住房公积金管理人员准入、绩效考核、责任追究、信息披露等配套制度,加强和改进服务,规范业务管理。加强住房公积金廉政风险防控,监督落实住房公积金廉政风险防控各项措施。

(六)大力推进村镇建设,推动农村人居环境改善

继续加快推进农村危房改造工作,加大资金投入力度,适当提高补助标准。抓好村镇规划工作,着力提高规划编制质量,加强规划实施管

理,推动村镇健康有序发展。继续开展村庄整治,推进农村污水、垃圾处理设施建设,改善农村环境。大力支持小城镇建设,扩大绿色低碳重点小城镇试点范围。加强传统村落保护,开展传统村落调查,建立传统村落档案,公布传统村落名录。继续开展国家特色景观旅游名镇名村示范工作。

(七)强化建筑市场和工程质量安全监管,促进建筑业健康发展

良好的市场环境是建筑业健康发展的前提和保障。要推进建筑市场监管信息系统和诚信体系建设,强化对企业资质、个人注册执业资格的动态监管,严格市场准入清出管理。加快有形建筑市场建设,推动建立统一规范的建设工程交易中心。进一步规范建筑市场秩序,加大对虚假招标、围标串标,以及转包、挂靠、违法分包等违法违规行为的惩罚力度。全面落实建设、勘察、设计、施工、监理等各方主体的质量安全责任,加强对一线工人的质量安全教育。对于发生质量安全事故的,要加大处罚力度,真正起到警戒和震慑作用。继续强化对住宅工程、城市轨道交通工程、事故多发的地区和企业的监管和督查工作。

(八)深入推进改革创新和制度建设,加强依法行政

进一步解放思想,破除体制机制障碍,推动住房和城乡建设改革不断深化。继续推进城镇住房制度改革、市政公用事业改革、城乡规划管理改革、城乡建设行政管理体制改革和建筑业改革。大力推进城乡建设领域科技创新。加强先进、成熟、适用新技术、新工艺、新材料的成果转化和推广应用。以住房保障、节能减排、积极稳妥推进城镇化等为重点,进一步完善住房城乡建设领域法律法规和规章。建立健全工程建设标准体系,强化定额管理,增强工程建设标准定额对住房城乡建设的基础保障作用。全面提高住房城乡建设领域依法行政水平,加强行政复议和行政应诉工作,依法化解矛盾纠纷。进一步加强稽查执法工作,及时纠正违法违规行为。

（九）继续加强党风廉政建设、精神文明建设和队伍建设，进一步增强干部队伍的凝聚力和战斗力

坚持警钟长鸣、常抓不懈，不断强化反腐倡廉工作。着力建立健全惩防体系，严格落实党风廉政建设责任制，切实抓好廉政教育。完善制度，深入开展重点领域专项治理，严肃查处腐败案件。进一步推进精神文明建设，深入开展群众性精神文明创建工作。继续加强队伍建设，不断提高全系统干部职工的政治业务素质，不断改进工作作风，不断增强为人民服务的能力，以队伍建设促进事业发展。

当前，住房城乡建设事业面临的机遇前所未有，面对的挑战也前所未有。站在新的历史起点，住房城乡建设系统将在党中央、国务院的坚强领导下进一步解放思想，开拓创新，锐意进取，真抓实干，为夺取全面建设小康社会新胜利，谱写人民美好生活新篇章做出更大的贡献。

上 篇
综 合 篇

第一部分　住房建设与发展

　　科学发展观的核心是以人为本。住房为民生之要,努力满足群众合理住房需求是贯彻落实科学发展观的重要方面。党的十六大以来,在党中央、国务院的高度重视和坚强领导下,各有关部门和各地方深入贯彻落实科学发展观,积极采取有效措施,增加住房有效供给,健全住房供应体系,完善住房公积金制度,努力满足多层次住房需求;加强和改善房地产市场调控,强化市场监管,促进房地产市场平稳健康发展。同时,不断强化政府住房保障责任,大规模推进保障性安居工程建设,加快解决中低收入家庭住房问题。我国住房工作取得了令人瞩目的成就,广大群众正在向住有所居的目标迈进。

圆梦安居，惠泽百姓：
我国住房保障工作成效显著

科学发展观强调以人为本、协调发展，强调更加关注民生。住房是人生存、繁衍的必要物质，住房问题是关系到广大人民群众根本利益的基本民生问题。在市场经济条件下解决住房问题的关键，是要处理好政府与市场的关系。既要发挥市场机制作用，使收入较高的群体通过市场能够购置或租赁到满足家庭需要的住房；政府也要补好位，运用各种制度和政策杠杆纠正市场失灵和缺陷，即解决收入较低家庭的基本住房需要，这就是住房保障。住房保障是政府提供公共服务的重要组成部分。政府履行住房保障职责，也需采取政府与市场相结合的办法，既要增加公共财政投入，更要做好政策设计，吸引社会力量参与保障性住房建设和运营管理。

进入 21 世纪后，受多种因素影响，商品住房价格上涨较快，部分城市涨幅高于城镇居民收入增幅，中低收入家庭的住房支付能力降低，住房困难问题开始显现。

党中央、国务院高度重视解决群众的住房问题，始终把改善中低收入群众的住房条件作为重要工作。党的十六大后，随着社会主义市场经济体制的完善，我国坚持深化住房制度市场化改革，在不断完善房地产市场体系、满足不同收入家庭的住房需要的同时，加快建立和完善适合我国国情的住房保障制度。党的十七大提出"要努力实现全体人民住有所居"的目标以来，各地区、各部门深入贯彻落实科学发展观，按照党中央、国务院保增长、保民生、保稳定的决策部署,强化责任落实,完善政策体系,加大投入力度,加强监督管理,持续加大保障性安居工程建设力度,住房保障工作进入了加快发展时期,一大批中低收入家庭住房条件得以改善。

一、基本住房保障制度初步形成

(一)建立市场供应和政府保障相结合的住房供应体系

进入 21 世纪后,随着工业化、城镇化快速发展,我国城镇住房矛盾呈现出新的特征:部分城市房价上涨过快,中低收入家庭住房支付能力不足问题日益凸显;新就业职工和外来务工人员住房困难问题突出;不少城市还有大量棚户区、危旧房及"城中村",居住环境较差,住房条件亟待改善。针对上述问题,国家不断完善住房政策体系,健全体制机制,一方面,加强房地产市场调控,稳定住房价格,发挥市场对解决居民住房问题的主渠道作用;另一方面,强化政府住房保障责任,对依靠自身努力无法解决住房困难的群体给予支持和帮助。经过多年的探索,已基本形成了市场供应和政府保障相结合的住房供应体系。

2003 年,国务院印发的《关于促进房地产市场持续健康发展的通知》(国发[2003]18 号)提出,调整住房供应结构,逐步实现多数家庭购买或承租普通商品住房;加快建立和完善适合我国国情的住房保障制度,廉租补贴、实物配租相结合。明确经济适用住房是具有保障性质的政策性商品住房。2007 年,国务院印发《关于解决城市低收入家庭住房困难的若干意见》(国发[2007]24 号),要求加快建立健全以廉租住房制度为重点、多渠道解决城市低收入家庭住房困难的政策体系。之后,廉租住房制度逐步发展为解决城市低收入家庭住房困难的主要途径,廉租住房保障范围由城市最低收入住房困难家庭扩大到低收入住房困难家庭。

2008 年,为应对国际金融危机冲击,中央决定大规模实施保障性安居工程。2008 年 12 月,国务院办公厅印发《关于促进房地产市场健康发展的若干意见》(国办发[2008]131 号),要求加快实施国有林区、垦区、中西部地区中央下放地方煤矿棚户区和采煤沉陷区民房搬迁维修改造工程。2009 年,经国务院批准,住房和城乡建设部、国家发展改革委、财政部等部门印发《2009—2011 年廉租住房保障规划》,提出 2009 年至 2011 年间要持续加大廉租住房建设力度,基本解决 747 万户城镇低收入家庭的住房困难。2009 年 12 月,住房和城乡建设部等五部门印发了《关于推进城市和国有工矿棚户区改造工作的指导意见》(建保[2009]295 号),提出用 5 年左右时间基本完成集中成片城市和国有工矿棚户区改造。2010 年,经国务院同意,住房和城乡建设部等 7 部委联合印发《关于加快发展公共租赁住房的指导意见》(建保[2010]87 号),提出大力发展公共租赁住房,主要面向城市中等偏下收入住房困难家庭供应,有条件的地区,可以将新就业职工和有稳定职业并在城市居住一定年限的外来务工人员纳入供应范围。

2011 年,国务院办公厅印发的《关于保障性安居工程建设和管理的指导意见》(国办发[2011]45 号)进一步明确,大力推进以公共租赁住房为重点的保障性安居工程建设,根据实际情况继续安排经济适用住房和限价商品住房建设,加快实施各类棚户区改造。同时,还明确了我国住房保障覆盖对象范围除了低收入家庭外,还涵盖中等偏下收入住房困难家庭、新就业无房职工、在城镇有稳定就业的外来务工人员等群体。至此,我国基本形成了以廉租住房(含发放租赁补贴)为基础,以公共租赁住房为重点,包括适当发展经济适用住房、限价商品房,加快棚户区改造等在内的城镇住房保障制度(图 1)。

与世界各国通行的做法一样,我国住房保障方式也分为两种。一种是实物保障,即向符合条件的家庭提供实物保障住房,包括廉租住房、公共租赁住房、经济适应住房、棚改安置住房,以及部分地方建设的限价商品住房。实物保障性住房的几种类型,对应了不同收入、不同类型的住房困难群体,是随着住房保障工作的推进和经济发展水平的提高,逐步形成和发展起来的。各类保障性住房建设和棚户区改造,均已纳入了保障性安居工程范围(图2)。另一种是发放货币补贴,即向符合条件的家庭发放住房租赁补贴,支持其在市场上租赁适当的住房。现阶段我国尚不具备以货币补贴为主的条件,还需大规模建设保障性住房。当住房供求关系缓和以及住房租赁市场有了一定发展后,可以逐步转为以货币补贴为主。实践中,由各地区结合本地实际情况,因地制宜地确定住房保障方式和保障房类型。

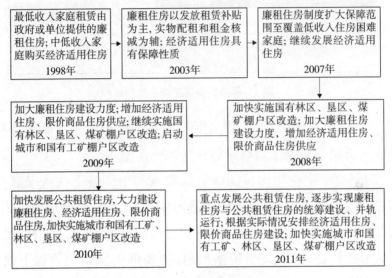

图1 我国城镇住房保障体系演进历程

(二)对不同收入群体分层实施住房保障

在多项政策的综合作用下,在以住房为主的房地产市场快速发展的同时,我国住房保障制度日益完善,形成了以住房困难为首要依据确定住房保障对象,再依家庭收入不同核定具体保障方式和政策支持强度的实施机制。

(1)对住房支付能力较低的城市低收入家庭,通过配租廉租住房方式来解决其住房困难。向这些家庭配租的廉租住房房源通过新建,对政府持有的存量住房进行改建,以及在市场上收购、长期租赁存量住

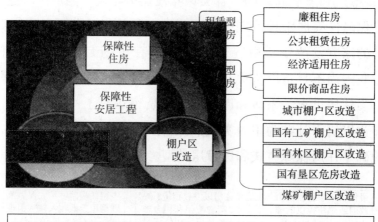

对应城乡不同家庭的情况,各地分别采取提供保障性住房、实施棚户区(危房)改造等方式,解决他们的住房困难。

图 2　保障性安居工程类型构成

房等方式多渠道筹集。廉租住房保障的另一种方式是发放租赁补贴,由低收入家庭在市场上自行承租住房。

(2)对有一定住房支付能力的低收入和中等偏下收入家庭,通过配租公共租赁住房,以及提供经济适用住房、限价商品住房等方式来解决这些家庭的住房困难。公共租赁住房由政府组织、政策支持、社会投资或政府投资建设,以适当价格出租,主要解决城镇中等偏下收入家庭、新就业职工、进城务工人员等群体的住房困难。

经济适用住房由政府组织、社会投资建设,按照保本微利原则向有一定支付能力的城镇低收入住房困难家庭出售。新建经济适用住房,实行土地划拨、税费减免、信贷支持,按照保本微利原则,面向城市低收入住房困难家庭配售。经济适用住房单套建筑面积控制在 60 平方米以内;购房人拥有有限产权,购房满 5 年可转让,但应按照规定交纳土地收益等价款;政府具有优先回购权。经济适用住房建设规模由各地自行确定,操作上允许各地因地制宜,如采取租售并举以及分期购买、与政府共有产权等办法。

此外,部分房价较高、上涨较快的城市为调整住房供应结构、控制房价过快上涨,发展了限价商品住房,面向本地中等及以下收入住房困难家庭出售。限价商品住房单套建筑面积一般控制在90平方米以下。《国务院办公厅转发建设部等部门关于调整住房供应结构稳定住房价格意见的通知》(国办发〔2006〕37号)规定,开发建设限价商品住房,应在限套型、限房价的基础上,采取竞地价、竞房价的办法,以招标方式确定开发建设单位。并且在土地出让阶段,就限定其套型结构、销售价位。

经济适用住房和限价商品住房等购置型保障房,满足了居民家庭拥有部分产权的愿望,且不需要财政直接投入。但是,购买者如果将之自由上市交易或出租,容易产生不合理的财富效应,损害按劳分配的社会主义基本分配原则。

(3)对居住在城市、国有工矿、国有林区(场)、国有垦区和中央下放地方煤矿等各类棚户区内的居民,通过实施棚户区改造,改善其住房条件。各类棚户区内的住房安全隐患突出,配套设施差,多数居民家庭收入水平较低,自我改善住房条件的能力弱。实施棚户区改造,可以解决棚户区居民住房问题,还能有效改善城市环境,促进社会和谐。各类棚户区改造主要通过市场化运作,资金来源多渠道。具体资金来源包括:政府补助(含中央补助、省级补助、市县一般预算安排、土地出让收益安排、地方债券收入等)、企业自筹、银行贷款、居民个人出资等。此外,各类棚户区改造,国家在土地、税费等方面也给予一定政策支持。

城市和国有工矿棚户区改造和建设,由各地按照政府主导、市场运作、群众参与的原则开展,居民补偿安置采取实物安置房和货币补偿等方式。

国有林区(场)棚户区(危旧房)改造,由林业部门牵头负责,具体实施中在统一规划基础上由林场和职工自主修建,发改、建设等部门在资金、建设等方面给予支持。

垦区危房改造,由农业部门牵头负责,发改、建设等部门在资金、政策等方面给予支持。中央根据垦区所处区域经济社会发展状况,对农垦危房改造给予补助;省级财政以中央和省级补助合计不低于15000元标准进行配套,市县级财政、垦区和农场根据经济承受能力适当补助。

中央下放地方煤矿棚户区改造,由发改部门牵头负责,计划任务、资金补助等每年根据情况测算、下达。

(4)对其他较高收入家庭,通过税收、信贷等政策,引导购买或者租赁商品住房来解决。支持发展中低价位、中小套型普通商品住房。

(三)建立了土地、财政、税收和信贷优惠政策

在深入推进城镇保障性安居工程建设的同时,也逐步完善了财政投入、土地供应、信贷优惠、税费减免等支持政策。

1. 财政投入

中央财政对地方廉租住房、公共租赁住房建设和棚户区改造给予补助。从2012年开始,对城镇保障性安居工程直接相关的基础设施配套建设投资也安排了补助资金。省级政府在财政预算中安排资金,市(县)政府按照规定渠道筹集资金。地方各级人民政府财政性资金投入除了一般预算资金外,还包括住房公积金增值收益在提取贷款风险准备金和管理费用后,全部用于廉租住房和公共租赁住房建设。土地出让收益用于保障性住房建设和棚户区改造的比例不低于10%(部分地方规定略有差异)。廉租住房租金收入全部用于廉租住房建设;政府投资的公共租赁住房租金收入专项用于偿还公共租赁住房贷款,以及公共租赁住房的建设、维护和管理。

2. 土地供应

政策包括计划单列、优先安排、应保尽保,部分建设用地采用行政划拨方式供应,允许商品住房价格较高、建设用地紧缺的直辖市和少数省会城市开展集体建设用地建设公共租赁住房试点。

廉租住房、经济适用住房以及中低价位、中小套型普通商品住房建设用地优先安排,其年度供应总量不低于住宅用地供应总量的70%;

单独编制保障性安居工程建设用地供应计划,提前落实拟供地块;对落实保障性安居工程建设用地实行责任制;建立保障性安居工程建设用地审批快速通道,提高审批效率;积极盘活存量用地、储备用地用于保障房建设。2010 年至 2012 年间,全国保障性安居工程土地供应总量逐年增长。2010 年为 2.51 万公顷,2011 年为 4.36 万公顷,2012 年为5 万公顷,满足了大规模建设城镇保障性安居工程的用地需要。

廉租住房、经济适用住房建设用地,采用行政划拨方式供应;公共租赁住房项目采取划拨、出让等方式供应土地,事先要规定建设要求、套型结构等,作为土地供应的前置条件。城市和国有工矿棚户区改造安置住房用地纳入当地土地供应计划优先安排。林区棚户区改造,原则上实行原地改建,不扩大占地规模,人均建设用地不得突破当地规定。确需异地改建的,经过充分论证,在土地供应计划中优先安排。

此外,国土资源部《关于加强保障性安居工程用地管理有关问题的通知》(国土资电发[2011]53 号)规定,商品住房价格较高、建设用地紧缺的直辖市和少数省会城市,由省级人民政府审核同意并报国土资源部批准后,可以开展集体建设用地建设租赁住房试点。到 2012年,上海、北京两市的试点方案获得批准。

3. 信贷优惠

鼓励银行业金融机构发放建设贷款。人民银行、银监会先后印发了《经济适用住房开发贷款管理办法》、《廉租住房建设贷款管理办法》、《关于做好城市和国有工矿棚户区改造金融服务工作的通知》(银发[2010]37 号),制定了城镇保障性安居工程建设项目在贷款利率、项目资本金等方面的优惠政策。人民银行、银监会印发了《关于认真做好公共租赁住房等保障性安居工程金融服务工作的通知》(银发[2011]193 号),明确了信贷支持公共租赁住房等保障性安居工程建设的政策措施。

廉租住房贷款:贷款对象为开发企业;项目资本金 20%;贷款金额不高于回购协议确定的回购价款;期限不超过 5 年;利率下浮 10%。

经济适用住房贷款:贷款对象为开发企业;实收资本不低于1000万元,有按期偿还贷款能力的企业;期限3年,不超过5年;利率下浮不超过10%。

公共租赁住房贷款:对实行公司化运作并符合信贷条件的公租房项目可以直接发放贷款;对政府投资公租房项目,可向直辖市、计划单列市、省会城市政府融资平台直接贷款;也可向经人民银行总行认可的其他地级城市融资平台贷款。贷款利率下浮时其下限为基准利率的0.9倍,贷款期限原则上不超过15年。

另外,还开展了利用住房公积金贷款支持保障住房建设试点工作,在重点支持公共租赁住房建设的同时,可用于经济适用住房、列入保障性住房规划的城市棚户区改造项目安置用房。随着保障性安居工程建设力度的加大,试点城市的范围仍将不断扩大。

4. 税费减免

对保障性安居工程建设、买卖、经营等环节,实行减免税收政策,并免收城市基础设施配套费等各种行政事业性收费和政府性基金。财政部、国家税务总局先后印发《关于廉租住房经济适用住房和住房租赁有关税收政策的通知》(财税[2008]24号)、《关于城市和国有工矿棚户区改造项目有关税收优惠政策的通知》(财税[2010]42号)、《关于支持公共租赁住房建设和运营有关税收优惠政策的通知》(财税[2010]88号),明确了各类保障性住房在建设、买卖、经营等环节,免征或减征所涉及的城镇土地使用税、契税、印花税、营业税,以及免收城市基础设施配套费等各项行政事业性收费、政策性基金的政策。

5. 企业债券

符合规定的地方政府融资平台公司可发行企业债券或中期票据,专项用于公共租赁住房等保障性安居工程建设。承担保障性安居工程建设项目的其他企业,也可以在政府核定的保障性安居工程建设投资额度内,通过发行企业债券进行项目融资。对发行企业债券用于保障性安居工程建设的,优先办理核准手续。

6. 鼓励民间资本参与保障性安居工程建设

《国务院关于鼓励和引导民间投资健康发展的若干意见》(国发〔2010〕13号)明确提出,鼓励民间资本参与政策性住房建设。支持和引导民间资本投资建设经济适用住房、公共租赁住房等政策性住房,参与棚户区改造,享受相应的政策性住房建设政策。目前,落实国发〔2010〕13号文件精神,住房和城乡建设部等部门制定了鼓励民间资本参与保障性安居工程建设政策措施,对民间资本参与保障性安居工程建设给予信贷支持、贷款贴息、税费减免、土地供应等支持政策。

二、保障性安居工程建设大规模实施

(一)不断扩大保障房建设规模

党的十六大以来,我国住房保障工作进入快速发展期。特别是党的十七大后,成为我国历史上政府投入最多、建设规模最大、工作成效最为明显的时期(图3)。2007年至2011年,中央财政安排的年度补助资金由72亿元增加至1713亿元,年均增长121%。同时,对各类保障性安居工程建设项目的补助力度也逐步加大。以新建廉租住房为例,对西部地区的补助标准由每平方米200元提高到了500元,四川、云南、甘肃、青海四省藏区及新疆、兵团财政困难地区补助标准提高后达到每平方米800元,西藏自治区达到1000元;对东部部分贫困地区、中部地区补助的标准,2010年起分别为每平方米200元、400元。各级地方财政每年对保障性安居工程建设投入由26.2亿元增加至1618.2亿元,年均增长180%。

各地区、各部门认真贯彻落实党中央的决策部署,积极大规模推进保障性安居工程建设(图4、图5)。特别是党的十七大以后,2008年至2011年间全国累计开工建设城镇保障性住房和棚户区改造住房超过2300万套,基本建成1200万套以上,新增发放租赁补贴超过400万户。

初步统计,到2011年年底,全国累计用实物方式解决了2650万户

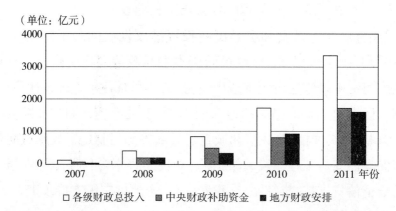

图 3　2007 年至 2011 年各级财政保障性安居工程建设资金投入

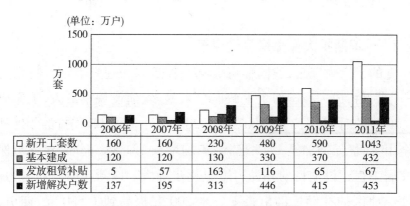

	2006年	2007年	2008年	2009年	2010年	2011年
新开工套数	160	160	230	480	590	1043
基本建成	120	120	130	330	370	432
发放租赁补贴	5	57	163	116	65	67
新增解决户数	137	195	313	446	415	453

图 4　2006 年至 2011 年住房保障发展情况

城镇低收入和中等偏下收入家庭的住房困难,实物住房保障受益户数占城镇家庭总户数的比例达到 11%。除了一大批经济困难的各族群众住上了新房外,全国还有近 450 万户城镇低收入住房困难家庭享受廉租住房租赁补贴。2012 年,全国计划开工建设保障性住房、各类棚户区改造住房 700 多万套,加上之前年度开工需继续建设的项目,在建规模将达到 1700 万套左右。此外,当年还计划基本建成 500 万套以上。

(二)严格监管保障房质量

工程质量是保障性安居工程建设的核心和生命线。按照党中央、

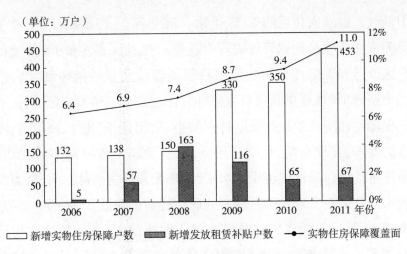

（单位：万户）

图5　2006年至2011年住房保障事业的发展

国务院的要求,各部门、各地区在加快推进城镇保障性安居工程建设中,不断健全质量管理体系,切实落实质量安全责任,采取积极措施加强工程质量安全监管,确保保障性住房工程质量处于受控状态。各地做法主要包括几个方面:一是全面落实工程质量责任。积极落实法定项目建设程序、建筑材料验核和质量责任永久性标识制度,全面推行项目法人永久责任制和参建单位负责人、项目负责人终身责任制,对相关企业实行严格准入和严厉追责制度。二是大规模组织开展工程质量安全培训,加强技术交流和技能培训。三是严把工程招标审查、施工图审查、建筑材料进场、监理和验收等五道防线,对工程质量实行全过程监管。四是不断创新质量安全监管方式。比如,广东广州市利用远程自动摄像技术监测工程质量,通过应用植入芯片技术监测混凝土质量。甘肃、广西对个别项目发现的质量安全问题,立即启动严厉追责机制,及时纠正、限期整改。

（三）提高保障房规划设计水准

在大规模推进保障性安居工程建设中,各地不断提高保障性住房规划选址水平,改进户型设计,完善基础设施和公共服务设施配套,方便中低收入群众入住后的生产、生活。河北省、上海市制订了《关于加强保障性住房项目规划管理的若干意见》，黑龙江省发布了《关于提高棚户区改造和保障性住房建设项目规划设计质量的指导意见》，广东深圳市制订了《城市更新项目保障性住房配建比例暂行规定》。

保障性住房户型设计要坚持户型小、功能齐、配套好、质量高、安全可靠的要求，合理布局，科学利用空间，有效满足各项基本居住功能。各地注重优化保障性住房设计水平，合理配置住房内部空间，努力为中低收入群众创造安全、适用、健康的居住环境。安徽省、陕西省、广东深圳市发布了《保障性住房建设标准》，天津市的《公共租赁住房建设标准》(试行)、海南海口市的《廉租住房项目建设标准》、福建厦门市的《社会保障性住房建设指导标准》等也相继实施。此外，新疆、河北、吉林等省(自治区)，以及河南郑州市、江苏南京市、广东深圳市等城市，均组织开展了保障性住房设计竞赛，通过公开招标、评比等方式优选户型设计方案。在此基础上，住房和城乡建设部组织国内四十多家设计单位，精心推敲套型格局、空间、人体工学、居住心理等功能要素，筛选公共租赁住房等保障性住房优化设计方案，编制了《公共租赁住房优秀设计方案》，供各地参考借鉴。

三、住房保障工作机制初步建立

我国住房保障实行省级政府负总责、市县政府抓落实的工作责任制。中央政府拟订财政、金融、土地等相关政策并指导实施，提供资金支持，监督地方组织实施住房保障。住房保障具体工作由省、市、县政府负责。适应大规模推进保障性安居工程建设需要，中央及地方均相应建立了住房保障组织协调、目标责任管理、监督检查等工作机制。

(一)组织协调机制

中央政府主要负责政策的研究制定、指导实施、监督考核，省级政府负总责、市县政府抓落实。2009年7月,经国务院同意,成立了由住房和城乡建设部牵头,国家发改委、财政部、民政部等20个部门参加的保障性安居工程协调小组。协调小组的主要职责包括贯彻落实党中央、国务院关于保障性安居工程工作的决策部署、研究政策措施,制订并组织实施保障性安居工程规划和年度工作计划,提出中央补助投资(资金)需求规模的建议,组织检查保障性安居工程的质量、实施进度情况等。按照中央的工作要求,各省级人民政府按照国务院统一要求,分别成立了相应的住房保障工作组织协调领导小组,由政府负责同志担任组长,统筹协调保障性安居工程建设任务、资金、土地、税费、分配、管理等事项,组织日常的督促检查和定期的监督考核。市、县政府在加强住房保障管理机构和实施机构建设的同时,也建立健全了部门协作配合的工作机制,成立了相应的协调小组,加强保障性安居工程的组织领导。

(二)目标责任管理机制

住房保障工作采取"省级人民政府负总责,市、县人民政府抓落实"的责任机制。省级人民政府对本地区保障性安居工程工作负总责,市县人民政府具体实施,负责落实项目前期工作、建设资金、土地供应、工程质量监督、保障性住房租售管理和使用监管等。自2010年起,保障性安居工程协调小组每年与各省级人民政府签订工作目标责任书,明确各省、自治区、直辖市和新疆生产建设兵团的保障性安居工程年度建设任务。依据目标责任书确定的目标任务,中央按照规定的补助范围和标准给予资金补助。省级人民政府除了加大资金投入外,还要督促各市县人民政府按照规定渠道落实资金,落实建设用地供应,加强工程监督管理,确保完成目标任务。

(三)规划计划管理机制

统筹考虑住房保障需求和供给能力,合理确定保障性安居工程建设规模和力度,是规划计划管理的目标。在特定时期内,保障性住房建设的规模和力度大一些,还是小一些,需要在明确发展目标的基础上,从客观实际出发进行合理规划。一方面,从政府提供基本公共服务的职责出发,应当按照实际需要,尽可能地多建成些、早建成些房子,帮助困难群众及早改善住房条件;另一方面,适应经济社会发展水平及各级公共财政能力、土地供应潜力等条件,避免超越发展阶段地盲目上量,造成过度占用或低效率使用有限的公共资源。按照上述原则,我国建立起了由各地从实际需要出发,综合考量当地经济社会发展水平、财政能力、居民收入和住房状况等因素,自下而上地确定本地区住房保障工作目标、中长期规划及各年度建设计划,并报国家批准后实施的工作机制。

(四)监督检查机制

几年来,全国人大、全国政协、中央纪委及监察部、审计署等国务院有关部门,通过开展询问、调研、检查和督查等,加强了对保障性安居工程的监督检查,形成了中央层面督促地方加快建设进度、加强项目管理、确保工程质量的工作机制。国务院办公厅、中央加快转变经济发展方式监督检查工作领导小组,多次组织对保障性安居工程的督促检查;住房和城乡建设部组织开展了保障性安居工程专项巡查。国家发改委、财政部、审计署等相关部门根据各自职责,均加大了对住房保障工作的监督检查力度。

(五)信息公开机制

实践证明,只有通过程序的公开、过程的透明,才能够保证分配结果尽量公正。按照国务院要求,住房和城乡建设部先后印发了《关于公开城镇保障性安居工程建设信息的通知》(建保[2011]64号)、《关于做好2012年住房保障信息公开工作的通知》(建办保[2012]20号),逐步建立了城镇保障性安居工程信息公开机制,各级住房和城乡建设(住房保障)部门要及时公开年度计划和建设进度信息,市、县还要及时公开住房保障政策和保障性住房申请分配环节的各类信息。2011年,各省(自治区、直辖市)及新疆生产建设兵团均公开了城镇保障性安居工程建设计划和实际开工、基本建成情况,全国市、县级年度计划、建设进度信息和开、竣工项目信息的公开率超过90%;省、市、县三级均及时公布了年度建设计划,已开工项目均在现场公开了项目基本信息。

(六)考核问责机制

这几年,各地在做好中央及相关部门监督考核配合工作的同时,加强了对本行政区域内保障性安居工程的考核问责。不少市、县把保障性安居工程作为"一把手工程"、"一号工程",列入地方政府目标责任考核内容,明确了工作责任机制,制定了考核问责办法。陕西、河北、宁夏等省(自治区)均采取月度排名与年度考核相结合的方式,加强对地市的考核,对进度慢的城市进行约谈和问责。

四、保障性住房公平分配的体制机制基本建立

(一)加强建章立制工作

公平分配是保障性住房管理的"生命线"。分配的科学性、公平性,关系保障性安居工程这一重大民生工程的成败。党的十七大以来,随着保障性安居工程建设力度不断加大,大量保障性住房陆续竣工,进入了分配和使用阶段,加强相应的分配管理工作提上了议事日程。而加强建章立制,及时制定修订规范性文件,不断完善公平分配和运行管理机制,严把准入关,确保"阳光"分配,过程公开透明、结果公平公正,是确保保障性住房公平分配的核心。几年来,住房和城乡建设部会同有关部门先后制订了《廉租住房保障办法》(建设部令第162号)、《经济适用住房管理办法》(建住房[2007]258号)、《公共租赁住房管理办

法》(住房和城乡建设部令 2012 年第 11 号)、《关于加强经济适用住房
管理有关问题的通知》(建保[2010]59 号)、《关于加强廉租住房管理
有关问题的通知》(建保[2010]62 号)等部门规章和办法,对各类保障
性住房的准入审核、使用管理等,从制度上做出安排,从工作上提出了
要求。广东深圳市制定了《保障性住房条例》,其他省、市也加快了立
法进程。

2011 年 9 月,国务院办公厅印发了《关于保障性安居工程建设和
管理的若干意见》(国办发[2011]45 号),规范了保障性住房规范准入
审核、严格租售管理、加强使用管理、健全退出机制的基本原则和要求。
明确了对租赁性保障房的管理,关键是要制订合适的、动态的、有利于
退出的租金标准;对购置型保障房的管理,要求完善并严格执行交易时
的收益调节机制,消除牟利空间。各省、自治区、直辖市和有关城市结
合当地实际情况,也明确了保障性住房管理的相关规定。

(二)强化准入审核管理

1. 明确准入标准

各地根据当地经济社会发展水平、居民收入、住房状况等情况,结
合当地政府保障能力和住房保障需求,逐步建立了明确、公开、可量化
的住房保障供应对象的住房困难、家庭收入(财产)、租金和保障面积
等标准,并实行了动态管理。

2. 确定工作流程

目前,各地均建立了住房保障准入审核机制,明确了申请、受理、审
核、公示、复核、核准登记、轮候、配租配售等环节的工作程序,明确了受
理条件、材料内容、完成时限等工作标准,规范了对住房、收入、财产等
有关信息的审核。

3. 规范审核操作

各地充分发挥街道、社区基层组织的积极性,建立了"初审、复审、
终审"三级审核制度,由街道办(居委会)、区政府和市政府组织三次审

核,并在社区和全市两次公示,提高审核质量和工作效率。安徽合肥市规定申请家庭须经过户籍所在街道办事处、辖区房屋办证交易中心、市保障性住房建设发展中心"三级审查"以及在社区和新闻媒体"两级公示"后,无异议方可登记。北京市在街道初审环节采取双人入户调查、工作单位回访、居民听证评议、社区张榜公示等措施,使得资格审核由诚信申报向实质审查转变。广东省制定各部门分工配合进行"九查九核"的制度。

4. 建立协作机制

充分发挥住房保障、公安(车辆和户籍管理)、人力资源和社会保障(社会保险)、房管、金融、工商、税务、住房公积金等部门优势,建立住房保障与房屋交易、房屋权属、住房公积金、民政、公安车管、社保、金融、地税等系统数据的信息比对机制,各部门齐抓共管,提高审核效率。

5. 推进信息化工作

不少地方由财政安排专项资金,加快住房保障个人信息系统平台建设。广东、上海、北京等省市,在全国率先基本建成了省级住房保障个人信息系统平台,加强保障性住房分配和使用管理。湖北武汉、贵州贵阳、内蒙古包头、云南昆明和四川成都等城市,依托个人住房信息系统,探索申请、审核、公示和动态监管的在线操作。江西九江市将保障性住房数据化信息管理系统与公积金管理系统、房屋产权档案信息系统相衔接,动态监测保障对象的收入、住房等变化情况。

(三)完善轮候和配租配售机制

1. 建立轮候规则

各地普遍按照最困难群众、最急需者优先原则,建立了保障性住房轮候办法。具体内容是,把住房困难程度作为配租、配售保障性住房的首要依据,再统筹考虑资产收入水平、在本地稳定就业或居住年限、照顾特殊情况、住房需求和房源状况等因素制定轮候排序规则,确定入围人选和选房顺序,并向社会进行公布,确保最困难群众优先获得住房保障。广东广州市建立了保障性住房轮候分配制度,使得申请对象对获得保障性住房有了稳定的预期。

2. 实行阳光分配

在保障性住房配租、配售过程中,各地按照政务公开的要求,普遍实行了对保障性住房申请条件、审核程序、轮候规则、分配政策、分配过程、分配结果、投诉处理情况的"七公开",邀请人大、政协、纪检监察、公证机关、新闻媒体等单位代表和群众代表等全程监督。江西南昌市、浙江杭州市、内蒙古包头市、贵州遵义市等地的保障性住房配租配售,全部实行"统一摇号、公开销售(配租)、电视直播、全程公证"。同时,各地通过建立住房保障管理信息系统,完善保障性住房和保障对象档案管理,畅通投诉举报渠道等方式,确保分配公开、公平、公正。安徽各地建立了廉租住房交换平台,为廉租户提供互换信息和服务,方便群众就医就学就业。

(四)健全纠错退出机制

1. 建立纠错机制

各地普遍建立了住房保障轮候和保障性住房使用情况日常审查机制,通过定期或不定期组织核查,发现问题,及时纠正,切实防范骗租骗购保障性住房、变相福利分房、违规使用和以权谋私等行为。同时,通过严肃工作纪律,对住房保障工作机构内部人员失职渎职、贪腐违法进行坚决查处,主动公布处理结果。甘肃省、青海省、西藏自治区建立保障家庭信息台账,通过定期入户调查、社区和邻里访问等方式,定期向社会公布审核结果,广东广州市通过大规模拉网式调查、不定期巡查、委托第三方机构独立调查等方式强化动态监管,对违规使用保障性住房的行为进行查处,2011 年共取消 3155 户家庭住房保障资格。

2. 建立了收益调节机制

合理调节再上市收益,是经济适用住房、限价商品住房制度能否持续发展的关键。在"尊重历史、区别对待、前后衔接、公平公正、稳步推进"的前提下,上海、北京、福建厦门、安徽铜陵、湖北黄石等城市,积极完善经济适用住房、限价商品住房等购置型保障性住房的上市交易和收益调节机制,明确界定政府与购买人的资产份额,从严确定经济适用住房出售所得价款的分配比例,消除牟利空间,遏止骗购经济适用住房的利益驱动,促进社会公平。

例如:上海市经济适用住房的权利人拥有有限产权,其产权份额为经济适用住房购买价格占同类普通商品住房价格的比例。经济适用住房再上市交易时,权利人按照拥有的有限产权份额获得总价款的相应部分,其余部分上缴财政。

3. 完善退出机制

保障性住房的管理,核心是确保其只能满足基本消费需要,不可作为投资工具,因此无论通过什么方式取得其他住房的,必须退出住房保障。通过几年的实践,各地按照强制性和人性化相结合的原则,综合运用经济手段、行政手段、司法手段,逐步建立了住房保障退出机制。当通过保障对象自行申报、住房保障管理信息系统监测、群众举报查实等途径,了解到住房保障对象经济状况发生了变化,不再符合保障条件的,住房保障、社区、公安等部门协同配合,区分不同家庭的具体情况,分别采取停发租赁补贴、改按市场水平收取租金、租转售、政府回购住房等方式实现退出。

从各地的实践看,对恶意欠租、无正当理由长期闲置,违规擅自装修、破坏、转租、出借、调换和转让保障性住房的,普遍按规定或合同约定责令限期退出,情节严重的取消其再次申请住房保障的资格;对在规定期限内未退出保障性住房或拒不退出的,依照法律规定或合同约定申请人民法院强制执行,防止其继续占用公共资源。

五、保障性住房小区运营管理和社区服务水平提升

（一）探索可持续运营机制

作为解决中低收入家庭住房困难的保障性住房，既要适应低收入家庭收入水平低、住房支付能力不足等特点，又要符合市场经济发展的方向，实现自身建设和运营的可持续。廉租住房由政府投资建设并长期持有，是公共财政的必要支出，要努力提高公共财政资金的使用效率。政府主导并安排部分财政性资金的各类棚户区改造安置住房小区，以及政府给予优惠政策的经济适用住房和限价商品房小区，由于住户主要是通过购置方式取得住房，市政设施配套建设、物业管理和服务方便推行市场化运作方式，社会力量参与的积极性较高，也易于实现运营资金的平衡。

公共租赁住房的建设运营模式主要有三种：一是，由政府无偿划拨土地、直接融资建设并运营管理；二是，政府划拨土地、社会机构组织建设并运营管理；三是，政府落实具体地块，企业通过市场化方式取得土地、组织建设并拥有产权，也包括符合条件的企业利用自有土地投资建设。按照政策设计，公共租赁住房只租不售，租金标准等于或略低于市场租金水平。其建设运营成本包括土地开发、建设及装修费用和相关税费、日常管护、物业等；收益则只有租金及物业收费。投资建设和运营公共租赁住房，投入规模大、盈利周期长、投资收益率低，甚至不能实现资金平衡。

从福建厦门、江苏苏州、广东深圳、云南昆明等地的实践来看，主要通过调动企业和其他社会机构投资建设和运营的积极性，来实现公共租赁住房的可持续运营，取得了较好成效。一方面，初步建立了综合考虑当地经济发展水平、住房租赁市场状况、承租家庭支付能力等因素，确定租金水平并实行动态调整的机制，并定期向社会公布。

另一方面，采取委托管理、服务外包等多种方式，创新运营模式，提

高运营效率。除了规定鼓励地方实行财政补贴、税费减免、土地出让收益返还等优惠政策外,还允许在项目规划小区里建设配套商业设施以及配建一定比例商品住房,支持让渡部分政府收益,鼓励开发商参与建设和运营。

(二)完善小区管理和物业服务

按照国办发[2011]45号文件精神,不少地方印发了专门文件,成立了专门机构,积极创新小区管理模式,探索建立政府行政管理与保障对象家庭自我管理良性互动机制。不少地方在与保障对象家庭签订承租合同时,会在合同中载明租赁住房状况、租金标准、租赁期限、维修责任范围、使用要求、违规转租转借等违约责任承担及争议解决办法等内容,明确产权人与承租人双方的权利与义务。

对于保障性住房小区的物业管理,各地主要采取政府住房保障部门直接管理、物业企业管理以及小区住户自我管理三种模式。各地集中建设的保障性住房小区,普遍采取通过选聘物业服务专业企业,提供规范化、标准化的服务。不少地方把对保障性住房管理和为保障性对象服务结合起来,不仅使保障对象实现了安居,还帮助一部分保障对象解决了就业问题。

(三)加强保障性住房社区服务

社区是城市社会的基本构成单元,是加强和创新社会管理、构建社会主义和谐社会的基础。以人为本、创造性地开展社区服务,促进不同收入阶层居民和不同职业、文化背景群体的和谐相处,最大限度地减少不和谐因素,是社会和谐、社会经济平衡发展在居住方面的表现,也是住房保障工作的最终目标。各地在统筹推进保障性住房小区建设及社区服务的同时,不断强化政府社会管理和公共服务职能,切实加强对鳏寡孤独及残疾人家庭的服务管理,已取得积极进展。

各地逐步建立了多部门联动的保障性住房小区社区服务机制。整合人口、就业、社保、民政、房管、卫生、文化等社会管理职能和服务资源,集中到社区开展公共服务,形成了各部门之间以及各部门与社区群众自治组织之间的有效衔接和良性互动。四川成都市构建了从社区到居民的四级网络组织,建立了"社区—楼栋—单元—居民"网格化社区服务机制,把基层的民主管理职能延伸到保障性住房小区社区,充分发挥楼栋长、单元长承上启下的中间作用,在社区党组织和居委会的指导下开展居民自治,建立了保障性住房小区的就业促进、老人关怀、残疾人帮扶、文化推进等机制,动员居民积极参与社区管理和服务。

六、住房保障发展展望

(一)"十二五"时期住房保障面临的形势

"十二五"时期,我国正处于全面建设小康社会关键期和深化改革开放、加快转变经济发展方式攻坚期,工业化、信息化、城镇化、市场化、国际化深入发展,人口资源环境约束继续加大,以外来人员为代表的新移民大量进入城市对城市社会结构、家庭结构的深刻影响,既对住房保障工作产生深刻影响,又提出了新的任务。

我国城镇住房供需矛盾依然存在。到2010年年底,我国仍有三四千万户城镇低收入和少量中等偏下收入家庭的住房不成套,设施简陋,其中1000多万户居住在棚户区中;国外经验表明,一般在城镇住房套户比达到1.1∶1以后,住房供求关系才能实现基本均衡。第六次全国人口普查资料显示,2010年我国有1.03%和7.71%的城镇家庭住房,建成时间分别在新中国成立前及成立后至1980年间;全国城镇家庭户中,管道自来水入户率为86.65%,独立使用厨房、厕所的分别占87.09%、77.85%。此外,部分城市房价的持续上涨,又使得中低收入家庭住房支付能力继续下降。"十二五"时期,从维护社会公平正义与和谐稳定的大局出发,必须持续加大住房保障工作力度。

城镇新就业职工和常住外来人口的住房困难问题也比较突出。

2011年我国城镇化率达到51.3%,正处于城镇化加速发展阶段。一段时期内,每年新增城镇人口将超过1500万。新就业无房职工和外来务工人员,由于工作年限短,积累少,阶段性住房困难问题突出。在我国城镇化进程中,人口随产业结构调整和转移大规模快速流动,区域住房需求数量和结构随之变化,这也是住房保障工作必须面临的现实条件。

(二)完善住房保障体系面临的任务

"十二五"及之后一段时期,是我国全面建设小康社会的关键时期,在继续加强和改进城镇保障性安居工程建设和管理的同时,需要在坚持市场化方向基础上,加快完善住房保障体系,努力实现住有所居目标,促进社会公平与和谐。面临的具体任务包括:

一是,建立符合中国国情的住房保障制度体系。在总结住房保障工作经验基础上,进一步完善住房保障顶层设计,加强法规建设。同时,从按劳分配这一社会主义收入分配基本原则出发,在住房保障制度设计上,还应坚持促进公平、提高效率的原则,避免将政府的资金投入、税费减免等优惠,直接转化为保障对象财产性收入。抓紧起草《基本住房保障条例》,明确住房保障基本制度框架。各地区结合实际开展地方住房保障立法。国家层面、省市县各级政府分别编制住房发展规划,明确住房建设目标、思路、实现途径和措施等,引导社会预期;在此基础上,制定住房保障规划,为住房发展和住房保障提供依据。

二是,建立可持续的保障性住房建设和运营机制。完善保障性住房建设的土地、税收、财政、金融、信贷等支持政策,充分发挥政府和社会主体的作用,完善建设资金筹措机制,加快保障性安居工程建设。同时,还要处理好政企关系,调动企业及其他社会力量参与积极性。

三是,建立科学可靠的保障性住房建设技术支撑体系。优化规划布局和户型设计,推广建筑节能技术,完善质量监管体系,确保建成的保障性住房经济适用、环保节能、质量可靠。

四是,建立公开透明、进退有序的住房保障分配和运营监管机制。

健全住房保障运营管理制度,完善准入审核、纠错和退出机制,确保公开透明、规范有序、方便群众。

五是,建立运转高效的住房保障管理体制。完善权责明晰的各级住房保障管理机构和具体实施机构,实现住房保障从业人员素质优良,行业组织管理高效。

(三)"十二五"时期住房保障建设目标

"十二五"时期,是全面建设小康社会的关键时期,是深化改革开放、加快转变经济发展方式的攻坚时期。作为政府提供公共服务的重要内容,我国住房保障工作面临的主要任务包括,加大保障性安居工程建设力度,增加保障性住房供应,加快解决城镇居民基本住房问题,建立健全基本住房保障制度。新时期做好住房保障工作,必须妥善处理政府提供住房保障与市场供应的关系(图6),既充分发挥市场机制配置资源的基础性作用,又通过政府及时补位,解决中低收入家庭住房困难问题,弥补市场缺陷,确保"住有所居"目标的实现。

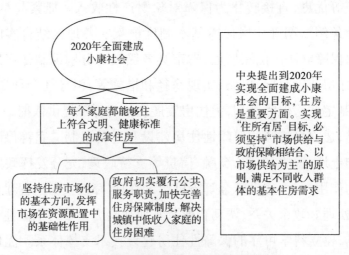

图6　我国城镇住房及住房保障发展目标

住房水平是社会发展的重要指标。中央提出到 2020 年实现全面建成小康社会的目标,住房是重要方面,届时绝大多数城镇家庭都能够居住在符合文明、健康标准的成套住房中。从城镇住房的突出矛盾及住房保障实际需求出发,党中央、国务院决定"十二五"时期建设城镇保障性住房和棚户区改造住房 3600 万套(户),到"十二五"末,全国保障性住房覆盖面达到 20% 左右,力争使城镇低收入和部分中等偏下收入家庭住房困难问题得到基本解决,新就业职工住房困难问题得到有效缓解,外来务工人员居住条件得到改善。

健全调控监管机制，促进房地产市场持续健康发展

党的十六大以来，我国房地产业快速发展，对改善群众居住条件、促进经济社会发展发挥了重要作用。同时，党中央、国务院高度重视房地产市场发展中存在的突出矛盾和问题，将促进房地产市场平稳健康发展，作为一项事关经济发展与社会稳定的长期任务。2003年，国务院发布了《国务院关于促进房地产市场持续健康发展的通知》（国发〔2003〕18号），明确了房地产市场发展的指导思想。之后，根据房地产市场发展的特点和出现的主要问题，国务院、国务院有关部门又陆续出台了一系列加强和改善房地产市场宏观调控、遏制部分城市房价过快上涨、促进房地产市场持续健康发展的政策文件，采取了一系列措施，取得了一定成效。

一、发展历程回顾

（一）加强和改善房地产市场调控

加强和改善市场调控是稳定住房价格、调整房地产市场供应结构、促进房地产市场平稳健康发展的重要举措。

1. 控制房地产投资过快增长（2003—2004年）

从2003年起，我国宏观经济出现了过热的苗头。房地产开发投资作为固定资产投资的重要组成部分，也呈现出过快增长的势头。针对

当时出现的房地产投资过热,国务院统一部署,采取了控制土地供应、加强信贷管理、提高投资门槛、严格项目审批、控制拆迁规模等一系列政策措施,坚决控制投资过快增长,防止通货膨胀,防止经济大起大落。2004 年二季度开始,房地产开发投资过热的势头得到控制。

2. 稳定住房价格,调整住房供应结构(2005—2007 年)

2005 年一季度,上海、杭州、南京等部分长三角地区城市的住房价格形成了快速攀升的态势,涨幅居全国前列。在这种背景下,房地产市场调控的重点转向以稳定住房价格为主。2005 年 3 月至 5 月,国务院办公厅相继下发了《关于切实稳定住房价格的通知》(国办发明电[2005]8 号)、转发了《建设部等部门关于做好稳定住房价格意见的通知》(国办发[2005]26 号)(即两个“国八条”),强调各级地方政府要负起稳定房价的责任,综合运用税收、信贷政策和必要的行政手段,做好供需双向调节,遏制投机性炒房,控制投资性购房,鼓励普通商品住房和经济适用住房建设,合理引导住房消费,促进住房价格的基本稳定和房地产业的健康发展。

2006 年年初,北京、深圳、广州等环渤海地区、珠三角地区城市房价大幅度上涨,进一步成为社会关注的焦点。2006 年 5 月,国务院办公厅转发了《建设部等部门关于调整住房供应结构稳定住房价格意见的通知》(国办发[2006]37 号)(即“国六条”);“国六条”要求切实调整住房供应结构,明确套型建筑面积 90 平方米以下住房面积必须达到开发建筑总面积的 70% 以上;要求科学确定房地产开发土地供应规模,优先保证中低价位、中小套型普通商品住房(含经济适用住房)和廉租住房的土地供应,其年度供应量不得低于居住用地供应总量的70%;同时,进一步从严调整住房转让环节营业税,提高个人住房按揭贷款首付款比例,抑制投机和投资性购房需求。

2007 年,针对宏观经济走势,人民银行连续加息并紧缩流动性。金融主管部门大幅度提高第二套及以上住房贷款的首付款比例和贷款利率,向房地产市场发出了明确信号,市场预期开始发生转变。在各项政策措施的综合作用下,深圳、广州等城市房价率先调整,各地房地产市场价格逐步趋稳。

3. 应对国际金融危机(2008—2009 年)

从 2008 年下半年开始,受国际金融危机快速蔓延和我国经济增长趋缓的影响,商品住房成交量连续下滑,房地产开发投资增幅明显下降,房地产市场进入调整阶段。为应对可能出现的复杂情况,支持和鼓励合理的住房消费,根据中央扩内需、保增长的统一部署,2008 年 12 月,国务院办公厅下发了《关于促进房地产市场健康发展的若干意见》(国办发[2008]131 号),提出加大对自住型和改善型住房消费的信贷支持力度,对住房转让环节营业税实行暂定一年减免政策,促进房地产市场健康发展。2009 年 5 月,国务院下发《关于调整固定资产投资项目资本金比例的通知》(国发[2009]27 号),将保障性住房和普通商品住房项目的最低资本金比例下调为 20% ,其他房地产开发项目的最低资本金比例为 30% 。从宏观经济政策来看,这一阶段的货币政策取向转为适度宽松,人民银行连续降息并释放了大量流动性。在这些政策的作用之下,居民的自住型和改善型住房消费得到了有效拉动,2009 年 3 月以来,房地产市场成交量显著回升,房地产开发企业资金链有所缓解,投资信心逐步恢复,市场下滑趋势发生了根本扭转。

4. 遏制部分城市房价过快上涨(2010 年至今)

2009 年下半年以来,部分城市出现了房价上涨过快、投机性购房活跃等问题,引起了国务院的高度重视和社会的广泛关注。2010 年 1 月,国务院办公厅下发了《国务院办公厅关于促进房地产市场平稳健康发展的通知》(国办发[2010]4 号);2010 年 4 月,国务院下发了《国务院关于坚决遏制部分城市房价过快上涨的通知》(国发[2010]10 号)。两个文件采取的主要政策措施包括:坚决抑制不合理住房需求,实行更为严格的差别化住房信贷政策,发挥税收政策对住房消费和房地产收益的调节作用;增加住房有效供给,加大居住用地有效供应,调整住房供应结构;加快保障性安居工程建设;加强市场监管;抓紧建立稳定房价和住房保障工作的考核问责机制。2010年9月底,按照国务院部署,住房和城乡建设部等七部门又分别公布了进一步贯彻落实10号文件的"五项措施"。各地也相继出台了具体措施,北京、上海、深圳等热点城市实行了严格限定居民家庭购房套数的措施。为巩固和扩大调控成果,促进房地产市场平稳健康发展,2011年1月,国务院办公厅下发了《国务院办公厅关于进一步做好房地产市场调控工作有关问题的通知》(国办发[2011]1号),进一步强化、细化了各项调控政策措施。总体来看,2011年以来,在一系列房地产市场调控政策和稳健货币政策的作用下,房地产市场明显降温,投机投资性购房需求得到遏制,多数城市房价涨幅回落,部分城市房价有所松动,房地产市场朝着调控预期方向发展。

(二)强化和规范房地产市场监管

强化市场监管、规范市场秩序是市场经济的客观要求,对于保证交易安全、维护购房者合法权益具有重要作用。

1. 强化房地产交易行为监管

随着工业化、城镇化快速发展和城镇住房制度改革不断深化,我国房地产市场迅速发育,市场交易量逐步增加,人民群众居住条件得到了极大改善。但与此同时,在房地产交易环节也存在一些侵害购房者合法权益、影响房地产市场健康发展的突出问题,亟待加以规范。2002年以来,国务院和国务院办公厅印发的房地产市场调控文件中,有8个文件对加强房地产市场监管提出了明确要求。

(1)完善商品房预售制度

为了规范商品房预售行为,加强预售管理,维护商品房交易双方的合法权益,2004年建设部修订了部门规章《城市商品房预售管理办法》,2010年住房和城乡建设部下发了《关于进一步加强房地产市场监管完善商品房预售制度有关问题的通知》(建房[2010]53号),进一步完善商品房预售制度,要求严格商品预售许可管理,明确最小预售单元;强化商品房预售方案管理,明确价格及变动幅度,预售方案主要内容变更应重新备案;完善预售资金监管制度,将全部预售资金纳入监管,按建设进度核拨,监管账户内余额必须保证工程竣工交付;鼓励各地根据当地实际合理确定预售条件,提高预售门槛,积极推行商品住房现售试点;严格执行商品房预售合同网上签订和备案、实名购房等管理制度。

(2)规范存量房交易行为

为了规范存量房交易行为,防范房地产经纪机构挪用交易资金,2006年,建设部、中国人民银行联合下发了《关于加强房地产经纪管理规范交易结算资金账户管理有关问题的通知》(建住房[2006]321号),建立了存量房交易结算资金监管制度,鼓励发展不从事房地产经纪业务的专业交易保证机构,要求房地产经纪机构或交易保证机构通过在银行开立交易结算资金专用存款账户存储和划转交易结算资金,并明确交易结算资金独立于房地产经纪机构或交易保证机构的固有财产及其管理的其他财产,也不属于其负债。同时加强监管,对违反合同约定划转和使用资金的行为,进行严肃查处。此外,总结各地经验,积极推广利用现代信息技术手段构建存量房交易服务平台,为群众提供房源真伪核验,网上签约等服务,探索创建更加安全、便民的存量房交易新模式。

(3)积极培育住房租赁市场

住房租赁市场是房地产市场重要的组成部分。对于改善住房市场过度依赖购买,缓解购房压力,多渠道解决居民住房问题均有重要作用。近年来,随着城镇流动人口日益增多,住房租赁市场有了较快发展。为加强租赁市场监管,住房和城乡建设部先后出台了《商品房屋租赁管理办法》、《房地产经纪管理办法》和《关于加强房地产经纪管理进一步规范房地产交易秩序的通知》,明确了房屋租赁期内出租人不得单方面随意提高租金水平、住房租赁登记备案、房地产经纪机构备案等管理措施,对房地产经纪机构捏造散布涨价信息、低价收进高价租出房屋等不规范行为加大查处力度。同时,指导中国房地产估价师与房地产经纪人学会和各地研究制定租赁合同示范文本,引导和规范房屋租赁各方当事人行为,稳定租赁关系和租赁价格。

2. 强化房地产中介行为监管

随着房地产市场快速发展和房屋交易日益活跃,房地产估价和房地产经纪等交易服务行业也从无到有,不断发展壮大。国家陆续出台了一系列政策措施,加强行业管理,促进房地产中介服务行业规范有序发展。

(1)加强房地产估价行业监管

房地产估价为金融信贷、房屋征收、税收征管、司法执行等重要领域提供房地产价格咨询和服务,事关人民群众切身利益、金融稳定、税负公平和社会稳定。住房和城乡建设部按照行政许可法、房地产管理法等法律和行政法规规定,对房地产估价机构实施严格的行政许可,并会同原国家人事部建立了房地产估价执业资格制度,保证信誉好、技术能力强的房地产估价机构和人员进入市场从业,更好地发挥房地产估价为市场定价服务的基础性作用。为了规范房地产估价机构和人员行为,住房和城乡建设部先后印发了《房地产估价机构管理办法》,修订了《注册房地产估价师管理办法》;为了规范国有土地上房屋征收拆迁估价活动,先后印发了《城市房屋拆迁估价指导意见》和《国有土地上房屋征收评估办法》;为了规范抵押估价行为,会同中国人民银行、中国银行业监督管理委员会印发了《房地产抵押估价指导意见》。住房和城乡建设部充分发挥行业学会作用,建立了房地产估价机构和人员信用档案,初步形成了政府主导、行业自律和社会监督的行业监管模式。此外,还积极开展房地产估价行业的境外交流与合作,先后两次开展内地房地产估价师与香港测量师资格互认工作。

(2)规范房地产经纪行为

在市场信息不对称的情况下,房地产经纪在撮合成交方面发挥着巨大作用。据统计,北京、上海等城市80%以上的存量房交易都是通过经纪机构居间促成的。在房地产经纪行业起步阶段,原建设部会同原人事部印发了《房地产经纪人员职业资格制度暂行规定》,建立了房地产经纪人员职业资格制度,对房地产经纪从业人员实行准入管理,推动行业整体素质提高。2004 年,建设部探索转变行政管理方式,印发了《关于改变房地产经纪人执业资格注册管理方式有关问题的通知》(建办住房[2004]43 号),将房地产经纪人执业资格注册工作交由行业学会承担,政府专事监管。针对房地产经纪市场混乱问题,住房和城乡建设部印发了《关于进一步加强房地产经纪管理的紧急通知》,要求各地切实加强房地产经纪管理,维护房地产经纪活动当事人的合法权益,促进房地产市场健康发展,并对二手房交易中各种违法避税交易行为和房地产经纪市场存在的问题多次发布风险提示。2011 年,住房和城乡建设部会同国家发展改革委、人力资源社会保障部联合印发了部门规章《房地产经纪管理办法》,要求全面推行房地产经纪机构备案公示制度,严格实施房地产经纪人员职业制度,切实加强交易结算资金监管,有效规范房地产经纪行为,为房地产交易提供良好的外部环境。同时,还指导行业学会建立了房地产经纪机构和人员信用档案,制发了房地产经纪执业规则和经纪业务合同推荐文本,引导房地产经纪机构和人员行为。

3. 强化征收拆迁行为监管

规范征收拆迁行为对于保护老百姓合法的财产权益、维护社会和谐稳定具有十分重要的作用。党中央、国务院十分重视依法规范征收拆迁行为。党的十六大以来,国家政府通过修订完善法规政策、加大督促检查力度,切实解决征收拆迁中的突出问题。

(1)认真落实《城市房屋拆迁管理条例》

2001 年 6 月,国务院修订下发了《城市房屋拆迁管理条例》(国务院令第 305 号,以下简称《拆迁条例》)。《拆迁条例》注重对房屋所有权人合法权益的保护,明确房屋所有权人为被拆迁人,享有补偿的权利。在产权调换方式基础上增加了货币补偿方式,便于被拆迁人做出选择。货币补偿金额根据市场评估价格确定,并对补偿安置资金加强监管。

《拆迁条例》施行后,住房和城乡建设部、各级房屋拆迁管理部门采取有效措施,依法规范房屋拆迁行为。在控制拆迁规模方面,贯彻落实国务院办公厅《关于控制城镇房屋拆迁规模严格拆迁管理的通知》(国办发〔2004〕6号)要求,指导各地进一步端正指导思想,树立科学发展观,合理控制拆迁规模,从源头上减少矛盾纠纷的发生。在完善配套政策方面,先后出台了《城市房屋拆迁估价指导意见》、《城市房屋拆迁行政裁决工作规程》、《城市房屋拆迁工作规程》等一批规范性文件,通过完善程序、规范行为,防范拆迁中的不规范行为的发生。在加强监督检查方面,会同监察部等部门,先后多次对各地贯彻落实《拆迁条例》、实施拆迁许可、落实补偿安置等情况进行督查,纠正违法违规行为,维护群众合法权益。

(2)调整完善征收拆迁政策

2007年3月,全国人大审议通过的《中华人民共和国物权法》第42条规定:"为了公共利益的需要,依照法律规定的权限和程序可以征收集体所有的土地和单位、个人的房屋及其他不动产"。2007年8月,全国人大常委会审议通过了《中华人民共和国城市房地产管理法》修正案,授权国务院就征收国有土地上单位、个人的房屋与补偿制定行政法规。根据全国人大常委会的授权,住房和城乡建设部配合国务院法制办起草了《国有土地上房屋征收与补偿条例(征求意见稿)》,并两次向社会公开征求意见。2011年1月,国务院审议通过了《国有土地上房屋征收与补偿条例》(以下简称《征收条例》),于1月21日公布施行。《征收条例》着重从以下几个方面做出了调整。一是,对公共利益的范围作了界定,明确只有为公共利益需要才能征收房屋。二是,规定征收补偿主体是市、县级人民政府,房屋征收部门组织实施,实施单位接受委托承担具体工作。三是,确立了公众参与、公开透明的征收程序,保证被征收人的知情权、参与权。四是,明确了补偿标准、补助和奖励措施,明确被征收房屋价值补偿不得低于类似房地产的市场价格。五是,取消了行政机关自行强制拆迁,改为申请人民法院强制执行。

(3)加大督促检查力度

党中央、国务院高度重视城镇房屋拆迁中侵害群众利益问题,2004年4月查处湖南嘉禾事件后,国务院办公厅先后下发了《关于认真做好城镇房屋拆迁工作维护社会稳定的紧急通知》、《关于进一步严格征地拆迁管理工作切实维护群众合法权益的紧急通知》,要求加强房屋拆迁管理,维护群众合法权益。

4. 强化物业服务行为监管

2003年6月8日,国务院颁布了《物业管理条例》(国务院令第379号)。《条例》妥善处理了政府和市场、政府管理和社会自律的关系;对业主的权利和义务,业主大会的组成、职责、运作等作了规定,规范了前期物业管理,调整了业主与物业管理企业之间的法律关系;确立了业主大会、业主公约、物业管理招投标、物业承接验收、物业管理企业资质管理、物业管理专业人员职业资格、住房专项维修资金等七项基本制度,为建立良好的物业管理秩序提供了有力的法律保障。

(1)加强制度建设

根据《条例》确定的七项基本制度,建设部会同有关部门制定了一系列相关配套办法。2003年下发《前期物业管理招标投标管理暂行办法》、《业主大会规程》和《物业管理服务收费管理办法》;2004年下发《物业管理企业资质管理办法》、《物业服务收费明码标价规定》(与国家发改委联合)、《业主临时公约》和《前期物业服务合同》;2005年与人事部共同制定了《物业管理师制度暂行规定》及《物业管理师资格考试实施办法》、《物业管理师资格认定考试办法》。

2007年3月,全国人大审议通过的《中华人民共和国物权法》,第六章规定了业主的建筑物区分所有权。根据《物权法》有关规定,8月对《物业管理条例》进行了修订,主要调整了涉及业主共同利益事项的表决通过原则,将改建、重建建筑物及其附属设施等列入业主共同决定事项,将"物业管理企业"的称谓修改为"物业服务企业",规定物业所在地的区、县人民政府房地产主管部门或者街道办事处、乡镇人民政府对业主大会、业主委员会负有监督指导责任,明确了业主大会或业主委员会决定对业主的约束力,并规定了管理规约制度,赋予单个业主请求法院撤销业主大会决定的权利。

新《条例》下发后,及时修订了《物业服务企业资质管理办法》等配套办法,全面清理了部门规章和规范性文件,有效保障了《物权法》和新《条例》的贯彻落实。2007年9月,会同国家发改委下发了《物业服务定价成本监审办法(试行)》。2007年12月,建设部、财政部联合下发了《住宅专项维修资金管理办法》。

2009年5月,配合最高人民法院印发了《关于审理建筑物区分所有权纠纷案件具体应用法律若干问题的解释》和《关于审理物业服务纠纷案件具体应用法律若干问题的解释》;10月,配合公安部制定《保安服务管理条例》;12月,下发了《业主大会和业主委员会指导规则》。2010年10月,下发了《物业承接查验办法》,规范物业承接查验的内容和程序,明确建设单位和物业服务企业的责任,加强前期物业管理活动的指导和监督,切实维护业主的合法权益。

(2)规范市场行为

2007年,在各地对申请认定物业管理师资格人员材料进行初审的基础上,建设部会同人事部对1119名认定考试合格人员进行了审核公示,批准其取得首批物业管理师资格。物业管理人员执业资格制度的实施,为提高物业管理专业管理人员素质,规范市场行为,维护房屋所有权人及使用人的利益提供了保障。2010年下发了《物业管理文明行业标准》,在全行业大力开展文明行业建设,树立以人为本、优质服务、诚实守信的行业风气,营造良好的物业管理市场环境。2011年,通过召开座谈会、培训会等方式交流各地好的做法和经验,对基层主管部门的物业管理市场监管工作进行指导,宣传贯彻最新出台的法规政策。

（3）强化既有建筑安全管理

2004 年 4 月，建设部下发了《关于开展旧住宅区整治改造的指导意见》，明确了旧住宅区整治改造的指导思想、原则和目标，提出应将旧住宅区整治改造纳入政府公共服务的范畴；要求各地合理确定旧住宅区整治改造的内容及标准，并积极探索创新旧住宅区整治改造的机制与方法。7 月，修改了《城市危险房屋管理规定》，推动建立房屋使用安全事故应急机制。2008 年，组织近 200 名房屋安全鉴定专家赶赴灾区，依据《建筑地震破坏等级划分标准》开展房屋损毁安全鉴定工作；并针对灾后城镇住房损坏及权属认定等工作研究提出指导意见，为灾害程度的认定、恢复重建的开展提供基础信息和技术指导；多渠道收集基础材料，整理国内外灾后重建经验，客观分析灾区灾前和灾后住房情况，深入灾区实地调查核对房屋灾损数据，确保灾后重建工作基础数据准确翔实；组织有关专家形成灾区居民住房重建意愿调查报告，研究制定《灾后住房重建标准建议》；并依据《汶川地震灾后重建条例》及国家相关政策，对重建资金测算，进行了研究，提出了测算办法。

5. 整顿和规范房地产市场秩序

2002 年，针对房地产市场存在的问题，经国务院同意，建设部等七部门联合印发了《关于整顿和规范房地产市场秩序的通知》。各地区依法查处了房地产市场违法违规行为，完善了相关的政策法规和管理制度，取得了阶段性成效。

2006 年 7 月，建设部、国家发展改革委、国家工商总局三部门成立了房地产交易秩序专项整治工作协调小组，开展了为期一年的房地产市场交易秩序专项整治。

（三）夯实基础

1. 建立健全法律标准体系

建立健全法规、政策和标准体系是依法行政的基础，也是规范市场行为的客观要求。十年来，先后于 2007 年和 2009 年两次局部修订城市房地产管理法,新增了为公共利益需要,国家可以征收国有土地上房屋等内容。根据第十一届全国人大常委会五年立法规划和国务院立法计划,启动了全面修订城市房地产管理法工作。结合当前房地产市场形势,修订出台了《物业管理条例》和《国有土地房屋征收与补偿条例》,规范物业管理和国有土地上房屋征收出现的新情况、新问题;先后制定或修订了《房屋登记办法》、《房地产经纪管理办法》、《商品房屋租赁管理办法》、《物业服务企业资质管理办法》、《住宅专项维修资金管理办法》等9个部门规章;制定发布了《房地产市场信息系统技术规范》、《房地产市场基础信息数据标准》、《房地产登记技术规程》等3个行业标准,正在修订的国家标准两部。这些法律法规和标准的出台以及相关配套政策的实施,对于加强房地产市场监管和促进行业平稳健康发展意义深远。

2. 制定和实施中长期调控政策

房地产市场中长期稳定健康发展,避免大起大落,是房地产业和房地产调控孜孜以求的目标,事关宏观经济的稳健运行与社会的和谐稳定。近年来,住房和城乡建设部在加强和改善房地产市场调控、坚决遏制房价过快上涨的同时,也着眼长远,会同有关部门抓紧研究制定完善符合我国国情的房地产市场调控和监管的法律法规和政策体系,着力构建稳定、规范和法制化的房地产市场调控长效机制。根据国务院工作部署,住房和城乡建设部会同发展改革委等部门在深入开展调查研究、分析问题原因、听取地方和专家意见、借鉴国外有益经验的基础上,提出了一系列解决城镇居民基本住房需求和促进房地产平稳健康发展的政策建议,并向中央作了专题汇报。2011年1月,根据国务院常务会议精神,住房和城乡建设部会同财政、税务等部门,指导上海、重庆两市开展了对部分个人住房征收房产税的改革试点工作,迈出了房产税改革的第一步。目前,试点运行总体平稳,对调节居民收入分配、合理引导个人住房消费发挥了积极作用,为全国房产税改革探索积累了经验。

3. 注重和完善物权保护制度

新中国成立以来,我国逐步形成了一套较为完善的房屋登记体系,较好地维护了公民的财产权。《物权法》出台后,根据法的精神,建设部印发了部门规章《房屋登记办法》,明确了依申请登记原则,要求建立不动产登记簿,相应增加了预告登记等新的登记类型,对房屋登记要件、程序等做出了具体规定,并在此基础上先后印发了《房屋登记簿管理试行办法》、《房屋登记簿参考式样》和《房屋权属证书、登记证明填写说明》,以规范房屋登记行为,保障交易安全,维护权利人的合法权益。住房和城乡建设部积极推进房地产交易与权属登记规范化管理工作,印发了考核标准和考核办法,促进房屋登记机关提高工作效率,提升窗口服务水平;开展房屋登记人员考核,要求登记工作人员具备与其岗位相适应的专业知识。住房和城乡建设部还配合最高人民法院出台了《关于审理房屋登记案件若干问题的规定》,并认真与最高人民法院研究协调无证房产的司法协助执行问题。

4. 加快房地产信息系统建设

构建完善的房地产市场信息系统,是实时动态监测房地产市场的重要基础,对于健全市场机制,加强和改善房地产宏观调控具有重要意义。国务院高度重视房地产市场信息系统建设。《国务院关于促进房地产市场持续健康发展的通知》(国发〔2003〕18 号)、《国务院办公厅关于切实稳定住房价格的通知》(国办发明电〔2005〕8 号)和《国务院办公厅转发建设部等部门关于做好住房价格工作意见的通知》(国办发〔2005〕26 号)等文件,都明确要求尽快建立健全房地产市场信息系统,加强对房地产市场运行情况的动态监测。2004 年年初,建设部等七部委联合印发通知,要求地方相关部门进一步加强协作,共同做好房地产市场信息系统建设工作,密切掌握房地产市场运行情况,加强和改善房地产市场调控。之后,建设部又印发一系列配套文件,指导各地建立房地产市场月报数据和监测报告网络上报制度,加强房地产市场监测分析。2005 年 6 月底,40 个重点城市房地产市场信息系统第一阶段建设通过验收,各地开始正式上报主要数据和市场监测报告。2008 年 4 月,住房和城乡建设部决定扩大房地产市场信息系统建设城市范围,将全国房地产市场信息系统建设城市增加到 90 个。2009 年 6 月底,第二阶段 50 个城市房地产市场信息系统通过验收,正式上报数据。

随着房地产市场发展和调控的逐步深入,对房地产市场管理的信息系统建设提出了更高的要求。2010 年 4 月,国务院下发的《关于坚决遏制部分城市房价过快上涨的通知》(国发[2010]10 号),明确提出住房和城乡建设部要加快推进城镇个人住房信息系统建设。2010 年,住房和城乡建设部全面部署城镇个人住房信息系统建设工作,次年 5 月启动了 40 个重点城市与部联网工作,迈出了推进全国城镇个人住房信息互联互通的第一步,并取得了阶段性成果。

二、取得的主要成就

十多年来,我国房地产市场迅速发展,市场规模不断扩大,市场规则不断完善,市场秩序不断规范,在改善城镇群众居住条件、促进经济社会发展等方面发挥了重要作用。

(一)城镇居民居住条件明显改善

1. 住房建设规模迅速扩大

2002 年以来,我国住房建设能力逐步提高,支持了更多家庭解决住房问题。2011 年,全国商品住房竣工约 7.2 亿平方米,比 2002 年增长 1.7 倍,年均增长 11.6%(图 1)。2002 年至 2011 年,全国商品住房累计竣工超过 46 亿平方米。

2. 人均住房建筑面积明显提高

随着住房制度改革的深化和房地产市场的发展,我国基本改变了住房严重短缺的状况,实现了大多数人住有所居。2002 年以来,在城镇人口不断增加的同时,人均住房建筑面积明显提高,从 2002 年的

（单位：万平方米）

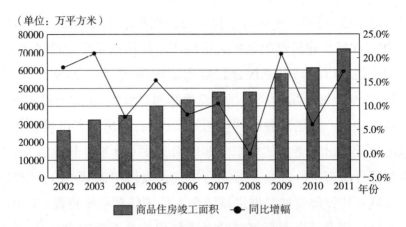

图1　2002—2011年全国商品住房竣工面积及同比增幅

资料来源：国家统计局房地产开发统计快报

24.5平方米提高到2010年的31.6平方米（图2）。

（单位：平方米）

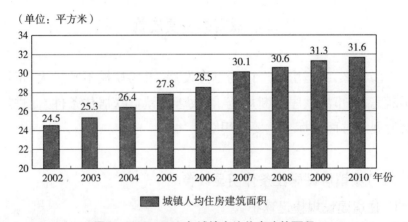

图2　2002—2010年城镇人均住房建筑面积

资料来源：《中国统计年鉴》

3. 住房功能和居住环境更加完善

据国家统计局数据，截至2010年年底，我国城镇居民成套住房面积占总面积的比例已达到82%。城镇居民家庭自有住房率为89.3%，其中38.0%的家庭拥有商品住房，拥有单栋住宅、四居室、三居室的城镇居民家庭比例分别为4.5%、4.3%和32.7%，分别比2005年年底提高1.6、0.3和3.6个百分点。65.5%的城镇居民家庭住宅有装修，比

2005 年提高 7.9 个百分点。98.7% 的城镇居民家庭使用独用自来水，95.0% 的城镇居民家庭有厕所。新建住房质量明显提高，内外部配套设施日趋完备，居住区划布局趋于合理，居住环境明显改善。

（二）房地产市场规模迅速壮大

1. 房地产开发投资快速增长

2002 年以来，我国房地产市场呈现快速发展势头，房地产开发投资快速增长。2011 年，全国房地产开发投资约 6.2 万亿元，比 2002 年增长 6.9 倍。2002 年以来，房地产开发投资占城镇固定资产投资比重保持在 20% 左右（图 3）。商品住房市场是房地产市场的重要组成部分。2011 年商品住房开发投资超过 4.4 万亿元，比 2002 年增长 7.5 倍。2002 年以来，商品住房开发投资占房地产开发投资比重保持在 65% 以上。

2. 商品房销售面积迅速增长

2002 年以来，我国商品房市场快速发展，商品房销售面积迅速增长。2011 年，全国商品房销售面积约 11 亿平方米，其中商品住房销售面积约 9.7 亿平方米，均比 2002 年增长 3.1 倍（图 4）。全国商品房销售额超过 5.9 万亿元，其中商品住房销售额约 4.9 万亿元，均比 2002 年增长 8.8 倍。2002 年至 2011 年，全国商品房累计销售面积达 67 亿平方米，其中商品住房累计销售约 60 亿平方米。住房消费的迅速增长也拉动了装修装饰、家具、家电等行业的迅速发展。

3. 非居住类房地产迅速发展

2002 年以来，我国非居住类房地产业投资占房地产业总投资的比重一直稳定在 30% 上下。非居住类房地产业对城市经济发展起到重要的推动作用，在带动城市第三产业发展、提供城市发展所必备的服务体系、增加商业等配套设施、吸纳社会就业人口以及提高城市综合竞争能力方面做出了重要的贡献。

（单位：亿元）

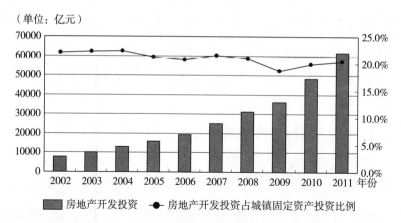

图3　2002—2011年全国房地产开发投资及占城镇固定资产投资比例
资料来源：《中国统计年鉴》，国家统计局房地产开发统计快报

（单位：万平方米）

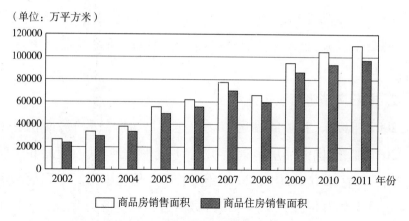

图4　2002—2011年全国商品房及商品住房销售面积
资料来源：《中国统计年鉴》，国家统计局房地产开发统计快报

4. 二手住房市场和住房租赁市场稳步发展

随着相关政策的逐步完善，二手住房市场和住房租赁市场成为解决城镇居民住房问题的重要方式。近几年，北京、上海、广州、深圳、杭州等大城市二手住房成交量已接近或超过新建商品住房成交量。住房租赁市场也日益成为住房供应体系的重要组成部分。大部分外来务工人员、部分新就业职工等群体主要通过租赁方式解决住房问题。

（三）房地产业为经济社会发展做出了重大贡献

1. 房地产业对 GDP 贡献率稳步提高

2002 年至 2010 年,全国房地产业增加值从 0.5 万亿元增加到 2.2 万亿元,按可变价格计算,年均增速达到 19.6%,高于国内生产总值年均增速 3.3 个百分点。房地产业增加值占国内生产总值的比重从 2002 年的 4.4% 提高到 2010 年的 5.6%（图 5）。根据国家统计局的数据,截至 2010 年年底,全国物业管理产值超过 2000 亿元。其中,北京、上海、深圳等发达城市物业管理行业产值占当地国内生产总值的比例均已超过 2%,物业管理行业已成为现代服务业的重要组成部分。房地产业对我国经济增长的贡献显著。

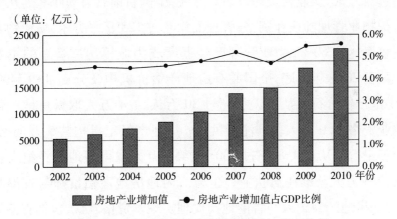

（单位：亿元）

图 5　2002—2010 年房地产业增加值及占 GDP 比例

资料来源:《中国统计年鉴》

2. 房地产业带动相关行业发展

房地产业链条长,关联度大,能直接或间接引导和影响很多相关产业的发展。与第二、三产业中的 50 多个行业联系密切,其中尤以与金融业的关系最为紧密,房地产业的发展不但离不开金融业的支持,同时,其大量的资金需求也促进了金融业的发展。截至 2011 年年底,人民币贷款余额 54.8 万亿元,其中房地产开发贷款余额约 3.5 万亿元,个人购房贷款余额约 7.1 万亿元,两者合计占人民币贷款余额的

19.4%。房地产贷款占商业贷款比例稳步提高,特别是个人住房消费贷款成为增长速度最快、资产质量最高的贷款品种之一。

物业管理类型也日渐呈现出综合性、多样性的特点,已经从普通住宅物业发展到办公、商业、工业、仓储、学校、医院、大型公建等多种领域,物业管理行业已经发展成为一个与经济发展、社会和谐和民生保障息息相关、不可或缺的行业。

3. 房地产业发展扩大了就业

房地产业的迅速发展带动了相关行业就业人数的大幅提高。截至2010年年底,我国共有房地产开发企业8.5万多家,从业人员约209万人,分别比2002年增长1.6倍和0.8倍(图6)。物业服务企业总数已超过6万家,从业人员超过500万人,全国目前共有30499名从业人员获得物业管理师执业资格;管理面积超过125亿平方米,城镇物业管理覆盖率达到60%,物业管理已经逐渐成为城镇房屋管理的主要形式。截至2011年年底,全国共有房地产估价机构及分支机构5400余家,房地产估价行业从业人员超过30万人,4.4万人取得房地产估价师执业资格,3.9万人获准注册执业。房地产经纪机构共5万余家,房地产经纪行业从业人员超过100万,4.4万人取得房地产经纪人执业资格,2.4万人获准注册执业(图7)。内地房地产估价师与香港测量师、内地房地产经纪人与香港地产代理实现了资格互认,包括香港第四届行政长官梁振英在内的196名香港测量师、210名内地房地产估价师取得对方资格;225名香港地产代理、66名内地房地产经纪人取得对方资格。中国房地产估价师与房地产经纪人学会加入了国际测量师联合会(FIG),成为其全权团体会员。

4. 房地产业成为财政收入的重要来源

目前,涉及房地产行业的税收有耕地占用税、城镇土地使用税、房产税、契税、土地增值税、营业税、城市维护建设税、教育费附加、企业所得税、个人所得税、印花税等。有关数据显示,近年来房地产业税收占地方税收收入的比例已超过1/3。此外,近几年与房地产业相关的土

（单位：个）　　　　　　　　　　　　　　　　　　　（单位：万人）

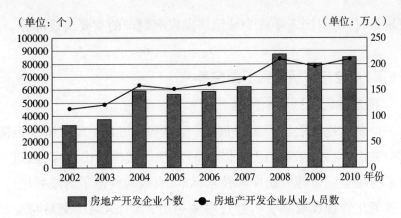

■ 房地产开发企业个数　　●— 房地产开发企业从业人员数

图6　2002—2010年房地产开发企业个数及从业人员数

资料来源:《中国统计年鉴》

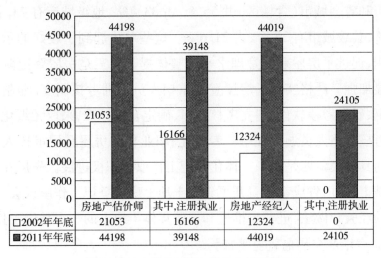

	房地产估价师	其中,注册执业	房地产经纪人	其中,注册执业
□2002年年底	21053	16166	12324	0
■2011年年底	44198	39148	44019	24105

图7　房地产估价和经纪行业人员增长情况

地出让收入快速增长,2011年全国土地出让收入达到3.15万亿元,成为地方政府收入的重要组成部分。

5. 住房成为居民家庭财产的重要组成部分

据国家统计局数据,截至2010年年底,全国有11.2%的城镇居民家庭拥有原有私房,40.1%的家庭拥有房改私房,38.0%的家庭拥有商品住房,住房自住率已达89.3%。近年来,随着我国经济快速发展和居民家庭收入明显增加,特别是居民家庭拥有住房的面积和房屋价值较快增长,住房财产逐步成为城镇居民家庭财产的重要组成部分。

(四)房地产市场规则不断完善

1. 房屋登记规则不断完善

一是制度建设取得积极进展。《房屋登记办法》、《房屋登记簿管理试行办法》、《房地产登记技术规程》等规章文件的出台实施,进一步完善了房屋登记管理的制度和技术标准,有效地规范了房屋登记行为。二是规范化管理成效显著。经过不懈努力,全国房地产交易与登记规范化管理水平有了很大提高,截至 2011 年年底,全国共有 163 个单位取得了全国交易与登记规范化管理先进单位称号,其中:直辖市、计划单列市和省会城市(含辖区)共 55 个,占 33.7%,地级城市有 73 个,占 44.7%,县级城市有 35 个,占 21.6%。这些单位起到了较好的示范带头作用,促进了房屋登记管理水平的整体提升。三是房屋登记队伍建设明显加强。严格实行了房屋登记审核人员培训考核制度,编制了考核大纲、研发考核软件、建立考核题库、确定合格标准,采取无纸化考试并对考核合格人员颁发证书。专业化、职业化的房屋登记审核人员队伍已初具规模。四是城乡一体化登记工作取得积极进展。先后在安徽省宣城市、四川省成都市召开了集体土地上房屋登记工作座谈会,推广各地的经验和做法,进一步推进和规范集体土地上的房屋登记工作。

2. 房地产交易监管显著加强

一是房地产交易制度逐步健全。严格实行了房地产实名交易制度,建立健全了新建商品房、存量房交易合同网上签约制度,推广了交易资金监管等制度,有效地保证了交易资金安全。二是规范了商品房销售行为,进一步加强了商品房预售行为监管,加强了房地产销售代理和房地产经纪监管,加强了预售商品房交付和质量管理。三是促进了房屋租赁市场发展。建立并实行了房屋租赁备案管理制度,积极开展房屋出租专项整治,重点整治房屋出租违规行为,有效地促进房屋租赁市场发展。

3. 市场秩序整治取得积极成效

一是政策法规和制度建设取得明显进展。建立了新建商品房、存量房交易合同网上备案和交易资金监管制度,完善了房地产估价、经纪机构管理制度。二是严厉打击了房地产市场违法违规行为,先后查处了违法开发、违规销售等多起违法违规行为。2007 年,建设部通报了40 起查处的典型案例,促进了房地产市场交易秩序的明显好转。三是逐步完善了房地产市场诚信体系建设。对全部一级房地产企业和部分二级及以下房地产企业、2000 多家房地产估价机构、近 1.3 万家房地产经纪机构建立了信用档案,建立了失信惩戒机制。

三、工作展望

促进房地产市场平稳健康发展事关改革发展、稳定大局,既是我国现阶段扩大内需、保持国民经济平稳健康发展的重要途径,也是实现全面建设小康社会目标、满足广大人民群众过上更好生活新期待的重要内容;不仅是经济问题,更是影响社会和谐稳定的民生问题和政治问题。

当前和今后一个时期,我国正处于经济高速发展和快速工业化、城镇化时期,是住房市场过热、住房价格泡沫等问题的易发期。我国城镇化仍将快速发展,这将带来大量的住房需求,特别是到大城市新就业的毕业生和外来务工人员的自住性住房需求迅速增长。随着城镇居民家庭收入水平的提高,改善住房条件的愿望继续上升,改善性购房需求持续增长。此外,人们的财产意识普遍提高,由于居民投资渠道主要集中在股市和楼市,投资性需求仍将比较活跃。与旺盛的住房需求相比,住房供应增长受到土地资源、环境承载力等因素制约,住房需求增长与供给不足的矛盾客观上将长期存在,加上原材料价格和劳动力成本呈明显上升趋势,住房价格上涨的压力将会长期存在。因此,满足城镇居民合理住房需求,促进房地产市场持续健康发展的任务艰巨而繁重。

　　今后一段时期,需要从政治的、全局的和战略的高度,积极稳妥地处理好房地产业促进经济发展与改善民生的关系,坚持科学发展、和谐发展,把实现广大人民群众住有所居作为政治责任,摆在优先位置。促进房地产业健康发展要坚持以下原则:一是坚持以人为本、保障基本需求;二是坚持立足国情、引导合理消费;三是坚持政府调控与市场调节相结合,构建以政府为主提供基本保障、以市场为主满足多层次需求的体制机制;四是坚持标本兼治,既要立足当前,妥善解决好市场过热、房价泡沫等苗头性问题;又要着眼长远,加快完善房地产市场调控的体制机制和房地产管理法律法规。具体而言,房地产市场调控和监管要明确以下目标:从落实责任、完善制度、增加供给、调节需求、加强监管等方面入手,立足当前、着眼长远,把实施短期调控政策与建立长效机制有机结合起来,努力使住房供求总量基本平衡、结构基本合理、房价与消费能力基本适应,逐步实现广大人民群众住有所居的目标,促进房地产市场平稳健康和可持续发展。

完善住房公积金制度，确保资金安全和有效使用

住房公积金是解决职工基本住房问题的长期专项储金，住房公积金制度的建立、规范和发展，始终围绕和服务于我国城镇住房制度改革发展大局，成为我国住房制度的重要组成部分。

党的十六大以来，住房公积金系统以邓小平理论、"三个代表"重要思想为指导，深入贯彻落实科学发展观，围绕解决职工基本住房问题，不断完善制度、规范管理，强化监管，使住房公积金事业取得了长足发展。

截至 2011 年年底，全国住房公积金缴存职工达 9651 万人，缴存总额突破 4.06 万亿元，缴存余额约 2.19 万亿元，累计发放个人住房贷款 2.24 万元。住房公积金制度为推动住房制度改革、加快住房建设、促进实现住有所居作出了重要贡献，也为今后改革和发展，奠定了良好的基础。

一、住房公积金制度发展简要回顾

改革开放后，1991 年上海市率先试行住房公积金制度。1999 年国务院颁布《住房公积金管理条例》（以下简称《条例》），标志着住房公积金制度在我国正式确立。

2002 年，国务院修订《条例》，强化住房公积金支持个人住房消费

的功能,调整决策与管理体制。党的十六大召开后,住房公积金制度发展迅速,全系统先后开展了机构调整、制度建设、强化监管、专项治理、廉政风险防控等工作,促进住房公积金制度的规范发展和作用发挥。

十年来的发展历程,可分为两个阶段。

(一)修订《条例》,理顺管理体制(2002—2007 年)

制度化、规范化是一项事业长期健康发展的重要保证。住房公积金系统始终坚持从完善制度入手,推进规范化管理和运作。2002 年 3 月,国务院修订《条例》,对住房公积金决策、管理和监督机构的设置进行了规范,明确职责。2002 年 5 月,国务院出台《关于进一步加强住房公积金管理的通知》(以下简称《通知》),召开了全国住房公积金工作会议,温家宝(时任国务院副总理)出席会议并作了重要讲话,会议就落实《条例》规定等相关工作进行了部署。

此后,各地住房公积金机构调整工作正式启动。当年 8 月底前,全国就有 23 个省(区)召开了住房公积金工作会议,对本地区贯彻落实《条例》和《通知》工作进行动员部署。湖北、江西、福建、安徽、甘肃等 10 多个省(区),制定并印发了本省(区)加强住房公积金管理的政策措施。

相关行业也迅速部署落实机构调整要求。建设部和铁道部专门组织力量,研究加快铁路系统住房公积金管理机构调整。国有工矿区、大型企业和省直住房公积金管理机构的调整工作,也得到不同程度的推动。

2003 年,建设部、财政部、人民银行联合出台了《关于住房公积金管理中心职责和内部授权管理的指导意见》,明确管理中心的 15 项职责,规范了管理中心与其分支机构、业务经办网点的职责权限。建立和完善法人内部授权管理制度,对经办网点和分支机构,分别实行基本授权和特别授权管理。建立内部稽查制度,对经办网点的业务进行稽核,确保职能落实。

机构调整同时,住房公积金制度体系也逐渐形成。由建设部牵头,会同财政部、人民银行、法制办、监察部、劳动保障部、审计署、全国总工会、银监会、国务院发展研究中心和中国社科院建立住房公积金工作部际联席会议制度。各省(区)由建设厅牵头,建立部门间协调沟通机制。各部门相继发布包括《住房公积金行政监督办法》在内的60余个配套文件,初步形成住房公积金制度架构,对住房公积金缴存、使用等方面作了规定。各地管委会结合当地经济发展情况、住房状况和职工收入水平等因素,研究制定公积金具体缴存比例、贷款限额和贷款期限,确定受托银行,审批住房公积金归集、使用计划及计划执行情况的报告。各地管理中心根据业务模式,设计业务流程、制定操作规程。住房公积金管理逐步走上制度化、规范化轨道。

(二)完善业务政策,加强监督管理(2008年至今)

2008年以来,房地产市场发展迅速,住房价格上涨较快,中低收入职工住房支付能力不足,住房矛盾日益突出。为进一步发挥住房公积金的住房保障功能,确保资金安全,相关部门从加强监管、专项治理、改进服务方面开展了一系列工作。

1. 健全监督体系,加强监督管理

住房公积金资金量大,增长速度快,属于职工个人所有,社会关注、群众关心,资金安全不容闪失,必须强化监管,在如下几个方面开展了有效的工作:一是建立了专职监管队伍,二是制定监管配套文件,三是构建协同监管机制,四是加快监管信息系统建设。

2. 开展专项治理,清收涉险资金

针对2006—2007年审计署对全国178个管理中心进行审计调查和专项审计发现的问题,贯彻落实国务院廉政工作会议和全国纠风工作会议精神,住房和城乡建设部等七部门从2008年到2010年连续三年在全国集中开展加强住房公积金专项治理。一是明确专项治理要求。二是组织专项治理检查。三是清收涉险资金。四是整合监管力量。

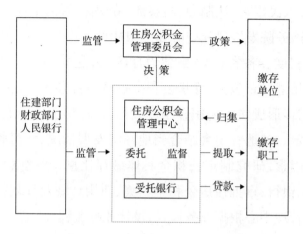

住房公积金监管、管理、运作基本模式图

3. 坚持以人为本,提升服务水平

住房公积金行业始终以满足职工住房需求为立足点,努力为缴存职工提供优质、高效、便捷的服务。十年来,各地管理中心经历了从"重管理、轻服务"到"管理和服务并重",再到"寓管理于服务之中"的转变,实现几方面大的提升:一是通过制定服务指引明确具体服务要求;二是各省市将加强和改进服务融入日常业务工作中;三是努力提高服务软硬件水平。

4. 实施廉政风险防控,确保管理公开透明

及时识别和监控管理中的风险点,是对资金实施有效监管的关键。2011 年,住房和城乡建设部等六部门联合印发《关于加强住房公积金廉政风险防控工作的通知》(以下简称《防控通知》)和《住房公积金廉政风险防控指引》,要求各地加强风险防控,从如下几方面入手:一是细化廉政风险防控措施;二是引入外部监督,增强管理透明度;三是健全内控机制。

5. 开展项目贷款试点,支持保障性住房建设

为解决中低收入家庭住房困难问题,提高住房公积金使用效率,国

务院决定利用住房公积金支持保障性住房建设,住房和城乡建设部会同有关部门制定了试点方案及配套管理制度,建立了试点运行监管系统,加强监管,严格规范试点项目运行管理。

6. 加强队伍建设,提升人员素质

高素质的人才队伍是事业持续健康发展的重要保证。住房和城乡建设部会同相关监管部门,从制度建设、信息化管理、教育培训等多方面入手,强化人员管理,着力打造一支素质过硬的住房公积金管理队伍,采用如下几种办法:一是举办领导干部培训和各项专业培训;二是开发运用住房公积金管理人员信息系统;三是树立先进典型和学习榜样。

(三)住房公积金与中国住房体制

住房公积金制度随着我国住房制度改革而诞生,是立足我国国情,创造性地吸收新加坡中央公积金制度的成功经验,形成的具有中国特色的住房资金制度,推动了我国住房分配体制由计划向市场的转变。

1. 住房公积金对住房体制改革的影响

住房公积金制度的建立取得一系列重要成果:一是推进住房分配货币化。计划经济体制下采取"低工资、高福利"政策,职工收入低,缺乏住房消费能力。住房公积金通过采取个人缴存、单位补助的形式转变住房分配机制,促进实物分配向货币分配的转变,提高职工住房支付能力。二是促进住房金融的发展。住房消费一次性投入大,普通职工难以负担,需要有一种使负债期限延长的住房融资机制。住房公积金具有资金来源稳定、数额大、期限长的特点,能够有效解决负债期限短的难题。住房公积金制度的实施,培育了政策性住房抵押贷款制度,带动了商业性个人住房贷款的起步和发展。三是发挥住房保障作用。2004 年《中国的社会保障状况和政策白皮书》将住房公积金制度、经济适用住房制度和廉租住房制度,确定为我国住房保障制度三大组成部分。住房公积金增值净收益用于廉租房建设,1999 年以前发放项目贷款支持安居工程建设,2010 年开展保障房建设项目贷款试点,住房公积金个贷支持中低收入职工购买住房,都体现了制度的住房保障作用。

2. 住房公积金对住房建设的影响

在住房制度改革深化的过程中,我国住房市场快速发展,城镇住房供应量显著增加,住房公积金发挥了重要作用。

一是提供住房建设资金,扩大住房供应。1999 年国务院《条例》出台之前,住房公积金主要功能在于发放住房建设项目贷款,支持国家和单位建设住房,在很大程度上解决了住房资金不足的问题,大大缓解了住房紧缺矛盾。

二是支持保障房建设。2010 年,国家开展了利用住房公积金贷款支持保障房建设试点,对经济适用住房、棚户区改造安置用房和政府投资的公共租赁住房建设给予贷款支持,在同等条件下,所建住房优先供应给符合条件的缴存职工。

3. 住房公积金对住房消费的影响

在住房制度改革深化的过程中,我国商品住房市场快速发展,住房公积金在支持职工住房消费方面发挥了积极作用:一是提高职工住房支付能力,增加住房有效需求;二是支持中低职工解决住房问题。

缴存职工能从住房公积金制度享受到的优惠

项　目	内　容
单位资助	住房公积金个人、单位均按照职工工资的一定比例逐月存入职工个人账户,增加个人收入。
国家免税	企业缴存的住房公积金列入成本开支,个人缴存的住房公积金不纳入个人所得税计税范围。
低息贷款	缴存住房公积金后,可享受职工个人住房公积金低息贷款,减少每月的还款压力。按当前利率水平,30 年 30 万的个人住房贷款,使用住房公积金贷款能节省 14.4 万元,月还款额节省近 400 元。
支持住房消费	可提取住房公积金用于租房、购房、养房支出,中低收入人群可优先享受住房公积金贷款支持建设的保障性住房。

二、住房公积金主要政策调整和改革措施

十年来，住房公积金制度的发展始终坚持以科学发展观为指导，立足解决城镇居民基本住房问题，紧密围绕规范管理、维护职工权益、支持住房保障三大主题，制定出台了一系列重要政策，促进制度又好又快发展。

（一）2002 年修订《条例》

1999 年，国务院制订和颁布《条例》，住房公积金制度从此步入法制化发展轨道。《条例》颁布后，各地加快建立住房公积金制度的进程，但部分地区仍未按要求建立住房公积金管理委员会作为决策机构，住房公积金仍由区县和行业独立管理，资金高度分散，存在风险隐患。

为进一步加强规范管理，保障资金安全，2002 年 3 月，国务院修改并重新颁布《条例》。明确"管委会决策，中心运作，银行专户存储，财政监督"的原则，完善缴存范围、决策机构、管理体制、监管部门、责任和处罚等方面的政策规定。一是扩大缴存范围，将民办非企业单位和社会团体纳入缴存范围。二是调整决策机构，明确设区城市成立住房公积金管理委员会作为决策机构。管委会成员中，人民政府负责人和建设、财政、人民银行等有关部门负责人以及有关专家占 1/3，工会代表和职工代表占 1/3，单位代表占 1/3。三是完善管理体制，规定设区城市应当按照精简、效能的原则，设立一个管理中心，负责住房公积金的管理运作，县（市）不设立管理中心。四是明确监督部门，规定省、自治区人民政府建设行政主管部门会同同级财政部门以及中国人民银行分支机构，负责本行政区域内住房公积金管理法规、政策执行情况的监督。五是增加处罚内容，规定管委会违反《条例》规定审批住房公积金使用计划的，由国务院建设行政主管部门会同国务院财政部门或者由省、自治区人民政府建设行政主管部门会同同级财政部门，依据管理职权责令限期改正。管理中心违反《条例》规定的，由国务院建设行政主

管部门或者省、自治区人民政府建设行政主管部门依据管理职权,责令限期改正;对负有责任的主管人员和其他直接责任人员,依法给予行政处分。新颁布的《条例》在其他方面也做了修订。

(二)2005年印发《指导意见》

2002年《条例》修订之后,各地住房公积金管理得到进一步规范,业务发展迅速。与此同时,我国的就业结构、收入分配格局、居民住房条件等经济社会状况也发生了很大变化。进城务工人员等新就业群体住房公积金的缴存问题,缴存差距过大问题,破产、改制企业职工住房公积金续交、补缴等问题,引起社会广泛关注。这些问题在《条例》和其他文件中均没有明确规定和相应的措施。

为解决制度运行中面临的新情况、新问题,进一步规范业务发展,健全风险防范机制,维护缴存人的合法权益,2005年,建设部、财政部、人民银行联合印发《关于住房公积金管理若干具体问题的指导意见》(建金管[2005]5号)(以下简称《指导意见》),就住房公积金缴存人群、缴存额度、提取条件、破产改制企业职工住房公积金权益维护等方面做出相关规定,对规范各地住房公积金管理运作发挥了积极作用。

(三)实施差别化个贷政策

2010年,针对部分城市房价、地价上涨过快,投机性购房再度活跃的趋势,国务院印发了《关于坚决遏制部分城市房价过快上涨的通知》(国发[2012]10号文)。根据该文件精神,同时,也为了规范住房公积金个人住房贷款政策,充分发挥住房公积金制度对缴存职工的保障作用,住房和城乡建设部、人民银行、银监会联合印发了《关于规范住房公积金个人住房贷款政策有关问题的通知》(建金[2010]173号),实施差别化个贷政策,满足职工基本住房需求。

文件主要内容包括:一是重申了《条例》的规定,住房公积金个人住房贷款只用于缴存职工购买、建造、翻建、大修普通自住房,以支持基本住房需求。二是住房价格过高,上涨过快、供应紧张或公积金个贷资金不足的城市暂停发放第二套公积金个贷;其他城市发放第二套公积金个贷时,要适当提高首付款比例和贷款利率。三是各城市一律停止发放第三套及以上公积金个贷。通知的下发,首次明确住房公积金实行差别化个贷政策。

(四)开展保障房建设贷款试点

为解决中低收入家庭住房困难问题,2007年以来,党中央和国务院要求各地加大保障性住房建设力度。随着保障性住房建设任务的增加,建设资金不足的问题日益突出。同时,住房公积金有大量闲置资金。住房和城乡建设部会同有关部门研究认为,住房公积金资金规模大、筹资成本低、来源稳定,可以为保障性住房建设提供长期、低成本的资金支持。2008年国务院办公厅《关于促进房地产市场健康发展的若干意见》和2009年《政府工作报告》均提出选择部分城市,开展住房公积金支持保障性住房建设试点。2009年10月,经国务院同意,住房和城乡建设部会同财政部、国家发展改革委、人民银行、监察部、审计署和银监会等6部门,印发《关于印发利用住房公积金贷款支持保障性住房建设试点工作实施意见的通知》,正式组织开展住房公积金试点工作。

《通知》规定,住房公积金贷款支持经济适用住房、棚户区改造安置用房和政府投资的公共租赁住房建设;建成的保障性住房,在同等条件下优先供应住房公积金缴存职工。为防控资金风险,明确四项具体措施:一是贷款专款专用,二是项目资金封闭管理,三是严格抵押条件,四是明确还款责任。

住房公积金项目贷款试点,为住房公积金制度更好发挥保障作用进行了有益的探索,对完善住房公积金制度,加快保障性住房建设具有重要意义。

（五）出台加强和改进服务工作的文件

2002年《条例》修订后，各地按照要求规范业务管理，加强风险防范，总体服务水平不断提高。为加强和改进住房公积金服务工作，维护缴存职工合法权益，充分发挥住房公积金制度作用，2011年，住房和城乡建设部会同财政部、人民银行和银监会联合印发《关于加强和改进住房公积金服务工作的通知》（以下简称《服务通知》）、《住房公积金服务指引（试行）》（以下简称《服务指引》）。

《服务通知》主要内容包括：一是要求各地优化业务流程，健全服务制度，实施"一站式"业务办理，开展预约和上门服务；二是要求合理设置服务网点，完善服务设施，营造良好服务环境；三是要求加快信息化建设，创新服务方式，开通住房公积金服务热线，建立信息共享机制；四是强化人员素质，合理配置人员，规范网点服务行为，建立服务激励机制；五是定期开展监督检查，加强社会和群众监督，及时受理群众投诉举报，维护职工合法权益。

《服务通知》的印发，使住房公积金服务工作有了统一的标准，服务工作从此步入稳步提高、规范发展的轨道。《服务指引》对各项业务办理的要件、流程和时限等做了明确规定，有利于对各地服务水平进行评价和改进。

三、近十年取得的成效

经过十年发展，住房公积金管理体制逐步理顺，各项业务快速发展、内部管理日趋规范，资金总体安全完整、服务水平不断提升，对解决职工基本住房问题发挥了积极作用。

（一）资金积累机制形成，资金规模不断扩大

2002年以来，各地管理中心通过加强制度宣传和行政执法，住房公积金制度覆盖面不断扩大。各地认真做好新就业群体的缴纳工作，

逐步将城镇个体工商户、自由职业人员、进城务工人员纳入缴存范围，住房公积金缴存人员数量稳步上升。同时，依据当地经济发展和职工工资水平情况，及时调整缴存基数和缴存比例，职工住房公积金积累持续增长。截至 2011 年年底，全国住房公积金实际缴存职工 9650.8 万人，缴存总额 4.06 万亿元，缴存余额 2.19 万亿元，分别是 2002 年年底的 9.7 倍和 7.4 倍，住房公积金归集工作取得显著成效。

随着住房公积金提取量不断增加，支持住房消费作用日益突出。部分城市为更好地发挥住房公积金的保障功能，提高资金使用效率，按照 2005 年《指导意见》精神，结合当地实际情况适当放宽提取条件，允许低保、失业和家庭生活严重困难职工提取住房公积金用于住房消费，允许因重大疾病造成家庭困难的职工提取住房公积金。截至 2011 年年底，职工累计提取住房公积金 1.87 万亿元，提取金额的 80% 用于住房消费，其中 2011 年提取住房公积金 3929 亿元，为 2002 年的 10 倍。

全国住房公积金缴存总额增长图

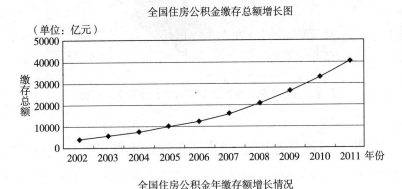

全国住房公积金年缴存额增长情况

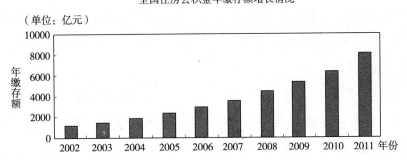

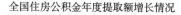

全国住房公积金年度提取额增长情况

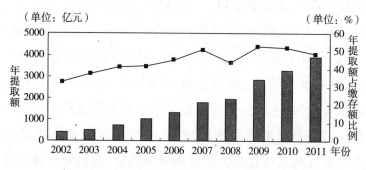

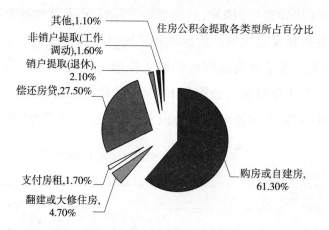

（上图为问卷调查反映的职工提取公积金用途分布情况）

（二）资金运用渠道拓宽，提高职工住房消费能力

近年来，由于部分城市商品房价格高企，保障性住房供应不足等原因，中低收入职工住房问题日益突出。住房公积金通过低息贷款的形式促进了住房消费和住房建设，对支持中低收入职工解决住房问题发挥了重要作用。

住房公积金个人住房贷款已经成为我国政策性住房贷款的唯一形式，也是制度优越性的最主要体现。各地不断完善贷款政策，合理确定贷款年限、降低首付款比例、简化业务办理手续，帮助中低收入职工增强购房能力。截至2011年年底，全国累计向1499万户家庭发放个人

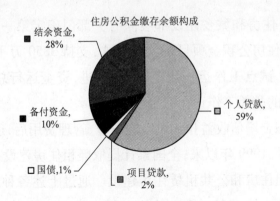

住房贷款2.24万亿元,贷款余额1.3万亿元,目前公积金对商业房贷的优惠幅度高达2.1个百分点,每年为职工节约利息支出270余亿元。同时,全国平均个贷率达到59.4%,比2002年年底提高近20个百分点,使用效率持续提高。

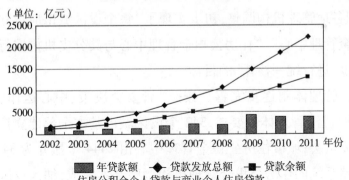

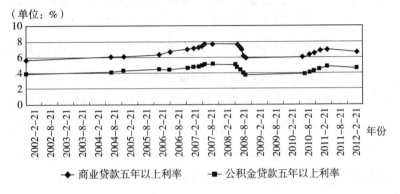

2010 年,住房和城乡建设部会同有关部门确定第一批 29 个试点城市,以发放住房公积金项目贷款的方式,支持 3850 万平方米的保障性住房建设。试点工作运作规范,稳步推进,资金运行总体完善。目前,扩大试点的相关工作正在部署当中。

住房公积金增值收益扣除风险准备金、管理费用后,还支持廉租房建设。据统计,1999 年以来,全国累计提取廉租住房建设补充资金 478 亿元用于廉租住房和公共租赁住房建设。通过上述各种方式,住房公积金制度累计支持 4300 多万缴存职工解决住房问题,惠及约 1 亿城镇居民。

(三)机构调整取得突破,管理体制逐步理顺

住房和城乡建设部会同有关部门按照《条例》和温家宝总理关于"健全决策体制、调整管理机构、强化监督工作、规范发展业务"的要求,组织各地管理机构调整,初步实现了"每个设区城市应设立一个住房公积金管理中心"、"住房公积金管理中心与其分支机构实行统一的规章制度,进行统一核算"的目标。

一是管理体制逐步完善。按照"管委会决策、中心运作、银行专户、财政监督"管理体制要求,342 个设区城市基本全部建立住房公积金管理委员会;城市住房公积金管理中心由 2444 个撤并为 342 个,县级和铁路系统的住房公积金管理机构调整基本完成,纳入设区城市统一管理;同时,住房公积金从业人员队伍不断加强,总数已达 2.78 万人。

二是监管力量得到充实。住房和城乡建设部牵头,会同其他监管部门,逐渐建立部、省两级行政监管,设区城市财政、审计同级监督的监管体系。住房和城乡建设部独立设置住房公积金监管司,负责全国住房公积金监管工作;除青海和西藏外,各省(区)住房和城乡建设厅都独立设置了住房公积金监管机构,负责辖区内住房公积金监管工作。监管队伍得到加强,监管能力不断提升。

（四）业务政策日趋完善，管理规范化程度不断提高

住房公积金管理机构调整以来，住房公积金监管部门和各地管理机构，从健全规章制度、强化内部管理入手，开展了大量基础性工作，住房公积金管理水平和业务能力得到有效提升，达到了政策体系基本建立，业务管理更加规范的目的。

（五）风险防控管理加强，资金总体安全完整

为纠正违法违规行为，清收涉险资金，近年来，国家有关部门先后通过专项审计、专项治理、廉政风险防控等工作加强监管，确保资金安全完整，取得显著效果：第一，历史遗留涉险资金的清理工作取得显著成效；第二，违规违法行为得到遏制；第三，贷款资产质量得到提高；第四，廉政风险防控力度不断加强。

（六）服务水平不断提高，行风建设取得实效

十年来，各地公积金管理中心以职工利益为根本出发点，不断创新服务方式，提高管理效率和服务水平，服务设施不断改善，服务能力不断提高，主要表现在：一是加强和改进服务工作成效明显，二是政风行风建设取得初步成果。

经过十年科学发展，住房公积金制度在满足个人住房消费需求、推动保障性住房建设、促进住房金融发展、拉动经济增长等方面发挥了重要作用，形成了具有中国特色的住房资金积累机制。正如温家宝同志指出，"实行住房公积金制度是在社会主义市场经济条件下改善城镇居民住房条件的正确途径，应长期坚持下去"。

四、住房公积金制度未来发展展望

2002 年以来，我国经济社会和住房状况发生了巨大变化，住房公积金制度面临新情况和新问题：一是城镇化进程加快，每年新增 1000

多万城市人口,其中大部分是新就业大学生和在城市定居的农民工,收入低、积蓄少,又迫切需要解决住房问题。二是城镇住房价格高企,中低收入家庭的收入增幅低于房价涨幅,住房支付能力严重不足。三是保障性住房建设资金不足。根据"十二五"规划,公共租赁住房将成为我国保障性住房的主要形式,但由于投资规模大、占用周期长、收益水平低,仍缺乏稳定可持续的融资机制。为适应新形势、新要求,住房公积金制度将进一步在制度定位、业务政策、管理体制、资金运作等方面进行调整和完善。

(一)明确制度定位

党的十七大提出住有所居目标,要求加快解决中低收入家庭住房困难的问题。住房公积金制度应根据新目标、新要求,进一步增强住房保障作用,在需求和供给两端保障职工基本居住权利。在需求方面建立个人住房资金积累机制和基本住房消费支持机制,在供给方面将住房公积金与公共租赁住房建设紧密结合。

(二)调整业务政策

任何制度作用的发挥都要通过业务活动来实现,下一步将结合我国实际住房状况和职工住房需求,研究完善相关业务政策。主要包括:扩大制度覆盖范围,放宽个人提取条件,完善个人购房贷款制度,拓宽资金使用渠道,调整增值收益分配。

(三)理顺管理体制

按照住房公积金制度定位的要求,结合现行管理体制的实际状况,进一步理顺管理体制,为全体缴存职工提供均等化的基本公共服务。探索建立全国统一政策、统一管理、城市运作和部门协同监管的管理体制。

（四）运作结余资金

将各城市的结余资金适度集中统一运作,拓宽投资渠道,提高住房公积金收益,防范流动性风险和廉政风险,发挥制度效能。

（五）加强队伍建设

从建立人员准入制度,加强对领导干部和一般从业人员的管理;强化教育培训,提升从业人员职业水平;加强和改进服务,提高职工满意度,着力打造一支政治素质过硬、业务能力强、服务水平高的住房公积金管理队伍。

在科学发展观的引领下,住房公积金制度走过了十年快速发展的历程,为满足职工基本住房需求,改善住房条件发挥了重要作用。展望未来,解决中低收入职工住房问题、发挥住房保障作用等方面,任务依然艰巨。我们将进一步深入贯彻落实科学发展观,深入研究,锐意进取,开拓创新,扎实工作,为实现住有所居目标,促进社会和谐,做出新的更大贡献。

第二部分　城乡规划与建设

　　科学发展观的基本要求是全面协调可持续,根本方法是统筹兼顾。规范城乡规划建设秩序,指导城乡建设,是住房城乡建设部门的一项重要职责。十年来,住房城乡建设部门认真贯彻落实科学发展观,坚持统筹协调,促进城乡区域协调发展。科学编制城乡规划,强化规划实施管理,充分发挥城乡规划对于城乡建设发展的调控引导作用;加大城乡基础设施和公共服务设施建设力度,强化城市管理,促进城市安全高效运行;加强城乡历史文化资源、自然资源保护,推进园林绿化建设,促进城乡建设可持续发展。这一时期,城镇化加快推进,大中小城市和小城镇协调发展格局初步形成;市政公用设施服务和供给能力增强,城乡人居生态环境不断改善。住房城乡建设系统为打造美好城乡做出了应有贡献。

坚持城乡统筹理念，做好城乡规划工作

在我国城镇化快速发展的大形势下，城乡规划已经成为各级政府引导城镇化健康发展，加强和改进宏观调控的重要手段。落实科学发展观，统筹城乡发展，提升城乡建设水平，城乡规划作用重大。

一、城乡规划管理体制逐步完善

党的十六大以来，党中央、国务院非常重视城乡规划工作，强调城乡规划要在城乡经济和社会发展中充分发挥先导和统筹作用。在国家推进经济发展方式和政府职能转变、加强和改进公共管理、强化依法行政的背景下，城乡规划管理机制和法制建设得到加强和优化，城乡规划的政府职能得到进一步完善，有效地调控和引导了城乡发展和建设，促进了城乡经济、社会和资源环境的协调和可持续发展。

（一）逐步建立有中国特色的城乡规划法律法规体系

20世纪90年代末，针对城镇化过程中出现的新问题，在认真总结十多年来实施《城市规划法》和《村庄和集镇规划建设管理条例》实践的基础上，建设部会同国务院有关部门认真分析城乡建设当中存在的突出问题，历经近十年的调查研究，提出了《城乡规划法》建议稿。经过严格的立法程序，《中华人民共和国城乡规划法》于2007年10月28日经第十届全国人民代表大会常务委员会第三十次会议审议通过，并从 2008 年 1 月 1 日起施行。《城乡规划法》根据我国经济社会发展的阶段特点和城乡规划工作实际,明确了城乡规划制定的原则;确定了由城镇体系规划、城市规划、镇规划、乡规划和村庄规划构成的城乡规划体系;结合我国投资体制和土地供应方式的改革,完善了规划许可制度,简化了农村建设规划审批程序;针对随意频繁变更规划的突出问题,提出了公众参与制度、评估制度、规划修改的审批制度、修改备案和补偿制度;为保证城乡规划实施,设立了城乡规划监督检查制度,强化了行政监督、人大监督和社会监督的作用,并针对地方政府及其有关部门的违法行为和建设单位、个人的违法行为详细规定了应当承担的法律责任,提出处罚要求。

《城乡规划法》的出台,对于提高我国城乡规划的科学性、严肃性、权威性,促进城乡规划科学民主决策,加强城乡规划监管,协调城乡科学合理布局,保护自然资源和历史文化遗产,保护和改善人居环境,促进我国经济社会全面协调可持续发展具有长远的重要意义。

在《城乡规划法》确立历史文化名城名镇名村保护制度基础上,国务院于 2008 年颁布了《历史文化名城名镇名村保护条例》。《历史文化名城名镇名村保护条例》对于保护不可再生资源,保持和延续传统历史风貌,维护历史文化遗产的真实性和完整性,发挥了重要作用。

十年来,原建设部、住房和城乡建设部在对现有城乡规划法规梳理研究的基础上,确定了急需制定的部门规章,着手开展相关配套法规体系建设工作。在加强资源保护,提升城市功能和促进城乡可持续发展方面,制定并颁布了《城市绿线管理办法》(自 2002 年 11 月 1 日起施行)、《城市紫线管理办法》(自 2004 年 2 月 1 日起施行)、《城市黄线管理办法》(自 2006 年 3 月 1 日起施行)、《城市蓝线管理办法》(自 2006 年 3 月 1 日起施行);在完善规划编制审批方面,制定并颁布了《城市规划编制办法》(自 2006 年 4 月 1 日起施行)、《城市总体规划修改工作规则》(2010 年 3 月 12 日国务院办公厅发布)、《省域城镇体系规划编制审批办法》(2010 年 7 月 1 日起施行)和《城市、镇控制性详细规划编制审批办法》(2011年1月1日起施行)。

此外,住房和城乡建设部还组织完成了《违反城乡规划行为处分办法(征求意见稿)》《城乡规划公开公示指导意见(征求意见稿)》等起草工作,开展了"修订《城乡规划编制单位资质管理规定》专题研究"、"城乡规划许可的重点内容研究"等研究工作,为下一步开展立法工作奠定了基础。以《城乡规划法》为核心,以《历史文化名城名镇名村保护条例》以及相关部门规章和地方配套法规为基础,符合中国国情的城乡规划法律法规逐步建立起来。

与此同时,各地也高度重视地方配套法规建设。在充分考虑本地情况的基础上,依据法律要求,积极开展针对性强、切实有效的地方规划条例或实施办法的制定工作。截至2012年6月,全国80%的省、自治区和直辖市,已由本级人大常委会通过了本省(区、市)的城乡规划条例或实施《中华人民共和国城乡规划法》办法;一些具有地方立法权的城市,也制定了本市的城乡规划地方法规,为全面、有效贯彻落实《城乡规划法》,推动各地城乡规划工作依法行政提供了重要保障。

(二)不断健全城乡规划科学民主决策机制

1. 探索建立城乡规划委员会审议制度

为提高城乡规划决策的科学性、民主性,建设部于2003年开展了城乡规划管理体制改革试点工作,在贵州省、四川省探索建立规划委员会制度,转发了《关于深化贵州省城市规划管理体制改革有关问题的通知》,供各地学习、借鉴。城市规划委员会制度的创新意义主要体现在以下几个方面:一是促进由个体决策转向集体参与,改变过去领导个人说了算的做法;二是促进多方利益主体共同参与规划决策、还权于民,促进规划管理的民主化;三是通过城乡规划委员会与规划督察员制度的结合,加大城乡规划督察力度,对违法违规行为进行事前、事中防范。

2. 逐步建立多方参与的城乡规划决策机制

各地城乡规划编制中逐渐摸索出了较为有效的多方参与城乡规划的编制和审批机制,使城乡规划从过去的政府或规划管理部门"包揽"的方式,向政府"组织"、多方参与的民主与集中相结合的开放式决策方式转变。例如《北京市城市总体规划(2004—2020)》编制工作中,做到了科学、民主、依法办事,突出了首都规划的战略性、前瞻性,抓住了若干重大问题,与以往规划编制工作相比有进步、有突破、有发展。温家宝总理充分肯定了北京的做法,将北京市城市总体规划编制方式概括为"政府组织、专家领衔、部门合作、公众参与、科学决策"二十字方针,并在全国推广。在规划的审批过程中,也通过部际联席会议制度,充分发挥发改、国土、环保、文物等各相关职能部门的作用,共同参与审定规划编制成果,确保规划的有效落实。

3. 逐步建立城乡规划公众参与制度

随着《城乡规划法》的出台,各级人民政府和规划主管部门对城乡规划公众参与制度建设十分重视,很多省市都细化了规划制定和许可过程中公众参与的程序和方法,以保障全社会能够在真正了解规划的基础上参与规划。目前,各地的规划许可已经基本上做到规划项目许可的依据和结果依法公开,实现了所有在建工程项目设立(挂、贴)规划公示牌,让规划部门和建设单位接受公众监督。一些地方还依据《城乡规划法》的规定,制定出公众参与的具体、细致的规范办法。城乡规划公众参与制度的建立对提高城乡规划工作依法行政和民主决策水平,保障城乡规划的公平公正起到了积极的作用。

(三)完善城乡规划实施机制

1. 建立"三区四线"的空间管制方法

为了保护自然生态和历史文化资源,加强基础设施建设,改善人居环境,住房城乡建设部先后颁布了《城市绿线管理办法》、《城市紫线管理办法》、《城市黄线管理办法》、《城市蓝线管理办法》等"四线"管理办法,并在《城市规划编制办法》、《省域城镇体系规划编制审批办法》和《城市、镇控制性详细规划编制审批办法》中明确了规划成果应当包含适宜建设区、限制建设区、禁止建设区的"三区"和绿线、紫线、黄线和蓝线的"四线"内容,提出对城市水体、绿地空间、基础设施和历史文化遗存等的空间管制要求。"三区四线"作为城市规划中的刚性内容,是维护城市规划权威性,发挥城市规划统筹城乡发展的前提和基础。

2. 明确规划强制性内容

为了保证城乡规划中涉及区域协调发展、资源利用、环境保护、风景名胜资源管理、自然与文化遗产保护、公众利益和公共安全等方面的内容得到有效落实,2002 年 5 月,《国务院关于加强城乡规划监督管理的通知》(国发[2002]13 号)提出总体规划和详细规划必须明确强制性内容,任何单位和个人都不得擅自调整已经批准的总体规划和详细规划的强制性内容。建设部即联合中央编办、国家计委、财政部等九部委制定了《关于贯彻落实〈国务院关于加强城乡规划监督管理的通知〉的通知》(建规[2002]204 号),对各省情况进行抽查。2002 年 8 月,建设部组织召开全国城乡规划工作会议,研究具体落实措施。随后,建设部印发了《近期建设规划工作暂行规定》和《城市规划强制性内容暂行规定》,明确了近期城市建设重点和城市规划强制性内容重要性。

2006 年起实施的《城市规划编制办法》分别对城市总体规划和控制性详细规划应当确定的强制性内容进行了规定。

2008 年起实施的《城乡规划法》进一步明确了"规划区范围、规划区内建设用地规模、基础设施和公共服务设施用地、水源地和水系、基本农田和绿化用地、环境保护、自然与历史文化遗产保护以及防灾减灾等内容,应当作为城市总体规划、镇总体规划的强制性内容"。

2010 年起实施的《省域城镇体系规划编制审批办法》规定了"限制建设区、禁止建设区的管制要求,重要资源和生态环境保护目标,省域内区域性重大基础设施布局等,应当作为省域城镇体系规划的强制性内容"。

2011 年起实施的《城市、镇控制性详细规划编制审批办法》则规定了"控制性详细规划修改涉及城市总体规划、镇总体规划强制性内容的,应当先修改总体规划"。

城乡规划强制性内容的提出,突显了城乡规划的公共政策属性,约束了规划修改的随意性,保障了相关利害人的权益,有效遏制了城市建设中因追求短期利益或局部利益而侵害公共利益和长远利益的问题。

3. 规范了城乡规划实施管理程序

《城乡规划法》确定了我国城镇规划实施"一书两证"(选址意见书、建设用地规划许可证、建设工程规划许可证)的规划管理制度,乡村规划管理实行乡村建设规划许可证制度以及建设项目竣工后的规划核实制度。为了规范规划实施管理,2012 年住房和城乡建设部制定下发《建设用地容积率管理办法》,提升容积率调整的公开性、约束性和可操作性;制定《规范城乡规划行政处罚裁量权指导意见》,规范城乡规划工作中的行政处罚行为,减少自由裁量权。各地城乡规划管理部门也探索建立和逐步完善了规划实施管理制度。

(四)强化城乡规划监督检查

1. 建立了城乡规划督察员制度

为加强上级对下级城乡规划工作的指导和监督,建设部 2003 年开始分别在贵州、四川两省开展派出城乡规划督察员试点工作。在试点工作的基础上,建设部于 2005 年和 2006 年先后出台了《建设部关于建立派驻城乡规划督察员制度的指导意见》(建规[2005]81 号)和《建设部关于开展派出城市规划督察员试点工作的通知》(建稽[2006]187号),正式在全国层面建立起城乡规划督察员制度,并于 2006 年 9 月派出了第一批 9 名城乡规划督察员分赴杭州、南京等 6 个城市开展城乡规划督察工作。截至 2012 年 6 月,住房和城乡建设部已派出 6 批共102 名城乡规划督察员分赴 89 个由国务院审批城市总体规划的城市。

五年多来,派驻各地的督察员共发出督查文书 200 余份,制止违法违规行为和苗头600余起,有效增强了城乡规划的权威性和严肃性。

2. 探索建立城乡规划动态监测制度

为全面落实科学发展观,进一步发挥城乡规划对城乡发展建设的综合调控作用,建设部于2003年11月发布了《关于开展城市规划动态监测工作的通知》(建规函[2003]252号),并于2006年下发了《关于进一步做好城市规划遥感动态监测工作的通知》,将试点范围扩大到20个城市。

这项工作开展近10年来,一共对36个城市组织卫星遥感监测76期,配合城乡督察员制度,为派驻各地的城乡规划督察员核查涉及城市总体规划强制性内容图斑625处。

随着城市规划动态监测工作的逐步深入,现已逐步建立起国家和地方两个层次的城市规划动态监测系统,为在全国范围开展城市规划动态监测并建立我国城市规划监管的长效机制奠定了良好基础。

3. 开展了房地产领域违规变更规划调整容积率问题专项治理工作

为解决房地产开发中违规变更规划调整容积率等突出问题,促进城乡规划依法行政和房地产市场健康发展,推进惩治和预防腐败体系建设,2009年至2010年,住房城乡建设部、监察部用两年左右的时间对房地产开发领域违规变更规划、调整容积率问题进行了专项治理工作(以下简称容积率问题专项治理)。

住房和城乡建设部、监察部对容积率问题专项治理工作高度重视。中央政治局常委、中央纪委书记贺国强同志批示要求:"住房和城乡建设部、监察部开展的这一专项检查很重要。规划在城市建设中起着领导和导向的作用,而容积率是规划的一项很重要指标。近年来,涉及容积率管理的案件时有发生,一些人为了个人的蝇头小利,而使一座城市的规划和建设遭受不可挽回的损失,贻害于后人。既要治标,更要治本,下大力抓好这一专项治理。"中央书记处书记、中央纪委副书记何勇同志亲自过问容积率问题专项治理进展情况并提出明确要求。

住房和城乡建设部、监察部联合印发了《关于加强建设用地容积率管理和监督检查的通知》《关于对房地产开发中违规变更规划调整容积率问题开展专项治理的通知》《关于深入推进房地产开发领域违规变更规划调整容积率问题专项治理的通知》和《关于深入推进房地产开发领域违规变更规划调整容积率问题专项治理的通报》等工作文件；采取以会代训的形式，对各省（区、市）、省会城市、计划单列市城乡规划主管部门和监察机关的 200 余名工作骨干进行了培训；先后组织15 个调研检查组赴各地调研督导，着力解决专项治理工作中自查自纠不深不细、整改不到位、案件查处不力等问题。

从 2009 年 5 月开始，各地对 2007 年 1 月 1 日至 2009 年 12 月 31 日期间领取规划许可的房地产开发项目进行了全面梳理排查，全国共排查房地产项目 98577 个，涉及用地面积 58.16 万公顷，其中，存在变更规划、调整容积率项目 9772 个；发现违规变更规划、调整容积率项目 2150 个，涉及用地面积 7545 公顷；通过排查共补交土地出让金等 158.02 亿元，罚款 7.92 亿元，撤销规划行政许可 47 项。两部专项治理领导小组办公室梳理 8 批群众举报和案件线索 208 件，直接组织力量核查了 21 件案件线索，各地查实涉及城乡规划管理的案件 1602 件。2010 年 12 月，住房和城乡建设部、监察部联合召开新闻发布会，向社会通报了连云港市博大新城项目违法违规案、深圳市爵士大厦项目违法违规案等一批专项治理开展以来查处的典型案件，国内主要新闻媒体给予了积极评价。

4. 整治和规范了各类开发区建设

为贯彻落实《国务院办公厅关于清理整顿各类开发区加强建设用地管理的通知》（国办发［2003］70 号），进一步加强和规范开发区的规划管理，纠正违反城乡规划，擅自设立开发区，盲目扩大开发区规模，违反统一规划管理原则等问题。建设部下发了《建设部关于进一步加强与规范各类开发区规划建设管理的通知》（建规［2003］178 号）。对全国各类开发区进行清理整顿，严格规范开发区的设立和扩区，强化开发区的规划管理工作,依法监督和查处了开发区建设中的违法违规行为。

自 2003 年 7 月起,经过集中清理整顿、规划审核、设立审核及落实四至范围等几个阶段的开发区清理整顿工作,到 2006 年 12 月,全国各类开发区由 6866 个核减至 1568 个,规划面积由 3.86 万平方公里压缩至 9949 平方公里。开发区整治工作取得显著成效。

5. 治理整顿宽马路、大广场

为适应经济社会快速发展的需要,满足广大人民群众对人居环境的要求,各地在城市基础设施建设和城市环境改造上做了大量工作,但也存在不顾客观实际,建设超标准的宽马路、大广场,不利于经济社会协调发展的现象。针对上述现象,建设部联合国家发改委、国土资源部、财政部下发了《关于清理和控制城市建设中脱离实际的宽马路、大广场建设的通知》(建规[2004]29 号),暂停城市宽马路、大广场建设,清理城市各类广场、道路建设项目,提出了城市广场、道路建设规划的标准,加强了对城市建设用地和城市建设资金的管理。《关于清理和控制城市建设中脱离实际的宽马路、大广场建设的通知》及相关配套文件的下发,通过严把立项、土地、规划审核关,严格控制建设项目的建设规模和占地规模,纠正了当时贪大浮夸、盲目扩大城市占地规模和建设规模、占用基本农田等城乡发展建设中的不良倾向。

(五)加强城乡规划行业队伍建设

在完善城乡规划法律法规体系和制度的基础上,充分重视行业队伍建设的重要性。通过开展城乡规划效能监察,提高城乡规划管理人员素质和能力;通过规范城市规划编制单位资质管理和建立注册规划师制度,开展全国优秀城乡规划设计奖评选,提高规划行业管理和服务水平。

1. 开展城乡规划效能监察工作

为推进城乡规划依法行政,改善规划行业风气和工作人员工作态度,提高城乡规划工作效能,自 2005 年至 2008 年年底,建设部联合监察部共同开展了城乡规划效能监察工作。在开展此项工作的过程中,两部联合编印了《城乡规划效能监察文件汇编》等培训学习资料。在温州、南京、西安、哈尔滨市举办了四期培训班,对全国 30 个省、自治区、直辖市的城乡规划效能监察工作人员共千余人进行了培训,统一了开展城乡规划效能监察工作重要性和必要性的认识,明确了城乡规划效能监察的工作目标,探索了开展城乡规划效能监察的基本原则和方法。

各地自开展城乡规划效能监察工作以来,把规划效能监察工作同促进机关效能建设、廉政建设等紧密结合起来,机关行为建设明显改善,全社会对城乡规划事业的重视程度明显增强,规划管理队伍的素质和能力明显提高。

2. 严格城市规划编制单位资质管理

为加强城乡规划编制单位的管理,规范城乡规划编制工作,保障城乡规划编制质量,建设部于 2001 年 1 月 23 日颁布了《城市规划编制单位资质管理规定》,具体规定了规划编制单位资质等级与标准、资质申请与审批、监督管理和法律责任等内容。经过多年的发展,目前全国城市规划编制单位达到 2700 多家,其中甲级资质 259 家,乙级资质 700 多家,丙级资质 1700 多家。规划编制队伍的发展壮大为保障我国城乡规划事业的健康发展发挥了重要作用。

3. 注册规划师队伍逐步壮大

为了加强城乡规划专业技术人员的执业准入控制,保障城乡规划工作质量,维护国家、社会和公众的利益,1999 年 4 月 7 日,建设部颁布了《注册城市规划师执业资格制度暂行规定》,开始在全国范围实施城乡规划注册执业制度。自该项制度建立以来,全国已注册城市规划师 1.3 万余人,通过考试、注册、登记、互认以及继续教育等机制,提高了城乡规划工作人员的素质,保证了城乡规划编制、审批、实施管理和技术咨询等关键岗位的工作质量。

4. 开展全国优秀城乡规划设计奖评选

1998 年,为更好地体现优秀规划设计项目的导向性和示范作用,引导、激励城乡规划设计人员提高规划设计水平,按照建设部《关于开展 1998 年度部级城乡建设优秀勘察设计评选活动的通知》(建设[1998]34 号)文件精神,中国城市规划协会组织开展了第一届"优秀规划设计奖"评选工作,共评出获奖项目 46 个。截至目前,中国城市规划协会共开展 8 届评选工作,累计收到申报项目 2596 项,共评出"优秀规划设计奖"1056 项,每届申报项目数和获奖项目数都呈不断增加趋势。具体如下表所示:

年度 数量	1998	2000	2001	2003	2005	2007	2009	2011	合计
申报项目数	134	159	198	295	344	400	496	570	2596
获奖项目数	46	56	81	100	110	174	248	241	1056

在评选出的"优秀规划设计奖"基础上,中国城市规划协会还组织推荐优秀规划设计项目参加"全国优秀工程勘察设计奖"的评选,共获金奖 11 项、银奖 8 项、铜奖 8 项。

2007 年,国家有关部门对优秀设计评选活动进行了调整和改革,经建设部有关部门认同和第一届全国优秀城乡规划设计奖评选组织委员会讨论决定,原部级优秀城市规划设计奖改为"全国优秀城乡规划设计奖"。2010 年经全国清理规范评比达标表彰工作联席会议办公室公布,住房和城乡建设部共有 16 个"评比达标表彰保留项目",中国城市规划协会组织的"优秀城市规划设计奖"位列其中。

目前,全国优秀城乡规划设计奖的评选活动已经成为全国规划设计单位和广大规划设计工作者展示自己、交流学习的良好平台,极大地调动了行业的积极性和创造性,得到了社会和规划行业的普遍认可。

二、着力推进城镇体系规划工作,促进城乡区域协调发展

城镇体系规划是城乡规划的重要组成部分,包括全国城镇体系规划和省域城镇体系规划。国务院城乡规划主管部门会同国务院有关部门组织编制全国城镇体系规划,用于指导省域城镇体系规划、城市总体规划的编制。省域城镇体系规划是省(自治区)政府实施城乡规划管理的基本依据,是落实全国城镇体系规划,引导省、自治区城镇化和城镇发展,指导下一层次规划编制的公共政策。通过城镇体系规划制定和实施,为各级政府优化空间资源配置,加强资源生态环境保护,促进城乡区域协调发展中发挥了重要作用。

(一)推动全国城镇体系规划编制实施

为加强对全国城镇空间发展的引导和调控,深化落实党的十六大和国家"十一五"提出的城镇化发展战略,2006 年,建设部依法组织编制了《全国城镇体系规划(2006—2020 年)》。《全国城镇体系规划(2006—2020 年)》立足我国资源环境条件,以因地制宜组织多样化的城镇发展体系为目标,结合"十一五"规划提出的国家区域发展总体战略,提出了要以城镇群为核心,以促进区域协作的主要城镇联系通道为骨架,以重要的中心城市为节点,形成"多元、多极、网络化"的城镇空间格局,并分别提出了东部、中部、西部、东北地区的城镇发展政策指引。十年来,住房和城乡建设部结合全国城镇体系规划的编制实施,深化细化《全国城镇体系规划(2006—2020 年)》。从 2003 年开始,原建设部、住房和城乡建设部先后与相关省(自治区、直辖市)政府加强对关系区域发展的重要城镇密集地区协调发展的指引,共同编制完成了珠三角、长三角、京津冀、海峡西岸、成渝、北部湾等城镇群的协调发展规划,推动这些地区统筹城乡区域发展,统筹各项建设和资源保护,增强整体竞争力,提高辐射带动能力。

通过编制全国城镇体系规划等工作,还推进了城镇化问题的研究。党的十六大以来,建设部、住房和城乡建设部不断加强城镇化问题的研究,参与国家城镇化政策制定的相关工作,包括参与准备中央政治局关于城镇化的集体学习材料,开展"十一五"、"十二五"城镇化发展战略研究,以全国城镇体系规划为基础开展城镇化健康发展规划中有关城镇布局的研究等等,相关研究提出的主要观点和内容被国家制定相关政策所采纳,也为做好城镇体系规划等工作明确了指导思想,提供了依据。

(二)全面推进省域城镇体系规划工作

1. 省域城镇体系规划编制工作全面开展

截至2012年6月,全国27个省(自治区)的省域城镇体系规划已全部编制完成并上报国务院,其中23个省(自治区)的省域城镇体系规划已经国务院同意批复(18个是2002年后获批)。近年来,针对本地社会经济和城镇化快速发展的新形势,结合规划实施情况,已有11个省(自治区)开展了规划的修编工作,其中2个已经国务院同意批复实施。

2. 省域城镇体系规划的科学性和可操作性不断增强

从上世纪80年代起,建设部就在城乡规划工作中持续坚持开展省域城镇体系规划工作。近十年来,省域城镇体系规划在实践中不断完善。各地在编制新一轮的省域城镇体系规划中,总结实施上版规划的经验和问题,适应市场经济体制改革政府职能转变的需要,从完善省级城乡规划管理职能和依法行政出发,更加注重规划的战略性、科学性、针对性、动态性、应用性。2007年,建设部发布了《关于加强省域城镇体系规划调整和修编工作管理的通知》(建规[2007]88号),要求各地认真总结规划实施绩效,规范规划变更程序。2010年7月1日,住房和城乡建设部在总结各地做法基础上,落实《城乡规划法》的要求,体现城乡统筹的规划思想,颁布施行了《省域城镇体系规划编制审批办法》,进一步发挥城镇体系规划对城乡空间的调控作用,提高城镇体系规划的科学性和可操作性,规范规划编制审批程序。

3. 省域城镇体系规划实施机制不断健全

十年来,除了《城乡规划法》和《省域城镇体系规划编制审批办法》,我部还多次发文,在明确省域城镇体系规划的强制性内容(《关于贯彻落实〈国务院关于加强城乡规划监督管理的通知〉的通知》(建规[2002]204号))、做好区域重大建设项目选址(《关于加强区域重大建设项目选址工作,严格实施房屋建筑和市政工程施工许可制度的意见》(建市[2006]81号))、加强规划实施评估(《关于加强省域城镇体系规划实施评估工作的通知》(建规[2011]95号))等方面提出了要求,并及时总结经验推广。各地也积极探索,不断完善规划实施机制。

4. 省域城镇体系规划对引导城镇布局、推进区域协调发展中发挥了重要影响

各地政府通过制定和实施省域城镇体系规划,加强对区域城镇发展布局的引导,取得了较好的成效。一是为制定全省城镇化发展战略和相关规划提供依据和基础。二是优化与调整城镇布局结构,强化经济和产业发展的空间引导。三是推动区域协调与一体化。四是优化城乡空间布局,促进城乡基本公共服务均等化。五是综合协调交通等重大基础设施的规划布局。六是促进生态环境的保护与建设。

三、发挥城市规划综合调控作用,
引导城乡建设合理有序发展

城市规划是一定时期内城市定位、发展目标、发展规模、土地利用、空间布局以及各项建设的总体部署、综合安排和实施措施,是引导和调控城市建设,保护和管理城市空间资源的基本依据和重要手段,是积极稳妥推进城镇化的重要保证。党的十六大以来,随着城镇化发展战略的实施和城乡现代化进程的加快,城市总体规划在城乡建设和管理中

发挥出越来越重要的综合调控作用,对于促进城市基础设施建设和环境保护,建设资源节约型、环境友好型城市以及实现区域统筹、城乡统筹、经济社会统筹发展和人与自然和谐发展具有十分重要的意义。

(一)完善城市规划编制审批制度

1. 强化城市总体规划制定和审批制度

党的十六大以来,国家进一步加强和改善宏观调控,深化土地制度改革。2005年,结合土地市场治理整顿和各类开发区用地的清理整顿,为进一步规范规划编制、审查和监督管理,建设部召开了主题为"总结历史,更新观念,示范带动,抓住战略机遇"的全国城市总体规划修编工作会议。会后,国务院印发了《关于加强城市总体规划工作的意见》。该文件要求各地总结现行城市总体规划各项调控内容,深入开展人口、土地、水资源、能源和环境等城市发展基本要素的专项政策研究,为总体规划编制提供科学依据;重申严格执行法定的规划修编和调整程序,按照"政府组织、专家领衔、部门合作、公众参与、科学决策"的要求,进一步转变编制方式,推动科学决策;加强对规划纲要的审查,保证规划修编的科学性与规范性;完善规划的主要内容,做好与相关规划的协调衔接;健全规划审查协调机制,明确审查重点。

2. 规范城市规划编制工作,做好指导把关

2006年年初,建设部发布实施了《城市规划编制办法》,2007年印发了《关于贯彻落实城市总体规划指标体系的指导意见》,进一步指导和规范城市总体规划的编制工作,明确规划编制的原则、组织方式、主要内容,规范了规划决策和审查报批程序,确保规划编制工作严谨规范、内容科学、决策民主、符合实施管理要求。

3. 调整由国务院审批城市总体规划的城市数量

2009年,按照《城乡规划法》规定,国务院办公厅印发由国务院审批城市总体规划城市名单(国办函[2009]76号),将21个经济基础较好、经济社会发展速度较快或生态环境和资源保护的要求高、战略地位

重要的城市的总体规划上收为国务院审批,以进一步加强对城市总体规划的编制指导和审查把关,促进宏观调控政策落实和区域协调发展,加强对这些城市发展建设的综合调控,避免各自为政、重复建设和区域恶性竞争,保证城乡发展建设更为合理有效开展。2010 年,国务院确定三亚市城市总体规划由国务院审批(国函[2010]123 号)。至此,由国务院审批城市总体规划的城市数量增加至 107 个。

4. 完善城市总体规划实施评估机制

依据《城乡规划法》,对城市总体规划实施情况的评估,是城市人民政府的法定职责,也是城乡规划工作的重要组成部分。2009 年 4 月,住房城乡建设部印发《城市总体规划实施评估办法(试行)》。按照评估办法,各级城市人民政府必须高度重视城市总体规划评估工作,形成工作制度,将评估作为一项常规工作,定期开展,从而进一步加强城市总体规划的实施管理,发挥城市总体规划对城市科学发展的重要引导作用,促进城市全面协调可持续发展。

5. 建立城市总体规划修改工作规则

为维护总体规划的权威性、严肃性,防止地方政府随意修改规划,保护公共利益,2010 年,国务院办公厅印发城市总体规划修改工作规则,对报经国务院审批的城市总体规划修改工作程序和内容进行规范,明确了可以修改总体规划的情况、修改的组织方式、审查报批程序等,确保修改工作只针对确实需要修改的内容开展,提高针对性和工作效率,维护原规划内容的严肃性。其他城市总体规划修改工作规则,由省、自治区、直辖市人民政府参照制定。

6. 逐步建立近期建设规划制定和实施工作制度

制定和实施近期建设规划,将国民经济和社会发展五年规划中的城镇经济社会发展目标和各项建设任务及时有效落实到城镇空间布局上,及时贯彻落实国家宏观调控政策及城镇化发展战略方针,是落实城市总体规划、发挥城市总体规划调控和引导作用的手段之一。2002 年,建设部出台《近期建设规划工作暂行规定》,对近期建设规划提出了明确的要求。目前,近期建设规划的制定和实施工作已经形成长效机制。2011 年是国民经济和社会发展"十二五"规划开局之年,住房和城乡建设部下发《关于加强"十二五"近期建设规划制定工作的通知》,要求各地提高认识,认真组织编制工作,并进一步明确了"十二五"期间规划编制的重点任务,提出了要建立健全近期建设规划制定的工作机制,督促国务院审批总体规划的城市尽快完成"十二五"近期建设规划编制工作并于年底前报住房城乡建设部备案。

　　7. 规范控制性详细规划编制审批工作

　　《城乡规划法》规定,控制性详细规划是城乡规划主管部门做出规划行政许可、实施规划管理的直接依据,是国有土地使用权出让、土地开发和建设的前提和基础,是政府调控城镇发展和建设,合理配置城市公共资源,维护社会公共利益和整体利益的重要公共政策。

　　随着《城乡规划法》、《物权法》和《行政许可法》等相关法律法规的颁布施行,控制性详细规划编制审批工作面临新的要求,主要体现在:要更加重视公众参与,重视保护私人合法财产权,重视规划制定和修改过程中的个人利益诉求;要更加重视规划决策程序的合法性,要求规范行政审批行为,严格依法行政;要更加重视规划的权威性和严肃性,禁止随意修改规划,坚决制止通过修改规划谋取私利,维护社会公平和公共利益。

　　2009 年,为保证城市发展建设健康有序进行,规范工程建设领域市场交易行为和领导干部从政行为,维护社会主义市场经济秩序,《中共中央办公厅国务院办公厅印发〈关于开展工程建设领域突出问题专项治理工作的意见〉的通知》(中办发[2009]27 号)明确提出,要着重加强控制性详细规划制定和实施监管,严格控制性详细规划的制定和修改程序,制定控制性详细规划编制审批管理办法,规范自由裁量权行使。

　　为此,住房和城乡建设部 2010 年颁布实施了《控制性详细规划编制审批办法》,明确了新形势下控制性详细规划的编制原则、内容和要求,科学设定审查、报批、公众参与等具体程序,提高了控制性详细规划编制审批工作的科学性、合理性和规范性,全面指导和规范全国控制性详细规划编制审批工作。为抓好贯彻落实工作,住房和城乡建设部委托有关单位举办了12期专题培训班,对全国近4000名规划工作者进行了培训。

(二)加强对到2020年的城市总体规划编制指导和审查把关

1. 抓住关键环节,健全规划审查机制

建立健全规划审查协调机制,抓住纲要和成果两个环节的审查把关,建立健全部际联席会议审查制度,明确审查重点。纲要阶段,重点审查规划前期研究工作、编制思路和方法、规划提出的重大项目方案等,纲要通过审查后,方能开始规划成果的编制报批工作;成果阶段,依据经国务院同意的《城市总体规划审查工作规则》,由住房和城乡建设部牵头,会同城市总体规划部际联席会成员单位,对上报国务院审批的总体规划进行联合审查,各部门对涉及部门职能的规划内容进行审查把关,成果通过审查后,方能上报国务院。

2. 确保审查质量,加快审查进度

为确保到2020年的国务院审批的城市总体规划能够按时完成编制和审批工作,及时有效地发挥城市总体规划对城乡发展建设的综合调控作用,住房和城乡建设部及时发函督促有关部门加快进度,会同城市总体规划部际联席会议成员单位在保证审查质量的前提下,加快了审查进度。一是要求各部门按时反馈意见,逾期不回复的视为无意见;二是提高审查效率,一次部际联席会议审查不少于4个总体规划。截至目前,由国务院审批城市总体规划的107个城市总体规划中,41个已经国务院批复实施;21个已经完成后期审查,拟上报国务院待批;18个正处于部门联合审查阶段;14个已经通过纲要审查,正在进行成果编制工作;4个城市尚未提交纲要的,住房和城乡建设部已发函督促有关省住房城乡建设厅尽快上报。

（三）推进城乡规划标准规范制定修订工作

《城乡规划法》进一步明确了标准规范在城乡规划制定和实施中的法律地位。为加强城市规划国家标准的编制和管理工作,我部着力在健全标准管理制度、推进标准编制进度、提高编制工作质量等方面开展了大量工作。

1. 加强指导,尽快推进标准编制工作

目前,住房和城乡建设部已经颁布实施了 19 项城市规划国家标准,在编 15 项。根据标准编制现实需要和编制工作开展情况,住房和城乡建设部及时指导和督察编制单位完善工作方案、加强编制力量、抓紧提交编制成果,标准编制和修订工作进展显著。截至 2011 年年底,在编标准编制进度加快,在编的 9 项标准已经提交了成果;1 项现行标准已经完成修订并发布实施。因特殊原因未能提交成果的,住房和城乡建设部及时调整主编单位,确保编制工作按时保质完成。

2. 细化工作制度,进一步规范标准制定工作要求

依据《标准化法》等法律法规,本着明确分工、健全管理程序、提高效率的原则,研究起草了《关于加强城市规划标准规范管理的工作制度》、《关于加强城市规划标准规范编制的工作制度》,促进各部门分工负责,通力合作,保证标准规范制定工作稳步有序推进。

3. 完善专家审核制度,确保各编制阶段的成果符合要求

建立了主审专家制度,由 1—2 名经验丰富的专业技术人员担任主审专家,对标准编制全程跟踪指导,审核阶段成果并提出主审意见,主持开题和送审稿的专家审查会议。通过主审专家审核后的标准成果方可进入审查环节,确保标准各阶段成果的内容、深度、范围和规范性要求符合相关规定,避免不合格的成果进入下一审查环节。

4. 加强宣贯落实,确保新发布国家标准的有效实施

对重要的新发布标准开展宣传贯彻和培训工作,保证国家标准得到有效实施。2012 年 1 月 1 日,修订后的《城市用地分类和规划建设

用地标准》正式实施,考虑到该标准是城市规划编制和实施管理的基础标准,由标准化委员会会同城市规划学会分期分片,对全国各级城乡规划主管部门和规划编制单位的同志进行辅导和培训。

四、加强历史文化名城名镇名村保护工作,切实保护历史文化遗产

历史文化名城、名镇、名村是我国历史文化遗产的重要组成部分。切实保护好这些历史文化遗产,是保持民族文化传承、增强民族凝聚力的重要文化基础,也是建设社会主义先进文化、深入贯彻落实科学发展观和构筑社会主义和谐社会的必然要求。

(一)历史文化名城名镇名村数量不断增加

从 2001 年至 2012 年 3 月,国务院又陆续公布了 20 个市(县、区)为国家历史文化名城,国家历史文化名城数量增加到 119 个。

1997 年,为抢救性地保护一批能够反映传统聚落格局、地方建筑风貌、具有突出价值且保存完整的古镇、古村落,建设部启动了历史名镇(村)的申报评选工作,并于 2003 年会同国家文物局公布了第一批 22 个中国历史文化名镇名村。目前,建设部、住房城乡建设部和国家文物局先后共同公布了五批中国历史文化名镇名村 350 个,其中中国历史文化名镇 181 个,中国历史文化名村 169 个。

随着国民经济和社会的发展,各地城镇化进程明显加快,城乡建设量大面广,历史文化名城、名镇、名村的保护工作也面临着一些亟待解决的问题。2010 年年底,住房和城乡建设部、国家文物局联合印发了《关于开展国家历史文化名城、名镇、名村保护工作检查的通知》。2011 年,住房和城乡建设部会同国家文物局组织有关专家,赴 31 个省(自治区、直辖市)对历史文化名城名镇名村保护现状进行了检查,对保护不力的国家历史文化名城提出整改建议,提高了各地对保护工作

的重视,确保了保护工作的有效开展。

(二)加大国家历史文化名城名镇名村保护专项资金投入

"十五"期间,国家共计投入资金7500万元,补助涉及21个省(自治区、直辖市)38个历史街区的保护项目;"十一五"期间,国家共计投入资金近10亿元,补助涉及31个省(自治区、直辖市)的178个历史街区和中国历史文化名镇名村的保护项目。设立专项保护资金,通过对有关项目保护规划编制与实施的指导,改善了街区(镇、村)群众的基础设施和居住环境,提高了地方政府的保护意识,宣传了遗产保护的正确方法,同时带动了地方经济的发展,产生了良好的社会经济效益。

(三)加强对历史文化名城名镇名村保护规划编制的指导

历史文化名城保护规划是指导历史文化名城保护和建设的重要依据。国务院高度重视历史文化名城保护工作,《国务院关于加强城乡规划监督管理的通知》(国发[2002]13号)中特别强调"各地要高度重视历史文化名城保护工作,抓紧编制保护规划。划定历史文化保护区界线,明确保护规则,并纳入城市总体规划"。按照相关要求,绝大多数国家历史文化名城已编制了历史文化名城保护规划,并将其作为城市总体规划的组成部分依法报批,许多名城还编制了历史文化街区保护的详细规划;绝大多数中国历史文化名镇名村也编制了保护规划,对指导名城名镇名村的保护和建设发挥了重要作用。

五、低碳生态城规划建设初见成效

(一)推动中新天津生态城规划建设

近十年来,世界各国城市发展带来的环境污染、能源消耗等问题日益严重,全球气候变暖已经成为全人类的巨大挑战。中国作为拥有13亿人口的大国,正在经历快速的城镇化发展。中国城镇化发展健康与否,不仅影响中国,而且影响世界。在资源、环境、人口等众多制约条件下走出一条健康发展的城镇化道路,是中国对人类文明的重大贡献,对全球可持续发展的重大贡献。由此,中国提出贯彻落实科学发展观,走全面协调可持续发展道路,发展生态文明,构建和谐社会。在这些背景下,中国和新加坡两国领导人决定共同致力于探索建设生态城市,共同打造中新建交以来在新时期两国合作新的旗舰项目,推动城市可持续发展。

中新天津生态城作为中新两国政府战略性合作项目,是继苏州工业园之后两国合作的新亮点。中新天津生态城选址在天津滨海新区的盐碱荒滩上,面积约 30 平方公里。选择在缺水和盐碱荒滩这一资源约束条件下建设生态城,显示了两国政府应对全球气候变化、加强环境保护、节约资源和能源的决心,具有重要的经济意义、环境意义和示范意义,向国际社会显示两国政府对解决全球资源环境问题采取的负责任的态度。

目前,生态城起步区已初具形象和规模,绿色产业发展态势良好,形成节能环保、文化创意、信息技术、新能源新材料、环境综合治理工程取得阶段性成果,社会管理全面启动,中新合作不断深化。天津生态城在建设中利用盐碱荒滩搞开发,努力修复严重污染的水体和土地,积极应用可再生能源,推行 100% 的绿色建筑。生态城建设过程中,参建单位也逐步积累经验,提高了参与生态建设的实力。中新双方在水资源循环利用、绿色建筑、城市规划各方面合作取得积极成果。

(二)加强国际间低碳生态城规划建设合作

2010 年和 2011 年,住房城乡建设部与国家发改委、天津市政府、国际经济交流中心共同主办了第一届和第二届"中国(天津滨海)·国际生态城市论坛和博览会"。2011 年 6 月与日本国土交通省共同签署了中日生态城市建设合作备忘录,并组织召开了生态城市建设为主题的第十三届中日城市规划与建设交流会。

（三）规范低碳生态城市试点申报和考核工作

2011 年 6 月，住房和城乡建设部印发了《住房和城乡建设部低碳生态试点城（镇）申报管理暂行办法》，进一步规范了低碳生态试点城（镇）申报工作；2012 年 2 月，住房和城乡建设部制定了《生态城市考核标准》，稳妥有效推进低碳生态城（镇）规划建设工作。

（四）加强对有关生态城规划试点工作的指导

2007 年以来，住房和城乡建设部对上海虹桥商务区、上海南桥新城、深圳光明新区等 12 个申请试点低碳生态新区新城进行了审查审批，确定其为低碳生态新区新城试点。推进秦皇岛北戴河新区创建国家级绿色建筑示范区的工作，开展实地踏勘调研，研究下一步工作方案。对重庆悦来、株洲云龙、昆明呈贡和常德北部 4 个低碳生态试点城申报材料进行审核。2011 年 11 月，住房和城乡建设部与深圳市人民政府共同举办"深圳光明论坛"，就低碳生态城市规划建设广泛交流经验，推进低碳生态城（镇）规划建设工作稳步有效推进。

六、积极推动汶川、玉树、舟曲灾后恢复重建工作

2008 年"5·12"汶川特大地震发生后，住房和城乡建设部作为灾后恢复重建工作领导小组副组长单位，多次派员赶赴灾区，积极协调和指导做好汶川地震灾后恢复重建工作。2009 年 1 月，住房城乡建设部组织召开北川、青川县人民政府驻地迁移专家咨询会，提出青川不宜迁移的意见。2009 年 10 月，组织召开北川新县城规划建设推进协调会。经过三年的艰苦奋战，灾后恢复重建城乡规划高质量完成，所有重点重建城镇全面恢复服务功能，重建工程质量良好。2011 年 3 月，住房和城乡建设部下发《住房和城乡建设部关于做好汶川地震灾后恢复重建"回头看"工作的通知》（建规［2011］32 号），要求在住房城乡建设系统组织开展对口援建"回头看"活动，由各援建省、市与受灾市、县认真检

查回访对口援建项目,住房城乡建设部派出 3 个调研组分赴四川、甘肃进行调研检查。

2010 年玉树特大地震发生后,住房和城乡建设部即统筹和组织规划队伍赶赴青海,为灾民过渡安置和灾后重建提供应急性规划技术支持,并全面开展城乡规划编制工作。住房和城乡建设部领导多次赴灾区并听取灾后重建工作情况汇报,帮助协调解决灾后重建中遇到的实际问题。2010 年 7 月,仇保兴副部长赴西宁为青海省玉树灾后重建班干部学员讲授《如何在灾后重建中落实科学发展观》。

2010 年"8·8"舟曲特大山洪泥石流灾害发生后,住房和城乡建设部作为灾后恢复重建工作领导小组副组长单位,迅速组织成立舟曲灾后恢复重建规划工作组,多次派员赴灾区指导工作,组织编制完成了灾后重建城镇规划、峰迭新区详细规划等四项规划成果。

七、工作展望

(一)进一步完善城乡规划管理制度

1. 逐步建立事权划分清晰并有机衔接的规划管理体制

进一步完善城乡规划管理体制,逐步建立"一级政府一级事权",事权划分清晰并有机衔接的规划管理体制。建立各相关职能部门之间的协调联动机制,做好不同规划内容的衔接。规范各级政府及有关主管部门行政行为,制定出台《城乡规划违法违纪行为处分办法》。积极推动《城乡规划法》地方配套法规建设,完善城乡规划管理制度体系。

2. 继续推进城乡规划政务公开和公众参与制度

进一步健全城乡规划委员会制度,推进城乡规划的民主决策和社会监督。研究出台《关于加强和规范城乡规划公开公示工作的意见》,深入推进"阳光规划"。完善城乡规划政务公开制度,确保社会公众对城乡规划的知情权和监督权,注意听取辖区单位对城乡规划编制和实施的意见,寓管理于服务之中。完善规划批前公示和征求意见制度,逐步建立公众参与城乡规划编制和实施机制。

3. 建立健全违法建设联动查处机制

加强规划执法监察力量,完善执法监察手段,建立城乡规划、土地、房产、市政、公安、社保、综合执法、纪检监察等部门联动查处违法建设的工作机制,发挥街道办事处、居委会和物业管理企业的监督作用,及时发现和制止违法建设。

(二)按照新形势的要求,改革创新,进一步做好城镇体系规划工作

当前,我国城镇化水平已经超过了50%,正处于全面建设小康社会的关键时期,是深化改革、转变经济发展方式、建设服务型政府的关键时期,城乡规划工作面临着加快发展的机遇,更面临着创新发展、转型发展的挑战。新的形势对城镇体系规划工作提出了更高的要求。一是国家"十二五"规划进一步明确了城镇化的战略地位,要求积极稳妥推进城镇化。二是我国城镇化快速发展取得辉煌成就的同时,也面临着城镇增长方式粗放、资源环境破坏等问题,必须坚持城镇转型发展。三是随着国家区域发展总体战略的实施和对外开放的推进,我国的区域发展态势和城镇化格局也在发生变化。中西部城镇化速度在加快、内生动力在增强;东部沿海发达地区城镇化质量在提高,城乡联系日益紧密。各省的城乡区域空间也出现了一些新特征、新变化。四是市场经济体制改革和政府依法行政不断深化。深化社会主义市场经济改革,坚持依法行政,逐步转变政府职能,是明确的改革方向。

面临新时期提出的要求,我们要继续推进城镇体系规划工作,随着大环境不断地改革、发展、创新,不断完善,适应中国特色城镇化不断发展的需要,进一步发挥作用。

1. 强化规划的法定作用,提高规划的政策性和可操作性

要按照《城乡规划法》和《省域城镇体系规划编制审批办法》的要求,从维护整体利益出发,加强城市之间的功能联系,增强参与经济全

球化和区域经济一体化的整体竞争能力;从维护公共利益出发,更加注重民生,缩小城乡发展差距,促进区域协调,避免重复建设;从保护资源环境出发,限制不符合区域整体利益和长远利益的开发活动,实现可持续发展。

2. 围绕各地情况,提高规划解决实际问题的水平和能力

省域城镇体系规划要密切结合省情,不仅要善于发现城乡区域发展中的问题,而且要能够针对问题提出解决方案。要坚持因地制宜,抓住每个省面临的阶段特点和城乡发展特征,明确引导、控制和协调的重点。

3. 围绕健全城乡规划体系,推动省域城镇体系规划的落实和实施

城乡规划是一个完整的规划体系,全国城镇体系规划和省域城镇体系规划是城乡规划体系上位的规划,偏于战略性、原则性,需要通过在城市总体规划等下位规划中逐步深化和具体化。要继续编制省域内重点地区的分区规划(次区域规划)、详细规划和重要专项规划,逐步将省域城镇体系规划的要求分解、落实到具体的空间管理和建设管理上。

4. 进一步将省域城镇体系规划工作和健全省级政府城乡规划管理职能结合起来,完善实施机制

省域城镇体系规划是《城乡规划法》确定的法定规划,是一项政府职能和政府行为。要按照省级政府的管理事权,突出省域城镇体系规划的行政管理和公共政策属性。要进一步加强全省城镇化和城镇发展政策研究。加强规划编制、审批、实施、评估各个环节之间的联系,通过规划评估发现规划实施中的问题,不断改进规划内容,完善实施手段。加强空间开发管制,完善核发区域性重大建设项目选址制度。加强技术队伍和技术手段建设,利用卫星遥感地图和现代信息技术,抓紧建设面向区域的信息管理平台,为规划的制定实施提供有力的技术支撑。

（三）加强编制指导、加快审查进度、完善制度建设，进一步做好城市规划工作

1. 继续加快推进城市总体规划审查报批工作

积极协调城市总体规划部际联席会议成员单位，督促有关城市抓紧城市总体规划纲要和成果的编制和修改完善工作，争取尽快报请国务院批准实施，为城市发展建设提供基础依据，保证城市经济发展建设有序推进。

2. 研究起草《城市总体规划编制审批办法》

对原《城市规划编制办法》中关于城市总体规划编制工作的条款进行总结、评估，结合当前形势、任务和要求，对城市总体规划编制原则、编制组织、编制内容、编制要求等做出专门规定。

3. 积极推进城市规划标准规范的制定工作

依据修订的《城乡规划标准体系》，配合标准定额司督促相关科研机构，抓紧《城市地下空间规划规范》等标准规范的编制工作，争取尽快审查报批，以具体指导城市规划制定、实施和管理工作。

4. 继续推进低碳生态新区新城规划建设工作，及时总结经验

加强生态城规划编制的方法研究，进一步加大生态城建设力度，继续推动中新生态城等我部试点生态城的规划建设工作，及时总结经验，发现问题，完善规划制定工作，以低碳规划引领低碳城市的发展。

（四）进一步加强名城名镇名村保护工作

制定和完善相关法规政策和技术标准、规范，继续强化规划督察员的作用，围绕《全国"十二五"历史文化名城名镇名村保护设施建设规划》的编制做好工作，开展相关宣传和培训工作。

加大城市建设管理力度，
不断改善城市人居环境

　　党的十六大以来,我国各级政府高度重视城市建设管理工作,不断加大资金投入和改革力度,城市建设成就显著。城市基础设施日臻完善,市政公用事业的供给能力和服务水平明显提高,城市综合承载力不断增强,人居环境不断改善,有力地保障了城市经济社会的发展和人民生活水平的提高。

　　(1)城市供水、供气、供热等行业服务能力和质量不断提高。稳步推进市政公用事业改革,开放市政公用行业投资建设、运营、作业市场,拓宽融资渠道,引入竞争机制,鼓励社会资金以不同方式参与市政公用设施的建设和运营。2010 年全国城市 657 个设市城市,供水管网长度达到 54 万公里,用水普及率 96.68%;燃气普及率 92.04%;人均道路面积 13.21 平方米;集中供热面积 43.6 亿平方米。市政公用事业服务标准不断完善,城市供水、供气、供热的安全保障进一步加强,市政公用事业应急服务能力不断提高。

　　(2)城市污水和垃圾处理能力进一步增强。城市污水处理厂、污水管网等设施建设力度不断加大。截至 2010 年,全国城市、县(以下简称"城镇")建成投运的城镇污水处理厂日处理能力已达到 1.25 亿立方米,城市污水处理率达 82.31%,比 2002 年提高了 42 个百分点,基本扭转了城镇污水处理设施建设滞后于城市化发展的局面。城市生活垃圾处理设施建设不断加快,2010 年全国生活垃圾无害化处理量达

12318 万吨,生活垃圾无害化处理率 77.94%。同时生活垃圾收运和处理服务逐步向县城和乡镇延伸,形成了"村收集、镇(乡)转运、市(县)处理"的体系。

(3)城市综合交通体系逐步形成,轨道交通快速发展。近年来,我国城市交通基础设施建设和服务水平取得显著进展,基本形成了以公共交通为主导的城市综合交通体系。全国共有 230 多个城市设置了公交优先车道或专用车道,公交线网覆盖面不断增大。公共交通信息化、智能化建设快速发展。城市轨道交通进入快速发展时期,截至 2011 年年底,我国已有北京、上海、天津、重庆、广州、深圳、武汉、南京、沈阳、长春、大连、成都、西安等 13 个城市 59 条城市轨道交通线路投入运营,总运营里程达到 1713 公里,比 2002 年的 200 公里增加了 1513 公里,增幅达到 756.5%。

(4)创新城市管理模式,城市管理水平明显提高。始终坚持"以人为本"的城市管理理念,不断提高城市管理水平。城市管理逐步实现由粗放低效向精准高效转变。形成了全社会参与的城市管理新局面,市政公用基础设施综合服务功能得到有效发挥,服务质量不断提高。数字化城市管理信息平台为我国奥运会、残奥会、世博会的安全顺利举办提供了重要保障。目前正在研究将数字化城市管理平台功能向地下管线、城市安全等领域拓展和延伸,促进城市安全运行。

(5)开展城市环境综合整治,人居环境不断改善。城镇人居环境建设工作不断加强,通过开展城市环境综合整治,城市市容环境日益整洁。节约型、生态型、功能完善型园林绿化建设深入开展。截至 2010 年年底,全国城市建成区绿地率达到 34.5%,人均公园绿地面积 11.18 平方米,在减小城市热岛效应、减少城市的空气和水体污染等方面发挥了重要作用。

以国家园林城市、中国人居环境奖创建活动为激励手段,推动人居环境建设开展。至 2010 年,已命名 183 个国家园林城市和 7 个国家园林城区、63 个国家园林县城和 15 个国家园林城镇。25 个城市获得了

"中国人居环境奖",321 个项目获得了"中国人居环境范例奖",经我部推荐,有 12 个城市获得了"联合国人居奖",极大地鼓舞和推动了我国人居环境建设工作。

(6)风景名胜区管理体系基本建立,世界遗产保护成效明显。自 1982 年国务院审定批准首批 44 个国家级风景名胜区以来,我国风景名胜区事业发展迅速,截至目前,国务院先后审定公布了七批国家级风景名胜区,全国国家级风景名胜区总数已达到 208 处,省级风景名胜区达到 701 处,风景名胜区总面积约占我国陆地总面积的比例超过 2%。不断加强对风景名胜资源的保护和监管,目前已经实现了国家级风景名胜区监管信息系统建设的全覆盖,充分利用卫星遥感技术对风景区保护管理进行监测,得到了联合国遗产专家的高度评价。

先后有泰山、黄山、武夷山、九寨沟等 32 处国家级风景名胜区列入《世界遗产名录》。建立了我国遗产申报管理的国家遗产名录、世界遗产预备名单、世界遗产名录三级申报和管理体系,进一步完善了我国自然遗产、自然与文化双遗产申报和保护机制。

一、城市市政道路桥梁

党的十六大以来,城市道路桥梁取得了重大的发展,各地不断加大城市道路桥梁建设资金投入,建设城市快速路网,加大了城市道路改造力度,不断加强养护和管理水平,城市道路桥梁行业取得长足进展。

(一)城市道路桥梁设施总量大幅提升

城市道路和桥梁的投资额由 2002 年年底的 1182.2 亿元,增至 2010 年年底的 6695.7 亿元,年平均增长 58.3%;城市道路总里程由 2002 年年底的 12.4 万公里,增至 2010 年年底的 29.4 万公里,年平均增长约 17.1%;城市道路总面积由 2002 年年底的 20.16 亿平方米,增至 2010 年年底的 52.1 亿平方米,年平均增长约 19.8%;人均道路面积由 2002 年年底的 7.87 平方米,增至 2010 年年底的 13.21 平方米,年平均增长约 8.5%;城市桥梁数量由 2002 年年底的 30836 座,增至 2010 年年底的 52548 座,年平均增长约 9.1%。城市道路桥梁的加速发展,极大地增强了城市基础设施水平,提升了城市综合承载能力,改善了人民群众的出行和生活条件。

(二)城市道路桥梁建设标准明显提升

随着这十年经济社会的快速发展,城市道路建设理念也在不断地更新、发展。为加强中心城区和城市功能区域的辐射和带动作用,加强城市快速路的建设力度;为保障各片区小区居民的出行需要,缓解区域交通压力,加大了城市支路的建设力度;为缓解节点交通压力,各节点的交通组织方式也由传统的平交路口发展成立体交通路口。

1. 城市快速路的发展

党的十六大以来,各地在加快城市发展的同时,加强了城市快速路的发展,纷纷打造"半小时交通圈"等。如天津市自 2004 年开始了城市快速路系统工程的全面展开,构成了"两环、两横、两纵、两条联络线"的中心城区快速路系统工程,快速路全长约 220 公里,设计车速每小时 60 至 80 公里;同时,一大批城市正在建设城市快速路网,如成都、广州、南昌、合肥、宁波等,计划在"十二五"期间建设多条城市快速路,构建"半小时交通圈"。

2. 城市支路建设稳步推进

城市支路是城市路网中直接连接居民出行起终点的道路。各地以科学发展观为指导,坚持以人为本,加大城市支路的建设力度,对城市交通系统整体功能的发挥、居民出行的有效服务等具有重要的功能和作用。如合肥市为解决局部片区居民出行困难,打通断头路,一大批城市支路网开工建设,既有效地缓解了城市主次干道的交通压力,改善了城市环境,也方便了人民群众的出行。

3. 道路节点建设不断完善

城市道路节点建设改造对缓解城市交通拥堵具有重要作用。党的十六大以来,各地坚持科学发展观,不断加强立体道路设施建设,缓解各个城市道路节点交通拥堵问题。通过建设城市立交桥、城市下穿隧道等多种方式,有效地缓解了各个城市道路节点的交通拥堵问题。

(三)城市市政道路养护水平不断提升,城市道路保障能力不断增强

2002 年以来,各地在加大城市道路养护资金投入的同时,也积极探索城市道路养护管理体制的改革。例如,昆明市在城市道路的管理和养护模式上进行积极的探索,道路的养护管理工作由昆明市城建投资有限公司下属子公司昆明城路开发经营有限责任公司负责,通过社会公开招标,吸收具有实力的单位具体实施管养,实行管理。山东、重庆等地相继印发了地方性管理规范和标准,如山东印发了《山东省城市桥梁养护管理考核评价标准(试行)》,狠抓落实,将安全管理工作落到实处。

(四)城市照明节能管理不断加强,城市绿色照明健康发展

近年来,按照国务院关于节能减排的总体要求,各地积极推广城市绿色照明,强化节能管理,各项工作都取得了明显进展。城市照明设施迅速发展,2010 年年末,全国 657 个城市共有道路照明灯约 1774 万盏,"十一五"期间净增道路照明灯 567 万盏;城市照明管理技术水平明显提高;城市照明节能任务基本完成,道路照明节能取得明显效果,实现节电 14.6% ;支路以上道路照明基本淘汰了低效照明产品,景观照明中超标准、超能耗的现象得到了有效控制;《城市照明管理规定》、《城市夜景照明设计规范》颁布实施,《"十二五"城市绿色照明规划纲要》印发执行,城市照明节能管理制度和标准规范逐步完善;各地扎实稳妥地开展了城市照明节能新产品、新技术、新方法的应用示范;2010

年年底,住房和城乡建设部会同国家发展改革委开展了城市照明节能的专项监督检查。经过努力,初步建立了城市照明节能监督检查制度,全社会的城市照明节能意识明显提升。

(五)城市地下管线管理机制和管理手段不断完善

随着城镇化进程的快速推进,城市规模不断扩大,城市基础设施不断完善。城市地下管线的规划建设和运营维护科学发展,设施水平稳步提高,综合管理手段不断完善,大幅提高城市综合承载能力,确保城市安全稳定运行。

1. 加强标准规范制定,引领地下管线科学发展

在过去的十年间,《城市地下管线探测技术规程》、《城市市政综合监管信息系统监管数据无线采集设备》、《建设电子文件与电子档案管理规范》等综合性标准规范和技术规程25部颁布实施。

2. 广泛应用新技术开展城市地下管线信息管理

2002年以来,各城市纷纷开展城市地下管线普查工作,天津、武汉、昆明、厦门、无锡等城市已经基本完成城市建成区内管线普查并建立了城市地下管线综合信息系统,并应用到日常的规划审批、建设和运营监管、应急指挥等工作中。

3. 城市地下管线管理机制不断完善

城市地下管线管理从条块推动到综合协调,再到统一建设,组织方式不断创新。城市地下管线管理开始向综合协调转变,规划、建设等部门统筹考虑各类地下管线的空间布局和建设行为,控制道路挖掘计划和挖掘总量,逐步建立政府、行业、企业和社会共同参与的监督管理机制。

4. 城市地下管线安全保障能力逐步提升

近年来,城市地下管线管理的工作重点从设施的建设普及逐渐转向设施能力保障和安全运营。管线责任单位利用信息技术手段建立监

管信息系统,对城市地下管线的运营和维护实行动态监管,确保城市地下管线安全运行。

(六)下一步展望

为适应我国城镇化快速发展需要,城市道路设施建设和改造仍将保持快速增长发展趋势,城市道路桥梁承载能力将进一步增强;此外,城市道路桥梁安全管理工作任务也越来越重,道路桥梁管理将从以建设为主转向以设施养护维护、保证质量为主,保持设施安全稳定运行是主要任务。城市道路桥梁建设将进一步带动城市各类建筑的发展,进一步改善居民居住环境,在促进城市经济繁荣,推动城市化进程,促进和谐社会建设方面发挥越来越重要的作用。

二、城镇供热行业发展情况

冬季供热采暖是北方采暖地区城镇居民生活的基本需求。集中供热相对于分散供热而言,具有节约能源、减少污染、有利生产、方便生活的综合经济效益、环境效益和社会效益。

(一)北方采暖地区集中供热事业发展突飞猛进

近十年来,在坚持集中供热为主的产业政策指导下,北方采暖地区集中供热事业发展迅速,供热能力不断提高,集中供热面积大幅增加。2011年年底北方采暖地区集中供热面积约44亿平方米,是2002年北方地区集中供热面积(约15亿平方米)的近3倍,平均每年增加集中供热面积近3亿平方米。

(二)城镇供热体制改革取得重大进展

北方采暖地区冬季供热采暖每年消耗1.5亿吨标准煤,占北方采暖地区建筑能耗50%以上,大大高于同等气候条件下发达国家水平,浪费严重。为促进城镇供热行业科学发展,2003 年,经国务院同意,建设部、国家发展改革委、财政部等八部委共同推进城镇供热体制改革工作。总体来看,城镇供热体制改革经历了试点准备阶段、以采暖费补贴制度改革为核心的全面推进阶段后,目前已经进入到以供热计量改革为核心的新阶段。近十年来,在中央和地方的不懈努力下,城镇供热体制改革取得了以下重大进展:

1. 采暖费补贴"暗补"变"明补"改革基本完成

城镇供热体制改革以采暖费补贴"暗补"变"明补"改革为突破点,实现了供热商品化、货币化。目前北方采暖地区 125 个地级以上采暖城市有 114 个已经完成采暖费补贴"暗补"变"明补"改革。通过"暗补"变"明补"改革,热费收缴率由改革前的 50%—70% 提高到 90% 以上,基本解决了收费难问题,供热服务质量也得到普遍提高。

2. 在解决城镇低收入困难家庭采暖保障方面进行了有效探索

中央和地方政府高度重视城镇低收入困难群体的采暖保障问题,中央财政在对地方一般性转移支付中,统筹考虑了城镇低收入困难家庭采暖保障支出因素;各地通过采取政府拨出专款、供热企业减免、社会救助等多种措施解决低收入困难家庭冬季采暖保障问题,并逐步使其制度化,基本实现了"应保尽保"。1998 年以来,省市两级政府累计建立困难群体供暖救助资金 48.48 亿元,有效解决了困难群体冬季采暖问题。

(三)供热计量改革取得长足进步

城镇供热体制改革以供热计量改革为核心,顺应了国家节能减排战略国策的要求,体现了时代性和战略性。推进供热计量改革,可以有效促进行为节能,降低供热能耗,是落实建筑节能最直接、最有效的措施,更是转变发展方式、调整经济结构、实现科学发展的有效途径。

1. 基本建立供热计量改革的政策法规和标准规范体系

国家颁布了《节约能源法》、《民用建筑节能条例》等法律法规,要求新建建筑和既有建筑改造同步安装计量表,实行供热计量收费。住房和城乡建设部、发展改革委、财政部、质检总局等部门制定了《关于进一步推进供热计量改革工作的意见》等政策文件,颁布了《供热计量技术规程》等技术规范和产品标准,供热计量收费工作正在进一步深化和推进。

2. 既有居住建筑供热计量及节能改造全面推动

截至 2011 年年底,北方采暖地区共完成既有居住建筑供热计量及节能改造 3.16 亿平方米。确定了北京、天津等 10 个城市以及山西绛县、吉林抚松县等 10 个县,作为"节能暖房重点市县",形成了重点突破、全面推动的良好工作局面。既有建筑改造后,室内热舒适度明显提高,室内采暖温度提高了 3—6℃。据测算,完成节能改造的项目可形成年节约 345 万吨标准煤的能力,减排二氧化碳 880 万吨,减排二氧化硫 70 万吨,每年可节约燃煤费用 35 亿元。

3. 供热计量收费工作全面推开,节能节费效果初现

目前北方采暖地区 15 个省(自治区、直辖市)中有河北、山西、山东等 10 个省(自治区、直辖市)出台了供热计量价格和收费实施细则。出台供热计量价格和收费办法的地级以上城市达到 106 个。供热计量收费面积大幅增长,2011 年累计实现供热计量收费达到了 5.1 亿平方米。

实施计量收费的小区平均实现节能 20% 左右,居民用户实现节约热费 10% 以上。如承德市实现供热计量收费后,供热能耗下降了 18.9%,81% 的热计量用户实现了节省热费,平均节省热费每平方米 2.2 元;山东省日照市实施供热计量收费后能耗下降 22.8%,热计量居民平均每户节省热费 298 元;甘肃省兰州市榆中县实施计量收费后能耗下降了 26%,94.5% 的用户每年平均热费支出减少约 17.7%。居民实行供热计量收费的积极性空前高涨。大多数居民主

动添加双层窗户,供热期间取掉散热器遮蔽罩,调节闲置房间室温,改变了用热习惯。

(四)下一步展望

供热计量改革工作是民心工程,更是转变发展方式、调整经济结构、实现科学发展的有效途径。今后供热计量改革工作的方向就是继续通过全面推行供热计量收费,降低供热能耗,实现用户节费、建筑节能。

三、城镇燃气行业

城镇燃气行业是市政公用事业的重要组成部分,是现代城镇赖以生存和发展的重要行业,也是国家能源战略中重点建设和发展的行业,与经济社会发展和人民生活息息相关。近十年来,城镇燃气行业以科学发展观为指导,不断深化改革,锐意进取,在管网建设、供给能力、应用领域、安全与服务等各方面都取得了令人瞩目的成绩,城镇燃气行业发展水平跃上了一个新台阶,在优化城镇能源结构,改善城镇环境质量,提高城镇人民生活水平等方面发挥了极其重要的作用。

(一)城镇燃气供应能力不断增强,用户数量不断增长

我国城镇燃气逐步形成天然气、液化石油气、人工煤气等多种气源并存的格局。其中,天然气供气总量明显上升,由 2002 年的 125.9 亿立方米增至 2010 年的 487.5 亿立方米,在气源结构中占比由 35%增至52.3%;人工煤气供气总量由 2002 年的 198.9 亿立方米增至 2010 年的 279.9 亿立方米,在气源结构中占比由 23%增至 30.1%;液化石油气供气总量由 2002 年的 1136.4 万吨增至 2010 年的 1268 万吨,在气源结构中占比由 42%降至 17.5%;截至 2010 年年底,全国城市燃气用

气总人口达到 3.63 亿人,较 2002 年增长 53.8%;城市燃气普及率从 2002 年的 67.17% 提高到 2010 年的 92.04%。城镇燃气已广泛用于居民、工商业、交通运输、分布式能源等多个领域。

(二)天然气利用发展迅速,成为城镇燃气的主要气源之一

近十年来,西气东输一线、川气东送等国家重点工程全线贯通,极大地促进了天然气资源在城镇燃气行业中的规模化利用;同时陕京二线、忠武线、川气东送以及西气东输二线西段等骨干管线建成,沿海液化天然气接收站布局投运,使得天然气资源供应渠道多元化,供应量增加。各地加大城镇燃气基础设施的建设力度,城镇燃气消费量快速提升,其中天然气消费量实现翻番。

(三)城镇燃气行业积极稳妥地引入了市场机制

近十年来,随着市政公用事业改革的不断深入,城镇燃气行业积极稳妥地引入了市场机制,国有、民营和境外资本积极投资城镇燃气行业,各类资本通过转制、合资、合作等方式参与城镇燃气建设运营,逐步形成多元化的发展格局。缓解了城镇燃气事业发展资金不足的问题,提升了城镇燃气建设和运营管理水平,促进了城镇燃气行业健康发展。

(四)城镇燃气行业技术进步成果显著

近十年来,城镇燃气行业进一步注重燃气技术的研发和应用,在不同地区和不同环境下因地制宜地采用了世界上先进的施工、输配技术、监控安全保障和材料技术等技术,如非开挖技术、PE 管等新技术、新材料以及 SCADA 系统、管网 GIS 系统、巡检 GPS 管理系统及检漏技术等现代管理技术手段得到广泛应用,有效地保障了城镇燃气设施的安全运行,提升了城镇燃气行业的安全和服务水平。

（五）城镇燃气法规及标准体系进一步完善

近十年来，《城镇燃气管理条例》颁布出台，坚实了城镇燃气行业发展的法治基础；《城镇燃气技术规范》、《城镇燃气设计规范》、《城镇燃气设施运行、维护和抢修安全技术规程》、《聚乙烯燃气管道工程技术规程》和《燃气冷热电三联供工程技术规程》等标准的颁布，完善了城镇燃气法规标准体系，进一步规范了城镇燃气行业的建设和运行管理工作。

（六）城镇燃气行业发展优化了城市环境，带来的环境效益不断增长

城镇燃气特别是天然气是高效清洁便捷的燃料，近十年来，城镇燃气普及率的大幅提高，使千家万户基本结束了使用燃煤带来的对大气的污染，大大提高了生活水平和环境质量；城镇燃气替代燃煤作为工商业的燃料，替代燃油作为出租车公交车的燃料，尤其是天然气在上述领域的利用，极大地促进了污染减排工作，带来了巨大的资源环境效益。

（七）城镇燃气行业监管体系初步建立，宏观调控、市场监管、公共服务、应急保障等职能进一步加强

近十年来，政府主管部门逐步转变对城镇燃气企业直接管理的做法，转为对城镇燃气行业进行监管，主要是对发展规划、市场准入、竞争规则、安全与服务等方面的监管，逐步做到咨询民主化、决策科学化、管理现代化、信息公开化，初步建立起符合我国实际情况的城镇燃气监管体系，充分发挥了政府主管部门的宏观调控、市场监管、公共服务、应急保障等职能，较好地保障了城镇燃气行业的健康发展。

（八）城镇燃气企业管理水平进一步提高，人才培训机制初步形成

近十年来，城镇燃气企业通过学习借鉴国内外先进管理经验，建立

完善了一系列内部管控制度,规范了法人治理结构,完善了治理机制。在管理理念、运营效率、保供能力、服务质量、创新机制、技术进步、人才培养等方面得到全面提升。初步形成了以高等院校和科研院所专业人才培养为基础,以企业根据市场需要实施高端人才培养计划和行业继续教育相结合的人才培养体系。

(九)下一步展望

"十二五"期间,城镇燃气发展要适应国民经济和社会发展的需要,满足经济结构调整的需要,满足区域经济发展的需要,满足城镇化水平提高的需要,满足能源结构优化和节能减排的需要,继续保持较快的增长速度。发展趋势主要表现在以下几个方面:

一是节能减排要求大力发展城镇燃气。城市每使用一万立方米天然气,可减少标准煤消耗量12.7吨,减少二氧化碳排放33吨。因此,扩大城镇燃气应用规模是实现节能减排目标最现实的途径之一。

二是调整能源消费结构和提升能源利用效率将成为城镇燃气事业发展的主要方向。城镇燃气在民用燃料、工业燃料、汽车燃料、天然气分布式能源等方面的使用,对于优化能源消费结构、提升能源使用效率方面也具有重要作用。

三是城镇燃气行业发展趋于规模化和品牌化。城镇燃气行业具有较强的网络属性,燃气管网建设投资大,资产专用性强,城镇燃气发展必须体现规模经济性。一定条件内,多个城市如统一采取规模化经营,可以共享多渠道的燃气资源和管网基础设施。同时,城镇燃气行业关系到城镇的经济社会发展和居民正常生活,必须通过良好的服务来打造优质的品牌。

四、城镇供水行业发展情况

城镇供水是保民生、促和谐的重要内容,具有公益性特征,事关广大人民群众身体健康、城镇安全和社会稳定。保障城镇供水安全是贯彻落实科学发展观,坚持"以人为本"发展理念、构建社会主义和谐社会的重要任务。

(一)城镇供水迅速发展

1. 供水产能持续增长,公共供水增长相对较快

2010 年全国城镇(含设市城市、县城和建制镇)供水综合生产能力为 38542.3 万立方米/日,其中公共供水的综合生产能力为 28939.4 万立方米/日,占全国城镇供水综合生产能力的 75.1%。从地区分布看,东部地区城镇公共供水综合生产能力增长幅度最大,达到 21%,中部和西部的城镇公共供水综合生产能力增长幅度基本相当,分别为11.6% 和 12.4%。2010 年,全国城市用水普及率达 96.68%,比 2002年提高了 18.8 个百分点。

2. 供水总量持续增长,公共供水的供水量仍居主导地位

2010 年全国城镇供水总量为 713.9 亿立方米,其中设市城市的供水量 507.9 亿立方米,县城供水量 92.5 亿立方米、建制镇供水量 113.5亿立方米,分别占全国城镇总供水量的 71.1%、13% 和 15.9%;在设市城市和县城的供水总量中,公共供水的供水量居主导地位,分别占供水量的 80.6% 和 81.5%。

3. 人均综合用水指标不断下降,用水效率有所提高

2010 年全国城镇人均日综合用水量为 275.5 升。从城镇行政建制看,2010 年设市城市、县城和建制镇的人均日综合用水量分别为319.6 升、195.8 升和 219.5 升。从地区分布看,东、中、西部地区的城镇人均日综合用水量分别为 319.4 升、239.3 升和 224.6 升。

(二)多渠道保障城镇供水安全

1. 修订实施新的《生活饮用水卫生标准》,提升水质要求

2006 年 12 月 29 日,修订后的《生活饮用水卫生标准》(GB5749—

2006）颁布，于 2007 年 7 月 1 日实施。《生活饮用水卫生标准》的修订与颁布实施，对城镇供水水质保障提出了更高的要求，标志着我国城镇供水设施建设、运行管理进入新阶段。

修订后的《生活饮用水卫生标准》与原标准相比主要的变化是：一是水质指标由 35 项增加至 106 项，增加了 71 项，修订了 8 项。其中微生物指标增加了 4 项，修订了 1 项；饮用水消毒剂增加了 3 项；毒理指标中无机化合物增加了 11 项，修订了 4 项；毒理指标中有机化合物增加了 48 项，修订了 1 项；感官性状和一般理化指标增加了 5 项，修订了 1 项；放射性指标修订了 1 项。二是对水质指标进行了分类，分为反映生活饮用水水质基本状况的水质指标（常规指标），共计 42 项和根据地区、时间或特殊情况需要的生活饮用水水质指标（非常规指标），共计 64 项。三是要求非常规指标最迟于 2012 年 7 月 1 日实施。

2. 修订实施《城市供水水质管理规定》，完善供水水质管理制度

2006 年 12 月 26 日，《城市供水水质管理规定》经建设部第 113 次常务会议讨论通过，于 2007 年 3 月 1 日以建设部令 156 号发布，自 2007 年 5 月 1 日起施行。新修订颁布的《城市供水水质管理规定》是在总结建设部 67 号令实施 7 年的经验基础上，针对经济转型和政府职能的转变所出现的新问题和新需要，对城市供水水质的责任主体、管理责任、管理制度等做出了明确规定：一是进一步明确了城市供水企业和单位是其供应的水的质量的责任主体；二是明确和完善了政府行政主管部门的城市供水水质管理工作职责；三是明确了城市供水水质行业监测网络（两级网三级站）的职责；四是完善了水质上报、公布、督察等城市供水水质管理制度；五是增加了处理突发事件的规定。

《城市供水水质管理规定》的颁布实施，对进一步加强城市供水水质管理，促进城市供水行业提高供水水质，保障广大人民群众的身体健康和公共安全发挥了重要作用。一是促进了水质检测能力的提高，目前全国已有 230 多个城市设立了供水水质检测站，在 43 个国家站中，有 60% 的监测站具备检测 106 项水质指标的能力；二是住房城乡建设

部自 2007 年开始每年对全国城市供水水质实施抽样检测,促进供水水质改善;三是实施水质通报制度,住房城乡建设部每月向社会公布 35 个大中城市供水水质,天津、江苏等省(直辖市)也已定期公布所辖地区的供水水质情况。

3. 推进城乡统筹区域供水,以城带乡保障农村饮用水安全

为贯彻"三个代表"重要思想,坚持"五个统筹",落实科学发展观,在城市化高速发展时期,正确引导基础设施和市政公用事业发展,以城市繁荣带动农村繁荣,城市文明带动农村文明,有效解决乡镇供水设施严重不足的问题,使居民喝上安全卫生的饮用水。2004 年,建设部在江苏常州市召开了城乡统筹区域供水现场会,推广江苏省的城乡统筹区域供水建设的经验和做法。

五年来,城乡统筹区域供水迅速发展,大量农村人口喝上了安全的饮用水。在"长三角"、"珠三角"等城镇密集地区,将乡镇供水设施建设纳入城市供水统筹考虑并实施,实行城乡供水"同网、同质、同服务",避免了供水设施的重复建设,降低了单位工程造价,提高了设施的效率与效益,满足了城乡居民用水的需求,使更多的村镇居民享受到了城市供水设施的服务。以江苏省为例:到 2010 年年底,苏锡常地区所有乡镇、宁镇扬泰通地区 80% 的乡镇、苏北地区 42% 的乡镇实现了城乡统筹区域供水,1527 万人的乡镇和农村人口的饮用水条件得到根本改善。

4. 深入开展城市节水工作,提高城镇用水效率

加强城市节水工作,强化用水管理、提高用水效率是住房城乡建设部的一项基本职责。长期以来,住房和城乡建设部十分注重开源与节流并重,狠抓城市节水工作,多措并举,保障城市发展的用水需求。近十年来,城市的 GDP 增加了 2.7 倍,用水人口增长了 53.8%,城市化率提高了 10 个百分点,但全国城市居民人均日生活用水量降低了 22%,城市年用水量仅增长 6.6%,年供水量稳定在 500 亿立方米。一是开创和实施计划用水和定额管理等节水制度,强化用水单位的用水管理;

二是会同国家发展改革委积极推进创建节水型城市,通过典型城市的示范作用,带动全国城市节水工作,目前全国共有 57 个城市获得"国家节水型城市"称号;三是推进污水再生利用等非传统水资源的利用,制定鼓励污水再生利用的政策和技术标准,促进污水处理由达标排放向综合利用转变。"十一五"期间,全国城市污水再生利用量增加了14.2 亿立方米。

5. 编制实施城市供水设施改造和建设规划

2007 年 10 月,经国务院同意,国家发展改革委、建设部、水利部、卫生部、国家环境保护总局联合印发了《全国城市饮用水安全保障规划(2006—2020 年)》,提出了解决城市饮用水不安全问题的近远期目标,确定了编制《全国城市供水设施改造和建设规划》等具体任务。

根据《全国城市饮用水安全保障规划(2006—2020 年)》的要求,住房和城乡建设部用了两年时间对全国设市城市和县城全部 4457 个公共供水厂进行了普查,基本摸清了城镇供水现状与问题,并会同国家发展改革委开展了全国城镇供水设施改造与建设规划的编制工作,经"两下两上",对各地提出的规划任务进行了梳理,编制了《全国城镇供水设施改造与建设"十二五"规划及 2020 年远景目标》。

《规划》按照《中华人民共和国国民经济和社会发展第十二个五年规划纲要》及 2020 年全面实现建设小康社会目标的总体要求,在总结分析"十一五"城镇供水发展状况的基础上,提出了"加快城镇供水设施改造、提高供水设施能力、加强水质检测能力建设、提升应急保障能力"等方面的建设任务,并从责任落实、资金投入、项目实施、监督管理、政策配套等方面提出了保障措施。

6. 成功应对重大突发事件

成功应对多起重大水源污染事件。自 2005 年 11 月,松花江流域发生硝基苯水源污染事故后,住房和城乡建设部着手开展城市供水系统应对突发性水源污染的应急净水技术的研究,并取得突破性进展,印发了《城市供水系统应急净水技术指导手册》,确定了 100 余种有毒有害物质的应急处理技术和工艺参数,形成了包括应对可吸附有机污染物的活性炭吸附技术、应对金属非金属污染的化学沉淀技术、应对还原性或氧化性污染物的氧化还原技术、应对微生物污染的强化消毒技术和应对藻类污染的综合处理技术的应急净水技术体系,充实完善了城市供水应急预案。利用这些技术,住房城乡建设系统成功应对了2005年12月广东北江镉污染、2007年7月的江苏无锡太湖水源污染、2010年10月广东北江铊污染、2012年2月广西龙江镉污染等特重大突发性水源污染,保障了相关城市的供水安全。

全力保障遭受重大自然灾害地区的应急供水。"十一五"期间,我国发生了南方雨雪冰冻、汶川地震、玉树地震、舟曲泥石流等多起重大自然灾害。为保障灾区居民基本用水需求,住房和城乡建设部按照党中央、国务院的统一部署和要求,调集大批移动式净水设备和器材支援灾区、组织多支水质检测和抢修队伍深入灾区第一线,有效保障了灾区群众的基本用水需求。

(三)下一步展望

深入贯彻落实科学发展观,着眼未来二三十年城镇化发展需求,以建设资源节约型、环境友好型社会为目标,着力解决城镇居民饮用水不安全问题,积极应对城市人口快速增加的需要,全面推进基本公共服务均等化,以城带乡,提高城镇公共供水服务的覆盖面。

1. "十二五"目标与任务

2015年,城镇公共供水厂出厂水水质达到生活饮用水卫生标准要求,基本解决管网和二次供水设施的污染问题,自建设施生活供水水质达标,城镇公共供水管网覆盖范围内基本取消自建设施供水,形成保障供水水质安全全过程的监管和应急体系。设市城市用水普及率达到98%以上,县城用水普及率达到90%以上。具体任务是:一是城镇公共供水厂出厂水水质全面达到生活饮用水卫生标准要求,因地制宜、分类实施,完成对存在水质安全隐患的水厂改造。二是基本解决管网输配过程中的水质二次污染问题,推进老旧管道更新改造。三是提高用水普及率,到"十二五"末,设市城市用水普及率将达到98%以上,县城用水普及率达到90%以上,加快西部地区城市和小城市、县城供水设施建设,扩大公共供水服务范围。四是基本形成保障供水水质安全全过程的监管和应急体系,实现《生活饮用水卫生标准》全部106项水质监测能力全覆盖,不断提高应急供水保障能力。五是有序开展城乡统筹区域供水,以城带乡,促进城市自来水服务向农村延伸。

2. 政策措施

一是落实政府责任。地方人民政府是城镇供水安全保障的责任主体,应将城镇供水安全保障工作的目标和措施纳入本地区国民经济和社会发展规划;建立地方政府公共投入机制,落实政府投入责任,保障城镇供水安全的必要资金;强化监管,提高供水服务水平,维护公共利益。国务院有关部门应按照现行管理体制,各司其职,密切配合,加强对城镇供水安全工作的指导和监管,将城镇供水安全纳入到国家国民经济和社会发展规划,制订国家专项规划、明确近期任务、落实工作措施、完善相关政策。二是加大资金投入。建立健全以政府投入为主导的、多渠道筹集资金的投资体制。中央政府公共投入应加大支持力度,地方政府公共投入应保障城镇供水安全建设项目所需经费的稳定来源和增长。研究开发市政专项金融工具,通过资本市场进行融资,吸引社会资金和外资,缓解当期资金不足的问题。研究设立城镇供水(自来水)专项债券和基金,对购买人实行优厚利率和减免所得税政策;同时,建立融资风险低、信誉可靠的债券发行、还贷和担保制度,吸引社会资金有序进入城镇供水市场。三是积极推进改革。引入市场机制,大力推进特许经营制度,形成有效的授权经营制度,提高供水服务的质量和运行效率,节能降耗。四是加强行业监管。在推行供水经营体制改革过程中,根据市场化要求,加强政府对经营者的选择、约束、监督和评价,确保公众利益和政府责任不缺失,严格执行城镇供水市场准入和年检制度。提高准入门槛,择优选择管理水平高、经营业绩好、技术力量强、服务信誉优的企业参与经营管理。

五、城镇排水与污水处理

城镇排水与污水处理设施是重要的市政设施,具有防灾减灾、卫生防疫、污染防治与城镇减排、资源化利用等四大基本功能。近年来,在"科学发展观"的指引下,我国实施了"节能减排"政策,中央和地方政府加大对城镇污水处理设施建设的投资力度,同时积极引入市场机制,建立健全政策法规和标准体系,城市污水处理取得了令人瞩目的成果。

(一)城镇污水处理发展实现"量质齐升"

城镇污水处理厂的数量和规模迅速提升,污染物削减效能不断提高。截至2010年,全国城市、县(以下简称"城镇")建成投运的城镇污水处理厂日处理能力已达到1.25亿立方米,城市污水处理率达82.3%,比2002年提高了42个百分点,基本扭转了城镇污水处理设施建设滞后于城市化发展的局面;通过完善城镇污水处理配套管网,城镇污水收集率不断提高,污水处理设施的利用效率稳步提升,全国城镇污水处理厂的平均运行负荷率已接近80%,总体上消除了设施闲置现象;随着污水处理能力的显著提升和运行状况的不断趋好,城镇污水处理厂的减排效能持续提高,城镇污水处理的COD年削减量已超过900万吨,已成为城镇减排的主要手段,为实现国家"节能减排"目标做出了重要贡献。

(二)转变发展理念,技术进步紧跟社会发展

我国城镇污水处理起步较晚,20世纪80年代前后,我国建设的城镇污水处理厂,受到建设资金不足等因素制约,大部分处理工艺采用以去除悬浮物为核心的简单一级处理;80年代中期,为了减少水中BOD等有机物引起的水质黑臭,开始推行污水二级生物处理;90年代以后,

城市水环境改善的需求日益提高,江河湖泊亟须控制氮磷污染以减轻水体富营养化,城镇污水处理生物除磷脱氮工艺开始逐步得到推广应用。

进入新世纪后,随着经济社会发展、生活水平的提高,对人居环境改善的需求日益迫切,党中央高瞻远瞩,提出了"以人为本、科学发展"的理念和要求,推动了城镇污水处理标准和技术水平的快速提升。2003 年颁布实施的国家标准《城镇污水处理厂污染物排放标准》(GB18918—2002),明确了将一级 A 标准作为污水回用的基本条件,城镇污水处理开始从"达标排放"向"再生利用"转变,促进了城镇污水处理设施新一轮的提标改造,推动了污水除磷脱氮技术得到进一步提升;制定了一系列有关城镇污水处理、再生水利用、污泥处理处置的技术政策、标准和技术规范,基本建立起涵盖规划、设计、施工、验收、维护、运行、安全生产、管理全过程的标准规范体系,促进了产业水平的整体提高。目前,我国城镇污水处理的国产技术装备,通过不断的引进、消化、改进和创新发展,已逐渐走向成熟化、规模化,部分设备产品的技术性能已经达到或接近国际先进水平。

(三)法规、政策不断完善

1. 健全法律法规

2008 年,全国人大修订颁布了《水污染防治法》,明确了建设部门会同有关部门制定城镇污水处理规划,负责城镇污水处理设施的建设和运行监管,环境保护主管部门对城镇污水集中处理设施的出水水质和水量进行监督检查。近年来,为落实国家有关法律和国务院有关要求,住房和城乡建设部配合国务院法制办加紧研究制定《城镇排水与污水处理条例》,进一步规范城镇排水与污水处理工作。

2. 完善政策机制

初步建立污水处理收费制度。建立了城镇污水处理收费制度,并随着城镇污水处理的发展和社会经济形势的变化不断完善规范。2009

年,财政部印发《关于将按预算外资金管理的全国性及中央部门和单位行政事业性收费纳入预算管理的通知》(财预〔2009〕79号),将污水处理费作为预算内行政事业性收费,纳入财政预算管理。污水处理收费制度的建立有力地促进了城镇污水处理行业健康发展。

积极引入市场机制。国家计委、建设部和国家环保总局2002年印发《关于推进城市污水、垃圾处理产业化发展意见的通知》(计投资〔2002〕1591号),推动城镇污水处理项目建设和运营的市场化改革,提出污水处理收费原则、逐步实行城镇污水处理设施的特许经营、引入竞争机制等;2004年,建设部印发《市政公用事业特许经营管理办法》(建设部第126号令),提出了加快推进市政公用事业市场化,规范市政公用事业特许经营活动,加强市场监管等方面的具体要求;2012年,住房城乡建设部出台《关于进一步鼓励和引导民间资本进入市政公用事业领域的实施意见》,鼓励民间资本采取独资、合资合作、资产收购以及政府购买服务的模式进入城镇污水处理行业。目前,约有40%的城镇污水处理设施通过BOT、BT等特许经营模式引入社会资本,参与设施建设与运营。

3. 强化规划引导

2006年,建设部会同国家发展改革委、国家环境保护总局共同组织编制并实施了《全国城镇污水处理及再生利用设施建设"十一五"规划》,有力指导了全国城镇污水处理设施建设;2010年以来,在总结"十一五"成绩与分析未来发展需求的基础上,住房和城乡建设部、国家发展改革委、环境保护部共同组织编制了《"十二五"全国城镇污水处理及再生利用设施建设规划》,并由国务院办公厅正式印发,着力解决设施建设不平衡、污水配套管网和污泥处理处置设施建设滞后等问题。

4. 加强监管考核

强化运行监管。目前,全国已设立了20座国家级城镇排水监测站,分布在17个省(自治区、直辖市),为落实城市排水许可制度、保证污水处理设施安全正常运行发挥了巨大作用;住房和城乡建设部印发了《关于加强城镇污水处理厂运行监管的意见》,提出了加强源头控制、强化进水水质水量监管,加强运行管理人员培训,做好污泥处理处置以及信息公开等要求;2007 年,建设部建立了"全国城镇污水处理管理信息系统",形成国家和地方数据共享的监管平台,实时掌握城镇排水与污水处理的建设运行情况,实现了对项目建设和运行的动态监管。

　　加强督察与通报。2007 年,建设部制定并颁布实施《全国城镇污水处理信息报告、核查和评估办法》,建立了城镇污水处理设施的评估和通报制度;2010 年,住房和城乡建设部制定并印发《城镇污水处理工作考核暂行办法》,建立了"量质结合"的城镇污水处理考核体系,通过对污水处理设施覆盖率、城镇污水处理率、设施利用率、污染物削减率等指标考核,并每季度向各地和有关部门通报,促进地方污水处理设施运营和管理效能的提高。

　　5. 加大科技支撑

　　"水体污染控制与治理"科技重大专项是根据《国家中长期科学和技术发展规划纲要(2006—2020 年)》设立的十六个重大科技专项之一,旨在为中国水体污染控制与治理提供强有力的科技支撑。通过实施国家"水体污染控制与治理"重大科技专项,为一大批饮用水安全保障和水污染防治规划及重大治污工程提供了支撑。"十一五"期间"水专项"一共启动了 13 个项目,91 个课题,中央财政投入 14.85 亿元,地方配套 24.08 亿元,涉及示范城市 50 余个,形成了一批适宜我国国情的城镇排水与污水处理的工程技术和管理方法,有力地支撑了城镇污水处理事业的发展。

(四)下一步展望

　　随着我国经济的持续发展和人民生活水平的不断提高,"十二五"规划对城镇污水处理工作提出了更高的要求。深入贯彻落实科学发展观,着眼未来,在继续推进大中城市污水处理设施建设的同时,要侧重于中小城市和县镇的设施建设,特别是注重配套管网的建设和维护,着重污泥安全处置和污水再生利用,着力加强设施运行的指导和监管,确保污水处理稳定达标。

1."十二五"任务与目标

一是继续加快污水处理设施建设特别是配套管网的建设。到"十二五"末,实现直辖市、省会城市及计划单列市的城区污水全部收集和处理,杜绝未经处理的污水直接排放,设市城市全部建成污水处理设施,建成区污水处理率平均达到85%,所有县城建成污水处理厂,污水处理率达到70%;建制镇污水处理率平均达30%。

二是重视污泥的安全处置,杜绝二次污染。直辖市、省会城市及计划单列市污泥无害化处理处置率达到80%;其他城市的污泥无害化处理处置率平均达到70%。

三是加强再生水利用设施建设,提高再生水利用率。城镇污水再生利用率达到污水处理量的15%以上。

四是加快既有设施的提标改造。合理确定工艺流程,提高出水水质标准,全部达到标准排放或利用。

2. 政策措施

一是积极配合有关部门,加快出台《城镇污水处理与排水条例》,确保城镇污水处理工作"有法可依,有章可循"。

二是引入市场机制,健全特许经营制度,引导民间资本采取独资、合资合作、资产收购,以及通过政府购买服务等形式参与城镇污水处理事业,鼓励设施运行管理的专业化。

三是拓展资金筹措渠道,研究建立包括中央财政、地方财政、银行贷款、保险、债券、社会集资等多渠道相结合的融资模式。

四是完善污水处理收费制度,逐步将污泥处置纳入污水处理成本,提高征收标准,强化征收力度和资金使用监管,确保污水处理厂运行费用。

五是会同有关部门,研究建立鼓励再生水利用的相关政策,提高污水再生利用率,开辟城市建设"第二水源";加强城市节水,在保证经济发展和人居环境水平不断提高的前提下,减少新鲜水取用量。

六是完善污水处理工作的考核办法,不断提高考核标准的科学性和合理性。

七是强化监管,严格实施城市排水许可制度;加强污水厂运行的检测分析,按照有关规定确保检测的项目和频次,完善检测数据分析和运行报表制度;加大污水厂运行监督力度,提高人员技术水平,确保出水稳定达标。

八是加大科技投入,加强技术支撑,借鉴发达国家经验,建立、完善适合我国国情的污水资源回收、污泥综合利用的技术路线和政策体系。

六、城市生活垃圾处理行业

随着城市化、工业化的发展,我国城市生活垃圾处理问题凸显。党的十六大以来,各地逐步认识到生活垃圾处理是城市管理和公共服务的重要内容,是确保城市公共卫生安全,提高人居环境质量和生态文明水平的重要组成部分。在科学发展观的指导下,生活垃圾处理工作有序推进,城市脏乱差的状况有了较大改变。

(一)收运系统不断完善

城市生活垃圾清扫从人工清扫、简易保洁,发展到部分机械化作业,许多城市实行 16 小时街道保洁乃至全天保洁;垃圾收集逐步实行袋装化、容器化、密闭化;压缩式、密闭式等专用垃圾运输车和高效转运站得到较普遍应用,生活垃圾基本做到了日产日清。

2010 年全国道路清扫保洁机械化率达到 34%,与 2002 年的 16.1% 相比,增长了一倍多。其中西藏、北京、上海和湖南等省、市、自治区的城市道路清扫保洁机械化率分别达到 71.2%、63.8%、58.2% 和 52.4%。全国城市生活垃圾年清运量 2.21 亿吨,其中设市城市 1.58 亿吨,县城 0.63 亿吨。与 2002 年相比,城市生活垃圾清运量增长了 13.6%。

(二)回收利用初见成效

生活废品回收水平较高。党的十六大以来,我国逐步建立了覆盖城乡的废品回收网络,回收利用了大量宝贵资源。虽然我国生活废品人均产生量相对发达国家较低,但回收比例与发达国家的平均回收水平大体相当,约占城市生活垃圾清运量的四分之一,北京市在 2008 年实现了申办奥运会承诺的生活垃圾资源化利用率 30% 的目标。目前,废品回收主要以市场方式运作,民间约有二百多万"垃圾大军"从事生活废品回收,初步形成了生活废品捡拾、收集、运输、加工和利用的产业链。城市生活垃圾分类工作已开始试点,大部分家庭对旧报纸、易拉罐、玻璃瓶等有价值废品自发分类收集出售,直接进入废品回收系统。

(三)处理能力不断增长

各地加快生活垃圾处理设施建设,使得生活垃圾处理能力有了较大增长。截至 2010 年年底,全国生活垃圾无害化处理能力 45.7 万吨/日,其中设市城市 38.8 万吨/日,县城 6.9 万吨/日。生活垃圾无害化处理量 1.40 亿吨,其中设市城市 1.23 亿吨,县城 0.17 亿吨。全国设市城市生活垃圾无害化处理率 77.9%,超过"十一五"规划目标 7.9个百分点。其中天津、重庆、浙江、北京等省、市的城市生活垃圾无害化处理率均达到 95% 以上。浙江、江苏等省的全省城镇生活垃圾无害化处理率(含县城)已经超过 80%。与 2002 年相比,全国设市城市生活垃圾无害化处理能力和处理量分别增长了 79.8% 和 66.3%。

截至 2010 年年底,在设市城市经过无害化处理的生活垃圾中,卫生填埋比例约为 77.9%,焚烧为 18.8%,其他占 3.3%。与 2002 年相比,卫生填埋处理能力和处理量分别增长了 53.8% 和 45.2%,焚烧处理能力和处理量分别增长了 735% 和 742%。

（四）服务范围逐步扩大

一些地区加快推动基本公共服务城乡统筹力度,将生活垃圾收运处理服务由设市城市向县城和乡镇延伸。从 2006 年开始,四川、山西、山东、广西等省、自治区大力开展城乡清洁工程和环境综合治理工作;河南、河北、宁夏、海南等省、自治区陆续实现了县县建有生活垃圾处理设施;在珠三角、长三角以及一些经济发达地区,生活垃圾处理已经实现城乡统筹,初步形成了"村收集、镇(乡)转运、市(县)处理"的体系。

（五）管理制度逐步健全

国务院有关部门出台了一系列关于生活垃圾处理的政策文件。2004 年,我部出台了《市政公用事业特许经营管理办法》,规范了生活垃圾处理等市政公用事业特许经营活动;2007 年,我部修订了《城市生活垃圾管理办法》,细化了对生活垃圾处理企业行业准入的条件;2009 年,我部会同国家发展改革委、环境保护部发布了《生活垃圾处理技术指南》,对生活垃圾处理技术提出了适用条件;2010 年,我部在大量调研工作基础上,会同国家发展改革委、环境保护部形成了《关于我国城市生活垃圾处理情况的调研报告》并上报国务院领导;2011 年 4 月,国务院批转我部等部委《关于进一步加强城市生活垃圾处理工作的意见》(国发[2011]9 号,以下简称《意见》)是一个具有里程碑意义的重要文件,是继 1986 年、1992 年之后,国务院又一次发布有关生活垃圾处理工作的纲领性文件。同时,关于生活垃圾处理的技术立法工作不断加强,标准体系不断完善,目前已发布 70 多项行业标准。在地方管理制度方面,北京、上海、天津、江苏等省、市政府都在大力推进生活垃圾管理地方立法工作,不断完善配套政策制度。

（六）下一步展望

当前,随着我国城镇化步入中期阶段,同时也伴随着社会矛盾突发期和城市管理艰难期的来临。这既是我国经济社会发展的战略机遇期,也是转变经济发展方式的攻坚时期。虽然我国城镇生活垃圾处理工作取得了明显成效,但是我们更要充分认识生活垃圾处理工作的重要性和艰巨性。要从根本上预防和治理"城市病",需要在思路上实现从粗放管理向微循环精细化管理转变,从增加处理规模向提高处理质量和运行水平转变,从关注末端处理向全过程管理转变,从立足无害化处理向减量化资源化无害化并举转变等"四个转变"。

随着《意见》的发布,我国生活垃圾处理工作将开启新的篇章。各地加强对生活垃圾处理工作的重视,深入落实《意见》和《国务院办公厅关于印发"十二五"全国城镇生活垃圾无害化处理设施建设规划的通知》(国办发[2012]23号)精神,不断强化规划引导、完善收运网络、加快设施建设、提高运营水平、加快存量治理、提高资源化利用水平,全面推进生活垃圾处理工作。我们相信,经过全社会的共同努力,我国将逐步建成系统完善、设施完备、监管全面、先进适用的城市生活垃圾处理体系,实现生活垃圾源头减量、资源化利用、无害化处理,建设清洁城镇,提升人居环境。

七、城市综合交通

党的十六大以来,我国城市综合交通规划建设成就斐然,城市交通基础设施规模和服务水平均有显著提升,居民出行方式逐步多样化,城市交通政策日趋科学,相关法规标准体系逐步建立健全,可持续发展的交通理念日益深入人心。

(一)规划引领作用初步显现

十年来,城市交通规划从无到有,并逐步以法律、法规形式得以确立,城市交通规划各项技术水平也有了显著提高,基本形成了以公共交通为主导的城市综合交通体系。

1. 城市交通各专项规划编制日趋科学和完善

随着城市交通问题的突显和交通研究的深入,近十年来,公共交通、轨道交通、停车设施等城市交通专项规划越来越受到各地政府的重视,并逐步完善。城市公共交通专项规划受到越来越多的关注,关注的重点不仅仅集中在轨道交通建设、公共交通网络完善等方面,也更加关注如何吸引更多市民采用公共交通方式出行。轨道交通建设规划表现出整体推进的态势,对于特大城市,建设规划主要关注加大网络密度和系统分层化;对于大城市,规划主要面向区域层面的轨道交通发展。大部分城市编制了公共交通专项规划,拟建轨道交通的城市编制了轨道交通建设规划。

2. 城市综合交通体系规划统筹协调作用得到发挥

随着交通实践的深入,城市交通工作者们逐渐认识到城市交通规划需要进一步加强各专项规划的统筹,从综合交通角度协调城市对内、对外交通,即编制城市综合交通体系规划。城市综合交通体系规划作为协调土地利用与交通关系的重要手段,其编制的具体内容和要求,随着城乡规划法的实施被赋予了新的内涵,编制内容更加追求交通可持续发展的目标,以人的活动为研究对象,不仅仅研究交通基础设施,也研究交通政策对于规划的要求。2010 年,住房城乡建设部印发《城市综合交通体系规划编制办法》(建城[2010]13 号)和《城市综合交通体系规划编制导则》(建城[2010]80 号),进一步规范了城市综合交通体系规划的编制工作,明确了城市综合交通体系规划的定位及作用,提出了编制的基本要求、主要编制内容、规划成果组成以及编制管理与审查制度。北京、上海等很多城市编制了城市综合交通体系规划。

(二)公共交通得到长足发展

1. 优先发展公共交通的理念逐步深入人心

2002 年以来,随着我国经济社会发展,城市规模的不断扩大和城市功能的不断聚集,我国城市交通发展经历了机动化水平快速提高、汽车迅速进入家庭、居民出行需求多样化的发展历程,在应对城市交通拥堵,破解城市交通难题的过程中,城市交通发展思路和理念逐步清晰,确立了以大力发展城市公共交通为核心的可持续发展城市交通理念。

(1)优先发展公共交通理念得以确立。2004年3月,建设部印发《关于优先发展城市公共交通的意见》(建城〔2004〕38号),指出公共交通优先即"人民大众优先",提出了优先发展城市公共交通的主要任务和目标。2004年6月25日,温家宝总理批示,优先发展城市公共交通是符合我国实际的城市发展和交通发展的正确战略思想,将城市公共交通提升到国家战略高度。2005年9月,国务院印发《国务院办公厅转发建设部等部门关于优先发展城市公共交通意见的通知》(国办发〔2005〕46号),指出城市公共交通是与人民群众生产生活息息相关的重要基础设施,各地区各部门要进一步提高认识,确立公共交通在城市交通中的优先地位。

(2)优先发展公共交通理念得以逐步落实。2006年建设部、发展改革委、财政部、劳动保障部等四部门印发《关于优先发展城市公共交通若干经济政策的意见》(建城〔2006〕288号),提出了加大财政投入、实行低票价及完善补贴、补偿机制等优先发展城市公共交通的有关经济政策。2006年12月,建设部组织召开了全国优先发展城市公共交通工作会议,总结交流了各地贯彻落实国办发〔2005〕46号文件的做法和经验,研究部署了大力推进城市公共交通优先发展的各项工作。中国城市公共交通协会也充分发挥行业交流平台的作用,近些年,通过召开行业交流会议,举办展览等形式,加强了优先发展公共交通战略的宣传,提高了行业整体素质和发展水平,在促进公交优先战略落实方面,起到了很好的作用。各地也采取了一系列长效措施,使得居民出行环境得到了进一步改善。

(3)优先发展公共交通理念进一步深入人心。为倡导居民选择公共交通、自行车、步行等绿色出行方式,从2007年开始,已连续5年开展了"中国城市无车日活动",2011年承诺开展活动的城市已达到149

个。通过活动,使得绿色出行,公交优先的理念深入人心。

"十二五"规划《纲要》明确提出,实施公共交通优先发展战略,大力发展城市公共交通系统,提高公共交通出行分担比率。为了实现此目标,2011年住房和城乡建设部配合国家发改委起草了《关于实施城市公共交通优先发展战略的指导意见(代拟稿)》,已经呈报国务院等待审定。文件中要求深入贯彻落实科学发展观,把城市公共交通优先发展战略贯穿于城市发展战略、规划布局等各个层面、各个环节,强化优先发展的意识,落实优先发展的措施,建立优先发展的机制,形成城市公共交通优先发展的新格局。

优先发展城市公共交通体现了科学发展的思想,是城市交通降低能源消耗、减轻环境污染、减少占地、方便居民出行的重要途径。优先发展城市公共交通已逐渐成为城市交通发展的核心理念,这种选择是总结我国多年城市交通发展经验的结果,也是我国城市交通实现可持续发展的唯一途径和核心举措。

2. 城市公共交通基础设施进一步完善

(1)各地公共交通投资力度加大。根据《城建统计年报》数据分析,十年来,我国公共交通固定资产投资力度明显加大,公共交通投资总额以及其在本年固定资产投资总额中所占比例都在逐年上升,公共交通建设得到极大重视。从投资金额来看,2010年全国公共交通固定资产投资总额为1812.6亿元,比2002年的293.8亿元增加了517%。2010年公共交通投资占市政建设固定资产总投资的12.7%,比2002年的9.4%增长3.3个百分点。

(2)公共交通枢纽建设速度加快。交通枢纽是交通网络的重要节点,对于全面发挥各种交通基础设施的功能、方便群众出行具有重要的作用。加强枢纽建设,不仅实现航空、铁路、公路等对外交通与城市交通之间的顺畅衔接,也将改善城市各种交通运输方式之间的接驳换乘条件。

(3)公交专用道稳步增长。公交专用道长度、建成区公交专用道

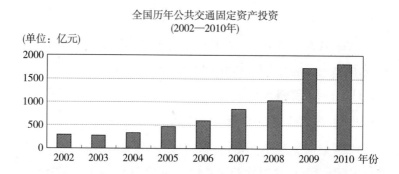

全国历年公共交通固定资产投资
(2002—2010年)

密度均呈逐年上升趋势。以北京市为例,近几年来,北京市公交专用道以每年40公里以上的速度增长,截至2008年年底,北京市共有公交专用道258.5公里,充分体现了北京市公共交通的"路权优先",公交平均运行速度提高到19公里/小时。

(4)快速公交系统飞速发展。在优先发展公共交通战略指导下,我国快速公交(BRT)系统的建设也得到了飞速的发展。截至2011年年底,全国共有北京、杭州、昆明、济南、常州、合肥、厦门、大连、重庆、郑州、西安等11个城市有快速公交系统投入运行。另外,上海、深圳、成都等城市正在开展相关规划研究。

虽然我国快速公交系统建设尚处于起步阶段,但高峰载客量基本都超过了2000人次/单向小时,运营效果初步显现。在运行速度方面,快速公交也有独特的优势,市中心高峰时段平均运营车速在20公里/小时左右。

(三)轨道交通发展迅速

城市轨道交通发展,为市民日常基本出行提供了快捷、安全、经济的公共交通方式,提高了出行效率,为缓解我国城市交通拥堵、改善居民出行环境,推动城市经济社会发展起到了积极作用。

1. 轨道交通建设受到很多大城市、特大城市的青睐

截至2012年5月,全国已有30个城市的《城市快速轨道交通建设规划》获国家批复。另外,还有兰州、太原、石家庄、乌鲁木齐等一批城

市正在筹备建设城市轨道交通建设规划。根据规划和建设情况,预计到"十二五"末我国城市轨道交通通车总里程将超过 3000 公里。

2. 轨道交通建成通车里程逐年增加、作用凸现

2002 年,全国仅有北京、上海、广州、大连、长春 5 个城市轨道交通投入运营,运营线网总长度 200 公里,客运总量 9.8 亿人次。十年来,城市轨道交通进入快速发展阶段,建设速度达到历史最高点。截至 2011 年年底,我国已有北京、上海、天津、重庆、广州、深圳、武汉、南京、沈阳、长春、大连、成都、西安等 13 个城市 59 条城市轨道交通线路投入运营,总运营里程达到 1713 公里,比 2002 年的 200 公里增加了 1513 公里,增幅达到 756.5%。其中,北京、上海、广州、深圳等城市已经初步形成轨道交通运营网络,承担的城市客运量大幅增加,成为城市公共交通中的骨干。

(四)下一步展望

随着我国城镇化进程的不断推进和经济社会的进一步发展,以及城市规模快速扩张,汽车数量急剧增长,城市交通问题拥堵问题将愈来愈突出,预防和治理城市交通拥堵的"城市病"将成为很多城市面临的共同难题。我国城市建设用地紧张、能源相对紧缺的实际,决定了我国城市要预防和治理城市交通拥堵,绝不能走小汽车主导的发展道路,必须走集约、节约的城市交通发展道路,也就是要大力发展步行、自行车、公共交通等绿色交通。下一步,我们将从完善城市规划、强化城市综合交通体系规划、加强城市交通基础设施建设、倡导绿色交通等方面,继续推进城市综合交通规划建设,以促进城市交通可持续发展。

八、数字化城市管理

随着城市化的快速发展,城市管理问题越来越突出。"数字化城市管理系统"将现代信息技术和先进的管理机制引入到城市管理工作

中,以数字化信息平台为媒介实现政府城市管理工作的流程再造,开启了城市管理的全新模式,十年来取得了积极进展。

(一)数字化城管的诞生背景

我国的城市管理采用的是部门化管理机制,每个部门决策、执行、监督一体化。由于部门管理追求的是"低成本、高效率",实际工作中就体现为主要管面子上的事情、上级政府看得见的事情、好管的事情,甚至于以罚代管。而城市运行中复杂的问题、无利可图的问题、跨部门综合化的问题、不易被上级政府发现的问题乃至于涉及公共利益的一些深层次重大问题都尽可能不去管,这就导致了城市管理的表面化、利益化、冷漠化。

另外,我国正处于城市化高速发展阶段,城市规模迅速扩展,各类基础设施建设大规模推进,大量人口在城市中不断聚集,城市运行的硬件环境及软件环境极度复杂化,城市发展的不可预测性和不可控制性因素日益增长,这都使得城市问题显得更加复杂和多样化。

要彻底解决城市管理问题,必须变革城市管理制度,构建既满足专业化管理要求又符合城市发展整体利益的新型城市管理长效机制。同时,要探索新的道路,形成各类社会单位和每一个公民依法履行城市建设、维护主体责任,社区依法履行协助政府管理及自我管理的责任,政府依法履行规划、管理、执法责任的城市建设维护管理新格局。随着信息化技术的发展,数字城管模式应运而生。

(二)数字城管的发展历程

1. 创立阶段

2004 年,北京市东城区推出"万米单元网格城市管理新模式",将辖区划分为 10 个街区、126 个社区、1593 个网格等几个管理层次,对原来分散在 37 个专业部门的 60 类 196847 个城市管理项目进行标准化、规范化的分类和编码。依托数字技术,采用万米单元网格管理法和城市部件管理法相结合的方式,将城市管理内容数字化,实现城市精确管理的同时还可对某类部件进行快速、准确普查。

东城区通过建立城市管理监督中心和城市综合管理委员会,创建了管理和监督职能相分离的新型城市管理体制,使城市管理系统结构更加科学合理,提高了城市管理水平和城市运行效率。

东城区探索和实施万米单元网格城市管理新模式,标志着数字城管模式正式创立。2005 年,"东城区网格化城市管理系统"得到了中央编办、国信办、科技部、建设部、北京市委、市政府和多位资深行业专家的认可,被列为建设部"十五"科技攻关计划示范项目、北京市信息化重大应用项目,并被建设部确定为"数字化城市管理新模式"。

2. 试点推广阶段

2005 年 7 月建设部印发《关于推广北京市东城区数字化城市管理模式的意见》(建城〔2005〕154 号),组织开展数字城管新模式试点工作。

2005 年至 2007 年,建设部先后公布了 3 个批次共计 51 个数字化城市管理试点城市(城区)名单,并组织专家按照有关技术标准和要求对试点城市(城区)进行验收。截止到 2009 年年底,共有江苏省南京市鼓楼区等 38 个城市(城区)通过了验收,数字城管试点推广取得了阶段性成果。

3. 全面推广阶段

从 2010 年开始,住房和城乡建设部要求在全国地级以上城市全面推广数字化城管新模式,并采取一系列措施指导各地有序推进数字城管模式工作。一是完善标准体系。2011 年,《城市市政综合监管信息系统单元网格划分与编码规则》和《城市市政综合监管信息系统管理部件和事件分类、编码及数据要求》两项行业标准经过修订完善,升级为国家标准,《城市市政综合监管信息系统模式验收》和《城市市政综合监管信息系统管理部件和事件信息采集》两项行业标准已开始启动编制,数字化城市管理标准体系初步建立。二是提高创新能力。2011

年4月,中国城市科学研究会数字城市专业委员会数字城管学组第一次会议在杭州召开,数字城管学组正式成立。学组的成立为各地数字城管从业人员提供了一个学习、交流、合作的平台,提升了对数字化城市管理领域前瞻性、创新性的研究能力。三是加强宣传培训。2011年8月,住房和城乡建设部在兰州召开全国数字化城市管理应用技术及案例分析培训班暨城关区现场观摩会,来自北京、天津、新疆等26个省市(州)的代表参加了会议。11月,"2011年数字城市管理与发展论坛"在北京隆重举行。同年,福建、山东建设厅相继多次开展数字化城管培训班,邀请数字化城管专家组专家授课,分析数字化城管试点城市实践经验和经典案例,讲解理论知识、组织架构和技术关键。宣传培训工作有效促进了数字化城市管理的经验交流、技能提升和模式推广。截止到2012年5月月底,全国共有258个城市(区)建成数字城管系统。

(三)数字化城管模式取得的成效

1. 强化了信息集成与信息服务功能

数字化城市管理工作以及时发现并处置问题为导向,建立了快捷的问题发现和上报机制。依托社会服务管理信息系统,可对监督员、政府热线、电子探头等多途径获取的信息进行集成。

除集成问题信息外,还建立了若干基础性数据库为支撑,能够准确掌握辖区人口、单位、房屋等基本情况。利用现代信息技术,对多渠道的信息资源进行集成管理,包括基础数据集成、案件数据集成、统计分析集成和考核评价集成,既为各街乡和委办局快速识别和处置问题提供了个案信息,也可提升各部门对基本情况的把握和判断能力,从而推进前瞻性管理和科学决策。

2. 提升了常态监督与追踪管理能力

数字化城市管理工作不断深化,对问题处置进行追踪管理,形成发现问题、分析决策、派遣处置、监督评价的闭环管理流程。依托信息化社会服务管理系统,监督员和市民在第一时间发现问题,监督指挥中心在第一时间进行立案,并在第一时间将任务快速派遣给责任单位,责任单位到现场处理问题,并将结果反馈给监督指挥中心。

3. 拓展了社会协作与公众参与功能

在数字城管推进过程中,遵循"多掌舵少划桨"原则,主要通过发现问题、受理立案促使各类责任主体快速处置和解决问题。各街乡注重发挥社会协作和社区协管自治的作用,由社区协调社会各方提供社会服务,改变了以前全部由街道主管、被动应付的方式,推动了政府职能的转变,促进了社会责任的回归。为减少问题发生、提升处置能力,各街乡和委办局纷纷引入合作治理机制,通过合同外包、政府补助、特许经营等方式,调动市场主体、社区协管自治组织参与社会管理。

构建现代城市公共治理结构,初步实现了政府监控指挥、职能部门协调运作、社会单位和公民广泛参与,各司其职、各尽其能、相互配合的新格局。充分动员社会,完善公众参与机制,推动了各类社会单位和每一个公民按照法律法规的规定认真履行法定责任。将"门前三包"、消防安全、食品卫生责任单位以及物业公司、在施工地等各类责任主体纳入数字化系统,最终实现责任主体的"全覆盖"。

4. 强化了综合预警与决策支持功能

现代信息技术提升了数据存储和传递的可靠性和有效性,提升了海量数据的计算能力、储存能力和信息分享能力。对这些信息资源进行整合和集成,并通过电子政务网络,可在区政府、街乡和各委办局之间实现信息共享、互联互通。

基于从社区、网格、热线电话、探头源源不断报送而来的信息,可以提前进行综合预警,更好地识别和发现潜在问题,前瞻性地采取对策措施,从源头上加强问题治理,实现由事后监督向事前控制转变。基于各类统计数据,适时发布各类绩效评价报告,根据绩效数据对各街乡和委、办、局进行排名,发布专项调研分析报告,为政府决策提供辅助支持。

（四）下一步展望

数字化城市管理打造了先进、高效的城市管理模式，提升了城市管理效率和水平。随着中国社会经济的快速发展，城市管理面临更高要求和更多挑战，数字化城管模式必将在实践中进一步发展和完善。下一步，我们将继续在地级以上城市推广数字化城管模式，加快数字化城市管理系统开发建设，拓展应用领域，研究将数字化城管平台功能向地下管线拓展和延伸，促进城市管理水平的全面提升。

九、城市园林绿化

党的十六大以来，在深入贯彻科学发展观的过程中，园林绿化作为城市唯一具有生命力的基础设施，已被列为对城市发展具有全局性、先导性影响的基础性行业，已经发展成为现代城乡建设的工作重心之一和中国可持续发展战略中重要的任务之一，促进了人与自然和谐发展，实现了"以人为本"和"建设生态文明"的阶段性目标。

（一）科学发展观统领城市园林绿化的重要意义和指导作用

1. 城市园林绿化政策和发展目标更加科学

2001年国务院召开了全国城市绿化工作会议，颁布了《国务院关于加强城市绿化建设的通知》（国发〔2001〕20号），这是新中国成立以来国务院首次召开的全国城市绿化会议和颁布城市绿化的文件，明确了一个时期城市园林绿化工作的指导思想、工作目标和主要任务，奠定了城市园林绿化大发展的坚实理论基础，体现了贯彻落实科学发展观的重大指导意义，推进了园林绿化健康可持续发展。

2. 城市园林绿化发展的科学化体现了科学发展观的要求

党的十六大以来，城市园林绿化工作按照"坚持以人为本，树立全面、协调、可持续的发展观"、"建设生态文明"的要求，坚持"因地制宜、以人为本、尊重自然、服务城市"的发展原则，改善了城市人居生态环境,提高了百姓生活质量,受到了社会各界高度关注和自觉主动参与,促进了城市经济、社会和环境的协调发展,加快了三个文明建设步伐,为实现全面建设小康社会奋斗目标做出重大贡献。这些都充分体现了贯彻落实科学发展观的必然要求。

3. 城市园林绿化的全社会认知不断提高

党的十六大以来,城市园林绿化的快速发展和广泛影响,体现了生产力发展的要求,也体现了先进文化发展的要求,更是体现了不断满足人民群众改善生活质量的重要举措,作为城市唯一具有生命力的基础设施得到了社会各界高度认可。同时,城市园林绿化的公众认知度和参与度进一步提升,作为城市发展具有全局性、先导性影响的基础性行业地位已经确立。

4. 城市绿地系统功能日益完善

城市园林绿化在充分发挥改善生态环境、保护自然资源、传承历史文化、提供游览休憩、发展科普教育、文化娱乐等多方面功能的同时,已经发展到在彰显地域特色、节能减排、防灾避险、生态安全保障、文化创新再造、生物多样性保护乃至提升城镇核心竞争力、实现区域统筹城乡一体、加快文明建设进程等更多方面发挥了更为重要的综合功能。

5. 园林绿化发展理念不断创新

全面推进"节约型、生态型、功能型"园林绿化建设,不断提升城市园林绿化建设的科学性,节约型园林深入开展,城乡一体绿化效果已经显现,区域统筹绿地系统已经启动,立体绿化广泛应用,动物保护、湿地保护、生物多样性保护、重点公园建设等进入全新阶段,园林城市创建纵深推进,适应发展需要的法规规章和标准规范不断完善。

6. 城市园林绿化载体作用更加突显

城市园林绿化已经发展成为物质文明建设、精神文明建设和生态文明建设有机结合的载体;已经发展成为带动整个城市综合素质的提高、功能的完善和整个城市人居环境的不断改善的载体;已经成为各级政府建好城市、改善民生、服务百姓的重要抓手。

(二)党的十六大以来城镇园林绿化事业成就辉煌

1. 城镇园林绿地总量大幅提高

2002 年年底,全国城市建成区绿地率 25.80%、绿化覆盖率 29.75%、人均公园绿地面积 5.36 平方米,到 2010 年年底分别达到 34.47%、38.62% 和 11.18 平方米,分别增长 8.67 个百分点、8.87 个百分点和 5.82 平方米,增幅分别达到 33.60%、29.82% 和 108.58%(如下图所示)。

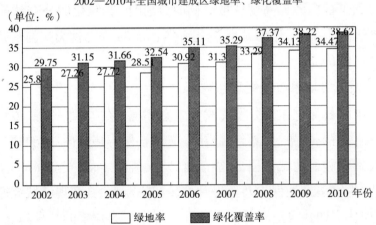

2002—2010年全国城市建成区绿地率、绿化覆盖率

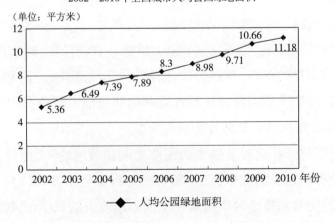

2002—2010年全国城市人均公园绿地面积

2. 城市绿地系统规划编制全面展开

城市绿地系统规划更加注重绿地布局的均衡性、绿地系统功能的综合性、生物物种的多样性、植被景观的地带性和园林绿化建设管养成本的合理性,绿地系统防灾避险功能得到完善,城乡一体区域统筹绿地系统规划得到很好落实。《城市绿地系统规划编制技术纲要(试行)》、《关于加强城市绿地系统建设完善城市防灾避险功能的意见》、《城市绿地分类标准》等,使城市绿化建设更加科学和规范。目前,全国大部分设市城市完成了城市绿地系统规划,其中江苏、浙江、广东、山东、河南、吉林等省设市城市已编制完成城市绿地系统规划。根据区域协调发展的需要,江苏省组织编制了《苏锡常都市圈绿地系统规划》。辽宁省政府把城市绿地系统规划列入了省"绿叶杯"竞赛活动内容。

各地建立了城市绿线管制制度,划定城市建设的各类绿地范围和保护控制线,《城市绿线管理办法》得到贯彻落实,园林绿化成果得到有效保护。以区域绿道网规划为载体的城乡绿地系统规划,使城市环境资源与乡村自然资源融为一体,使城市园林绿化向乡村延伸覆盖,使乡村自然生态向城市渗透,体现了城乡一体区域统筹的园林绿化发展理念,实现了大地园林化。

3. 城市园林绿化政策法规和标准体系逐步完善

党的十六大以来,不断完善城市园林绿化行业法规和标准规范体系,先后出台了《城市绿线管理办法》、《城市绿地系统规划编制技术纲要(试行)》、《关于加强城市生物多样性保护工作的通知》、《关于加强公园管理工作的意见》、《国家城市湿地公园管理办法(试行)》、《城市古树名木管理办法》、《关于加强动物园管理的意见》、《中国国际园林博览会管理办法》等规章文件;完成《城市绿化条例》修订(征求意见稿)、《城市公园绿地管理办法》(征求意见稿);编制了国家工程建设标准《城市园林绿化评价标准》(GB/T50563—2010)、《城市园林绿化企业资质等级标准》、《城市园林绿化评价标准》、《国家园林城市遥感调查与测试要求》等一系列的标准;初步形成了国家标准、行业标准、地方标准相结合的较为完善的城镇园林绿化标准体系,对推动园林绿化科技进步、规范市场秩序、提高产业和产品竞争力、促进园林绿化事业健康发展、实现园林绿化的发展战略起到了重要作用。

4. 园林城市创建活动纵深推进

创建国家园林城市活动 20 年来,已命名 213 个国家园林城市(其中党的十六大以来命名 194 个),党的十七大以来开展创建国家园林县城和园林城镇活动,并分别命名 94 个国家园林县城、22 个园林城镇;2007 年公布了 11 个国家生态园林城市试点城市。

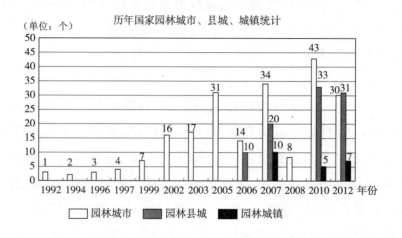

历年国家园林城市、县城、城镇统计

园林城市的内涵不断丰富。更加注重园林绿化与其他市政基础设施的协调规划与建设;从注重量的增长向注重绿地系统综合功能完善、注重城镇内在品质提升、注重城镇生态系统安全与稳定、注重城镇可持续发展能力提升等方向转变。

园林城市申报和评审程序不断完善。坚持自愿申报和公平、公正、公开的原则,对照《国家园林城市标准》进行考核、评议。使城市绿化工作成为有目标、有措施、有检查监督、有科学评比、有管理机构和法规保障的系统工程。

园林城市的范围不断扩大。在创建园林城市基础上,向县城推进、向乡镇延伸,自党的十七大以来命名了一批国家园林县城、园林城镇。

通过创建活动,切实推动了小城镇园林绿化和生态环境建设工作。

园林城市综合效应显著。通过创建,保护了城市地域风貌,挖掘了城市文化内涵,彰显了城市个性特征,促进了城市规划建设向尊重自然、合理布局、营造特色、优化环境的方向发展,树立了政府优先建设生态的理念,激发了全社会关注生存环境和参与园林绿化建设的热情,切实改善了中心城区、老城区的环境问题,有效推进了城市市容环境整治、垃圾无害化处理、污水处理,提升了城镇形象,加快了和谐社会建设进程。

5. 节约型、生态型城市园林绿化建设全面推动

自 2002 年以来,坚持将节约型城市园林绿化建设作为深入贯彻落实科学发展观、加快建设"两型"社会的重要手段,先后在石河子、库尔勒、嘉峪关等西部城市召开了全国节约型城市园林绿化建设现场会和经验交流会,及时出台了《关于建设节约型城市园林绿化的意见》。各地以"三节"(节地、节水、节材)"四减"(减小城市的热岛效应、减少城市的空气和水体污染、减少城市建筑和基础设施的能耗、减少城市交通和其他方面能耗)为核心,深入开展了节约型城市园林绿化建设,取得了显著成绩:立体绿化(墙面绿化、桥体绿化、屋顶绿化等)、生态停车场建设全面开展,采取拆迁建绿、拆违还绿、拆墙透绿、见缝插绿、破硬增绿、借地造绿等多种形式,挖掘边角废地,实施小游园小绿地小街景建设,结合危旧房改造和产业结构调整,扩展城市中心区的公园绿地,大幅度提升城市绿化量,拓展城市绿色福利空间,土地利用效率大大提高。北京市园林绿化局率先下发了《关于进一步推进本市屋顶绿化的通知》、《关于大力推进露天停车场绿化工作的意见》等文件,深圳、武汉、南京、成都等城市在立体绿化建设方面各有特色、成效显著。节水意识不断增强,节水新技术应用日益普遍。库尔勒、嘉峪关等干旱城市积极开展节水技术研究,大力推广喷灌、滴灌等节水新技术,广泛应用耐旱、耐寒、耐贫瘠乡土树种;北京等缺水城市普遍应用中水浇灌。上海、濮阳等城市建立了绿色垃圾处理厂,利用枯枝落叶、树木修剪废弃

物以及公园、游园垃圾等进行粉碎堆肥、制造生物有机肥。

6. 保护生物物种资源和城市自然资源行动全面展开

根据国发［2001］20 号文件提出"要加强城市绿地系统生物多样性的研究,特别要加强区域性物种保护与开发的研究"的要求,印发《关于加强城市生物多样性保护工作的通知》（建城［2002］249 号）,注重城市绿地系统生物多样性研究,注重区域性植物物种的保护与开发利用,制止盲目大面积更换城市树种、大量移栽大树和古树、破坏自然植物群落和生态群落、减少园林绿化植物物种、盲目回填沟河湖泊等威胁城市生态系统和生态安全现象发生;组织开展城市规划区内的生物多样性物种资源的普查;保护生态系统的多样性、物种的多样性和遗传基因的多样性。

7. 城市公园建设保护管理工作不断加强

全面开展城市公园绿地规划建设,加强公园绿地均衡性布局,开展城市公园和湿地资源现状及保护管理情况调研,制订《国家重点公园管理办法（试行）》、《国家湿地公园管理办法（试行）》,命名国家城市湿地公园 41 个、国家重点公园 63 个,坚持"重在保护、生态优先、合理利用、良性发展"的方针,充分发挥城市湿地在改善生态环境、旅游休闲、科普教育和生物多样性保护等方面的作用。动物园、植物园等建设加快并在物种研究和保护中发挥了重要作用。公益性公园免费开放全面推进实施,公园管理体制及管理机制不断创新和成熟,财政资金保障与资源合理利用的有机结合,促进了公园综合服务功能的不断提升和完善,公园管理水平显著提高。

（三）下一步展望

继续深入贯彻科学发展观,全面落实党和国家领导人关于加强城市园林绿化工作指示精神,认真回顾总结党的十六大以来城市园林绿化事业发展成就和国家园林城市创建二十周年成果,认真研究制定适应新时期发展要求的方针政策,进一步明确城市园林绿化事业发展的新目标、新任务、新理念,树立城市园林绿化行业崭新形象,强化全社会对城市园林绿化的认识。

一是进一步完善城市绿地系统规划。认真组织实施城市绿地系统规划编制与修编,严格实施城市绿线管制制度,不断完善城市绿地系统的防灾避险等综合功能,以城乡统筹的思路引导城市绿地系统规划健康发展;实现城市绿地系统规划全覆盖,县城绿地系统规划加快推进,乡镇绿地系统规划全面启动。力争在西部地区、城市中心区、城郊结合部等薄弱环节上取得新突破。

二是进一步推进节约型园林绿化建设。树立从扩张型、粗犷型向集约型、效益型方向发展的城镇建设思路,保护资源,节约土地,提高单位土地的绿化效益,提高园林绿化科技含量,推广新材料新技术应用,加快节约型、生态型园林绿化建设步伐。

三是进一步深入开展国家园林城市创建。不断巩固和发展园林城市创建成果,进一步制定严格的制度和长效管理措施,引导城市园林绿化建设科学发展,从以园林绿化为主体向低碳交通、市政基础设施、住房保障、绿色出行、绿色建筑、循环经济、建筑节能等过渡;从追求外在的形象整洁美观向城市生态功能提升、生物物种多样性保护、自然资源的保护、城市生态安全保障及城市可持续发展能力提升等转变;从关注一般的城市节能减排转向对减少城市温室气体排放、应对气候变化、减缓城市对周边环境的影响等综合效应的关注。

十、世界遗产和风景名胜区

世界遗产和风景名胜是珍贵、不可再生的重要资源,又是中华民族重要的自然文化遗产和宝贵财富。党的十六大以来,在党中央、国务院的高度重视下,我国世界遗产和风景名胜区事业取得了长足的发展和举世瞩目的成就,保护管理水平不断提高。按照构建社会主义和谐社会的总体要求,以科学发展观统揽风景名胜区工作全局,加强资源和环境保护,正确处理保护与开发的关系,一大批珍贵的自然文化遗产和风景名胜资源纳入了国家保护管理体系,对国家精神文明建设、生态文明建设及区域经济发展做出了重大贡献。

(一)世界遗产和风景名胜区工作稳步推进

1. 法规制度体系不断完善

党的十六大以来,我国风景名胜区法规制度不断完善,建立了以国务院颁布的《风景名胜区条例》(以下简称《条例》)为主导、地方风景名胜区管理法规、规章为支撑的行业管理制度体系,实现了风景名胜区由粗放式管理向制度化、规范化管理的转变。湖南、四川、河北、广西、浙江等 20 多个省(区、市)颁布了地方性法规或省政府规章,82 处风景名胜区或世界遗产地制定了专项管理条例或管理办法。同时,我部还制定了《国家重点风景名胜区规划编制审批管理办法》、《国家重点风景名胜区总体规划编制报批管理规定》、《国家重点风景名胜区审查办法》、《国家级风景名胜区徽志使用管理办法》、《国家级风景名胜区监管信息系统建设管理办法(试行)》等一系列配套制度和规范性文件,对加强风景名胜区管理起到了重要作用。

2. 建立和完善了风景名胜区规划制度

规划是风景名胜区建设与开发的前提和依据,是做好风景名胜资源保护工作的基础。目前,全国 208 处国家级风景名胜区已有 179 处完成总体规划编制上报,占国家级风景名胜区总数的 86.06%(其中有 21 处新公布的国家级风景名胜区尚未到《条例》规定的编制报批时限),其中 128 处已经国务院批准实施。多年来,通过检查和监测等手段,查处或制止了一大批违反规划的建设和破坏行为。

3. 加大了风景名胜区保护监管力度

近年来,通过连续开展综合整治、《条例》执法检查等活动,并持续开展风景名胜区遥感动态监测,切实保护了世界遗产和风景名胜资源,并提高了各地资源保护意识。风景名胜区综合整治工作是在深刻认识与分析当前风景名胜区发展面临的形势和问题的基础上做出的科学决策,是落实科学发展观,建设环境友好型和资源节约型社会的具体体现,是认真贯彻党的十六大以来的一系列文件要求的重要举措,较好地推进了风景名胜区事业的发展,逐步扭转了重开发、轻保护的误区,保护、利用及管理中各类问题逐步得到解决,为风景名胜区发展步入良性轨道奠定了坚实基础。

4. 运用科学技术手段,推动保护与管理创新

大力抓好监管信息系统和数字化景区建设工作,稳步推进风景名胜区信息化建设,改进管理手段,提高管理水平。利用现代信息技术、遥感技术、网络技术等高新科技手段,研发了国家级风景名胜区监管信息系统。2005 年以来,已对 153 处国家级风景名胜区(包括世界遗产地)进行了遥感监测抽查,覆盖面积达到 4.2 万平方公里,共采集变化图斑 4771 处,并组织对其中 2746 处疑似新增建设项目图斑开展了实地核查,取得了良好的成效。

(二)世界遗产和风景名胜区事业取得巨大成就

1. 建立了中国特色的风景名胜区保护管理体系

国务院先后于 1982、1994、2002、2004、2005 和 2009 年分七批批准设立国家级风景名胜区 208 处,面积达 10.07 万平方公里;各省级人民政府审定公布省级风景名胜区 701 处,面积达 9.43 万平方公里。两者总面积为 19.5 万平方公里,分布遍及除上海市之外的所有省份,占我国陆地总面积的比例超过 2%。做好风景名胜区工作关键在管理,迄今为止,所有国家级风景名胜区都建立了相应的保护管理机构,并实施有效管理。目前,具有中国特色的国家级、省级风景名胜区的管理体系已基本形成。

2. 开创了世界遗产申报和保护管理的新局面

为了加强自然文化遗产的保护工作,从 1986 年开始,住房和城乡建设部(原建设部)会同相关部门积极组织风景名胜区申报世界遗产

工作。到目前为止,已有泰山、黄山、武陵源、杭州西湖等 32 处国家级风景名胜区被联合国教科文组织列为世界遗产,成为展示中华文明、民族形象和国家对外开放的重要窗口,使我国具有全球普遍价值的风景名胜资源得到了全世界人民的认可。此外,我国的国家自然遗产和自然与文化双遗产申报工作也出现了新的局面,我部于 2006 年、2009 年先后公布了两批共计 56 处中国国家自然遗产、自然与文化双遗产的预备名录。通过遗产申报和管理,我国风景名胜资源的科学价值、美学价值、历史文化价值得到充分挖掘,风景名胜区的教育功能与旅游功能也在合理开发利用中得到充分发挥,为实现我国遗产资源保护管理工作的可持续发展提供了有力保障。

3. 有效保护了一大批珍贵的风景名胜资源

我国世界遗产地和风景名胜区已经成为生态文明建设的重要载体,在保护生物多样性、维持地域生态平衡等方面发挥了重要的作用。通过连续 5 年综合整治,查处各类违法违规案件 10752 起,拆除违规违章建筑面积 140 多万平方米,取缔违规商业摊点 2.4 万处,关闭非法采石场 10618 处。这些整治举措的采取,有效改善了世界遗产地和风景名胜区的生态环境,抢救和恢复了一批濒于毁灭、湮没的名胜古迹,保护了风景名胜资源的真实性与完整性,为中国乃至全人类保存了具有典型代表性的自然和文化遗产。

4. 大力推动了旅游事业和区域经济的快速发展

当前世界遗产地和风景名胜区已成为我国旅游业发展的主要载体和国内外游客首选的旅游目的地,极大地推动了当地旅游事业和区域经济的快速发展。据不完全统计,2010 年,全国国家级风景名胜区共接待游人 49643 万人次,约占当年全国旅游接待总人次的近 1/4,是旅游接待的主力军。风景名胜区在带动国家和地方旅游持续发展的同时,也推动了地区风景旅游小城镇的建设,促进了当地农民致富,增加了社会就业岗位。一些风景名胜区所在的市(县、区)或乡镇,原来曾经是经济落后的"老少边穷"地区或者西部山区,通过科学有效利用风景名胜资源,积极发展旅游经济,短短几年时间,在风景名胜区周边就形成了一个个繁华的城镇,有力地促进了当地经济文化等各项事业的快速发展。如武陵源申遗成功之后,当地年人均收入由1992年的1600元提高到2009年的11670元,增加了7倍多,所在张家界市的旅游收入占GDP的49.3%,成为龙头产业。五台山申遗之前,年接待量在100万人以下,2009年成功申遗后游客接待量迅速上升到320.5万,旅游收入16.0亿元,实现了经济跨越式发展。

5. 加强和巩固了民族团结和对外开放

党的十六大以来,全国风景名胜区累计接待海外侨胞、港澳台同胞数亿人次,增进了港澳台同胞、海外侨胞对祖国深厚文化、秀美山川和综合国力的了解,提升了民族的自豪感,增强了中华民族的凝聚力。同时,风景名胜区作为对外开放的重要窗口,既向世界展示了我国的壮丽河山和灿烂悠久的民族文化,也展示了我国政府保护风景名胜和世界遗产这一特殊自然和文化遗产资源的决心和成就。越来越多的国际友人通过在风景名胜区的游览活动,了解中国、认识中国并进而喜爱中国。风景名胜区在促进与世界各国文化交流、传播华夏文明和民族文化、构建社会主义和谐社会中做出了重要的贡献。实践证明,通过设立具有中国特色的风景名胜区的管理体系,国家珍贵的自然和文化遗产得到了有效的保护,国土风貌和生态环境得到了维护和改善。通过开展风景名胜区的游览、科普、教育活动,丰富了人民群众的文化生活,激发了人民群众的爱国热情。

(三)下一步展望

随着社会经济的快速发展和改革开放的不断深入,特别是20世纪90年代中后期以来,在旅游经济热潮和快速城镇化的影响下,我国风景名胜区发展中也逐渐暴露出一些问题。"重申报、轻管理","重开发、轻保护"成为风景名胜区发展的一个误区。风景名胜区内"人工化"、"商业化"、"城市化"现象趋于严重,开山采石、截水断流,超容量利用,生态环境恶化。大兴土木,人口增加,商业设施建设无度,甚至不少地方的风景名胜区处于"批而未建,建而未管"的状态,严重制约着风景名胜区的持续健康发展。

这就需要我们认清当前形势,坚持科学发展不动摇,探索和把握风景名胜区工作规律,统筹处理以下几对关系:

第一要按照城乡统筹的要求处理好风景名胜区与周边城镇、农村之间的协调发展关系。风景名胜区的保护和利用对于促进地方经济社会的发展具有不可替代的作用,它与周边的城市、郊区、乡村的发展有密切的关系。发展不能以破坏生态为代价,要实现生态移民、景观保护移民,持续推进景区和乡村和谐的发展。

第二要处理好人与自然的协调发展关系。风景名胜资源实际上是以自然资源为主的、独特的、不可替代的景观资源,是通过几亿年大自然鬼斧神工所形成的自然遗产,而且是世世代代不断增值的宝贵财富。离开了自然资源的保护,风景名胜区什么都没有。要杜绝风景区的人工化、城市化、商业化,保持或恢复自然的生态面貌。

第三要处理好经济与社会的协调发展关系。做好世界遗产和风景名胜区工作要把实现经济和社会协调发展有机地组合起来,做到科学规划、科学开发,全面统筹安排,不能以短期的利益代替长期利益,不能以当代人的利益代替世世代代人的长远利益,更不能断子孙的路,开发利用要采用长远的、可持续的、世世代代不断增值的方式。

"十二五"期间是我国确保到2020年实现全面建设小康社会目标的关键时期。进一步落实科学发展观,深化改革开放,加快经济发展方式转变,推进两型社会和生态文明建设,推动社会主义文化大发展大繁荣及实施国家主体功能区规划等,都为我国风景名胜区事业发展提供了重大战略机遇。风景名胜区的发展目标与国家倡导的生态文明建设相一致,风景名胜区作为人与自然和谐发展和社会文化交流的重要平台,必将引发全社会的关心和大力支持。在新的历史时期,我国风景名胜区事业要始终坚持科学发展观,坚持"科学规划、统一管理、严格保护、永续利用"的基本方针,坚持生态效益、经济效益和社会效益的有机统一,坚持风景资源保护和促进地区发展的相互结合,正确认识风景名胜区的性质,全面发挥风景名胜区的功能,突出风景名胜区公益性,为广大人民群众提供更好的精神家园。

大力推进村镇建设，促进城乡协调发展

党的十六大以来，党中央、国务院以科学发展观统领经济社会发展全局，明确了统筹城乡的基本方略，村镇建设取得了积极进展。农村危房改造试点不断扩大，村镇人居环境得到改善，重点小城镇稳步发展，特色村镇建设不断推进，"建材下乡"试点范围逐步扩大，村镇建设各项工作取得积极成效，改善了村镇人居生态环境，提升了小城镇的综合承载力，促进了农村经济发展方式的转变，加快了农村综合改革的深化，为城乡统筹和大中小城市与小城镇协调发展做出了新的贡献。具体表现在：

村镇规划建设管理机构不断加强。省、市、县、镇四级均建立了较为完善的村镇规划建设管理机构，有90%的建制镇设立了相应的管理机构，其中专门管理人员达4.7万人，平均每镇2.8人。

住房不断改善。居住面积增加，2002年全国建制镇和村庄人均住宅建筑面积分别为23.2平方米和25.5平方米，到2010年年底分别增加到32.5平方米和31.6平方米。房屋质量得到明显改善，建制镇和村庄房屋建筑混合结构比例从2002年的63%、37%提高到2010年的78%、62%。

基础设施建设力度不断加大。建制镇用水普及率、人均道路面积、人均公共绿地面积从2002年的62%、1.83平方米、3.5平方米分别提高到2010年的79%、11.4平方米、4.0平方米。村庄用水普及率从2005年的45%提高到2010年的54%，自来水受益人口从2002年的

3.3 亿提高到 2010 年的 4.3 亿。

村镇建设投入不断加大。建制镇人均建设投入从 2002 年的 1109 元提高到 2010 年的 3133 元,增加了 1.8 倍。村庄建设总投入从 2002 年的 2002 亿元提高到 2010 年的 5692 亿元,增加了 1.8 倍。

一、农村住房建设

(一)背景

党的十六大以来,我国农村住房建设取得了长足进步,建设质量安全明显提高,农村住房居住功能不断完善。农房建设按"一户一宅"原则,无偿提供宅基地,农民自己建设、自己拥有、自行管理、自家使用的基本政策得到了不断巩固。

党中央、国务院高度重视解决农村困难群众住房安全问题。住房和城乡建设部、国家发展改革委、财政部按照中央的统一部署和要求,科学制定和严格执行基本政策,加强组织领导,统筹协调推进,多方筹措农村危房改造资金,规范补助对象审核审批程序,创新改造建设模式,严格组织实施建筑节能示范,完善相关管理制度,加大宣传力度。地方各级政府积极引导和服务,社会各界广泛参与、大力帮扶,基层干部群众切实发挥积极性、创造性和主动性,取得了积极成效。实践证明,农村危房改造和扩大试点工作是民心工程、民生工程,不仅有效促进了农村困难群体住房安全水平的提高,其在组织实施中积累的丰富经验,也已成为农村危房改造向纵深推进的有力保障,对于村镇建设其他工作的推进也有重要的参考借鉴价值。

(二)农村危房改造取得成效

1. 上千万农村困难群众住房条件得到改善

(1)受益贫困群众数量不断增加

按照中央的统一部署和要求,中央及各级地方政府切实加强资金投入和技术服务,社会各界广泛参与、大力帮扶,充分调动并激发了基层干部群众的积极性、主动性和创造性。截至 2011 年年底,全国已有 473.4 万贫困农户直接受惠此项政策得以改造危险住房,贫困农户住房安全水平和居住条件得到了明显改善。

对于我国而言,农民自己建房"天经地义",通过政府补助进行农村危房改造是个新事物。2008 年第四季度启动贵州省级农村危房改造试点,补助 2 亿资金,支持 4 万贫困农户进行危房改造。2009 年扩大农村危房改造试点,任务是完成陆地边境县、西部地区民族自治地方的县、国家扶贫开发工作重点县、贵州省全部县和新疆生产建设兵团边境一线团场约 80 万农村贫困户的危房改造。其中,东北、西北和华北等三北地区试点范围内 1.5 万农户,结合农村危房改造开展建筑节能示范。2010 年中央扩大农村危房改造试点实施范围是全国陆地边境县、西部地区县、国家扶贫开发工作重点县、国务院确定享受西部大开发政策的县和新疆生产建设兵团团场。任务是完成 120 万农村(含新疆生产建设兵团团场连队)贫困户危房改造,其中优先完成陆地边境县(团场)边境一线 12 万贫困农户危房改造,支持东北、西北、华北等"三北"地区和西藏自治区试点范围内 3 万农户结合危房改造开展建筑节能示范。2011 年中央又投资 169 亿元,支持 270 万贫困农户危房改造。

中央适时提高了财政补助标准,由 2008 年、2009 年的平均每户 5000 元提高到了 6000 元。除了中央补助改造的贫困农户危房外,贵州、山西、河北、甘肃、广西等中、西部省区以及非试点范围的浙江、山东等省还另外安排有农村危房改造任务,累计超过 600 万贫困农户在政府帮助下改造农村危房。

(2)农村住房质量大幅提高

随着农村危房改造工作的不断深入开展,各级住房和城乡建设部门不断加强对农村住房建设管理人员和建筑工匠的政策和技术指导与培训,我国整体农村住房建设技术与水平明显提高,主要表现在:一是农房建设相关技术广泛普及;二是农房抗震安全性能显著提升;三是建筑节能、节地意识显著增强。

(3)推动了农村基本安全住房保障制度建设

农村危房改造主要是解决经济最贫困、住房最危险农户的最基本安全住房,即从根本上解决我国农村住房制度对于困难农民基本住房安全的保障问题,是对我国"一户一宅"的农村宅基地制度,规范和发展自筹资金、自主建设、自我管理、家庭自用、产权明晰的农村基本住房建设制度的补充和完善,是建立农民住房权益保障制度和农房保险制度,切实保障农民有地建房、建放心房的有益探索。四年来的农村危房改造工作,从制度、政策和实践上,初步建立了贫困农户基本居住安全保障制度,初步形成了农村住房保障制度和政策体系,填补了国家农村住房保障空白,完善了我国城乡住房保障体系。中西部地区建立起农村危房改造长效工作机制和贫困农户基本居住安全保障制度,东部地区建立困难农户住房安全保障制度,并建立覆盖全国且有效运行的农村危房改造管理信息系统,为2020年基本消除农村现有危险房屋奠定基础。

2. 加快了经济欠发达地区发展步伐

(1)优先支持经济欠发达地区

中央将农村危房改造工作列为促进区域和城乡协调发展的重要战略举措和保障与改善民生的重大政治任务。我国经济欠发达地区贫困人口和危房数量众多,农村危房改造工作将优先支持经济欠发达地区作为工作的主要方向,优先支持经济欠发达的中西部地区,在试点县选取上,优先考虑经济条件差、贫困人口多、危房比例高、集中连片特困地区。截至2011年年底,农村危房改造中央补助资金均安排在中西部地区,覆盖2000多个试点县,累计安排中央补助资金286亿元,共支持中西部473.4万贫困农户完成危房改造,有力推动了中西部地区经济发展。

（2）促进了区域协调发展

农村危房改造工作有效促进了区域协调发展。秦巴—六盘山区、南疆、青藏高原东缘、武陵山—西江上游、乌蒙山区、滇西边境等集中连片特殊困难地区的泥草房、土坯房、石头房、茅草房、杈杈房、石板房等年代久远、地基失陷、墙体歪斜、柱梁朽烂。中央将集中连片特殊困难地区作为农村危房改造试点的重点，加大对集中连片特殊困难地区农村危房改造力度，加强技术指导和服务，并优先安排危房集中村庄的危房改造。扩大农村危房改造试点四年来，集中连片特殊困难地区危房明显减少，当地基层农村建房管理水平明显提高，农村建筑工匠建房技术有了明显进步，当地群众生活条件明显改善，缩小了与经济发达地区的差距。

（3）改善了陆地边境农村住房条件，树立了国界新形象

长期以来，由于国防需要、交通不便等各种原因，陆地边境一线社会经济发展受到严重制约，当地农民除自身生产生活外还起到守边固防的作用，为守卫我国疆土做出了巨大贡献，但是由于经济贫困长期居住在危房中，甚至有很多农民往内地迁移。2010年，农村危房改造增加对陆地边境一线12万农户危房改造任务，在农村危房改造补助基础上再增加2000元，要求陆地边境一线农村危房改造重建以原址翻建为主，确需异地新建的，应紧靠边境、不得后移。2011年又增加陆地边境一线危房改造任务20万户，两年中央补助支持完成32万户陆地边境一线危房户改造。各陆地边界省份根据自己实际情况，对陆地边境一线农户进行危房改造。通过增加陆地边境一线危房改造，既有效改善了陆地边境一线贫困农户的居住条件，又树立了良好的国门形象，有利于固边戍边睦邻。

3. 拉动内需，促进农村经济社会全面发展

四年来，政策设计在切入点和关键点上把握准确，中央和地方政府、社会各界及贫困农户投入的资金总规模可观，农村危房改造及扩大试点工作有效驱动农村消费和扩大内需、促进经济增长、增加农村劳动

力就业的效应得到了较充分的发挥。

（1）有效带动各级政府投资向农村地区转移

2008—2011 年中央财政资金和中央预算内投资投入农村危房改造累计达 283 亿元，支持 468.4 万户农村贫困户完成农村危房改造。据测算，中央农村危房改造投入直接带动地方和社会投资 2200 亿元到 3600 亿元，拉动间接投资约为 400 亿元。中央支持农村危房改造资金规模保持持续扩大趋势，地方财政配套资金规模也相应逐步增加，并有效带动各级政府增加对农村地区村庄规划、公共服务设施、基础设施配套和改善人居环境等的财政投入。

（2）拓展农村就业渠道，促进了农民增收

农房建设机械化程度低，劳动密集型特征显著，所需的人工除了少量由农户自己投工投劳及亲邻互助解决外，大量需要雇用农村个体建筑工匠和小工，为农村富余劳动力转岗就业提供了平台，大量进城农民工返乡，专职或兼职从事建筑行业进行建材经营、运输、农房建设等，大大拓宽了农民工就业渠道。据测算，贫困农户改造建设 60 平方米住房，至少需要延请人工计 200 工日，其中工匠 80 工日，小工 120 工日，约能带动 1 个人就业。四川、贵州、新疆等地方已经开展了多种形式的技术培训，帮助有在村镇建设领域就业意愿的返乡农民工和农村富余劳动力在村镇建设领域获得就业机会。中西部地区不少偏僻村寨，农村危房改造所需的建材不仅需要长途运输，有些还需二次、三次转运方能送达，因而对于运输业发展及就业机会增加的促进也较明显。

（3）促进农村消费，拉动经济发展

农村危房改造在促进农村消费，拉动经济发展方面的效应可以从三个方面体现：一是拉动对建筑材料的需求。据贵州省测算，翻建 60 平方米砖混结构农房平均需砖 1.6 万块、水泥 5 吨、钢材 1 吨、砂石 30 吨、木材 2 立方米、瓦 1 万块；甘肃省农房抗震设防等级高，平均需砖 1.5 万块、水泥 6 吨、钢材 1.8 吨、砂石 60 立方米。二是促进运输业的发展。偏远山区农村危房改造任务重，所需大量建材须经二次、三次转运方能送达,对运输业的拉动较为明显,且能关联带动对适合山地运输需要的车辆的需求。三是刺激对家具家电的需求。危房改造农户当年可入住改造完毕并经简单装修(装修费用平均为 6000 元/户)的住房,部分会或多或少添置一些必需的家具和家电。贵州省调查经济条件相对好一些的遵义县、湄潭县,80% 以上的改房农户要添置家具和家电,平均花销 7000 元至 1 万元左右。经济条件差一些的毕节县、大方县,50% 以上的改房农户要购置平均为 2000 元至 3000 元的家具家电。

4. 推动农村规划建设管理水平提高

(1)基层规划建设管理水平显著提高

农村危房改造及扩大试点工作的深入推进,不仅使试点地区农村住房底数有了翔实的基础,农房建设管理有人理事、有章理事,而且还促进了农村规划建设管理体制的健全和技术服务机制的完善。这方面的积极效应主要表现在以下五个方面:一是实现好、维护好、发展好广大农民的根本利益的工作目标得到了明确;二是通过大规模农村住房抽样调查,得到了反映我国农村住房和危房情况翔实的基础数据,对我国农村住房、危房等情况有了系统性了解,基础工作得到了加强;三是各地大力开展培训和对口技术援助,培养了一批质量安全意识高、建筑施工技术精良的建筑工匠队伍,技术力量得到了充实;四是各地紧紧依靠村民委员会、基层党组织和广大党员、干部、群众开展工作,通过切实发挥村民议事会和理事会的作用来推进工作,通过充分调动和发挥农民自主建设美好家园的主体作用和首创精神来深化工作,工作方式得到了改进;五是各地在落实农村危房改造任务、政策的过程中,在人员配备、机构设置、技术服务和管理创新等方面的实践,使村镇规划建设管理体制机制得到了完善。

(2)推动农房建设质量整体提高

各地贫困农户居住的大都是年代久远、地基失陷、墙体歪斜、柱梁朽烂的泥草房、土坯房、石头房、茅草房、杈杈房、石板房等,通过农村危房改造,大量农村贫困农户住上了想都不敢想的抗震安全、功能完善、节能保暖的新农房。

（3）改善了村庄人居生态环境

一段时期以来，贫困农户危房的巨大存量及难以快速消除的状况，成为许多村庄人居生态环境治理的主要障碍。农村危房改造实践中，不少地方按照社会主义新农村建设的总体要求，着眼长远、着力当前，统筹推进农村危房改造和村庄人居生态环境改善。一些位于西北草原荒漠化防治区、黄土高原水土保持区、青藏高原江河水源涵养区、西南石漠化防治区、重要森林生态功能区内，改造任务集中的村庄，结合农村危房改造积极开展村内路面硬化、行道绿化、安全供水等工作，不仅提高了扩大农村危房改造中央补助资金的使用效率、综合效益，也推进了当地生态的保护与恢复。

5. 密切了干群关系，促进社会和谐稳定

（1）推动改善党群、干群关系取得新进展

扩大农村危房改造试点政策的落实，使居住危房的贫困农户感受到了党中央、国务院的关怀，确实赢得了群众对党和政府的衷心拥戴。基层组织为群众办实事，办好事，深得群众的拥护和爱戴，其凝聚力、号召力得到了极大提高。一大批县乡住房城乡建设部门干部深入村组推进工作，与农民群众的感情不断加深，这些干部在实施过程中增长了才干、锻炼了能力，并体会到了一种难得的荣誉感。

（2）推动基层民主建设，提高服务水平

农村危房改造的实施还提升了农户自我管理能力，推动了基层民主管理。不少纳入试点的村通过推选，建立了账簿齐备的财务制度、公示联保的监督制度等，成立了由老干部、老党员、老教师、受过良好教育的年轻人等组成的管理小组，小组成员不仅到各农户了解情况、听取意见，也到施工现场监督工程进度和质量控制。一些试点村定期召开村民代表会议，就农村危房改造涉及的问题集体交流、讨论决策，妇女们也常聚在一起相互讨论改造人选、改造方式，大家的积极性得到很大的发挥，民主管理越来越强，村民自我管理能力得到了极大的培养和锻炼。基层干部的工作激情、群众广泛参与的热情,以及农户之间真诚互助的友情,对于建设服务型政府、培养新型农民、建设社会主义新农村都有着深远意义。

(3)缩小了农户间住房条件差距,促进邻里和谐

农村危房户大多是五保户、低保户和因残、因病致贫农户,经济条件较差,生活条件艰苦,自身无力改善居住状况,基本的居住安全得不到保障。长期以来,对村集体、邻里存在抵触情绪,实施农村危房改造试点工作,村集体首先考虑上述贫困农户,并通过政府补助、邻里帮工,改善贫困农户的居住条件。农村贫困农户居住安全得到保证,切身感受到社会的温暖,邻里的关心,对党和政府的关怀充满感恩之情,也促进了邻里关系和谐。

农村危房改造工程既是一项惠民工程,也可能成为一项富民工程。试点地区以"危房改造农户是否满意"、"危房改造村是否得实惠"、"政府资金使用是否恰当有效"、"困难农户是否能在改善居住条件的同时创造发展生产的条件"等作为制定组织管理办法的出发点与归宿,坚持与产业发展相结合的指导思想,形成了一手抓农村危房改造、一手抓为产业结构调整打基础的工作思路。贵州省贵阳市花溪区引导危房改造"整村推进"村,以效益为中心科学确定危房改造和村寨环境整治后的主导产业,积极组织有关部门扶持这些村寨发展市场容量大、发展前景好、单位产出高、经济效益好的产业。目前摆贡寨的豇豆、陇头寨的经果林、杉坪村的黑毛猪等村寨的特色产业已初具规模。

(三)展望

为更加积极稳妥地推进农村危房改造工作,加快改善农村困难群众的居住条件,发挥农村危房改造工作对促进区域发展、拉动内需,促进农村地区社会全面发展,提高农村规划建设管理水平等方面的社会经济效益,下一步应重点做好以下工作。

1. 将农村危房改造作为一项长期任务逐步解决

我国农村危房量大面广,截至 2010 年年底,全国农村仍有危房 2737.6 万户,改造任务十分艰巨,应该将农村危房改造作为一项长期任务逐步解决。一是充分认识农村危房改造的长期性和艰巨性,有步骤、有计划的逐步解决。二是加大对国家扶贫开发工作重点县等贫困地区尤其是连片特困地区的支持力度。住房和城乡建设部将联合有关部门深入调查了解贫困地区农村危房改造需求,继续将贫困地区和集中连片地区作为农村危房改造的主战场,加快改善贫困农户的住房条件。三是继续扩大农村危房改造试点范围,增加中西部地区农村危房改造试点县的数量和规模,适时在辽宁、江苏、浙江、福建、山东、广东等东部省份进行农村危房改造试点,并制定各项政策保障措施,加快农村危房改造工作。四是适时开展"农村危房改造村庄规划、基础设施配套试点",由中央财政和中央投资有针对性地追加资金、提高补助标准,用于支持危房改造规模较大的村庄进行村庄规划和基础设施配套试点,整体改善贫困地区农村人居环境,切实提高农村居民生活质量和水平。五是逐步加强农村危房改造配套设施建设,积极完善建设用地和农村水、电、路等配套基础设施建设,完善公共服务和管理,进一步加强农村住房建设的服务与管理,提高管理和服务的能力。

2. 加大资金投入,适当提高补助标准

在农村贫困群众无法通过自身能力进行危房改造,地方政府配套能力有限的情况下,做好农村危房改造的根本保障是资金投入。建议中央继续加大对农村危房改造工作的资金支持力度,一方面,增加中央预算内投资和财政投入对农村危房改造的支持,加大直接财政补助的资金规模;另一方面,创新工作机制,制定相应政策,引导各类金融机构支持贫困农户农村危房改造的贷款。引导各地建立和完善以中央补助资金为引导,各级财政配套资金、政府贴息贷款、社会捐助援助、农民自筹等组成的农村危房改造筹资体系。研究和完善金融信贷支持农民危房改造建设的政策措施。统筹使用民政五保户集中供养、地质灾害治理点搬迁、残疾人住房解困等各类困难农户住房救助、帮扶资金,加大对最困难群众改造住房的支持强度。统筹整合使用卫生、交通、水利、扶贫、农业等各方面的村庄基础设施建设资金。

适当提高农村危房改造补助标准。因农村危房改造补助对象为农村经济最贫困、住房最危险的农户,主要是五保户、低保户和一般贫困户,政府补助资金偏低,自有资金非常有限,难以进行配套,而部分贫困农户无力改造危房。建议继续深入调研各地农村建材成本、运输成本和贫困农户经济状况等问题,研究提高危房改造补助标准的可行性方案,适时适当提高农村危房改造的中央补助标准。

健全农村危房改造资金监管机制,加强农村危房改造资金使用管理。同时,做好与其他涉农住房政策的衔接,以农村危房改造为契机,为我国建立城乡统筹的住房保障体系预留接口,大力推进各路支持农户住房改造建设资金的统筹使用,积极整合对口援疆、扶贫搬迁、游牧民定居、生态移民、地质灾害防治等项目资金,切实提高中央财政和中央投资的使用效率、效益和效果。

3. 稳定基本政策,完善管理制度

进一步完善农村危房改造政策,由试点转到日常工作,完善中央投入长效机制,坚持农村危房改造解决最贫困农户、最危险住房,改造建成满足最基本住房需求的“三最”基本原则,保持农村危房改造政策的稳定性和连续性;积极梳理、总结、提升试点地区的实践经验,制定出更切实的试点地区总体运作规则和实施办法,使操作更透明规范,农民更满意支持。建议按照“四到县”的思路完善农村危房改造实施机制,即在坚持农村危房改造资金专户管理、封闭运行的基础上,积极推进农村危房改造补助资金、责任、权力、任务“四到县”工作,强化县级的农村危房改造责任,调动县级干部群众的主动性、积极性和创新性,确保农村危房改造能够更好地瞄准对象、整合各路资源、集中力量解决主要矛盾,提升中央补助资金的使用效益。

建立以实绩为导向的中央补助资金分配机制,将中央投资和中央财政资金按两部分分配,大部分按照居住危房贫困户规模、危险住房比例等分配,以体现公平性,小部分资金按照绩效考核的实绩分配,"以奖代补",保护、激励地方工作积极性。研究建立试点县的进入和退出机制,根据实际情况和客观标准动态调整试点县的数量。将东、中、西部地区的全部县均纳入中央补助范围,形成通过综合考量居住危房贫困农户数量、比例以及工作基础、成效等来确定当年试点县名单的机制。中央控制试点县认定原则和标准,具体调整权下放给各省,由省危房改造工作领导小组确定调整的时机和对象。

4. 落实工作经费,提高基层管理与服务能力

农村危房改造量大的地区一般为经济比较落后的偏远地区,财政资金少,办公设备差,而农村危房改造工作需要经常下乡调研、技术指导、检查核查,并建立档案、录入信息系统等。贫困地区开展农村危房改造工作存在很大困难。下一步应积极配套农村危房改造工作经费,按任务比例拨付,用于农村危房改造日常工作。

落实县级政府乡村建设管理职能,加强对农村地区规划和农房建设的管理与服务。鼓励县市区建设行政主管部门设立专门的农村危房改造管理机构,负责统筹协调;鼓励各乡镇成立专门的村镇规划建设管理办、站、所或配备专职人员,承担村镇建设与农村危房改造管理职能;镇一级管理机构要从各地的实际出发,可以采取下派制、联建制、巡回检查制等;加强村镇建设管理人员和建筑工匠培训,加大对各级村镇建设管理干部和乡镇长的培训,不断提高村镇建设管理干部的工作能力和水平,为实施好农村危房改造工作提供坚强的组织和人才保障。

5. 加大监督检查力度,适时通报与表彰

各级各部门通过各种渠道、各种方式,建立健全监督检查制度,继续加大对农村危房改造组织开展、建设进度、资金下达拨付、工程质量、竣工验收、档案管理等各个环节的监督检查力度,并主动接受纪检监察、审计、社会监督,推动农村危房改造工作积极稳妥地进行。通过表彰、通报和检查等各种方式,积极宣传农村危房改造政策,对于完成农

村危房改造任务多、改造效果好的地区和个人进行表彰,对于未按时完成任务的地区进行通报。

二、村镇人居环境改善

(一)村庄整治

1. 背景

村庄整治工作是新时期党中央、国务院赋予建设部门的重要战略任务。为贯彻落实中央关于建设社会主义新农村的战略部署,做好新时期村庄整治工作,搞好村庄规划建设,改善农民居住条件,改变农村面貌,自 2005 年开始,我部组织开展村庄整治工作,提升农村人居环境和农村社会文明,改善农村生产条件,提高广大农民生活质量,改变农村传统的农业生产生活方式。

2. 工作进展

我部明确村庄整治是各地开展社会主义新农村建设的重要内容,指导各地在全国范围内层层推进村庄整治。2008 年发布了《村庄整治技术规范》(GB50445—2008),编制了《村庄整治技术规范图解》,规范了村庄安全与防灾、给排水、环卫、道路桥梁及交通安全设施、公共环境、坑塘河道整治等基础设施和公共服务设施的建设,重点解决农村喝干净水、用卫生厕、走平坦路、住安全房的问题,完善村庄公共基础设施配置,推进农村生活污染治理,改善农村人居生态环境。截至 2011 年,共完成村庄整治 16 万多个。

(二)村镇生活污水和垃圾治理

1. 统筹规划全国村镇污染控制与治理

2009 年 3 月,组织编制《全国村镇污水治理规划》和《全国村镇垃圾治理规划》,并在全国范围内选取 200 个县、200 个镇和 200 个村开展调研,了解我国村镇污水和垃圾处理基本情况。该规划以削减村镇生活垃圾和生活污水污染排放量为导向,合理确定阶段和区域目标,通过统一规划、分步实施、以点带面,有步骤、有计划地推动我国村镇污染治理工作。同时,组织编制太湖、巢湖、滇池流域农村生活污水治理专项规划,统一规划三湖流域农村污染物治理工作,确保一级保护区内农村污染得到有效控制。

2. 科学指导村镇污染治理工作

2010年,在全国范围内征集村庄生活污水处理各类工程案例,汇编了《村庄生活污水处理优秀案例集》,组织编制《村庄污水处理设施技术规程》,对案例进行剖析,针对我国农村所处地域、生产生活方式、经济条件等实际情况,因地制宜推荐经济、高效、适用的村镇污染处理技术。发布了《关于印发分地区农村生活污水处理技术指南的通知》(建村[2010]149号),针对各地区地理、气候和经济社会发展条件,提出农村生活污水特征与排放要求、排水系统、农村生活污水处理技术、农村生活污水处理技术选择、农村生活污水处理设施的管理、工程实例。2011年,针对我国小城镇污水处理和管网建设存在的规划偏大、设计超前、管网配套不完善、运行负荷低等突出问题,组织编制不同类型小城镇污水处理和管网建设技术指南,提出适合不同区域和经济社会发展条件的经济适宜的技术和工艺。

3. 提出村镇垃圾治理工作建议

2011年,组织专家赴河南、江西等省,详细考察了有关县市农村垃圾收集运输和处理全过程,在北京、江苏等地开展了生活垃圾抽样调查工作,了解保洁、分类、收集、运输、处理等环节的责任分解和成本构成,收集整理了27个省(区、市)的农村生活垃圾处理基本情况。目前,我们已整理调研结果,初步总结农村生活垃圾处理技术模式,明确保洁、分类、运输、收集、处理的技术要点,分析各环节成本构成和管理体制,提出农村生活垃圾处理的政策建议,完成农村生活垃圾处理现状调研报告初稿。

4. 统计公布村镇垃圾治理全覆盖县（市、区）名单

为把握村镇垃圾治理的进展情况，鼓励村镇垃圾治理先进县（市、区），改善农村人居生态环境，2010 年开展统计公布村镇垃圾治理全覆盖县（市、区）的工作。公布了符合下列条件的县（市、区）名单，即一是已建立城乡垃圾一体化处理的体制，保洁、清运、处理制度完善，具备可持续的资金、人员、设施设备保障。二是县域 90% 以上的村镇实现垃圾收集、清运和处理。三是实行"组保洁、村收集、镇转运、县处理"等处理模式的，基本达到无害化处理水平；实行村镇分散处理的，垃圾实现简易填埋、堆肥或焚烧设施焚烧等处理。2010 年 11 月，通过统计评分、现场考察和专家评审，最终确定北京市丰台区、江苏省江阴市等 28 个县（市、区）符合村镇生活垃圾县域城乡统筹治理要求。今后，将定期组织统计公布，并对已经公布的名单进行抽查，促进村镇生活垃圾收集运输和处理水平的不断提高。

5. 开展县域村镇污水综合治理示范

2010 年 4 月，我部同意将常熟市列为村镇污水治理县域综合示范区试点（建村建函〔2010〕21 号）。指导该市按照太湖流域水环境治理的目标任务和工作要求，进一步统筹城乡生活污水治理工作，探索县域村镇污水处理设施集约化运行管理模式，优选经济适用高效的处理技术，建立农村污水处理设施维护管养的长效机制。2011 年，我们继续组织在常熟开展县域村镇污水综合治理示范试点工作，研究县域村镇污水处理设施集约化运行管理模式，优选经济适用高效的村镇污水处理和运行管理技术，建立农村污水处理设施维护管养的长效机制，探索县域村镇污水综合治理模式。

6. 组织重点流域重点镇污水处理设施配套管网任务量核查

2011 年，组织对"十二五"重点流域 3 万人口以上或生活污水处理量达 3000 吨/日以上的建制镇的污水管网建设任务量进行了核定，最终核查确定 2011 年度支持 405 个重点小城镇共 9055 公里管网的建设。

截至2011年年末,我国建制镇生活垃圾无害化处理率27%,有生活垃圾收集点并开展村庄保洁的行政村占37.6%,对生活垃圾进行处理(包括无害化处理和非无害化处理)的行政村占20.8%。同期,我国建制镇生活污水处理率23.9%,对生活污水进行处理的行政村占6.0%。

(三)下一步工作

继续指导各地开展村庄整治,探索建立村镇生活垃圾治理试点示范,推动建立村庄保洁制度,推行垃圾分类收集和就地处理,构建"从源头分类到末端处理"的技术路线。继续开展重点流域重点镇污水管网配套设施核查工作,建立重点流域重点镇污水管网信息系统,监管重点镇污水管网的建设进度。出台小城镇生活污水处理技术工艺设计和运行指南,指导我国小城镇污水处理厂的建设和设计。

三、小城镇建设

(一)重点镇建设

为贯彻落实党的十六大提出的"全面繁荣农村经济、加快城镇化进程"的要求,坚持城乡经济社会统筹发展,把重点镇建设成为促进农业现代化、加快农村经济社会发展和增加农民收入的重要基地,2004年,我部会同发展改革委、民政部、国土资源部、农业部、科技部公布了1887个全国重点镇名单。

7年多来,重点镇建设取得了较大成就。建成区面积平均扩大了50%,人口增加了20%。道路建设较为完善,宽3.5米以上道路平均占镇区道路总长度的87%,许多重点镇建设了1—2条主要干道。污水实际处理率达38.7%,79%的非县域重点镇污水处理收费能满足日常运行需要,84%的重点镇有垃圾处理设施,无害化处理率达35%。重点镇控规覆盖率66.3%,90%的重点镇有规划建设管理机构,85%

的镇有规划管理编制。规划建设管理经费平均每镇近 100 万元,基本满足编制规划及实施规划管理的需要。

自 2004 年命名以来,重点镇的经济社会发展已经发生很大变化,相当一部分不适应重点镇的发展要求,为切实实施有重点的发展战略,促进人口产业向重点镇集聚,下一步将对重点镇实施动态管理,通过定期不定期检查和跟踪监测评估,根据各地的发展实际及时调整全国重点镇名单。

(二)绿色低碳重点小城镇建设

2011 年,我部与财政部、发展改革委共同组织开展绿色低碳重点小城镇试点示范。按集约节约、功能完善、宜居宜业、特色鲜明的总体要求,"十二五"期间拟利用城镇污水管网、建筑节能、可再生能源应用、环境污染防治、商贸流通服务业等现有中央财政专项资金支持建设 80—100 个生态环境良好、基础设施完善、人居环境优良、管理机制健全、经济社会发展协调的绿色重点小城镇,切实为提高小城镇建设的质量和水平提供示范,为建立符合我国国情的小城镇建设发展模式积累经验。我部联合财政部、发展改革委印发了《绿色低碳重点小城镇建设评价指标(试行)》,作为遴选、评价和指导绿色低碳重点小城镇建设的依据。

2011 年,财政部、住房和城乡建设部、发展改革委确定北京市密云县古北口镇、天津市静海县大邱庄镇、重庆市巴南区木洞镇、江苏省常熟市海虞镇、广东省佛山市西樵镇、福建省厦门市集美区灌口镇、安徽省肥西县三河镇等 7 个小城镇作为第一批试点示范。目前,第一批试点示范正按照绿色低碳建设的总体要求,抓紧开展绿色建筑建设、可再生能源示范应用、环境污染防治等方面的工作。

下一步,我们将组织专家编制绿色低碳重点小城镇建设技术指南,指导第一批试点示范做好节能减排、规划建设管理等方面的工作,并根据各地上报的候选名单,遴选好第二批试点示范,为全国重点小城镇绿色低碳发展提供样板和示范。

四、特色村镇保护与发展

(一)传统村落调查和保护

1. 背景

2011年6月,温家宝总理在中央文史馆成立60周年座谈会上指出,"古村落的保护就是工业化、城镇化过程中对于物质遗产、非物质遗产以及传统文化的保护",并做出"要加强保护工作"的指示。

我国传统文化的根基在农村,传统村落保留着丰富多彩的文化遗产,是承载和体现中华民族传统文明的重要载体。每个传统村落就是一部厚重的史书,浓缩了中国传统文化的精华。近年来这些传承数千年农耕文明的幸存村落正在大量消亡。中国村落文化研究中心对我国长江流域与黄河流域以及西北、西南17个省区的一项调查显示,这些地域中具有历史、民族、地域文化和建筑艺术研究价值的传统村落,从2004年的9707个减少到2010年的5709个,平均每天消亡1.6个传统村落。

2. 传统村落调查

目前,各界基本对于开展传统村落保护,传承中华民族优秀传统文化达成了共识。但是,总的来说,受到保护的村落数量还非常少,政府和社会各级的保护工作没有形成合力,保护力度不大,对拥有独特村庄格局、非物质文化遗产村落的保护工作还不够重视。这其中一个极为重要的原因就是传统村落的底数尚未摸清,对祖传家底究竟有多丰厚、到底有多少,谁也说不清楚。

2012年4月,为全面掌握我国传统村落的数量、种类、分布、价值及其生存状态,摸清并记录我国传统文化家底,住房和城乡建设部、文化部、国家文物局、财政部联合印发了《关于开展传统村落调查的通知》。该《通知》首次较为明确地提出了传统村落的定义和调查的对象范围。

调查对象。《通知》指出,传统村落是指村落形成较早,拥有较丰富的传统资源,具有一定历史、文化、科学、艺术、社会、经济价值,应予以保护的村落。将符合以下条件之一的村落列为调查对象。一是传统建筑风貌完整,历史建筑、乡土建筑、文物古迹等建筑集中连片分布或总量超过村庄建筑总量的1/3,较完整体现一定历史时期的传统风貌。二是选址和格局保持传统特色,具有地方代表性,利用自然环境条件,与维系生产生活密切相关,反映特定历史文化背景;村落格局鲜明体现有代表性的传统文化,鲜明体现有代表性的传统生产和生活方式,且村落整体格局保存良好。三是非物质文化遗产活态传承,该传统村落中拥有较为丰富的非物质文化遗产资源、民族或地域特色鲜明,或拥有省级以上非物质文化遗产代表性项目,传承形式良好,至今仍以活态延续。

调查方法。传统村落调查搞村村普查,依据上述条件,充分利用全国第三次文物普查、第一次非物质文化遗产调查、历史文化名村和特色景观旅游名村的申报材料等现有资料,确定需要调查的村落。同时,积极发动社会团体、学校院所、专家学者等社会各方面力量提供符合条件的村落信息。

调查内容。包括村落基本信息、村落传统建筑、村落选址和格局、村落承载的非物质文化遗产、村落人居环境现状等。调查对象原则上以行政村为单元,根据条件也可以自然村为单元。

调查组织。住房和城乡建设部会同文化部、国家文物局、财政部负责全国传统村落调查的组织、指导和监督。建立全国传统村落信息管理系统,组织调查质量抽查,汇总全国调查结果。省级住房城乡建设部门会同文化、文物、财政部门对本行政区的传统村落调查负总责。制定本行政区的调查实施工作方案,汇总本省(自治区、直辖市)登记表文本,成立调查质量检查小组进行质量审核和验收。县级住房城乡建设部门会同文化、文物、财政部门负责组织进行入村调查,按"一村一表"

要求如实完整填写登记表,拍摄相应照片和提供有关图件,提出传统村落保护意见,并将登记表信息录入全国传统村落管理信息系统。全部调查工作将于2012年8月15日之前完成。

3. 下一步工作

全部调查工作完成后,住房和城乡建设部、文化部、国家文物局、财政部将对全国传统村落的情况进行汇总整理分析,形成传统村落调查和保护工作报告,并上报国务院。同时,根据调查掌握的情况,科学编制保护规划,有针对性地出台加强传统村落保护的意见。四部门将联合命名一批国家级重点保护名录,各地仿照这种做法,命名省级或市县级保护名录。真正做到既重视村落历史文化资源的保护,又着力改善村庄人居环境,让传统村落重焕生机和活力,让中华民族优秀历史文化得到延续和传承。

(二)特色景观旅游名镇(村)示范

1. 背景

为贯彻落实党的十七届三中全会关于推进农村改革发展的决定精神,积极发展旅游村镇,保护和利用村镇特色景观资源,推进新农村建设,住房和城乡建设部、国家旅游局联合开展全国特色景观旅游村镇示范工作,旨在推动示范村镇保护自然环境、特色景观、田园风光,提高当地旅游经济发展水平,直接增加农村居民收入。

2. 示范工作

为稳妥推进特色景观旅游名镇(村)的健康发展,指导和规范其规划建设管理,试点先行,住房和城乡建设部与国家旅游局决定先建立一批全国特色景观旅游名镇(村)的示范,并制订了《全国特色景观旅游名镇(村)示范导则》和《全国特色景观旅游名镇(村)示范考核办法》。各地根据当地村镇特色景观和旅游发展的实际情况,坚持因地制宜、择优申报、重在引导、稳步推进的原则,优先组织景观特色明显、旅游资源丰富并已形成一定旅游规模、人居环境较好的建制镇、集镇、村庄参加申报。

2010年3月,住房和城乡建设部与国家旅游局联合印发《关于公布全国特色景观旅游名镇(村)示范名单(第一批)的通知》(建村[2010]36号),公布了第一批105个"全国特色景观旅游名镇(村)示范名单"。2011年7月,确定了第二批共111个村镇为全国特色景观旅游名镇(村)示范。

全国特色景观旅游名镇(村)示范工作开展以来,各地把发展全国特色景观旅游示范镇(村)作为保护村镇的自然环境、田园景观、传统文化、民族特色、特色产业等资源,促进城乡统筹协调发展,促进城乡交流,增加农民收入,扩大内需,促进农村经济社会全面发展的重要举措。事实证明,发展特色景观旅游名镇名村,可以有效地促进乡村经济、文化、社会的快速发展,为这些地区注入新鲜活力。调查显示,2010年,旅游名镇平均地区生产总值达到了20亿元,年均增长15%;财政收入1.2亿元,年均增长16%;部分名镇名村旅游业对财政收入的贡献达到50%以上,而且比重还在不断增长。特色景观旅游村镇建设还带动了当地的农业发展,显著表现在居民收入增长上,如四川龙门山区农民搞农家乐,人均收入比成都平原要高30%以上。全国旅游名镇的镇区居民可支配收入达到了13114元,镇域农民人均纯收入达到了8256元,全国旅游名村农民人均纯收入更是达到了9839元,普遍比一般农民高得多,发展也快得多。发展特色景观旅游名镇名村,还可以实现农民的就地就近就业。2010年名镇平均旅游业就业人数每镇3438人,占全镇就业人数的30%左右;名村平均旅游从业人员298人,占全村就业人数的55%。部分旅游名镇名村就业机会和工资水平提高以后,还吸收了周边的农民来务工。

3. 下一步工作

扩大示范规模。2012年下半年将启动第三批名镇名村的评选工作,进一步扩大示范范围。同时推动原有的两批名镇名村在环境卫生、食品安全、服务质量方面进行提升。

　　加强政策支持力度。在省市两级,要建立以奖代拨的特色旅游景观资源名镇名村补助资金,建立奖励机制,对于改造效果良好、符合保护和可持续要求、有一定特色的村镇,给予奖励以调动镇里、村里的积极性。住房城乡建设部将会同有关部门,在特色景观旅游名镇名村的道路、供水、垃圾处理、可再生能源利用、贫困农民农房建设等方面给予一定补助,向这些特色景观旅游名镇名村倾斜。

　　加强宣传、服务和管理。住房城乡建设部和国家旅游局将建立国家级特色景观旅游名镇名村网站,开展宣传,提高知名度,提供服务,针对存在的突出问题开展培训、学习、规划和管理指导,指导名镇名村实现科学发展。

　　建立评估和退出机制。2012年下半年将颁布特色景观旅游名镇名村的标准,建立核心的资源评估挂牌机制,对特色景观旅游名镇名村进行分级,通过定期评估和动态排位,对评估不合格的进行警示,逾期不改的取消其特色景观旅游名镇名村资格,并进行全国通报。

五、建材下乡

(一)背景

　　2009年12月31日,国务院下发了《中共中央国务院关于加大统筹城乡发展力度　进一步夯实农业农村发展基础的若干意见》(中发[2010]1号),提出"抓住当前农村建房快速增长和建筑材料供给充裕的时机,把支持农民建房作为扩大内需的重大举措,采取有效措施推动建材下乡,鼓励有条件的地方通过多种形式支持农民依法依规建设自用住房。"《国务院办公厅关于落实中共中央国务院关于加大统筹城乡发展力度　进一步夯实农业农村发展基础的若干意见有关政策措施分工的通知》(国办函[2010]31号)中关于"采取有效措施推动建材下乡,鼓励有条件的地方通过多种形式支持农民依法依规建设自用住房"的工作分工,确定由住房和城乡建设部牵头,会同财政部、发展改革委、工业和信息化部、国土资源部、商务部共同落实推动建材下乡工作。

(二)2010 年试点工作

根据工作分工,住房和城乡建设部首先于 2010 年年初先后与设计、科研、生产以及建材行业组织进行座谈,召开各省(区)村镇建设工作会议,并走访了北京市建材市场,充分听取各方面对建材下乡工作的意见和建议,理清工作思路,确定了组织实施建材下乡工作方案,明确了指导思想和工作原则、组织机构及职责,制定了补助方案、实施步骤和工作计划。

2010 年 3 月,住房和城乡建设部会同财政部、工业和信息化部、国土资源部和商务部召开了建材下乡工作碰头会,重点协商建立建材下乡部际工作协调机制。随后会同工业和信息化部、商务部,并请中国建材联合会、中国建材流通协会派员参与,于 3 月 22 日—4 月 9 日赴宁夏、重庆、山东开展建材下乡调研。通过调研发现我国农村建材使用现状不容乐观,主要表现在:可用结构建材材质差,不能保证房屋质量安全;建材流通成本高,农民建房负担过重;建材种类少、质量差,影响农房使用功能;建材使用不规范,施工质量差。对于建材下乡,广大农户、地方政府、建材生产和流通企业等方面参与的积极性很高,并希望政府能够制定切实可行的工作方案并给予补贴。推动建材下乡,就要针对建材生产、流通和农房建设等关键环节,处理和解决好竞争性建材产品和有一定垄断性建材产品的差别、建材流通成本与农房建材需求相对分散的矛盾,以及农民建房成本和农房质量安全性能的关系等问题。

针对建材下乡面临的复杂情况,推动建材下乡工作一方面要加强部门合作,明确中央和地方政府职责,共同推进;另一方面在现阶段可以采取试点先行先试,探索推动建材下乡的工作办法。2010 年 6 月 7—9 日,住房和城乡建设部在山东省临沂市召开了建材下乡(山东)现场会,来自全国 17 个省、区住房城乡建设厅(委)村镇建设处相关负责人,发展改革委、工业和信息化部、商务部,以及相关行业协会等单位的相关人员参加会议。会议交流山东省费县开展建材(水泥)下乡支持农民建设自用住房和改造危旧房的做法,研究建材下乡试点的工作思路和操作办法,并对关于推动建材下乡试点的指导意见和建材下乡试点工作方案进行了讨论。

2010年9月29日,住房和城乡建设部、财政部、发展改革委、工业和信息化部、国土资源部和商务部下发了《关于开展推动建材下乡试点的通知》(建村[2010]154号),确定在山东省、宁夏回族自治区(以下称"试点省区")开展推动建材下乡试点,为保证试点工作效果,试点期间以推动水泥产品下乡为主。

(三)2011年试点工作

为贯彻落实《国务院办公厅关于落实2011年中央"三农"政策措施分工的通知》(国办函[2011]12号)关于"逐步扩大建材下乡试点,对推广使用节能建材产品予以补助"的要求,2011年,住房和城乡建设部与发展改革委、工业和信息化部、国土资源部、商务部,继续扩大建材下乡试点工作。在2010年山东、宁夏开展推动建材下乡的基础上,2011年增加北京、天津、重庆试点。五省区市同步试点,继续推动水泥下乡,积极推广使用散装水泥,合理确定补助对象、补助标准以及水泥品种等,对使用节能建材产品和采取节材措施的农户予以补助,根据节能农房建设的增量成本和农户经济承受能力确定地方政府补贴标准,加强建材下乡产品质量和价格管理,畅通建材流通渠道,积极探索推动建材下乡的具体措施、操作办法和工作模式。

(四)下一步工作

做好建材下乡三年工作经验总结,分析农房建筑节能的主要问题,综合考虑经济性、可行性和农民意愿,因地制宜推广使用墙体、门窗、屋面等农房围护结构的节能建材产品。

第三部分　工程建设与建筑业发展

科学发展观,第一要义是发展。建筑业是国民经济支柱产业,是保持国民经济平稳较快增长的重要力量。党的十六大以来,随着我国社会主义市场经济体制的逐步完善,建筑业在工程招投标体制、项目管理体制、企业产权结构和经营机制等方面的改革不断深入。建筑业企业资质、从业人员执业资格、建筑施工许可、建筑质量安全监管等一系列管理制度也不断完善。住房城乡建设部门以服务大局、以人为本为原则,以提升发展质量、实现安全发展为目标,统筹兼顾速度、效益与质量安全的关系,实现了工程质量、安全和技术水平的稳步提升,推动了建筑业可持续发展。

加大建筑市场监管力度,保障建筑业健康发展

一、突出重点,建筑市场监管工作成效显著

(一)清理拖欠工程款和农民工工资成效突出

1. 全力以赴开展三年清欠

20 世纪 90 年代以来,我国建设领域拖欠工程款总额呈逐年增长趋势,并引发了拖欠农民工工资等问题,扰乱了市场秩序,严重影响了建筑业健康发展和社会和谐稳定。党中央、国务院对此高度重视,要求有关部门认真研究,切实解决拖欠问题。

温家宝总理在第十届全国人大第二次会议的《政府工作报告》中提出"用三年时间基本解决建设领域拖欠工程款和农民工工资问题"。2003 年 11 月,国务院办公厅印发了《国务院办公厅关于切实解决建设领域拖欠工程款问题的通知》(国办发[2003]94 号),对清欠工作进行了全面部署,并明确由建设部牵头,会同国家发展改革委、财政部、劳动保障部等 16 个部门以及最高人民法院,成立了国务院解决建设领域拖欠工程款部际工作联席会议(以下简称"部际联席会议"),指导、推动全国清理拖欠工程款和农民工工资工作(以下简称"清欠工作")的开展。

2004 年 4 月,国务院办公厅印发了《国务院办公厅转发建设部等部门关于进一步解决建设领域拖欠工程款问题意见的通知》(国办发[2004]78 号),进一步指导全国清欠工作。经过建设部的调查统计,截

至 2003 年年底,确定拖欠工程款的工程项目为 13.2 万个,拖欠总额为 1860 亿元,涉及企业 1.3 万家,其中,政府投资项目拖欠工程款 705 亿元,占拖欠总额的 37.9%。同时,确定 2003 年年底前建设领域发生的拖欠农民工工资总额为 337 亿元。

按照确定的清欠任务,在国务院的直接领导下,建设部会同有关部门,认真开展了清欠工作。首先,国务院领导同志亲自部署。第二,建设部领导高度重视。第三,各部门密切协作。第四,严格落实清欠责任。

2. 清欠工作基本达到预期目标

自 2004 年至 2006 年,建设部认真履行清欠工作牵头部门的职责,团结各有关部门,充分调动社会各方面力量,按期完成了清欠任务,全国共解决历史旧欠工程款 1860 亿元和新欠工程款 176.3 亿元,历史陈欠农民工工资 337 亿元问题也已得到基本解决。清理拖欠工程款和农民工工资工作维护了群众的根本利益,促进了建筑市场有序发展,促进了社会和谐,党中央、国务院给予了充分肯定。

3. 防止新欠长效机制初步形成

为保持清欠工作成果,建设部加强清欠工作制度建设,相继建立了维护农民工合法权益的应急机制、工作汇报机制、工程款支付调查分析制度。2004 年 10 月,财政部、建设部出台《关于印发〈建设工程价款结算暂行办法〉的通知》,2005 年 1 月建设部、财政部联合颁布《关于印发〈建设工程质量保证金管理暂行办法〉的通知》,进一步规范了工程款支付与质量保证金管理等行为。2006 年 1 月,建设部、国家发改委、财政部、中国人民银行联合印发《关于严禁政府投资项目使用带资承包方式进行建设的通知》,保护了施工企业的合法权益。清欠的三年中,针对工程建设过程中容易发生拖欠工程款和农民工工资问题的各个环节,国务院有关部门出台了 19 项政策性文件,在项目立项审查、结算和资金拨付、政府项目严禁带资承包、农民工工资支付管理、动态拖欠数据统计、诚信体系建设等主要方面初步形成了一整套防新欠的长效机制。同时,各省区市也根据本地区的实际情况出台了62个防新欠长效机制文件,有效减少和遏制了新欠的发生。

2007年11月至2008年1月,为进一步巩固清欠工作成果,贯彻落实国务院领导批示要求,建设部又在全国组织开展了清欠"回头看"工作。通过清欠"回头看"工作,各地又解决了17.9亿元拖欠款,涉及1705个项目,历史旧欠解决比例达到99.5%。同时,各地对新发现的未在网上申报的旧欠项目积极进行清理,2007年共解决拖欠22.6亿元。

(二)工程建设领域突出问题专项治理全面展开

2009年7月,中央决定,用两年左右的时间,集中开展工程建设领域突出问题专项治理工作。为更好地完成住房城乡建设系统的各项任务,住房和城乡建设部成立了部专项治理工作领导小组,部长姜伟新同志任组长,副部长郭允冲同志和中央纪委驻部纪检组组长杜鹃同志任副组长,部内相关司局为成员单位。为加强指导、扎实做好专项治理工作中相关工作,住房和城乡建设部相继制定了《规范城乡规划管理工作指导意见》、《加强工程建设实施和工程质量管理工作指导意见》和《住房和城乡建设系统开展工程建设领域突出问题专项治理工作方案》等多个文件,全面部署住房城乡建设系统专项治理工作。

专项治理工作开展以来,住房和城乡建设部扎实开展排查整改,严肃查处违法违规行为,认真组织重点领域检查,全面推进住房城乡建设系统专项治理工作。据不完全统计,专项治理工作开展以来,在规范城乡规划管理方面全国共排查房地产项目98577个,涉及用地面积58.16万公顷。其中,存在变更规划、调整容积率项目9772个;发现违规变更规划、调整容积率项目2150个,涉及用地面积7545公顷。在加强工程建设实施和质量管理方面,全国共排查工程项目63411个,发现问题60884个,已整改54454个,罚没、补交等款项金额共计5320.5万元。近两年来,各地还查处不符合资质条件企业8821家,其中撤销、撤回企业资质4571家,注销2757家,停业整顿1493家,进一步整顿规范了市场秩序,建筑市场环境逐步改善,促进了建筑业健康发展。

在加大排查力度,严肃查处违法违规行为的同时,针对工程建设领域排查发现的一些普遍性问题,为努力做到标本兼治、综合治理,住房和城乡建设部将制定《建筑市场管理条例》,作为工程建设领域突出问题专项治理工作长效机制的重要部分。2011年形成了《建筑市场条例(草案送审稿)》。同时,住房和城乡建设部还制定了《城市、镇控制性详细规划编制审批办法》、《房屋建筑和市政基础设施工程质量监督管理规定》等一系列文件,不断探索从源头上建立预防和治理工程建设突出问题的长效机制。

(三)建筑市场动态监管力度不断加强

1. 加强市场准入清出动态监管

2010年,住房和城乡建设部研究制定了《关于加强建筑市场资质资格动态监管 完善企业和人员准入清出制度的指导意见》(建市〔2010〕128号),提出强化质量安全事故"一票否决"、加大资质资格弄虚作假的查处力度、开展建筑市场动态监管,以引导、规范、监督建筑市场主体行为,建立和维护公平竞争、规范有序的建筑市场秩序。2012年6月,建筑市场监管司运用建筑市场监管系统对各类企业注册人员达标情况进行动态核查,对注册人员达不到资质标准的企业分别给予限期整改、注销资质的相应处理。

2. 进一步整顿规范建筑市场秩序

2011年7月,住房和城乡建设部组织召开了"全国整顿规范建筑市场秩序电视电话会议",全面总结了各地建筑市场监管工作经验,深入分析建筑市场存在的突出问题,对整顿规范建筑市场秩序工作进行了全面部署,提出了加强和改进建筑市场监管工作的六项主要任务。电视电话会议召开后,各地住房城乡建设主管部门积极行动,认真贯彻落实会议精神,一些地区成立了建筑市场监管工作领导小组,确保电视电话会议要求的各项工作落实到位。2011年,住房和城乡建设部研究制定了《关于进一步加强建筑市场监管工作的意见》(建市[2011]86号),重点对肢解发包、转包、违法分包等违法违规行为做出比较明确的界定,为各地的行政执法提供了具有可操作性的政策依据。

3. 建立中央基础数据库

加强和完善建筑市场基础数据库,是规范建筑市场秩序,加强建筑市场动态监管的重要手段。2010年,建筑市场监管司研究制定了《全国建筑市场基础数据库完善及应用工作方案》,明确了实现全国建筑市场基础数据库完善与应用的工作原则、总体目标、分步目标、工作任务和工作计划。2011年,建筑市场监管司组织完成了中央数据库与企业资质证书管理系统、诚信平台以及注册人员等子系统数据库的实时联通,初步建立了建筑市场中央基础数据库,研究制定了《全国建筑市场基础数据库(企业、人员)数据标准》,为强化建筑市场动态监管初步奠定了基础。

4. 加大对违法违规行为的处罚力度

为规范建筑市场秩序,住房和城乡建设部加大了对违法违规行为的查处力度,2008年至2012年4月份,住房和城乡建设部共对30家企业做出了停业整顿、降低或撤销资质的行政处罚;对244名执业人员做出了吊销注册证书、停止执业等行政处罚。与此同时,各地建设主管部门也加大了对建筑市场违法违规行为查处力度,2011年,各地共对发生建筑市场违法违规行为和发生安全生产事故的18939家企业进行了行政处罚,对1005名注册人员进行了查处。通过2010年和2011年对申报企业资质和个人执业资格注册中弄虚作假行为进行通报批评和处罚,2012年上半年申报企业资质和个人执业资格注册弄虚作假行为比以前明显减少,建筑市场秩序得到了初步规范。

5. 组织开展建筑市场监督执法检查

2011年7月,住房和城乡建设部对全国30个省、自治区、直辖市(除西藏自治区外)组织开展了以保障性安居工程为重点的建筑市场监督执法检查,共抽查了 233 项在建房屋建筑工程,房屋建筑总面积为 366.31 万平方米,对所有受检工程下发了《建设工程质量安全及建筑市场监督执法检查反馈意见》,共提出建筑市场检查反馈意见 1502 条,对存在严重违反建筑市场法律法规行为的工程项目,下发了 21 份《建设工程建筑市场执法建议书》。各地按照要求,对违法行为进行了积极整改。

二、夯实基础,建筑市场监管法规制度日益健全

(一)企业资质管理制度进一步完善

1. 贯彻《行政许可法》,修订企业资质管理规定

2003 年,《行政许可法》颁布之后,为了贯彻落实《行政许可法》,建设部遵循公平、公正和便民的原则,组织开展了《建设工程勘察设计资质管理规定》、《建筑业企业资质管理规定》、《工程监理企业资质管理规定》、《工程建设项目招标代理机构资格认定办法》四个部门规章修订工作,并于 2007 年先后出台了新的企业资质管理规定。新的企业资质管理规定明确了审批权限、审批责任和审批期限,完善了审批程序,调整了资质序列和等级,取消了资质年检制度,建立了企业资质动态管理制度,进一步规范和完善了建筑市场企业资质管理制度。

2. 结合行业实际,修订企业资质标准

在修订企业资质管理规定的同时,根据行业发展情况,2007 年建设部对工程设计资质标准、施工总承包特级资质标准和工程监理资质标准进行了修订。新的工程设计资质标准,重点围绕企业信誉和技术能力设定考核条件,完善了综合资质标准,突出了对注册执业人员的考核,将主导工艺资质调整为专业资质;同时根据设计行业的发展需求,在已有的建筑装饰、消防设施、建筑智能化、轻型钢结构、建筑幕墙、环境工程六个专项设计资质的基础上,增加了风景园林和照明工程两个专项资质。新的施工总承包特级资质标准,着重突出了对企业整

体资信能力、主要管理人员和专业技术人员、企业科技进步和自主创新能力、工程建设能力等四个方面的要求,适当增加了对企业科技进步和专业技术人员考核指标,减少了对企业经济类及机械设备类考核指标,同时对特级资质企业承揽工程业务范围进行了调整,扩大了业务范围。新的工程监理企业资质标准重点从资质序列、人员等方面作了调整,增加了综合资质类和监理事务所序列,并在非强制监理的项目上开展监理事务所的试点;对监理企业技术人员由只考核监理工程师的人数要求改为除主要考核监理工程师之外,也将其他工程建设类注册执业人员作为技术骨干加以考核,以引导监理企业吸收各类人才,促进企业的综合咨询业务发展。为鼓励和促进设计、施工一体化企业发展,2006年建设部还组织制定了建筑装饰、建筑智能化、建筑幕墙、轻型钢结构等四个设计与施工专项资质标准。这些新的资质标准对于引导企业调整产业结构,提高经营管理水平起到了积极作用。

3. 规范审批流程,完善审批制度

为了提高行政许可审批效率,防范行政许可审批风险,建设部先后两次调整机构职能,健全工作机制,2004年建筑市场管理司设立企业资质审批处,负责具体承办由部级审批的工程勘察、设计、施工、监理企业资质以及招标代理机构资格的受理、审查、公示、公告等工作;2007年,建设部又成立行政许可集中受理办公室,统一负责接收部里审批的各类企业资质的申报材料和证书发放工作。为了提高审批效率,改变了以往定期集中受理的方式,实施随时受理、限时审批;并不断完善审批流程,形成了企业申请、地方初审、材料接受、相关部门核查、专家评审及专业部门审核、网上公示、专家复审、联合审定、批准公告等九个步骤的审批程序;建立起了相对规范的企业资质审查制度,形成了专家随机抽取、审查材料随机递送、一二审专家回避、终审结论由纪检监察、质量安全、稽查等部门参与,全司研究会审,纪检监察全过程监督的审批机制,保障审查结论的准确性和公正性。

（二）个人执业资格制度建设稳步推进

1. 推进建筑师、勘察设计工程师执业制度建设

2003年，为加快推进个人执业资格管理制度，建设部和人事部联合发布了注册公用设备、电气、化工、土木（港口与航道）四个专业工程师执业资格管理制度；2004年，组织开展了四个专业工程师执业资格考核认定工作。为加强和规范勘察设计注册工程师的注册管理，2005年，建设部组织制定了《勘察设计注册工程师管理规定》（建设部令第137号）。2007年，启动了注册土木（道路工程）工程师制度；采矿/矿物、机械、冶金、石油天然气等四个专业实施了首次全国统一考试，正式实施了执业资格考试制度。2008年，颁布了修订后的《注册建筑师条例实施细则》，将一级注册建筑师的考试合格滚动年限由五年延长到八年，得到了业内的广泛好评。2009年，印发了《注册土木工程师（岩土）执业及管理工作暂行规定》，正式实施了注册土木工程师（岩土）的执业签字制度。2010年，启动注册电气、化工和公用设备工程师等三个专业工程师的注册工作。2012年，印发了《关于增加全国一级注册建筑师、勘察设计注册工程师执业人员照片和手写签名图片信息有关问题的通知》，规定从2012年3月1日起，申请初始注册人员在申报注册时，须报送手写签名和照片信息，已注册人员在2012年年底前完成补录工作。截至2011年年底，全国一级注册建筑师有2.48万人，二级注册建筑师有2.23万人，勘察设计注册工程师有8.57万人。

2. 完善监理工程师执业制度

为了加强对注册监理工程师的管理，2006年建设部修订出台了《注册监理工程师管理规定》（建设部令第147号）和《注册监理工程师注册管理工作规程》、《关于换发注册监理工程师注册执业证书工作的通知》、《注册监理工程师继续教育暂行办法》等一系列政策文件，组织了注册监理工程师换证工作，启动了继续教育制度。截至2011年年底，全国注册监理工程师有11.2万人。

3. 建立了建造师执业制度

为了加强建设工程项目管理,提高施工管理专业技术人员素质,规范施工管理行为,保证工程质量和施工安全,2002 年 12 月,人事部、建设部联合颁布了《建造师执业资格制度暂行规定》,正式建立了建造师执业资格制度。2004 年,建设部和人事部启动了全国一级建造师执业资格考试工作。为了规范注册建造师执业行为,2006 年建设部颁布了《注册建造师管理规定》(建设部令第 153 号),并于 2007 年制定出台了《一级建造师注册实施办法》和《注册建造师执业工程规模标准》,2008 年出台了《注册建造师执业管理办法》,开展了建造师注册工作,加强了对注册建造师的注册管理。为了提高注册建造师执业素质,2010 年住房和城乡建设部出台了《注册建造师继续教育管理暂行办法》,正式启动了注册建造师继续教育制度。截至 2011 年年底,全国一级建造师注册人数达 25.56 万人,二级建造师注册人数近 70 万人。

(三)房屋建筑与市政工程招投标管理不断加强

1. 加强建筑工程设计招标投标管理

2008 年,为规范建筑工程设计招投标活动,建设部出台了《建筑工程方案设计招标投标管理办法》,该办法从适宜性、规范性、操作性等方面有了新的突破,适应了大型公共建筑工程项目管理监管的需要,明确了境外设计机构投标方案设计深度,防止通过资格预审排斥潜在投标人,抑制了低价中标和恶性竞争问题,加强了知识产权保护以及投标补偿,促进了建筑设计繁荣和重视建筑节能的问题,强化评标过程监督。

2. 规范行业招投标管理

针对建筑市场中存在的利用资格预审限制和排斥潜在投标人现象,以及利用资格预审搞假招标或者围标串标行为,建设部进一步完善招投标制度建设。2005 年建设部出台了《关于加强房屋建筑和市政基础设施工程项目施工招标投标行政监督工作的若干意见》。2010 年 6 月,住房和城乡建设部和监察部共同组织召开了全国房屋建筑和市政工程招投标监管工作暨专项治理工作会议,提出进一步强化招投标监管的工作思路。2010年,住房和城乡建设部印发了《房屋建筑和市政工程标准施工招标文件》和《房屋建筑和市政工程标准施工招标资格预审文件》(建市[2010]88号),统一了房屋建筑和市政工程招投标规则和做法,对施工招标文件中废标条款集中设置、投标人投标成本判定等问题进行了规定。2011年12月《招标投标法实施条例》颁布后,2012年4月住房和城乡建设部出台了《进一步加强房屋建筑和市政工程项目招标投标监督管理工作的指导意见》,明确了依法履行行业监管职责,推进电子招标投标、组建房屋和市政领域评标专家库、严格工程招标代理机构准入清出等方面下一步的工作思路。这些规范性文件的出台和会议的召开,进一步健全了房屋建筑和市政工程施工招标投标制度,房屋建筑和市政工程施工招标投标的法律法规体系已初步形成。

3. 推进有形建筑市场建设

2002年,国务院办公厅转发了《建设部　国家计委　监察部关于健全和规范有形建筑市场的若干意见》(国办发[2002]21号),对于有形建筑市场的功能、设立、审批以及规范提出指导意见。2010年,住房和城乡建设部按照《中央治理工程建设领域突出问题工作领导小组办公室关于报送有关工程建设有形市场情况和意见的通知》要求,对各地有形建筑市场建设情况进行调查和调研,系统总结了住房城乡建设系统有形建筑市场发展状况;2011年,重点开展了对秦皇岛市有形市场建设情况的调研,完成《关于秦皇岛市建设工程招投标交易中心建设情况的调研报告》;并与中纪委、监察部共同印发《有形建筑市场大事记》,为下一步研究整合和利用好有形市场资源奠定了基础。

(四)建筑市场监管机制逐步完善

1. 开展工程担保试点

为进一步推进工程担保,转变建筑市场监管方式,建立科学合理的建筑市场运行机制,2004 年 8 月,建设部印发了《关于在房地产开发项目中推行工程建设合同担保的若干规定(试行)》(建市[2004]137号),对工程担保的种类、担保形式、有效期、担保金额、担保责任做出了详细规定,初步建立了工程担保制度体系。为推进建设领域担保制度建设,2005 年,建设部又出台了《工程担保合同示范文本》(试行),并确定天津市、深圳市、厦门市、青岛市、成都市、杭州市、常州市为工程担保七个试点城市,开启了工程担保试点工作。2006 年,出台了《关于在建设工程项目中进一步推行工程担保制度的意见》,提出了建立对专业担保机构从事工程担保业务的登记和定期考核管理制度、保函集中管理制度、工程担保活动信用管理制度等,进一步完善了工程担保制度。

2. 推进建筑市场诚信体系建设

2002 年至 2005 年,建设部先后印发了《关于加快建立建筑市场有关企业和专业技术人员信用档案的通知》、《关于抓紧建立并充实建筑市场有关企业和专业技术人员数据库的通知》、《全国建筑市场监督管理信息系统数据标准》、《建设工程质量责任主体和有关机构不良记录管理办法》、《关于加快推进建筑市场信用体系建设工作的意见》等一系列文件,大力推进建筑市场诚信体系建设。2005 年至 2007 年间,相继成立了以上海市、江苏省、浙江省三地为主的长三角和以北京、天津、石家庄、济南、青岛、沈阳、大连等地为主的环渤海区域建筑市场信用体系建设工作组,积极推动南北两大区域诚信信息平台的建设和试点工作。2007 年,建设部又相继出台《关于启用全国建筑市场诚信信息平台的通知》、《建筑市场诚信行为信息管理办法》、《全国建筑市场各方主体不良行为记录认定标准》等一系列政策性文件,明确了建筑市场诚信体系建设工作目标。2008 年 1 月,正式开通启用全国建筑市场诚信信息平台,同时启动各地违法违规企业上报制度。2011 年 6 月,住房和城乡建设部印发了《全国建筑市场注册执业人员不良行为记录认定标准》(试行),企业和人员不良行为信息同步上报,并在全国平台上统一公布。截至 2012 年 5 月末,全国建筑市场诚信信息平台共发布 1 万余条信息,其中收录全国各地上报的企业和注册人员不良行为信息 1681 条,对建立建筑市场失信惩戒机制起到了促进作用。

3. 加强施工分包管理

2004 年,为加强对施工分包行为监管,遏制违法分包行为,建设部印发了《房屋建筑和市政基础设施工程施工分包管理办法》(建设部令 124 号),明确房屋建筑和市政基础设施工程施工分包分为专业分包和劳务分包,并对分包合同备案、发承包企业对分包工程施工现场组织管理、违法违规行为认定等做出了具体的规定,为施工分包管理提供了政策依据;同时,进一步印发了《建设工程施工专业分包合同》,为施工专业分包行为提供指导。

(五)外商投资企业管理趋于规范

为进一步提高建筑业对外开放水平,建立建筑市场准入的统一监管机制,2002 年,建设部和对外贸易经济合作部联合颁布了《外商投资建筑业企业管理规定》(建设部、对外贸易经济合作部令第 113 号)、《外商投资建设工程设计企业管理规定》(建设部、对外贸易经济合作部令第 114 号),并相应配套出台了相关的实施细则。2007 年,建设部和商务部又颁布了《外商投资建设工程服务企业管理规定》(建设部、商务部令第 155 号)。截至 2011 年年底,已有来自全球 30 多个国家和地区的投资者在我国境内设立了 1300 余家建筑业企业、工程设计企业和工程监理企业,业务范围涵盖了石油、化工、水利、电力、市政和房屋建筑等众多领域。

2004 年,建设部印发了《关于外国企业在中华人民共和国境内从事建设工程设计活动的管理暂行规定》,允许外国服务提供者以跨境交付形式在我国境内从事建设工程设计业务。

三、多措并举,促进行业科学发展

(一)大力促进工程总承包和工程项目管理发展

为了指导我国大型勘察设计企业、施工企业、监理企业按照国际通行的工程公司和项目管理公司模式进行改造,尽快创建一批具有国际竞争实力的工程公司和项目管理公司,适应加入 WTO 和参与国际竞争的需要,2003 年 2 月,建设部出台了《关于培育和发展工程总承包和工程项目管理企业的指导意见》(建市[2003]30 号)。为了规范工程项目管理发展,2004 年 11 月,建设部又颁布了《建设工程项目管理试行办法》(建市[2004]200 号)。为了促进工程项目管理发展,2007 年 11 月,建设部在天津召开了全国建设工程项目管理工作座谈会,提出了工程项目管理工作发展的指导思想、目标和主要任务。为了促进和规范工程总承包的发展,2011 年 9 月,住房和城乡建设部、国家工商行政管理总局联合发布了《建设项目工程总承包合同示范文本(试行)》(建市[2011]139 号)。

(二)促进工程监理行业发展

为促进工程监理行业发展,2005 年 6 月建设部在大连召开了全国建设工程监理会议,提出了推进我国工程监理工作持续健康发展的改革措施和发展方向。2010 年 11 月,住房和城乡建设部又在南京召开了全国建设工程监理会议,提出了解决工程监理行业存在问题的办法,部署了促进工程监理行业发展的举措。为解决工程监理取费低这一制约工程监理行业发展的瓶颈问题,2005 年年初,国家发改委和建设部组织成立了专门工作班子,组织国务院 20 多个部门和有关行业协会着手起草工程监理收费管理规定,开展了工程监理收费标准的修订工作。2007 年 3 月,国家发改委和建设部联合颁布了新的《建设工程监理与相关服务收费管理规定》和收费标准,新的工程监理取费标准比 1992

年收费标准平均涨幅超过了50%。为规范建设工程监理合同管理,保护各方当事人合法权益提供了指南,2012年住房和城乡建设部会同国家工商行政管理总局修订发布新版的《建设工程监理合同(示范文本)》(GF—2012—0202)。

(三)加强行业发展指导

为了指导建筑业发展,2005年,建设部会同国家发改委、财政部等五部委,联合颁布了《关于加快建筑业改革与发展的若干意见》,明确了建筑业改革与发展的指导思想和发展目标,从企业产权制度改革、体制机制创新、优化产业结构、参与国际竞争、加强技术创新、发展劳务企业、创新政府监管体制等方面提出了若干具体措施。为了指导"十一五"时期建筑业发展,2006年建设部印发了包括"建筑市场"十一五"发展规划"在内的《建设事业"十一五"发展规划》,明确了"十一五"时期建筑业发展的目标和措施。为了推进我国工程项目管理的发展,指导和培育一部分有条件的大型工程监理单位尽快创建为工程项目管理企业,2008年住房和城乡建设部制定了《关于大型工程监理单位创建工程项目管理企业的指导意见》。为发挥行业专家决策咨询作用,2009年住房和城乡建设部成立了勘察设计行业发展战略专家委员会,2011年成立了建设工程监理行业发展战略专家委员会,专家委员会将对涉及行业改革和行业发展的全局性、战略性问题进行研究,为行业的发展出谋献策。2011年为落实国家"十二五"规划中确定的"建筑业要推广绿色建筑、绿色施工,着力用先进建造、材料、信息技术优化结构和服务模式"的发展要求,2011年住房和城乡建设部制定了《建筑业发展"十二五"规划》和《工程勘察设计行业2011—2015年发展纲要》,明确了"十二五"时期建筑业和工程勘察设计行业发展的指导思想、基本原则、发展目标和主要任务,为促进行业科学发展奠定了坚实基础。

此外,2005年以来,住房和城乡建设部行业主管部门和政策研究中心连续出版《中国建筑业改革与发展研究报告(年度版)》,向行业和社会传达建筑业发展信息,展望分析建筑市场发展形势,传播推广先进企业发展经验,宣传解析政府最新法规政策,探索研究建筑业发展突出问题。

(四)推进建筑劳务分包企业发展

为了规范施工分包管理,促进劳务企业发展,2004 年建设部发布了《房屋建筑和市政基础设施工程施工分包管理办法》(建设部令 124 号),进一步明确了劳务分包是工程分包的一种合法形式,并印发了《建设工程施工劳务分包合同(示范文本)》;2004 年建设部会同劳动和社会保障部等部门颁发了《建设领域农民工工资支付管理暂行办法》,规范了建筑业企业用工行为,提高了建筑业劳动力的组织化程度,促进了劳务分包企业的快速发展。2005 年建设部颁布了《关于建立和完善劳务分包制度　发展建筑劳务企业的意见》,截至 2011 年年底,全国建筑劳务分包企业已超过 2.8 万家。

(五)加强行业统计工作

为了了解行业发展情况,掌握行业发展动态,在已有的建设工程勘察设计统计报表制度基础上,经国家统计局同意,2005 年起,建设部建立了工程监理统计制度;2008 年,建立了工程招标代理机构统计报表制度。建设工程勘察设计统计、工程监理统计、工程招标代理机构统计作为部门管理的统计制度,由住房城乡建设部组织完成年度统计汇总工作,发布统计公报,并将三个行业统计指标列入国家统计年鉴。统计制度的建立为行业发展分析、行业发展政策的出台奠定了坚实基础。

(六)行业协会作用发挥更为充分

在行业发展过程中,中国建筑业协会、中国勘察设计协会等行业协会积极向政府部门反映行业、企业诉求,为相关法律法规、宏观调控和产业政策以及有关标准和行业发展规划、行业准入条件的制定提供建议意见;积极开展培训、科技推广、经验交流、国际合作等活动。如中国建筑业协会组织编写或修订了《建筑工程施工质量评价标准》、《建设工程项目管理规范》、《建设工程质量检测管理规范》等一系列工程建设标准规范;组织制订了《全国建筑行业自律公约》,开展了建筑业企业信用评价工作,有效推动了建筑业信用体系建设工作;在推动建筑业统计指标和方法制度改革、完成特级和一级企业快速调查统计、为政府和行业协会提供统计信息等方面做了大量工作。中国勘察设计协会自2009年开始每年组织编写《工程勘察设计行业年度发展研究报告》,组织召开了全国工程设计科技创新大会、全国勘察设计行业管理创新大会,推进行业科技创新、管理创新。中国勘察设计协会和中国建筑业协会承办了首届中国(北京)国际服务贸易交易会建筑及相关工程服务板块,向世界展示了我国工程勘察设计行业和建筑业的水平和实力。行业协会已成为政府与企业之间联系的纽带,在促进行业发展中发挥着越来越重要的作用。

四、开拓创新,行业发展成就辉煌

(一)工程建设成就举世瞩目

2003年以来,建筑业完成了一系列全球瞩目的重大工程,在部分工程领域的建造能力达到国际领先水平,展示了我国建筑业卓越的建造能力。具有代表性的工程有:结构造型复杂、科技含量高、使用要求高、设计理念超前的北京奥运会工程;众多富有创意、充分演绎"城市,让生活更美好"主题的上海世博会工程;集民用航空、高速铁路、城际铁路、高速公路、磁浮、地铁、地面公交、出租汽车等多种交通方式于一体,国内乃至世界上最大的上海虹桥综合交通枢纽;在破解三大世界性难题——高寒缺氧、多年冻土、生态脆弱方面取得突破性进展,全球海拔最高、线路最长的高原铁路——青藏铁路;我国第一条具有完全自主知识产权的高速铁路——京津城际铁路;世界上一次建成线路里程最长、标准最高的高速铁路——京沪高铁;世界上最长的跨海大桥——胶州湾大桥;建设过程中克服地质、水文、气候等众多难题,采用多项新工艺、新材料,在许多方面世界首创,我国海底隧道建设史上的里程碑——胶州湾海底隧道工程等。这些项目无论是工程规模、工程质量,还是技术难度,都代表着当今世界的先进水平。可以说,我国建筑业的技术水平已经达到了相当的高度。超高层、大跨度房屋建筑设计、施工技术,大跨度预应力、大跨径桥梁设计及施工技术,地下工程盾构施工技术,大体积混凝土浇筑技术,大型结构与设备整体吊装,大型复杂成套设备安装技术,综合爆破等方面不仅具有中国特色,且普遍达到或接近国际水平。目前,中国建筑业在超高层建筑、铁路工程、高速公路工程、大型公用设施方面,都能依靠自己的技术力量独立完成,中国建筑业已经具有国际一流的建造能力。

(二)产业规模持续扩大

1. 建筑业在国民经济中的支柱地位不断加强

十年来,建筑业产业规模持续保持高速增长,呈现快速发展的势头。尽管期间受国家宏观调控政策、国际金融危机等因素的影响,建筑业的发展在一定程度上受到了抑制,但依然保持了较快的增长速度,建筑业仍是经济增长的重要拉动力量,在促进经济发展中起着十分重要的作用。2011 年,全国具有资质等级的总承包和专业承包建筑业企业完成建筑业总产值 117734.16 亿元;全社会建筑业实现增加值 32020亿元,占国内生产总值的比重达 6.8%;全国具有资质等级的总承包和专业承包建筑业企业从业人员达 4311.07 万人,建筑业成为大量吸纳农村富余劳动力就业、拉动国民经济发展的重要产业,在国民经济中的支柱地位不断加强。

2002—2011 年建筑业总产值

年份	建筑业总产值(亿元)	年份	建筑业总产值(亿元)
2002	18527.18	2007	51043.71
2003	23083.87	2008	62036.81
2004	29021.45	2009	76807.74
2005	34552.10	2010	96031.13
2006	41557.16	2011	117734.16

注:2002—2010 年数据引自《中国统计年鉴》(2011),2011 年数据引自国家统计局《2011 年建筑业企业生产情况统计快报》。

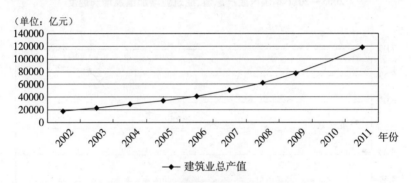

2002—2011 年建筑业总产值增长示意图

2002—2011 年建筑业增加值占国内生产总值比重(%)

年份	建筑业增加值占国内 生产总值比重(%)	年份	建筑业增加值占国内 生产总值比重(%)
2002	5.4	2007	5.8
2003	5.5	2008	6.0
2004	5.4	2009	6.6
2005	5.6	2010	6.7
2006	5.7	2011	6.8

注:2002—2010 年数据引自《中国统计年鉴》(2011),2011 年数据根据《2011 年国民经济和社会发展统计公报》相关数据计算得出。

2. 勘察设计行业总体规模持续扩大

2003 年以来,勘察设计行业企业数量、从业人员数量、完成合同额

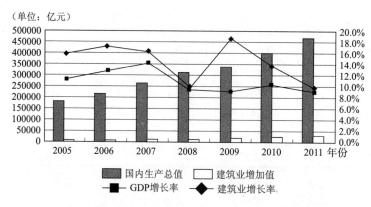

（单位：亿元）

2005—2011 年国内生产总值、建筑业增加值及增长速度

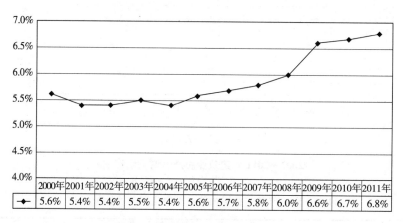

	2000年	2001年	2002年	2003年	2004年	2005年	2006年	2007年	2008年	2009年	2010年	2011年
◆	5.6%	5.4%	5.4%	5.5%	5.4%	5.6%	5.7%	5.8%	6.0%	6.6%	6.7%	6.8%

2000 年以来建筑业增加值占 GDP 比重

以及营业收入均呈现大幅增长态势。

2003—2011 年全国工程勘察设计企业统计汇总

	2003 年	2004 年	2005 年	2006 年	2007 年	2008 年	2009 年	2010 年	2011 年	年均增长率（%）
企业总数	12375	13328	14245	14264	14151	14667	14264	14622	16482	3.65
从业人员总数	833199	912171	1077785	1120719	1175258	1249062	1272963	1422995	1728497	9.55

续表

	2003 年	2004 年	2005 年	2006 年	2007 年	2008 年	2009 年	2010 年	2011 年	年均增长率（%）
专业技术人员总数	680972	740599	797323	852250	844535	878570	865868	926031	1037032	5.40
合同总额(万元)	14347940	18609549	24380983	34749590	46264588	58736755	67515223	91948169	123940086	30.93
营业收入(万元)	14762604	22143437	29726384	37144204	46843328	59683310	68528840	95467626	129147304	31.14
利润(万元)	1491942	2194392	2163557	2910295	4368264	3129248	5567963	7752329	10205425	27.17
专利、专有技术总数(项)	2878	3183	14315	16650	18463	21901	28309	39512	49512	42.71

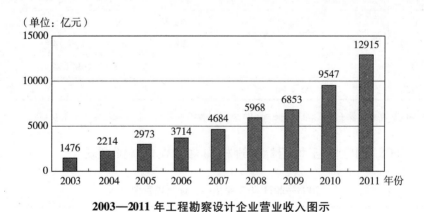

2003—2011 年工程勘察设计企业营业收入图示

3. 工程监理行业发展快速

十年来,我国工程监理行业不断发展壮大,据统计,2005 年至 2011 年的 7 年间,全国工程监理企业由 5927 个增长到 6512 个;从业人员由 43 万人增长到 76 万人,增长 76.7%;通过考试取得监理工程师执业资

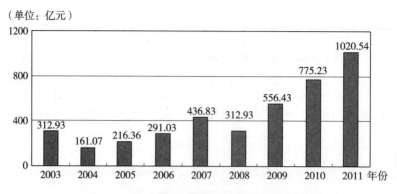

（单位：亿元）

2003—2011年工程勘察设计企业利润总额图示

格证书的人员目前已达18万余人,其中有13万余人取得了监理工程师注册证书;营业收入由280亿元增长到1493亿元,增长433.2%,其中工程监理收入由193亿元增长到666亿元,增长245%;人均营业收入从6.46万元增长到19.55万元,增长了202%。

2005—2011年建设工程监理营业收入

年份	建设工程监理营业收入（亿元）	年份	建设工程监理营业收入（亿元）
2005	279.67	2009	854.55
2006	376.54	2010	1196.14
2007	526.73	2011	1492.54
2008	657.44		

注:2005年建立建设工程监理统计报表制度,2005—2010年数据引自相关年度《中国统计年鉴》。

2008年以来,工程招标代理机构总体规模持续增长。

2008—2011年工程招标代理机构营业收入

年份	工程招标代理机构营业收入（亿元）	年份	工程招标代理机构营业收入（亿元）
2008	977.22	2010	1267.75
2009	969.71	2011	

注:2008年建立工程招标代理机构统计制度,2008—2010年数据引自相关年度《中国统计年鉴》。

（单位：亿元）

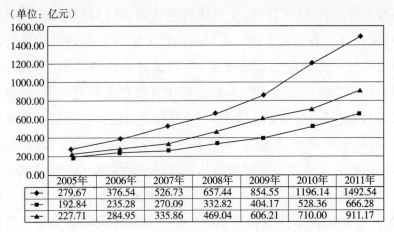

	2005年	2006年	2007年	2008年	2009年	2010年	2011年
◆	279.67	376.54	526.73	657.44	854.55	1196.14	1492.54
■	192.84	235.28	270.09	332.82	404.17	528.36	666.28
▲	227.71	284.95	335.86	469.04	606.21	710.00	911.17

◆ 营业收入　　■ 工程监理收入　　▲ 工程监理及相关服务收入

2005—2011 年工程监理企业利润图示

（单位：亿平方米）

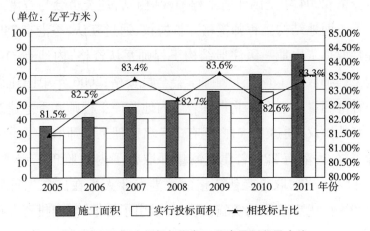

■ 施工面积　　□ 实行投标面积　　▲ 相投标占比

2005—2011 年实行投标承包工程房屋面积及占比

（三）国际市场开拓取得新进展

1. 建筑领域交流合作呈现新局面

为加深与其他国家的经贸合作，住房和城乡建设部积极参加商务部组织的自贸区磋商，以期在更广阔范围内参与国际市场竞争。目前，我国已与新加坡、哥斯达黎加、东盟等国家和组织签订了自由贸易协定，双边建筑市场得到了进一步扩大和开放，直接推动了对外承包工程的迅速发展。自 2003 年起,中央政府与香港、澳门特别行政区政府开始签署《内地与香港关于建立更紧密经贸关系的安排》和《内地与澳门关于建立更紧密经贸关系的安排》及相关补充协议。为落实协议,建设部和商务部联合出台了《〈外商投资建筑业企业管理规定〉的补充规定》(建设部、商务部令第 121 号)、《〈外商投资建设工程设计企业管理规定〉的补充规定》(建设部、商务部令第 122 号)等法规文件,对于香港和澳门服务提供者在中国境内从事建筑活动实施了一系列的优惠政策;在人员方面,开展了内地与香港建设领域专业人员的资格互认工作,2004 年全国注册建筑师管理委员会与香港建筑师学会签署了两地建筑师资格互认协议,通过互认,香港有 412 名建筑师取得了内地一级注册建筑师互认资格,内地有 347 名一级建筑师取得了香港建筑师学会会员资格;2004 年全国注册工程师(结构)管理委员会与香港工程师学会签署了两地结构工程师资格互认协议,通过互认,香港有 249 名结构工程师取得了内地一级注册结构工程师互认资格,内地有 314 名一级结构工程师取得了香港工程师学会会员资格;2006 年中国建设监理协会与香港测量师学会在北京签署了内地监理工程师和香港建筑测量师资格互认协议,通过互认,内地有 255 名监理工程师取得了香港建筑测量师资格,香港有 228 名建筑测量师取得了内地监理工程师资格。2008 年和 2011 年,取得互认资格的香港专业人士在广东先行先试开展执业。这些优惠政策的实施,进一步吸引了香港、澳门投资者投资内地建筑业和专业人士进入内地建筑业工作,促进了内地与香港、澳门建筑技术的交流和建筑贸易的发展。

　　2. 对外承包工程管理走向法制化轨道

　　2008 年 7 月 20 日,国务院颁布了《对外承包工程管理条例》,确定了对外承包工程企业的资格管理、企业存缴备用金制度,明确了国务院商务、住房城乡建设及有关部门对对外承包工程行业的监管要求以及监管责任,确立了对企业的质量、安全生产管理和承包行为的要求,对规范和加强对外承包工程管理发挥了重要作用。2009 年 10 月 12 日,商务部会同住房和城乡建设部颁布了《对外承包工程资格管理办法》（商务部、住房和城乡建设部令第 9 号），对对外承包工程资格的申请条件、程序以及商务部、住房和城乡建设部的监督管理活动予以了明确规定，进一步完善了对外承包工程资格管理制度。

3. 对外承包工程取得跨越式发展

"十一五"期间，我国对外承包工程完成营业总额是"十五"期间的四倍，年均增长 32.5%；新签合同额是"十五"期间的五倍，年均增长 20%。2011 年，我国对外承包工程业务完成营业额 1034 亿美元，同比增长 12.2%，新签合同额 1423 亿美元，同比增长 5.9%。截至 2011 年年底，对外承包工程累计完成营业额 5390 亿美元，签订合同额 8417 亿美元。2010 年，我国有 54 家企业入选"ENR 国际承包商"225 强，共完成海外工程承包额达 505.91 亿美元，占 225 家承包商业绩总额的 13.2%，列国家排名第一位。

目前，我国对外承包工程企业已达 3238 家。近十年来，建筑业骨干企业积极调整经营模式，努力提高经营管理水平、工程服务能力、项目投融资能力，加强企业品牌建设和社会责任建设，在国际市场上的竞争力不断提升。目前，我国对外承包工程已形成以房屋建筑、电力工业、交通运输为重点，石油化工、电子通信等新兴领域不断扩展的产业布局。对外承包工程的地域格局也日趋均衡，在亚洲和非洲地区仍然维持主要市场地位的基础上，拉美、欧洲市场份额不断扩大，北美市场也取得了新的突破，对外承包工程业务已拓展到全球 180 多个国家和地区。

4. 中国勘察设计企业"走出去"实现新突破

2012 年，中国建筑设计研究院以 1.47 亿澳元全资收购了国际知名建筑设计企业新加坡 CPG 集团的全部股权，成为其全资股东。此次收购是中国勘察设计行业海外收购的第一案例。中国企业此前的海外并购多以产业并购为主，中国建筑业企业"走出去"也多以工程承包企业为主，而此次并购则是中国文化型、智力型企业走向国际的成功范例,也是中国高端服务业走出去的有益尝试,体现了中国综合国力和软实力的提升。

展望未来,国内外经济发展环境制约因素增多,形势将更加复杂多变,我国工程建设和建筑业将承受严峻挑战和考验。但从总体上看,工程建设领域和建筑业的发展仍处于重要战略机遇期,抓住机遇,迎接挑战,实行行业发展方式转变和政府管理职能的完善提升,在新时期呈现科学发展、监管有效的崭新面貌,将是历史赋予全行业和政府主管部门责无旁贷的历史使命。

住房和城乡建设部将继续以邓小平理论和"三个代表"重要思想为指导,深入贯彻落实科学发展观,以保障工程质量安全为核心,以加快建筑业发展方式转变和产业结构调整为主线,以建筑节能减排为重点,以继续深化建筑业体制机制改革为动力,以完善法规制度和标准体系为着力点,以技术进步和创新为支撑,加大政府监管力度,加强行业发展指导,促进建筑业可持续发展。

面向未来,政府主管部门将进一步完善建筑市场监管法规,健全市场准入、招标投标、工程监理、合同管理和工程造价管理等制度,努力维护建筑市场公平交易秩序;逐步推行工程担保、保险制度,进一步推进个人注册执业制度,完善建筑市场监管信息系统,加强工程质量和安全监管,形成有效的行政执法联动、行业自律、社会监督相结合的建筑市场监管体系,为我国工程建设和建筑业的科学发展创造良好环境。

面向未来,建筑市场的竞争将会更加激烈,建筑企业只有不断优化调整产业结构、加快技术进步和创新、深化体制机制改革、加快人才培养,才能立于不败之地。在不远的将来,一批有条件的大型设计、施工企业将会发展成为具有设计、采购、施工等全功能的国际型工程公司;大量的中小建筑企业将会向专、特、精方向发展,为业主或委托方提供专业化增值服务;建筑市场中各类企业优势互补、和谐发展、竞争有序、诚实守信的良好局面一定会形成,越来越多的建筑企业会走出国门,开拓国际市场。

完善机制,强化监管,
提高工程质量安全水平

　　建设工程的质量安全,关系群众生命财产安全,关系经济社会发展大局,体现政府的执政能力。确保工程质量安全,为社会提供质量合格、安全适用的住宅、公共建筑和市政设施,是实现经济社会全面、协调、可持续发展的必然要求,也是住房城乡建设系统全面贯彻科学发展观的重要任务。

　　党的十六大以来,随着经济社会的快速发展,全国建设工程规模逐年扩大,工程难度和复杂程度不断增加,对工程质量安全工作提出了新的挑战,全国住房城乡建设系统坚持以科学发展观统领工程质量安全工作,以服务大局、以人为本为原则,以提升发展质量、实现安全发展为目标,统筹兼顾速度、效益与质量安全的关系,实现了工程质量、安全和技术水平的稳步提升,推动了工程建设行业的可持续发展。

一、保质量、促安全、惠民生,工程质量安全为
经济社会又好又快发展做出了应有贡献

(一)工程质量水平稳步提升,保障了工程经济社会效益的发挥

　　十年来,全国工程质量呈现总体受控、稳中有升、事故遏制、精品迭出的态势。一般民用建筑工程质量总体处于受控状态,特别是住宅工程质量通病治理成效明显,质量投诉率逐年降低,住宅的工程质量、功

能、性能、安全性、舒适度以及环境景观等得到较大提高,使广大城乡居民更好地享受到居住质量和生活水平的改善。

国家重点工程及大型基础设施工程技术质量水平显著提高,特别是一大批超高层、深基坑、大跨度、高难度的工程在质量技术方面取得重大突破,使工程预期经济社会效益得以全面发挥,为重大活动的成功举行和城乡民生改善提供了有力保证,如北京奥运工程、上海世博工程、广州亚运工程、济南全运工程、上海环球金融中心、杭州湾跨海大桥以及全国 13 个城市的 1000 多公里轨道交通线路建成并投入使用,建造标准和工程质量达到了国际先进水平。

集中代表我国工程质量发展和进步的优质工程不断涌现,起到了示范引领效应。从 2002 年到 2011 年,全国共评选出中国建设工程鲁班奖(国家优质工程)910 项,争创鲁班奖、建造精品工程成为许多工程项目追求的质量目标。

(二)建筑安全形势持续好转,有效保护了群众切身利益

在建设工程规模日益扩大的形势下,住房城乡建设系统克服技术力量紧张的困难,建筑安全生产形势保持了持续稳定好转,实现了生产安全事故"三个持续下降"。从 2002 年到 2010 年,全国年房屋施工面积增加近 2 倍,年竣工面积增加约 55%,2011 年全国 26 个城市有在建轨道交通线路 50 余条、1500 多公里,比 2003 年增加近 1300 公里。与此同时,生产安全事故总量持续下降,2011 年全国发生房屋建筑与市政工程生产安全事故 589 起,比 2002 年下降了 51.12%;生产安全事故造成的死亡人数持续下降,2011 年全国房屋建筑与市政工程生产安全事故造成 738 人死亡,比 2002 年下降了 43.10%;生产安全较大及以上事故持续下降,2011 年全国房屋建筑与市政工程共发生较大及以上生产安全事故 25 起、死亡 110 人,与 2002 年相比,事故起数下降51.92%,死亡人数下降 42.11%,其中城市轨道交通工程从 2009 年以来没有发生较大及以上质量安全事故。建筑安全形势的持续好转,既

保护了群众生命财产安全,也为建筑业提高发展质量、增加发展效益提供了支撑。

(三)工程技术不断进步,成为促进行业可持续发展的重要动力

部分领域的设计施工技术已达到或接近世界先进水平,主要包括以超高层、深基坑、大空间、大跨度为特征的高难度建筑工程,以及大型桥梁、水利枢纽、高速铁路、城市地铁、有色冶金、水泥成套等多领域工程。特别是以奥运工程、世博工程、东海大桥、青藏铁路、南水北调、西气东输、三峡水利枢纽等为代表的一大批重点工程项目顺利完成,标志着我国建筑工程技术水平发展到了一个新的高度。

勘察设计行业自主创新和创优能力明显增强,截至 2010 年,勘察设计企业累计拥有专利 24476 项、专有技术 15036 项,并涌现出一大批优秀工程和领军人才。十年来,共有国家体育场、华能玉环电厂、京津城际高速铁路精密工程控制测量、东海大桥,以及三峡水利枢纽、西气东输、青藏铁路等 1588 项工业、交通、民用和国防工程勘察设计获得全国优秀工程勘察设计奖;共评选出了 136 位全国工程勘察设计大师,在技术进步和质量提高方面发挥了“带头人”作用。

随着技术水平的提升,建筑行业在产业规模、经济效益、经营管理、技术创新等多方面取得较大进步,涌现了一大批技术水平高、管理能力强的设计施工企业,培养锻炼了一大批敢打硬仗、能打胜仗的人才和领军人物,具备了保质保量完成巨大任务量的能力,实现了企业效益改善和发展加速,也提升了整体行业的形象,促进了全行业的可持续发展。

(四)防灾减灾和应急抢险能力增强,为城乡建设发展成果提供了有力保护

住房城乡建设系统防灾减灾能力建设稳步推进,保障了人民群众的生命财产安全,产生了显著的社会和经济效益。新建建筑普遍执行抗震设防标准,既有建筑特别是中小学校舍等抗震加固全面展开,首都

圈中央国家机关行政事业单位建筑工程抗震加固工作完成,农村民居抗震安居工程经受住了地震考验。同时,全国住房城乡建设系统团结一心,顽强奋战,为2008年雨雪冰冻灾害、四川汶川"5·12"特大地震灾害、青海玉树"4·14"特大地震灾害、甘肃舟曲特大泥石流灾害抢险救灾工作的全面胜利作出了重要贡献。全系统认真落实中央统一部署,利用行业资源和专业优势,对口支持汶川、玉树、舟曲等灾区的恢复重建工作,帮助灾区及早恢复正常生产生活秩序和城乡建设面貌。

二、全面贯彻科学发展观,工程质量安全工作取得积极进展

十年来,全国住房城乡建设系统以科学发展观为指导,切实加强工程质量安全管理,积极推动工程技术进步,协调推进城乡防灾减灾能力建设,做了大量艰苦细致且卓有成效的工作。

(一)工程质量安全制度体系逐步健全

2003年以来,根据《中华人民共和国建筑法》、《建设工程质量管理条例》、《建设工程勘察设计管理条例》、《建设工程安全生产管理条例》等法律法规,住房和城乡建设部陆续出台了有关勘察质量管理、施工图设计文件审查、竣工验收备案、质量检测、质量保修、质量监督、安全生产许可、建筑起重机械登记、城市抗震防灾规划管理、超限高层建筑工程抗震设防、市政公用设施抗灾设防等方面的部门规章二十余部,建立完善了住宅工程质量分户验收、质量事故查处督办通报,施工企业安全质量标准化建设、安全管理人员配备、安全投入,危险性较大工程管理、特种作业人员持证上岗、生产安全事故查处督办、企业负责人及项目负责人施工现场带班、生产安全重大隐患排查治理挂牌督办,城市轨道交通工程风险评估、安全监测、周边环境调查,绿色施工、房屋建筑和市政公用设施抗灾设防专项论证等制度几十项,为全国工程质量安全管理工作步入法制化、规范化的轨道奠定了坚实的基础。各地区结合本地

实际,或针对新情况、新问题,加强建设工程质量安全管理方面的地方立法,进一步完善制度体系,如上海、南京、沈阳、杭州、武汉等城市颁布了城市轨道交通建设管理的地方性法规或地方规章。

(二)监督管理和执法检查力度不断强化

全国各级住房城乡建设部门不断加大执法检查力度,把"三个严肃认真"深刻融入质量安全监管工作,作为开展监督管理和执法检查工作的基本要求,即严肃认真查处建筑市场违法违规行为、严肃认真开展监督检查、严肃认真查处工程质量安全事故。

工程质量方面,全国各级住房城乡建设主管部门科学有效地发挥有限监管资源的作用,在质量监管和执法检查中,注意突出重点,提高监管效能,基本形成了覆盖全面、专业配套、科学公正的工程质量监督体系,除农民自建低层住宅和临时性建筑外,绝大部分限额以上建设工程都纳入了工程质量监督范围。除对一些重点工程、重点单位进行严格监督外,近些年持续组织开展了以保障性安居工程为重点的全国建设工程质量监督执法检查,督促地方主管部门和有关企业充分认识保障性安居工程质量的重要性,努力加强保障性安居工程建设管理,严格执行工程质量管理法律法规,全面落实保障性安居工程质量责任。2011年、2012年连续两年开展了保障性安居工程质量监督执法检查,检查面覆盖全国30个省、自治区、直辖市(西藏自治区除外)。2011年检查保障性安居工程214项,总面积约322.7万平方米;2012年检查180项,总面积约249.3万平方米。检查过程中对每项受检工程均提出书面反馈意见,2011年、2012年分别对30个、33个存在违反工程建设法律法规和强制性标准的项目下发了《建设工程质量监督执法建议书》。

工程质量监督执法方式更加合理、手段更加先进,信息化技术和手段也不断被运用到企业质量控制和政府质量监管工作中,加强了企业和从业人员质量行为的动态管理以及质量安全和市场行为的联动监管,对质量违法违规行为予以实时曝光,监管工作更加科学高效。工程参建各方主体认真贯彻"质量兴国、质量兴业"的方针,较好地执行了国家法律法规和工程建设强制性标准,建立健全内部质量控制体系,规范自身质量行为,夯实工程质量提升的基础。

设计质量监管不断强化。各地区严格实施施工图设计文件审查制度,截至2011年年底,全国共有316个地级以上城市设有各类施工图审查机构共计871家,审查人员达23343人,2011年审查项目总数411938个,查出违反工程建设强制性标准条文数307364条,有效保证了勘察设计质量,并在建筑节能、抗震等工作中发挥了不可替代的重要作用。加强了以施工图审查为核心的勘察设计质量监管信息平台建设,基本做到全面、实时掌握工程勘察设计质量和有关主体不良记录情况,对于规范相关主体质量市场行为、提升勘察设计总体技术水平、加强政府质量监管针对性等工作起到了积极的推动作用。同时,加强了勘察设计质量保证的基础性工作,如开展城镇住宅合理使用年限有关设计问题、工程设计技术转移制度、绿色施工技术、技术政策监督执行问题、BIM技术、计算机审图、建筑工业化对现有建设管理的影响等研究,制定了勘察设计文件编制深度、勘察设计文件编制指南、勘察设计技术措施、勘察设计企业质量管理规范、建筑节能工程施工技术要点、施工图设计文件审查要点、公共租赁住房优秀设计方案汇编等相关基础性资料,有效规范了企业质量行为。

安全生产方面,全国各级住房城乡建设部门坚持每年组织开展以深基坑、高支模、脚手架、起重机械等危险性较大的分部分项工程或环节为重点的建筑施工安全专项整治活动,并对建筑施工生产安全事故频发的地区进行约谈和专项督查,仅2010年"打非"专项行动中,全国各地共开展执法行动21166项,检查在建工程项目43441个,查处非法违法建筑施工行为4101起。从2003年开始,住房和城乡建设部每两年进行一次全国城市轨道交通工程质量安全检查,2011年与国家发展改革委、交通运输部联合开展了城市轨道交通安全检查,进一步形成了监管合力。建立了全国性事故通报制度,每月定期通报各地区生产安全事故和较大及以上生产安全事故的情况,加大新闻舆论和社会公众对安全生产的监督力度,提高建筑企业和从业人员的事故防范意识。

经过不断努力,全国建筑企业的安全主体责任制得到健全和落实。建筑企业基本建立了安全生产管理机构,配置了专职安全生产管理人员,逐步做到了安全生产资料文件齐全清晰,人员执业行为较为规范。通过定期讲评通报、形势分析,建筑企业定期研究安全生产存在的主要问题,有针对性地采取措施,并与政府安全监督形成了良性互动,高度重视政府的安全生产监管意见,对存在的隐患能够迅速进行整改,定期深入开展安全检查,发现实质性的问题,按照定时间、定整改措施、定整改责任人、定验收人的"四定"原则,监督项目及时组织整改、消除隐患。建筑企业认真做好从业人员特别是农民工的安全培训教育,认真贯彻落实《建筑施工现场环境与卫生标准》,努力改善施工现场的作业条件和生活环境,切实提高农民工的安全生产意识和基本操作技能。

(三)鼓励支持工程质量技术进步

各级住房城乡建设主管部门以提高建筑业、勘察设计行业自主创新能力为目标,以贯彻落实技术政策为核心,采取多种措施,鼓励支持技术进步。发挥技术政策引导、典型示范带动作用,鼓励企业增强自主创新能力。通过评优评奖、新技术示范发挥好大型企业在自主创新工作中的引领作用,通过推广应用、培训交流维护好中小企业在行业基础技术能力上的基石作用。十年来,共审定国家级工法1577项和全国建筑业新技术应用示范工程250项,这些工法和新技术来源于工程实践,又推广应用到工程实践,促进了行业整体技术水平的提高。

编制执行建筑技术政策,将建筑技术政策贯穿到资质、招投标、标准规范、标准设计、评优评奖、专有技术研发与应用、信用评价等多方面。颁发了《2011—2015年建筑业信息化发展纲要》,集中反映近年来我国建筑业的技术进步,推动以新技术改造传统行业,全面振兴我国建筑业。探索技术政策监督执行和评估制度，以及相关激励措施，以改善技术政策的落实环境，研究培育工程技术转移制度营造市场环境，进一步推动工程技术进步。强调企业在科技创新中的作用，重视面向市场的应用型研发，紧密围绕建筑工程施工中的难点，在建筑节能与绿色建筑、计算机辅助设计与信息化管理软件、高性能混凝土与商品混凝土、高层钢结构与混合结构、钢筋机械连接、高强钢筋应用与预应力技术、大跨度空间钢结构与索膜结构、复合地基与深基坑、化学建材等领域取得了突出成就。

推动完善工程建设标准，巩固技术支撑。十年来，全国各级住房城乡建设部门吸收借鉴国内外工程实践经验和技术成果，编制、修订了一大批相关标准规范和工程建设标准设计，形成了比较完备的技术支撑。发布实施了《施工企业安全生产评价标准》、《建筑拆除工程安全技术规范》、《建筑施工现场环境与卫生标准》、《施工现场临时用电安全技术规范》、《建筑施工模板安全技术规范》、《建筑施工碗扣式钢管脚手架安全技术规范》等一系列行业标准。编制推广工程建设标准设计，十年来全国共编制、修订国家建筑标准设计 679 项，在贯彻落实国家建设方针及政策、提高设计效率、保证工程质量、推动资源节约和四新技术应用方面发挥了积极作用。出台了《绿色施工导则》、《建筑工程绿色施工评价标准》等文件，积极推动绿色施工技术，最大限度地节约资源，减少对环境负面影响，实现建筑施工活动的节能、节地、节水、节材和环境保护。

积极加强国际国内交流，探索产学研结合机制。积极引导工程参建单位与业内科研院所、高等院校紧密合作，合作解决工程建设中重大技术难题。例如，在城市轨道交通工程中，有关单位根据大量工程实践积累和专题研究，掌握了多种制式轨道交通的设计与施工技术，突破了地质条件复杂地区地下施工等难点，同时利用国家"十一五"科技支撑计划支持，组织了城市轨道交通关键技术研究。先后承办了第十四届世界地震工程大会、2007 年国际减灾会议、第五届中日美生命线地震

工程三边研讨会、东北亚城市防灾技术发展与人才培养国际研讨会等
国际学术会议,与日本国际合作机构联合开展了抗震技术培训项目,加
强了城乡建设防灾减灾的国际交流。

(四)扎实开展抗震设防和抢险救灾工作

　　总结国内外防御各类灾害的实践经验,不断完善标准规范。颁布
了《建筑抗震设计规范》、《建筑工程抗震设防分类标准》、《构筑物抗震
设计规范》、《建筑抗震鉴定标准》、《建筑设计防火规范》、《高层民用
建筑设计防火规范》、《人民防空工程设计防火规范》、《防洪标准》、
《堤防工程设计规范》、《岩土工程勘察规范》等一系列国家标准。加强
房屋建筑和市政公用设施抗灾设防的监管力度,结构抗震安全已成为
施工图设计文件审查的重要内容。对超限高层建筑工程抗震设防实行
了专项审查制度,并增加了关于超限大跨空间结构审查的有关内容,对
奥运工程、世博工程等进行专项审查,确保了抗震安全。推动了各地实
施市政公用设施抗震设防专项论证制度。加强了对中小学校舍安全工
程的技术支持和质量监管,出台了《中小学校舍抗震加固图集》、《全国
中小学校舍抗震鉴定与加固示例》等技术性文件。十年间,根据《城市
抗震防灾规划管理规定》,成立了全国城市抗震防灾规划审查委员会,
加强对各地城市抗震防灾规划编制工作的指导,积极推进防灾规划实
施。泉州、南通、合肥、徐州、苏州、海口、武汉、宜昌、十堰、荆州、溧阳、
泸州、喀什等大中城市相继开展城市抗震防灾规划编制或修订工作,其
中泉州、南通等城市开展了规划实施试点工作。厦门编制了综合防范
地震、台风、建筑边坡灾害的城市建设综合防灾规划,并制定了合理有
效的实施计划。目前全国共按现行标准编制完成市、县抗震防灾规划
115 项,还有 51 个市、县正在开展编制工作。

　　全国各级住房城乡建设部门积极贯彻全国农村民居防震保安工作
会议精神,通过实施抗震安居工程、加强农村工匠技术培训、提供农居
抗灾图集等形式,促进村镇房屋抗灾能力的提高。如新疆 2003 年至

2010年,新建农村抗震安居房194.9万户,累计投入262.5亿元;云南2007年至2010年,完成农村民居地震安全工程85.5万户;四川汶川地震灾区完成了360万户震损农房的修复加固和145.91万户农房重建任务。各级住房城乡建设部门建立了以《建设系统破坏性地震应急预案》、《国家处置城市地铁事故应急预案》、《城市供水系统重大事故应急预案》、《建设工程重大质量安全事故应急预案》为核心的住房建设系统应急预案体系。及时开展了抗灾救灾工作,积极做好应对防范工作并建立了受灾及应对情况报告制度。汶川、玉树地震灾后,协助灾区制定了城镇受损房屋安全鉴定及修复加固、过渡安置房质量验收、农牧区居住房屋抗震节能设计、灾区危房拆除及建筑垃圾清理利用等方面的技术文件。舟曲泥石流灾害发生后,研究制订了受损建筑物安全性应急鉴定等方面的技术性文件。汶川、玉树地震以及舟曲泥石流灾害发生后,组织房屋建筑应急评估专家组赶赴灾区,对公共建筑和居民住宅受损情况进行应急评估,协调各地推荐有关技术单位,支持灾后房屋建筑安全鉴定工作。四川、陕西、甘肃、青海、云南、新疆、西藏、江西等地积极应对灾害,有效地开展了地震、洪水灾后应急评估和安全鉴定工作。积极支持汶川地震灾区的恢复重建,组织开展了对恢复重建工程的质量督查,组织国家建筑工程质量监督检验中心等单位在灾区成立灾后重建实验室,为灾区培训工程质量检测人员,切实提高重建工程质量,让灾区人民群众住上放心房子。

(五)积极创新监管机制,提高监管效能

工程质量监督方式更加科学合理,从"核验制"转变到"备案制",即从政府直接核验工程质量并承担质量责任,转变为工程参建各方承担直接责任、政府进行监督检查并承担监督责任,初步形成了"企业自控、业主管理、社会评价、政府监督"的质量控制机制。在住宅工程中全面实行质量分户验收制度,即要求建设单位组织施工、监理等单位,在住宅工程各检验批、分项、分部工程验收合格的基础上,依据国家有

关工程质量验收标准,在住宅工程竣工验收前,对每户住宅及相关公共部位的观感质量和使用功能等进行检查验收,并出具验收合格证明。

建筑安全监督检查方式更加合理,由过去运动式的安全生产普查转变为针对重点地区和重点环节的抽查、巡查,由对工程实体防护安全的检查转变为对企业建立安全保证体系情况的检查。建筑安全监管工作内容、程序和方法进一步明确,建立了形势分析、安全联络员、预警提示、危险源公示和跟踪整改、层级监督、事故约谈等制度。着力推动开展建筑施工安全生产标准化活动,提高施工企业和施工现场管理标准化水平。建筑安全监管信息化程度显著提高,先后开发运用了建设系统事故和自然灾害快报系统和建筑施工企业安全生产许可证信息管理系统,提高了安全监管效率。在城市轨道交通工程中,督促建设单位对工程质量安全负总责,构建工程风险管理体系,对工程本身和周边环境的安全风险进行全面辨识、提前防控、有效处置。特别是施工中普遍应用风险管理信息系统,实现了现场视频远程监控、风险监控数据的信息化分析和处理,对重大隐患及时预警,提升了风险控制水平。

(六)加强质量安全监管队伍和行业人才队伍建设

十年来,全国质量安全监督机构加强队伍建设,强化监督管理,改革监督方式,创新监督手段,逐步走上了一条科学化、规范化发展的道路,成为工程建设管理的重要组成部分和政府管理工作不可或缺的有效手段,为保障工程质量安全发挥了重要作用。

监督机构人员数量和素质不断提升。全国工程质量安全监督管理队伍稳定发展,目前共有工程质量监督机构2900多个,人员47000多人,其中中高级以上专业技术人员占监督人员总数的60%以上,大部分地区尤其是大中城市的人均监督面积已从20世纪90年代初的3万平方米增加到当前的50万平方米至100万平方米,承担了繁重的工程质量监督任务。全国共有县级以上建筑安全生产监督机构2590个,建筑安全监督人员21678人,其中81.6%的建筑安全监督人员拥有初级以上技术职称。北京、重庆、广州、成都、南京、宁波等地陆续成立了专门的城市轨道交通工程质量安全监督机构。

监督机构履责能力不断提升,执法地位加强。按照有关法律法规,严厉查处安全生产违法违规行为和重大事故责任者,对有关单位实施罚款、暂扣或吊销安全生产许可证、降低资质等级、停业整顿等行政处罚。建立健全了专家队伍,成立了全国建设工程质量专家库和城市轨道交通工程质量安全专家委员会,集中了一批熟悉行业实际、兼具理论与实践的业内骨干专家,初步构建起工程质量安全"智库",有关专家已在监督检查、政策制定和专题科研中发挥了重要作用。

全系统高度重视并不断加强对从业人员的培训工作。住房和城乡建设部组织编写了建筑施工作业人员安全操作知识读本,部领导到施工现场为农民工送书,并亲自为农民工授课。住房和城乡建设部和有关地区有计划、分步骤地开展了地铁工程专业技术和管理人员质量安全培训,其中2009年至2011年培训在建地铁工程监理人员1万多人次,引导和帮助相关单位提高人员素质,满足城市轨道交通工程建设的需要,缓解建设力量紧缺;同时,鼓励适应市场需求的风险评估、工程监测安全技术服务机构积极发展,为工程质量安全管理提供专业服务。

三、坚定信心,扎实工作,推动我国
工程质量安全水平再上新台阶

展望未来,信心满怀。我国进入到了全面建设小康社会的关键时期,进入到了深化改革开放、加快转变经济发展方式的攻坚时期。国民经济继续快速发展、城镇化进程加速推进,工程建设处于大发展、大建设的阶段,将呈现出规模大、难度高、周期短的显著特征,工程质量安全监管任务将更加繁重、形势更加严峻。目前,工程建设领域不平衡、不协调、不可持续问题依然存在,工程质量安全监管还存在一些薄弱环节,与经济社会发展和人民群众日益增长的需求相比还存在一定差距,

这是我们面临的突出问题和需要解决的主要任务。全国住房城乡建设系统将以科学发展为主题,注重维护和保障好群众切身利益,以加快转变经济发展方式为主线,以工程建设"百年大计、质量第一、安全第一"为着力点,以人为本,不断加强工程质量安全法规制度建设和监督执行力度。以落实工程质量安全责任为核心,突出强化保障性住房和城市轨道交通等重点领域的质量安全工作,坚持把技术进步和创新作为加快转变建筑业发展方式的重要支撑,保持工程质量安全形势的持续稳定好转态势。

今后一个时期,全国住房城乡建设系统将围绕以下发展目标,继续扎实做好各项工作。

(一)建设工程质量整体水平保持稳中有升

国家重点工程质量达到国际先进水平,工程质量通病治理取得显著进步,建筑工程耐用性普遍增强。住宅工程质量投诉率保持下降,广大人民群众对于包括结构、功能、节能、智能在内的住宅品质的满意度大幅度提高。

强化企业主体责任。进一步认真执行工程质量安全法规制度,严格落实建设、勘察、设计、施工、监理等工程参建各方主体和工程质量检测、施工图审查等有关机构的质量责任,落实企业法定代表人对工程质量的领导责任。强化工程质量终身责任制,工程项目在设计使用年限内,工程各参建单位的法定代表人、工程项目负责人、工程技术负责人、注册执业人员,要按各自职责对工程质量负终身责任。研究建立质量诚信评价体系,建立统一的诚信信息平台和诚信评价标准,健全诚信奖惩机制,开展质量信用评价,强化不良行为记录管理,充分发挥市场和社会对工程质量行为的约束作用。

落实工程质量监管责任。进一步完善并认真落实施工图审查、质量监督、施工许可、质量检测、竣工验收备案、质量保修、质量保险、质量评价等质量监管制度。全面推行质量安全巡查机制,逐步建立以质量安全巡查为主要手段、以行政执法为基本特征的工程质量安全监管模式。加大监督检查的力度和频次,促进工程质量安全执法检查的制度化和常态化,加大对违法违规和违反强制性标准行为的处罚力度。建立市场与现场联动的监管机制,实行市场监管和质量安全监管部门的联合执法机制。积极推行分类监管和差别化监管,突出对质量安全管理较薄弱项目的监管,突出对重点工程和老百姓关注的民生工程的监管,突出对质量安全行为不规范和社会信用较差的责任主体的监管。积极推进工程质量安全监督管理信息系统和质量评价指标体系的建设,实行科学监管。以网络为支撑,逐步建立健全全国统一的工程质量安全监督管理信息系统,全面加强对各方责任主体质量安全行为的管理。研究建立工程质量评价指标体系,科学评价工程质量现状及存在问题,增强监管工作的针对性,不断提高监管效能。规范和加强对工程质量监管机构和人员的问责制。严格工程质量安全监督机构和人员的考核,加强工程质量安全监管人员的教育培训,提高工程质量安全监督执法能力和水平。

(二)安全生产形势继续稳定好转

有效遏制房屋建筑和市政工程生产安全较大事故,坚决遏制重大及以上生产安全事故。房屋建筑和市政工程生产安全事故总量继续下降。

严格落实建筑施工企业和项目领导带班、隐患排查治理和挂牌督查等安全管理制度,强化企业主体责任。完善建筑施工企业主要负责人、项目负责人和专职安全生产管理人员管理等相关规定。施工企业健全完善各项规章制度并严格执行,建设单位依法履行安全责任,不得压缩合理工期,及时支付安全生产费用。工程监理单位全面掌握建筑安全生产方面的法规、政策和技术标准,严格实施施工安全监理。

认真履行政府部门安全生产的监管责任,并加强层级的监督检查。继续开展全国工程质量安全执法检查,尤其要突出住宅和城市轨道交通工程,注重层级督查和专项检查。强化施工现场安全教育,使一线操作人员的安全责任意识和技术业务素质不断提高,最大限度地杜绝和减少安全隐患。城市轨道交通工程质量安全监管实行对有建设经验和建设首条线路的地区分类指导,严格落实相关制度,集中力量协调解决城市轨道交通工程等重大政府投资工程建设中工期造价不合理、技术力量紧缺、部分地区建设经验不足等突出矛盾,保障城市轨道交通工程的平稳快速发展。

(三)质量安全法规制度体系进一步完善

工程技术强制性标准有所提高,达到国家及各地绿色建筑评估标准的工程比例逐年增加,新建工程符合国家建筑节能标准。加强基础性研究,进一步理清工程质量安全工作机理。

推进《建设工程质量管理条例》、《城市轨道交通工程质量安全管理条例》等法规的修订、制订工作,逐步完善配套部门规章。进一步完善技术标准管理,加快技术创新成果向技术标准转化,适当提高涉及建设工程安全性、耐久性以及抗震设防、节能环保的工程建设标准,不断完善工程质量、安全生产技术标准和规范体系。充分利用大专院校、科研机构等科研资源加强工程质量、建筑安全生产基础理论和规律性研究,推动重大工程领域及住宅工程关键技术、共性技术的基础研究。重点对工程质量事故、建筑施工伤亡事故的发生及其机理,安全隐患排查治理、工程建设风险控制等开展专项课题研究。

(四)建立建筑业技术创新体系

在主要工程技术领域达到国际先进水平,部分关键核心技术达到国际领先水平,工程科技含量不断提高,企业科技研发投入和技术创新能力大幅度增强,形成有利于企业技术创新的政策环境。充实和完善工程质量安全专家库,更有效地发挥"智库"作用。

加大技术政策的制定和执行力度。建立工程技术成果评价奖励制度、技术政策执行评估制度等技术管理制度。逐步试行技术政策执行监督检查,开展技术政策跟踪评估工作,及时总结实施效果和分析存在问题,确保技术政策得到有效执行。建立健全建筑业技术政策体系,逐步实施重大工程和住宅技术创新工程,建立工程关键技术目录,及时总结、推广先进技术成果,继续加大"建筑业 10 项新技术"等先进适用技术的推广力度。充分发挥工程技术专家库在技术创新研究、技术成果审定、质量安全事故调查鉴定中的重要作用。加快推进鼓励建筑业企业技术创新的相关政策和激励机制的实施,建立以企业为主体、市场为导向、产学研相结合的建筑业技术创新体系。

引导技术进步成果应用,落实技术进步成果的经济社会效益。通过技术政策有效实施,鼓励企业加大技术研发投入,加快技术改造,形成专利、专有技术、工法的技术储备,在工程建设中积极应用先进技术,提高工程科技含量和质量。完善技术成果评价奖励制度,通过技术成果评优、审定,鼓励优秀技术成果和人才涌现,推动行业技术进步。组织重点领域专项技术研究,如建筑耐久技术、节能环保技术、既有建筑的改造技术、建筑智能化技术、地下工程技术等方面,开展绿色施工示范工程等节能减排技术集成项目试点,以适应国家节能减排战略和产业优化升级的要求。鼓励发展应用先进、经济、节能、高效的环保型安全技术、材料、工艺和装备(产品)。加强安全监控技术的研发和应用。积极推动建筑工业化,在更大范围内研究和推动结构件、部品、部件、门窗的标准化,在扩大统一标准范围的基础上丰富标准件的种类、通用性、可置换性,以标准化推动建筑工业化。鼓励建设工程的制造、装配技术发展,鼓励有能力的企业在一些适用工程上采用制造、装配方式,进一步提高施工机械化水平。鼓励和推动新建保障性住房和商品住宅菜单式全装修交房。提高建筑构配件的工业化制造水平,促进结构构件集成化、模块化生产。

（五）继续贯彻"预防为主，防、抗、避、救相结合"的方针

全面提高城乡建设防灾减灾能力，最大限度地避免和减轻灾害中因房屋建筑、市政公用设施破坏造成的人员伤亡和经济损失。

完善城乡防灾规划监管制度。建立城乡建设防灾减灾重点防控机制和绩效评估制度，及时公布防御相关自然灾害的重点地区和薄弱环节。将防灾规划作为城市、镇总体规划的专项规划，与总体规划同时编制实施。基本完成地震高烈度地区和地震重点监视防御区城市抗震防灾规划编制或修编工作；针对城镇灾害类型，组织编制应对台风、雨雪冰冻、暴雨等自然灾害和工业灾害的城镇综合防灾规划；加快城市绿地系统防灾避险规划编制；研究利用先进信息技术，提高防灾规划的编制和管理水平。积极推进防灾避难场所建设。建立城镇人均防灾避难场所有效疏散面积评价体系，确保各类防灾避难场所的规划布局、服务范围、用地规模和道路、给水、排水、电力等配套基础设施满足城镇应急避难需要。

提高应急抢险和恢复重建水平。建立健全住房城乡建设系统灾害信息收集、上报渠道。加强部际协调与联系，建立数字化信息系统和信息报送制度。做好应急抢险物资的调配工作。加强对灾后恢复重建的指导，加强对农村房屋灾后重建的技术指导，积极推广应用农房抗灾实用技术。进一步贯彻超限高层建筑工程抗震设防管理制度和技术政策，全面推动市政公用设施抗震设防论证。

党的十六大以来，全国住房城乡建设系统全面贯彻科学发展观，把科学发展、安全发展理念融入工程建设全过程，以质量安全促行业发展，以行业发展服务大局，使工程质量安全和技术水平适应了经济社会发展的需要，为经济社会又好又快发展提供了有力保障。今后一个时期，全国住房城乡建设系统将继续深入贯彻科学发展观，进一步提高认识，落实行动，促使工程质量安全工作更好地融入大局、服务大局，为经济社会又好又快发展做出新的更大贡献。

大力推进建筑节能，促进"两型"社会建设

一、背　景

（一）资源短缺和生态环境恶化是制约可持续发展的瓶颈

我国已进入工业化、城镇化快速发展时期，人口、资源、环境的压力日益凸显。由于土地利用效率低、水资源再生利用效率差、生态环境保障能力不足、可再生能源建筑应用程度不高，过去30年全国城镇化水平每提高1%需新增城市用水17亿立方米，新增城市建设用地1004平方公里，新增能耗6000万吨标准煤，生态环境质量综合指数下降0.0073。全国大中城市不同程度地存在着资源短缺、生态破坏和环境污染交织，各种新旧污染与二次污染相互复合，生态环境问题与城市可持续发展问题相互影响等现象，引发了生态系统的功能丧失或退化和城市健康的危机。解决城市可持续发展与资源环境矛盾已经是一个急迫的问题。

（二）推行建筑节能是践行科学发展观的重要举措

1. 党中央、国务院领导对建筑节能工作高度重视

建筑节能工作始终在党中央、国务院领导的高度重视下积极推进。党中央、国务院领导多次对建筑节能工作做出批示。胡锦涛总书记在2005年提出了"要大力发展节能省地型住宅，全面推广节能技术，制定并强制执行节能、节材、节水标准，按照减量化、再利用、资源化的原则，

搞好资源综合利用,实现经济社会的可持续发展。建筑节能要分类指导,创新机制,加大力度,加快推进"。温家宝总理在十届全国人大三次会议上作《政府工作报告》时强调:"大力抓好能源、资源节约,加快发展循环经济;要充分认识节约能源、资源的重要性和紧迫性,增强危机感和责任感"。曾培炎同志也多次指出,建筑节能不仅是经济问题,而且是重要的战略问题。

党中央、国务院领导对建筑节能的转型工作十分关注,提出了发展绿色生态城市的要求,2007 年温家宝总理与新加坡总理签署了天津中新生态城建设的框架协议,目前正在积极实施的过程之中。习近平副主席 2010 年提出要加快推动无锡中瑞生态城建设,该项目已进入实施启动阶段。2011 年,温家宝总理再次就绿色建筑的发展做出重要批示,要求抓住城镇化、工业化、新农村建设快速发展的关键时期,全面推进绿色建筑的发展,千万不要丧失机遇。

2. 建筑节能工作的重要性和紧迫性

推动建筑节能是实现建设事业健康、协调、可持续发展的重大战略任务。

我国城镇化的快速发展对建筑节能工作形成了新的机遇和挑战。2003 年以来,我国的城镇化进入高速发展期,2002 年我国的城镇化率为 39.1%,到 2007 年城镇化率已提高到了 44.94%,当前我国城镇化率已达 47.5%。这一时期也恰恰是建筑节能工作快速推进的时期,城镇化的快速发展为建筑节能工作提供了基础、平台和重要机遇,建筑节能的快速推进提高了城镇化的质量和效益,也助力了城镇建设模式的转型。

二、党的十六大召开后建筑节能工作的主要成绩
(2002.11—2007.11 期间)

我国的建筑节能工作以 1986 年颁布《民用建筑节能设计标准(采

暖居住建筑部分)》(JGJ26—86)为标志开始启动。经过二十多年的努力,建筑节能工作逐步推进,取得了阶段性成绩,特别是党的十六大之后,建筑节能工作得到了前所未有的发展机遇,通过体制机制创新,拓展了工作领域,开创了新的工作局面,主要表现在以下几个方面。

(一)法律法规框架体系逐步形成

《中华人民共和国可再生能源法》和《中华人民共和国节约能源法》两部法律为建筑节能领域的法制化规范化建设提供了法律依据。

为加快建筑节能法制化建设,住房和城乡建设部在《民用建筑节能管理规定》的基础上积极组织开展《民用建筑节能条例》的研究制定工作,《民用建筑节能条例》于 2008 年 7 月 23 日由国务院第 18 次常务会议通过,于 2008 年 10 月 1 日开始实施。

(二)技术标准体系逐步形成

建筑节能的技术标准体系实现了"三个全覆盖":一是建筑类型的全覆盖,从《民用建筑节能设计标准(采暖居住建筑部分)》(JGJ26—86)到《公共建筑节能设计标准》(GB50189—2005)的颁布实施,建筑节能标准体系涵盖了居住建筑和公共建筑两大类型;二是不同气候区域的覆盖,形成了包括严寒和寒冷地区、夏热冬冷地区、夏热冬暖地区的建筑节能设计标准;三是建设过程的覆盖,形成了包括建筑节能工程从设计、施工、标识、运行管理的全过程的标准。

(三)经济激励政策体系逐步形成

我部与财政部积极沟通,先后制订了多项推动建筑节能发展的经济激励政策:一是可再生能源建筑应用的经济激励政策。研究制定了《可再生能源建筑应用专项资金管理暂行办法》(财建[2006]460 号),设立了"可再生能源建筑应用专项资金",支持与建筑一体化的太阳能热利用、光伏发电技术示范,利用土壤源热泵和浅层地下水源热泵技术供热制冷,地表水丰富地区利用淡水源热泵技术供热制冷,沿海地区利用海水源热泵技术供热制冷,利用污水源热泵技术供热制冷等。先期组织实施了200多个项目,推动了各地可再生能源在建筑中的规模化应用。二是北方采暖地区既有居住建筑供热计量及节能改造经济激励政策。研究制定了《北方采暖地区既有居住建筑供热计量及节能改造奖励资金管理暂行办法》(财建[2007]957号),设立了"北方采暖地区既有居住建筑供热计量及节能改造奖励资金",专项用于奖励北方采暖地区既有居住建筑围护结构节能改造、室内供热系统计量及温度调控改造、热源及供热管网热平衡改造等。三是国家机关办公建筑和大型公共建筑节能改造及监管平台的经济激励政策,研究制定了《国家机关办公建筑和大型公共建筑节能专项资金管理暂行办法》(财建[2007]558号),设立了"国家机关办公建筑和大型公共建筑节能专项资金"。

(四)建筑节能重点逐步形成

随着建筑节能工作的推进,以推动新建建筑节能为起点,重点工作领域逐步形成:一是新建建筑节能。形成了新建建筑节能50%的设计标准体系,北京、天津、重庆、河北、山东、河南、辽宁等省市率先执行了节能65%的设计标准,低能耗、超低能耗及绿色建筑示范工程开始启动。二是北方采暖地区既有居住建筑供热计量及节能改造。住房和城乡建设部将国务院确定的"十一五"期间"启动北方采暖区既有居住建筑供热计量及节能改造1.5亿平方米"的任务及时分解到北方采暖地区15个省市。三是国家机关办公建筑和大型公共建筑节能监管及改造。住房和城乡建设部与财政部确定了第一批24个示范省市,各示范省市制订了实施方案,开展了对本地区国家机关办公建筑和大型公共建筑基本情况和能耗状况的调查摸底,部分省市开展了对部分国家机关办公建筑和大型公共建筑的能源审计工作,北京、天津、上海、深圳对部分重点建筑安装了分项计量装置,开始建立能耗动态监测系统。四是可再生能源在建筑中的规模化应用。为落实国务院提出的"启动200个可再生能源在建筑中规模化应用示范推广项目",住房和城乡建设部与财政部共同研究制定了鼓励可再生能源在建筑中规模化应用的专项资金,共支持了212个示范项目。根据各地上报的数据汇总,2007年年底,各地太阳能光热应用面积达7亿平方米,浅层地能应用面积近8000万平方米。五是绿色建筑。按照国务院提出的"组织实施低能耗、绿色建筑示范项目30个"的要求,各地把推广绿色建筑作为促进建筑节能模式转变的重要抓手,积极响应建设部组织的"低能耗建筑和绿色建筑双百工程",不断加大绿色建筑的推广力度。

(五)建筑节能科研体系逐步形成

为推动建筑节能相关技术产品的研发,住房和城乡建设部组织实施与建筑节能有关的国家科技支撑计划项目。在"十五"期间先后组织实施了"城市规划建设、管理与服务的数字化工程"、"居住区与小城镇建设关键技术研究"项目。"十一五"期间组织实施了"村镇小康住宅关键技术研究与示范"、"建筑节能关键技术研究与示范"、"新型乡村经济建筑材料研究与开发"、"农村新能源开发与节能关键技术"、"既有建筑综合改造关键技术研究与示范"、"环境友好型建筑材料与产品研究开发"、"现代建筑设计与施工关键技术研究"、"可再生能源与建筑集成技术研究与示范"、"生活垃圾综合处理与资源化利用技术研究示范"、"城市污水处理厂的节能降耗技术"、"城市综合节水技术开发与示范"等多个项目。另外,住房和城乡建设部每年组织建筑节能的软科学研究、技术开发、科技示范工程与推广等部级计划项目的立项,针对发展过程中存在的问题联合高等院校、科研院所开展研究。

(六)建筑节能考核评价体系和服务体系初步形成

随着建筑节能工作的快速推进,建筑考核评价节能服务体系初步形成:一是建筑节能考核评价。以《民用建筑节能条例》实施为契机,明确建筑节能领域各级政府的公共管理职责,促成各地人民政府把建筑节能纳入本地单位 GDP 能耗下降的总体目标,明确任务,建立目标责任制,每年定期开展建筑节能专项检查,对节能目标落实、管理制度贯彻和节能强制性标准执行情况等,进行考核评价,落实节能目标责任制和问责制。二是建筑节能能效测评。住房和城乡建设部依托东北、华北、西北、西南、华南、东南、中南地区的建筑节能研究院,设立国家级能效测评机构,研究《民用建筑能效测评标识管理暂行办法》,并开展了能效标识的专项工作。三是合同能源管理在建筑领域的应用。鼓励采用合同能源管理的新模式推进国家机关办公建筑和大型公共建筑节能改造、可再生能源在建筑中应用,并对改造项目给予贷款贴息的优惠。

(七)建筑节能技术产品推广限制淘汰制度建立

按照《民用建筑节能条例》确立的"建筑节能的推广、限制、禁用制度",住房和城乡建设部加强建筑节能技术和产品应用的引导,编制了技术产品推广和限制目录。编制了《建设部节能省地型建筑推广应用技术目录》(建科[2006]38 号),推荐了建筑节能、节地、节水、节材、环境保障和信息化等 152 项技术。《建设事业"十一五"重点推广技术领域》(建科[2006]315 号),对建筑节能、节地、节水、节材和环境友好城市建设技术作了相关的规定。《建设事业"十一五"供热节能与计量推广应用技术公告》(建科综函[2007]71 号)推荐了供热计量、水力平衡、变流量调节、循环水处理技术。《建设部"十一五"可再生能源建筑应用技术目录》(建科[2007]216 号)对各类可再生能源技术适用的工程类型、气候区域、地质类型作了相应规定。

(八)国际合作交流广泛开展

为促进和加强国内外建筑节能与绿色建筑设计理念、成功范例、专业技术、标准、政策等方面的合作与交流,自 2005 年起,住房和城乡建设部每年举办"国际智能与绿色建筑技术研讨会暨新技术与产品博览会",交流展示国内外智能与绿色建筑技术的最新理论和实践成果,促进我国建筑节能与绿色建筑技术研究开发、推广应用水平的提高。

　　同时,住房和城乡建设部还积极与世界银行、亚洲开发银行、世界自然基金会、美国能源基金会以及欧盟、荷兰、美国、英国、日本等国家或地区广泛开展合作,通过交流互访、科研立项、示范工程,吸收借鉴国外先进经验,推动我国建筑节能与绿色建筑的发展。

三、深入践行科学发展观,建筑节能工作 取得新成就(2007.12—2012.6)

　　党的十七大以来,建筑节能迎来了快速发展时期,住房城乡建设系统坚持科学发展观,紧紧抓住城乡建设快速发展的重要战略机遇,顺应国内外发展变化趋势,发扬求真务实、开拓进取精神,坚持理论和实践创新,着力推动建筑节能和绿色建筑工作科学发展。

　　这一时期,建筑节能和绿色建筑工作最鲜明的特点就是快速、全面发展,从城镇建筑节能到探索农村建筑节能,从新建建筑节能监管,拓展到北方采暖地区既有居住建筑节能改造,从注重设计和施工阶段的节能监管,延伸到了政府办公建筑和大型公共建筑运行节能监管,从节约化石能源到不断丰富可再生能源建筑应用形式,大力引导绿色建筑的发展,使建筑节能工作上了一个新台阶。

(一)建筑节能工作超额完成了国务院提出的目标

　　2007年,国务院发布《关于印发节能减排综合性工作方案的通知》(国发[2007]15号),提出了不同领域节能减排工作的目标和任务。其中,对建筑节能中的新建建筑节能,低能耗、绿色建筑示范,北方采暖地区既有居住建筑供热计量及节能改造,大型公共建筑节能运行管理与改造,可再生能源在建筑中规模化应用示范推广和农村节能提出了具体要求。经过住房城乡建设系统的不懈努力,到 2010 年年底,新建建筑施工阶段执行节能强制性标准的比例达到95.4%;组织实施低能耗、绿色建筑示范项目 217 个,启动了绿色生态城区建设示范;完成了北方采暖地区既有居住建筑供热计量及节能改造 1.82 亿平方米;推动了政府办公建筑和大型公共建筑节能改造和监管体系建设;组织了386 个可再生能源建筑推广应用示范项目,210 个太阳能光电建筑应用示范项目,47 个可再生能源建筑应用示范城市和 98 个示范县的建设,并探索农村建筑节能工作。新型墙体材料产量占墙体材料总产量的55%以上,应用量占墙体材料总用量的70%。建筑节能实现了"十一五"期间节约 1 亿吨标准煤的目标任务①。

建筑节能"十一五"期间主要指标完成情况②③

指标	国务院提出的目标	完成情况
新建建筑节能	施工阶段执行节能强制性标准的比例达到95%以上	施工阶段执行节能强制性标准的比例为 95.4%
低能耗、绿色建筑示范项目	30 个	实施了 217 个绿色建筑示范工程,113 个项目获得了绿色建筑评价标识
北方采暖地区既有居住建筑供热计量及节能改造	1.5 亿平方米	1.82 亿平方米
大型公共建筑节能运行管理与改造	实施政府办公建筑和大型公共建筑节能监管体系建设	完成能耗统计 33000 栋,能源审计 4850 栋,公示了近 6000 栋建筑的能耗状况,对 1500 余栋建筑的能耗进行动态监测。在北京、天津、深圳、江苏、重庆、内蒙古、上海、浙江、贵州等 9 省(区)市开展能耗动态监测平台建设试点工作。启动了 72 所节约型校园建设试点

---

①　《关于 2010 年全国住房城乡建设领域节能减排专项监督检查建筑节能检查情况通报》(建办科[2011]25 号)。

②　国务院《关于印发节能减排综合性工作方案的通知》(国发[2007]15 号)。

③　建设部《关于贯彻〈国务院关于加强节能工作的决定〉的实施意见》(建科[2006]231 号)。

续表

指标	国务院提出的目标	完成情况
可再生能源在建筑中规模化应用示范推广项目	200 个	386 个可再生能源建筑应用示范推广项目、210 个太阳能光电建筑应用示范项目、47 个可再生能源建筑应用示范城市、98 个示范县
农村节能	—	新建抗震节能住宅 13851 户,既有住宅节能改造 342401 户,建成 600 余座农村太阳能集中浴室
墙体材料革新	产业化示范	新型墙体材料产量超过 4000 亿块标砖,占墙体材料总产量的 55% 以上,新型墙体材料应用量 3500 亿块标砖,占墙体材料总应用量的 70% 左右

(二)重点工作不断取得新成就

1. 新建建筑监管不断加强

到 2010 年年底,全国城镇新建建筑设计阶段执行节能强制性标准的比例为 99.5%,施工阶段执行节能强制性标准的比例为 95.4%,分别比 2005 年提高了 42 个百分点和 71 个百分点,完成了国务院提出的"新建建筑施工阶段执行节能强制性标准的比例达到 95% 以上"的工作目标。"十一五"期间累计建成节能建筑 48.57 亿平方米,共形成 4600 万吨标准煤的节能能力①。全国城镇节能建筑占既有建筑面积的比例为 23.1%。

2011 年全国城镇新建建筑执行节能标准比例再次提高,其中设计阶段执行节能 50% 强制性标准基本达到 100%,施工阶段的执行比例为 95.5%,与 2010 年相比,新增节能建筑面积 13.9 亿平方米,新增 1300 万吨标准煤的节能能力。全国城镇节能建筑占既有建筑面积的比例为 24.6%,北京、天津、河北、吉林、上海、宁夏、新疆等省、区、市的比例已超过 40%。

---

① 《关于 2010 年全国住房城乡建设领域节能减排专项监督检查建筑节能检查情况通报》(建办科[2011]25 号)。

"十一五"期间新建建筑节能强制性标准执行情况①

年度	累计建成节能建筑面积(亿平方米)	设计阶段执行节能强制性标准比例(%)	施工阶段执行节能强制性标准比例(%)
2006	10.6	95.7	53.8
2007	21.2	97	71
2008	28.5	98	82
2009	40.8	99	90
2010	48.6	99.5	95.4
2011	62.5	100	95.5

2. 既有居住建筑供热计量及节能改造向纵深发展

"十一五"期末,北方采暖地区15个省(区)市共完成改造面积1.82亿平方米,超额完成了国务院确定的1.5亿平方米改造任务。据测算,可形成年节约200万吨标准煤的能力,减排二氧化碳520万吨,减排二氧化硫40万吨。改造后同步实行按用热量计量收费,平均节省采暖费用10%以上,室内热舒适度明显提高,并有效解决了老旧房屋渗水、噪声等问题②。部分地区将节能改造与保障性住房建设、旧城区综合整治等民生工程统筹进行,综合效益显著。

2011年北方采暖地区既有居住建筑节能改造又取得了新的突破,北方15省、区、市及新疆生产建设兵团共计完成既有居住建筑供热计量及节能改造面积1.32亿平方米,已开工未完成的改造面积0.24亿平方米。北京、天津、内蒙古、吉林、山东等5个与财政部、住房和城乡建设部签约的重点省、区、市共计完成改造面积7400万平方米,其中,内蒙古、吉林、山东超额完成年度改造任务。目前,累计实施供热计量改造面积占城镇集中供热居住建筑面积比例超过10%的省市有河北、

---

① 2006—2011年住房和城乡建设部住房城乡建设领域节能减排检查报告。

② 《关于2010年全国住房和城乡建设领域节能减排专项监督检查建筑节能检查情况通报》(建办科[2011]25号)。

吉林、青海、天津、黑龙江。

"十一五"期间北方采暖地区既有居住建筑供热计量及节能改造面积统计表

地区	完成面积（万平方米）	地区	完成面积（万平方米）
北京	2031	山东	1820
天津	1381	青岛	304
河北	3341	河南	380
山西	467	陕西	208
内蒙古	1327	甘肃	353
辽宁	1445	青海	53
大连	500	宁夏	200
吉林	1300	新疆	1249
黑龙江	1681	新疆生产建设兵团	133
合计	18173 万平方米		

3. 国家机关办公建筑和大型公共建筑节能监管体系建设规模逐步扩大

国家机关办公建筑和大型公共建筑能耗统计、能源审计、能效公示工作全面开展,截至 2011 年年底,全国共完成国家机关办公建筑和大型公共建筑能耗统计 34000 栋,能源审计 5300 栋,能耗公示 6700 栋,对 2100 余栋建筑进行了能耗动态监测。在北京、天津、深圳、江苏、重庆、内蒙古、上海、浙江、贵州、黑龙江、山东、广西和青岛、厦门等 14 省(区)市开展能耗动态监测平台建设试点工作。确定天津、重庆、深圳 3 个城市为公共建筑节能改造重点城市。启动了 114 所节约型校园建设试点,确定了浙江大学等 4 所高校作为节能改造示范单位。通过节能监管体系建设,全面掌握了公共建筑的能耗水平及特点,调动了节能运行与改造的积极性,有力地促进了节能潜力向现实节能的转化。

"十一五"期间国家机关办公建筑和大型公共建筑节能监管体系建设情况①

年份	累计能耗统计(栋)	累计能源审计		累计能耗公示(栋)	累计能耗动态监测(栋)	新增节约型高校示范(所)	新增能耗动态监测平台试点地区
		公建(栋)	高校(所)				
2008	11607	768	59	827	324	12	北京、天津、深圳
2009	17752	2175		2441	434	18	江苏、内蒙古、重庆
2010	33133	4848		5949	1563	42	上海、浙江、贵州
2011	34000	5300		6700	2100	42	黑龙江、山东、广西、青岛、厦门

4. 可再生能源建筑应用深入开展

2007年以来,住房和城乡建设部会同财政部确定从项目示范,到城市示范,再到全面推广的"三步走"战略,坚持示范带动,政策保障,技术引导,产业配套的工作思路,推进可再生能源在建筑领域的应用,规模化效应逐步显现,法规政策、技术标准、应用模式、产业产品、能力建设等建设成效显著。截至2010年年底,全国太阳能光热应用面积14.8亿平方米,浅层地能应用面积5.725亿平方米,光电建筑应用已建成及正在建设的装机容量达1271.5兆瓦,形成年替代常规能源2000万吨标准煤能力②,超额完成"十一五"实现替代常规能源1100万吨标准煤目标③。江苏、安徽、山东、浙江、宁夏、海南、湖北、深圳等省(区)市全面强制推广太阳能热水系统。江苏、山东、陕西、湖北、河南、宁夏、内蒙古、浙江等省(区)设立专项资金或通过减免税费支持可再生能源建筑应用。可再生能源在建筑中的规模化应用推动了能效检测能力的提升,住房和城乡建设部批准国家级民用建筑能效测评机构7家,省级民用建筑能效测评机构60多家。

---

①　资料来源:2006—2010年住房和城乡建设部住房城乡建设领域节能减排检查报告。

②　2010年住房和城乡建设部住房城乡建设领域节能减排检查报告。

③　建设部《关于贯彻〈国务院关于加强节能工作的决定〉的实施意见》(建科[2006]231号)。

2011 年可再生能源建筑应用规模进一步扩大,全国城镇太阳能光热应用面积达到 21.5 亿平方米,浅层地能应用面积达到 2.4 亿平方米,光电建筑已建成装机容量达 535.6 兆瓦。

"十一五"期间可再生能源建筑应用面积(装机容量)

年份	太阳能光热建筑累计应用面积(亿平方米)	浅层地能热泵技术累计应用建筑面积(亿平方米)	太阳能光电建筑累计应用装机容量(兆瓦)
2006	2.3	0.265	—
2007	7	0.8	—
2008	10.3	1	—
2009	11.79	1.39	420.9
2010	14.8	2.27	850.6
常规能源替代量	2000 万吨标准煤		

5. 绿色建筑与绿色生态城区先行先试

截至 2011 年年底,全国共有 353 个项目获得了绿色建筑评价标识,建筑面积 3488 万平方米,其中 2011 年当年有 241 个项目获得绿色建筑评价标识,建筑面积达到 2500 万平方米。通过对获得绿色建筑标识项目的统计分析,住宅小区平均绿地率达 38%,平均节能率约 58%,非传统水资源平均利用率约 15.2%,可再循环材料平均利用率约 7.7%,综合效益显著。与此同时,北京市未来科技城及丽泽金融商务区、天津市滨海新区、深圳市光明新区、河北省唐山市曹妃甸新区、江苏省苏州市工业园区、湖南长株潭和湖北武汉资源节约环境友好配套改革试验区等积极进行绿色生态城区建设实践,对引导我国城市建设向绿色生态可持续发展方向转变,具有重要意义。

绿色建筑"四节一环保"潜力分析①

统计分析项目数量(个)		79 个,其中 42 个公建,37 个住宅
星级		一星 17 个,二星 38 个,三星 24 个
面积(万平方米)		697.6
开发利用地下空间(万平方米)		151.1
住区平均绿地率		37.6%
建筑平均节能率		58.34%
节能量②		0.45 亿千瓦时(折标准煤 1.54 万吨/年)
减排 CO_2		4.04 万吨/年
非传统水源平均利用率		15.2%
非传统水源利用量(万吨/年)		140.05
可再循环材料平均利用率		7.74%
可再循环材料平均利用量(万吨)		1812.62
一星级	住宅项目的增量成本(元/m²)	60
	公共建筑项目增量成本(元/m²)	30
	静态回收期	1—3 年
二星级	住宅项目的增量成本(元/m²)	120
	公共建筑项目增量成本(元/m²)	230
	静态回收期	3—8 年
三星级	住宅项目的增量成本(元/m²)	300
	公共建筑项目增量成本(元/m²)	370
	静态回收期	7—11 年

6. 积极探索推进农村建筑节能

部分省市对农村地区建筑节能工作进行了探索。"十一五"期间,北京市组织农民新建抗震节能住宅 13851 户,实施既有住宅节能改造 342301 户,建成 600 余座农村太阳能集中浴室,实现每年节能 10 万吨

---

① 本表数据依据住房和城乡建设部科技发展促进中心绿色建筑评价标识管理办公室提供内容梳理形成。

② 与节能 50% 的"参照建筑"相比较。

标准煤以上，显著改善了农民居住和生活条件。哈尔滨市结合农村泥草房改造，引导农民采用新墙材建造节能房。陕西、甘肃等省以新型墙体材料推广、秸秆应用为突破口，对农村地区节能住宅建设及新能源应用进行了有益探索。

7. 墙体材料革新实现目标

据不完全统计，2010 年全国新型墙体材料产量超过 4000 亿块标砖，占墙体材料总产量的 55% 以上，新型墙体材料应用量 3500 亿块标砖，占墙体材料总应用量的 70% 左右，完成国务院确定的墙材革新发展目标。各地根据自身气候条件及资源特点，不断推动新型墙体材料技术与产业升级转型，丰富产品形式，提高产品质量，保温结构一体化新型建筑节能体系、轻型结构建筑体系等一批建筑节能新材料、产品和技术得到推广应用。

（三）建筑节能支撑体系建设跃上了新台阶

1. 法律法规体系不断健全

2008 年 4 月，《中华人民共和国节约能源法》经修订重新颁布执行，其中专门设置一节七条，明确规定建筑节能工作的监督管理和主要内容。《节约能源法》的修订为建筑节能工作的开展提供了法律依据。2008 年 10 月，《民用建筑节能条例》颁布实施，作为指导建筑节能工作的专门法规，详细规定了建筑节能的监督管理、工作内容和责任。全面推进了建筑节能工作，同时也推动了全国建筑节能工作法制化建设。各地依据条例积极制定本地区的建筑节能行政法规，河北、陕西、山西、湖北、湖南、上海、重庆、青岛、深圳等地出台了建筑节能条例。15 个省、区、市出台了资源节约及墙体材料革新相关法规，24 个省、区、市出台了相关的政府令，形成了以《节约能源法》为上位法，《民用建筑节能条例》为主体，地方法律法规为配套的建筑节能法律法规体系。中央和地方协调互动，探索实践，逐步形成了推进建筑节能工作的"十八项"制度。

民用建筑节能条例规定的推进建筑节能的十八项制度

民用建筑节能条例	第一章　总则	民用建筑节能规划制度
		民用建筑节能标准制度
		民用建筑节能经济激励制度
		国家供热体制改革
节约能源法	第三章　第三十七条	公共建筑室内温度控制制度
		建筑节能考核制度
民用建筑节能条例	第二章　新建建筑节能	建筑节能推广、限制、禁用制度
		新建建筑市场准入制度
		建筑能效测评标识制度
		民用建筑节能信息公示制度
		可再生能源建筑应用推广制度
		建筑用能分项计量制度
	第三章　既有建筑节能	既有居住建筑节能改造制度
		国家机关办公建筑节能改造制度
		节能改造的费用分担制度
	第四章　建筑用能系统运行节能	建筑用能系统运行管理制度
		建筑能耗报告制度
		大型公共建筑运行节能管理制度

2. 标准规范体系不断完善

我国建筑节能标准规范体系不断完善,颁布了适应我国严寒和寒冷地区、夏热冬冷和夏热冬暖地区居住建筑和公共建筑节能设计标准。基本涵盖了设计、施工、验收、运行管理等各个环节,涉及新建居住建筑和公共建筑、既有居住建筑和公共建筑节能改造。同时,各地结合本地区实际,对国家标准进行了细化,部分地区执行了更高水平的新建建筑节能标准。将先进成熟的技术产品纳入工程技术标准和标准图,加快推进技术进步。上海、天津、重庆、江苏、浙江、深圳等地制定了具有前瞻性的绿色生态示范城区及绿色建筑评价标准,发挥了标准的规范和引导作用。

建筑节能领域颁布执行的国家、行业主要标准规范

标准	编号	颁布年度
严寒和寒冷地区居住建筑节能设计标准	JGJ26—2010	2010
夏热冬冷地区居住建筑节能设计标准	JGJ134—2010	2010
民用建筑太阳能光伏系统应用技术规范	JGJ203—2010	2010
太阳能供热采暖工程技术规范	GB50495—2009	2009
地源热泵系统工程技术规范	GB50366—2009	2009
供热计量技术规程	JGJ173—2009	2009
建筑节能施工质量验收规范	GB50411—2007	2007
绿色建筑评价标准	GB/T50378—2006	2006

3. 科技支撑与创新能力不断增强

"十一五"期间国家科技支撑计划将建筑节能、绿色建筑、可再生能源建筑应用等作为重点,在建筑节能与新能源开发利用、绿色建筑技术、既有建筑综合改造、地下空间综合利用等方面突破了一批关键技术,研发了一批新技术、新产品、新装置,促进了节能建筑和绿色建筑技术水平的整体提升。其中,"建筑节能关键技术研究与示范"项目围绕降低建筑能耗、提高能源系统效率、新能源开发利用等关键技术及促进建筑节能工作的政策保障等开展研究,在降低北方地区采暖能耗、长江流域室内热湿控制能耗和大型公共建筑能耗三方面取得重点突破,形成了完整的技术体系、产品系列和政策保障机制,并在示范工程中实现了预定的节能目标。研究开发的节能型围护结构复合型节能材料、长江流域住宅室内热湿环境低能耗控制技术、高温离心冷水机组等,具备较高的经济效益和社会效益。在北京、张家口、无锡等地建立了29个试验示范基地,提升了节能降耗关键技术研究能力,培育了一批生产各类建筑节能产品的企业,带动了建筑节能咨询管理、节能技术服务等产业发展。"可再生能源与建筑集成技术研究与示范"项目建设了389

万平方米的可再生能源与建筑集成示范工程,研究了太阳能光热光电利用技术、地源热泵技术和其他可再生能源复合技术应用。开展了400项太阳能光热技术、地源热泵技术、太阳能光伏技术等可再生能源建筑应用示范,示范面积达4000万平方米,总峰瓦值约9000kwp。"现代建筑设计与施工关键技术研究"项目围绕绿色建筑设计、高效施工技术及技术保障与集成方面开展相关研究,在地下空间逆作法施工集成技术、新型组合构件、多重组合混凝土剪力墙抗侧力体系研究等方面取得重要进展。在国家科技支撑计划支持建筑节能研究开发的同时,各地围绕建筑节能工作发展需要,结合地区实际,积极筹措资金,安排科研项目,为建筑节能深入发展提供科技储备。

4. 宣传培训丰富多样

组织开展《节约能源法》、《民用建筑节能条例》宣传贯彻活动,每年以节能宣传周、无车日、节能减排全民行动、绿色建筑国际研讨会等活动为载体,利用各种媒体,采取专题节目、设置专栏以及宣贯会、推介会、现场展示、发放宣传册等多种方式,广泛宣传建筑节能与绿色建筑的重要意义和政策措施,提高了全社会的共识。同时,各地住房城乡建设主管部门不断加大建筑节能与绿色建筑培训力度,组织相关单位的管理人员和技术人员,对相关法律法规、技术标准进行培训,有效提升了管理、设计、施工、科研等相关人员的理解能力和执行能力。

5. 产业支撑体系逐步建立

相继颁布了可再生能源建筑应用、村镇宜居型住宅、既有建筑节能改造等技术推广目录,引导建筑节能技术、产品和产业发展。组织实施可再生能源建筑规模化应用示范和太阳能光电建筑应用示范项目,带动了太阳能光电等可再生能源相关行业发展。通过建立建筑节能能效测评标识及绿色建筑评价标识制度,推动了建筑节能第三方能效服务机构的发展。积极落实国务院加快推行合同能源管理,促进节能服务产业发展的意见,培育建筑节能服务市场,加快推行合同能源管理,重点支持专业化节能服务公司提供节能诊断、设计、融资、改造、运行管理一条龙服务。

回顾党的十七大以来的五年,对住房城乡建设领域来说,是节能减排快速发展的五年,是节能减排支撑体系由小变大增强的五年,是节能减排取得重大进展的五年,是创造力、凝聚力、战斗力明显增强的五年。实践充分证明,党的十七大和十七大以来党中央、国务院做出的各项重大决策是完全正确的。

四、继续推进建筑节能和绿色建筑又好又快发展

下一步,我们将继续高举科学发展旗帜,紧紧抓住机遇,以促进城乡建设模式转型为主线,拓展工作范围,提高水平,从注重强调单体建筑向注重区域推进转变,从节能建筑向绿色建筑转变,从注重设计、建设阶段向注重全寿命期转变,从示范推动向全面推动转变,从政府推动向政府引导、市场推动转变,从城市为主向统筹城乡转变,在以下七个方面做细做好工作。

一是继续提高新建建筑能效水平。严格执行建筑节能标准,提高标准的执行率。到"十二五"期末,城镇新建建筑执行不低于65%的建筑节能标准,城镇新建建筑95%达到建筑节能强制性标准的要求,鼓励北方有条件的地区率先实施更高水平的节能标准。

二是扩大既有居住建筑节能改造的范围和规模。争取到2020年,基本完成北方既有居住建筑供热计量及节能改造,并逐步启动夏热冬冷地区和夏热冬暖地区既有居住建筑节能改造。

三是建立健全大型公共建筑节能监管体系。早日实现省级监管平台全覆盖,促使高耗能公共建筑按节能方式运行,实施高耗能公共建筑节能改造,力争实现公共建筑单位面积能耗下降10%,其中大型公共建筑能耗降低15%。

四是进一步丰富可再生能源建筑应用形式。实施可再生能源建筑应用区域示范,拓展应用领域,形成常规能源替代能力3000万吨标

准煤。

五是规模化推进绿色建筑。在城市规划的新区、经济技术开发区、高新技术产业开发区、生态工业示范园区、旧城更新区等实施以规模化推进绿色建筑为主的绿色生态示范城(区)。政府投资的办公建筑和学校、医院、文化等公益性公共建筑和东部地区省会以上城市、计划单列市政府投资的保障性住房率先执行绿色建筑标准,引导房地产开发类项目自愿执行绿色建筑标准。

六是在农村开展建筑节能工作。鼓励农民分散建设的居住建筑达到节能设计标准的要求,引导农房建设按绿色建筑的原则进行设计和建造,在农村地区推广应用太阳能、沼气、生物质能和农房节能技术,调整农村用能结构,改善农民生活质量。

七是形成建筑节能和绿色建筑工作的良好局面。形成以《节约能源法》和《民用建筑节能条例》为主体的,部门规章、地方性法规、地方政府规章及规范性文件为配套的建筑节能和绿色建筑法规体系,实现地方性法规省级全覆盖,建立健全长效机制,形成财政、税收、科技、产业等体系共同支持建筑节能和绿色建筑发展的良好局面。建立省、市、县三级职责明确、监管有效的体制机制,进一步健全技术标准体系,完善建筑节能统计、监测、考核制度。

第四部分 法规标准建设与科技创新

党的十六大以来,住房城乡建设系统紧紧围绕党和国家工作大局,紧密结合部门工作实际,不断完善住房城乡建设法规体系,加强行政复议工作,深入开展普法和行政执法监督,为住房城乡建设事业科学发展提供了坚实的法制保障。推进稽查执法工作,及时纠正违法违规行为。加快建立完善工程建设标准体系框架,加强工程建设标准实施与监督,初步建立具有中国特色的工程建设标准定额法规体系、标准体系和实施监督体系。加大科技创新力度,开展重大关键技术与装备的科技攻关,加强科技体制和创新机制建设,科技进步对住房城乡建设事业发展的贡献率和支撑作用明显提高。法制建设、工程标准建设和科技创新工作,在推动住房城乡建设事业科学发展中发挥了基础性作用。

加强法制建设,谱写法规工作新篇章

党的十六大指出,"加强社会主义法制建设,到2010年形成中国特色社会主义法律体系","加强对执法活动的监督,推进依法行政"。党的十七大明确提出,"全面落实依法治国基本方略,加快建设社会主义法治国家"。2004年,国务院印发了《全面推进依法行政实施纲要》(国发〔2004〕10号,以下简称《纲要》),确立了建设法治政府的目标,明确规定了今后十年全面推进依法行政的指导思想和具体目标、基本原则和要求、主要任务和措施。2010年8月,国务院召开了全国依法行政工作会议,强调要贯彻依法治国基本方略。会后,国务院印发了《关于加强法治政府建设的意见》(国发〔2010〕33号,以下简称《意见》),明确了加强法治政府建设的总体要求和主要任务。

十年来,住房城乡建设法制工作始终坚持以科学发展观为统领,紧紧围绕贯彻落实党的十六大、十七大精神、《纲要》、全国依法行政工作会议精神和《意见》,加快推进法治政府建设,加强政府立法工作,完善住房城乡建设法规体系;加强行政复议工作,依法化解行政争议,维护社会和谐稳定;强化执法监督,规范行政执法行为,严格规范文明公正执法;积极推进普法依法治理,加强部机关和住房城乡建设系统公职人员的法治意识,不断提高依法行政水平。为贯彻落实全国依法行政工作会议精神,2011年召开了全国住房城乡建设系统依法行政工作会议,并根据国务院《意见》的要求,于2011年6月下发了《关于进一步推进住房城乡建设系统依法行政的意见》,明确了住房和城乡建设系统在当前和今后一个时期推进依法行政的主要目标和措施,提出要深入贯彻科学发展观,进一步加大《纲要》实施力度,认真落实《纲要》的要求,紧紧围绕党和国家工作大局,紧密结合住房城乡建设实际,通过增强领导干部依法行政意识和能力、提高制度建设质量、规范行政权力运行、妥善化解社会矛盾等手段,保障住房城乡建设事业科学发展,维护社会和谐稳定。

一、加强立法工作,不断完善住房城乡建设法律制度

住房和城乡建设部认真履行职责,紧紧围绕中心,服务大局,从实际出发,不断加快立法工作步伐,取得明显成效。法律法规方面,《城乡规划法》、《建设工程安全生产管理条例》、《风景名胜区条例》、《历史文化名城名镇名村保护条例》、《民用建筑节能条例》、《城镇燃气管理条例》、《国有土地上房屋征收与补偿条例》等相继顺利出台,根据《物权法》修订了《物业管理条例》。同时,多部部门规章颁布实施。目前,《城市房地产管理法(修订)》、《城镇排水与污水处理条例》、《建筑市场管理条例》、《基本住房保障条例》、《住房公积金管理条例》(修订)等法律法规正在加快研究起草。

(一)加强立法工作的规划引导和计划推进

1. 科学制订住房城乡建设法律法规框架

在法制工作中贯彻落实科学发展观,首要的任务是根据科学发展要求和实际工作需要,研究制订法律法规框架和立法规划,进一步加强和改进立法工作,完善住房城乡建设法律制度,促进和保障住房城乡建设事业科学发展。2009年2月,在全面梳理评估住房城乡建设领域现有法律法规的基础上,住房和城乡建设部制定印发了《住房城乡建设法律法规框架》(以下简称《法律法规框架》),从城乡规划、住房和房地产、工程建设、城乡建设和其他等五个方面,明确了现有和计划制定

(修订)的法律、行政法规和部门规章的立法项目,为促进住房城乡建设系统法制建设奠定了基础。

根据《法律法规框架》,制定了2010—2015年住房城乡建设五年立法规划,确定了近期重点研究制订的立法项目,用以指导五年立法工作。

2. 认真制订和落实年度立法计划

在《法律法规框架》和五年立法规划的指引下,住房和城乡建设部每年根据国务院年度立法工作计划的安排,认真制订年度立法计划并下发地方。年度立法计划充分考虑住房和城乡建设部中心工作以及行业、地方的需求,立足于推动解决影响住房城乡建设事业发展的突出问题,合理安排立法项目。对于列入年度立法计划的项目,坚持统筹安排,按照轻重缓急,积极推进年度立法工作。

3. 不断加强立法工作的制度建设

住房和城乡建设部在推进立法项目的同时,不断加强和改进立法工作制度,明确了立法工作的主要任务和职责分工,逐步建立了立法责任制度、立法计划制度、立法论证制度、立法协调制度、立法公众参与制度、立法考核制度、人员保障制度和预算保障制度。通过加强制度建设,更加重视和支持立法工作,进一步夯实立法工作基础,为顺利推进立法工作提供了优良环境,使立法活动更加符合住房城乡建设工作的行业特点,更加符合法制工作规律。

4. 积极与代表和委员沟通推进立法工作

全国人大代表、政协委员对住房城乡建设法制工作非常关心,他们提出的议案、提案或建议中,很多内容涉及法制建设问题,对完善住房城乡建设法律制度、推进立法工作提出了很好的建议。通过办理与立法有关的议案提案建议,认真研究学习议案提案建议的内容,通过多种方式积极与代表、委员沟通,及时高效、保质保量完成办理工作。对议案提案建议提出的合理立法建议,住房和城乡建设部都予以充分研究吸收,并邀请有关代表、委员参与立法活动,有效地推进住房城乡建设立法工作。

(二)改进立法方法,坚持科学民主依法立法

1. 坚持科学立法,提高立法质量

深入开展调查研究。住房和城乡建设部注重从实际出发,根据住房城乡建设实际需要,针对立法中带有普遍性、全局性、根本性的问题开展调查研究。在立法宗旨方面,坚持以人为本,把实现好、维护好最广大人民的根本利益作为立法工作的出发点和落脚点。在制度设计方面,注重将实践中行之有效的做法上升到法律法规规范,把握规律,切实解决实践中存在的问题,增强法律法规的执行力。

加强部门协调。在立法规划和计划阶段,积极主动地与全国人大和国务院法制办沟通联系,反映住房城乡建设领域的立法需求,提出立法建议。在法律法规审查阶段,配合全国人大、国务院法制办做好调研、论证、修改、协调等工作,推动立法项目尽快出台。积极主动加强与相关部门的沟通和联系,在交流中求得理解,增进共识,保证了法律法规的顺利出台。

及时出台配套制度。法律法规确定的基本制度,需要进一步细化的,及时研究制定配套规定,增强法律法规的可操作性。如《城乡规划法》实施后,及时出台了《历史文化名城名镇名村保护条例》和《省域城镇体系规划编制审批办法》等一系列法规规章。《国有土地上房屋征收与补偿条例》出台后,及时发布了《国有土地上房屋征收评估办法》。

2. 坚持民主立法,完善立法机制

健全立法工作机制。根据立法计划,组织制定每一个项目的立法工作方案,成立领导小组和工作组,由部领导亲自领导,统筹安排,按进度高质量完成法律法规起草工作。充分发挥专家学者和地方的作用,吸纳有关行业专家、法律专家以及地方有实践经验的同志参与立法的调研、起草、论证工作,开展国内外相关法律制度的研究,为立法提供理论和实践支撑。

广泛征求意见。采取公开征求意见、论证会、座谈会、听证会等多种方式,扩大社会公众参与立法的程度,充分了解基层和群众的诉求,使住房城乡建设系统的立法更加符合经济社会发展的实际需要。《国有土地上房屋征收与补偿条例》两次公开征求意见,社会反响强烈,收到意见和建议10万余条,人民群众的意见和建议得到充分表达,合理的诉求得到充分体现。

3. 坚持依法立法,规范立法活动

严格遵守立法权限和程序。严格按照《立法法》、《行政法规制定条例》、《规章制定程序条例》和《法规规章备案条例》等法律法规规定的权限、程序来开展立法。在立法工作中,按照《行政许可法》的要求,能不设定行政许可的就不设定行政许可。对确有必要设立的行政许可,充分做好前期专题论证和听证工作。《行政强制法》出台后,住房和城乡建设部进行了认真的研究、学习,部领导向部机关全体同志举办《行政强制法》专题学习讲座,要求部机关在立法工作中,严格遵守《行政强制法》的有关规定,按照法定权限和程序设定行政强制。

坚持社会主义法制统一。住房和城乡建设部定期对现有法律法规进行梳理,发现与上位法规定不一致的,及时向全国人大、国务院法制办提出修改建议,以维护法制统一和住房城乡建设法律体系内在和谐。如《物权法》出台后,住房和城乡建设部积极配合国务院法制办开展了《物业管理条例》修改工作。《行政许可法》、《行政强制法》出台后,住房和城乡建设部按照国务院要求,对住房城乡建设法律法规进行了系统梳理,对不符合《行政许可法》、《行政强制法》规定的法律法规,提出了具体的修改建议,并进行了相应修改。

(三)住房城乡建设法律法规日益完善

1. 颁布实施《城乡规划法》,推动城乡统筹发展

随着城镇化进程的加快和社会主义市场经济体系的逐步建立,1989年颁布的《中华人民共和国城市规划法》确立的城乡二元结构的

规划管理体制遇到了一些新的问题。1999 年起,建设部启动了《中华人民共和国城市规划法》的修订工作。2007 年 8 月,《中华人民共和国城乡规划法》(以下简称《城乡规划法》)公布,自 2008 年 1 月 1 日起施行。

《城乡规划法》对城乡规划的制定、实施、修改、监督检查和法律责任作了规定,统筹城乡协调发展,建立了统一的城乡规划体系和事权统一的规划行政管理体制,明确了城乡规划的强制性内容。《城乡规划法》的出台,对于提高我国城乡规划的科学性、严肃性、权威性,加强城乡规划监管,协调城乡科学合理布局,保护自然资源和历史文化遗产,保护和改善人居环境,促进我国经济社会全面协调可持续发展,具有长远的重要意义。

2. 颁布实施《历史文化名城名镇名村保护条例》,保护历史文化资源

历史文化名城、名镇、名村是我国历史文化遗产的重要组成部分,切实保护好这些历史文化遗产,是建设社会主义先进文化、深入贯彻落实科学发展观和构建社会主义和谐社会的必然要求。为此,2008 年 4 月制定颁布了《历史文化名城名镇名村保护条例》(以下简称《名城条例》),自 2008 年 7 月 1 日起施行。

《名城条例》是《城乡规划法》的重要配套法规,对历史文化名城、名镇、名村的申报、批准、规划、保护以及相应的法律责任作了规定。《名城条例》通过确立对历史文化名城、名镇、名村保护的原则和要求,强化了政府责任,遏制过度开发和不合理利用造成历史文化遗产遭受破坏的情况;通过规范保护规划的编制、审批和修改,保障了规划编制的科学性和规划实施的权威性。同时,《名城条例》加大了保护力度、强化监管手段,对破坏传统格局和历史风貌行为设定了严格的法律责任,增强了法规实施的强制性。自条例实施以来,我国的历史文化名城、名镇、名村保护工作得到了有效加强,促进了城乡建设的科学发展。

3. 修订颁布《物业管理条例》,规范物业管理活动

《物业管理条例》(以下简称《物业条例》)自 2003 年 9 月 1 日起施行。2007 年《物权法》颁布实施后,根据《物权法》有关物业管理的规定,开展了《物业条例》的修改工作。2007 年 8 月 26 日,国务院发布《国务院关于修改〈物业管理条例〉的决定》(国务院令第 504 号)。

《物业条例》在坚持民事法律基本原则基础上,突出了发展为重、平衡利益、保护弱者的立法理念。《物业条例》明确了业主对关系到自身利益事项的决策权,体现了《物权法》尊重私人物权的立法精神;明确了业主是物业管理区域内物业管理的重要责任主体,体现了物业管理既要尊重单个业主意愿,又要维护全体业主的共同利益的原则。《物业条例》的实施,对提高物业服务水平、维护业主合法权益、改善人民群众的生活和生产环境起了重要作用。

4. 颁布实施《国有土地上房屋征收与补偿条例》,规范国有土地上房屋征收补偿行为

规范国有土地上房屋征收与补偿活动关系到群众切身利益,关系到工业化、城镇化进程,关系到现代化建设全局。在深入调查研究,广泛听取意见,两次向社会公开征求意见,对 40 多个典型城市专项调研,召开座谈会听取被拆迁人及相关专家意见的基础上,国务院制定颁布了《国有土地上房屋征收与补偿条例》(以下简称《征收条例》),自 2011 年 1 月 21 日起施行。《征收条例》统筹兼顾工业化、城镇化建设和土地房屋被征收群众的利益,努力把公共利益同被征收人个人利益统一起来。通过明确补偿标准、补助和奖励措施,使房屋被征收群众的居住条件有改善、原有生活水平不降低。通过完善征收程序,加大公共参与,禁止建设单位参与搬迁,取消行政机关自行强制拆迁等制度,切实维护群众利益。《征收条例》出台后,社会各界给予了充分肯定。

5. 颁布实施《民用建筑节能条例》,促进节能减排

节约能源是我国的一项长期战略方针,是落实科学发展观、实现经济社会可持续发展的必然需求。建筑节能是节约能源的重要领域和途

径,《民用建筑节能条例》(以下简称《节能条例》)的出台,正是为了加强建筑节能,也标志民用建筑节能法律制度的正式建立。《节能条例》在新建建筑节能管理方面,明确了规划、设计、施工、竣工验收等阶段实施全过程监管要求;确定了既有建筑节能改造的原则,强化了对既有建筑改造的管理,明确了改造的标准、要求和费用负担方式;在公共建筑耗电管理方面,建立了分项用电量报告制度,确立了公共建筑用电限额与公布制度。此外,《节能条例》还规定了有关民用建筑节能的政策扶持和经济激励措施,鼓励和支持在新建建筑和既有建筑节能改造中采用可再生能源,提高能源使用效率。

6. 颁布实施《建设工程安全生产管理条例》,严格建设工程安全生产

改革开放以来,建筑业持续快速发展,建筑市场的规范和建设工程的施工安全,对经济和社会发展有着十分重要的影响,亟须一部专门针对建设工程安全生产的法规。2003 年 11 月,国务院颁布了《建设工程安全生产管理条例》(以下简称《安全条例》),自 2004 年 2 月 1 日起施行。《安全条例》是《建筑法》、《安全生产法》颁布实施后制定的一部规范建设工程安全生产的配套行政法规,对建设单位、勘察、设计、工程监理、施工及其他单位的安全责任,监督管理、安全生产事故的应急救援和调查处理等作了规定,对加强建设工程安全生产监督管理,保障人民生命财产安全发挥了积极作用。

7. 颁布实施《城镇燃气管理条例》,加强燃气管理

近年来,我国燃气事业取得了长足的发展。燃气的普及应用为优化能源结构、改善环境质量、提高人民生活水平发挥了极其重要的作用,但是,随着我国经济社会的发展,燃气行业也面临着统筹规划不够、应急储备和应急调度制度不健全、燃气经营管理制度不完善等亟待解决的问题。为了切实解决上述问题,2010 年 11 月颁布了《城镇燃气管理条例》,自 2011 年 3 月 1 日起施行。该条例对燃气发展规划与应急保障、燃气经营与服务、燃气使用、设施保护、事故预防与处理等作了规

定,对于加强燃气管理,保障燃气供应,防止和减少燃气安全事故,保障人民生命财产安全,维护燃气经营者和燃气用户的合法权益,促进燃气事业健康发展有重要的意义。

8. 颁布实施《风景名胜区条例》,有效保护风景名胜区资源

随着我国改革开放的不断深入和风景名胜区事业的不断发展,为了追求经济利益,盲目在风景名胜区内进行开发建设的现象屡有出现,暴露出管理措施已经不能适应新形势下风景名胜事业发展的需要。为了解决这些新出现的问题,加强对风景名胜区资源的保护和合理利用,建设部配合国务院法制办启动了《风景名胜区条例》(以下简称《风景条例》)的起草工作。国务院于 2006 年 9 月颁布了《风景条例》,自 2006 年 12 月 1 日起施行。条例对风景名胜区的设立规划、保护、利用和管理等作了规定,把风景名胜区的管理纳入法制化轨道,对于加强风景名胜区的管理,统筹风景名胜区开发经营和环境保护,实现可持续发展起到重要的作用。

(四)部门规章立法工作积极推进

1. 部门规章体系不断健全

规章立法工作紧紧围绕住房城乡建设事业的中心任务,按照服务大局、突出重点的要求,从实际出发,不断加快立法进程。目前,住房和城乡建设部现行有效部门规章达到 101 部,其中,2002 年以来新颁和修订的部门规章达 70 部,是现行有效规章的主要组成部分。

(1)住房保障方面。为了规范保障性住房的建设和分配,住房和城乡建设部先后制定了《廉租住房保障办法》(建设部令第 162 号)和《公共租赁住房管理办法》(住房和城乡建设部令第 11 号)。《廉租住房保障办法》明确规定了保障范围、标准、房源筹集、资金来源和建设政策,完善了申请审核程序和有关监督管理制度,确保廉租住房保障资源公平分配到低收入住房困难家庭。《公共租赁住房管理办法》规范了公共租赁住房的申请条件和审核程序,明确了公共租赁住房的配租

对象和程序,保障公共租赁住房公平分配。

(2)城乡规划方面。为贯彻落实《城乡规划法》,加强城乡规划建设管理,完善城乡规划法规体系,先后制定了《城市绿线管理办法》(建设部令第112号)、《城市紫线管理办法》(建设部令第119号)、《城市黄线管理办法》(建设部令第144号)、《城市蓝线管理办法》(建设部令第145号),将对城市发展全局有影响的各类绿地范围的控制线(绿线)、历史文化街区和历史建筑的保护范围界限(紫线)、基础设施用地的控制界限(黄线)、地表水体保护和控制的地域界限(蓝线)纳入城乡规划强制性内容。同时,制定了《城市规划编制办法》(建设部令第146号)、《省域城镇体系规划编制审批办法》(住房和城乡建设部令第3号)和《城市、镇控制性详细规划编制审批办法》(住房和城乡建设部令第7号),明确了各类规划编制审批的主体、要求和程序,从制度上保证规划编制审批工作的规范化、制度化。

(3)房地产市场监管方面。房地产涉及的社会面广、资金量大、关系复杂,需要政策性、操作性强的制度设计,规范市场行为、维护房地产当事人的合法权益。2002年以来,住房和城乡建设部制定或者修订了《住宅室内装饰装修管理办法》(建设部令第110号)、《物业服务企业资质管理办法》(建设部令第125号)、《房地产估价机构管理办法》(建设部令第142号)、《注册房地产估价师管理办法》(建设部令第151号)、《房地产经纪管理办法》(住房和城乡建设部令第8号)和《房屋登记办法》(建设部令第168号)等一系列部门规章,为保障房地产业健康发展创造了良好环境。

(4)城市建设方面。2002年以来住房和城乡建设部制定或者修订了《城市桥梁检测和养护维修管理办法》(建设部令第118号)、《城市市政公用事业特许经营管理办法》(建设部令第126号)、《城市动物园管理规定》(建设部令第37号,建设部令第133号修订)、《城市地下管线工程档案管理办法》(建设部令第136号)、《城市建筑垃圾管理规定》(建设部令第139号)、《城市排水许可管理办法》(建设部令第152

号）、《城市供水水质管理规定》（建设部令第 156 号）、《城市生活垃圾管理办法》（建设部令第 157 号）、《城市照明管理规定》（住房和城乡建设部令第 4 号）等规章。

（5）工程建设与建筑业管理方面。随着《建筑法》、《招标投标法》等法律法规的颁布实施，住房和城乡建设部相应制定了一系列配套部门规章，健全了工程建设与建筑业管理的规章体系。例如，为贯彻落实《行政许可法》，规范建筑市场准入管理，2007 年住房和城乡建设部修订了《建设工程勘察设计资质管理规定》（建设部令第 160 号）、《建筑业企业资质管理规定》（建设部令第 159 号）、《工程监理企业资质管理规定》（建设部令第 158 号）、《工程建设项目招标代理机构资格认定办法》（建设部令第 154 号）等部门规章。为加强对工程建设质量安全的监管，2008 年制定了《市政公用设施抗灾设防管理规定》（住房和城乡建设部令第 1 号），2010 年制定了《房屋建筑和市政基础设施工程质量监督管理规定》（住房和城乡建设部令第 5 号）等规章。为推进工程建设领域个人注册执业制度的建设，2005 年制定了《勘察设计注册工程师管理规定》（建设部令第 137 号），2006 年制定了《注册建造师管理规定》（建设部令第 153 号），修订了《注册监理工程师管理规定》（建设部令第 167 号），2008 年修订了《注册建筑师条例实施细则》（建设部令第 162 号）。完善工程建设与建筑业管理规章体系，对规范建筑市场秩序，加强质量安全管理，保障工程建设各方主体权利，促进建筑市场健康发展，具有重要意义和作用。

2. 部门规章制定重点突出，特色鲜明

（1）及时制定与法律法规配套的规章。通过制定规章进一步贯彻落实住房城乡建设法律法规，把规章作为住房城乡建设法规框架的重要支撑。例如，2004 年《建设工程安全生产管理条例》施行后，制定了《建筑施工企业安全生产许可证管理规定》和《建筑起重机械安全监督管理规定》。《物业管理条例》和《物权法》出台后，适时出台了《住宅专项维修资金管理办法》（建设部令第 165 号）。

（2）进一步加强公共服务和社会管理。在规章的修订和起草中，适应住房城乡建设发展的需要，注重加强公共服务和社会管理内容的条款与制度建设，为建设行政主管部门切实履行公共服务和社会管理职能提供制度保障。2002年以来，住房和城乡建设部针对城乡规划管理、国有土地上房屋征收评估、市政公用服务、物业管理、工程质量安全、房屋登记、商品住房租赁管理、廉租住房保障、公共租赁住房管理等难点热点问题，及时制定了配套规章。

（3）积极完善规范市场秩序，完善市场规则的规章。研究制定规章时，适应社会主义市场经济体制需要，注重规范市场各方主体的行为。针对企业资质审批、个人执业资格管理、公用事业特许经营等监管需要，及时制定或者修改了相关规章。严格区分民事纠纷与行政干预的界限，对于"不该管、管不好、管不了"的事情，明确通过相应司法程序或社会组织解决，市场主体之间的合同纠纷通过法律手段解决。

（五）下一步工作展望

住房城乡建设立法工作将继续以科学发展观为指导，坚持围绕中心、服务大局，坚持统筹协调、突出重点，进一步完善住房城乡建设法规体系。按照《法律法规框架》和五年立法框架，重点做好《城镇排水与污水处理条例》、《建筑市场管理条例》、《住房公积金管理条例（修订）》、《基本住房保障条例》等行政法规的立法工作。

加强部门规章立法工作，及时将住房城乡建设领域各行业改革发展的成功经验上升为规章制度，抓紧制定与法律法规相配套、行业和基层迫切需要的部门规章。加快修改不适应经济社会发展、不符合住房城乡建设需要的部门规章。

进一步改进立法方法，提高立法质量和水平。适时制订和完善立法规划计划，加强调查研究，提高立法的社会参与度，使立法工作成果能更好地适应住房城乡建设事业发展的需要。

二、行政审批制度改革工作取得重要进展

(一)行政审批制度改革进展情况

2001 年,国务院全面启动行政审批制度改革工作,截至目前共分五批取消和调整行政审批事项。住房和城乡建设部高度重视行政审批制度改革工作,按照国务院的统一部署和要求,不断深化住房城乡建设领域的行政审批制度改革,减少和调整行政审批事项,切实转变职能,建立符合社会主义市场经济体制和《行政许可法》要求的行政管理模式。在五次审批改革中,住房城乡建设领域总共取消和调整了 183 项审批事项。住房和城乡建设部机关认真落实审批改革要求,积极调整行政审批方式,成立专门的行政审批受理大厅,规范了行政审批流程,推进了行政审批工作的制度化、规范化。

(二)加强配套制度建设

为了进一步规范许可行为,住房和城乡建设部依据《行政许可法》,制定了《建设部机关实施行政许可工作规程》、《建设行政许可听证工作规定》、《建设部机关行政许可责任追究办法》和《建设部机关对被许可人监督检查的规定》等配套制度。《建设部机关实施行政许可工作规程》结合工作实际,对部机关实施行政许可的申请、受理、审核、听证、决定、公示、许可延续等程序要求和许可时限作了具体规定。《建设行政许可听证工作规定》规范了实施行政许可时的听证活动。《建设部机关行政许可责任追究办法》有利于加强对部机关实施行政许可的管理和监督,保证部机关工作人员公正、廉洁、高效地实施行政许可。《建设部机关对被许可人监督检查的规定》明确,部机关对被许可人进行监督检查,并依据法律、法规和有关规定,对被许可人从事违法违规行为进行查处。

(三)行政审批制度改革取得积极成效

住房和城乡建设部在行政审批改革工作中,坚持有限许可的管理理念,转变了政府职能;牢固确立依法行政观念,依法审批,转变管理方式;强化责任意识,转变了工作作风,加强廉政风险防范。

一是规范了行政许可项目的设立。行政审批制度改革以来,住房和城乡建设部一方面严格控制新的行政许可事项的设立,另一方面坚决取消和调整不符合行政许可法规定的许可事项,减少住房和城乡建设部门对市场主体的行政管制和微观管理,着力加强经济调节、市场监管、公共服务和社会管理职能。

二是建立了公开透明的行政许可制度。住房和城乡建设部公开了行政审批事项的目录,并对审批事项的名称、设定依据、实施机关、审批程序和相关规定予以公开,部机关做出的行政许可向社会公开,公众有权查阅。这些措施增加了行政审批工作的透明度,提高了政府公信力,有利于加强社会监督。

三是简化行政审批实施手续,方便当事人办事。转变行政管理方式,确定了一系列精简环节、降低成本、提高效率、便民利民的行政许可实施制度。成立专门的行政审批受理大厅,推动了企业资质审批等的集中受理。规范行政许可实施,实行限时办结制度。

四是强化责任意识,促进政府机关改进作风,加强廉洁自律。对于行政机关不依法定程序许可、该许可的不许可、不该许可的乱许可等违法行为,建立了责任追究制度,有力促进了住房和城乡建设部门工作人员强化责任意识、认真履行职责。以当事人为中心,增强服务意识,提高服务水平。

(四)下一步工作展望

按照国务院的统一部署和要求,进一步取消和调整行政审批项目,完善住房和城乡建设部行政审批事项目录并予以公布,对审批事项的名称、设定依据、实施机关、审批程序和相关规定予以公开。同时,巩固已经取得的改革成果,严格设定行政许可,进一步优化审批流程,减少审批环节,提高审批效率。对取消的审批项目,加强后续监管。

三、行政复议工作层级监督作用不断加强

行政复议工作对于规范具体行政行为,保护公民、法人和其他社会组织的合法权益,保障和监督行政机关依法行使职权,具有重要意义。住房和城乡建设部严格执行《行政复议法》和《行政复议法实施条例》,认真办理行政复议案件,复议工作机制不断健全,复议能力进一步加强,办案质量明显提高。2007年来,部机关共办理复议案件868件,住房城乡建设系统每年办理复议案件约2000件,有效发挥了行政复议在化解行政争议、推进依法行政、促进社会和谐稳定中的重要作用。2011年住房和城乡建设部被国务院法制办评为"全国行政复议工作先进单位"。

(一)完善复议工作机制,加强能力建设

加强行政复议能力建设,是开展行政复议工作的根本保证。一是加强组织领导。住房和城乡建设部出台了《关于加强住房城乡建设行政复议工作的若干意见》,对全系统复议工作提出了全面要求。二是加强机构建设。目前,全国33个省级住房城乡建设厅已有32个设立专门法制机构,行政复议工作队伍得到加强。三是完善工作制度。住房和城乡建设部出台了行政复议工作规程,上海市建交委和规划局、重庆市规划局等许多单位都制定了相关规程,详细规定了行政复议受理、审查、决定的程序和办案纪律。

(二)改进复议工作方法,提高办案质量

提高行政复议案件办理质量,是做好行政复议工作的关键。一是注重灵活运用书面审理、实地调查、公开听证等多样化审理方式。四川

省厅坚持法律顾问全过程参与案件审理,加强现场踏勘、拍照取证,认真核实情况。江苏和福建等省厅、天津市房管局等单位,对事实不清、争议较大的案件,组织相关的专家集体讨论。二是积极开展调解和解,实现案结事了。各地住房和城乡建设部门努力将调解和解贯穿于案件办理全过程,根据案件情况引导双方当事人达成和解。河北、浙江、云南等省厅坚持逢案必调(解),许多争议在立案前就得到化解。三是加强对复议中出现新情况、新问题的研究总结,依法妥善处理。

(三)强化复议化解矛盾纠纷作用,切实维护群众权益

维护群众合法权益,妥善化解矛盾纠纷是行政复议工作的根本目的。一是畅通复议渠道,化解大量行政争议。部机关对于不能证明申请人超过法定申请期限的,都予以立案受理。据不完全统计,近十年来建设系统通过行政复议化解的行政争议约2万件。二是平等对待行政机关和相关当事人。部机关在受理、审理等环节,尽可能方便当事人,通过电话调查、当面沟通等方式充分听取当事人的意见建议,提高办案效率。三是引导群众以理性合法方式表达利益诉求。对不属于行政复议范围的申请,都认真做出解释,耐心解答群众的诉求和疑惑,告知不受理申请的理由和依法解决问题的途径。

(四)加强监督和指导,确保复议工作整体推进

一是发挥层级监督作用,坚决纠正违法行为。经过审理确定具体行政行为违法的,住房和城乡建设部坚决依法做出撤销或者确认违法的复议决定,对于案件审理中发现的问题,通过行政复议意见书等形式,帮助地方纠正错误、完善制度。全国各级住房和城乡建设部门通过撤销、变更、确认违法、责令履行义务等方式直接纠错的比例约为16%;通过撤回申请、和解、调解等方式结案间接纠错的比例约为18%。两者合计,纠错比例占申请行政复议总量的34%左右。二是通过约谈、点评等方式,提高行政机关工作人员和执法人员依法行政意

识。三是加强指导和交流,坚持复议统计制度和分析报告制度,每年形成年度《住房和城乡建设部行政复议案件分析报告》和《各省、自治区、直辖市行政复议案件分析报告》。

(五)下一步工作展望

深入贯彻落实党中央、国务院关于行政复议工作的要求和部署,进一步提高对行政复议工作重要性的认识,充分发挥行政复议化解矛盾、保护权利、纠正错误、教育引导的功能。加强复议能力建设,完善复议工作机制,把提高行政复议案件办理质量放在首位,维护社会公平正义。坚持以人为本,复议为民,引导群众通过行政复议解决问题,维护群众合法权益,促进社会和谐稳定。

四、大力开展普法依法治理工作

住房城乡建设系统在党中央、国务院领导下,按照"四五"、"五五"普法规划工作要求,加大普法工作力度,深入开展法制宣传教育,增强住房和城乡建设部门依法行政能力,提升公职人员的法律素质,法制化管理水平迈上新台阶。

(一)领导干部带头学法用法

领导干部带头学法用法,带动全系统普法,是法制宣传教育工作的有效方法。十年来,住房城乡建设系统领导干部带头学法用法,部机关建立了定期开展法制讲座、立法执法重大事项听取法律顾问意见、部党组(党委)理论中心组集体学法、公务员法律知识培训和考试考核等制度。与此同时,普法工作机制不断健全完善,保证了法制宣传教育的顺利推进。部机关和各地住房和城乡建设部门均成立了普法领导小组,多数由主要领导任组长,加强了对普法工作的组织领导。

（二）围绕住房城乡建设中心工作开展普法

围绕中心工作开展法制宣传教育，以法制宣传教育引导法治实践，是十年来住房城乡建设系统普法的重要特点。一是紧紧围绕保障和改善民生开展法制宣传教育。大力开展公共租赁住房、廉租住房等保障性住房法规政策的学习宣传，开展《国有土地上房屋征收与补偿条例》的学习培训，着力解决房屋征收中损害群众利益的问题。二是紧紧围绕服务经济平稳较快发展开展法制宣传教育。各级住房和城乡建设部门认真学习落实中央调控政策，认真开展《城市房地产管理法》、《房地产开发经营管理条例》等法律法规的宣传教育，深入开展房地产市场秩序整顿工作。三是紧紧围绕中央专项治理活动开展法制宣传教育。近年来，针对住房城乡建设领域的突出问题，中央开展了房地产开发领域违规变更规划调整容积率问题、工程建设领域突出问题和住房公积金管理等专项治理。各级住房和城乡建设部门紧紧围绕专项治理任务开展《城乡规划法》、《建筑法》、《招标投标法》、《建设工程安全生产管理条例》、《建设工程质量管理条例》、《住房公积金管理条例》等法律法规的宣传教育，促进了专项治理活动的顺利开展。四是紧紧围绕建设资源节约型、环境友好型社会开展法制宣传教育。相继大力开展了《民用建筑节能条例》、《历史文化名城名镇名村保护条例》和《风景名胜区条例》等法律法规的宣传教育，提高节约资源、保护资源的法律意识。五是紧紧围绕建设法治政府开展法制宣传教育。各级住房和城乡建设部门认真学习贯彻了《行政许可法》、《行政强制法》、《政府信息公开条例》和《信访条例》等法律法规。

（三）在法治实践中加强法制宣传教育

在立法过程中，住房和城乡建设部门采取听证会、公开征求意见等方式，吸引广大群众积极参与，让公民在有序参与立法中学习法律知识，提高法律意识。在《国有土地上房屋征收与补偿条例》的制定中，住房和城乡建设部配合国务院法制办向社会征求两轮意见，广大群众踊跃参加,很多意见被采纳吸收。在执法过程中,安徽、江苏等省厅坚持执法与教育相结合,推行说理执法,把执法办案的过程变成法制宣传教育的过程,努力做到办案一件,教育一片,提升了执法效能和群众满意度。这些举措,拓展了法制宣传教育的途径和方式,使普法工作更加贴近群众,更易为群众接受。

(四)不断创新法制宣传教育形式

按照中央"法律进机关、进乡村、进社区、进学校、进企业、进单位"要求,各级住房和城乡建设部门积极开展"法律六进"活动,结合工作特点,重点落实法律进企业、法律进工地、法律进社区,有针对性地开展了多种法制宣传教育活动。据统计,十年来全系统组织企业经营管理人员和专业技术人员法律知识培训1万多期,培训人员100多万人次。针对建设行业农民工多的特点,2005年组织编写了《建设领域农民工维权手册》,组织了部领导送书到工地活动,各级建设部门加强了农民工法律维权的宣传教育。各地住房和城乡建设部门大力推广农民工学校普法,指导、组织或创办农民工学校近5万所,培训农民工约1000多万人次。积极利用广播、电视、报刊、互联网等媒体进行法制宣传教育,开通建设法制宣传热线、开设建设法制专栏和普法网站,组织拍摄农民工安全教育电视系列片、组织播放市政法规系列动画广告片、农民依法建房电影等。利用新法律法规出台或周年纪念日、"12·4"法制宣传日、节能宣传周、安全生产月等时机,以多种方式开展法制宣传教育活动。法制宣传教育越来越通俗易懂,寓教于乐,效果明显。

(五)下一步工作展望

住房城乡建设系统将根据中共中央、国务院转发的"六五"普法规划和全国人大常委会决议,围绕贯彻落实《关于在住房城乡建设系统开展法制宣传教育的第六个五年规划》,进一步加强普法工作。在突出学习宣传宪法的基础上,深入学习宣传中国特色社会主义法律体系、国家基本法律和规范政府行为的行政法。要全面学习宣传住房城乡建设领域法律法规,增强履行职责的能力。切实抓好领导干部、公务员、执法人员、企业管理人员和农民工等重点对象的普法工作。继续坚持法制宣传教育与法治实践相结合。切实加强对"六五"普法工作的组织领导,确保"六五"普法规划顺利实施,取得新成效。

五、深入开展行政执法监督

住房和城乡建设部认真贯彻国务院《全面推进依法行政实施纲要》,大力开展住房和城乡建设系统行政执法责任制工作,积极规范行政处罚自由裁量权,坚持部机关行政处罚合法性审查工作,积极推进住房和城乡建设系统依法行政。

(一)大力推进建设系统行政执法责任制工作

行政执法责任制是推进依法行政的基础性工作。住房和城乡建设部是全国最早推行行政执法责任制的部门之一,从2001年起,先后在全国多个省市开展了推行行政执法责任制试点。2003年印发《建设部关于全面推进建设行政执法责任制的意见》,提出了建设系统推进行政执法责任制的工作目标和措施,要求做到执法有依据、行为有规范、权力有制约、过程有监控、过错有追究。印发《建设部机关推行行政执法责任制实施方案》,深化部机关行政执法责任制工作,规范了行政执法行为,强化行政执法监督,增强了机关依法行政的能力和水平。

2006年,建设部召开了建设系统"五五"普法暨行政执法责任制工作会议,总结交流了推行行政执法责任制的经验和存在的问题,研究部署了建设系统行政执法责任制工作。建立了行政执法责任制重点联系单位制度,每年召开行政执法责任制重点联系单位座谈会,总结经验,布置工作。住房和城乡建设部印发了《住房城乡建设系统行政执法责任制示范文本(规划、建设、市政公用、房地产)》,推荐给各级住房和城乡建设部门参考使用。

（二）积极开展规范行政处罚自由裁量权工作

住房和城乡建设部十分重视行政处罚自由裁量权工作，要求先从规范部机关工程建设行政处罚裁量权入手，为全面规范住房城乡建设行政处罚裁量权探索和积累经验。2009年12月起，住房和城乡建设部研究起草了《规范住房和城乡建设部工程建设行政处罚裁量权实施办法》(试行)（以下简称《办法》)、《规范住房和城乡建设部工程建设行政处罚裁量基准》(试行)（以下简称《基准》)，并于2011年2月1日起发布实施。《办法》主要根据《行政处罚法》等法律法规的规定，参考一些地方的经验，对规范工程建设行政处罚裁量权的含义、适用范围、基本原则、适用规则、程序等作了规定。《基准》是规范部机关工程建设行政处罚裁量权的重点，其主要内容是根据法定违法行为和处罚种类，确定违法事实所应给予的处罚档次。上述文件的出台，对规范实施工程建设领域行政处罚起着重要的指导和示范作用。

针对部分地方城乡规划领域执法活动中，存在以罚款代改正、以罚款代没收、以罚款代拆除的现象，2011年3月起，住房和城乡建设部依据《城乡规划法》第六十四条，研究起草了《关于规范城乡规划行政处罚裁量权的指导意见》，针对不同违法情形明确了法律责任，为规范城乡规划领域行政处罚工作提供了重要依据。

住房城乡建设系统大力开展规范行政处罚裁量权工作，北京、青岛等市建委出台文件或开发计算机软件，详细列出各种常见行政违法行为的情节，对应规定明确的处罚标准。哈尔滨市房产局、邯郸市建设局等对违法行为按情节划分等级，对每个等级规定了明确的处罚标准。

（三）做好规范性文件审查，确保其合法性

准确把握规范性文件合法性审查标准。在规范性文件合法性审查中始终坚持依法审查、有错必究。规范性文件必须依法制定，有明确的

法律法规依据。凡是违反法律法规规定的规范性文件,必须坚决予以纠正。准确把握规范性文件的内涵和外延,着重审查规范性文件的合法性,确保规范性文件主体、程序、内容合法,不违反上位法的规定、不超越法定权限、不违法设立行政许可、行政强制和行政处罚等。在合法性审查工作中,坚持服务第一,多提建设性意见,确保规范性文件合法、顺利出台。

(四)部机关带头坚持行政处罚合法性审查工作

行政处罚合法性审查是执法监督工作的重要方面。住房和城乡建设部机关承担着大量的行政处罚工作,据统计,2002 年至 2011 年部机关共作出行政处罚 343 件。为确保行政处罚的合法性和合理性,专门制定了《建设部行政处罚工作规程》,明确在作出行政处罚前,由法制部门对处罚的事实、依据和程序等进行合法性审查,确保作出的行政处罚案件事实清楚、证据充分、定性准确、程序合法、处理适当。目前,尚未发生一起因行政处罚导致的行政诉讼。地方住房和城乡建设部门也采取多项措施,确保了行政处罚工作依法合规开展。

(五)下一步工作展望

进一步推进执法责任制工作,发挥行政执法责任制重点联系单位的示范作用,修订住房城乡建设系统行政执法责任制示范文本;进一步做好行政处罚自由裁量权工作,宣传贯彻《关于规范城乡规划行政处罚裁量权的指导意见》,组织修订《规范住房和城乡建设部工程建设行政处罚裁量权实施办法》和《裁量基准》(试行),指导地方住房和城乡建设部门做好行政处罚裁量权工作;继续坚持做好规范性文件和行政处罚合法性审查工作,确保规范性文件合法有效、行政处罚依法合规开展。

推进住房城乡建设稽查执法
工作发展与创新

在市场经济环境中,住房城乡建设主管部门要推动和实现行业的科学发展,首先要做好制度安排。经过多年来的努力,住房城乡建设领域出台了一系列法律、法规、部门规章、标准规范等,形成了较为完善的法律法规体系。但与此同时,伴随着我国城乡建设事业的蓬勃发展,建筑市场、房地产市场中一些主体受利益驱动,违反法律法规规定,扰乱市场秩序,损害群众利益的事件时有发生,城乡规划的权威性、严肃性在城市发展扩张中受到各种挑战,风景名胜区、历史文化名城中的自然和文化资源时常被破坏或损毁,违法行政行为也时有发生。这些问题的存在和蔓延,严重威胁着城乡建设事业的持续健康发展,要求建设主管部门认真贯彻落实科学发展观,进一步加大执法监督力度,形成行业的闭合管理,遏制违法违规行为,强化法律法规、政策的执行力,规范市场秩序,推进依法行政。

住房和城乡建设部结合地方实践的经验,开始探索住房和城乡建设系统稽查执法体制机制创新,从整顿和规范建筑市场秩序入手,逐步扩展至房地产市场专项治理、城乡规划实施监督、住房公积金督察等全领域,实现了稽查执法与行政监管工作的紧密衔接,初步建立了一支从中央到省(区)、市、县的稽查执法队伍。这支队伍遵循实事求是、依法稽查、惩防并举、促进发展的原则,围绕住房城乡建设中心任务加强执法监督,促使建设各方主体行为进入法制化轨道,有效预防和遏制了违法违规行为的发生。

　　经过十年的努力,我国城乡建设领域在大发展的同时,初步建成了有法可依、执法必严、违法必究的稽查执法体制机制,市场秩序逐步好转,各级建设主管部门的行政行为进一步规范,为住房和城乡建设的可持续健康发展奠定了基础。

一、稽查执法制度在创新中逐步完善

(一)设立建筑市场稽查执法临时机构,整顿和规范建筑市场秩序

　　21 世纪初期,建设领域宏观调控和市场监管的法律法规制度、经济政策体系和技术支撑体系尚不完善,建筑市场各方主体法制意识、信用观念还比较淡薄,不执行法定建设程序的问题十分突出,工程质量与安全事故时有发生,引起全社会的高度关注,监管工作形势严峻。2001年 4 月,国务院印发《关于整顿和规范市场经济秩序的决定》,明确提出在"十五"期间,将整顿和规范建筑市场秩序作为八项重点任务之一,重点查处在工程建设中规避招标和招投标中的弄虚作假、转包、违法分包和无证、越级承包工程,以及违反法定建设程序及不执行强制性技术标准、偷工减料、以次充好等行为。

　　2001 年 5 月,国务院第 100 次总理办公会议决定,由建设部选调一批有责任心、有经验的老同志担任全国建筑市场稽查特派员,并明确全国建筑市场稽查特派员由建设部管理。7 月,建设部出台《建筑市场稽查暂行办法》,明确"建设部派出稽查特派员,对建筑市场、工程质量和安全管理有关法律、法规的执行情况进行稽查。"同时设立全国建筑市场稽查特派员办公室,作为稽查执法临时机构,选聘了 24 名稽查特派员,主要职责是拟订建筑市场稽查的规章制度,稽查工程建设领域违法违规行为和地方各级建设主管部门及其工作人员是否依法行政、严格执法,并及时向建设部报告稽查情况,对被稽查项目存在的问题提出

处理建议。

2002 年 7 月,建设部出台《建设领域违法违规行为举报管理办法》,界定了建设领域违法违规行为涉及的主要内容,并规定由全国建筑市场稽查特派员办公室归口管理建设部受理的举报。4 年多的时间里,全国建筑市场稽查特派员办公室加强内部管理,制订建筑市场稽查特派员守则,建立并管理建设稽查监督举报系统,组织或参与专案稽查和专项检查,查处建设领域违法违规行为,为整顿和规范建筑市场秩序发挥了重要作用。

(二)成立住房城乡建设稽查执法常设机构,实行常态化的全领域监督

随着我国工业化和城镇化的快速发展,各地开发建设热潮涌现,市场形势发生变化,房地产市场、城乡规划、风景名胜区等方面的违法违规案件逐渐凸显出来。全国建筑市场稽查特派员办公室作为一个临时机构,权威性不够,没有固定编制和人员,工作难以保持稳定,严重制约了稽查执法工作的开展。

2005 年 7 月,经中央机构编制委员会办公室批准和人事部同意,建设部正式成立稽查办公室(原全国建筑市场稽查特派员办公室同时撤销),主要职责为组织对城乡规划、建筑市场、房地产市场和风景名胜区等方面违法违规行为的稽查,负责城市规划督察员制度的实施等。2009 年,稽查办公室的职责范围进一步拓展到住房保障、城乡规划、标准定额、房地产市场、建筑市场、城市建设、村镇建设、工程质量安全、建筑节能、住房公积金、历史文化名城和风景名胜区等十二个方面。

建设部稽查办公室成立后,在建章立制、完善体系等方面做了大量探索实践,稽查执法制度逐步完善。2009 年 4 月,住房和城乡建设部出台《关于加强稽查执法工作的若干意见》,明确了稽查执法工作的性质、工作思路、主要任务、基本要求等。2010 年 1 月,修订出台了《建设领域违法违规行为稽查工作管理办法》,对稽查工作职责、程序、措施、

要求、违规责任等做出具体规定，规范了稽查工作行为。编写出版了《住房城乡建设稽查执法工作手册》和《城乡规划督察工作手册》等。

(三)创建城乡规划督察制度,加大层级监督力度

城乡规划是保护和管理城乡空间资源、引导和调控城乡建设的法定文件。《城市规划法》、《城乡规划法》颁布实施以来,各地加大了城乡规划编制力度,城乡规划体系日趋健全,城乡规划对城乡建设的指导作用日益显现。为强化城乡规划的综合调控作用,促进城乡建设健康发展,迫切需要进行规划监督机制创新。

2002年5月,国务院发出《关于加强城乡规划监督管理的通知》,明确指出,建设部要对国务院审批的城市总体规划、国家重点风景名胜区总体规划的实施情况进行经常性的监督检查。为落实好国务院的要求,建设部借鉴英、法等西方发达国家的经验,开始探索建立城乡规划督察制度。2003年至2004年期间,我国四川、贵州、宁夏、重庆等省(区)市相继开展了城乡规划督察员试点工作。2005年,建设部出台《关于建立派驻城乡规划督察员制度的指导意见》,要求省级政府向下一级政府派出城乡规划督察员,对规划执行情况进行监督。2006年2月,国务院办公厅转发了建设部《关于加强城市总体规划工作意见的通知》,提出要全面推广城市规划督察员制度,对规划实施工作进行监督,及时发现、制止和查处违法违规行为。

2006年7月,建设部发出《关于开展派出城市规划督察员试点工作的通知》,正式启动部派城乡规划督察员试点工作。部派城乡规划督察员的主要职责是依据国家有关城乡规划的法律、法规、部门规章和相关政策,以及法定城乡规划、国家强制性标准,对国务院审批的城市总体规划、国家级风景名胜区总体规划和国务院批准的历史文化名城保护规划的执行情况进行实时监督,及时发现、制止和查处违法违规行为。为规范部派城乡规划督察员工作,先后出台了《住房和城乡建设部城乡规划督察员工作暂行规程》和《住房和城乡建设部城乡规划督

察员管理暂行办法》。

河北、浙江、安徽、广东、福建等地也相继建立了省派城乡规划督察员制度,吉林、安徽、陕西、山西、河南、贵州、新疆等地在贯彻实施《城乡规划法》的地方性法规中明确提出了建立城乡规划督察制度的内容。重庆、成都、昆明、太原等城市政府开始探索向所辖区县派驻规划督察员。城乡规划督察制度的建立,强化了上级政府或部门对下级政府城乡规划实施情况的层级监督、实时监督和专家监督,有效制止了违规建设蔓延的势头。

(四)创建住房公积金督察员制度,保障资金运转安全

住房公积金是解决缴存职工基本住房问题的长期储金,在改善职工住房条件、促进房地产市场健康发展等方面发挥了重要作用。随着归集规模越来越大,住房公积金已成为职工个人财产的重要组成部分,社会关注度也越来越高,保障资金安全成为监管工作的重中之重。为充实监管力量,强化监管措施,加强监管工作,根据《住房公积金管理条例》,住房城乡建设部、财政部、国家发展改革委、人民银行、审计署、银监会等六部门决定试行住房公积金督察员制度。

2010年6月28日,六部门联合印发《关于试行住房公积金督察员制度的意见》,第一批聘任了18名住房公积金督察员。督察员的主要职责是监督地方住房公积金政策执行情况。制度试行初期,督察员的工作重点是对利用住房公积金支持保障性住房建设试点城市进行巡查,及时发现和依法制止各种违法违规问题。督察员可通过列席会议、查阅有关文件和财务报表、召开专题会议、调查访谈等方式开展督察工作,对住房公积金决策、管理、运作、监管工作中存在的问题,有权依法制止,并及时报告住房城乡建设部。

试行住房公积金督察员制度,弥补了行政监管力量的不足,有利于形成决策科学、执行顺畅、监督有力的管理和监督体制,确保法规政策落到实处;有利于加强事前和事中监督,实现全过程监管,减少违法违

规问题带来的损失;有利于保障资金安全和有效使用,维护缴存职工合法权益;有利于强化对权力的制约和监督,维护社会和谐稳定,促进实现"住有所居"目标。

(五)推动地方稽查执法制度的建设,完善工作体系

1992 年 8 月,天津市建委在全国率先成立建设市场监察站,河北省建设厅紧接着于 1994 年成立建设监察办公室。2005 年,全国 31 个省、自治区、直辖市中,只有 11 个成立有专门的执法稽查机构,河北、山西、福建、江西、四川、贵州、甘肃 7 个省建设厅成立了综合性的稽查执法机构,北京、天津、上海、重庆 4 个直辖市分别按部门成立了规划、建设工程、房屋管理等专门的执法稽查机构。这些机构有的与其他单位合署办公,有的职能仅限于对建筑市场的稽查,省级稽查执法制度还很不完善,力量也比较薄弱。而省级稽查执法机构起到的是承上启下的作用,它的缺失或不完善,对全面推进稽查执法工作十分不利。

住房和城乡建设部高度重视推动省级稽查执法制度建设工作,着力加强调研督促和指导协调。在省级住房城乡建设主管部门的积极争取和相关部门的支持下,截至 2012 年年初,全国有 30 个省、自治区、直辖市成立专门的稽查执法机构,有近一半的机构被纳入行政序列。各省级稽查执法机构也得到进一步加强和完善,在职能上逐步拓展,机构也更加健全。云南、吉林等 15 省出台了加强稽查执法的指导意见和相关管理办法,坚持以制度管人,按流程办事,严格规范化执法。四川、安徽、河北等地对全省稽查执法队伍进行考核,推动基层队伍建设和工作开展,建立了比较健全的省市县三级稽查执法体系。

表1　2006 年以来省级住房城乡建设稽查执法机构成立情况

年度	新增机构数量(个)	成立机构的地区
2006 年	3	黑龙江、吉林、新疆
2007 年	1	浙江

年度	新增机构数量（个）	成立机构的地区
2008 年	2	江苏、安徽
2009 年	7	内蒙古、辽宁、湖北、广东、云南、宁夏、西藏
2010 年	4	海南、山东、广西、河南
2011 年	2	湖南、青海

截至 2009 年 7 月，我国 283 个地级设市城市中，有 180 个城市分别在建设、城乡规划、房地产（含住房保障和公积金）及园林绿化（含风景名胜区）等领域设立了稽查机构，共计 289 个。目前，部、省、市三级稽查执法体系已初具规模，基本覆盖住房城乡建设领域各方面工作。

二、十年来稽查执法工作取得的成就

十年来，各级住房城乡建设部门深入贯彻落实科学发展观，扎实推进稽查执法工作，推动从注重立法向立法、执法并重转变，在法制建设中更加注重法律法规的执行力，不断建立健全稽查执法制度；逐步从单一领域稽查向全面稽查执法转变，实现了与行政监管工作的紧密衔接；更加注重从事后查处向事前预防、事中监督、事后纠偏转变，争取将问题解决在事前事中；推进从查处问题向以查促管转变，助力于完善行政监管工作。这都为对保障中央在住房城乡建设领域重大决策部署的落实，促进依法行政，规范市场秩序和行政权力运行，维护群众利益，起到了不可或缺的作用。

（一）严肃查办案件，将建设活动主体行为纳入法制化轨道

查办案件是稽查执法工作永恒的主题。通过依法查办重大案件，直接有效遏制违法违规行为，震慑各类违法违规行为主体，维护公平、公正的市场秩序，净化市场环境。

1. 严肃查办了一大批违法违规案件

十年来,住房和城乡建设部稽查办公室共受理群众信件和网络举报 5112 件次,接听举报投诉电话 3200 余次,组织查办中央和部领导批示重大案件 330 件次,并通报了一批在社会上有影响的违法违规典型案件。

据不完全统计,仅 2010 年、2011 年,全系统共受理举报约 15.2 万件,查处违法违规问题 10 万余起。如山东查处某市一房地产开发项目超规划建设案,对建设单位处 6700 余万元罚款并没收违法收入,对设计、施工、监理单位和责任人及有关主管部门依法做出处理;四川查处了某市百货大楼拆除施工中发生坍塌工程安全事故案,对施工企业作出资质降级处理,将该企业伪造营业执照等违法行为移送工商、公安部门;湖北组织了对某项目违法超建的 8 层楼实施了强制拆除,等等。这些案件的查办,引起了社会各界的高度关注,有效遏制了违法违规行为蔓延的势头,维护了法律尊严。

2. 纠正违法行政行为

在查案中,注重从体制、机制和制度上查找问题,纠正违法行政问题,规范行政权力运行。如西南某省会城市在城市禁建区某生态林场内违规审批建设别墅项目,违法占用林地面积近 7000 平方米。市相关主管部门在明知项目没有立项手续、违反城市总体规划的情况下,发放了相关审批证书。稽查办公室查清事实后,责成当地规划、建设主管部门依法撤销违规核发的审批证书,对违法建筑依法拆除,其相关责任人也受到了党纪国法的惩处。在查处中部某省会城市的水源地保护管理单位在水源地一级保护区内违规建设职工住宅,威胁该市水源安全案时,责成该单位限期拆除违规建设的职工住宅楼,依法追究相关单位及责任人的责任。

3. 化解社会矛盾,维护社会稳定

积极宣传法律法规,在查处问题的同时,向有关方面做好宣传解释,妥善处理各方矛盾,保护群众利益。在遇到一些新闻媒体报道失实的情况,在查清案情的基础上及时澄清事实,实事求是地反映情况,避免引起不良影响。查办拖欠工程款案件时,优先解决农民工工资问题,避免引起群体性事件,保护弱势群体权益。查办房屋征收拆迁案件时,着力纠正违规强制征收和补偿安置不合理的问题,维护被征收人的合法权益。如纠正了中部某省会城市急于完成旧城改造任务,将存在质量问题的危旧房作为拆迁安置房分配给回迁群众的问题。查办房地产开发、城乡规划方面的违规案件时,注重对公众利益的维护。

4. 提出改进行政管理工作的建议

注重举一反三,发现案件中带有普遍性的问题,提出修订、完善和建立相关法律法规的建议。定期对群众举报情况进行分析,从中发现违法违规行为普遍性、规律性问题,发挥预警预报作用,如某商品房项目业主集体上访,以反映房屋装修质量等为由要求退房,实质是由于房屋销售价格有所下降,业主认为所购房屋贬值所引发的群体上访事件。在处理这类问题的同时,督促地方进一步加强对市场形势的监测,对市场下行可能引发的问题密切关注,提前做好应对预案,避免连锁反应,防止出现群体性事件,维护社会稳定。

(二)统筹重点稽查执法工作,实现稽查执法与行政监管紧密衔接

住房和城乡建设部始终将重点稽查执法工作作为促进行政监管目标实现的重要抓手,2009 年以来,还开始制定年度重点稽查执法工作方案,统筹安排全年重点稽查执法工作,取得了良好效果。

1. 推动了法律法规的贯彻实施

《建筑法》及《建设工程质量管理条例》、《建设工程勘察设计管理条例》、《建设工程安全生产管理条例》等建筑业的基本法律法规相继颁布实施后,住房和城乡建设部组织开展大量以建筑市场法律法规实施为核心的重点稽查执法工作,如开展全国整顿和规范建筑市场秩序专项工作,开展《建筑法》执法检查、安全生产、抗震设防检查等方面重

点稽查执法工作。对《城乡规划法》、《风景名胜区管理条例》、《民用建筑节能条例》等法律法规贯彻实施情况的监督检查,都对法律法规贯彻实施起到明显作用。

2. 推动了中央重大决策部署的贯彻落实

落实党中央"住有所居"的工作目标,开展保障性安居工程建设情况、农村危房改造试点工程检查等,督促保障性住房建设工作完成。开展房地产市场宏观调控相关政策执行情况的监督检查,实现调控目标。开展建筑节能、城镇减排监督检查,保障建设领域"十一五"节能减排目标任务完成。开展住房公积金专项检查,集中查处挤占挪用资金、违规贷款等行为,加大对历史遗留涉险资金的清收力度,等等。2008 年汶川地震后,落实党中央关于灾后重建的具体工作要求,开展了多次汶川地震灾后重建情况检查。

3. 推进了突出问题的解决

2004 年至 2007 年,针对建设领域拖欠工程款和农民工工资突出问题,多次开展检查,督促地方认真解决问题。针对部分地区违规建设楼堂馆所问题,2007 年,对党政机关办公楼等楼堂馆所建设项目开展清理复查工作。2008 年起,针对工程建设实施质量管理、房屋建筑和市政工程招投标监管以及违规变更规划调整容积率的突出问题,会同和配合有关部门开展工程建设领域突出问题专项治理、房地产开发领域违规变更规划调整容积率专项治理等。

全系统还围绕保护城镇公园绿地、风景名胜、历史文化资源,以及工程强制性标准实施等方面开展重点稽查执法。据不完全统计,2009 年以来,全系统共组织重点稽查执法工作万余次,对保障住房城乡建设中心工作顺利完成,推进住房城乡建设事业科学发展做出了应有的贡献。

（三）实施部派城乡规划督察员工作,确保国务院审批的城市总体规划有效执行

从2006年9月起,住房和城乡建设部陆续选聘了102名具有长期规划专业工作经历和行政领导经验的老同志,代表住房和城乡建设部,派驻到由国务院审批城市总体规划的89个城市,实地督察城乡规划的执行情况。

表2　历年住房和城乡建设部派出城乡规划督察员的城市名单

年度	新增城市数量(个)	新增城市名单	城市数量合计(个)
2006 年	6	南京、杭州、郑州、西安、昆明、桂林	6
2007 年	12	石家庄、太原、沈阳、大连、西宁、兰州、武汉、长沙、贵阳、南宁、福州、厦门	18
2008 年	16	哈尔滨、长春、呼和浩特、乌鲁木齐、银川、济南、合肥、成都、拉萨、南昌、广州、海口、深圳、青岛、宁波、苏州	34
2009 年	17	邯郸、保定、大同、吉林、大庆、无锡、徐州、常州、淄博、泰安、开封、洛阳、安阳、襄樊、荆州、珠海、柳州	51
2010 年	19	唐山、秦皇岛、包头、丹东、牡丹江、南通、扬州、镇江、泰州、嘉兴、绍兴、马鞍山、东营、新乡、焦作、南阳、黄石、佛山、东莞	70
2011 年	19	张家口、本溪、锦州、辽阳、盘锦、佳木斯、淮南、淮北、德州、烟台、潍坊、临沂、枣庄、平顶山、湘潭、株洲、衡阳、湛江、三亚	89

督察员大部分为国家注册城市规划师,具有正高级以上技术职称,或者曾任过省建设厅、市规划局及省市规划院领导,具有多年规划管理工作的实践经验,可以及时发现规划实施中的偏差。

督察员在工作中遵循"到位不越位、监督不包办"的原则,通过与市委、市政府领导和规划局领导班子成员加强联系沟通,及时了解政府的工作目标和重大决策,全面掌握全市规划实施动态,研究可能出现的问题,适时提出建议,提请政府注意。督察员在工作中做到了既管也帮,既注重发现规划实施中的问题,又注重积极协助地方规划部门查找

分析原因,探索解决之道。现在,各地政府已经切身感到规划督察工作对城市政府加强和规范规划管理是一种促进和帮助。

六年来,督察员凭着对规划事业的热爱和对城乡建设健康发展的责任感,通过列席会议、踏勘现场、调阅资料和卫星遥感核查等手段,严格落实禁建区、限建区、适建区"三区"管制和紫线、蓝线、黄线、绿线"四线"保护。共发出督察文书二百余份,及时制止侵占城市公共绿地、破坏历史文化街区和风景名胜资源等违法违规行为苗头六百余起。督察员提出的意见建议得到了地方党委、政府的重视和欢迎,在维护城乡规划权威性和严肃性,保护不可再生资源和促进城镇化可持续发展等方面发挥了重要作用。

(1)避免地方政府规划决策失误,维护城市公共利益。督察员在项目规划选址审批阶段,及时纠正了百余起在城市禁止建设用地和限制建设用地违规选址建设的问题,消除了城市建设中的隐患,保护了生态环境和公众利益。

如:督察员发现某市规委会会议上审议的三个建设项目的选址拟分别侵占城市总体规划中的市中心公共绿地、生态隔离绿地和城市水域生态保护区,实施后将破坏绿地系统格局,威胁城市饮水安全,当即指出问题,希望规委会慎重决策。经多方努力,市政府放弃了原来的决策,并正式表态将严格实施规划,不再占用禁建区进行建设。

又如:督察员发现某区政府拟将城市总体规划及绿地系统规划中明确为公园绿地的游乐园搬迁,并大面积压缩原地块具有应急避难功能的公共绿地进行开发建设。督察员及时发出督察意见书予以制止,并坚持不懈地跟踪。市政府最终正式发文,恢复开放性市政公园性质,还市民一片绿地。

(2)保护风景名胜和历史文化资源,保障城市可持续发展。督察员从事前预防的角度,严密监控风景名胜区和历史文化保护区范围内的建设情况,制止了百余起违反风景名胜区规划和历史文化名城保护规划进行开发建设的苗头和问题,有效保护了这些珍贵资源,维护了城市长远利益。

如:督察员在列席历史文化名城规划委员会议时发现,某市拟在古城核心区范围内新建一座大型商业建筑综合体,建筑高度超出了保护区限高,将严重影响保护区视觉通廊,向市政府发出建议。市领导高度重视,重新组织论证,严格按保护区限高确定设计方案,保护了古城的历史风貌。

又如:督察员发现某市政府为招商投资,准备应开发商要求调整位于风景名胜保护区内某地块的控制性详细规划,将部分旅游服务设施用地改变为居住用地,进行大规模房地产开发,且该地块处于已上报国务院待批的《风景名胜区总体规划》确定的保护范围内,及时向市政府发出督察建议书,要求停止调整控规、保护好风景名胜区景观。经多方努力,投资商最终放弃了该项目的实施,使景观资源免遭破坏。

(3)及时纠正违法违规行为,强化城乡规划执行力。督察员及时介入,纠正了一批违反规划擅自进行开发建设的行为。

如:督察员发现一个水产市场项目在未取得规划、建设手续的情况下擅自开工建设,多栋房屋占压了道路红线、高压走廊和公共绿地,规划局多次到现场制止均未果,便发出督察意见书,督促市政府依法对此问题进行严肃处理。在督察员的努力下,市政府依法拆除了违法建筑,维护了规划的严肃性。

又如:驻西北某市督察员在卫星遥感图斑核查过程中发现,某市辖县的房地产开发商占据了大面积的规划道路用地进行开发建设,使规划主干道变成了断头路,即发出督察建议书,并多次与市领导一起到现场督促整改。最终占压道路建筑被拆除,断头路被打通,并增加22.5亩高质量的景观绿地。

(4)完善规划管理长效机制,营造规划实施良好环境。督察员在及时发现和制止违法违规行为的同时,还注重督促地方建立健全规划管理工作的长效机制。

如:督察员在巡查中发现,某市辖区规划管理权下放,并且该市新区经省编办下发文件确定编制、职责,独立行使规划管理权。在广泛调研的基础上,督察员向市政府发出督察建议书,建议理顺规划管理体制。市政府高度重视,市长批示要求认真落实督察建议并正式致函建设部,明确规定规划区范围内的主城区、新区由市城乡规划主管部门统一管理,已下放的审批权收回。

又如:督察员发现,一些地方由于规划管理和规划执法相分离,在对违法违规案件的处理时,常常出现以罚代管、执法不严的现象。督察员就此发出督察建议书,提出"理顺城乡规划监督检查体制"的督察建议,得到了相关城市领导高度重视。一些城市成立了规划执法监察队伍,划清了规划执法责任,增强了规划执法的专业性,加大了违法建设的查处力度。

再如:督察员发现,有的城市总体规划、近期建设规划、控制性详细规划等编制比较缓慢甚至滞后,规划引导和调控作用未能充分发挥,城市建设有时处于无序状态,督察员把这一问题作为督察工作的重要任务,督促各地规划管理部门进一步加强规划编制的力度和进度,提高规划编制的质量和水平,保证城市规划指导作用。

实践证明,督察员通过监督"四线"等规划强制性内容的依法制定、严格实施,有利于强化规划的刚性原则,落实对不可再生资源的保护,避免规划决策失误造成重大损失,是制约地方当权者"以言代法、以权代法、违法干预、私改规划"的必要手段。这标志着,城乡规划管理已经从注重规划编制向既注重规划编制又注重规划实施监督转变,也为建立适合我国实际情况的民主监督体系提供了实践经验。

(四)利用卫星遥感技术辅助城乡规划督察和稽查,提高违法违规问题发现能力

利用卫星遥感技术是对城市规划实施情况进行周期性观测,通过前、后两期卫星遥感影像数据叠加分析,提取、发现变化图斑情况,与城市总体规划等相关法定图则数据对比,查找城乡规划执行中存在的问

题。2007 年,为增加建设部派城乡规划督察员发现城乡规划违规问题的手段,建设部开始从石家庄、郑州、昆明等 3 个城市试行利用卫星遥感技术辅助督察工作。2009 年住房和城乡建设部下发了《关于开展利用卫星遥感技术辅助城乡规划督察工作的通知》,明确了工作中部、省、市有关部门的工作任务,成为今后工作的基础。从 2007 年到 2012 年年初,利用卫星遥感技术辅助城乡规划督察工作城市已达到 89 个,覆盖到所有派驻城乡规划督察员的城市。

表 3　历年开展城乡规划动态监测城市名单

年度	新增城市数量(个)	新增城市名单	城市数量合计(个)
2007 年	3	石家庄、郑州、昆明	3
2008 年	10	哈尔滨、青岛、宁波、厦门、长沙、深圳、南宁、海口、西宁、拉萨	13
2009 年	15	呼和浩特、大连、长春、南京、苏州、无锡、杭州、合肥、福州、济南、广州、成都、西安、兰州、乌鲁木齐	28
2010 年	8	邯郸、沈阳、吉林、泰安、安阳、珠海、桂林、银川	36
2011 年	23 (4 月)	秦皇岛、保定、太原、大同、淄博、徐州、南通、扬州、镇江、嘉兴、绍兴、南昌、开封、洛阳、新乡、南阳、武汉、襄樊、荆州、佛山、柳州、三亚、贵阳	59
	11 (11 月)	唐山、包头、丹东、大庆、牡丹江、常州、泰州、马鞍山、东营、焦作、黄石、东莞	71
2012 年	18 (3 月)	张家口、本溪、锦州、辽阳、盘锦、佳木斯、淮南、淮北、德州、烟台、潍坊、临沂、枣庄、平顶山、湘潭、株洲、衡阳、湛江	89

相较于一些传统的发现问题渠道,卫星遥感技术发现问题具有以下特点:一是全面。通过卫星遥感等对地观测技术,可以监测所需要的所有地块的建设情况,既可以监测城市边缘、城郊结合部等不易发现的地块情况,也可以监测被既有建筑、围墙等环绕的用地上的建设行为,还可以监测山谷坡地、丛林岛屿等不易到达的地块情况。二是准确。

卫星遥感技术基础原理就是"照相",呈现真实的地面情况,场地平整、挖基开槽以及房屋建设等情况都会通过图像形态展现。同时,将遥感影像与规划图纸的定位叠加,则将实际用地与规划图纸对照起来,精准地定位地块和规划情况。三是及时。遥感监测期内的各种变化可以通过影像快速展现出来,便于及时发现各用地的使用情况,查找问题地块。

实践证明,卫星遥感技术已经成为发现问题的及时有效手段,如,西北某县一小区建设在城市的规划外环路上,由于该道路规划尚未实施,规划局巡查以及驻地督察员未发现。通过卫星遥感技术,发现该建设项目明显占压了规划中的外环道路,遂引发部省(区)市三级的联合处理,最终拆除了部分压占道路的项目,减少了对城市规划实施的影响,又如,河南某历史文化名城的历代城墙遗址周边,某企业利用自有用地改造建设某项目,通过卫星遥感技术,发现该项目侵占了规划中的遗址保护用地,最后在驻地规划督察员督促下,市政府决定拆除该违法建设并搬迁企业,保护不可再生的文化遗产资源。同时,卫星遥感技术也是辅助分析问题的有效手段。稽查办公室在对某市"围湖建设导致湖面缩小"的热点问题调查时,充分利用了卫星遥感技术手段。通过核查湖面10年来的水位变化及周边用地变化,发现湖面逐年减小问题确实存在;再与相关规划进行对比,发现该变化过程与规划编制及周边项目建设的关系,最终提出了关于湖泊蓝线管理中的问题和建议,引起政策制定部门的重视,成为蓝线管理办法修订的重要案例参考。

利用卫星遥感技术开展工作以来,稽查办公室已累计开展295期次工作;共发现卫星影像监测期内疑似建设行为的图斑5.2万余个。这些图斑交由督察员、规划局等比对核查,提供问题线索,其中,2100余个图斑交部派城乡规划督察员核查,对存在问题的图斑由部派督察员通过约谈领导、发出督察建议书、意见书等方式督促处理整改。2011年以来,近3000个未经规划许可的违法建设图斑交当地规划局,成为城市规划局、执法局查处问题的重要线索,提高了城市稽查执法工作的实效性。北京、深圳不少城市也已开始借助卫星遥感技术推进城市规划实施和执法工作。利用卫星遥感技术辅助城乡规划督察工作已经成为了及时、客观、准确发现城乡规划领域各类问题的一种重要手段,也形成一项部省、市联动发现处理城乡规划问题的重要工作机制。

（五）发挥住房公积金督察员作用,保障住房公积金规范安全运行

住房公积金督察员制度试行两年来,作用已经开始显现。

1. 推进住房公积金贷款支持保障性住房建设试点工作顺利进行

为拓宽保障性住房建设资金来源,发挥住房公积金对保障性住房建设的支持作用,2010 年 6 月 13 日,经国务院同意,住房和城乡建设部、财政部、发展改革委、人民银行、监察部、审计署、银监会联合印发《关于做好利用住房公积金贷款支持保障性住房建设试点工作的通知》,并确定了北京、天津等 29 个城市为试点城市,121 个项目为利用住房公积金贷款支持保障性住房建设试点项目,总贷款额度 502 亿元。试点工作开展以来,督察员对 29 个试点城市认真开展专题调研、专项检查、驻点督察、现场督导工作,认真听取试点城市人民政府及相关部门的意见建议,察看试点项目现场,帮助解决试点工作中出现的新问题,共发出督察建议书 34 份,为推进试点工作顺利进行发挥了积极作用。试点项目工程进度顺利,还本付息情况良好,贷后监管和贷后检查工作有序开展,为扩大试点工作奠定了基础。

2. 参与住房公积金涉险资金清收检查工作

两年来,督察员多次对有历史遗留住房公积金项目贷款和涉险国债资金的 21 个省(区)进行专项检查,加大清收工作力度。督察员认真查看相关原始凭证,摸清涉险资金实际情况。已有 4 个省(区)的涉险资金问题全部得到解决,有 26 个设区城市的涉险资金全部清收完毕。在涉险资金清收检查工作中,督察员分析问题清晰准确,提出建议切实可行,显示了其在财务、金融方面过硬的专业技能,发挥了不可或缺的作用。

3. 参与住房公积金案件稽查和调研工作

按照统一安排,督察员参与了国务院领导批示的住房公积金缴存职工的投诉举报某市数万教师住房公积金遭拖欠问题、某省省直住房公积金中心设置问题等10余项案件调查和调研工作,及时发现并纠正了一些明显违反《住房公积金管理条例》的问题,分析研究了住房公积金管理体制机制上的一些难题,提出了规范和改进住房公积金管理工作的意见建议,为完善住房公积金管理制度发挥了积极作用。

(六)开展治理商业贿赂工作,净化市场环境

开展治理商业贿赂工作,是党中央、国务院为推进新形势下反腐倡廉、推动经济社会又好又快发展的一项重大决策。2006年,建设部成立了治理商业贿赂领导小组。部党组书记、部长姜伟新同志多次对全系统治理商业贿赂工作提出明确要求,全系统紧密结合实际,强化源头治理,坚持教育、制度、监督并重,治理商业贿赂工作取得明显成效。

1. 认真组织开展自查自纠,住房城乡建设系统的突出问题得到及时有效整改

针对城乡规划、房屋和市政基础设施工程建设等容易发生商业贿赂的重点部位和关键环节开展自查自纠,广泛征求群众意见,共查找出制度建设方面的漏洞以及监管手段和方法等方面的问题5527个,均落实了整改责任,及时进行整改。如针对招标投标中围标串标、转包挂靠等问题,强化了标后监管,建立了有形市场和施工现场"两场联动"的机制;针对资质审批过程中容易引发商业贿赂等问题,推行了受理和审查分离的制度,部、省两级主管部门均设立了统一的受理窗口,实行专家独立审查制度,规范了资质审批自由裁量权;与监察部联合开展了房地产开发领域违规变更规划、调整容积率问题专项治理工作。

2. 与执纪执法部门联动,商业贿赂问题蔓延的势头得到进一步遏制

2006年,建设部率先与最高人民检察院建立了在查处贪污贿赂等

职务犯罪中加强协作配合的联动工作机制,实行"黑名单"制度,对有行贿犯罪行为的单位和个人在市场准入方面给予限制。全国80%以上的大中城市及近50%的基层主管部门与检察机关联合实行了"黑名单"制度,广东、陕西等20多个省级主管部门与检察机关建立了案件线索移送和协作配合制度。住房城乡建设部还与国土资源部、监察部、国家文物局等部门建立了联合查处的协调机制。据不完全统计,2006年以来全系统共查结商业贿赂案件807件,涉及金额2.46亿元。住房和城乡建设部会同高检院、监察部等部门,联合通报了商业贿赂典型案例26起,起到了警示震慑作用。

3. 强化长效机制建设,注重从源头上铲除商业贿赂问题滋生的土壤

各级住房城乡建设主管部门不断完善法规制度,推进体制机制改革,减少行政审批事项,规范自由裁量权,加强政务公开。住房和城乡建设部在法律法规、规章政策的制订、修订中增加了有关依法行政、防范商业贿赂的内容。如针对规划许可中擅自突破城市总体规划、随意修改规划指标等问题,在《城乡规划法》中强化了监督检查和责任追究条款;对通过行贿非法中标的,认定中标无效并处以中标项目金额5‰—10‰的罚款。近年来住房和城乡建设部共取消和调整行政审批事项近200项,全国绝大多数城市住房城乡建设主管部门建立了政务大厅或行政审批中心,实行"审管分离"和"一站式"服务。

4. 推进市场诚信体系建设,自觉抵制商业贿赂的行业氛围逐步形成

房地产市场方面,全国一级资质房地产开发企业和物业服务企业已全部纳入信用档案系统管理。5000余家房地产估价机构、1.9万余家房地产经纪机构及169万余个房地产估价项目相关信息全部通过信用档案系统予以公示。将企业及人员的信用情况与资质审批、人员执业注册结合,实行动态管理。建筑市场方面,2008年正式开通全国建筑市场诚信信息平台,在全国统一了诚信标准、信息平台、法规制度、奖

惩机制。印发《全国建筑市场注册执业人员不良行为认定标准（试行）》，与工业和信息化部、监察部等部门联合印发《工程建设领域项目信息公开和诚信体系建设工作实施意见》。此外，住房公积金个人贷款信息和部分住房公积金缴存信息与人民银行个人征信系统实现了信用信息共享。

5. 加强组织领导和调研督导，治理商业贿赂工作能力不断增强

各级住房城乡建设主管部门注重治理商业贿赂领导和工作机构建设，层层落实责任、明确工作任务，围绕重点部位、关键环节和热点难点问题开展经常性的监督检查和调研督导，将治理商业贿赂与行业监管工作紧密结合，共同推进。住房和城乡建设部治理商业贿赂领导小组及办公室多次赴除西藏外的 30 个省、自治区、直辖市进行调研、督导、检查，帮助地方解决治理商业贿赂工作中出现的问题。部组织上海、四川、河南、新疆四省（区）、市起草的《建设领域商业贿赂问题与治理对策研究》在中央治贿办研究成果交流会上作了典型发言；组织起草的《关于加大对行贿行为处罚力度的调研报告》得到了中央治贿办的好评。充分发挥报刊、广播、电视、网络等媒体的作用，广泛运用报告会、培训讲座、编印学习材料等方式，营造治理商业贿赂的舆论氛围。各行业协会也积极发挥桥梁纽带作用，引导行业自律，促使从业人员自觉抵制商业贿赂行为。

（七）组织开展全国房地产市场秩序专项整治，促进房地产市场健康发展

2007 年，针对房地产市场侵害群众合法权益、权钱交易、商业贿赂等违法违纪行为时有发生的问题，建设部会同国土资源部、财政部、审计署、监察部、国家税务总局、国家发展和改革委员会、国家工商行政管理总局联合下发了《关于开展房地产市场秩序专项整治的通知》，并在4 月初召开了专项整治工作电视电话会议，进行了深入动员和统一部署。

全国房地产市场秩序专项整治工作分动员部署、组织实施和总结巩固三个步骤实施,以项目为切入点、落脚点,紧紧围绕房地产开发建设和交易中容易发生违法违规、权钱交易问题的关键环节和重点部位,对在建并已进入商品房预售环节的房地产开发项目逐一检查,全面清理,对有投诉举报的项目进行重点调查。首先是组织有关开发企业、中介机构以及主管部门对在建并已进入商品房预售环节的项目开展自查。其次是地级以上城市主管部门在自查的基础上组织全面检查,依法打击扰乱房地产市场秩序的违法违规行为。再次是根据各城市检查情况,省(自治区)、市相关主管部门对各地级城市和相关项目进行抽查。最后八部门联合对这项工作进行抽查。

在专项整治期间,八部门先后多次到各省、自治区、直辖市调研督导,督促任务分工的落实,督促各地采取有效措施,加快纠正工作中的问题,巩固专项整治工作取得的成果。同时,及时总结、宣传地方专项整治工作,进行推广。

据统计,全国纳入专项整治范围的房地产开发项目有31577个,其中,通过企业和地方相关主管部门自查自纠、地级及以上城市全面检查,共发现违法违规的项目4800余个。对在自查和全面检查中发现的问题,相关企业和主管部门依照有关规定,及时进行了认真纠正和严肃处理。各地各部门共查处违法违规案件9029起,通报违法违规典型案件1788起,并将1804起违法违规行为计入相关企业信用档案。全国房地产市场秩序专项整治工作的实施,严厉打击了房地产市场违法违规行为,惩治了一大批违规主体,为净化房地产市场,营造公平交易环境,遏制房地产领域违法违规、权钱交易行为的蔓延发挥了重要的作用,有效促进了房地产市场的健康发展。

三、稽查执法工作展望

科学发展观的第一要义是发展。住房和城乡建设部始终把服务、保障和促进发展作为稽查执法工作的重要职责,努力做到查办案件、纠正违法违规行为与规范权力运行有机统一,认真检查和纠正影响和妨碍科学发展的问题。经过十年来的工作实践,稽查执法工作预防纠偏作用日益凸显,在加强市场监管、转变行政职能、创新体制机制、保障住房城乡建设中心任务顺利完成,维护法纪尊严中发挥了重要作用。回顾过去,展望未来,住房城乡建设稽查执法工作将审视过去,立足新起点,勇于开拓,积极进取,力争跨上新的台阶。

(一)稽查执法制度进一步完善

我国古代就有"制治于未乱,保邦于未危"的思想,就是要通过制度来治本。只有通过不断深化体制机制改革和制度创新,才能保证住房城乡建设稽查执法工作始终围绕科学发展的主题和加快转变经济发展方式的主线来谋划和推进。当前,住房城乡建设稽查执法工作从初创转入全面发展阶段,将在工作理念、发展思路、方式方法、体制机制创新上力求更大的突破,机构更加强化,职责更加明晰,工作更加制度化、规范化。坚持总结规范和探索创新并举,建章立制,将稽查执法工作上升到部门规章层面,权威性和严肃性明显增强。城乡规划督察制度和住房公积金督察制度进一步健全,覆盖面和影响力进一步提高,作用进一步凸显。全系统全面建立稽查执法制度,部、省、市、县稽查执法机构性质、职能进一步统一,能够切实履行好执法监督职责。

(二)稽查执法效能进一步提高

全系统稽查执法工作体系更加完善,分级负责、层级指导、上下联动的工作机制有效形成,对违法违规行为的查处更加及时有力。利用卫星遥感技术辅助城乡规划督察工作进一步完善,更多的信息技术运用于稽查执法工作,支持工作开展,稽查执法系统建成统一的受理举报和查办案件信息系统,及时预警预报,主动发现问题。稽查执法成果与住房城乡建设领域行政许可、评奖评优联动,与建筑市场、房地产市场诚信体系等对接,形成一处违规、处处受制受罚的局面。设立稽查执法专业人员准入和退出机制,考核奖惩机制,强化执法人员培训、管理,不断提高人员专业素质和法律素养,树立客观、公正、廉洁、为民的良好形象。

(三)为推进住房城乡建设事业科学发展服务

住房城乡建设稽查执法制度将始终立足于围绕中心,服务大局,找准职责定位,加大对保障性住房建设、房地产市场秩序、住房公积金管理、城乡规划实施、建筑节能和城镇减排、建筑市场秩序、工程质量安全、强制性标准实施等中心工作的监督检查力度,保证中央在住房城乡建设领域的重大决策部署和各项法律法规得到贯彻落实。通过努力工作,使得各类违法违规行为能够得到及时、有效的查处与遏制,建设活动各方主体的遵法、守法意识进一步提高,公平有序的市场竞争环境逐步形成,行业发展环境进一步优化,市场秩序进一步好转。稽查执法工作的治本功能进一步发挥,对行政管理工作的促进作用更加明显,真正实现为住房城乡建设事业科学发展保驾护航。

筑牢基础，开创建设标准定额工作新格局

工程建设标准定额作为工程建设活动参与各方的行动准则，是经济建设和项目投资的重要制度和技术依据，对贯彻落实党和国家有关方针政策，保护人民群众生命财产安全，保障建设工程质量，节约能源资源，提高项目投资效益，促进建设事业科学发展等，具有重要作用。

党中央、国务院高度重视标准定额工作，胡锦涛总书记、温家宝总理、曾培炎副总理、李克强副总理多次作出重要指示，强调要建立健全法律法规和标准体系，从法规、标准、政策、科技等方面采取措施，推进工作，为标准定额的发展指明了方向。党的十六大以来，工程建设标准定额按照科学发展的要求，紧紧围绕全面建设小康社会目标，认真落实国家战略规划和产业发展等方针政策，坚持改革创新、突出重点领域、注重工作实效，为工程项目的科学决策，保障工程质量安全，节约和合理利用能源资源，保护公共利益，规范建设市场行为等做出了积极贡献。

一、十年来的重点工作

十年来，标准定额工作始终以科学发展观为指导，坚持以人为本，突出全面协调可持续发展的要求。在定位上，从国家经济社会发展的全局来考虑，把标准定额工作作为一项基础性、战略性工作来抓；在思路上，紧紧围绕中心工作，加快重点领域标准定额的制修订速度，不断

强化标准定额的实施监管力度,充分发挥标准定额的引导约束作用;在机制上,更加注重部门的协调配合,更加注重发挥地方的积极性,更加注重依靠专家的力量;在体制上,坚持改革创新,在不断完善标准定额体系的同时,不断完善法规制度、理顺管理职责,促进标准定额工作深入发展。

(一)加快重点标准定额的编制工作

认真落实党中央、国务院领导的指示精神和国家有关决策部署和战略规划的要求,以确保工程质量安全、推行更加严格的节能节材节水标准为重点,加强重点标准定额的编制工作。

十年来,工程建设标准总数已由 2002 年年底的 3674 项增加到 2011 年年底的 5629 项,新增标准 1955 项,约占现行标准总数的 35%。截至 2011 年年底,发布建筑、设备安装、装饰装修、市政、城市轨道交通等全国统一计价定额 95 册,各地区、各行业编制和发布了专业计价定额约 495 册、地方计价定额约 1038 册。会同国家发展和改革委批准发布为固定资产投资建设和管理的需要的建设标准 73 项,占建设标准发布总量的 50%。

(二)建立完善工程建设标准体系框架

组织开展了《工程建设标准体系》框架的研究和编制,下达了城乡规划、城镇建设、房屋建筑、石油化工、有色、冶金、医药、电力、煤炭、化工、纺织、建材、林业、电子、铁路以及石油天然气等 17 个领域工程建设标准体系框架的编制计划,已批准发布了 11 个部分,为落实科学发展观、逐步建立和完善我国工程建设标准体系奠定了坚实基础,同时也为提高工程建设标准化工作的科学性、预见性以及民主化决策水平,提供了科学依据。

（三）推动工程建设标准体制改革

创新工程建设标准体制,在继续完善《工程建设标准强制性条文》的同时,进一步开展全文强制标准的研究和编制。2005 年发布的我国第一部以工程的功能、性能为基础的全文强制国家标准《住宅建筑规范》,标志着我国工程建设技术法规与技术标准相结合的工程建设标准体制,进入了一个新的发展阶段。近年来,陆续编制的《城镇燃气技术规范》、《城市轨道交通技术规范》、《城镇环境卫生技术规范》、《城镇给水排水技术规范》等全文强制标准,基本形成了以完整工程为对象,以工程的功能、性能为目标的全文强制标准制定原则,为进一步深化工程建设标准体制改革奠定了基础。

（四）加强工程建设标准实施与监督

工程建设标准实施监督工作在创新体制机制、转变管理理念、完善监管方式等方面,积极探索。成立了实施指导监督处,负责指导监督各类工程建设标准的实施工作。完善工程建设标准实施监督制度,出台了《实施工程建设强制性标准监督规定》(建设部令第 81 号),明确规定在中华人民共和国境内从事新建、扩建、改建等工程建设活动,必须执行工程建设强制性标准,同时明确了监督职责、监督内容和法律责任。加强工程建设标准宣贯培训,在全国集中培训《工程建设标准强制性条文》近 150 万人次,对建筑节能、建筑抗震、城市轨道交通、混凝土结构工程等重要标准开展重点宣贯培训。组织对部分省市和行业工程建设强制性标准执行情况进行了试点检查,指导地方开展工程建设标准实施情况专项检查,在探索工程建设标准监督检查模式的同时,推动地方、行业开展工程建设标准实施监督工作。启动了工程建设标准实施监督试点工作。按照有利于促进转变政府职能,有利于提高政府行政效能和管理水平,有利于提高服务社会和公众能力的工作要求,结合国家电子政务建设发展的要求,在深圳、海南、江西等省市开展了工程建设标准实施监督试点工作,把执行强制性标准的情况与企业资质、个人诚信档案联系起来,建立工程建设标准实施监管平台。为满足强制性条文实施与检查监督工作需要,开发了房屋建筑强条检索系统。城乡规划和城乡建设部分的强条清理以及相应检索系统的开发工作也已启动。在住房城乡建设领域现场专业人员职业标准中增设了标准员,规定了职业岗位的职责任务,及其履职所需的专业知识和专业技能要求,有力地促进企业标准化工作。组织开展了全国高强钢筋推广应用工作。会同工业和信息化部联合印发了《关于加快应用高强钢筋的指导意见》,提出"十二五"期间高强钢筋推广工作目标和主要工作。在此项工作中,充分体现出《混凝土结构设计规范》等系列标准对国家相关政策落实的基础支撑作用,同时也反映出相关政策对标准实施的重要推动作用。

(五)完善工程建设标准定额法律法规制度

为适应工程建设标准化发展的需要,陆续出台了一系列部门规章和规范性文件。《工程建设标准复审管理办法》的发布,建立了工程建设标准复审制度;修改了《工程建设标准编写规定》,相继发布了《工程建设标准翻译出版工作管理办法》、《工程建设标准英文版出版印刷规定》、《工程建设标准英文版翻译细则(试行)》。

为规范建筑市场中各方主体的工程计价行为,建立公平良好的市场秩序,发布了《建筑工程施工发包与承包计价管理办法》、《建筑安装工程费用项目组成》、《建设工程价款结算暂行办法》、《建筑工程安全防护、文明施工措施费用及使用管理规定》等部门规章和一系列规范性文件;为了促进造价咨询业的发展,加强行业自律管理,发布了《工程造价咨询单位管理办法》、《注册造价工程师管理办法》和《关于由中国建设工程造价管理协会归口做好建设工程概预算人员行业自律工作的通知》等部门规章和规范性文件。

（六）加强基础理论研究

为了推动工程建设标准化发展,积极开展了世界贸易组织(WTO)后过渡期工程建设标准化对策的研究、"工程建设地方标准化工作现状和发展战略"研究、"工程建设标准对国民经济和社会发展的影响"、"工程建设标准的知识产权问题"、"工程建设标准实施与监督机制"、"工业建设领域标准规范现状和发展战略"、"工程建设标准的国际化战略"等重要课题研究,同时,组织开展了"十一五"、"十二五"工程建设标准化发展问题的研究,完成了工程建设标准化"十一五"、"十二五"发展规划。

针对政府投资工程建设标准发展面临的机遇和挑战,开展了5个专题11个子项的政府投资工程建设标准战略研究,通过对美、加、德、日、英、法等发达国家政府投资工程标准研究,以及对中国古代社会各类建筑制度、标准的专项研究,推动了工作的前瞻性、预见性目标的实现,为建设标准又好又快的发展奠定了坚实基础。

为充分利用信息技术做好标准的实施与监督工作,厘清工程建设全过程关键环节、关键点的适用标准及强制性条文,促进标准的实施,实现对标准实施的全过程动态监管,开展了《工程建设标准实施与监督关键点研究》。为建立并完善标准化自身评价体系,研究编制了国家标准《工程建设标准实施评价标准》,同时开展了《"三新"许可制度的评估及管理方式研究》。为进一步推广应用高强钢筋工作,对推广应用模式、经济扶持政策、重点的技术措施开展了中外对比研究。

（七）建立宏观调控下由市场形成的工程造价的体制

随着计划经济向市场经济的转变,需要有新的适应市场经济发展的、通过市场竞争机制合理形成造价的计价方式来确定工程造价。2001年,在研究国外市场经济发达国家有益的工程造价管理经验的基础上,结合我国的实际情况,提出了"国家宏观调控,企业自主报价,市场形成价格"的工程造价管理思路。2003年,国家标准《建设工程工程量清单计价规范》的批准发布,标志着我国工程造价管理步入了市场化管理的新时代。工程量清单计价制度的建立,把价格的决定权逐步交给发承包单位,交给建筑市场,并最终通过市场来配置资源,决定工程造价,充分发挥了工程建设市场主体的主动性和能动性,是一种与市场经济相适应的工程计价方式。

(八)工程造价信息化制度逐步建立

2007 年,开通中国工程造价信息网(www. cecn. gov. cn),实现了部与全国各省市工程造价信息的及时互动交流,为工程建设服务,为宏观决策提供依据。为进一步加强全国工程造价信息化建设,组织制订了工程造价信息化工作规划和工作制度,通过国家、行业和地区建设工程造价信息平台的建设、维护和运行,及时准确地发布了工程造价信息,初步形成了工程造价信息网络发布系统。建立了分地区的人工成本、住宅和城市轨道建筑安装工程造价指标、建筑工程材料、施工机械信息价格发布制度和基本信息。在建设工程造价信息网上,每季度、每半年发布全国省会城市人工成本信息、住宅工程建安造价信息,完成了约1000 多个典型住宅工程造价数据的积累。建立并完善了全国性的工程造价咨询企业、造价工程师的电子政务管理系统。

(九)加强工业建设领域工程建设标准化

针对我国工业建设领域部分行业标准水平落后、标准化工作几乎停滞的状况,2004 年国务院领导做出重要批示。在财政部专项经费的大力支持下,各有关行业协会和标准化机构密切配合,开展了清理工作,制定了工业建设领域标准规范发展规划,提出了 3—5 年内工业建设领域标准规范制订、修订工作计划。下达了 334 项、涉及 14 个工业行业的标准规范和 10 个标准体系框架的编制任务,发布了 70 余项有关标准,基本扭转了工业领域标准化工作的被动局面。同时,为理顺工业建设领域标准规范管理工作体制机制,经国务院领导同意,成立了

"建设部工业建设领域标准规范工作协调委员会"，建立了经常性工作制度，形成了统一协调、分工负责、有序推进的工作机制，改变了工业建设领域标准化管理的被动局面。

(十)积极开展建设项目决策阶段标准定额工作

围绕为控制"投资"和建设项目科学性提供决策依据为目标，以政府投资项目为重点，开展项目建设标准的制定。组织编制了城市与农村的中小学校、医院、老年养护院、公共图书馆等改善民生的公共服务设施建设标准，为社会建设和促进城乡基本公共服务均等化要求提供保障。组织了编制的法院法庭、检察院办案用房、公安业务技术用房、司法业务用房等政法基础设施建设标准的制定，基本形成了我国政法基础设施建设标准体系，并开展了政法基础设施建设项目工程综合造价指标的收集、测算和发布工作，为政法基础设施建设项目的投资提供了依据。编制完成了城市轨道交通、公共停车场、城镇供热厂等建设标准，适应了工业化、城镇化发展的需要。编制完成了城市污水、垃圾以及小城镇污水、垃圾处理等城市基础设施建设标准，为建设资源节约型、环境友好型社会提供决策依据。开展了石油储备库等建设标准的编制，保障了石油管线安全和储备的需要。组织编制了粮食仓库、植物油库等建设标准，为保障人民群众基本生活必需品供应，维护市场秩序和抑制价格上涨提供基础保障。

同时，《建设项目经济评价方法与参数》(第三版)、《建设项目经济评价方法与参数》(第三版)、市政、风景园林、公共卫生等行业实施细则和《建设项目评价方法与参数专项规划》的研制，为建立和完善投资宏观管理秩序基础，实现投资建设精细化管理发挥了重要作用。

(十一)加强无障碍环境建设

为构建社会和谐，方便残疾人、老年人等特殊群体和全社会成员参与社会生活,共享经济社会发展成果,2002 年起,会同民政部、全国老龄办、中国残联加强对无障碍设施建设工作的指导力度,组织北京、天津、上海等 12 个城市开展了创建全国无障碍设施建设示范城活动,推动我国城市无障碍建设加快发展速度,道路、公共建筑无障碍化有了较大提高。2005 年,在回良玉副总理出席的"创建全国无障碍设施建设示范城市总结大会"上,对 12 个城市予以命名。

为进一步增加无障碍设施建设数量、扩大分布范围、提升城市无障碍设施建设的总体水平,2007 年四部门全面规划开展"十一五"100 个无障碍设施建设城市创建工作,通过此次创建,表彰了北京市等 60 个"'十一五'创建全国无障碍建设先进城市",授予长春市等 30 个城市"'十一五'全国无障碍建设创建城市"称号。同时,为发挥标准规范对残疾人基础设施建设的引导和约束作用,发布了《无障碍设计规范》、《无障碍设施施工验收及维护规范》、《残疾人综合服务设施建设标准》等国家标准和建设标准,《地方残疾人托养服务机构建设标准》、《地方残疾人康复服务机构建设标准》已完成征求意见稿。这些标准的编制,进一步完善了有关残疾人基础设施建设的标准体系。

(十二)推动工程建设标准信息化建设

2006 年,开通国家工程建设标准化信息网(www. ccsn. gov. cn),建立了工程建设标准制修订管理系统、标准信息网络发布系统、文献服务、地方与行业标准信息系统等在内的国家工程建设标准信息资源平台。网站的开通体现了政府管理的公平、公正、公开,加强了工程建设标准化的信息交流,提高了工程建设标准化工作效率,为我国工程建设标准化的可持续发展提供了先进、高效的基础保障。

(十三)加强地方工程建设标准化

各地建设主管部门普遍加强了工程建设地方标准化工作,机构进一步明确、体制机制初步形成、队伍不断壮大,初步形成了职责明确、机构完善的地方工程建设标准化工作格局。河北、山东等省级建设行政部门下设标准化管理办公室或标准定额管理站,同时,各省辖市的工程建设标准化工作机构也大都设在各市工程建设标准定额站、造价办,或在住房和城乡建设局设标准定额科。标准制修订得到加强,标准化交流和研讨整体上呈现越来越活跃的态势。2003 年以来共批准发布 1854 项地方标准,超过了五年前地方标准的总量,达到了 2051 项。西藏自治区建设主管部门创历史地编制完成了两项地方标准,标志着我国工程建设地方标准对全国 31 个省、区、市的全面覆盖。

(十四)加强工程建设标准、造价专业人员队伍建设

2011 年下发的《关于调整住房和城乡建设部标准化技术支撑机构的通知》,对原有标准编制组织机构进行了调整,新建立 21 个标准化技术委员会,进一步增强了标准化技术管理力度,保障标准的编制质量和水平,更好地发挥标准对住房城乡建设事业的支撑保障作用。同时国务院各部门、工业建设领域各有关行业协会、标准定额研究所和中国工程建设标准化协会的管理职能得到进一步增强。标准化队伍不断壮大,全国从事和参与工程建设标准化工作的人员近 10 万余人。

通过造价工程师执业资格制度和造价员从业资格制度的建立和完善,形成了造价工程师和造价员两个层次的专业人员结构。工程造价专业人员资格考试、继续教育均步入正轨,人才队伍的执业能力和发展能力显著增强。截至 2010 年年底,全国造价工程师已达 11.5 万人、造价员达 60 多万人,基本满足了工程建设领域对工程造价专业人才的需求。

二、取得的主要成效

围绕我国经济建设改革发展的客观要求,在科学发展观的统领下,我国工程建设标准定额工作在建立具有中国特色的工程建设标准定额

法规体系、标准体系和实施监督体系等方面取得了一系列的丰硕成果，对我国经济社会发展产生了积极的作用。

（一）标准对国民经济领域实现全覆盖，促进经济可持续发展

十年来，我国经济社会快速发展，取得了巨大成就，尤其是近几年，随着城镇化、工业化、信息化、国际化、市场化进程加快，我国每年工程建设完成的固定资产投资占总额的比例持续超过60%。工程建设标准服务于工程建设活动全过程，其对国民经济和社会发展起重要的支撑保障作用，建立较为完善的工程建设标准体系，有力地保证了国民经济和社会发展建设事业的顺利开展，促进了我国经济和社会平稳较快发展。根据《工程建设标准对国民经济和社会发展影响》研究结果，我国工程建设标准对 GDP 的贡献为 0.49 个百分点，实施工程建设标准对我国经济增长产生显著的拉动作用。

（二）有力地保障建设工程质量和安全，减少工程质量安全事故的发生

工程建设标准作为建设工程规划、勘察、设计、施工、监理的技术依据，应用于整个工程建设过程，是保证质量安全的基础。近年来，安全事故时有发生，直接危害人民的生命和财产安全，影响社会稳定，已成为社会关注的焦点问题。针对发生安全事故的原因和影响安全的因素，通过标准化，规范人的行为，控制材料、设备的质量，并配合法律法规强化安全管理，能够进一步消除安全隐患，减少安全事故。近年来，以保障人民群众生命财产安全、维护公共利益为重点，开展大量保障工程施工质量和安全标准的制（修）订工作，包括《建筑施工升降机安装、使用、拆卸安全技术规程》、《建筑施工企业安全生产管理规范》等三十多项国家标准和《建筑施工模板安全技术规范》、《建筑施工土石方工程安全技术规范》等八十多项行业标准，以及全国各省市编制的大量保障工程质量和安全的技术标准，有效地减少了安全、伤亡事故的发

生,有效地保障了工程质量和安全。

(三)推动建筑节能发展,促进资源节约、环境友好型社会建设

《国家中长期科学和技术发展规划纲要(2006—2020 年)》将城镇化与城市发展作为重点领域,将建筑节能与绿色建筑作为优先部署的任务,明确提出要实施技术标准战略。党的十六大以来,建筑节能及相关标准的修订工作,得到了深入发展,《绿色建筑评价标准》、《节能建筑评价标准》、《夏热冬冷地区居住建筑节能设计标准》、《严寒和寒冷地区居住建筑节能设计标准》等一百多项重要国家标准、行业标准的制定和修订,不仅使民用建筑节能标准从《北方地区居住建筑节能设计标准》,扩展到覆盖全国各个气候区的居住和公共建筑节能设计,而且使建筑节能从采暖地区既有居住建筑节能改造,全面扩展到所有既有居住建筑和公共建筑节能改造,从建筑外墙外保温工程施工,扩展到了建筑节能工程质量验收、检测、评价、能耗统计、使用维护和运行管理,从传统能源的节能,扩展到太阳能、地热能、风能和生物质能等可再生能源的利用,基本实现对民用建筑领域的全面覆盖,也促进了施工先进适用技术通过标准得以推广,形成了具有中国特色的建筑节能标准体系,为我国全面开展建筑节能工作提供了有效的技术支撑,为顺利实现我国节能目标提供了技术保障,为我国履行减排义务做出了重要贡献。

(四)促进科研成果和新技术在工程建设领域的推广应用

党的十七大提出,要加快转变经济发展方式,推动产业结构优化升级。工程建设标准在科技成果转化为现实生产力的过程中起到了桥梁和纽带作用。《清水混凝土应用技术规程》、《建筑陶瓷薄板应用技术规程》、《逆作复合桩基技术规程》等几十项应用新技术、新材料的工程建设标准的批准发布,有力地促进了新技术、新材料在工程中应用,推动了建设领域技术进步。特别是近年来对高强钢筋的推广应用,成为

对新技术、新材料应用的成功典范，为促进钢铁工业转型升级，推动建筑业技术进步，转变经济发展方式发挥了重要的作用。就主要影响高强钢筋使用的国家标准《混凝土结构设计规范》和《建筑抗震设计规范》的修订中，纳入了500MPa钢筋，其他相关工程建设标准围绕500MPa钢筋的应用进行了相应调整。据测算，根据新规范的要求，在建设工程中用400MPa级及以上高强钢筋替代目前大量使用的335MPa级钢筋，平均可节约钢材12%以上，同时，每年可减少约1600万吨铁矿石、600万吨标准煤、4100万吨新水的消耗，同时减排2000万吨二氧化碳、2000万吨污水和1500万公斤粉尘，实现国家节能目标。在减少钢铁生产能源资源消耗和污染物排放的同时，将有效缓解铁矿石进口、煤炭和电力供应压力，节省环境容量，提高建筑"四节一环保"水平，带来可观的经济、社会和环境效益。

（五）保障社会公众利益，规范城市基础设施和重大工程建设

工程建设标准化是城镇化建设和城市发展的重要技术支撑手段，能够有效地将整个社会的工程建设环节有机地协调起来，将工程建设领域创造的成功经验加以肯定和推广，使复杂的管理工作更加系统化、规范化和简单化。工程建设标准的重要作用之一就是保障社会公众利益，指导城市基础设施和重大工程建设。

近年来，为配合我国城市污水再生利用和垃圾处理工作，落实建设事业中心工作重点，发布了《城市污水再生利用》、《生活垃圾焚烧厂运行维护与安全技术规程》等一系列污水、垃圾处理工程的工程建设标准，涉及了处理工艺、设备、排放指标要求等等，为污水、垃圾处理工程的建设提供了有力的技术支撑，保障了污水垃圾的无害化处理，根据"十二五"全国城镇污水处理及再生利用设施建设规划、生活垃圾无害化处理设施建设规划，截至2010年年底，我国城镇生活污水处理能力达1.25亿立方米/日，生活垃圾无害化处理率达63.5%，取得了巨大的社会和环境效益。

按照国务院优先发展城市公共交通的要求,突出了城市轨道交通标准定额的制定,开展了《城市轨道交通标准体系》研究,发布了城轨交通工程估算指标、概预算定额以及费用定额等一整套计价依据,先后下达了50余项相关标准的制(修)订任务,为完善城市轨道交通标准定额体系奠定基础。铁道、水利等部门及北京、上海等省市,结合青藏铁路、三峡工程、奥运工程、世博工程等国家重大工程的建设,开展专题研究,制定了一系列配套的标准定额,保障了工程建设的顺利开展,确保了工程质量和安全。

(六)建立适应国际规则的新标准体制,标准国际化战略稳步实施

进入21世纪,经济全球化进程不断加快,世界贸易组织(WTO)中的重要多边协议《技术性贸易壁垒协议(TBT)》和《实施卫生与植物卫生措施协议(SPS)》,已经成为影响全球经济和科技发展的重要游戏规则,国家之间传统的关税壁垒逐步打破,贸易技术壁垒正成为当今各国保护本国市场普遍采取的形式。随着技术标准在国际贸易中的地位逐渐提升,标准的竞争已经成为国际经济和科技竞争的焦点。从国际通行的做法看,市场主体的多元化、社会需求与参与的广泛性以及标准服务的广泛性,均对工程建设标准化提出了新的要求。

我国已融入世界经济体系,近年来,紧紧围绕建立并完善社会主义市场经济体制和加入世贸组织的需要,对工程建设强制性标准与推荐性标准相结合的标准体制做了重大调整,进一步探索符合国际规则的工程建设技术法规与技术标准相结合的新体制。根据国外技术法规研究和制定的最新动向,在《强制性条文》的基础上,结合在房屋建筑、城市轨道交通等技术法规试编中的经验,以住宅建筑为突破口,组织制定了《住宅建筑规范》、《城镇燃气技术规范》、《城市轨道交通技术规范》、《城镇环境卫生技术规范》和《城镇给水排水技术规范》等全文强制工程建设标准,并且形成了以完整工程为对象,以工程的功能、性能

为目标的全文强制标准制定原则。为充分利用世贸组织相关协议,在遵守国际规则的同时,构筑符合正当目标的技术性措施,合理保护国内市场,保护民族工业,抵御国外产品和技术的冲击,提升与更新工程建设标准的技术水平,积极参与国际标准化活动,推广我国工程建设标准化理念,为实施"走出去"战略奠定良好的基础,为我国工程建设企业进入国际建设市场消除技术壁垒奠定技术基础。

(七)工程造价咨询业初具规模,工程造价咨询业发展态势良好

工程造价咨询从依附和服务于设计进行过程计价,到成为建设市场认可的主体,成为工程造价控制的主体。通过培育工程造价咨询企业和造价工程师执业资格制度的建立,工程造价咨询业已经成为建设市场不可缺少的服务机构,工程造价咨询已经成为决策阶段的经济评价,设计阶段的造价控制,工程交易阶段的合同价格的确定、施工阶段工程款的拨付、工程竣工阶段的工程结算和工程决算的基础,工程造价咨询正在从单一的各阶段工程计价和控制,发展成为建设项目全过程造价管理。

工程造价咨询产业经过十多年的发展,截至 2011 年年底,中国内地共有工程造价咨询企业 7000 多家,其中,甲级资质咨询企业 2150 多家,乙级 5000 多家。形成了年产值 300 亿元的咨询产业,该产业的形成不仅为工程建设事业做出了重要的贡献,也使工程造价专业人员的地位得到了显著提高。

(八)工程造价行业组织建设和行业自律不断加强,国际地位不断提高

根据国务院《关于规范工程造价咨询行业管理的通知》(国清[2002]6 号文)提出的"明确工程造价咨询行业的社会功能和地位,强化行业协会的组织机构和队伍建设"、"支持行业协会建立行业自律机制"的要求,以及建设部《关于由中国建设工程造价管理协会归口做好

建设工程概预算人员行业自律工作的通知》精神,中国工程造价协会制定的《造价工程师执业道德行为准则》、《工程造价咨询单位执业行为准则》、《工程造价咨询合同示范文本》、《工程造价咨询业务操作指导规程》等行为准则和规程,以及"工程造价咨询行业倡议书"、"工程造价咨询成果文件执业质量检查办法"、"工程造价咨询企业和注册造价工程师信用档案信息管理办法"等一系列行业自律管理文件的发布,初步建立起以执业道德准则、执业规范、执业质量标准、造价咨询企业和造价工程师信用档案等为主要内容的造价咨询行业自律管理体系,取得了重要成果。对规范工程造价咨询市场秩序、促进工程造价咨询企业健康发展,打下良好的基础。

与此同时,中国建设工程造价管理协会重视国际间的交流与合作,在国际的声望显著提高。经建设部党组同意,上报外交部批准,中价协作为中国的唯一代表分别于 2003 年、2007 年加入亚太区工料测量师协会(PAQS)和国际造价工程联合会(ICEC)。此后,作为正式会员,积极组织会员代表参加了历届 PAQS 年会和第 9、10 届 ICEC 世界代表大会,国际交流广泛,国际地位不断提高。

(九)着力解决为残疾人、老年人等弱势群体服务的民生问题,为构建和谐社会工作作出积极贡献

通过推进标准规范、创建城市示范等一系列措施,我国无障碍设施的建设数量和水平都得到了提升,仅"十一五"期间,创建城市共新建和改造无障碍缘石坡道约 46 万个;实施特殊教育学校无障碍改造 300余座,康复中心无障碍改造 600 余个,残疾人综合服务设施无障碍改造1700 余家,残疾人家庭无障碍改造约 3 万余户;实施老年人服务设施无障碍改造约 1 万项,养老机构无障碍改造约 0.3 万家,老年人家庭无障碍改造约 5 万余户。我国无障碍设施覆盖的范围明显扩大、数量显著增多、规范化程度和建设质量得到提高。城市道路的无障碍设施进一步普及,公共建筑无障碍建设取得突破,公共交通设施无障碍建设逐

步开展,残疾人、老年人服务机构的无障碍设施逐步完善,残疾人家庭无障碍改造开始启动,居住建筑和住宅小区的无障碍设施建设逐步配套;全社会关注、参与无障碍建设的氛围正在形成,为构建和谐社会,做出了积极贡献。

三、下一步工作展望

今后五年将是我国全面建设小康社会的关键时期,是深化改革开放、加快转变经济发展方式的攻坚时期,围绕我国经济社会发展的客观要求,适应我国经济社会发展对工程建设标准定额的需求,提高标准定额的科学性、合理性,促进工程建设标准化事业全面发展。

(一)工程建设标准化发展总体目标

(1)以保障和改善民生、促进科学发展为重点,围绕国家政策需求、发展方针和住房城乡建设事业中心工作,强化标准编制工作,建立覆盖工程建设全过程的科学规范的工程建设标准体系。

(2)以完成"工程建设标准化管理条例"起草工作为重点,在相关法律法规中确立工程建设标准的法律地位的基础上,建立完善的工程建设标准化管理制度体系。

(3)继续开展全文强制工程建设标准编制试点,适应建立并完善社会主义市场经济体制和加入 WTO 的需要,建立工程建设技术法规体系。

(4)加强标准化工作机制创新,建立完善工程建设标准的技术支撑体系,培养建立标准化工作的人才队伍。

(二)工程造价工作的总体目标

(1)建立和完善具有中国特色的"政府规范引导,企业自主报价,竞争形成价格,监管行之有效"的工程造价的形成机制。

（2）构建以工程造价管理法规规章为制度依据，以工程造价标准规范和计价定额为核心内容，以工程造价信息为服务手段的工程造价管理体系。

（3）在"加强行政监管，完善行业自律，实现公平守信"的方针指导下，进一步促进工程造价咨询业的可持续发展。

（三）工程建设标准实施监督工作的总体目标

（1）以《实施工程建设强制性标准监督规定》为基础，围绕标准实施监督全路径，制定相应制度，实现对标准发行、宣贯培训、咨询服务、强条解释、日常维护、指导监督等环节的规范化管理，完善工程建设标准实施监督制度体系。

（2）大力推进标准咨询服务系统（包括强条检索系统）、标准信息反馈及处理系统、标准项目实施全过程动态监控系统、工程项目全过程标准化监管系统等的建设，推进实施监督体系的信息化建设。与此同时，加大各系统试点、示范工作力度，加强技术指导，及时总结完善，推进成果扩散。

（3）有计划地加强标准宣贯师资队伍和技术咨询专家队伍建设，加强各级工程建设标准化管理机构及标准技术委员会自身能力建设，逐步解决工作机构和工作经费存在的问题，推动标准实施监督体系顺利建立和有效运行。

（4）在标准实施监督体系的建立与运行的过程中，在研究分析标准实施监督各环节中各方主体（包括行政监督主体）行为模式和目标要求的基础上，要主动沟通交流，切实了解其他行政监管体系对标准实施监督体系的需求，在清晰界定横向关联关系的同时，通过整合各方监管资源，为各级建设主管部门的各项政务工作提供全面、及时、有效的标准化技术支撑与服务，逐步形成标准实施监督协同工作机制。

（四）工程项目建设标准发展的总体目标

（1）在充分考虑政府管理的需要的基础上，要更加关注人民群众的需求，从标准规定内容、程序质量、效果评价等方面做到自身的全面协调可持续，切实解决一些资源配置中无序和无所适从的问题，促进经济社会科学发展。

（2）围绕经济结构战略调整、科技进步和创新、保障和改善民生、建设资源节约型、环境友好型社会等主题编制好建设标准。

（3）坚持科学立标、民主立标、依法立标。完善标准编制程序，坚持行业主导、公众参与、专家论证，精编标准，增强建设标准编制的科学性和权威性。

（4）要加强宣贯，建立标准实施后评估制度和标准实施奖惩机制，改变重编制、轻执行的现状。

（五）无障碍设施建设的总体目标

（1）完善无障碍建设标准体系，开展无障碍典型案例研究分析。

（2）加快《家庭无障碍建设指南》的编制，完善相关标准规范。

（3）在总结100个无障碍创建城市经验的基础上，开展新一轮无障碍建设城市创建工作，推动"十二五"无障碍建设实施方案目标落实。

（4）加强宣传培训，提升我国无障碍建设技术和管理人员素质，并利用媒体等手段，加强无障碍理念的普及和宣传，传播无障碍建设维护知识，营造全社会关爱无障碍环境的良好氛围。

（5）结合宣传培训以及执法检查等活动，加强对创建城市既有设施的监管、维护，并对各地无障碍建设给予指导。

加快住房城乡建设领域科技进步

一、基本情况

近十多年来,住房城乡建设系统贯彻落实科学发展观,围绕建设事业发展总体目标,以实施《国家中长期科学和技术发展规划纲要》(以下简称《纲要》)和"自主创新,重点跨越,支撑发展,引领未来"方针为主线,以节能、节地、节水、节材和治理环境为重点,以提高创新能力为突破口,开展重大关键技术与装备的科技攻关,完善技术标准规范体系,加强科技体制和创新机制建设,科技进步对住房城乡建设事业发展的贡献率和支撑作用明显提高。重点科技领域技术进步发展较快。城镇化与村镇建设在科技支撑下迅速发展,建筑节能工作取得了突破性进展,绿色建筑走上全面快速发展的轨道,基础设施、环境建设与城市防灾减灾取得了明显进展,建设领域信息化发展带动了行业技术和管理水平的提升,行业总体科技水平与国际先进水平的差距逐步缩小。

综观"十五"、"十一五"期间住房城乡建设事业科技发展,不难看到以下五个显著特点:一是根据《纲要》要求实施的国家科技支撑计划项目,项目广、投入大、成果多、效果好,使住房城乡建设科技提高到了一个新的水平。《纲要》中,在城镇化与城市发展领域设置了"建筑节能与绿色建筑"、"城市功能提升与空间节约利用"、"城镇区域规划与动态监测"、"城市生态居住环境质量保障"、"城市信息平台"等五个优先主题,"十一五"国家科技支撑计划安排项目 31 个,国拨总经费 12.5

亿元。通过 31 个项目的实施,城乡建设各重点领域的新技术、新产品、新装置、新工艺以及技术集成与工程示范都取得了显著进展。二是"四节一环保"理念取得广泛共识,并贯穿于住房城乡建设科技活动的各个环节。从科研开发的课题立项、落实承担单位到成果评估、成果示范和产业化等各个环节都努力实践了这一理念。三是在科学发展观指引下,城乡统筹发展得到重视,村镇建设受到关注,并将提高村镇规划建设水平纳入各级科技工作计划。四是组织实施部级科技计划项目,既引导了研发方向又有效带动了地方和企业投入,效果较好。除了依托国家科技支撑计划项目,加大中央财政对科技投入的力度外,还以提高集成创新能力为突破口,开展部级重大关键技术与装备的科技攻关,鼓励、引导和带动地方、企业对科技的投入。据统计,从2006—2011 年共安排项目 3262 项,带动地方和企业投资约 50 亿元。五是科技体制和创新机制的建设取得突破性进展。"十五"国家科技攻关计划、"十一五"国家科技支撑计划、"863"计划以及其他科技计划的实施为科技体制机制创新提供了良好的机遇和广阔的平台,使创新能力建设、科技成果推广、科技平台建设和国际合作得以长足发展。

工程实践表明,当前我国已经具备了建设和管理各类大型复杂工程的技术支撑能力。

二、重点领域科技发展

(一)城镇化与城镇土地利用

1. 城镇化与村镇建设

在国家科技支撑计划、国家自然科学基金、社会科学基金和部科技计划支持下,有关单位开展了城镇化进程和空间布局、城镇发展质量评价体系、城市用地分类标准、城乡用地供给与需求等方面的研究。同时,有关研究机构还根据《城乡规划法》的要求,积极开展国家、省域城镇体系规划,城市、镇、乡和村庄规划的标准规范及监督管理等方面的研究。"十一五"期间,组织实施了国家科技支撑计划重点项目"区域规划与城市土地节约利用关键技术研究",提出了城镇化和城市发展质量的指标和标准,对我国未来城镇化速度、总体空间布局进行了分析和预测。开发了城镇体系规划监测数据处理软件,完成了基于像素的多源遥感数据融合的相关实验研究;对城市用地需求进行了理论构建和评价研究;完成了典型城市建设用地变化趋势的初步研究;完成了典型城中村现状调研,建立了相应的规划和综合测评体系;组织了采煤沉陷区综合修复等示范工程。

"九五"、"十五"期间,国家对村镇建设的重点集中在小城镇(包括县城所在的城关镇、一般建制镇和集镇)领域。国家各相关部委组织开展了小城镇综合改革试点、小城镇经济综合开发试点、小城镇建设示范镇、农村"六小工程"等工作,并从不同渠道增加了对小城镇基础设施和公共服务设施的建设投入,解决了一些村镇道路交通、给水排水等问题。在国家小城镇科技发展重大项目中,设置了《小城镇规划及相关技术标准研究》课题。课题研究工作在调查分析全国21个省(区)、600多个小城镇建设现状资料与规划资料的基础上,有重点地展开对东部、中部、西部15个省(区)、市,120个左右小城镇的实地调查和规划建设现状资料分析研究,形成了多项标准。

"十五"期间,组织实施了国家科技攻关计划项目《小城镇科技发展》重大项目,研究内容涉及小城镇发展战略、政策与规范,以及小城镇建设关键技术,包括建材、基础设施、信息化建设、环境保护、资源能源合理利用等方面,为引导小城镇健康发展提供了技术支撑,在试点镇集成应用取得显著效果。"十一五"国家科技支撑计划安排了"村镇空间规划和土地利用关键技术研究"、"村镇小康住宅关键技术研究与示范"、"农村住宅规划设计与建设标准研究"等12个项目,在农村空间规划、住区规划与建设、土地利用、村镇节能和新能源利用等方面开展了大量理论性和实践性研究工作,积累了大量基础数据和经验,提出了相关政策和标准,对支撑我国农村建设的发展起到积极的推动作用。

2. 城市地下空间利用

进入 21 世纪后,我国一些大中城市开始大规模开发利用地下空间资源,城市地下空间的开发数量和类型快速增长。2001 年修订的《城市地下空间开发利用管理规定》,明确"城市地下空间规划"是城市总体规划的重要组成部分。我国地下空间开发利用需求大的一些省、市制定了地下空间开发利用管理规定,上海、北京、青岛、深圳等 10 多个城市完成了地下空间概念规划和专项规划。"九五"、"十五"期间,我部组织开展了"中国城市地下空间开发利用研究"、"城市地下空间开发利用关键技术研究"项目,"十一五"期间实施了科技支撑计划重点项目"城市地下空间建设技术研究与工程示范"、"地下开挖工程岩土加固关键技术研究"项目。在城市地下空间开发利用的政策与标准体系、建造技术、内部环境质量保障、防灾、工程示范等方面形成了阶段性成果,为我国城市地下空间开发利用提供了强有力的技术支撑。

(二)城市基础设施建设

"十一五"期间,为了适应我国城镇化与城市发展的需求,在城镇化与城市发展领域,实施了国家科技支撑计划重点项目"城市综合交通系统功能提升与设施建设关键技术研究",在现代交通技术领域实施了"新型城市轨道交通系统"重点项目,"863"计划在"重大交通基础设施核心技术"和"综合交通运输系统与安全技术"两个专题中,支持了一些探索导向类研究课题。上述研究均取得了一批实用成果。

城市燃气、热力、排水、地下管线等基础设施直接服务于城市物质生产和人民生活,是城市基础设施的重要组成部分,是保障城市可持续发展的关键性设施之一,是城市现代化水平的重要标志。我国能源战略正在发生深刻的变化,天然气占一次能源消费总量的比例在 5 年内提高 2.5 个百分点,正在形成天然气为主导,多气源补充的城市燃气发展新的结构体系。供热热源逐步实现了以热电联产为主,大型和超大型区域锅炉房为辅,其他高效洁净能源和可再生能源为补充的多元化供热方式,而且,热电冷三联供正逐步向全国推广。"十一五"期间,在国家科技支撑计划中组织实施了"城市基础设施建设与高效运行关键技术研究"、"城市市政管网规划建设与运营管理关键技术研究与示范"、"生命线工程和特种设备安全保障关键技术与工程示范"等项目,研究了城市基础设施设计、建设与高效运行的对策;开发了城市市政管线规划设计和预警系统,研发了新型市政管网系统应用材料,生命线工程检测与安全评估技术,取得了一批优秀成果,提升了城市市政基础设施规划、建设与管理的科技水平。

(三)城市环境建设

"十一五"期间,在国家科技支撑计划中组织实施了"城镇人居环境改善与保障关键技术研究"重大项目、"镇域生态环境监测与整治关键技术研究"、"城镇绿地生态构建关键技术研究与示范"重点项目和"室内典型空气污染物净化关键技术与设备"等"863"计划项目,针对导致城镇人居环境恶化的突出问题,从建筑环境、居住区环境和城镇环境三个方面,重点开展了城镇人居环境影响评价与改善技术、城镇居住区景观绿化与热岛效应改善技术、居住区与室内光环境优化保障技术、居住区与室内环境噪声控制与改善技术、居住区风环境与室内自然通风技术、建筑室内环境综合评估技术与智能监控系统、建筑室内污染源检测技术和设备、建筑室内化学污染控制与改善技术、建筑室内热湿环境控制与改善技术、建筑室内生物污染控制与改善技术、建筑室内辐射污染控制与改善技术、厨房卫生间污染控制与环境功能改善技术方面的研究与开发,同时对镇域生态环境承载动态监测技术和公共场所室内空气污染物解析与调控技术进行了研究,为后续研究工作奠定了基础。

通过研究,建立了30种以上建筑材料、10种以上家具、20种以上家电及办公设备污染物散发特性数据库,开发了室内化学污染预测及仿真、日照模拟、风场仿真系统等软件;取得了超净大型室内空气质量测试舱、建筑材料等化学污染物散发测试装置、嵌入式超小型新风换气系统高容尘量净化模块等具有自主知识产权的专利87项。

在"曝气池精确曝气控制"、"高负荷初沉发酵池与环沟型氧化沟组合工艺"、"基于中试应用修正和优化的鼓风机变频控制系统"、"垃圾填埋场雨污分流技术"等近50项有关污水处理、垃圾处理关键技术研究方面取得了阶段性突破,其中10多项关键技术实现了工程化应用,尤其是部分针对高排放标准研发的关键技术,填补了国际空白。

推进了与人居环境有关的一批新兴产业的发展,依托中国建筑科学研究院、上海市建筑科学研究院等实力强的科研院所培育了现代建筑环境咨询企业;建设了高品质、低排放城镇人居环境科技示范工程20余项,示范效果明显。通过人居环境改善技术在水立方等奥运项目,沪上生态家等世博项目等国家重点工程项目的集成化应用,以及在马鞍山、深圳华侨城体育中心等不同地域的规模化工程应用示范,提升了工程的技术含量,形成了显著的带动效应,产生了明显的社会、经济和环境效益。

"十一五"期间组织实施了"水体污染控制与治理"科技重大专项(以下简称"水专项")。水专项是根据《纲要》设立的十六个重大科技专项之一。住房和城乡建设部具体负责组织实施"城市水环境整治"和"饮用水安全保障"两个主题,共13个项目,91个课题。围绕环太湖流域、海河流域、巢湖流域、黄河下游地区、珠江下游地区、三峡库区等重点流域和地区,通过突破关键技术、技术集成应用和综合示范,旨在集中攻克一批迫切需要解决的水污染防治关键技术,构建我国流域水体节能减排与治理技术体系和水环境管理技术体系,为重点流域污染物减排、水质改善、饮用水安全保障提供强有力的科技支撑。水专项研究提出的城镇供水水质达标改造技术指南,在大规模的水厂达标改造中发挥了指导作用。

（四）城镇防灾减灾

《纲要》在公共安全重点领域及其优先主题中明确了"重大自然灾害监测与防御"的主题，要求重点研究开发地震、台风、暴雨、洪水、地质灾害等监测、预警和应急处置关键技术，以及重大自然灾害综合风险分析评估与防御技术。围绕这个主题，"十一五"期间，组织实施了多个研究项目。

在防震减灾方面，"十五"期间开展了"强地震短期预测及救灾技术研究"，围绕地震监测预报、震灾预防和紧急救援三大防震减灾重点，研究强地震短期预测及救灾技术，以提高我国强地震观测和短期预测的能力和水平。"十一五"期间进行了"城市大型及重要建筑灾害防治关键技术"研究，对城市大型及重要建筑进行了抗震、防意外爆炸与撞击、使用过程的安全监测与预警关键技术研究，以解决工程中遇到的技术难点问题，为国家工程建设标准规范的修订提供依据。其中"大型及重要建筑抗震关键技术研究与示范"在结构消能减震技术的研发、结构抗震试验理论与技术研究、结构抗震弹塑性软件开发、建筑物的健康监测技术等领域进行了科技攻关。"建筑工程抵御大地震灾害关键技术研究"是在汶川地震后设立的研究项目，针对框架和砖混结构建筑在大地震下的抗倒塌问题进行初步研究。此外，在震损建筑鉴定与加固、基于性能设计、抗震新技术用于建筑抗倒塌等方面进行了探索。国家自然科学基金重大研究计划"重大工程的动力灾变"中的"超高建筑地震灾变过程与倒塌机制"课题对超高层建筑在地震下的倒塌问题进行了基础性研究。

在城镇防火方面，"十五"和"十一五"期间开展了一些有针对性的研究工作。组织了高层建筑、地下建筑和大空间建筑等大型建筑消防安全问题的技术攻关，对大型建筑的火灾蔓延规律及其计算机模拟技术、烟气流动特性及其计算机模拟技术、人员疏散安全评估技术、性能化防火设计和消防安全评估的技术与方法等进行了研究，初步建立了大型建筑火灾蔓延模型、烟气流动模型和人员疏散模型，确立了建筑物性能化消防安全评估的技术原则与方法,开展了大型建筑性能化防火设计和消防安全评估的应用性研究。针对城市公共安全基础薄弱,应急救援体系建设不能适应社会风险管理需求等问题,在公共安全领域以重大危险源辨识、重大事故风险评价和控制为主线,以威胁城市公共安全的重大危险源为主要对象,围绕城市公共安全规划和城市重大事故应急预案及应急决策支持技术,采用"边研究、边试点、边完善"的方式开展技术研究,在城市公共安全规划、城市重大事故应急、城市公共安全规划与应急救援辅助决策支持等关键技术方面取得了一批重要成果。

在城镇抗风方面,"十一五"期间国家自然科学基金重大研究计划"重大工程的动力灾变"中的"超大跨度桥梁、超高建筑、大跨度空间建筑的风致灾变全过程"、"超高建筑强/台风作用及其效应的现场实测与理论分析"和"大跨度空间建筑的强台风作用效应与灾变过程"等课题,对超高层建筑、大跨空间结构、塔桅结构等大型工程的抗风安全问题进行了基础性研究。

"十五"和"十一五"期间,在防灾减灾方面开展的关键技术研究,取得了一批成果,为后续城镇防灾减灾技术水平的提升奠定了基础。

(五)信息化技术

1. 城市数字化

"十五"期间,完成了国家科技攻关计划项目《城市数字化示范应用工程研究》课题,并取得大量成果。"十一五"期间在"城市信息平台"优先主题中完成了城市空间信息共享基础设施平台系统的体系结构设计和功能设计,实现了万米单元网格城市管理新模式在全国60多个城市的推广应用,建成150多个数字化城市管理信息平台,通过城市管理的数字化、网格化和空间可视化,提升了城市管理效率。完成了城市数字化市、区一体化业务模式研究和扩展县级市和镇两级一体化管理模式研究。实现了移动通信、呼叫中心、工作流、地理编码、数字视频、GPS、GIS、RS 等技术的集成应用。完成了 3S 技术的集成应用,突破了城市动态监测和信息资源共享瓶颈,通过在全国 20 多个城市的示范应用,降低城市管理和规划成本约 50%,形成了动态保护监测和城市空间信息资源共享机制的雏形。

2. 行业与企业信息化

在行业与企业信息化领域,计算机应用展示了其特有的潜力。具有行业特色的关键业务监管系统建设见到成效。"全国住房公积金监督管理信息系统"、"全国建筑市场监督管理信息系统"、"全国城市规划监督管理信息系统"、"国家重点风景名胜区监督管理信息系统"等启用并发挥着行业监管作用。涉及全国 40 个重大城市的"房地产市场预警预报系统"的建设工作启动。房地产交易、工程招标投标、造价、质量检测等业务,普遍实现了计算机管理,并向网络化迈进。在工程项目的信息化管理方面,招投标信息网几乎覆盖了所有省市,在规范我国建筑市场管理方面取得了突破性进展。行业信息网络建设初具规模,"中国建设工程网"和"中国住宅与房地产网"逐步成为行业内普遍认可的业务信息处理通道,在行业信息汇集、处理、发布等方面发挥着日益重要的作用。

施工企业的计算机应用有效地提高了建筑施工的管理效率、技术水平和安全水平。其中,单专业的计算机应用发展较快,如施工项目管理、施工技术以及工程造价分析等,特别是在一些专业施工中应用了计算机信息处理和自动化控制等先进技术,不仅降低了成本、减轻了工作强度,而且克服了传统施工方法难以解决的复杂问题,使一些高难度的施工项目得以完成。全过程、全方位信息化建设成为工程设计和施工企业与国际接轨的发展模式。"十一五"期间实施了"建筑业信息化关键技术研究与应用"项目,推动了建筑信息模型(BIM)技术、协同设计技术和项目管理技术等信息技术的应用,促进了传统的工程项目设计模式、生产模式和管理模式的转变。

3. 建筑智能化

智能建筑是建筑技术与通信技术、控制技术、计算机技术相结合的产物。"十五"期间,智能技术在全国范围内得到推广应用,应用对象从宾馆、商务楼向住宅小区、体育场馆、银行、图书馆、博物馆以及展览馆等拓展。2000 年建设部颁布了《智能建筑设计标准》、信息产业部颁布了《建筑与建筑群综合布线系统工程设计规范》及《建筑与建筑群综合布线系统工程验收规范》。这些技术法规的制定,为我国智能建筑健康有序地发展奠定了技术基础。智能建筑技术不断向住宅小区延伸,成为智能建筑发展的重要领域。为了指导住宅小区的智能化建设,"十五"期间建设部编制了《全国住宅小区智能系统示范工程建设要点与技术导则》和《建筑与住宅社区数字化技术应用标准》,提出了数字社区的新理念,促进了数字化社区建设。在全国组织了几十个试点工程,取得了良好的效果。

三、科技体制与创新机制建设

(一)加强创新能力建设

住房城乡建设系统加强科技创新能力建设的总体工作思路是:整合资源,优化配置,提升科研院所、高等院校、企业的原始创新、集成创新和引进消化吸收再创新能力,引导产学研各方面积极参与新技术、新产品的研发和产业化工作。

按照这个工作思路,在选择确定《纲要》五个优先主题设置的项目、课题、子课题的承担单位时,广泛吸纳事业单位、国有企业、高等院校、科技型企业及科研院所、中小生产企业和其他有关单位参加技术研发和推广应用,使企业在技术创新中发挥着越来越重要的主体作用。特别是转制的科技型企业通过改革不断地完善体制机制,科技创新能力和实力持续增强。产学研结合的创新体系不断完善,高等院校科研开发工作与教学和经济建设工作紧密结合,研究成果不断为经济建设提供技术服务。

通过"十一五"科技支撑计划项目的实施,在完善科技体制、构建创新平台、锻炼科技队伍等方面取得了良好的成效。部门组织科技计划项目的实施,对于更好地履行职能也起到良好的推动作用:能够准确把握国家和行业的发展需求,有针对性地组织项目开展研究;能够有效地推动科技体制建设,有利于科技创新平台建设;有利于提高科技成果的推广和产业化;有利于研究建立多渠道、多主体的科技投入机制,吸引国内外境内外的企业、民间团体和个人投入资金支持技术研究开发和推广应用。

(二)加大科技成果推广力度

为贯彻实施《纲要》,住房和城乡建设部积极培育和引导建设技术市场的发展,加快推进建设事业科技进步,建立和完善部省两级技术政策、技术公告、技术目录的成果推广应用机制。先后颁发了《关于发布〈建设事业"十一五"重点推广技术领域〉的通知》、《关于发布〈建设事业"十一五"推广应用和限制禁止使用技术〉的公告》、《关于印发〈建设部"十一五"可再生能源应用技术目录〉的通知》等,通过定期发布推广应用技术、限制和禁止使用技术,使新技术推广转化工作更加规范化、制度化。构建了政府指导、市场拉动、行业服务齐抓共管的建设事业技术推广工作格局,形成了较为完善的以行业组织和中介机构为主体的中介服务体系。同时,培育并依靠行业学(协)会、推广中心(站)等科技中介机构,充分发挥其在行业科技进步中的积极作用,构建社会化、网络化科技服务体系,规范技术市场,加快科技成果推广转化和产业化步伐。为配合《技术公告》的实施,住房和城乡建设部加强了年度科技计划项目的管理,提高了年度科技计划项目的实施质量,发挥了科技计划项目引导行业进步和提高行业创新能力的重要作用。

为了加快科技成果向现实生产力的转化,推动建设行业科技进步,依据《中华人民共和国促进科技成果转化法》、《建设事业"十一五"推广应用和限制禁止使用技术公告(第一批)》、《建设领域推广应用新技术管理规定》、《建设部推广应用技术管理细则》以及《关于全国建设领域推广应用的新技术发布工作有关事宜的通知》等,住房和城乡建设部组织指导有关单位和行业协会,组织实施了建设行业科技成果推广项目工作。全国住房城乡建设系统科技成果推广项目自1991年至2011年,共组织评审发布了2400多项。推广项目的发布实施,对于宣传贯彻国家产业技术政策,引导企业调整产业结构、转变发展方式、增强自主创新能力,保护资源、节约能源和改善生态环境,利用当地资源优势,研发生产满足市场需求的技术与产品;对于指导工程设计人员合理选用先进、成熟、可靠、实用技术;对于提高施工质量与建筑工程质量,促进建设行业技术进步,推动建设事业又好又快发展发挥了重要作用。

(三)加强科技平台建设

"十一五"期间,根据《纲要》总体部署,围绕"城镇化与城市发展"领域,将《"十一五"建设科技规划》和《国家"十一五"中长期科技规划》的实施相互衔接,加大投入力度,加强科技平台建设。参加实施科技支撑计划项目的31个单位分别参与筹建了"建筑安全与环境国家重点实验室"、"绿色建筑材料国家重点实验室"和"国际绿色建材重点实验室",组建了国家村镇人居环境工程技术研究中心和廊坊凯博、长沙中联、沈阳机床等具备一定规模的企业技术中心、产业转化中心,搭建了"可再生能源与建筑集成示范工程监测平台"等。这些单位在完成项目课题研究的同时,积极推动技术创新平台、资源共享平台、技术服务平台和网络信息化平台等的建设。

(四)拓展国际科技合作

"十五"、"十一五"期间,本着充分利用国际国内两个市场、两种资源的理念,国际科技合作领域不断拓宽,科技合作的资金规模、范围和效果不断扩大。

"十一五"期间,围绕资源节约型、环境友好型社会建设和节能减排国家发展战略的实施,结合住房和城乡建设部的重点工作,在建筑节能、生态城市、环境基础设施建设、水资源综合利用、城市交通、供热改革、灾后重建等方面加强了与有关国际组织和国家政府机构之间的合作交流。先后与有关国家政府部门签订了合作备忘录:与新加坡环境及水源部签署了《关于在城镇环境治理和水资源综合利用领域开展交流合作的谅解备忘录》,与美国能源部签署了《建筑与社区节能领域合作的谅解备忘录》,与美国环保署签订了《关于建筑节能领域的合作谅解备忘录》,与美国住房与城市发展部签订了《关于在住房及社区发展领域的合作备忘录》;与法国生态、可持续发展及国土整治部签署了《关于城市可持续发展的合作协议》。还与欧盟委员会有关部门商讨签署有关建筑能效方面的合作框架;与瑞典环境部商讨签署了《关于在城乡可持续发展领域开展合作的谅解备忘录》等。分别与世界银行、联合国开发计划署(UNDP)、全球环境基金(GEF)、亚洲开发银行(ADB)以及荷兰、德国、法国、美国、英国、新加坡等国际组织和国家政府开展了"中国西部小城镇环境基础设施经济适用技术及示范项目"、"中国供热改革与建筑节能项目"、"中国既有建筑节能改造项目"和"中国终端能效项目(建筑部分)"等 11 项国际科技合作项目,外方投入资金折合人民币约 6 亿元,国际合作的发展,为住房城乡建设领域跟踪国际先进理念、技术和经验,提高行业科技水平,缩短与发达国家的差距开辟了渠道。

第五部分　人才队伍建设与基础保障

　　做好住房城乡建设工作,任务繁重,责任重大。队伍建设是确保住房城乡建设事业科学发展的关键所在。近十年来,部党组高度重视队伍建设,不断深入开展党风廉政、精神文明和作风建设,增强机关干部队伍的战斗力、凝聚力,注重形成求真务实、团结协作的工作作风。认真贯彻落实中央重大战略部署,坚持人才兴业方针,加强宏观指导,完善政策机制,大力推进行业人才队伍建设。十年来,行政、财务外事、老干部、后勤服务等基础保障部门着力完善制度,科学谋划发展,加强协调服务,强化效能监管,为部机关工作有效运转和住房城乡建设事业健康发展做出了重要贡献。

深入推进党风廉政、精神文明和机关队伍建设

　　党的十六大以来,住房城乡建设系统反腐倡廉建设、精神文明建设、机关党建和队伍建设等工作以邓小平理论和"三个代表"重要思想为指导,深入贯彻落实科学发展观,紧紧围绕住房城乡建设中心任务,切实加强党风廉政,深入开展反腐倡廉教育;不断加强思想道德和职业道德建设,积极推动群众性精神文明创建;突出"两支队伍"建设,努力夯实机关党建基础;着眼提高干部队伍素质,不断深化干部人事制度改革。总的看,十年来,职工队伍素质明显提升,行业作风明显加强,服务能力和管理水平明显提高,在推动住房城乡建设事业持续稳定健康发展中发挥了重要作用。

一、不断推进反腐倡廉建设

(一)把反腐倡廉建设摆在更加突出的位置

　　在贯彻落实中央重大决策部署过程中,部党组始终以科学发展观为指导,正确分析和判断形势,把监督检查工作与住房城乡建设业务工作紧密结合起来,找准工作突破口和切入点,及时发现和解决存在的问题,严肃处理违纪违法行为,用严明的纪律保证中央重大决策部署落实到位。不断强化组织领导,健全监督检查的体制机制,明确任务分工、抓好责任分解、强化层级监管、严格责任考核,形成了一级抓一级、层层抓落实的良好局面。积极创新监管方式和手段,探索实行了驻点包省

(区、市)、重大项目巡查等新的监督检查方式。综合运用各种监管手段,特别是电子信息科技手段,提高监管质量和效率;充分发挥稽查、纪检监察部门的职能作用及地方建设监管部门的作用,形成上下联动、齐抓共管的工作格局,促进中央决策部署的贯彻落实。全面落实党风廉政建设责任制,成立了部党风廉政建设领导小组,创建了"两同时"制度,要求在开展党风廉政建设和各项业务工作中,实行两个责任同时定,两项任务同时抓,从制度上保证廉政建设与业务工作紧密结合;进一步明确各级党政主要负责人、领导班子成员及职能部门的责任,对党风廉政建设工作进行责任分解,形成目标具体、责任明确、上下畅通的责任落实机制;加强监督、严格考核,做到责任制考核与各项业务工作考核相结合,与民主评议、民主测评领导干部相结合,平时考核与年度考核相结合,不断增强考核的实效。

(二)加强监督检查,认真落实廉洁自律各项规定

严格执行廉洁自律规定,重点抓好"四大纪律八项要求"、"五个不许"以及"落实领导干部配偶、子女从业行为的规定"、"领导干部不准利用职权违反规定干预和插手建设工程招标投标、经营性土地使用权转让、房地产开发经营等市场经济活动,为个人和亲友谋取私利"等规定的落实工作。不断完善制度,部机关加强了对公务接待的管理,制定了公务接待办法和接待标准;规范财务工作,加强了对部门预算的执行及专项经费使用的监督管理,制定了具体管理制度和措施,明确规定专项经费支出等重大事项必须集体讨论决定,防止领导干部个人说了算;建立了企业资质受理审查制度,明确了评审纪律,要求评审专家和工作人员不得直接与申报单位联系,不得利用职务之便谋取私利、收受礼金礼品。着力抓好监督机制的构建,认真落实《党内监督条例》,坚持将领导干部廉洁自律的情况作为领导干部民主生活会的重要议题,认真对照检查存在的突出问题,提出整改方向和具体措施;坚持领导干部任前廉政谈话,建立诫勉谈话制度,对群众反映问题较多的党员干部进行

谈话提醒;建立了由办公厅、综合财务司、人事教育司、机关党委、驻部纪检组监察局等部门组成的干部监督联席会议制度,加强了对司处级干部选拔任用工作的监督;坚持将廉洁自律的情况作为干部考察的重要内容和选拔任用的重要依据,加大了对领导干部的监督力度;完善领导干部离任经济责任审计制度,强化对领导干部经济行为的监督;加强了对办班、办展、组团出国的审查,及时纠正违规行为。抓实廉洁自律专项工作的监督,组织开展了对部机关、事业单位领导干部在企业兼职、党政领导干部借欠公款、用公款为职工购买商业保险,以及评优评奖活动的检查和清理;开展了对设立"小金库"、"乱收费"等问题的检查;认真组织清理规范津贴补贴工作,对违规人员严肃处理;对部机关和直属单位处级以上干部配偶、子女从业情况进行调查,及时纠正了存在的问题,推进领导干部廉洁自律的深入。

(三)扎实推进惩治和预防腐败体系建设

部党组准确把握扎实推进惩治和预防腐败体系建设的工作目标和基本要求,把《实施纲要》提出的有关任务纳入住房城乡建设工作的整体格局中,制定了《贯彻落实〈实施纲要〉的具体意见》,及城乡规划、建筑市场、房地产行业、住房公积金、市政公用行业、风景名胜区等六个配套《实施办法》,认真抓好落实。

以反腐倡廉教育为基础,筑牢拒腐防变的思想道德防线。开展理想信念教育,促使党员干部牢固树立立党为公、执政为民的思想,自觉做到权为民所用,情为民所系,利为民所谋;结合学习贯彻《廉政准则》,组织党员干部深入学习廉政理论和廉政法规,进一步增强廉政意识、法规意识和责任意识;搞好警示教育,组织观看警示教育专题片、警示教育展览、案例通报等多种形式的集中教育活动,编印了《建设领域反腐倡廉警示录》(已编发6册)、《城乡规划案例选编》、《全国建设系统行贿档案查询试点工作专辑》等作为教材,做到警钟长鸣;加强廉政文化建设,制定了《关于加强建设系统廉政文化建设的指导意见》,总结宣传湖北荆门市建委廉政文化建设与城市规划、建设和管理相结合的经验,让廉政文化贴紧党员干部实际,融入各项工作。

以制度建设为根本,充分发挥保证作用。近五年以来,部共修订和出台了36项规章制度,初步建立了反腐倡廉法规和业务法规相辅相成的制度体系。在反腐倡廉建设方面,制定了贯彻落实五年工作规划的《实施意见》,完善了"三重一大"、述职述廉、民主评议、行政问责、廉政谈话、经济责任和离任审计、重大节日前廉洁自律教育和廉政提醒等制度,建立了与高检院案件线索移送和加强协作、受理信访举报工作、拟任干部听取驻部纪检组监察局意见、干部廉政档案管理、党风廉政工作考评等方面制度。在业务工作方面,修改完善了《建筑市场管理条例》和《违反城乡规划行为处分办法》等规章和制度性文件,出台了《加强建筑市场资质资格动态监管完善企业和人员准入清出制度的指导意见》、《城市总体规划实施评估办法》、《城市、镇控制性详细规划编制审批办法》、《国有土地上房屋征收与补偿条例》、《开展城镇房屋拆迁信访积案化解工作的实施意见》、《保障性安居工程资金使用管理有关问题的通知》、《建设领域违法违规行为稽查工作管理办法》等规章和制度性文件。在逐步规范和完善相关制度的同时,强化对制度执行情况的监督检查,增强制度的权威性。

以监督制约为关键,规范权力运行。从建立和完善监督体制和机制入手,切实加强对权力运行的监督。一是强化党内监督。认真贯彻《中国共产党党内监督条例》,完善党内民主决策机制,严格按照议事和决策规则办事,坚持和完善"三重一大"制度、民主集中制,加强对决策权的监督。严格执行诫勉谈话和函询、述职述廉等制度,加强对党纪政纪执行情况的监督检查。驻部纪检组监察局通过参加部相关会议和重要工作、民主生活会,及时了解、监督党纪政纪执行情况,特别注重加强对领导班子和领导干部党性党风情况的监督。二是强化行政监督。加强对抗震救灾工作的监督检查。在四川"5·12"汶川大地震等重大自然灾害中,严肃抗震救灾工作纪律,加强对救灾款物管理使用情况的监督检查,确保了救灾工作顺利进展;加强对中央扩大内需促进经济增长政策落实情况监督检查。重点对中央政策措施是否落实到位、项目建设是否符合中央规定的投向、工程建设是否依法合规进行、工程建设是否安全合格等情况进行监督检查,确保工作取得了较好成效;加强对保障性住房建设监督检查。部里成立了监督检查工作领导小组,印发了工作意见,重点对中央投资的廉租住房和棚户区改造、农村危房改造试点工作的工程建设、工程质量等情况开展监督检查,确保了工程进度和质量;加强对房地产市场调控政策的监督检查。严格执行国务院关于房地产市场调控政策,较好地促进了房地产市场健康发展。三是开展廉政风险防控机制建设。制定了我部关于加强廉政风险防控管理工作的实施方案,把加强廉政风险防控机制建设,作为推进新形势下惩治和预防腐败体系建设的重要举措和科学防范腐败的有效手段。按照中央和中央纪委要求,我部认真研究廉政风险防控工作的特点、规律,紧紧盯住前期预防、中期监控、后期处置这三个关键环节,把廉政风险防控与各司局各单位的业务工作结合起来,与各个岗位职责结合起来,细化各项预防措施,做到目标责任清楚,增强针对性和可操作性。目前,廉政风险防控机制建设正在稳步推进。

　　以深化改革为动力,逐步铲除滋生腐败的土壤和条件。不断深化"三审两交易一服务"(三审,即资质、资格的审查;评优评奖的审定;规划的审批;两交易,即工程承发包交易和房地产交易;一服务,即市政公用事业的各项服务)的建设系统源头治腐工作,改革"三审"管理方式,先后取消和调整行政审批项目177项,废止规章5件、修改规章16件,确定废止或失效规范性文件290件,对4个有利益冲突的法规和规范性文件进行了重新修订;建立健全有形建筑市场管理体系,严格房地产交易管理;深化市政公用事业改革,整顿和治理供水、供气、公交服务和行政执法部门吃拿卡要、乱收费等问题;严格审批标准,规范审批程序,改多头管理为集中管理,受理和审查分离;制定了工程建设行政处罚自由裁量权实施办法和裁量基准,进一步规范自由裁量行为;认真实施政务公开工作,出台并严格执行了《住房和城乡建设部信息公开实施办法》,做到凡是涉及群众利益和公共政策的事项,都及时向群众公开。

以纠风为重要抓手,把维护群众利益作为推动科学发展的着力点。推行服务拆迁规范化管理制度,促进城镇房屋拆迁健康有序进行;加强拆迁市场监管,督促各地坚决查处和纠正违法违规行为;加大被拆迁困难家庭的住房保障力度,有效改善了被拆迁困难家庭居住条件。加强对市政公用事业的监管,强化对供水、供气、供热服务标准质量监管,坚决纠正设置服务陷阱、推行强制服务和指定消费等限制和侵害消费者权益问题。积极推进12319服务热线和数字化城市管理的结合。深入开展廉洁建会,进一步规范培训、会展、评比、收费、财务管理等行为。此外,认真开展"小金库"、制止公款出国(境)旅游、厉行节约、违反规定多占住房和违反规定买卖经济适用住房和廉租住房、公务用车等专项治理工作,取得了明显成效。

以查办案件为手段,增强惩处的威慑力。纪检监察部门始终坚持严格依法依纪查办案件,注重提高办案工作的能力和水平。发挥信访举报作用,认真进行案件线索排查,加大举报信件落实力度。认真做好查办案件工作。把握办案重点,突破一些有影响的违纪违法案件。重点查处了工程建设、房地产开发、城乡规划等领域权钱交易、失职渎职以及城镇房屋拆迁、村庄整治中侵害群众利益的案件。深化查办案件的治本功能。做好案件统计分析和通报工作,剖析发案规律和特点,建立健全反腐败协调工作制度,不断完善查办案件工作机制。2009年,召开了住房城乡建设系统第三次纪检监察查办案件工作研讨会,总结交流了经验,分析了住房城乡建设系统腐败案件易发多发部位和廉政风险点,提出了新形势下查办案件工作重点和要求。

二、大力加强精神文明建设

（一）理论武装不断深化

始终把学习贯彻邓小平理论和"三个代表"重要思想、贯彻落实科学发展观摆在首要位置,推动理论武装工作深入开展。组织全系统干部职工深入学习党的十六大、十七大提出的重大战略思想和重大理论观点,使广大干部职工加深了对中国特色社会主义理论体系的认识。认真开展学习实践科学发展观活动,深化对科学发展观重要论述的理解,增强了干部职工贯彻落实科学发展观的自觉性和坚定性。紧密结合"十一五"、"十二五"规划和构建社会主义和谐社会的任务,引导广大干部职工运用理论指导实践,立足岗位,建功立业。紧紧围绕党中央、国务院重大决策部署,引导广大党员干部和职工牢牢把握政治方向,维护党中央的权威,在政治上、思想上、行动上与党中央保持高度一致。抓住建国、建党等重大节庆的契机,积极开展多种形式纪念和教育活动,广泛宣传革命精神,大力弘扬民族精神,激发广大干部群众投身建设小康社会的热情。通过理论武装工作,进一步增强了广大干部职工坚定走中国特色社会主义道路的信心和决心,增强了按照科学发展观要求继续解放思想、坚持改革开放、推动科学发展、促进社会和谐的自觉性和坚定性。

（二）道德建设普遍加强

各级住房和城乡建设部门把社会主义核心价值体系建设作为基础工程,在全系统广泛开展了形式多样的道德宣传、道德实践活动。深入贯彻落实《公民道德建设实施纲要》,开展以"八荣八耻"为主要内容的社会主义荣辱观教育,普遍开展社会公德、职业道德、家庭美德、个人品德教育,培养良好行为习惯,树立良好道德风尚。在全系统组织开展文明礼仪宣传实践活动,普遍开展职业技能培训和竞赛,规范职业行为。

广泛开展主题实践活动,组织实施"提升中国公民旅游文明素质行动计划",加大《出境旅游文明行为指南》和《国内旅游文明行为公约》宣传力度;积极倡导文明言行,普及礼仪知识。以建设诚信政府、诚信行业、诚信企业为目标,推进建设领域诚信体系建设,加强全国建筑市场诚信体系平台建设,市场行为不断规范;在房地产开发企业和家装行业深入开展"共铸诚信、共创文明"等道德实践活动,强化了从业人员诚信意识。大力推进企业文化建设,促进了职工形成正确的思想理念和价值追求,增强了企业社会责任感、队伍凝聚力和核心竞争力,对企业树立良好形象和品牌发挥了重要作用。积极推进学习型组织建设,涌现了一批学习型单位、学习型企业、学习型员工。广泛宣传住房城乡建设系统全国道德模范的先进事迹,号召干部职工向道德模范学习,营造了"讲诚信为荣,不诚信为耻"的行业氛围。

(三)文明创建蓬勃发展

积极组织参加中央文明委开展的文明城市、文明村镇、文明单位创建活动,深入开展园林城市、节水型城市和无障碍设施示范城市创建活动,充分发挥创建活动在引导和改善城乡建设与管理中的作用。与中央文明办、国家旅游局共同组织开展创建全国文明风景旅游区活动,表彰了两批共26个全国文明风景旅游区。大力推进住房城乡建设系统文明行业创建,先后颁布6个住房城乡建设系统文明行业标准,多次召开文明行业、文明单位创建工作推进会,向中央文明委推荐表彰了33个全国文明单位。围绕服务人民、奉献社会,深入推进窗口单位和服务行业为民服务创先争优活动,全系统31717个窗口单位约780万职工,22498个党组织约28万名党员投身到创先争优活动当中。充分发挥创建文明行业示范点的引领示范作用,十年来,共命名了125个创建文明行业示范点。深入推进全系统青年文明号创建工作,不断拓宽创建活动的覆盖面,会同团中央联合表彰了700余个全国青年文明号。以庆祝新中国成立60周年、建党90周年、迎接奥运会、世博会、亚运会等重大活动为契机,广泛开展"讲文明树新风"活动,健全岗位文明行为规范,践行文明礼仪,大力倡导文明礼仪之风、读书学习之风、勤俭节约之风,为大型活动的成功举办营造喜庆热烈的氛围。

(四)工作作风明显改善

各级住房城乡建设行政机关以建设"为民、务实、清廉"行政机关为目标,以推动机关转变职能、提高效能、改进作风为重点,以"讲党性、重品行、作表率"活动为载体,深入开展"创建文明机关、争做人民满意公务员"活动,深入基层深入群众,开展调查研究,着力解决群众反映强烈的问题。积极参与民主评议行风活动,精简行政审批事项,简化办事程序,方便基层和群众;积极推行政务公开、办事公开和服务承诺制度,接受社会和广大群众的监督,工作作风进一步转变。住房城乡建设系统所属各行业以改进作风、为民服务为核心,把与社会公众关系密切、承担公共服务和社会管理职能的行业作为重点,认真听取群众意见,查找存在的突出问题,从群众最需要的地方做起,从群众最不满意的地方改起,不断提高群众满意度,工作作风明显改善。各窗口单位力求为群众提供微笑服务、贴心服务、满意服务,针对服务对象特点,开设绿色通道、特事特办、跟踪服务、延时服务等特色服务,完善服务标准,开展服务竞赛,以文明的形象、热情的态度、规范的用语、快捷的效率,提升了行业形象。

(五)先进典型层出不穷

积极挖掘培养先进,广泛宣传推广典型,注重发挥典型的示范引导和激励辐射作用,取得了较好效果。十年来,先后与中宣部联合宣传了首汽股份公司出租汽车司机于凯及于凯车队"无痕迹"服务的先进事迹;联合北京市宣传了北京热力集团输配分公司党委书记印伟民"心似一团火、温暖送万家"的先进事迹。在全系统组织宣传了河南省平顶山市城市规划局党组书记、局长荆建刚刚正不阿,敢于用生命捍卫城市规划法的先进事迹;北京市昌平区九鼎同方技术发展有限公司总经理赵正义刻苦学习、坚持创新,从一名农民工成长为拥有多项发明专利的技术人员的先进事迹;四川省峨眉山风景名胜区管委会原主任马元祝大力整治景区脏乱差、保护风景名胜区资源,使峨眉山景区从全国落后景区跃为全国文明风景旅游区的先进事迹;江苏南京住房公积金管理中心副主任张璟"管好百姓钱、用好手中权"的优秀领导干部的先进事迹,以及湖北省兴山县建设局原局长王忠平心系移民搬迁、山东省临沂市建设局原局长崔学选献身抗震救灾的先进事迹。十年来,在全系统表彰了 1637 个劳动模范(先进工作者),247 个先进集体。四川汶川地震灾害期间,深入总结挖掘先进典型,表彰抗震救灾先进集体 275个,先进个人 625 名。通过大力宣传表彰先进典型,鼓舞了建设职工的干劲,激发了建设职工做好本职工作的激情和活力,营造了学先进、赶先进、争当先进的良好氛围,为住房城乡建设事业持续健康稳定发展提供了强有力的思想保证和支撑,也树立了建设系统良好形象。

三、不断打牢干部队伍和基层组织建设基础

(一)着力提高干部队伍整体素质

以提高素质、优化结构和锤炼作风为重点,努力建设高素质干部队伍。加强部机关和部属单位领导班子建设,重点抓好党政正职的选拔任用,把政治坚定、能力较强、群众公认的干部放到重要岗位任职,注重发挥领导班子的带头和示范作用。根据职能调整,注重改善干部队伍专业结构,选调、招录干部时,由过去侧重土建类专业人才,转变为注重补充具有经济、管理、法律等专业的干部。通过招录公务员、选调基层干部,选拔年轻干部等多种方式,改善年龄结构,逐步提高有基层工作经历的干部比例。深入推进直属单位公开招聘工作,硕士以上学历人员比重逐年加大,新聘人员素质明显提高。加强女干部、党外干部和少数民族干部的培养和使用。

以提高科学发展的能力为核心,加强和改进干部培训工作,增强针对性和实效性,创新培训方式,采用"定时上课、自主选学、自主管理"的教学新模式,举办青年干部培训班,开通了"住房和城乡建设部干部学习网",鼓励干部参加 MPA 等在职学历教育,推动"学习型机关"建设。围绕部中心工作,每年确定一批重点调研课题开展专题调研,了解掌握基层一线情况,为提高政策制定科学性、针对性和可操作性打下基础,也推动了干部开拓思路和工作创新。拓宽干部实践锻炼渠道,加快干部成长步伐。积极选派干部援疆、援藏、援青,到地震灾区、革命老区、基层一线挂职,通过锻炼,使干部丰富了阅历,提高了处理复杂问题的能力。

(二)不断深化干部人事制度改革

严格按照"德才兼备、以德为先"标准选人用人。把"德才兼备、以德为先"落到识别选用干部、教育培养干部的各个环节。坚持把对干部德的了解和考察放在首位,看干部履行岗位职责、完成急难险重任务、关键时刻的表现,广泛听取干部群众意见,注重群众口碑。在考察干部道德品质和廉政情况前提下,选拔有真才实学、能力突出和作风扎实的干部。真正把政治上靠得住、工作上有本事、作风上过得硬、干部群众信得过的同志选拔出来,不让老实人吃亏。以忠于国家、服务人民、恪尽职守、公正廉洁为主要内容,突出"育德",开展公务员职业道德专题教育。积极选派司局级干部参加中央党校等开展的党性教育专题培训班,把德的教育列为干部培训必修课。

逐步形成科学合理的干部选拔任用机制。坚持民主、公开、竞争、择优原则,采用多种方式选拔任用干部。充分考虑岗位需求和干部队伍实际,广泛听取意见,针对不同年龄层次和不同特点的干部,综合采用民主推荐选拔、竞争上岗、公开选拔等多种方式选拔任用干部,努力使不同年龄段、不同特点的优秀干部都有发展空间,让干部对自身成长有比较合理的预期。扩大干部工作民主,落实干部群众知情权、参与权、选择权和监督权。坚持在直属单位开展"一报告两评议"工作,组织群众对干部选拔任用工作、当年选拔任用干部进行评议,选人用人监督力度进一步加大。改进民主推荐、民主测评方式方法,使干部群众真实表达自己的意愿,提高民主推荐、民主测评的真实性。注重信息公开,提高工作透明度,坚持落实考察预告、考察对象公示等制度。完善竞争性选拔干部机制,改进竞争上岗办法,加大竞争上岗工作力度,促进优秀年轻干部脱颖而出。初步形成选任方式科学合理,择优高效,公开透明、群众公认的选人用人工作局面。

健全完善干部考核评价机制。把"监督好干部"放在与"选好干部、用好干部"同等重要的位置,严格执行中央有关规定,着力建立相互配套、有效运行的干部考核机制,引导和促使干部更好地服务于住房城乡建设事业发展。根据中央"一个意见、三个办法"要求,研究制定了《司局领导班子和领导干部年度考核办法》,结合年度考核对司局领导班子及其成员进行考核,对司局领导班子、司局级干部按照促进科学发展的要求进行全面测评。坚持平时考核与定期考核相结合,综合运用年度考核、任职考察、试用期满考核等方式,全面准确地评价干部。建立试用期满考核反馈制度,将考核结果客观地反馈给考核对象及其所在单位领导班子,考核作用进一步延伸。

部属单位人事制度改革稳步推进。事业单位规范清理工作扎实开展,根据中编办、人社部统一部署,在深入调查研究、广泛听取干部职工意见建议的基础上,做好编制调整、职能分工、机构设置等工作。整合资源、提升实力,探索直属单位优化整合的新路子。认真做好宣传动员和督促检查工作,全面落实岗位设置管理制度。

(三)努力加强机关党建各项工作

坚持把思想政治建设摆在首位,党员干部思想政治素质不断提高。按照理论创新每前进一步,理论武装工作就跟进一步的要求,组织党员干部深入学习掌握中国特色社会主义理论体系,学习掌握党的基本理论、基本路线、基本纲领和基本经验,学习掌握马克思主义立场、观点和方法,不断增强坚持中国特色社会主义道路、理论体系和制度的自觉性、坚定性,并将学习成果转化为工作思路和政策措施,逐步形成了中心组学习为龙头、局处级干部为重点、党支部抓落实的理论武装工作格局。思想政治教育不断深化,注重通过中心组学习、集中培训、专题教育、报告会、党日活动、研讨交流等多种形式,促进形势任务教育、理想信念教育等为重点的经常性教育与保持共产党员先进性教育活动、深入学习实践科学发展观活动和创先争优活动等紧密结合,起到了统一思想、凝聚力量的作用,为完成中心任务提供了思想政治保证。坚持围绕改革发展稳定中的重大问题有针对性地开展思想政治工作。特别是在贯彻落实党中央、国务院重大决策部署以及重大任务和关键时刻,如在战胜非典、抗震救灾、举办奥运会和世博会中,通过动员组织和充分发挥基层党组织的战斗堡垒作用和党员的先锋模范作用,为完成党中央、国务院重大决策部署提供了动力与保证;注重围绕干部职工关心的社会热点问题,以及本单位改革发展的重大措施,及时教育引导干部职工树立全局观念,正确对待利益调整,为保证改革措施的顺利实施创造了良好氛围;积极探索新形势下思想政治工作的特点规律,建立健全舆情快速反应机制和党员干部思想状况分析制度,加强心理疏导,注重解决实际问题,调动了干部职工的积极性、主动性和创造性。深入贯彻落实中央《关于推进学习型党组织建设的意见》,围绕贯彻落实中央决策部署,紧密联系加快保障性安居工程建设、促进房地产市场健康发展等住房城乡建设工作重点难点问题,设置学习专题,提高学习质量,营造和形成了重视学习、崇尚学习、坚持学习的浓厚氛围。中规院"规划大视野"被评为"中央国家机关基层党组织优秀学习品牌"。

坚持做好抓基层打基础工作,基层党组织活力不断增强。认真组织学习贯彻《中国共产党党和国家机关基层组织工作条例》,制定了部《实施办法》。扎实抓好组织建设,实现了基层党组织全覆盖;针对社团党建工作的实际,成立社团党委,进一步加强了社团党建工作。创先争优活动中,以"强组织、增活力,创先争优迎十八大"为主题,深入开展基层组织建设年活动,增强了基层党组织的创造力、凝聚力和战斗力。严格落实了党内生活制度,认真落实党员领导干部民主生活会制度,每年结合实际确定民主生活会主题,严格程序要求,认真开展对照检查,制定整改措施,民主生活会质量逐年提高;坚持"三会一课"制度;认真落实领导干部讲党课制度。加强了党内民主建设,认真贯彻落实中央《关于党的基层组织实行党务公开的意见》,制定了部《实施办法》,扎实推进基层党组织党务公开工作,保障了党员的知情权、参与权、选举权、表达权和监督权。2003 年、2005 年和 2011 年,直属机关 3 次共表彰了 48 个先进基层党组织,186 名优秀共产党员和优秀党务工作者。

努力锤炼干部队伍工作作风。广泛开展"讲党性、重品行、作表率"活动。组织开展专题教育,引导领导干部坚决克服不良作风,自觉树立胡锦涛总书记倡导的八个方面的良好作风,切实实现思想作风、学风、工作作风、领导作风、生活作风的进一步转变。大力弘扬求真务实和调查研究之风。组织党员干部深入基层、深入群众,广泛开展调研督查、下访走访等活动,进一步促进了作风转变,密切了与基层和群众的联系。以加强调研促作风转变,建立了领导干部带头调研、年度重点工作调研、结合日常工作调研、调研成果评估考核等调研制度。通过深入调研,锤炼了机关干部求真务实的工作作风,增进了与基层群众的感情。注重在完成急难险重任务过程中,使干部磨炼意志、锤炼作风。2008 年汶川地震发生后,选派部机关和直属单位干部赴地震灾区,不少同志在灾区连续工作数月,在过渡安置房建设、灾后重建等工作中发挥了重要作用。甘肃舟曲泥石流、青海玉树地震等灾害发生后,及时派干部到灾区参与指导救灾、灾后重建等工作。2011 年,选派部机关和直属单位干部到各省、区、市进行保障性安居工程专项巡查,在地方连续工作 6 个多月,配合地方建立保障性安居工程日常巡查和信息联络机制,实现了开工建设 1000 万套保障性住房的目标。

　　展望未来,要持续深入贯彻落实科学发展观,准确把握和自觉运用反腐倡廉建设规律,认清形势,明确重点,不断推进反腐倡廉建设科学化、规范化、制度化,着力提高科学防治腐败的能力和水平。切实加强精神文明建设,不断强化理论武装,推动社会主义核心价值体系建设,深入开展群众性精神文明创建活动,努力改进工作作风,树立良好形象。同时,不断深化干部人事制度改革,大力加强部机关、直属单位干部队伍建设,为推动住房城乡建设事业科学发展提供组织保证和人才支持。

住房城乡建设领域人才队伍蓬勃发展

党的十六大以来,党中央、国务院高度重视人才工作,2003 年、2010 年,先后召开了两次全国人才工作会议,提出了人才强国战略,制定了《中共中央、国务院关于加强人才工作的决定》和《国家中长期人才发展规划纲要(2010—2020 年)》。住房城乡建设领域认真贯彻落实中央重大战略部署,坚持人才兴业方针,加强宏观指导,完善政策机制,大力推进人才队伍建设,人才已经成为推动住房城乡建设事业发展的决定力量。十年建设事业成果丰硕,十年人才工作成绩喜人。

一、统筹规划,引领行业人才队伍建设

2003 年,按照中央提出的"党管人才"原则,完善人才工作的领导机制,重新调整组建部科教工作领导小组,制定《建设部科教工作领导小组工作规则》。部党组书记、部长担任领导小组组长,部党组副书记及分管副部长任副组长,部机关各司局主要负责人担任领导小组成员。领导小组统筹领导建设部科技、教育、人才队伍建设工作,组织落实党和国家有关科教和人才工作精神,研究审议建设事业科教、人才发展战略规划、重要政策、重点任务和重大项目。

2004 年,建设部召开了全国建设人才工作会议,制定了《关于贯彻〈中共中央、国务院关于加强人才工作的决定〉的意见》,在人才工作指导思想上首次提出要坚定不移地走人才兴业之路,坚持以人才能力建

设为核心,以人才制度改革创新为动力,以人才结构调整为主线,抓住人才培养、吸引和用好三个环节,着力加强建设行业领导干部、企业经营管理人员、专业技术人员和一线操作人员队伍建设,形成一支规模宏大、结构合理、素质较高的建设人才队伍。

2006 年,建设部颁发了《建设事业"十一五"人才队伍建设规划》,提出培养造就一批优秀领导干部、高级专家和高技能人才,以"两高"人才为重点,在改革人才工作制度、健全执业资格制度和职业资格证书制度、完善建设类专业教育评估制度、推进建设行业工程师制度改革、专业技术人员职业水平认证制度和生产操作人员技能鉴定制度等方面进行制度创新。

2011 年,住房和城乡建设部制定印发了《关于贯彻〈国家中长期人才发展规划纲要(2010—2020 年)〉的实施意见》,这是指引未来十年人才工作的纲领性文件。《实施意见》提出今后一个时期行业人才工作的指导思想、任务目标、主要工作和保证措施,把加大领导干部的培训力度、加强专业技术人才队伍政策制度建设、规范专业人员培训与评价工作、开展职业技能培训与鉴定、完善农民工培训和权益保障、改革土建类后备人才培养模式作为人才工作的主要任务。

二、科学发展,加强领导干部培训是关键

党的十六大以来,党中央高度重视干部教育培训工作,作出了大规模培训干部、大幅度提高干部素质的战略部署,住房和城乡建设部认真落实中央精神,加强领导干部的培训工作。

加大领导干部的培训力度,开展各级党政领导干部城乡规划建设管理方面的培训,是十年来干部教育培训的一条主线,特别是随着2007 年《城乡规划法》的颁布实施,以城乡规划为主题的领导干部培训在全国蓬勃展开。中央领导同志十分关心建设系统领导干部培训工作。2003 年 11 月 30 日,时任中央政治局委员、中央组织部部长的贺

国强同志与参加城市规划市长研究班的学员座谈,对市长培训作出重要指示。2008年5月9日,中共中央政治局委员、中央组织部部长李源潮同志来到全国市长培训中心举办的"特大城市城乡规划专题研究班",看望全体学员并作重要讲话。据统计,2003年至2012年上半年,仅全国市长培训中心就举办领导干部城乡规划建设管理方面的培训班、专题班、境外培训班达44期,培训各地书记、市长1504人,承办各地委托领导干部培训班52期,培训学员2878人。许多参加培训的领导干部自觉运用所学知识指导实践,把以人为本、城乡统筹、科学发展、节能减排的理念引入城乡建设中,城乡面貌、人居环境得到改善。建设系统领导干部培训规模也不断扩大,主题涉及城乡规划、住房保障、节能减排、村镇建设、质量安全、市场监管、依法行政等各个方面。例如2009年、2010年,住房和城乡建设部分别委托国家行政学院、中央党校举办了全国住房公积金系统领导干部培训班,每期培训学员达300人。

为提高领导干部培训的针对性、实效性,积极探索推广研究式、案例式、体验式、模拟式教学,开展国际合作培训,组织有关单位和专家,开发适合领导干部城乡建设培训的课程和教材体系。2003年,编写出版了《领导干部城乡规划建设知识读本》,时任建设部党组书记、部长汪光焘同志亲自担任主编,江泽民同志题写了书名。2009年,按照中组部的部署,组织编写第三批全国干部培训教材"科学发展主题案例"之一的《城乡规划与管理》案例教材,胡锦涛同志为系列教材撰写了序言。为提升培训服务能力,按照做大做强、突出特色的原则,住房和城乡建设部对全国市长培训中心、干部学院两家专职干部培训机构进行优化整合,组建了全国市长研修学院(住房和城乡建设部干部学院)。

三、完善制度,推进专业技术人员队伍建设

2012年2月14日,2011年度国家科学技术奖励大会在北京人民大会堂举行。胡锦涛主席将"2011年度国家最高科学技术奖"授予中

国科学院、中国工程院院士,中国著名建筑学家、城乡规划学家和教育家吴良镛。2月27日,素有"建筑界诺贝尔奖"之称的普利兹克奖评委会宣布,将2012年普利兹克建筑奖授予中国建筑师、中国美术学院建筑艺术学院院长王澍。吴良镛、王澍的获奖是中国建筑业专业技术人员的骄傲,是中国建筑理论与建筑科技成果得到举世公认的标志,也是中国建筑人才队伍成长壮大的有力证明。据全国经济普查统计,2004年建筑业从业人员中专业技术人员仅有483万人,到2008年专业技术人员的数量达到622万人,四年增长了28.5%,专业人才队伍发展势头强劲。

(一)完善执业资格制度

注册执业人员是住房城乡建设领域专业人才中的高端人才。按照加强高层次人才队伍建设的方针,在注册建筑师、规划师、工程师(结构、岩土)、造价师、房地产估价师和房地产经纪人等7个执业资格基础上,近十年来,住房和城乡建设部继续建立健全各类专业技术人员的执业资格制度。2002年12月,建设部与人事部建立了建造师执业资格制度;2005年11月,建设部与人事部发布了物业管理师制度;2003年至2005年,在勘察设计注册工程师系列中,建设部、人事部会同有关部门陆续建立了注册公用设备工程师等10类工程师制度。各类注册执业人员由2003年年底的25.4万人,发展到2011年年底68万人,增长了1.7倍。各类注册执业人员已经成为各行业专业技术人员中的领军人才,在住房城乡建设事业的发展中起到骨干和带动作用。

(二)建立现场专业人员职业标准体系

现场专业人员是介于注册执业工程师和生产操作人员之间的基层专业技术管理人员,是保证工程质量安全、提高管理服务水平的关键,提高他们的职业能力至关重要。2008年,通过广泛调研,住房和城乡建设部提出以建立行业职业标准带动现场专业人员岗位培训与考核评价工作的总体思路,论证建筑、市政、房地产等领域的岗位设置,并组织专家编写《建筑与市政工程施工现场专业人员职业标准》,明确建筑工程项目经理部施工员、质量员等"八大员"的工作职责、专业技能、专业知识要求和考核评价方式。该标准于 2011 年正式发布,成为建筑施工企业选聘、使用、培训专业人员的技术规范,也是住房和城乡建设部第一个关于人员管理的行业标准。为做好职业标准的贯彻实施,2012 年 2 月,住房和城乡建设部印发了《关于贯彻实施住房和城乡建设领域现场专业人员职业标准的意见》,明确政府部门、企事业单位、教育培训机构、社会组织在专业人员培养培训、选聘使用、考核评价等方面的工作任务,这是专业人才制度建设的重要创新,标志着住房城乡建设领域专业人才队伍建设完成了总体框架设计,进入有序规范发展的新时期。

(三)完善专项人才队伍建设规划

为加强特定或重要领域人才工作,住房和城乡建设部结合行业发展需求,2011 年与环境保护部、水利部、农业部等七部门共同发布了《生态环境保护人才发展中长期规划(2010—2020 年)》。在住房和城乡建设部发布的《建筑业发展"十二五"规划》、《城乡建设防灾减灾"十二五"规划》、《工程勘察设计行业 2011—2015 年发展纲要》、《关于在住房城乡建设系统开展法制宣传教育的第六个五年规划(2011—2015 年)》等规划中,都提出相关领域专业人才队伍建设目标、任务和措施,使人才队伍规划与行业发展规划同部署、同实施、同评估。

(四)广泛开展知识更新培训

为紧跟行业发展和科学技术发展需要,各地针对专业技术人员的特点,广泛开展以提高职业能力为主的岗位培训和以知识更新为主的继续教育。据不完全统计,十年来各地进行企事业单位专业人员岗位培训考核累计达到 300 多万人次。在相关专业领域组织开展了《城乡规划法》、《村庄和集镇规划建设管理条例》、《建设工程安全生产管理条例》、《风景名胜区条例》、《物业管理条例》、《历史文化名城名镇名村保护条例》、《民用建筑节能条例》、《国有土地上房屋征收和补偿条例》、《城镇燃气管理条例》等法律法规的集中宣贯,增强了广大专业技术人员的法制观念。以新技术、新标准、新工艺、新材料为主的知识更新培训以及注册执业人员的继续教育的普遍开展,也使专业技术人员的技术水平和工作能力得到进一步提升。

四、勇于创新,加大技能人才培养力度

随着城镇化战略的实施,农村富余劳动力大量向城镇转移就业,建设行业成为吸纳农村富余劳动力的主要领域,在建筑业4000多万从业人员中,农民工占到80%以上。党中央、国务院高度重视农民工工作,住房和城乡建设部认真落实中央决策部署,切实做好建设领域农民工工作。

(一)实施农村富余劳动力的转移培训

2003年,国务院办公厅转发了农业部、劳动保障部、教育部、科技部、建设部、财政部共同制定的《2003—2010年全国农民工培训规划》。为落实好《培训规划》,2004年,建设部等六部门决定联合实施农村劳动力转移培训"阳光工程",成立了"阳光工程"指导小组。"阳光工程"是公共财政支持开展的非农职业技能示范培训,培训以市场需求为导向,以转移到非农领域就业为目标,通过订单培训的形式,面向社会招标,确定项目实施单位。"阳光工程"实施以来,一大批农村富余劳动力通过培训进入建设领域就业,对中国城镇化战略的实施、增加农民收入起到了积极作用。为做好农民工培训工作,2005年,建设部召开了全国建筑业农村劳动力转移培训经验交流会,积极推进"阳光工程"的实施,切实发挥建设职业培训机构的作用。为拓宽农民工培训资金来源,2007年,建设部会同中央统战部、中华职业教育社争取到香

港爱国人士李兆基先生捐助的 6000 万元资金,实施了"温暖工程李兆基基金建筑业农民工培训项目",对河北、山东、河南、重庆等 13 个省市的 20.8 万农村劳动力开展培训,向建筑业转移就业 20.4 万人,转移就业率达到 98%。

(二)在建筑工地创建农民工学校

农民工对工程建设的质量安全起到至关重要的作用。为探索农民工培训的有效方式,2007 年,建设部与中央文明办、教育部、全国总工会、共青团中央共同印发了《关于在建筑工地创建农民工业余学校的通知》,通过农民工学校开展农民工安全知识、法律法规、文明礼仪、社会公德、职业道德、卫生防疫、操作技能、权益保护等培训和服务工作。创建农民工学校得到了地方政府的重视、建筑企业的理解和农民工的欢迎,各地党政领导、建设及相关行政主管部门负责人、高校专家及社会志愿者积极参加农民工学校的授课。建设部结合农民工特点,组织编制了生动形象的《建筑业农民工业余学校培训教材》和《建筑业农民工业余学校音像教学片》。为加强农民工的安全教育培训,2008 年 11 月,住房和城乡建设部在全国集中开展了建筑业"千万农民工同上一堂课"安全培训活动,对从事一线生产操作的农民工进行人身安全和工程质量安全常识培训。自 2008 年起,住房和城乡建设部与人力资源社会保障部联合组织实施了"建筑业农民工技能培训示范工程",依托农民工业余学校,对建筑企业在岗农民工进行安全生产常识、职业基础知识和岗位操作技能的培训,对培训合格获得职业资格证书的人员,由国家财政给予一次性补贴。农民工学校创建 5 年来,累计建校 8 万余所,培训农民工 1036 万人次。农民工业余学校的建设,为新时期做好建筑业农民工工作进行了有益的探索和实践。

(三)推进职业技能培训与鉴定工作

为培养造就一支爱岗敬业、技术过硬、纪律严明的技能人才队伍,

2003 年,建设部召开了建设职业技能岗位培训与鉴定现场经验交流会,总结推广典型经验,明确培训鉴定目标任务,落实工作责任,改进技能培训方法。每年建设部根据各地上报的培训计划,制定培训与鉴定目标,并将指标进行分解落实,年末统计通报各地培训鉴定任务完成情况。各地培训鉴定人数逐年上升,截至 2011 年年底,累计培训 1062 万人,其中技师、高级技师 6.7 万人;鉴定 754 万人,其中鉴定技师、高级技师 5.4 万人,建设行业一线操作人员的技能水平明显提高。

(四)完善职业技能标准及职业分类体系

为加强技能人才的培养培训,2005 年,建设部颁布了木工等 16 个工种技师和 6 个工种高级技师的《职业技能标准、职业技能鉴定规范和职业技能鉴定试题库》,并组织编写各工种《职业技能培训教材》。2006 年、2007 年,组织专家编写了《建筑工程施工职业技能标准》、《建筑装饰装修职业技能标准》,首次将职业技能标准纳入工程建设标准系列。2011 年,受人力资源社会保障部委托,组织专家参与修订《中华人民共和国职业分类大典》,建立和完善住房城乡建设领域职业岗位分类体系和职业岗位目录。

(五)广泛开展职业技能竞赛活动

为探索高技能人才培养选拔机制,在全行业形成崇尚技能的良好社会风尚,2006 年,建设部、劳动社会保障部、全国总工会、共青团中央共同举办了全国建筑业职业技能大赛,各地举办竞赛 2700 多场,参赛农民工达 100 万人。通过竞赛发现选拔了一大批建筑业高技能人才,参赛选手中,有 3187 人晋升技师职业资格,277 人晋升高级技师职业资格;1611 人被授予省级技术能手或青年岗位能手称号,74 人被授予省级"五一劳动奖章"或省级劳动模范称号;80 人获全国建设行业技术能手称号,12 人获全国技术能手、全国技术状元、全国青年岗位能手称号,4 人获"全国五一劳动奖章"。建设部等四部门在人民大会堂为获奖选手举行了隆重的颁奖仪式,时任国务委员、国务院秘书长华建敏同志出席会议并作重要讲话。这是改革开放以来建设行业层次最高、规模最大、影响最深远的技能大赛。2009 年以来,住房和城乡建设部与教育部等部门连续四年共同组织了全国职业院校技能大赛,高职院校、中职院校土建类专业学生积极参加,并取得相关竞赛项目的好成绩。大赛对引导职业院校学生加强技能训练、树立崇尚技能的良好风尚起到了促进作用。

五、行业指导,培养合格后备人才

(一)专业教育规模不断扩大

土建类高等教育、职业教育承担着培养行业后备人才的重任,关系到行业水平和行业发展后劲的提升。随着中国住房城乡建设事业的快速发展,土建类专业教育规模不断扩大,人才培养能力迅速提升。据统计,2011 年全国土建类本科专业点达到 1819 个,招生 19.5 万人,在校生 70.7 万人,分别是 2002 年的 2.15 倍、2.6 倍和 2.6 倍。2011 年全国土建类高等职业教育专业点为 3644 个,招生 36.2 万人,在校生 94.5 万人,分别是 2002 年的 4 倍、4.8 倍和 5.5 倍。2011 年土建类中等职业教育共有专业点 2525 个,招生 24.4 万人,在校生 58.2 万人,分别是 2002 年的 2 倍、5 倍和 4.3 倍。

(二)科学设置学科、专业目录

为满足行业用人需求,配合教育部,对国家高等学校研究生、本科、高等职业教育学科专业目录和中等职业教育专业目录进行修订。经组织专家充分论证,2011 年,在研究生学科目录中,除原建筑学以外,新增设城乡规划学、风景园林学二个一级学科,加强和提升了建筑类学科地位。2012 年,土建类本科专业目录由 6 个调整到 9 个;目前,土建类高职专业目录为 27 个。为积极发展高层次应用型专业人才,2005 年、

2010 年,国家分别设立了风景园林专业硕士学位、城市规划专业硕士学位和工程管理专业硕士学位,形成了土建类高层次学术型人才和应用型人才培养的两条主线,提高了人才培养的针对性。

(三)加强人才培养的指导与创新

切实发挥住房和城乡建设部高等学校土建类专业教学指导委员会、高职高专建设类专业教学指导委员会和中等职业教育专业指导委员会等专家机构的作用,探索改革人才培养模式。组织编制土建类专业新一轮专业规范、人才培养方案和教学基本要求,完善课程体系建设,强化实践性教学环节,加强创新型、应用型、技能型人才的培养,如2011 年《高等学校土木工程本科指导性专业规范》的颁布,对高校土木工程专业教学和人才培养工作起到积极的促进作用。为提高普通高校工程教育人才培养质量,住房和城乡建设部与教育部于2010 年在高等学校土建类专业领域开始实施卓越工程师教育培养计划,高校建筑学、土木工程、给水排水工程的31 个专业点先行试点。两部共同组建了试点工作组和专家组,通过行业指导、突出加强学生设计能力、工程实践能力训练,培养优秀工程师的后备人才。

(四)推进职业教育校企合作培养模式

随着产业结构、经济结构的调整,高新技术的广泛应用,对从业人员技术技能水平要求不断提升。职业教育主要培养生产、服务一线的技术技能型人才,提高学生动手能力、就业能力至关重要。近十年来,建设类职业教育以推进示范性院校建设、开展校企合作为重点,深化技能型人才培养模式改革。

2005 年,建设部印发了《关于贯彻〈国务院关于大力开展职业教育的决定〉的意见》,确定把发展建设类职业教育作为人才工作的一个重点领域。此后,建设部、教育部共同实施了职业院校建设行业技能型紧缺人才培养培训工程,在建筑施工(市政施工)、建筑装饰、建筑设备和建筑智能化四个专业领域,选择94所中职学校、71所高职院校与702家企业"结对子",合作开展技能紧缺人才培养。2007年、2008年,住房和城乡建设部连续两年召开全国建设类高等职业院校经验交流会,以国家示范性高职院校建设为引领,带动高职院校建设类专业深化教学改革,实施"2+1"人才培养模式(2年学校学习,1年企业实习),推进学校企业双向合作,提高学生的职业能力、就业能力。

为加强实践性教学环节的建设,提升高职院校建设类专业校内实训基地的建设水平,2009年,住房和城乡建设部人事司、教育部高等教育司共同组织了高职院校校内实训基地专题调研,并委托专家编写了高职建筑施工技术、楼宇智能化两个专业的《校内实训基地建设导则》,引导有关院校按照导则要求加大对校内实训基地的投入,提高校内实训的教学效果,为学生进入企业实习和走上社会打好基础。

2011年,住房和城乡建设部召开了全国建设类职业教育校企合作座谈会,政府部门、职业院校、企事业单位、社会团体共商拓宽校企合作领域、加强政策引导的思路。2012年年初,住房和城乡建设部、教育部制定出台了《关于加强建设类专业学生企业实习工作的指导意见》,明确了学校、企业、政府部门和行业组织等各方的职责。文件提出院校要加强对学生企业实习的组织管理;企业要把接受学生实习作为一项社会责任,与学校共同落实实习培养计划,做好学生安全防护和职业健康保护;各级住房城乡建设行政部门要在政策上鼓励校企合作,为学生实习搭建平台,营造良好的外部环境;行业社团也要倡导会员单位积极参与人才培养过程,做好接受学生实习的各项工作。

(五)专业教育评估成效显著

高等学校土建类专业教育评估是国际上通行的由行业对高校相关专业办学质量进行社会评价的一项制度,是执业资格制度的一项基本制度。住房城乡建设领域专业人员执业资格制度建立于20世纪90年代初期,近十年得到较快发展。2004年,高等学校给水排水工程专业教育评估制度的建立,标志着中国高校土建类六大专业,即建筑学、城市规划、土木工程、建筑环境与设备、给水排水工程、工程管理专业全部建立起专业教育评估制度。截至 2012 年,全国共有 87 个高等学校的 235 个土建类专业点通过了专业教育评估,比 2002 年增长了 2 倍。目前,土建类六个专业中,已通过专业评估的院校占开办专业院校总数的 10%—20%,在注册建筑师、注册结构工程师中,65% 的人员是通过评估院校的毕业生。

土建类专业教育评估影响带动了全国工程教育专业认证的开展。2006 年,在借鉴土建类专业教育评估制度的基础上,教育部会同有关部门和全国性行业组织,启动了高等学校工程类专业认证试点,目前已有 13 个工程类专业建立了专业认证制度。中国土建类专业教育评估工作得到国际认可。2006 年,中国与美国、加拿大、澳大利亚、墨西哥、韩国共同签署了《建筑学专业学位国际互认协议》,彼此互认建筑学专业教育质量实质等效,这是中国第一个专业教育质量国际多边互认协议。2010 年,工程管理专业评估委员会与英国皇家特许建造协会续签了工程管理专业评估互认协议。2011 年,土木工程专业评估委员会与英国土木工程师协会、英国结构工程师协会续签了土木工程专业评估互认协议。评估互认协议的签订标志着中国土建类相关专业的教学水平达到国际标准,其毕业生的专业教育学历在互认国家得到认可。

六、继往开来,人才队伍建设前景辉煌

未来十年,是中国住房城乡建设事业发展的重要战略机遇期,事业的发展归根到底要靠人才。加强人才队伍建设既是住房城乡建设事业发展的重要内容,又是事业发展的重要保证。"十二五"及今后十年,住房和城乡建设部人才工作将按照《国家中长期人才发展规划纲要(2010—2020 年)》、《2010—2020 年干部教育培训改革纲要》要求,深入贯彻落实科学发展观和人才观,遵循人才成长规律和教育培训规律,

围绕住房城乡建设事业中心工作,以提高人才队伍整体素质为目标,以完善政策制度为主线,以领导干部为重点,以高层次人才、高技能人才为依托,统筹推进各类人才队伍建设,着力提高人才工作科学化水平,为住房城乡建设科学发展提供人才保证和智力支持。

人才队伍建设的总体目标是:培养造就数量充足、结构优化、布局合理、素质优良的人才队伍,构建科学合理和较为完善的人才培养培训、使用激励、评价管理政策体系和运行机制。为此,要努力实现以下工作目标:①人才优先发展的战略地位得到落实,在住房城乡建设领域形成尊重劳动、尊重知识、尊重人才、尊重创造的良好氛围。②人才队伍建设法制化水平不断提高,行业人才工作纳入相关法律法规,做到人才培养和教育培训有法可依。③人才制度不断创新,形成较为完善的干部教育培训制度、专业人员职业资格制度、操作人员技能培训制度和后备人才培养制度体系。④职业标准、专业教育标准不断健全完善,规范培养,保证质量,相互衔接,相互促动。⑤各级各类人员培训规模不断扩大,综合素质不断提高。领导干部科学发展能力、专业技术人员业务素质、生产操作人员技能水平、高校毕业生培养质量得到有效提升。⑥高层次人才、高技能人才的拥有量显著增加,各类人才结构比例得到优化,地域分布趋向合理。

在党的人才工作方针的正确指引下,未来十年将是中国住房城乡建设人才队伍大发展的时期。昨日的辉煌,已化作今天新的起点。随着科学发展观、科学人才观的深入人心,随着人才强国战略、人才兴业之路的坚实推进,住房城乡建设领域人才辈出的新局面正向我们走来。

坚持改革开放和制度创新，
夯实住房城乡建设工作基础

近十年来,住房和城乡建设部着力完善制度,科学谋划发展,加强协调服务,强化效能监管,部机关工作有效运转,促进了住房城乡建设事业发展。

一、制度建设稳步推进,住房城乡建设工作基础更加扎实

(一)建立和完善科学民主决策机制

坚持和实施部常务会议制度,重大事项、重要工作部署等由部常务会议讨论决策。坚持和实施调查研究制度,重大决策前广泛开展调查研究,深入听取基层意见;每年组织开展重大专题调查研究,做好理论和政策储备。坚持和实施专家咨询制度,重大决策前广泛听取专家的意见和建议,增强决策的科学性。建立和实施重大决策事项跟踪督办制度,定期通报进展情况,促进重大决策事项的落实。

(二)完善住房城乡建设事业规划制度

2003 年组织开展了《建设事业"十五"计划》中期评估。2006 年 3 月,在前期开展的 21 项重大课题研究基础上,编制《建设事业"十一五"规划纲要》以及 13 个配套专题规划。2009 年以来,在农村危房改造、建筑节能、城市供水设施改造与建设、城镇污水处理及再生利用、城

镇生活垃圾无害化处理、历史文化名城名镇名村保护、城镇燃气、建筑业、城乡建设防灾减灾等重点领域,组织编制了一批"十二五"专项规划,并陆续印发实施。2008 年 11 月,为贯彻落实党中央、国务院扩大内需促进经济增长的重大战略部署,向国务院报送了《关于落实进一步扩大内需促进经济增长十项措施有关工作情况的报告》,提出加快解决城市低收入家庭住房困难问题,加快经济适用住房建设,积极推进棚户区(危旧房)改造,加快污水垃圾处理等市政公用设施建设和改造,加快推进建筑节能,稳定房地产市场等政策举措。

(三)建立完善预算和财务资产管理制度

我部本级一般专项财政拨款由 2002 年的 12 个项目 3585 万元增长到 2012 年的 46 个项目 19721.23 万元,年均增长 41%。根据国家现行有关财务资产的法律、法规及规范性文件,制定了《建设部国库集中支付制度实施办法(暂行)》等 16 个预算、财务、资产管理办法,覆盖了资金申请、拨付、使用、监督等资金管理的关键环节和资产购置、使用、处置等资产管理全过程。严格控制"三公经费",按规定公开我部部门预算、决算,以及"三公经费"预决算情况,主动接受社会监督。近几年,我部先后有 10 个项目纳入财政部绩效评价试点范围,开展了财政支付项目绩效评价工作。组织开展"小金库"专项治理工作,强化了部属事业单位的财务监督。坚持实施部属事业单位主要领导离职经济责任审计。

(四)建立健全住房城乡建设统计制度

通过充实完善专业报表制度,调整优化统计指标设置,加快建立城乡对接、覆盖全面的行业统计信息采集体系,形成了能够全面反映住房城乡建设发展状况的基本统计指标体系和调查制度。住房城乡建设统计调查制度由本世纪初的 4 项增加到目前的 12 项,已覆盖到部管所有行业和主要业务。建立起与统计业务基本适应的统计信息化系统,初步形成统计数据采集、传输、加工、储存、发布的网络化服务体系。统计数据分析应用能力显著增强，为政府决策、行业管理及社会公众服务的能力和水平大幅提高。

（五）改革和完善行政审批制度

按照"经济调节、市场监管、社会管理、公共服务"的政府职能转变要求，清理行政审批，减少行政审批事项。成立部行政审批集中受理办公室，设立行政审批受理大厅，自 2007 年 12 月 1 日开始对企业资质行政审批实行集中受理。截至 2012 年 6 月，共受理 47839 家企业申请，办理 219 批企业资质审查意见公示，颁发 170360 本资质证书。进一步规范行政许可行为，完善了专家审查制度。加强对各类庆典、论坛、研讨会的审核，严格各类评奖、达标、评比活动的审查，有效控制了上述活动的数量和规模。

（六）完善信访、保密制度

成立了信访办公室，加强信访工作力量，畅通信访渠道，努力化解矛盾，维护社会稳定；大力规范城镇房屋拆迁工作，从源头减少群众上访；先后派出近两百批次 600 余人次，深入基层督查督办信访案件，有效化解信访积案近千件。建立和完善了计算机、网络等信息设备保密管理规定，强化保密管理制度执行情况的监督，机关干部保密意识显著提高，保障了国家秘密的安全。

（七）大力推进城建档案工作

城乡建设档案管理法规制度进一步完善，城乡建设档案行业标准化、信息化和安全管理水平得到提升。为贯彻实施《城市建设档案管理规定》、《城市房地产权属档案管理办法》和《城市地下管线工程档案管理办法》3 个部门规章，制定发布了一系列规范性文件和标准规范，指导督促各地切实做好建设工程档案归集管理工作。组织开展城乡建设档案信息化共性问题调研,制定发布了《城乡建设档案信息化建设规划与实施纲要》。积极推广城建档案信息化建设示范试点经验。积极推进地下管线工程档案管理工作,向国务院报送《城市地下管线档案信息管理的现状、问题和对策》。进一步加强城建档案馆库安全管理,督促建设符合国家标准、功能齐全的新型馆库,指导各地城建档案管理机构和城建档案馆不断丰富优化馆藏档案资源,充分发挥城建档案在抢险救灾、恢复重建中的重要作用。加强城建档案编研工作,编写完成《住房和城乡建设部历史沿革》(1949 年至 2010 年),建立《住房和城乡建设部文书档案目录数据库》。

二、新闻宣传和信息公开不断加强,住房城乡建设发展的社会氛围更加和谐

住房和城乡建设关系经济发展、民生改善,中央关心、社会关注。近十年来,我部不断重视和加强住房城乡建设领域新闻宣传、信息公开工作,正确引导舆论导向,营造了良好的社会氛围。

(一)新闻宣传工作机制进一步完善

建立新闻发言人制度,及时向社会发布新闻信息。建立和完善了由办公厅统一协调组织、各司局密切协作的新闻工作机制,适时围绕相关主题,开展宣传活动。建立健全舆论引导机制,及时收集分析研判舆情,及时回应、引导社会舆论。建立和完善宣传网络,与国内外媒体建立起了良好的合作关系。

(二)新闻宣传活动丰富多彩、形式多样

近十年来,每年组织中央主要媒体等媒体单位,围绕住房和城乡建设方面的不同专题开展宣传活动。通过组织媒体参加我部新闻发布会、业务会议和活动,组织媒体记者采访团实地采访,组织开展专题系

列报道、专访文章、在线访谈等多种形式,积极做好住房城乡建设领域重大活动事项的新闻发布工作。宣传住房城乡建设领域的发展成就,解读住房城乡建设的重大政策,推介各地推进住房城乡建设科学发展的先进理念和成功经验,反映住房城乡建设领域的热点难点问题,取得了良好的宣传效果。据不完全统计,2002—2012 年,每年组织开展各种形式新闻发布活动约 60 场,10 年累计 600 场次;此外,还通过制作专题宣传片,组织或参与出版图书等,强化宣传效果。

(三)政务信息公开及时

依法明确了政府信息公开的范围、主动公开和依申请公开的方式与程序;建立了"集中受理,分头处理,统一答复"的依申请公开政府信息工作机制;完善了政府信息公开保密审查机制;健全了信息发布协调机制,保证发布的信息准确一致;建立了虚假信息澄清机制,对发现影响或者可能影响社会稳定、扰乱社会管理秩序的虚假或者不完整信息,及时发布准确政府信息予以澄清;建立信息公开平台,把部门户网站作为政府信息公开的主渠道,在部门户网站开通了信息公开专栏,专门登载主动公开的政府信息和工作制度,并提供多种检索方式,便利公民、法人和其他组织查询我部政府信息公开内容。自 2008 年建立政府信息公开制度以来,共主动公开各类政府信息 3000 余件,受理并答复信息公开申请近 700 余件。

三、国际合作交流不断深化,住房城乡建设对外开放水平显著提升

(一)着力加强外事服务管理制度建设

为适应国际国内两个大局联系日益紧密的新形势,按照"统一领导,归口管理"的原则,加强制度建设,严格执行外事工作制度和程序,对部机关、部属事业单位及部管社团的外事工作进行服务和管理。制

定了部级领导因公临时出国管理实施细则、司局级及以下人员因公出国(境)管理办法。对原有的外事管理制度进行梳理,2010 年 3 月,汇编印发了《外事管理工作手册》。为加强对部机关、部属单位、部管社团涉外合作协议的管理,2012 年 3 月,印发了《住房和城乡建设部对外合作协议管理暂行办法》。围绕部中心工作,认真组织编报年度外事计划,其中部级人员出访计划上报中央外办,司局级及以下人员出访计划报经部领导批准。定期召开外事工作座谈会,宣讲政策,交流经验,听取意见。此外,为制止公款出国(境)旅游,对出国(境)团组实行严格审批管理,较好地完成了专项整治公款出国(境)旅游任务。

(二)重视开展双边合作交流

突出与重要国家对口部门的交流与合作。先后与美国能源部、法国可持续发展部、英国贸易投资署、瑞典环境部、日本国土交通省、新加坡国家发展部等签署了合作协议,在城市可持续发展、绿色建筑与建筑节能、建筑抗震等方面开展交流与合作。重点关注我周边发展中国家的情况,为其学习借鉴我发展经验提供必要的支持和援助。十年来,先后与柬埔寨、蒙古、越南、印度、斯里兰卡和埃塞俄比亚等国家开展了务实有效的合作。在我部的积极推动下,援助柬埔寨建设部建筑实验室的项目顺利实施;与越南建设部、蒙古建筑和城市建设部、印度城市减贫部、斯里兰卡城市发展部分别签署了合作协议;协助蒙古国制定住宅设计规范、援建建筑材料实验室、培训技术人员;为越南和埃塞俄比亚举办建设管理和技术培训班。上述合作的开展也为加强我与发展中国家在建设标准、技术和产品等方面的互利合作创造了条件。参与组织实施了"中新生态城项目",承办了"亚欧生态城网络",支持"中法城市可持续发展示范项目"等。中日、中韩间定期召开住宅建设、城市规划研讨会,已成为双边交流与合作的重要平台。加强内地同港澳台的交流与合作。积极落实内地与香港、澳门签署的《关于建立更紧密经贸关系的安排》的有关政策措施。我部主办的"内地与香港建筑业论坛"

已成功举办 15 届,取得良好效果。

(三)积极扩展多边合作交流优势领域

加强与联合国人居署的交流与合作。2008 年 11 月在南京共同举办第四届世界城市论坛。张德江副总理出席开幕式,来自联合国等国际组织及 175 个国家的 8000 名代表(境外代表 3600 余名)出席论坛,其中包括肯尼亚总理、巴林首相等 6 位外国政要、前政要,60 名外国部长和约 50 名外国大城市市长。认真组织申报"联合国人居奖"。截至 2010 年,我国共有 19 个城市、个人或项目获"联合国人居奖"。重视同世行、亚行的交流与合作,共同开展了"供水价格研究"、"城市污水处理收费改革"、"中国北方城市供热价格改革"、"城市固体垃圾管理"等技术援助项目。通过运用国外专业领域的资源优势,促进了我部重点工作。协助有关社团加入国际组织或机构。中国房地产估价师与房地产经纪人学会申请加入了国际测量师联合会,中国建设工程造价管理协会申请加入了国际造价工程联合会。参与了 WTO 和自贸区有关工作,组织开展加入 GPA 对住房城乡建设行业的影响及对策研究。2007 年,成功组织召开了有 11 位部长参加的第六届亚太地区基础设施发展部长级论坛。

(四)组织重要外事活动

十年间,姜伟新部长和汪光焘部长先后 6 次作为国家主席特使出访有关国家,完成外交任务;部领导数次作为陪同人员参加国家领导人出访或接待外国领导人来访的工作;多次派出代表团参加为配合领导人外交活动而举办的会议、论坛、对话、协议签字仪式等活动。发挥专业领域优势,充实并丰富了外交领域的成果。为配合国家外交工作大局,开展具有住房城乡建设领域特色的对外交流与合作。2010 年上海世博会期间,我部先后有 5 位部领导出席世博会相关活动,我部与联合国人居署举办了"联合国人居日"活动,与上海世博局在杭州举办了

"和谐城市与宜居生活主题论坛"。

四、落实国家区域发展战略,支持中西部等地区发展的力度持续加大

(一)支持中西部、东北地区等老工业基地振兴

2004 年 6 月,印发了《建设部关于贯彻落实〈国务院关于进一步推进西部大开发的若干意见〉的意见》,在加强城镇环境综合整治和市政公用设施建设、加强城镇建设与发展的区域协调和分类指导、推进建筑业和房地产业健康发展等方面提出具体工作意见。2004 年 9 月,制定出台了《建设部关于贯彻落实〈中共中央国务院关于实施东北地区等老工业基地振兴战略的若干意见〉的意见》,提出要多渠道加快住房建设,做好冬季供热采暖的组织保障工作,加强基础设施建设和维护改造,加强规划指导和服务等。2005 年 9 月,向国务院报送了《建设部关于贯彻落实促进中部地区崛起战略的报告》,提出加强中部地区重要中心城市、城镇密集地区和村镇建设的规划指导,加大对市政公用设施建设的指导和支持力度,完善住房供应政策,支持建设科技进步和人才培养等。

(二)协调做好援藏、援疆工作

2005 年 10 月,我部与西藏自治区就贯彻落实《中共中央国务院关于进一步做好西藏发展稳定工作的意见》进行商谈,确定在城镇规划和重点城镇建设、农牧区村庄整治和农牧民住房建设、历史文化和风景名胜资源及传统建筑风貌保护等方面,加大对西藏建设事业的支持力度。2005 年 11 月,向国务院报送了《建设部关于贯彻落实〈中共中央国务院关于进一步做好西藏发展稳定工作的意见〉的报告》。为贯彻落实国务院《关于进一步促进新疆经济社会发展的若干意见》(国发[2007]32 号),2007 年 11 月,成立了由齐骥副部长任组长的建设部支

持新疆工作领导小组。2010年8月,在对喀什市老城区危旧房改造进行多次踏勘调查、研究论证等工作的基础上,经国务院批准,住房和城乡建设部、发展改革委、财政部、国土资源部、环境保护部、地震局、文物局、国务院扶贫办批复了《喀什市老城区危旧房改造综合治理项目方案》,提出从2010年起,力争用5年时间完成老城区28个片区49083户危旧房改造,力争实现家家有房住、设施有提高、环境有改善、风貌有保留、文化有传承、经济有发展的目标。2010年9月,部党组制定印发了《住房和城乡建设部贯彻落实〈中共中央国务院关于推进新疆跨越式发展和长治久安的意见〉的实施方案》,在发挥城乡规划的统筹协调和引导调控作用、加大保障性住房建设力度、加快推进农村安居工程建设、支持推进建筑抗震加固、加强城镇市政公用设施建设、加强历史文化遗产和景观资源保护管理、支持促进建筑业发展、加强行业人才培养培训、加快推进兵团城镇化进程、切实加强援建项目管理等方面,提出了具体实施意见。

(三)扶持定点扶贫地区发展

　　部党组高度重视做好定点帮扶青海省黄南藏族自治州尖扎县、泽库县的扶贫开发工作。据不完全统计,10年来,累计有部级领导11人次、司局级41人次、处级31人次、科级32人次赴帮扶县调研考察。帮助编制完成了泽库县泽曲镇、尖扎县坎布拉镇、马克唐镇的详细规划,编制完成了尖扎县康杨镇和泽库县和日乡总体规划,以及沿黄三镇(康杨镇、马克塘镇、坎布拉镇)控制性详细规划等。帮助开展建设系统干部培训和农民工技能培训,累计为当地培训党员领导干部267人次,技术人员14人次,培训农民工52人,转移就业28人,接受3人到部有关单位挂职,选派挂职干部1人。帮助协调落实了一批国债资金和中央预算内补助资金,用于城镇市政基础设施建设和改造、国家历史文化名城规划编制和基础设施建设补助、农村地区可再生能源建筑应用示范、城乡保障性安居工程等。组织开展送温暖活动,累计捐献钱款和物资折合 376 余万元,用于修建希望小学、村级卫生室、村级组织活动室,资助贫困家庭子女上学等。

(四)支持地方抗震救灾和灾后重建

2003 年,"非典"疫情爆发后,对部分省市建设事业受"非典"疫情影响情况进行调查,及时向国务院办公厅报送了《应对"非典"冲击,促进建设事业发展的措施及建议》,积极协调解决公交行业享受"非典"期间的优惠政策问题。2008 年 5 月 12 日,我国遭受了汶川特大地震灾害。随后几年,又遭受了玉树地震和舟曲泥石流等自然灾害。我部举全部全系统之力投入了抗震救灾。一是迅速组织力量抢险救援。汶川地震后,我部先后调集 2100 多台施工机具设备并配备数百名工程技术人员支援灾区,疏通受阻道路,解救被困群众。调运大量净水消毒设施和环卫设备,抢修水厂和供水管道,保障灾区供水安全和群众基本生活,并及时编制下发了五册《汶川地震恢复重建指导手册》。玉树地震和舟曲泥石流后,住房城乡建设系统在抢险救援方面也做了大量工作。二是精心组织过渡安置房建设。汶川地震发生后,会同财政部测算并下达汶川地震灾区活动板房建设补助资金 63.245 亿元。经 10 万建筑队伍努力,共建设了 68.13 万套、1330.4 万平方米的过渡安置房,其中学校、医院占四分之一。过渡安置房的建设对解决群众临时住所、保障中小学复课和高考顺利进行,以及稳定灾区社会秩序发挥了重要作用。三是认真开展灾后重建工作。按照中央的部署,我部积极投入汶川、玉树地震和舟曲泥石流灾后重建工作,组织部规划院和全国规划师、建筑师 2 万多人次赴灾区编制完成相关重建规划,培训、指导、检查和帮助灾区恢复重建居民住房、市政设施,并直接派出规划实施协调组进驻北川、玉树等重建重点地区,较好地完成了中央交给的任务。此外,组织部机关、直属事业单位以及部管理的社会团体捐款 850 万元,用于四川、陕西、甘肃的抗震救灾应急抢险和城镇市政公用设施抢险救灾项目。及时收集、整理、汇总、上报受灾情况,按要求报送水厂和供水管道受损情况、灾后恢复重建情况等。认真处理涉外事务,积极与国外政府和有关机构联络协调,为抗震救灾和灾后重建工作提供支持。

五、后勤保障能力提升,节约型机关建设成效明显

(一)机关办公条件和职工居住环境明显改善

严格执行基建项目审批程序,不违规和超标准建设、装修办公用房。先后完成了部办公主楼抗震加固改造工程、机关南配楼抗震加固改造工程、部大院4号楼危改工程和部大院北区改造工程,完成2005年、2010年职工住宅配售工作。2009年开展了大院综合治理工作,不断细化物业管理,建立了网格化物业管理模式,确保办公区环境整洁,秩序井然,促进和谐社区建设。我部连续九年获得中央国家机关绿化美化先进单位、荣获全国绿化模范单位、首都绿化美化花园式单位。建设部社区荣获北京市文明小区、海淀区和谐社区、北京市花园式单位等荣誉称号。

(二)服务意识、水平明显提高

牢固树立"为机关工作服务、为机关公务员服务、为大院居民服务"的宗旨,定期听取意见建议,及时整改,努力使干部职工无后顾之忧。实施财务收支预算,严格按照预算组织收入,规范开支内容和程序,实现经费使用公开透明和节约高效。加强资产管理,盘活闲置资产,确保国有资产保值增值,2011年与2002年相比,中心资产增值率达70%,有效提高了后勤保障能力。规范采购标准和采购程序,推行"阳光采购"和电子采购,从源头上降低了机关资产购建成本。精心做好机要交换、公务用车、机关文印,保障了机关公务活动的运转。

(三)积极开展机关节能减排

完成了国管局下达的每年年度用电、用水、用油等各项节能任务指

标。我部被评为北京市节水型单位。我部率先在中央国家机关系统开展了既有建筑供暖分户热计量改造、建设太阳能光伏电站、雨水回收系统、院区厨余垃圾微生化处理站、安装伸缩式外挂遮阳篷等节能减排改造工作。其中既有建筑热分户计量改造面积16万平方米;建设8处太阳能光伏电站,年发电量近20万度,节约标准煤77吨,减排二氧化碳200吨;每年收集雨水污水约3000吨,我部成为中央国家机关首个办公区绿化自来水零消耗的单位。因我部机关节能改造工作成绩突出,节能效果明显,被确定为中央国家机关五个节能减排示范单位之一。认真做好公务用车专项治理工作,重新核编我部机关公务车编制,超编车辆全部按要求上缴国管局。

六、老干部工作不断开拓,人文关怀深入体现

(一)学习不断,永葆活力

根据老同志住地、年龄、身体状况等实际情况,调整了离退休干部党支部设置,把14个离退休党支部调整为12个,3个离休支部、9个退休支部,便于老同志参加支部学习活动。建立了部主要工作向老干部通报制度,让老干部知悉相关工作动态。部长每年初向老同志通报上一年工作情况和本年度工作目标与主要任务,2002年以来,共有老同志4000余人次听取通报。离退休干部局不定期邀请业务司局负责同志向老同志介绍本司局业务工作的进展情况,使老同志对专项领域工作和发展方向有比较深入细致的了解。10年来,共组织业务工作通报20余场,参加人员2000余人次。通过全体老干部大会、局党委中心组学习扩大会议、离退休党支部支委会或支部大会、理论学习组、老龄思想政治工作论坛、知识竞赛等多种形式,组织政治理论学习、党中央决策部署学习,使老干部坚定不移地与党中央保持高度一致。定期邀请中央党校、国防大学、外交学院等单位的专家、教授,就国家的大政方针、改革热点、国际形势等老同志关心的问题开展讲座、答疑解惑。10

年来,共组织讲座、报告会、录像辅导 100 余场,参加的离退休人员 1 万余人次。通过组织老同志健康休养、参观游览等活动,使老同志真切感受改革开放的伟大成就、科学发展的大好形势。10 年来,共组织老同志 4000 余人次在北京、上海等地参观学习 30 余次,为老同志坚决拥护改革开放、推动科学发展提供了丰富的实践体验。

(二)丰富活动,老有所乐

每年组织老同志开展春、秋游、自费游等活动,还组织开展了老年大学以及钢琴、舞蹈、诗词、绘画、摄影、太极拳等多种文体活动,设立了台球室、活动大厅、阅览室、棋牌室、麻将室等并完善了管理使用制度,2002 年以来,累计投入设备资料购置费、整修费等 40 余万元,接待参加各种活动的老同志 10 余万人次。

(三)发挥余热,老有所为

发挥老同志政治立场坚定,工作经验丰富等优势,引导老同志围绕部、局中心工作,进行专题研究,提出建设性意见和建议,供部、局领导决策时参考。发挥老同志在促进社会和谐、教育培养下一代方面的重要作用,鼓励和支持他们参加各项健康有益的活动。如组织老干部编写了《金色记忆——建设部机关离退休干部回忆文集》、《流金岁月——建设部机关离退休干部剪影》等书籍;各离退休干部党支部(活动组)、老龄思想政治工作研究会及书画摄影研究会、诗社等活动组织均由老同志担任负责人或召集人,发挥老同志自我教育、自我管理的积极作用。目前,仍有 200 多名部机关离退休老同志在协会、学会、社区等受聘工作,继续发挥余热,为推动科学发展和社会和谐做出贡献。

(四)关心生活,老有所养

部党组成员率部离退休干部工作领导小组成员单位负责同志、离退休干部局领导率工作人员深入开展走访慰问活动,做好老同志思想工作。10 年来,走访慰问老同志近 2000 人次,发放慰问金 100 余万元,使老同志切实感受到党的温暖,坚定跟党走的决心。2002 年以来,先后为抗战及以前参加革命工作的离休干部提高了生活补贴,为解放战争时期参加革命工作的离休干部增发了生活补贴,为 20 余名离休干部办理了提高医疗待遇的手续,为 20 余名生活不能自理的离休干部申报了护理费。2011 年,对部分离休干部参加革命工作早、职务低,离休后未调整过职务,离休费较低,生活较为困难的老干部给予适当生活、医疗补贴 21.52 万元。2008 年对独居、80 岁以上、体弱多病、生活特别困难的老同志,建立了"三项帮扶机制",即针对生活和医疗资金发生较大困难的"生活医疗特殊困难救助机制"、提供急病就医帮助的"医疗应急帮扶机制"和提供家政信息的"养老和家政信息服务机制"。十年来坚持对独居、参加不了集体活动的老同志定期联系、走访。2011 年起,规范为"四个一"活动,即对独居老同志每周至少电话联系一次,每月走访一次;对参加不了集体活动,但身边有人照顾的老同志,每月联系一次,每季度走访一次,面对面进行沟通交流;对部分体力有限,不能参加集体组织的参观活动,但又有参加活动愿望的老同志,每年组织乘车参观一次。

　　展望未来,住房城乡建设任务更加繁重。住房和城乡建设部将进一步加强相关制度建设,加强新闻宣传,深入国际交流合作,提高机关工作运转效能,促进住房城乡建设事业健康发展。

下　篇

地方、部属单位及人物篇

第六部分　省、自治区、直辖市

　　各省、自治区、直辖市在推动住房城乡建设事业科学发展中发挥着不可替代的作用。党的十六大以来，各地政府及住房城乡建设部门认真贯彻落实党中央、国务院的决策部署，结合各地实际，完善制度，强化管理，加强监督，致力于推进住有所居、改善人居环境、完善公共服务、促进社会和谐，创造性开展工作，出色地完成了各项工作任务，同时也积累了不少促进住房城乡建设事业又好又快发展的工作经验。

推动首都科学发展　建设中国特色世界城市

——党的十六大以来北京市住房和城乡建设事业发展综述

党的十六大以来的十年,是北京市深入贯彻科学发展观、全面提速首都城市现代化与城乡一体化进程的十年。北京市住房和城乡建设工作着眼于调结构、转方式、惠民生、促发展,不断夯实基础,求真务实,乘势而上,实现了跨越式发展,迈入新的发展阶段。

一、城乡规划统筹引领作用显著增强

(一)区域统筹协调发展的格局逐步建立

按照"中心城—新城—镇—村庄"的城乡规划体系设计,制定了区县功能定位及评价指标体系,有序调整首都城市空间结构。制定了通州、顺义、亦庄等11个新城规划,推进新城"有城有业"发展;推行了综合防灾减灾规划研究等重点专项工作,编制完成养老设施专项规划、森林公园总体规划、绿地系统规划等多项专题规划;系统组织编制乡镇域规划、全市及各区县村庄体系规划、山区协调发展规划等各级各类规划,基本实现了城乡规划的市域范围全覆盖。昌平区南口镇、房山区长沟镇等21个镇被列为全国发展改革试点小城镇,密云县古北口镇被确定为第一批试点绿色低碳重点小城镇。

（二）分工协作、优势互补的产业空间发展格局初步形成

组织编制并深化 CBD 核心区、金融街、奥林匹克中心区、中关村科学城等重点功能区规划,加大功能区基础设施及服务设施配套建设统筹力度,提升"北京服务"、"北京创造"品牌和影响力。2009 年编制《中关村国家自主创新示范区空间范围和布局规划》,形成北部研发服务和高新技术产业聚集区、南部现代制造业和战略性新兴产业聚集区的分工协作、优势互补的空间发展格局,为建设具有国际影响力的科技创新中心提供了充足的空间保障。

（三）生态城市建设发展布局更加优化

在全国首创编制了限建区规划,组织编制市域绿地系统规划、低碳城市规划发展纲要,基本形成了山区、平原地区和中心城三个层次的绿地系统。开展《永定河绿色生态发展带综合规划》等系列规划编制工作,推动河道两岸地区经济转型和宜居环境建设。完成了《八达岭—十三陵国家级风景名胜区总体规划》修编及石花洞风景名胜区详细规划编制工作。大面积、集中式开展绿化建设,全市山区、平原、绿色隔离地区三道生态屏障基本形成,呈现出城市青山环抱、市区森林环绕、郊区绿海田园的优美景观。

二、城乡建设各项任务圆满完成

（一）奥运工程建设谱写了中国建筑史上新篇章

26 万工程建设和管理工作者严格落实"绿色奥运、科技奥运、人文奥运"理念,坚决贯彻安全、质量、功能、工期、成本"五统一"原则,精心设计,精心施工,精心管理,工程建设质量总体达到国际领先水平,"鸟巢"、"水立方"等一批建筑成为北京新的标志性建筑。奥运工程形成的工程建设管理模式,极大地提高了首都乃至全国的工程建设管理水平。

（二）城乡基础设施建设全面提速

2002 年至 2011 年,全市全社会基础设施投资约 9440 亿元,比前十年翻了两番。2011 年年末,全市轨道交通运营线路长度达到 372 公里,公共电汽车运营线路长度 19338 公里,高速公路里程 912 公里。农村全面推广实施新农村"五项基础设施"和让农村亮起来、让农民暖起来、让农业循环起来"三起来"建设工程,"十一五"期间累计投资 220 多亿元,覆盖 3500 多个村庄。在全国率先实现了"村村通油路"、"村村通公交"。

（三）灾区援建任务优质高效完成

2008 年四川汶川特大地震发生后,北京市援建队伍率先到达灾区,以最快的速度、最好的质量和适宜的造价完成了 6.6 万套过渡安置房建设任务,占全国援建总量的 1/10。之后又迅速组织开展对口支援什邡重建工作,北京援建什邡 70 多亿元,涉及 108 个大项、162 个子项,2010 年实现了"三年援建任务两年提前完成"的目标。全力做好青海玉树灾后恢复重建工作,计划投资 32 亿元,涉及 114 个援建项目,目前已全部实现开工,完工 71 项,计划 2012 年年底前全面完成灾后重建任务。

三、住房工作取得重大进展

（一）"市场+保障"的住房政策体系基本形成

以解决居民自住型、改善型住房需求为核心,提出了"低端有保障、中端有支持、高端有市场"的住房工作总体思路。创新和完善住房保障政策,颁布了廉租房、经济适用住房、限价房管理和公共租赁住房办法。全市设立 320 个街道、乡镇住房保障审核窗口,实行三级审核、两级公示和公开摇号的审核分配制度,全面建立起符合首都实际的保障性住房市、区(县)、街(乡)三级"建、审、分、管"体系。积极发展商品住房市场,2002—2011年,全市住宅累计竣工面积2.33亿平方米,全市商品房销售面积达到2.04亿平方米,商品住房个人购买比重增加到98%左右,居民居住条件明显改善。

(二)保障性安居工程建设加快推进

2007—2011年,累计开工建设、收购各类保障性住房70多万套。新开工面积从2006年的115万平方米增加到2011年的1660万平方米,新开工套数占全市住房新开工套数的比重由2006年的5.8%提高到2011年的60%以上。全面实施廉租住房制度,2005年在全国率先提高了廉租住房月收入审核标准,逐步扩大保障范围,通过租赁补贴和实物配租,实现申请廉租住房家庭"应保尽保";基本完成门头沟区、通州区和丰台区南苑老镇棚户区"三区三片"棚户区改造;全面实施"无城镇危房户工程",施工规模最高达上千万平方米;2006年开展农民住宅抗震节能改造试点,截至2011年年底,完成既有农宅增温节能改造6.3万户,新建抗震节能农民民居3.7万户,全部解决了6500户农村优抚社救家庭住房困难,到2012年将全面完成20万户农村农宅抗震节能改造任务。2011年年底全面启动老旧小区抗震节能综合改造工程,"十二五"期间将完成5850万平方米的总体改造任务。2002—2011年十年间,多措并举,累计解决了约80万户中低收入家庭的住房困难。

(三)房地产市场宏观调控取得显著成效

2010年4月"国十条"出台后,在全国率先出台十二条贯彻实施意见,率先出台"限购令",严格落实差别化的税收信贷政策,抑需求、增供应、调结构、稳预期多管齐下,坚决抑制投资投机住房需求,严厉打击各类违法违规行为,遏制房价过快上涨势头。2011年,根据国办发1号文件精神,加大调控力度,实施更为严格的限购政策,并率先提出新建普通住房价格与2010年相比"稳中有降"目标。随着一系列调控新政落实,投机投资性需求得到抑制,住宅成交均价有所回落,调控取得成效。

四、城乡环境面貌焕然一新

(一)大型活动环境保障和景观布置圆满出色

2006 年,北京市专门成立"2008 环境建设指挥部",利用三年时间对奥运场馆周边及四环路以内的 171 个"城中村"进行整治,建成绿地约 120 万平方米,完成了 300 个老旧小区、150 条胡同街巷的环境整治任务。2009 年,为迎接新中国成立 60 周年,完成了长安街及国庆庆典活动重点区域的环境整治;2011 年,按照"出标准、灭死角、落责任、提水平"的要求,圆满完成了庆祝建党 90 周年庆典活动的环境保障任务。

(二)夜景照明体系全面建成

形成了以天安门地区为中心,以南北中轴线和东西长安街为主线,由二环、三环、四环路立交桥环绕的城市夜景景观照明体系。城市道路照明改造和景观照明工程更加注重采用先进技术和绿色节能措施,2002 年以来,市政府每年拿出 8000 万元,对路灯进行改造,改造总里程约 1200 公里。

(三)市区绿色空间大幅拓展

全市城市绿地面积达到 6.17 万公顷,涌现出以奥林匹克森林公园、北二环城市公园、昆玉河生态走廊等为代表的一大批精品公园绿地。高质量完成了 150 项奥运绿化重点工程,实现绿化面积 1000 余公顷。启动实施了城市"增绿添彩"工程,共种植彩色植物 15 万株。完成 800 余条城市道路绿化,完成老旧小区绿化改造 600 余个,建设绿荫停车场 50 余处,实施屋顶绿化 50 万平方米,使城市热岛效应明显缓解。全市 10 处热岛效应比较集中的地区有 9 处得到明显减弱,市中心区热岛效应面积比例由 2000 年的 52.3% 降低到 2011 年的 22.4%。

（四）城郊绿色景观全面提升

第一道绿化隔离地区累计完成绿化面积 128.08 平方公里,建成 7 个万亩以上绿色板块;新建郊野公园 52 个并免费向社会开放,使"公园环"公园总数达到 81 个,公园瞬时可容纳 90 万游人。第二道绿化隔离地区全面完成 163 平方公里的规划绿化建设任务,完成新建绿化面积 24.56 万亩,栽植各类苗木 2814 万株。启动实施了 11 个新城万亩滨河森林公园建设,实施村镇环境建设"精品工程",90% 的村、100% 的乡镇建设有绿色公园、生态文化休闲场所。开展生态区县、环境优美乡镇、生态村创建活动,密云县、延庆县成为国家生态县。

（五）公园景区管理全面加强

全市公园数量从"十五"末的 190 个增加到 339 个,城市公园总面积由 6300 公顷增加至 10063 公顷,其中注册公园达到 313 个,免费开放比例达到 85.6%,初步形成综合公园、专类公园、街区公园构成的公园管理体系,城市绿地系统布局日趋完善,各级公园和风景名胜区年接待游客量达 2.2 亿人次。

五、城市服务保障能力大幅提升

（一）水资源供需矛盾有效缓解

大力加强城市供水管网建设,平均以每年 280 多公里的速度增长,初步形成 1 个中心城供水网、10 个新城供水单元和多个村镇集约化供水点的城乡供水新格局。供水能力显著提升,2004 年,全市总供水量为 34.6 亿立方米。到 2011 年,北京全市总用水量达到 36 亿立方米。全市 32 座水厂水质提前达到了新国标 106 项指标要求。2007 年,中心城再生水利用率达到 52.8%。2008 年以来再生水利用量连续超过地表水用量。2011 年全市再生水利用量达到 7.1 亿立方米,再生水利用率达 60%。

(二)热力事业与城市建设同步发展

目前,全市总供热面积 6.3 亿平方米,供热管网总长近 2 万公里,供热单位 1955 个,锅炉房 4521 座,成为全国最大的供热城市。同时大力实施供热系统节能改造和老旧小区供热管网改造,3500 万平方米公共建筑和 560 万平方米居住建筑实行了按热计量收费,实现了供热单位能耗降低 10% 的规划目标。各类天然气用户已达 450 万户,年使用量达到 72 亿立方米,是全国城市天然气发展最快、率先实现全网天然气化的城市。

(三)污水处理能力大幅提高

组建国有独资公司"北京城市排水集团有限责任公司",加大了污水处理厂建设投入。到 2007 年,城市中心区接纳 90% 以上污水的通惠河、清河、坝河、凉水河的中上游系统,基本实现了污水截流。随着中心城区污水处理厂的建设,污水入河排放量明显减少;2002 年中心城区入河污水量为 119.77 万立方米/日,到 2010 年年底,污水入河量已经减少到 12.38 万立方米/日,降低了 89.7%。2011 年,全市处理污水 11.8 亿立方米,污水处理率达到 82%,其中城区 95.5%,郊区 55%。污泥无害化处理处置取得新进展,2011 年无害化处理污泥达 48 万吨,处理率 42%,同比增长 4%。

(四)生活垃圾无害化处理基本实现

2002 年开始实行生活垃圾分类工作,平均每年在 300—400 个居住小区、机关、学校和企事业单位推广。目前全市垃圾分类小区系统建设达标率达 45%,生活垃圾产生量连续 3 年下降,垃圾分类指导员 1.5 万余人,再生资源回收量增长 8%。全市新建 9 座垃圾处理设施,日垃圾无害化处理能力增加 3000 多吨,同时垃圾处理结构不断优化。目前全市垃圾处理能力约 1.7 万吨/日,焚烧、生化和卫生填埋比例由 2009 年以前的 2∶8∶90 调整为 15∶15∶70;全市垃圾无害化处理率达到 97%,基本实现生活垃圾无害化处理。

六、城市运行管理能力进一步提高

(一)城市精细化管理取得显著进展

目前,北京市信息化城市管理平台确立了"1+6+N"的信息化城市管理体系框架。城六区共划分城市管理网格 29790 个,覆盖了约 1484.22 平方公里的 135 个街道(乡镇、地区办事处),2151 个社区(村),全市拥有城管监督员 3344 人。2010 年 5 月,首都城市环境建设委员会及办公室正式挂牌成立,从部门分割管理走向统筹协调管理,从信息化城市管理转向全面推进城市精细化管理。

(二)建筑工程安全质量形势持续好转

2006 年以来,推行网格化管理和安全生产协管员制度,建立建材供应商质量责任可追溯制度。在全国率先实施 100% 住宅分户验收和住宅小区配套设施同步交用制度,引入预验收机制,实行工地开放日、第三方检测等制度,建立钢筋、混凝土等主要建材供应商名录,对保障房、地铁采用远程监控技术。首都建筑工程质量走在全国前列,奥运、地铁等重点工程质量保持较高水平;安全生产形势明显好转,"十一五"期间百亿元产值死亡率从 4.20 人降至 0.65 人。

(三)以业主自我治理为主的物业管理新模式初步确立

积极推动物业管理纳入社区建设,建立起市、区(县)、街(乡)、社区四级物业纠纷指导和调解体系。推动物业管理体制机制改革和创新,完善业主自我治理机制,着力构建质价相符的市场环境,规范物业服务企业行为。2010 年以来陆续颁布《北京市物业管理办法》和配套政策文件,形成物业管理政策新体系,得到社会和业内的积极评价。

(四)园林绿化基础管理实现重大突破

在全国率先形成了城市园林绿化与郊区林业建设城乡统筹发展的管理体制;针对长期以来园林绿化资源管理面临的突出问题,首次制定了全市公园维护管理费用指导标准和村庄绿化养护指导意见,颁布实施了《北京市绿化条例》等 4 部地方性法规和规章;历史上首次开展了全市范围内城市园林绿化资源普查,取得重要成果。

(五)工程突发事故和城市公共设施应急管理体系全面建立

2006 年成立北京市建筑工程突发事故应急专项指挥部和城市公共设施事故应急指挥部,建立"集中领导、统一指挥、结构完整、功能全面、反应灵敏、运转高效"的工程突发事故和城市公共设施应急管理体系,形成城市公共设施稳定运行、安全生产、高效应急"三位一体"的工作格局。建立了应急预案体系和各级应急抢险队伍,认真推动实施定期排查消除工程施工、城市地下管线和输油气管道隐患制度。

七、城市发展难题有效破解

(一)努力实现改善群众住房条件和保护古都风貌的双赢

2004—2007 年推动旧城改造模式从"推平头"、大拆大建向整体保护、有机更新转变,保护了古都风貌;从"房改带危改、开发带危改"向政府主导、保护性改造修缮转变。2008—2009 年实施了新中国成立以来北京市规模最大的房屋保护修缮和街巷整治工程,两年共改善了3.5 万户居民住房条件,对 244 条胡同街巷进行了整治。2010 年以来,进一步调整了首都功能核心区保护改造模式。市政府专门划拨 600 万平方米郊区建设用地专项用于首都功能核心区住房保障和人口疏解对接安置。

（二）新的房屋征收补偿机制保障城市建设发展与维护群众合法权益相统一

积极探索政府主导与公众参与相结合的征收拆迁工作机制，结合市场化需要，改变单纯货币补偿的做法，推行实物安置，开展市场化评估试点。2009 年出台《关于进一步做好本市城市房屋拆迁安置和补偿工作的若干意见》，坚持政府主导，完善安置补偿政策，推进阳光和谐拆迁。房屋拆迁工作呈现出"两高一低"特点，即全市拆迁启动量和签约量同时走高，而拆迁信访量持续走低。

八、行业管理和发展取得新进步

（一）产业经济支撑地位凸显

全市房屋建筑施工面积由 2001 年的 0.82 亿平方米增加到 2011 年的 1.81 亿平方米，完成全社会固定资产投资 3.68 万亿元，其中城市基础设施投资 0.94 万亿元，房地产开发投资 1.91 万亿元，建安投资 1.76 万亿元。"十一五"期间，建筑业实现增加值 2467.7 亿元，房地产业实现增加值 4393.4 亿元，合计占同期地区生产总值 12.4%。2007—2010 年，全市建筑业和房地产业占地税收入的比重达到 26.7%。

（二）构建高效廉洁的工程招投标监管体系

2003 年完成封闭式全监控评标区建设，实现对评标过程全过程监控。2007 年以来着重建立起标准统一、程序统一、信息共享的招投标监管和市场服务平台。对政府投资和国有投资项目实施重点监管，对社会投资项目加强服务，实行招投标"一站式"办公，推行电子化招投标。2008 年以来本市园林绿化、轨道交通机电设备等专业项目以及民航、铁路工程先后进场交易，初步形成了各行业建设工程项目"统一进场、各自监管"的有形建筑市场管理格局。

（三）构建市场诚信体系和资质动态管理机制

2006 年开始,结合市场诚信体系建设,推动静态的资质审批向动态的信用管理转变,建立积分评价制度,对企业、人员违法违规行为分类及时处理。2009 年以来,进一步强化企业资质批后监管,全面实施企业资质动态核查。建立健全建筑市场诚信体系和信用管理平台,推进建筑市场企业信用信息和项目信息双公开。结合工程建设领域突出问题专项治理,2010 年向社会公开企业资质、人员资格、招标投标等 11 类信息,并率先公开合同备案、合同履约信息。

（四）构建治理拖欠工程款和农民工工资工作机制

2003 年,按照全国统一部署,采取有力措施清理拖欠工程款和农民工工资行为,提前 1 年完成清欠任务,政府投资工程实现了"零拖欠"。2005 年以来,对违法违规企业实行公开曝光、停止招投标等行政措施;建立了工程款支付保证担保和公证机制,将企业信用与保费挂钩;全面推行实名制卡和工资保证金、劳务费和农民工工资专用账户制度,推行劳务基地化管理,保证了农民工工资及时支付到位。

（五）建立健全房地产市场监管长效机制

全面实现新建商品房期房、现房和存量房网上签约,提高了商品房交易信息的透明度。建立房地产开发项目动态监管平台,对房地产开发过程进行全程跟踪,动态监管。出台了商品房预售资金监督管理办法;修订了房屋租赁管理办法,对中介机构门店实施标准化管理。房屋登记规范化管理工作成效显著,全市 17 个房屋登记大厅在窗口硬件建设、业务办理、制度建设等各个方面均达到了"全国房地产交易与权属登记规范化管理单位"的要求,先后有 9 个登记大厅获得了"全国房地产交易与登记规范化管理先进单位"称号。

（六）建筑节能工作扎实推进，成效显著

新建建筑节能设计标准执行率基本达到100%,2004年在全国率先发布节能65%的居住建筑节能设计标准。全市城镇节能建筑的比重达到60.4%,节能住宅的比重达到76.9%。"十一五"以来完成约5227万平方米既有建筑节能和供热计量改造任务。截至2011年年底,22个项目获绿色建筑评价标识,14个项目被批准为全国绿色建筑示范工程和低能耗示范工程。我市2004年成为全国第一个禁产黏土砖的省级行政区。2011年,我市砖、砌块、建筑轻板三大新型墙体材料总生产能力达到每年101亿块标砖。全市应用可再生能源建筑面积比例超过4%。65座市级机关办公建筑和258栋大型公共建筑安装了用电分项计量装置,开展了能源审计、能效公示工作。

（七）建筑行业科技进步硕果累累

住房和城乡建设领域取得了一批具有重要国际影响的重大原创成果和集成创新成果。以企业为主体的科技创新体系初步形成,"十一五"期间组织实施重大科技攻关项目105项,制订工程建设地方标准58项,编制88项国家级工法、111项市级工法。北京一号资源卫星应用、复杂钢结构关键技术研究等科技成果应用于工程建设,特别是奥运工程建设过程中取得了"国家体育场钢结构工程箱型弯扭件及多向微扭节点制作技术及应用研究"、"国家游泳中心新型多面体空间刚架结构施工技术研究"等一大批自主创新成果。同时涌现出以"当代鲁班"赵正义为代表的一批科技创新人才。

在首都新的发展阶段,北京市住房城乡建设工作将紧紧围绕中国特色世界城市建设,牢牢把握"四个服务"的工作职责,时刻谨记推动科学发展的神圣使命,加快转变经济发展方式,提升发展质量,完善城市功能,提高群众居住水平,努力开创住房城乡事业新局面。

建管并举铸就十年辉煌
转型发展谱写申城新篇

——上海市住房和城乡建设十年发展成就掠影

党的十六大以来,上海住房和城乡建设系统围绕中心、聚焦突破,走出了一条具有中国特色、时代特征、上海特点的科学发展之路。十年来,上海枢纽型、功能性、网络化城市基础设施体系基本建成,城市建设和管理的常态长效机制基本建立,市民生活条件和城市生态环境得到极大改善,特别是世博会等重大活动保障、虹桥商务区和郊区新城等重点地区开发,重大工程建设,住房等重要民生改善,体制机制和科技进步等重大改革创新方面,都取得了突出的成就。

一、世博会举办取得圆满成功

(一)世博园区及配套设施建设创造新纪录

世博园区沿着上海城区黄浦江两岸在南浦大桥和卢浦大桥之间布局,规划用地范围5.28平方公里,其中浦东部分3.93平方公里,浦西部分1.35平方公里。上海世博园区,不仅创下历届世博园区规模之最,也是上海有史以来最大的单体建设项目,主体工程基础设施建设项目共19类、约110项。在近4年集中施工期间,世博园区平均每天有2.6万工人现场施工,高峰时曾有5万人同时作业,建成300多个单体建筑,建筑面积达230多万平方米。总建筑面积约78万平方米的世博会永久性地标建筑——"一轴四馆"即世博轴、中国馆、主题馆、世博中心和演艺中心,已成为当今世界上首批集中应用国际先进的太阳能、LED照明、冰蓄冷、地源热泵、屋面雨水收集利用、江水源循环冷却降温、气动垃圾回收、程控绿地节水灌溉和可再生材料使用等多项节能、环保与生态技术的"绿色建筑"和"低碳建筑"的典范,被誉为中国建筑业引领科技潮流、充满"智慧"的建筑。绿色建筑、绿色生态等成为世博会园区建设最佳实践,世博园区多项工程同时荣获多个国际建筑大奖。

(二)迎世博600天行动实现城市环境新跨越

上海抓住筹办世博的重大契机,全面启动了迎世博600天行动,通过实施市容市貌改观、市民生活环境改善、城市管理水平提升"三大工程",全面完成了30项整治任务。一是道路设施整治一新:整修改造1440多万平方米车行道,448万平方米人行道,基本解决1174条中小道路"脏、乱、差"。二是街区风貌明显提升:重点改造了9万余块店招店牌,粉刷街区立面663余万平方米,街头绿化和围墙绿化的品质得到提升,一大批风貌街区改造显现出更加丰富海派景致。三是城市空间清新明亮:拆除不合规的户外广告设施3.6万余块,完成重要地区架空线入地、信息线梳理。四是居住条件明显改善:清洁建筑立面近1亿平方米;完成二次供水设施改造5900万平方米;中心城区完成62个道路积水点的改造。五是城市景观更加靓丽:整治绿地2794公顷,改造提升绿地品质819公顷,一大批花景花坛和景观小品陆续建成,35座老公园完成改造,1033条段中小河道及周边环境得到了综合整治。六是郊区环境整洁有序:开展"百镇千村"清洁行动,推动村庄改造和路面硬化、环境洁化、墙面白化、周边绿化、水面净化,郊区环境面貌得到了明显改善。七是难点顽症得到治理:乱设摊、乱停车、乱发小广告、乱倒渣土等许多城市管理的顽症得到了不同程度的有效治理。

(三)保障世博成功举办创造城市管理新经验

在世博举办的 184 天期间,坚持市区联手、条块联动,创造了良好的城市管理水平和新的工作经验。一是城市保洁全面提升:全市环卫保洁标准全面提高,机械化作业清扫率全面提高,内环线以内普遍实施"夜间作业、白天保洁",冲洗率达到 80% 以上。二是城市面貌井然有序:坚持疏堵结合,设摊管理、车辆停放管理、设施设置管理、小区管理、公共场所秩序管理得到全面加强。三是城市景观靓丽添彩:提升绿化景观,重点落实 10 个重点区域、6 条重要线路绿化景观布置。新建、改造 1961 幢楼宇(建筑)灯光,200 余处绿地景观灯光工程,全市景观灯光完好率达到 99% 以上。四是城市运行平稳安全:设定了涵盖水务、市政、绿化市容等 14 个行业的 39 项量化的体征指标,实施动态监控;全面加强网格化管理、"12319"城建热线等管理服务平台;全市生活垃圾平均每天清除量达到 19000 余吨,保证了居民正常生活,城市有序运行。五是应急保障完善到位:编制各类应急预案共 20 多个,重点应对防汛防台、大风大雾、高温天气、雷电暴雨、突发事件、大客流等方面可能发生的情况,先后组织开展 109 场各专业应急演练。

(四)巩固世博成果提升城市长效管理新水平

健全完善统筹联动工作机制,市区两级市政市容管理联席会议制度顺利建立,统筹指导、协调服务、监督检查和考核考评等制度全面建立实施。及时固化世博临时法规通告,开展 28 项世博通告内容吸收、转换为地方性法规、政府规章工作。不断深化城市维护体制改革,制定实施《上海市市级城市维护项目管理暂行办法》,对市级城市维护内容、职能分工作了界定。首次制定"十二五"城市管理规划,建立了 35 个量化指标。积极引导社会市民参与,继续开展文明行路、文明乘车、文明游园等专项活动和爱国卫生运动。着力夯实街(镇)基层管理,推进街道(镇)参加市容环境综合管理示范街镇创建和市容环境责任区示范街道创建。加快推进标准定额完善,为科学投入提供基础。继续加强破解难题顽症,加强源头治理,强化常态管理,市政市容状况实现基本巩固。

二、城乡建设发展再上新台阶

(一)重点区域规划开发取得新成效

世博园区将充分发挥独特的资源优势,规划建设成为市级标志性公共活动中心。黄浦江两岸力争建设成为具有上海国际大都市特征、集聚滨水区特色和人性化特点的城市空间发展带。苏州河滨河地区力争建设成为商务、文化休闲、创意产业、居住及社区服务等多种功能融合发展的复合型地区。虹桥商务区结合虹桥综合交通枢纽布局设置,是推进上海"四个中心"建设、加快与长三角区域一体化发展的重大战略部署。上海国际旅游度假区力争规划建设成为有影响力的国际旅游度假区。临港地区力争建设成为社会、经济、文化和生态环境高度协调、功能完善、充满活力的综合型滨海新城。

(二)重大基础设施建设取得新成就

十年来,全市有610多个重大工程项目投入建设,完成投资约1万亿元,有180多个项目建成投用。航运中心建设方面:建成洋山深水港三期工程和外高桥港区六期工程。亚太航空枢纽港建设取得重大进展,形成了上海"一市两场"、四座航站楼、五条跑道的总体规模,上海国际航运中心形成基本框架。对外交通方面:沪宁、沪杭城际和京沪高铁建成通车,全市铁路形成3个主要客运站的格局,铁路里程达到453公里。初步建成市域高速公路骨干网络,高速公路达到806公里,高速公路网密度位居全国第一。对内交通方面:初步建成轨道交通基本网络,目前开通运营12条线(含磁浮示范线),运营线路长度454公里,运营线路长度跃居世界前列。中心城快速路总里程达到297公里,形成4桥12隧的越江桥隧体系,快速路的骨干作用得到充分体现。城市功能提升方面:天然气管网工程、能源储备、电厂工程和一批输变电工程项目进一步推进,提高了上海市电力、燃气调峰和应急供应能力。城市光纤宽带网、面向"三网融合"的下一代广播电视网建设项目等建设取得进展。产业调整方面:围绕汽车、造船、信息和重型装备等产业,一批项目建成投产,为上海转型发展发挥了引领作用,有力地提升了上海支柱产业在国民经济中的地位,促进了整个城市的产业优化、升级、换代。

(三)郊区新城新农村建设取得新进展

2004 年,市政府明确郊区城镇化发展的总体要求,全市城乡体系规划格局基本形成。上海市"十一五"规划进一步明确了"1966"的城镇体系规划目标(即 1 个中心城、9 个新城、60 个新市镇、600 个中心村),加快建设一批与上海国际大都市发展水平相适应的新城、新市镇,基本形成了上海城乡统筹、新城建设的战略发展线路图。2011 年 5 月,上海市政府又明确提出"十二五"城市建设的重心将向郊区转移,充分发挥新城在上海创新驱动、转型发展中的战略作用。围绕新城建设,郊区成为上海先进制造业集聚的主要空间,汽车、钢铁、石化、装备四大产业依托相应的新城发展较为明显。

(四)历史文化风貌保护力度进一步加大

2002 年,颁布施行了《上海市历史文化风貌区和优秀历史建筑保护条例》,对优秀历史建筑的批准公布、保护修缮、使用管理等作了严格规定。十年来,上海抓紧推进了优秀历史建筑保护修缮与更新利用,中心城划示了外滩、老城厢、衡山路—复兴路、山阴路等 12 个历史文化风貌区范围,并确定 623 处优秀历史建筑。2006 年,确定了衡山路、思南路等 144 条历史风貌道路和街巷,采取多种方式进行总体规划、分类保护。另外,金山枫泾镇、张堰镇,青浦朱家角镇、练塘镇,浦东新场镇、高桥镇,嘉定城厢镇、南翔镇等被评为国家级历史文化名镇。

（五）建设工程质量安全监管进一步加强

十年来，面对上海建设工程量逐年增加、工程建设任务异常艰巨的严峻形势，上海以确保重大工程和住宅工程质量安全为重点，积极加强工程质量安全监管，全市建设工程质量安全总体受控。针对近年来建筑市场出现的新情况、新问题，上海全面深入地开展了建筑市场整治，组织市区相关单位，对全市所有在建工程进行了全覆盖彻查，及时整改问题，消除质量安全隐患，全市建设工程安全生产事故和死亡人数逐年下降。十年来，上海工程建设的质量安全管理始终处于国内先进水平。

三、重大民生改善取得新成效

（一）广大市民住房条件进一步改善

一是积极构建"四位一体"住房保障体系。经过多年探索，目前上海已经初步构建形成了以廉租住房、共有产权保障房、公共租赁住房、征收安置住房"四位一体"、租售并举的住房保障体系。截至 2011 年年底，累计廉租住房受益家庭已达 8.7 万户，做到了"应保尽保"。共有产权保障住房累计签约配售约 2 万户。与此同时，对居住困难但不符合廉租住房和共有产权保障住房条件的城市常住人口，不设收入线、户籍条件，通过公共租赁住房解决他们的阶段性居住困难，基本实现了住房保障全覆盖。同时，加大保障性住房的建设和筹措力度，自"十一五"以来，到 2011 年年底上海已累计开工建设筹集共有产权保障住房超过 1500 万平方米、公共租赁住房约 300 万平方米、征收安置住房约 4200 万平方米。二是加快完善住房市场体系。2004 年修改了房地产转让办法，通过"期房限转"抑制投机炒房行为，全面实施商品房预（销）售合同网上备案制度。坚持以居住为主、以市民消费为主、以普通商品房为主，努力改善住房供应结构。坚决贯彻国务院各项房地产市场调控政策，积极稳妥开展房产税试点，抑制投资投机性购房需求，并取得了较显著的成效，新建商品住房价格自 2011 年 11 月以来已连续呈现下降趋势。三是不断加大旧住房综合改造力度。十年来,上海共改造中心城区二级旧里以下房屋 1000 多万平方米,受益居民超过 40 万户。同时,全市还完成成套改造 200 余万平方米,完成旧住房综合整治近 5000 万平方米,完成平改坡和平改坡综合改造 3000 余万平方米。截至 2011 年年底,上海各类房屋建筑面积近 10 亿平方米,其中住宅面积 5 亿多平方米。全市城镇居民人均住房建筑面积达到 33.4 平方米,折合人均居住面积达到 17 平方米,住宅成套率达到 96%。

(二)城乡生态环境品质进一步提升

上海制定了《上海市基本生态网络结构规划》,确定了"双环八廊二十区四大源地"的生态网络空间体系,着力构建市域绿色空间体系。一是绿林、湿地实现跨越式发展。到 2011 年年底,全市公共绿地面积达到 16445 公顷,城区绿化覆盖率提高到 38.15%,森林覆盖率提高到 12.58%,约 25% 的湿地得到保护管理。2003 年成功创建为国家园林城市。基本建成全长 98 公里、总面积 3000 公顷的环城绿带,成为环绕上海的"绿色屏障"。建成了世纪公园、辰山植物园等一大批标志性景观绿地,全市城市公园总数达到 153 座,年游客量超过 2 亿人次。二是污水处理能力进一步提升。十年来,上海以白龙港等污水处理厂建设等为重点,续建、新改建 35 座污水处理厂及配套管网,污水收集管网基本覆盖每个乡镇,全市污水治理体系基本形成,2011 年污水处理能力提高到 694 万立方米/日,城镇污水处理率提高到 82%。

(三)公共服务保障能力进一步增强

一是供水服务能力不断提高。建成青草沙水源地并完成通水切换,新增供水能力 550 万立方米/日。截至 2011 年年底,全市供水能力达 1150 万立方米/日,供水总量达到 31 亿立方米,供水输配管网达 3.2 万千米;同时,大力推进郊区集约化供水,全市共关闭郊区中小型水厂 123 座,基本形成城乡均衡发展的供水保障体系。二是城市防汛排水体系进一步完善。十年来,本市共新改建 54 个排水系统,中心城区新增雨水排水能力达到 700 立方米/秒;实施了市区道路积水改善工程,解决了 171 条道路及周边地区的积水问题。三是规范化、标准化的物业服务加快建立。目前,上海已有物业服务企业 2412 家,从业人员近 40 万人,管理的房屋建筑面积为 6.1 亿平方米。建成覆盖全市的 962121 物业服务热线,累计受理并及时解决 85 万件居民诉求。四是市容环卫服务水平进一步提升。市容环境示范、规范、达标区覆盖 721 平方公里。中心城区全面实现市容环境卫生责任区达标管理。全市道路机扫率达到 68%。城管执法实现全覆盖与分类管理,建立差别化、精细化、人性化执法勤务模式。

四、重要改革创新实现新突破

(一)体制改革迈大步

在城乡建设方面:2008 年,上海成立了上海市城乡建设和交通委员会,主管全市城乡建设、城市管理、综合协调全市交通工作,并初步形成了"一委四局"(市建设交通委与市水务局、住房保障房屋管理局、交通港口局、绿化市容局)整体推进大部制的框架。在城市规划方面:完成全市规划管理体制改革,在规划审批全市集中统一管理原则的基础上,合理确定市区规划审批分工操作方案,完善了市、区规划编制和审批体制。在转变职能方面:加快推进政企、政事、管办"三分开"改革,基本实现了政企分开,完成所属事业单位改革,实现了政事分开、管办分开和管养分离,并相应建立市、区(县)、街道(镇)三级运行体制,管理职能得到整合加强。

(二)制度建设上台阶

在规划管理方面:着力规范控制性详细规划编制、审批和实施的全过程管理。在建筑规划管理层面,重点推进严格按照控详规划审批建设项目;建筑方案的三维审批以及深化告知承诺制度。在建设管理制度方面:在国内率先制定出台了《上海市建设工程质量和安全管理条例》,加上《上海市建筑市场管理条例》和《上海市建设工程材料管理条例》,初步构建了建筑业一套完整的"现场、市场、材料"管理的法规体系。在水务管理方面:修订了《上海市实施〈中华人民共和国水法〉办法》、供水管理、排水管理和防汛条例等地方性法规以及一批政府规章。在绿化市容管理方面:修订完成上海市绿化、公园管理、市容环境卫生管理以及上海市城市管理行政执法条例等40余件地方性法规、政府规章等。在房屋管理方面:修订完成《上海市房地产登记条例》、《上海市住宅物业管理规定》等地方性法规,制订了《上海市居住房屋租赁管理办法》、《上海市国有土地上房屋征收与补偿实施细则》等政策规章。

(三)科技创新成驱动

党的十六大以来,上海住房城乡建设领域一大批科技成果集中涌现,其中获得3项国家级科技进步一等奖,9项国家级科技进步二等奖;此外,还获得上海市科技进步奖400多项,以及600余项专利成果,共有140多项工程获得中国建筑工程鲁班奖。城市网格化管理自2005年建立以来,目前已经拓展至全部17个区县、1168平方公里的城市化核心区域,基本实现城市化地区全覆盖。规划管理已实现了多维度、多层面的标准化数据大集中,初步构筑起空间上涵盖地下、地表、地上,时间上贯穿过去、现在和未来的全市统一数据平台。房地产交易运用信息化手段,在全国率先开发建设了"房地产交易登记信息系统",建立了以"地、楼、房"为核心数据库,实现了从合同签约到权属登记全过程信息化管理,房地产交易管理跃上了新的台阶。住宅产业现代化的全面实施,推进了"四新"技术成果集成、建筑节能技术和住宅产业成套技术的发展,推动住宅建设整体水平的提高。上海水务行业在饮用水安全保障、污水收集处理、污泥处理处置等关键技术研究和应用上取得了丰硕的成果。上海绿化市容行业开展行业科学研究和技术攻关项目 244 项,申请专利 40 项,荣获上海市科技进步奖 13 项,有力推动了环境建设领域的技术进步。

(四)转型发展显成效

上海市建筑节能工作特别是绿色建筑取得较快进步,实施了住宅节能 65% 标准的试点。自 2002 年成功创建为国家节水型城市以来,上海大力调整用水结构,不断优化用水方式,城市用水效率明显提升。地下水开采量逐年减少,基本实现了采灌平衡。生活垃圾减量化、资源化、无害化水平稳步提升。2011 年启动新一轮生活垃圾分类减量试点工作,生活垃圾处置量实现了历史最大降幅。按照"一主多点"生活垃圾处置设施规划,加快推进处置设施建设,提升生活垃圾资源化利用水平和无害化处理能力。加快推进以屋顶绿化为重点的立体绿化建设,进一步拓展绿化空间。

(五)队伍建设出成果

十年来,上海市建设交通系统以科技创新为导向,以重大工程为载体,集聚、锻炼和培育了一批科研、技术和管理等高素质专业人才,逐步形成一支与行业发展要求相适应的科技队伍。上海市建设交通系统共有 11 人被评为国务院有突出贡献的中青年专家,107 人被评为享受国务院特殊津贴专家,近 40 人获得上海市"领军人物"等荣誉称号,近 20 个团队获得上海市创新团队。系统各单位均制定了《人才队伍建设规划纲要》,加快人才高地建设。出台实施了干部挂职、轮岗交流和竞争上岗等一系列新举措,为人才培养、使用和发展打下了良好的基础。通过建立健全人才评价、引进、培养、使用机制,初步形成一批具有高素质、高学历、高职称、高技能的管理和技术骨干队伍;通过开展行业立功竞赛、技术工种技能培训,提高了作业队伍的技能水平;通过推进执法队伍的"参公"管理,加强执法技能培训,强化督察工作,明显提升了执法队伍的综合素质。

中共上海市第十次党代会提出，要坚持创新驱动、转型发展，加快把上海建设成为经济活跃、法治完善、文化繁荣、社会和谐、城市安全、生态宜居、人民幸福的社会主义现代化国际大都市。上海住房城乡建设系统将根据中央和市委、市政府的要求，围绕创新驱动、转型发展的主线，坚持以人为本、安全为先、管理为重的方针，大力转变住房城乡建设事业发展方式，更加注重城市运行中的安全管理，更加注重改善民生和生态环境建设，更加注重统筹城乡和区域协调发展，更加注重加强服务长三角、服务长江流域、服务全国，力争使上海住房城乡建设事业再上新台阶。

奋力攻坚　不断开创城乡建设工作新局面
——党的十六大以来天津市住房和城乡建设事业发展综述

党的十六大以来,天津经济社会进入了又好又快发展时期,城乡建设也进入了快速发展阶段。天津市城建工作以科学发展观为指导,不断加大基础设施投入,加快重点工程建设,加强质量安全管理,城乡基础设施承载能力显著提升,人居环境明显改善,城乡面貌发生了新的历史性变化。

一、城乡规划

(一)发挥城乡规划统筹引领作用

一是城市发展定位更加明确,将城市定位由"重要的经济中心",提升为"北方经济中心",明确了滨海新区、中心城区和各区县的发展策略。二是城市空间布局更加合理,确定了"双城双港、相向拓展、一轴两带、南北生态"的总体战略,确立了城市发展主轴,突出了做大、做强港口的核心战略资源优势,明确了发展主轴的拓展方向。三是城市载体功能明显增强,组织编制完成了市域综合交通规划、生态规划、轨道线网规划、电力空间、绿地系统等一大批专项规划,为提高城市承载能力提供了重要的规划支撑。四是城乡统筹联动发展更加协调。在滨海新区层面,按照"一核双港、九区支撑、龙头带动"的发展策略,整合提升了新区总体规划。在规划引领下,2011 年滨海新区实现生产总值 6207 亿元,是 2006 年的 3.1 倍,年均增长 23.2%。在中心城区层面,按照"一主两副、沿河拓展、功能提升"的发展策略,着力发展高端服务业和都市型工业,服务业占全市生产总值比重由 2006 年的 42.6% 提高到 2011 年的 46.1%。在区县层面,按照"新城集聚、多点布局、特色发展"的发展策略,组织开展了区县总体规划提升、示范小城镇和示范工业园规划设计。目前,已完成了四批 47 个示范小城镇规划,累计 40 万农民迁入新居,全市城镇化率达到了 80.5%;高标准完成了 31 个区县示范工业园区规划。五是城市面貌发生显著变化。以《天津市规划设计导则》为指导,几年来累计对全市 1552 个项目进行了审查,对 4428 幢建筑实施了动态监管,整修道路 5370 公里、建筑 2.4 万栋、社区 943 个,设计了 50 公里夜景灯光体系,规划提升了 149 个公园,构建了天津大气洋气、清新靓丽、中西合璧、古今交融的城市风格。

(二)创新规划编制方式方法

一是打破常规,集中开展重点规划编制。2008 年 7 月,成立了市重点规划编制指挥部和 30 个分指挥部,用 150 天时间高质量地形成了 119 项规划成果。五年来,围绕 119 项成果,形成了以天津市空间发展战略规划为总纲,以规划研究为先导、以"多层次总体规划+一控规两导则"为核心、以建设类规划为实施依据,涵盖全市各层次、各类型的规划编制体系。二是规划引领,历史街区得到有效保护。从总体、分区、控规、建筑四个层面,建立了保护规划体系,使海河两岸、五大道、意式风情区、解放北路等 14 片历史街区成为展示天津深厚历史文化底蕴的新亮点。三是开门规划,坚持规划决策民主化、科学化。积极发挥专家在规划编制、审查工作中的作用,同时,通过各种形式广泛征求市民的意见和建议,促进了规划设计水平的提高。

（三）深化改革创新机制

一是城乡规划一体化管理体制基本建立。着力完善规划管理机构设置，积极推动乡镇派出机构建设。建立了城乡规划管理业务系统平台，建立了"全市域、全系统、全事项、全过程"业务管理模式，实现了全系统41个规划管理部门及辅助管理机构、全市规划业务管理4大类、19个许可审批事项全部联网运行，形成了具有我市特色的"一个平台、一套标准、三级管理、二级监督"的管理体系。二是城乡规划服务保障能力显著提高。加大规划并联审批力度，缩减许可审批要件48件，缩减率达27%；将效率承诺时限由105个工作日缩短为48个工作日，效率提高了54%。积极创新服务方式，建立完善互动机制，确保了规划与建设的顺畅衔接，促进总投资2.27万亿元的1440项大项目好项目落地，其中700多个项目已建成投产。

（四）规划公示公开成效显著

一是规划法规体系基本建立。目前，全市规划管理有5个地方性法规、6个政府规章、80余个规范性文件和10余个管理标准，制度完备。还组织编印了《天津市城乡规划管理业务手册》等工作制度文件，确保每一个事项、每一个环节、每一个层级都有制度约束。二是规划展览馆成为城市名片。天津市规划展览馆已经成为展示和宣传城市形象的重要窗口。党和国家领导人胡锦涛、江泽民、温家宝、贾庆林、李长春、习近平、贺国强、李瑞环等先后到规划展览馆视察指导工作；全国48个省市党政代表团、28个中央部委主要领导，以及68个国家的政要和知名人士来规划馆参观访问。三是规划公示引起强烈反响。开展了空间发展战略规划、文化中心、于家堡、响螺湾等8个规划设计方案的公示工作，面向社会，广泛征求全市人民的意见，产生了强烈的社会反响，激发了全市人民参与规划、了解规划、支持规划的热情。

二、城乡建设

(一)建设规模保持持续适度科学增长

近十年,全市累计完成市政公用设施投资 4560 亿元,完成交通建设投资 2100 亿元,完成房地产开发投资 5221.8 亿元,合计 1.19 万亿元。累计建成各类房屋建筑 2.38 亿平方米,是上一个十年的 7 倍多,全市建成区面积达到 780 平方公里,比 2001 年年末增长近一倍。城市化率达到 60%,比 2001 年年末提高 25 个百分点。城乡建设进入了又好又快发展时期。

(二)大交通建设取得重大进展

相继开工建设了津秦客运专线、天津西站至天津站地下直径线、津保等铁路,规划建设里程近 600 公里,相当于过去 117 年间铁路通车总里程,2008 年奥运会前我国第一条高速铁路京津城际建成通车,2011年 6 月京沪高铁建成通车。2008 年,滨海国际机场一期航站楼投入运营,旅客和货邮吞吐能力分别增长了 2.9 倍和 1.3 倍。天津港 30 万吨级深水航道、30 万吨级原油码头、国际邮轮码头等一批港口设施投入使用,年吞吐量突破 4.5 亿吨,成为我国北方第一大港。地铁 1 号线、津滨轻轨建成通车,2012 年地铁 2、3、9 号线将投入试运行,同时开工建设地铁 5、6 号线,全市轨道交通通车里程达到 130 公里。

(三)城乡路网体系协调发展

党的十六大以来,相继建成了 10 条(段)高速公路,累计通车里程达到 1100 公里,比 2001 年年底增长 1.8 倍,初步形成沟通三北、辐射环渤海周边和便捷连通京津两地的高速公路网络。加强快速交通建设,累计新增快速路 223 公里。拓宽改造了一批干线公路和乡村公路,进一步提升了区县公路路况质量。新增城市道路面积 5328 万平方米,区域配套和路网体系进一步优化,通行能力和城市载体功能明显提升。

(四)环境工程建设成效显著

十年来,累计改造大沽排污河等40条河道,新建改造60座污水处理厂。新建改造16座桥梁和一批临河道路,建成8座临河公园。建设一批天然气高压干线和储配设施,完成了二煤气厂停产和35万户煤制气转换,全市全面进入天然气时代。十年来,全市完成老住宅供热补建950万平方米,使19万户居民告别小煤炉取暖。2006—2011年间累计拆除10吨以下燃煤小锅炉房266座、411台,中心城区基本消灭供热燃煤小锅炉。新建贯庄、双港、青凝侯等一批垃圾处理设施。截至2011年年底,中心城区集中供热率超过96.8%,全市达到87.7%,自来水、燃气普及率100%,生活垃圾无害化处理率达到93%,城镇污水处理率达到85%。意式和德式风情区历史风貌建筑保护、大板楼节能改造等工程相继获中国人居环境范例奖。

(五)重点工程建设全面提速

十年来,累计组织推动各类工业、交通、能源、教育、卫生、商业等市重点建设项目629项,581项建成投入使用。先后建成医大总医院、眼科医院、人民医院等一批卫生布局调整项目,建成民族中学等一批教育布局调整项目,建成奥林匹克体育中心、小白楼音乐厅、津湾广场一期和文化中心、泰安道地区综合开发等工程。其中,津湾广场一期已成为天津金融城的标志性区域。文化中心成为天津市文化服务的聚集区和城市会客厅。

(六)民心工程建设让群众得到更多实惠

几年来累计整修旧楼区1188万平方米,改善了26万户群众的居住环境;完成31.3万户居民户内供水、22.2万户居民供气管道更新和2020处高层住宅二次供水设施改造;推进水、气干网进乡镇,新增村镇天然气用户24.2万户,自来水入村入户4万户;完成老旧住宅供热补建356万平方米,7万户居民告别了燃煤取暖的历史;对大板楼等1400万平方米老旧住宅实施节能改造,实现了夏季节电、冬季保暖,28万户中低收入群众直接受益;完成90座公交场站3年建设计划,建成了公共客运调度中心;在繁华商业区、重要路口、快速路等人流密集路段新建人行天桥70座,增设交通安全岛75处,方便了群众跨路通行。

(七)群众住房条件不断改善

近十年累计竣工住宅12806万平方米,是上个十年的3.3倍。累计开工建设各类保障性住房(含小城镇还迁房)4810万平方米,为中低收入群众提供了80万套保障性住房。实施城乡一体化发展战略,累计开工建设示范镇47个,40万农民实现"安居乐业有保障"。截至2011年年底,城镇居民人均住房建筑面积达到32.77平方米,比2001年年底人均提高11.67平方米。同时,新建住宅节能工作取得很大进展,群众居住品质显著提升。

(八)建设市场进一步规范

建立了市、区(县)两级交易场所,完善标前、标中和标后全程监管制度。完善信用评价和等级排名制度,把建筑企业现场行为等综合信用与市场准入挂钩。全市一级以上施工总承包和专业承包企业近2900家,比2011年年底增长1.5倍。十年累计完成建筑业总产值1.3万亿元以上,连续多年增速达到25%以上,实现增加值近2600亿元,分别是上个十年的8倍和9倍。率先在全国将建筑业农民工管理和权益维护纳入地方法规,全面推行农民工实名制管理、工资预储账户、工资月支付、季节算和工资保证金等一系列管理制度。

(九)工程质量安全稳定受控

健全了市质量安全总队负总责、区县监管机构辖区负责、企业质安部门项目负责的三级责任体系。建立风险源档案,重大安全隐患实行分级挂牌督办。采取深基坑数据远程管理、预拌混凝土配合比监控、现场执法信息实时上传等信息化监管手段。全市工程竣工验收合格率保持100%,数字大厦、医科大学总医院神经病学中心等82项工程获鲁班奖和国优奖,53项工程获国家优秀勘察设计奖,1002项工程获海河杯优质工程奖。

三、住房保障及历史风貌建筑保护

(一)住房保障工作成效明显

党的十六大以来,天津市不断加大住房保障工作力度,拓宽政策覆盖面,群众住房条件明显改善。截至2011年年底,全市累计新建各类保障性住房4005万平方米、56.5万套,累计发放租房补贴8.5万户,已有45万户困难家庭享受了住房保障,覆盖面达到全市城镇家庭的21%。

主要成绩凸显为五个特点。

一是完善政策体系,形成了"发放三种补贴、建设三种住房"的住房保障制度框架。"三种补贴"指向不同收入层次的住房困难家庭发放不同标准的租房补贴,资助其租赁公共租赁住房或市场租房,形成梯次保障。享受"三种补贴"政策的家庭,政府补贴额分别约占房租的90%、75%和35%,形成了保障标准与收入水平挂钩、补贴与市场联动的机制。"三种住房"指面向中低收入住房困难家庭出租的公共租赁住房,定向对接安置拆迁改造家庭的经济适用住房和面向中低收入住房困难家庭出售的限价商品住房,通过"租、售、补"相结合,改善群众居住条件。

二是拓宽融资渠道,满足了保障性住房建设资金需求。通过财政拨款、税费减免等各种渠道累计投入资金约323亿元。2009年组建了专门从事危陋房屋改造和保障房建设的投融资公司,与建设银行、国家开发银行等多家银行签订了银团贷款合同,融资额度 300 亿元。积极探索开发新型金融工具,发行了国内首支保障性住房投资基金,争取社保基金、保险资金支持,探索发行私募债券用于保障性住房建设,改变了长期依赖银行贷款的单一融资模式。

三是优先安排供地,保证了土地及时供应到位。强化保障性住房年度供地计划管理,在新增建设用地年度计划中,单列保障性住房用地,明确供地规模、供地时序,在全年土地供应计划中优先安排。加快保障房项目选址地块的征地拆迁整理和供地审批,全力保证各类新开工保障房项目用地落实。党的十六大以来,保障性住房建设供地约1800 公顷。

四是提升建设品质,实现了建成一片房源、惠及一方百姓、促进一方和谐。保障性住房 80% 以上分布在中心城区,水电气热等配套设施与住房同步建设、同步使用,满足居民就业、就医、就学、出行等需要。严把建设质量关,实行全过程监管,工程质量总体处在严格的受控状态。建立保障房建设质量终身责任制,实行工程质量安全永久性标牌制度,相关单位和责任人对项目安全和质量负责到底。落实保障性住房属地化管理责任,加强小区质量安全和物业管理巡查,让群众住得安心顺心舒心。

五是强化监督管理,体现了政策执行的公开公平公正。形成了包括申请、审核、公示、年审和巡查在内的街、区、市"三级审核、三级公示"制度。通过媒体对申请家庭信息进行公示公告,公布市、区两级住房保障举报电话和网络邮箱等,广泛接受社会监督。与住房公积金、社会保险、房屋产权产籍、户证人口等信息系统联网,运用网络手段逐季度动态核查申请家庭,对违规家庭做到发现一户纠正处理一户,2011年底违规率下降到 0.03%。

(二)历史风貌建筑保护取得实效

2005 年《天津市历史风貌建筑保护条例》颁布后,天津市先后依法确认了 5 批、746 幢、114 万平方米历史风貌建筑,对历史风貌建筑的保护工作也开始走上法制化、规范化的轨道。同时,在保护理念、保护技术、操作体系上创建了"天津模式",形成了"1 项原则、2 个体系、2 条经验、1 批成果"。

其中,"1 项原则"即"保护优先、合理利用、修旧如故、安全适用"。在这项原则的指导下,天津采取了一系列有效措施,对 746 幢历史风貌建筑实施了全方位保护和利用。

"2 个体系"是贯彻落实上述原则的两大立足点。其一是巡查执法保护体系。实施最严格的历史风貌建筑监管,历年均做到了每幢建筑月巡查一次、重点建筑每周巡查一次,实现巡查率 100%,案件查处率 100%。其二是科研技术保护体系。为 746 幢历史风貌建筑建立了地理信息系统、"一楼一册"的保护图则和安全档案。

"2 条经验"是天津保护工作不断突破、持续健康发展的重要法宝。第一是"政府引导、专家咨询、公众参与"的保护经验。第二是多个管理部门共同保护的经验。

"1 批成果"指 10 年来,天津共有 261 幢历史风貌建筑得到了及时有效的修缮,同时,静园、民园西里、曹禺旧居、庆王府等 90 幢历史风貌建筑得到了科学合理的保护和利用,成为"近代中国看天津"的旅游亮点和人文地标。

四、市容环境

(一)城乡面貌焕然一新

近四年连续 900 天开展大规模市容环境综合整治,综合整修道路 928 条 5370 公里、桥梁 128 座、农村公路 1000 公里,规范交通护栏 240 公里,完善交通设施 2.6 万处,形成整洁舒适、安全便捷的道路网络;整修建筑 2.4 万栋,实施"平改坡"1401 栋 108 万平方米,调整空调室外机、加装空调罩 70 万台,形成大气洋气、清新靓丽的城市街景;整治居民社区 943 个,完善服务设施 2800 处,完成老住宅楼节能改造 1943 万平方米,改造小积水点 500 处,社区环境更加优美舒适;建成环卫设施、菜市场和老年照料中心 760 个,增加健身设施 4200 套,居住功能更加完善;综合整治小白楼、津湾广场等 32 个重点地区,形成环境优美、文脉传承、品位高雅的城市窗口;注重海河两岸改造提升,形成展现历史文化底蕴、凸显城市现代气息的城市风景线。

(二)市容园林法制保障体系日趋完善

相继制定出台《天津市市容和环境卫生管理条例》等 4 部地方法规和《天津市公共厕所管理办法》、《天津市城镇街道整修管理规定》等 10 余部政府规章及一批规范性文件,加上国家的有关法律、法规及部委规章,初步形成天津城市管理法律规范体系。

(三)园林绿化彰显风格特色

截至 2011 年年末城市建成区绿化覆盖率、绿地率和人均公园绿地面积分别达到 34.5%、31% 和 10.3 平方米,较 2002 年年末分别提高了 3.5 个百分点、6.57 个百分点和 3.63 平方米。建成京津塘等 6 条高速公路和外环线 570 公里沿线绿化带,对 12 条 108 公里入市道路两侧进行绿化提升改造,实施 10 条 624 公里连接区县道路和 72 公里京津城际铁路两侧绿化,形成环境优美、生态自然的绿化体系。

(四)环境卫生管理稳步推进

新建生活垃圾处理厂 8 座,增加处理能力 1400 吨/日。城镇生活垃圾无害化处理率达到 94%,较 2002 年提高了 23 个百分点。改造一批生活垃圾转运设施,提高了生活垃圾中转、运输能力,环卫管理机械化作业水平显著提高,道路机械化清扫率达到 48%,比 2002 年提高 34 个百分点。

（五）夜景照明更加璀璨华丽

综合整治 14 个节点建筑轮廓,完成 2500 栋建筑灯光夜景建设,安装灯具 16 万盏,线形灯 100 千米,敷设线缆百万延长米,构建了点线面结合、覆盖中心城区 41 公里的城市夜景灯光网络,展现了独特的夜景照明魅力。

（六）城市管理水平显著提升

创新城市管理体制机制,按照属地管理和财权事权相统一原则,下放管理权限,落实管理责任,形成"两级政府、三级管理"体制。建成数字化管理平台,实施网格化、数字化、精细化管理,规范考核工作,城市管理效能显著提升。

今后天津城乡规划建设的任务更重、标准更高,天津市市委市政府及有关部门将坚持科学发展观,坚持服务于全市经济社会发展、服务滨海新区开发开放、服务群众生活改善,更加注重发展质量和效益;坚持以人为本,更加注重维护群众切身利益。坚持解放思想,更加注重改革创新,扎实工作、奋勇争先,为实现国际港口城市、北方经济中心和生态城市的定位,为天津经济社会又好又快发展做出新的贡献!

统筹城乡　科学发展

——十年来重庆市探索破解城乡二元结构难题的历程与成就

党的十六大以来,重庆城乡建设系统攻坚克难,励精图治,书写了一段艰苦创业的奋斗史诗。在历届市委市政府的领导下,党的十六大以来的 10 年成为重庆城乡面貌变化最大、人居环境提升最快、人民群众受益最多的 10 年。

一、优化城镇体系构筑城乡统筹发展依托

立足特殊市情,重庆走出了一条与京、津、沪等先行地区不同的城镇群发展模式,其主要特征是通过"主城、区域中心城市、远郊区县城、中心镇"四个层面统筹推进,加速形成梯次衔接、协调带动的城镇化体系,实现了城镇化率快速稳步增长。2011 年全市城镇化率达到 55.02%,比 2003 年提高 13.12 个百分点,全市建成区面积达到 1750 平方公里,为重庆经济、社会发展提供载体和依托,有力推动了"重庆市国家统筹城乡综合改革试验"重大战略实施,为破除"城乡二元结构世界级难题"积累了经验。

立足发挥主城区在城镇群中的龙头引领和极核辐射作用,按照"多中心组团式"结构和"产居结合、配套完善"的工作思路,推进主城

"二环时代" 1000 平方公里、1000 万人口扩城建设。建设中,注重以公租房建设、房地产综合开发、城市道路拓展和轨道交通延伸为抓手,引导 21 个大型聚居区拓展发展新空间、优化区域新格局。选择发展潜力大、基础条件好、牵引影响面宽的"十大片区"为重点功能板块,高标准建设、高强度开发,推动主城增长及辐射带动提升和要素聚集效应的有效释放。

把六个区域性中心城市和 23 个远郊区县城作为吸纳 1000 万人口、健全城镇体系的重要基石。通过基础设施、产业布局、功能配套、城市改造、新区开发等措施,全力支持万州、黔江、江津、合川等区域性中心城市,以城区建设扩大城市容量、提升城市形象、完善城市功能,努力形成要素集聚多、开放度高的区域性中心,带动辐射周边区县协调发展。远郊区县通过完善城市功能项目建设、主干道环境综合改造、旧居住小区综合整治等一系列改造升级措施,增强发展后劲,为承接主城辐射、梯次带动广大镇村营造基础环境和发展载体。

充分发挥中心镇在城镇群体系中"城市之尾、农村之首"的承接、传递作用。目前全市中心镇 GDP 突破 1300 亿元大关,较 2003 年翻两番,经济实力明显增强。通过对城镇空间布局、道路骨架、重要建筑、景观小品、重要街区、主要出入口进行高起点规划、高标准设计和高质量建设,促进公共服务向农村覆盖、城市文明向农村辐射,中心镇在城乡统筹建设中的重要载体作用不断增强。

二、市场加保障住房供给模式加快实现住有所居

重庆通过适度控制高档商品房、大规模建设保障住房,努力构建市场加保障"双轨制"住房供给体系,逐步形成"低端有保障、中端有市场、高端有约束"的制度体系,确保城镇居民住有所居。通过加快推进巴渝新居建设和农村危旧房改造,提升农房品质,改善农村生活条件,建设农村美好幸福家园。

保障房让中低收入阶层住有所居。随着城镇化快速推进,新职工的阶段性住房支付能力不足的矛盾日益显现,外来务工人员居住条件也亟须改善。为解决好中低收入居民住房困难突出问题,2009 年,重庆市公共租赁房管理局正式挂牌,市城乡建委牵头组建公租房建设指挥部,大规模建设公租房,实现住房保障的全覆盖。为解决好土地、资金问题,2003 年以来,重庆建立政府主导型的土地储备制度,至今已整治储备 30 万亩,公租房建设所需的 3 万亩土地全部由政府无偿划拨。同时,面对 4000 万平方米公租房直接建设成本约需 1200 亿元的资金需求,重庆确定了财政投入 300 亿元,以有限产权出售和商业门面回收 800 亿元贷款,以租金平衡贷款利息和维修费用的资金平衡模式,使公租房成为具有良好现金流的优质资产,吸引了银行、保险、央企等社会资金的投入,做到了已开工建设的公租房资金全部到位,待建公租房所需资金全部落实。截至 2012 年 6 月,重庆公租房建设累计开工 2942 万平方米,竣工 660 万平方米,摇号分配 8.2 万套。这些公租房均是采取以大型集聚区为依托,与产业发展区相结合,与商品房混建共建模式,实现同等区位规划、同等标准建设,均享城市配套服务设施,形成相互包容、和谐共存的住房建设发展格局。

商品房让中高收入阶层住得其所。2003 年以来,重庆的房地产业实现了跨越式发展,房地产开发完成投资由 2003 年的 328 亿元,增长到 2011 年的 2000 多亿元,十年增长了 5 倍。每年房屋竣工面积由 1677 万平方米增加到 3424 万平方米,增长实现翻番。2011 年,重庆主城区商品住房建筑面积均价 6390 元/平方米,双职工家庭房价收入比控制在 6.5 以内,2011 年 12 月房价指数在全国 70 个大中城市排名 65 位。面对全国大部分地区住房供求的结构性矛盾较为突出、房地产价格和投资增长过快的情况,重庆坚决有力地贯彻了中央宏观调控的要求,在房地产调控中始终遵循两条原则:一是进行城市总体规划布局时,每个区县按人均 30 平方米进行住宅总量控制。二是每年的房地产供应量,综合考虑经济发展水平、工业化、城镇化、人口变化等多种因素来确定。重庆从 2003 年开始,始终按照房地产投资占固定资产投资的 25% 左右控制。2002 年至 2011 年,重庆市共供应商品房 24752 万平方米,销售商品房 23516 万平方米,基本实现了住房供需平衡。

新农房让农民安居乐业。为了让农民住上好房子,重庆将农村危旧房改造和巴渝新居建设同时推进。据统计,全市共有农村危房 54 万户,目前已改造 30 万户,累计建设巴渝新居 20 万户。建设农民新村 2126 个。大力推进基础设施向农村延伸,因地制宜调整农村集聚点布局,充分利用"地票"交易制度,通过城乡建设用地增减挂钩政策,所获资金将反哺用于农民新村基础设施建设,配套建设"六通六有","六通"即通道路、供电、给水、排水、广播电视和通信;"六有"即有一个小广场、有一个便民商业网点、有一个医务室、有一个垃圾收运站(点)、有一个农家书屋、有一个幼儿园。2011 年 4 月 18 日,《人民日报》头版头条以《重庆让农民住上好房子》为题对重庆农房建设改造成效及经验进行专题报道。

三、新城建设与旧城改造提升城市品质

重庆独特的山水地理条件决定了主城"多中心、组团式"现有建设格局。多年来,重庆市秉持"分类指导、有机疏解、合理集约"的建设理念,科学有序地推进特大城市建设:针对老城区采取"有机疏解"的建设方式,适度控制开发强度,以推进危旧房、城中村改造为主,逐步解决老城区建筑密度过大的顽疾;针对"两江新区"将成为重庆乃至西部增长极与开放先导区,西永综保区、茶园新区、西部新城等次中心或功能组团崛起对主城核心区形成众星拱月之势,采取"合理集约"的建设方式,在基础设施、物流通道、公租房建设和宜居项目安排上优先配套,注重提高单位土地面积的综合效益,推动新区成为集约建设典范,以高效发展更好地发挥新区应有的辐射带动功能。

通过危旧房改造既有效疏解了城市空间,又提升了城市形象。

2003 年以来,主城区累计拆迁危旧房 2254 万平方米,32.6 万户、115万群众告别了空间小、配套差、安全隐患突出的居住环境。特别是2008 年至 2011 年集中大规模危旧房拆迁期间,拆迁危旧房 1200 多万平方米。坚持科学划定改造地块,严格实施拆危建绿,按照"减量、增绿、留白、整容"的要求,由政府出资实施集中绿化建设和严格控制经营性开发用地的配套绿地指标,实现危改片区绿地率达到 50%。加强历史文化街区和历史建筑保护,对于危改工程中涉及的历史建筑制定了专项保护规划,并着力打造出一批具有重庆特色的历史风貌及文化街区。

四、城市基础设施建设完善城市功能提高城市运行效率

重庆市通过多管齐下、综合治理,城市堵车问题得到缓解,建设形成了快捷的交通体系。干道高峰时段平均车速达 30.8 公里/小时,在全国同等规模城市中位居前列。

城市道路交通基础设施建设力度空前。2003 年以来,主城区新增城市道路 1500 公里,新建跨江桥梁 13 座,道路里程与桥梁数量均实现翻番。建设穿山隧道 8 座,总量达到 11 座。全力实施跨江大桥及其配套项目建设,加大城区堵点路段改造力度,优化完善内环以内快速路网结构,提高路网分流及应急疏散能力。加快完善组团内部配套功能,减少跨组团出行交通量,减轻有限通道的交通压力。强化交通秩序综合管理,实时监控道路交通拥堵情况。推进智能管控建设,加强交通安全宣传,实现文明出行。以人为本建设怡人宜行的慢行交通,实现城市步道建设与交通基础设施同步实施。在两江新区、大学城等地势平坦新区试点建设自行车道,为慢行交通系统提供安全、舒适的环境。

轨道交通建设全力推进。轨道交通建设投资逐年大幅增长,目前一、二、三、六号线同时开工建设,通车里程已达到 75 公里,连接主城七区、五大商圈、机场、火车站等重要客流集散地,日均运量超过 70 万人

次。至"十二五"末,全市将建成轨道交通208公里,基本形成连接南北、贯通东西的轨道交通骨架网络,实现主城九区全覆盖。围绕轨道交通为中心建设换乘枢纽,完成了一大批轨道与公交换乘枢纽,实现线路间"便捷换乘"。

充分发挥好远郊区县城社会事业专项资金的带动作用,不断完善区县教育、医疗、文体、商贸等城市必备功能。大力推进基础设施建设,按照"缺什么、建什么"的原则,有计划、分步骤推进小城镇"561工程"项目建设,让每一个小城镇具备一个综合性市民广场、一条绕城公路(过境道路改道)、一座水质达标的自来水厂(站)、一座简易污水处理厂、一个垃圾收运处理系统;具备一个完善的镇级卫生服务体系、一个公共文化活动中心、一所福利院或敬老院、一个品牌连锁超市、一个农产品交易市场、一个汽车客运站,做到配套齐全;并对小城镇主街道进行综合整治。

五、推节能减排和集约建设构建"两型社会"

把推动实施建筑节能作为构建两型社会"主方向"。在全国率先发布实施了《重庆市建筑节能条例》,率先实施了建筑节能初步设计专项审查制度、强制性能效测评标识制度和建筑节能设计质量自审责任制,率先启动了《低碳建筑评价标准》和《绿色建材评价标准》编制工作。重庆成功申报为"全国可再生能源建筑应用示范城市",巫溪县、云阳县成功申报为"全国可再生能源建筑应用示范县",两江新区水土片区成功申报为"全国可再生能源建筑应用集中连片示范区"。

把城市建设改造作为构建两型社会"大战场"。出台保障性住房装修设计标准和公租房设计标准,已开工建设的近3000万平方米公租房全部以成品住宅交付使用,有利于将住宅产业引向集约化建设的轨道。1200万平方米危旧房拆迁改造,既疏解了老城区过高的建筑密度所带来的"热岛效应",又优化了城市环境。轨道交通采用无污染的电能驱动,单位能耗只有地面普通公交的40%,在城区能实现大气污染的零排放。目前重庆市轨道交通按日均客运量70万人次计,占公交出行比例达14%,减少1100辆公交车运力,减少二氧化碳排放量75000吨/年,碳氢化合物983吨/年,氮氧化合物983吨/年。重庆绿色轨道交通建设项目荣获"2011年中国人居环境范例奖",其节地、节能、环保、安全的特点为构建两型社会奠定坚实基础。

把村镇建设作为构建两型社会"新领域"。立足"集聚、配套、集约"建设理念,大力推广农民新村建设模式,引导农民群众自愿搬入农民新村,原宅基地拆除还耕,依法进行土地置换复垦。通过道路和水电气等基础设施建设,促进新农村合理规划、集约建设。大力推进农村危旧房改造和巴渝新居建设,坚持改危与改观并举,对原有分散农村危旧房采取"主体排危、风貌改造、环境整治、经济适用"改造模式,改善农村居住条件。

六、精细化与长效化双管齐下不断提高城市管理水平

市政设施功能不断完善。2002年以来,车行道黑化率由27%提高到97%,道路平整度、舒适度大幅提升;各类市政附属设施全面规范涂装,综合功能日益完善,设施容貌焕然一新。地下管网安全运行,暴雨积水点得到全面整治。主城区日常维护城市道路由1345万平方米增加到3901万平方米,增长近3倍。共新改建路灯25.5万余盏,城市道路装灯率达98.8%以上,平均亮灯率达到98.5%以上。

环卫管理水平明显提高。城区道路清扫作业面积从2830万平方米增加到现在的13996.6万平方米,城市道路机扫率从35%提高到80%。垃圾袋装化率从40%提高到95%。从2003年6月三峡水库蓄水以来,累计清理水域垃圾111.8万余吨,有效保障三峡库区水环境和航道畅通安全。主城区从2009年启动餐厨垃圾收运处置工作以来取得巨大成效,目前单日收运处理量突破1200吨,有力保护了市民食品

卫生安全。2011年,国家发展改革委等五部委将我市主城区餐厨垃圾综合处置列入全国第一批试点。全市已建成城镇生活垃圾处理场(厂)50个,日处理能力达到1.32万吨,城市生活垃圾无害化处理率从2003年的25%飞速提升至2011年的97%。污水处理总能力达到281万吨/日,全市污水集中处理率达86%。

七、体制创新和资源整合激发城乡建设新活力

解决长周期、大面积存在的问题,只有靠体制机制创新。例如,通过整合创建市工程建设招标投标交易中心,11个市级部门监管的工程项目全部进场交易,工程类别扩展到15类,交易范围扩展到八大领域,2011年交易额突破千亿元大关,达到1116亿元。既有利于工程建设领域深入开展突出问题治理、推进行政审批制度改革,也通过优化整合和资源合理配置,形成一个高效、集约、成熟的交易平台。

创新六大机制,防止围标串标。通过积极推进建筑施工企业诚信体系建设,实现市场与现场联动管理,将诚信评价结果纳入招投标评分,使围标串标、虚假招标、阴阳合同、违法分包、拖欠农民工工资等不诚信企业难以中标。通过建立"重庆市工程建设招标投标交易信息网",将招投标活动涉及的招标公告、资格审查等重要信息全部上网,实时公开,权威发布;通过取消投标报名、标书网上自由下载、保证金基本账户集中管理等系列措施,实现完全"背靠背"投标,截断围标串标者相互沟通串联的途径;通过开标、评标中,采取全程全方位电子监察、音像监控和见证记录服务等措施,使交易更加阳光透明;通过对评标专家采取指纹管理、开标前3小时电脑随机抽取和语音自动通知以及在专家评标过程中采取相互"隐身"系统,保证了专家独立客观评标。通过推行电子化评标,能借助计算机技术的硬件代码提取技术和文书雷同分析技术,自动识别围标串标。

"五段式"并联审批制度改革全面提高工程建设审批效率。"五段

式"并联审批制度的改革,将工程项目的审批过程划分为立项、规划、用地、设计和验收五个环节,分别由市发改委、规划局、国土局和房屋管理局、市城乡建设委牵头主办,与工程建设相关的其他行政审批项目按五个环节进行归并,作为各环节的协办项目。市城乡建委政务服务中心主要办理城市建设项目的设计、施工、竣工验收等相关行政审批和行政服务事项,中心由工程建设招投标交易中心、市发改委、银行等20多个相关单位或部门派驻人员设置窗口组成。中心采取"集中收件、集中出件、按办分离、内部运转"的工作模式,中心在办事程序上实行"一个窗口对外",由窗口统一接收当事人申请、统一送达办理文书,履行一次性告知、限时办结制度和首问责任制。实行"一站式办公、一条龙服务、一票制收费",建设行政审批、服务事项不出大厅即可办结,涉及所有收费项目可由服务对象"一张支票"在办事大厅缴纳完毕。实施"五段式"并联审批后,初步设计审批由原来需要分头跑7个单位,花费140个工作日,竣工验收备案需分头跑4个单位,花费80个工作日,现全部减少为跑建委1个单位、只需20个工作日即可办结,行政审批效率大大提高。

利用地票交易等制度,开创农民新村建设资金筹集新渠道。针对农户拆除旧房,腾出的宅基地及其房前屋后院坝等附属设施用地以"地票"形式获取的纯收益,85%补偿给农户,引导其到农民新村建(购)新房或到城镇购房,15%给村集体经济组织,主要用于新村基础设施及公共服务设施建设。针对农村闲置的工矿企业、学校和废弃道路等属于集体建设用地部分以"地票"形式获取的纯收益,至少80%用于新村基础设施和公共服务设施建设。

八、未来展望

重庆将立足"集大城市、大农村、大山区、大库区于一体,城乡区域差异很大"特殊市情,准确把握重庆所处的历史方位和面临的机遇挑战,高举中国特色社会主义伟大旗帜,以邓小平理论和"三个代表"重要思想为指导,深入贯彻落实科学发展观,以"314"总体部署为总纲,以"科学发展、富民兴渝"为总任务,实施"一统三化两转变"战略,着力深化改革开放,全面推进经济建设、政治建设、文化建设、社会建设、生态文明建设和党的建设,力争2017年在西部率先实现全面建设小康社会目标。

重庆的建设事业也将迎来难得的历史发展机遇。全市城乡建设系统将深入贯彻落实科学发展观,以"314"总体部署为总纲,以"科学发展、富民兴渝"为己任,大力实施城乡统筹发展战略,全力推进国家级统筹城乡综合配套改革试验,加快城镇化步伐,优化城镇体系,提供发展依托,推动"一圈两翼"和大中小城市协调发展,统筹推进城乡基础设施建设,切实提升城乡人居环境,大力推进新农村建设,努力改善农村面貌,破解城乡二元结构难题、推动经济社会稳健发展,以优异成绩迎接党的十八大召开。

十年激情跨越　城市精彩蝶变

——河北省住房和城乡建设发展综述

十年来,河北紧紧围绕城镇化战略,以民生为导向,以发展为动力,谱写了一曲住房和城乡建设事业跨越发展的光彩华章。

一、城镇化战略——开启河北又好又快发展之门

2003 年,河北省委六届三次全会将城镇化确立为主体战略,决定以城镇化发展活跃经济社会发展全局。2004 年,省委、省政府召开高规格全省城镇化工作会议,作出《关于实施城市化战略的决定》。近年又相继印发了《关于加快推进城镇化进程的若干意见》等政策文件,城镇化战略开始实施。

经过几年努力,河北城镇化建设取得了可喜成效,全省城镇化率以年均 1.5 个以上的百分点稳步提高,2007 年达到 40.25%,城镇总人口超过 2800 万人。城区人口超过 50 万人的城市有 8 座,超过 100 万人的城市有 4 座。2003 年至 2007 年,全省县城以上城镇完成基础设施投资 1430 亿元,住宅建设完成投资 2000 多亿元,城镇人均住宅建筑面积由 23.2 平方米增加到 28 平方米左右。2007 年,城市污水集中处理率达到 60%,垃圾无害化处理率达到 55%,燃气普及率达到 95%,人均公园绿地达到 8.6 平方米,万人公交拥有量达到 8.9 标台,分别比

2003 年提高了 28 个百分点、14 个百分点、2.3 个百分点、2.1 平方米、2.3 标台,城市基础设施水平明显提高,市政公用服务能力大大增强,环境质量明显改善,大、中、小城市和小城镇的发展质量有了明显提升。

河北城镇化虽有了长足发展,但水平低、质量差的根本情况仍未改变,与全国相比河北城镇化水平仍然较低,与经济大省和东部沿海省份的地位不相称,特别是环京津的区位优势没有得到充分发挥。河北省委七届三次全会果断做出城镇面貌"一年一大步、三年大变样"的战略部署,以城镇面貌三年大变样为抓手,有计划有步骤地加快河北城镇化和现代化步伐。河北城镇面貌三年大变样在激烈的思想碰撞中脱颖而出。

(一)展现生态宜居靓丽容颜

城镇面貌三年大变样 5 项基本目标中,居首位的就是要改善城市环境质量。三年来,全省各地秉承这一理念,不断加大资金投入,持续改善空气质量、水环境质量,强化废物处置、污染物排放的治理和园林绿化建设。搬迁中心城区重污染企业 124 家,拆除黑烟囱 1600 余根,11 个设区市空气质量全部稳定达到国家二级标准;建成污水处理厂 126 座,垃圾处理场 123 座,实现县以上城市两场(厂)全覆盖,污水处理厂集中处理率达到 92.42%,生活垃圾无害化处理率达到 72.56%;新增城市绿地 1.2 万公顷,其中水面 5700 多公顷,人均公园绿地达到 11.5 平方米,创建了 3 个国家级园林城市和 29 个省级园林城市,人均公园绿地面积达到 14.26 平方米,建成区绿地率达到 37.32%,建成区绿化覆盖率达到 42.07%。

(二)规划管理水平大幅提升

各设区市投入数亿元编制各类城市规划,对城市总体规划进行修编,编制完成 372 项专项规划,130 余项城市设计和修建性详细规划、140 项景观整治规划设计和 1707 平方公里的控制性详细规划,基本实现控制性详细规划全覆盖,初步形成专项规划相衔接、技术导则相配套的城市规划体系。积极推行阳光规划和督察员制度,完善城市规划执法责任,严肃查处和纠正违规建设行为,规划违法事件逐年减少。

以推行精细化、标准化管理为核心,大刀阔斧推进城市管理体制改革,出台 13 部城市管理省级标准,初步构建起现代城市管理标准体系。着眼于构建以市级为主导、区级为主体、街道为基础的城市管理体制,有序推进城市管理重心向街道、社区延伸。

(三)更多百姓圆了安居梦

三年来,河北大力实施住房保障和城中村改造、棚户区改建、旧小区改善工程。开工建设各类保障性住房和棚户区改造住房 44 万套,有效解决了 48.2 万户家庭的住房困难问题。累计启动设区市城中村改造 336 个,完成 289 个,10 万多户村民喜迁新居。拆迁改建城市棚户区(危陋住宅区)1340 万平方米。对 406 个功能不健全、设施不配套、环境脏乱差的旧小区进行了改善,受益居民 22 万多户。随着"一保三改"工作的整体推进,河北省各地城市居民的居住条件和居住环境大为改善,一大批城市低收入家庭圆了住房梦。

(四)城市承载能力跃上新高点

加大公共基础设施建设力度。城市新增道路 2500 多公里,各类桥梁 190 多座,人均道路面积由 13.6 平方米增加到 16.3 平方米,增长了20%。新增供热面积 1.4 亿平方米,供气总量达到了 130 万立方米。建成了一大批城市交通枢纽、商业中心、文化体育中心等大型公共服务设施。城镇居住环境变得更清洁、优美。

(五)绽放独特魅力神韵

着眼于多留遗产、少留遗憾,充分挖掘历史、自然和人文禀赋,每个城市都在培育独特气质。秦皇岛"长城雄关、现代港城"的城市品质日益显现。张家口"以河为脉、以山为骨"的山水园林城建设加速。

(六)打造城市发展强大引擎

产业向园区集中,加快产业优化升级和发展方式转变。三年来,据统计,河北省近 800 个工业重点项目中,有 90% 建在了产业聚集区或各类园区,并形成了关联度比较高的配套产业链条。城市以产业为支撑,产业以城市为载体,产业与城市共同促进、联动推进,正成为河北各地的共同着力点与生动实践。

河北省委、省政府深刻认识到推进全省城镇化和城市现代化是一项长期的战略任务,必须坚定不移、坚持不懈地抓下去,形成"三年大变样、三年上水平、三年出品位"的三步走战略,力争用十年左右的时间全面实现河北城市的现代化。

二、聚焦住房——城乡居民居住条件大幅改善

广厦万千民生为本,河北在有史以来最巨大的人口规模快速向城市迁移过程中,保证了新增城镇人口对住房的需求,并普遍提升了城乡居民生活品质,以住房供应和保障的相对有序,保证了城市化进程的相对有序,实现了快速发展中的社会和谐安定。

(一)住房保障工作稳步推进

1998 年,河北省住房保障制度初步建立,率先在全国探索建立住房保障制度。2003 年,河北省将住房保障列入"十项民心工程",纳入对各级领导班子政绩考核的重要内容。2007 年年底,基本实现住房困难的低保家庭应保尽保。2008 年,启动城市及国有煤矿、工矿、林区、垦区各类棚户区改造和农村危房改造,按照国家安排推进保障性安居工程建设。2011 年,河北提出并实现了"一个确保,两个力争"的工作目标,即确保国家下达任务提前完成,力争超额完成、力争全国领先。

截至 2011 年年底,全省共建设保障性住房和棚户区改造住房 137.07 万套,为 16 万户困难家庭发放住房补贴。同时,推进城中村改造和旧住宅区改善工作,10 万多户村民乔迁新居,20 万多户旧小区居民直接受益。

在加快建设的同时,河北还注重建制立法,2003 年以来,省级出台 30 多个规范性文件,省有关部门和各市制定了 100 余个文件和细则,在全国第一个出台了省级《城镇住房保障办法》,基本建立了完善的住房保障制度体系。

在推进保障性安居工程建设过程中,河北不断开拓思路、破解难题,创造性地提出了"5＋1"资金筹集渠道和"1＋6"土地供应模式。"5＋1"资金筹集渠道,"5"就是:直接按宗提取土地出让总收入的 5% 以上作为保障性住房建设资金;住房公积金增值收益扣除风险准备金和管理费用后的剩余资金;用于保障性住房建设的国债资金;拟通过融资平台解决的资金;中央和省的补助资金。"1"就是市县财政兜底。"1＋6"土地供应模式,就是按照"优先供应、应保尽保、点供到位"的要求,通过"1＋6"的方式,认真落实建设用地。"1"就是加快新增建设用地手续审批,满足项目建设需要。"6"就是通过六个渠道利用存量土地建设保障房:一是政府已经收储还未出让的土地;二是收回闲置两年以上的已出让国有土地;三是棚户区改建腾出的土地留足回迁安置用地后的土地;四是城中村改造腾出的土地;五是利用企业自有土地建设公共租赁住房;六是工业园区内企业的工业用地,可在总用地面积 7% 的行政办公及生活服务实施用地内安排建设公共租赁住房。同时,建立土地储备制度,每年省预留一定比例新增土地指标,随建设任务计划一同下达至项目。

(二)房地产市场健康有序发展

这十年,河北房地产业持续快速发展。2002 年,河北房地产开发企业不到 1200 家,当年完成房地产开发投资仅 251.27 亿元,开发规模

1529.49 万平方米,竣工商品房面积 1207.27 万平方米,商品房销售面积 939.43 万平方米。到 2011 年,全省房地产企业发展到 5100 多家,全省完成房地产投资达到 3069.55 亿元,增长了 11 倍;商品房新开工面积达到 11298.70 万平方米,增长了 6 倍;商品房竣工面积达到 5145.32 万平方米,增长了 3 倍;商品房销售面积达到 5901.36 万平方米,增长了 5 倍。

针对房地产市场出现周期短、波动大、调控难等特征,河北省根据国家相关政策,缜密分析形势,及时采取一系列措施,遏制少数城市房价上涨过快,重点做好中低价位、中小套型普通商品住房和廉租住房建设与供应。

房地产业的健康发展不但拉动内需,推动了经济的快速发展,带动了与之相配套的众多行业的发展,还改善了居住条件,提升了城市形象。

(三)城乡统筹发展进入良性发展格局

规划是建设的基础和龙头,河北省本着统筹城乡的思路,相继从县域、建制镇、村庄等不同层面完善了规划编制规范,制定了《河北省文明生态村规划指导》等规范性文件,为村镇规划编制提供了有力的技术支撑。几年来,每两年组织对 400 余名"河北省村镇规划评审委员"进行培训和继续教育一次。截至目前,76.7% 的镇、56.9% 的乡完成了总体规划编制工作,45.18% 的村庄规划进行了修编完善。

实现城乡统筹发展的一个关键就是要发展一批辐射带动能力强的重点镇。2004 年,河北省委、省政府先后公布了省培育的 50 个省级重点镇和设区市培育的 100 个省级重点镇,明确提出了支持重点镇发展的优惠政策。积极争取国家开发银行的重点镇基础设施贷款,支持重点镇贷款 5 亿元。积极争取省财政预算资金,先后补助省级重点镇总体规划编制经费 800 多万元,有力地保证了规划编制的顺利完成。经过多年努力,一批有实力、有规模的重点镇拔地而起,对扩大内需,改善城镇投资环境,招商引资,促进地区经济增长都起到了重要的作用。

按照中央部署和河北实际,从 2009 年开始河北积极推进农村新民居建设和农村危房改造,2009 年全省确定 1000 个村、2010 年确定 2000 个村、2011 年确定 2000 个村开展农村新民居示范建设。为加强农村新民居规划建设指导,先后印发了《河北省农村新民居规划建设指导意见》等文件,对示范村规划、新民居设计、新民居施工、村庄基础设施和环境建设等工作做出了安排部署。为把新农村建设抓实抓好,河北省免费发放《河北省文明生态村规划建设技术指导》等图书近 50 多册,编印了《燕赵新民居——河北省农村民居建筑设计大赛获奖作品集》,免费发放到了全省 5 万个行政村。截至目前,已经对 5000 个村庄进行了农村新民居示范建设,完成危房改造近 18 万户。在农村危房改造中,河北省率先探索农村危房改造管理信息系统改造,走在了全国前列。

河北积极探索解决城乡二元结构和城乡发展差距带来的村庄建设滞后的问题。开展了以"三清三化"为主题的村庄治理工作(清理村内外积存垃圾,清理街道乱搭乱建和残垣断壁,清理庭院杂物乱堆乱放,硬化主要街道和巷道、安装照明设施、绿化庭院、街道及村庄周围环境,净化村内主要街道、活动场所及农户庭院,实现人畜分离)。对省级重点镇和现状人口 1 万人以上的镇建设污水处理厂,建立"村收集、乡转运、县处理"的城乡一体化垃圾处理体系。

在积极开展第三次文物普查工作基础上,启动了河北省第二阶段历史文化村镇和优秀乡土建筑普查工作,完成第四批中国和第二批河北省历史文化名镇(名村)评选工作。

三、转型发展——探索城乡建设科学发展新路径

面对人多地少、资源紧缺的省情特征,切实转变增长方式,促进低碳发展、建设生态文明,是河北的不二选择。

（一）建筑产业领先转型发展

进入新世纪以来，河北大力推进建筑业科技创新，实施了"提质增效"、"科技兴业"和"走出去"三大战略，建筑业发展进入迅猛腾飞的时代。2003 年到 2011 年的近十年间，建筑业增加值由 168.89 亿元增加到 1151.7 亿元，增长 5.82 倍；建筑业增加值占河北省国内生产总值的比重由 2.38% 增加到 5.7%，占全国建筑业增加值的比重由 2.07% 增加到 4.35%。截至 2011 年年底，全省建筑企业总数达到 7834 家，其中特级企业 6 家，一级企业 355 家，有 4 家企业产值超过 100 亿元。建筑业已成为部分县（市、区）财政收入的主要支柱和农民收入的重要来源，对扩大城乡就业、改善城乡面貌、维护社会稳定做出了重大贡献。

（二）建筑节能工作实现新跨越

河北将建筑节能和绿色建筑工作作为推动城乡建设模式转型升级的重心，鼓励适宜技术和科技创新，先后出台实施了《河北省节约能源条例》等 10 多个政策文件，制定了《居住建筑节能设计标准（修订）》等 20 多个地方标准、图集，已形成较为完善的建筑节能法规体系和技术标准体系，并从工程示范、社会宣传等方面多管齐下推动实施，建成一批节能建筑和绿色建筑示范区，全省建筑节能工作成效显著。截至 2011 年年底，已累计新建节能建筑 2.53 亿平方米，约占全省城镇建筑面积的 27.3%；完成既有居住建筑供热计量及节能改造项目 4918 万平方米；可再生能源在建筑中一体化应用建筑面积 9357.8 万平方米，可再生能源在建筑中一体化应用率达到 38.56%。

（三）生态宜居城市建设实践循序渐进

2010 年 10 月，省政府与住房和城乡建设部签订了《关于推进河北省生态示范城市建设促进城镇化健康发展合作备忘录》，提出在 4 个新区（新城）全面推进建筑节能和绿色建筑工作，后又将涿州生态宜居示范基地列入其中，形成"4+1"的格局，初步建立了各具特色的生态城规划指标体系,生态宜居城市建设初见成效。

(四)信息化建设成为住房城乡建设事业发展的助推器

从 2003 年开始,探索以信息化推动机关办公和行业发展提质增效的发展道路,现在已经建成了机关办公系统和数字规划、数字住房、数字城管、数字建筑市场"四大平台"。机关办公全部实现了网上办公,降低了行政成本,提高了工作效率。11 个设区市和部分县级市建成了数字城管系统,采用"一级监督、二级指挥、三级管理、四级网络"的城市管理模式,保证城市运行中出现的问题及时发现、及时处理、及时解决。建成数字住房保障管理平台,在国内省级层面率先实现了"四个覆盖,两个联通,一张图展示"。建成了全省建筑业企业信用综合评价系统和建筑劳务实名制管理系统,实现了对建筑市场主体行为、工程建设项目的动态监管,对企业、人员、项目网上审批,大大提高了建筑市场管理水平和效率。

(五)体制机制改革使行业发展更具活力

2003 年以来,河北省全力推进依法行政工作,立法、行政执法、行政执法监督、普法、行政审批制度改革等工作,均走到了全国住房城乡建设系统和省直部门前列,大部分工作均被评为先进。住房城乡建设法规日趋完善,通过立改废,河北省住房城乡建设系统实施的地方性法规,由 8 部增加为 11 部;实施的省政府规章为 18 部,基本覆盖了住房城乡建设领域的主要方面。对全系统执行的地方法规和政府规章、规范性文件,进行了 6 次历史上最全面、最彻底的清理,对厅发规范性文件宣布废止 434 件、宣布失效 32 件,住房城乡建设法规日趋完善。

强化日常监督检查,开展重点领域执法。深入推进行政审批制度改革,省住房城乡建设厅直接实施的行政许可事项,已由 85 项精简为 20 项。行政执法监督力度不断加大,充分发挥行政复议的监督功能,省厅作为复议机关依法审结的行政复议案件呈几何数上升,已达 160

起,跃居全国系统第 5 位。审核行政处罚案件 300 余件,做到了行政处罚零复议和零诉讼。

四、展望未来——前景广阔、蓝图美好

在新的历史发展阶段,河北省将紧紧围绕党中央的大政方针,以邓小平理论和"三个代表"重要思想为指导,深入贯彻落实科学发展观,认真执行河北省第八次党代会的安排部署,积极推进省委安排部署的基层建设年活动和扶贫攻坚工作,落实"举全省之力打造曹妃甸新区和渤海新区两大增长极、举全省之力推动贫困县乡村开发建设和贫困人口尽快脱贫致富"的要求,大力改善发展环境,大力改善生态环境,推动住房和城乡建设事业取得更加辉煌的成就。

大力推进新型城镇化,努力提高城镇化发展的水平和质量,初步形成大中小城市和小城镇布局合理、结构完善、功能协调的发展格局。更加突出城乡规划的"龙头"地位,打造环首都城市群、冀中南城市群和沿海城市带"两群一带"的城镇空间布局。加大城市基础设施建设力度,提升城市综合承载能力,加强城市精细化管理。

逐步扩大住房保障覆盖范围,住房保障对象由城市低收入住房困难家庭逐步扩大到城镇中低收入住房困难家庭、新就业职工以及外来务工人员等其他住房困难群体,城镇住房保障覆盖面达到 20%。促进房地产业稳定增长,争取 5 年内,全省竣工商品住房 1.5 亿平方米,新建住宅小区物业管理覆盖率达到 95% 以上,房屋权属登记覆盖率达到 95% 以上,住宅产业化水平不断提升。

促进建筑业健康发展。建筑业总产值年均增长保持 15% 左右,争取 5 年内达到 7000 亿元以上,进入全国先进行列。培育扶持 15 家大型建筑业企业集团、30 家骨干优势企业和 100 家专业优势企业,创建一流的企业集团,大力开拓国际市场。建立较为完善的科技创新体制、管理体制和运行机制。新建建筑节能标准执行率达到 100%,5 年内完

成既有居住建筑节能改造 5000 万平方米。

　　深入推进农村危房改造工作,加强新民居规划建设、村镇规划建设管理,建立示范引领的工作机制。以"三化同步"理念推动村镇建设工作,改善农民居住条件,改变村庄面貌,提高村镇建设水平。

　　进一步完善建设领域地方法规、规章体系,健全建设行政监督制度和机制,提高行政监督效能。提高依法行政的自觉性,增强依法行政能力。

坚持科学发展　推进城乡建设

——十年来山西省住房和城乡建设事业的主要成就

2002 年以来,山西认真贯彻党的十六大、十七大精神,坚持科学发展观,积极落实党中央、国务院重大战略部署,以转变经济发展方式为主线,以深化改革为动力,不断调整产业结构,完善法规体系,严格市场监管,住房保障、重点工程、城镇化等各项重点工作推进有力,房地产市场规范有序,建筑市场和工程质量安全监管得到加强,建筑节能积极推进,住房城乡建设事业快速发展,为全省经济社会平稳健康发展做出了积极贡献。

一、住房保障工作

(一)保障性住房建设规模和完成投资走在了全国前列

自 2004 年启动保障房建设至 2011 年,山西累计开工建设各类保障性住房 138 万套,连续多年超额完成国家下达的任务,开工率居全国前列,竣工 103 万套,完成投资 1341 亿元。

山西保障性住房建设呈现出四个特点:一是数量逐年增长。2004年开工建设 2.61 万套。2009 年开工建设 35.90 万套,建设规模飞跃增长。2011 年新开工建设保障性住房 44.62 万套,为年度任务的114.3%;完成投资 431.4 亿元,为年度计划的 150%,是山西省保障性住房建设规模最大、完成投资最多的一年。二是建设重点突出。保障性住房中的廉租住房、经济适用住房、城市棚户区改造安置住房建设分别完成27.40、35.71、37.07万套。国有重点煤矿棚户区改造工作取得了显著成绩。三是将保障性住房建设列入省重点工程加以推进,按照重点工程项目多渠道筹集建设资金,保障土地供应,通过建立专题协调会议、完善月报通报、强化督促检查等措施,保障性住房建设任务超额完成。四是政策保障有力。2006年以来,省政府先后出台了13个有关保障性安居工程的文件,提出了一系列推进保障性安居工程建设的政策措施。山西从2011年开始,在土地供应方面,实行用地指标单列,按点供应,确保应供尽供;在资金保障方面,省级补助资金与中央补助资金实现1:1配套。

(二)保障性住房分配管理公开公平,受到国务院领导肯定

及时在主流媒体和政府门户网站上公布保障性住房分配信息,公开申请范围和条件、房源和户型、受理程序和要求、分配过程和结果等信息,保证广大群众的知情权和监督权。邀请各级人大代表、政协委员、纪检监察机关以及新闻媒体、保障对象代表等对分配过程进行监督。设立投诉举报制度,加强监督处罚,严把保障性住房准入关。坚决做到分配过程公开透明,分配结果公平公正,真正把有限的房源分配给需要保障的中低收入家庭。

二、重点工程建设工作

一是重点工程建设和重点项目落地金额完成投资连创新高。2002年到2011年十年间,省级重点工程建设共完成投资9289.70亿元,年均增长68.4%。重点工程投资增幅年均高于全省GDP增幅2至3个百分点,对全省GDP增长的年均贡献率达到10%左右。

二是重点工程建设发挥了火车头和生力军作用,全省经济发展基

础得到了进一步的夯实。基础设施得到加强,结构调整更加深入,改善民生落到实处。三年来,保障性住房建设超额完成计划目标,有效解决了城乡低收入家庭的住房困难问题。全省中小学校舍安全工程建设任务全面完成,提前一年实现国家提出的目标。农村饮水安全工程成效显著,当年解决 290 多万人的饮水安全问题。全省所有县都建成了污水处理厂并投入运行。

三是精心组织,统筹推进。省委、省政府对重点工程高度重视,主要领导亲自挂帅,重点督办。各市都成立了重点工程领导组,对重点工程工作实行统一领导、集中管理和综合协调。

三、城镇化推进工作

2011 年,山西城镇化率达到 49.68% 。2011 年城镇化率同比提高了 1.63 个百分点,超过了全国 1.59 个百分点的增幅。

(一)建立协调机制,抓好"十个统筹",加快推进城镇组群发展

省政府成立了省城镇化推进工作领导组,加强组织领导,提出按照城镇格局、规划指导、设施建设、园区产业、户籍社保、公共服务、土地管理、资金投入、社区管理和区域协作"十个统筹",推进城镇组群发展的思路,逐步构建以太原都市区、长治上党城镇群、临汾汾河百里城镇带、大同都市区等为四大战略支点的"一核一圈三群"城镇体系。经国务院同意,《山西省城镇体系规划》于 2006 年批复实施。为加强对全省城镇化推进和"一核一圈三群"构建的指导,2011 年组织开展了太原都市圈等六项规划编制工作。各市、县政府加大了市县域城镇体系规划、城市总体规划、近期建设规划、专项规划及控规编制力度,研究制定跨市县高层协调决策、区域规划协调、重大项目对接、园区产业互补、土地供应保障等推进机制。

（二）以实施百项标杆项目为抓手，以新区示范、城乡清洁为重点，深入推进城市扩容提质"十大工程"

近年来，山西积极推进城市扩容提质，实施了规划转型工程、新区示范工程、旧区提质工程、城乡清洁工程、宜居城市创建工程、数字城管工程、"四名"保护工程、"六水联动"工程、百镇建设工程和"四改四变"工程等"十大工程"。为推动项目实施，确定了首批百项标杆项目，覆盖了规划编制及基础设施、公共设施、产业园区、小城镇和新农村建设等内容。

一是规划转型工程。省政府以及 11 个设区的市都成立了城乡规划委员会。全省 25 个开发区全部纳入了所在城市的统一规划管理。截至 2011 年，3 个设区城市编制了市域城镇体系规划、50 多个县市完成了县、市域城镇体系规划，22 个设市城市和 84 个县城 2020 年的总体规划编制全部完成，全省设市城市控规覆盖率达到 90% 以上，基本形成了较为完善的规划体系。太原市在全国率先实现了城市总体规划、土地利用规划、产业发展规划"三规合一"，并对城市总体规划进行了环境影响评价。朔州、运城等市开展了整治违法建设活动，取得较好效果。

二是新区示范工程。为了加强新区规划建设管理，组织制定了《山西省城镇新区规划建设导则》，引导新区建设实现有特色、不落后、可持续的目标。山西把园区建设纳入城镇体系规划、城市总体规划和产业规划之中，主动为园区扩充扩能搞好服务。

三是旧区提质工程。对城镇旧区的整治做出统筹安排，分轻重缓急，按照成街成坊的方式逐步推进。拆除私搭乱建、完善市政公用和公共服务设施，增加绿地及公共活动空间，整饬建筑外观，改善旧区人居环境和面貌。在旧区改造整治中，要特别注重对历史文化遗存的保护，延续城镇历史文脉，传承优秀历史文化，体现城镇特色。截至 2011 年年底，共完成城市棚户区改造 37.07 万套。

四是城乡清洁工程。开展创建保洁示范街道和城市星级公厕竞赛活动,共命名五星级城市公厕 31 座、四星级城市公厕 30 座、保洁示范街道 43 条。2011 年年底,生活垃圾无害化处理率达到 79.88%。加大农村环境整治力度。2012 年,确定太原、阳泉、长治、晋城等 4 个设区城市及所辖全部县(市、区)和 22 个扩权强县试点县(市)先行开展了城乡清洁工程,实现环卫保障体系由城市向农村延伸的目标。

五是宜居城市创建工程。创建成一大批国家、省级园林城市(县城)、中国人居环境范例奖。城市燃气供应、集中供热有新进展。2011 年,全省城镇燃气普及率达到 94.63%,集中供热普及率达到 71.5%。市政设施建设快速发展。从 2002 年到 2011 年,市政公用设施建设投入资金从 27.85 亿元增加到 370 亿元,增长了 12.3 倍。城市园林绿化稳步推进。城市园林绿地面积从 2001 年的 11304.98 万平方米增加到 2011 年的 32513 万平方米,增长了 187.6%;城市建成区绿化覆盖率也从 21.62% 增长到 38.29%,提高了 16.67 个百分点。

六是数字城管工程。11 个设区城市全面推行数字化城市管理。建立了全省统一的城市"三供应两处理"、市容环卫、道路桥梁、城市照明、风景名胜、住房保障、个人住房、住房公积金、建筑市场、房地产市场、能效监测平台等十一个公共信息平台,实现住房城乡建设系统资源整合和信息共建共享。太原市在全国率先完成了 3.2 平方公里试验区内地下管线的数据整合,建成了三维地下管线地理信息系统。

七是"四名"保护工程。2009 年,世界遗产委员会召开的第 33 届世界遗产大会将五台山以文化景观列入世界遗产名录,2009 年,恒山、芦芽山列入国家自然和文化双遗产名录,壶口列入国家自然遗产名录。2011 年,省财政设立了历史文化名城、街区保护专项资金,每年安排 1000 万元专项补助。平遥、祁县等历史文化名城得到较好的保护。编制历史文化名镇名村保护规划 39 个。开展古村镇历史建筑测绘和修复试点。

八是"六水联动"工程。山西实施城镇供水、排水、污水、中水、节水、雨水"六水联动"机制,优化城镇水资源配置,改善城镇水生态环境,提高城镇供水保障能力,实现城镇可持续发展。2001年至2011年,全省22个设市城市用水人口由727.09万人增加到986.84万人,增幅为35.72%;年用水总量由80993万吨增加到81751万吨,增幅为0.9%;城市用水普及率由73.74%增加到97.48%。污水处理工作成绩斐然,污水处理量达到14429.4万立方米,城市污水处理率由2001年的34.62%增加到2011年的82.21%。2002年,太原市被建设部命名为全国首批"节水型城市"。

九是百镇建设工程。截至2011年,全省编制完成县域村镇体系规划63个,小城镇总体规划686个。左云县县域村镇体系规划、阳城县北留镇控制性详细规划、沁水县窦庄历史文化名村保护规划等多项村镇规划在全国优秀城乡规划设计评选中获奖。全省小城镇供水普及率达到94.1%,燃气普及率12.4%,绿化覆盖率20.3%,人均道路面积达到14.26平方米,生活垃圾简易处理率达到25.6%,人均住宅建筑面积达到28.6平方米,小城镇基础设施日臻完善,实现人口向城镇集聚。

十是"四改四变"工程。实行房改、户改、地改、社改和农民变市民、村委变居委、村民变股民、农保变城保即"四改四变",是推进城乡统筹的动力源和突破口。以阳泉、孝义城乡一体化试点市,"1+6"上党城镇群,22个扩权强县试点县为重点,以"四改四变"为抓手,在城乡统筹改革上取得突破性进展,为加快城镇化步伐提供政策支持。

(三)坚持示范引导,整村(镇)推进,加快小城镇和新农村建设

以持续改善农村和小城镇生态人居环境为目标,统筹推进村镇规划建设,村镇基础设施建设不断加强,城镇功能不断完善,集聚效益逐步显现。小城镇和新农村建设坚持规划先行、整村(镇)推进、分类指导、分步实施、政府组织、示范带动的原则,整合资源,整村(镇)推进,培育创建了以沁河流域小城镇群为代表的集群发展模式等5种小城镇建设模式和以阳城县泊水新城为代表的中心村集聚型等5种新农村建

设模式,引领带动全省小城镇和新农村建设。

(四)着力推进转型综改试验住房城乡建设领域的工作

2010 年 12 月,国务院批准设立"山西省国家资源型经济转型发展综合配套改革试验区"。为加强组织领导,成立了山西省国家资源型经济转型综合配套改革住房城乡建设领域领导组,组织、领导、协调全省住房城乡建设领域转型综改试验推进工作。按照转型综改试验先行先试、敢行敢试、善行善试的总体要求,编制完成了《山西转型综改试验区住房和城乡建设领域专项行动方案(2012 年)》及配套实施方案,修订完善了《山西省国家资源型经济转型综合配套改革试验统筹城乡发展专项方案》等。

四、房地产业与市场监管工作

2002 年至 2011 年,山西认真贯彻落实国家房地产市场宏观经济政策,着力调控房地产供应结构,增加普通商品住房供给,提升住房建设品质,提高物业服务质量,全省房地产业持续健康发展。

(一)房地产开发建设规模显著扩大

一是房地产开发投资成倍增长。2011 年,全省完成房地产开发投资 789.9 亿元,是 2002 年的 11.7 倍。其中,2011 年住宅投资 615 亿元,是 2002 年的 16.7 倍。二是商品房建设规模显著扩大。2011 年,全省商品房施工面积为 9325.6 万平方米,是 2002 年的 9.4 倍,年均增幅达到 25.1%。三是商品房销售面积和销售额大幅增加。2011 年,全省商品房销售面积为 1263.2 万平方米,是 2002 年的 4.2 倍。2011 年,全省商品房销售额 434.7 亿元,是 2002 年的 10.1 倍。

（二）住房建设品质明显提升

一是居住质量明显改善。2011 年,全省城镇居民人均住房建筑面积达到 32 平方米,比 2002 年提高了 10 平方米。二是创建国家康居示范工程。2002 年至 2010 年,山西省创建项目总数达到 18 个,在全国排第 4 位。与此同时,建设了一批节能省地环保型住宅。太原晋瑞苑住宅小区被列入国家可再生能源建筑应用示范项目。三是推行住宅全装修销售。2007 年以来,太原恒大绿洲、晋城铭基凤凰城等项目实现了全部或部分商品住房全装修销售,提高了装修标准化、模数化和通用化水平。

（三）房地产市场结构日趋合理

采取多项措施增加住房有效供给,商品住房投资占房地产开发投资的比重不断加大,商品房供应结构日趋合理。2011 年,住宅投资占房地产开发投资比重为 77.9% ,比 2002 年提高了 23.2 个百分点。商品住房施工面积占商品房施工面积的比重为 82.9% ,比 2002 年提高了 5.3 个百分点。

（四）物业服务水平大幅度提高

2002 年至 2011 年,共有 17 个项目被评为全国物业管理示范项目,148 个项目被评为全省物业管理示范项目,带动了全省物业服务水平的提升。2010 年至 2011 年,开展了物业服务创优年、庆祝物业服务业创建 30 周年系列活动,普及了物业管理服务知识,提高了物业服务企业的服务意识和服务质量。

五、建筑市场和工程质量安全工作

全省建筑业企业由 2000 年的 904 家发展到 2011 年的 2829 家,建筑类执业资格人员 33600 多人,全行业就业人员达到 75 万人,占全省

进城务工人员的 1/3。2002 年至 2011 年,全省累计实现建筑业总产值
12097 亿元,年平均增速为 22.37% ;累计实现全社会建筑业增加值
3439 亿元,年平均增速为 19.72% 。山西省建筑业的支柱产业地位已
经日益显现。

(一)建筑市场监管力度不断加大

山西制定出台了《房屋和市政基础设施施工分包实施细则》、《建
设工程工程量清单计价实施细则》等 20 多个文件,规范建筑市场秩
序。竣工验收备案率 96% 。2002 年至 2011 年,全省共有 20 项工程荣
获国家"鲁班奖",299 项工程荣获省"汾水杯"奖,351 项工程被评为省
优良工程。

(二)建筑工程质量安全监管进一步加强

出台了《山西省援助地震灾区过渡安置房建设质量管理导则》、
《建筑工程施工安全管理标准》,并在全省推广使用。大力开展建筑安
全标准化工作,共评选出"省级建筑安全标准化工地"241 个,市县两级
标准化工地 1743 个,全省标准化工地比例达到 60% 。截至 2011 年年
底,全省建筑工程质量监督覆盖率达到 100% ,竣工验收合格率达
到 100% 。

(三)建筑抗震防灾工作持续加强

组织开展了城市房屋抗震性能调查,初步建立了全省城市房屋抗
震性能统计台账。印发了《应急避难场所建设标准》,制订完善了《山
西省住房和城乡建设厅地震应急预案》和山西省供水、供气、供热系统
应急预案,组建了省及各市震损房屋应急鉴定专家队伍 12 支、市政抢
险队伍 76 支。组建了 422 人震后房屋鉴定应急队伍、167 人市政工程
地震鉴定专家队伍和 1952 人的市政应急抢险队伍。组织全省 600 多
名建筑、结构等专家编制了《山西省新农村住房设计图集》,印刷 6 万

余册,免费向农村发放。

六、建筑节能和科技进步工作

(一)建筑节能工作取得实质性进展

2005 年 7 月,山西在全国率先出台了《山西省人民政府关于加强建筑节能工作的意见》,2008 年 9 月,省人大通过了《山西省民用建筑节能条例》,为建筑节能工作提供法制保障。截至 2011 年年底,山西编制发布建筑节能地方标准 16 个、29 种建筑节能标准图集及规程,形成了较为齐全的节能标准体系。到 2011 年,山西省城镇新建建筑在施工图设计阶段节能强制性标准执行率达到 100%,竣工验收阶段执行率达到 97%;11 个城市和 60% 以上县城新建建筑设计和施工阶段执行节能 50% 标准比例基本达到 100%,建成的节能建筑约 1.2 亿平方米,年可实现节约采暖能耗约 162 万吨标准煤。截至 2011 年年底,山西累计完成 974 万平方米的既有居住建筑供热计量与节能改造任务;可再生能源建筑应用总面积达 2500 万平方米,实现年替代常规能源约 30 万吨标准煤。建筑节能工作实现了质的飞跃。

(二)以科技进步带动产业提升

开展建筑业新技术应用示范工程建设。大力推广建筑业 10 项新技术,12 项工程被列为国家级建筑业新技术应用示范工程。组织省部级科研课题 60 余项,获省部级科技进步奖近 20 项。批准省级工法 504 项,其中 45 项被审定为国家级工法。加大新技术及标准应用力度,发布并推广《CL 结构体系技术规程》、《TCPS 同层排水系统》及大功率 LED 系列照明产品等。发布新技术产品推广目录,形成了种类较为齐全的配套产品体系。同时大力推广粉煤灰及煤矸石制品,设区城市全面淘汰实心黏土砖工作;新建建筑围护结构限制使用浆体类保温材料和淘汰单层玻璃外窗。

七、建设立法工作

十年来,山西深入贯彻落实国务院《全面推进依法行政实施纲要》,扎实推进依法行政,加强住房城乡建设立法工作,广泛开展法制宣传教育,不断提升住房城乡建设行业法制水平,特别是立法工作实现了"一年出台一部以上建设类地方法规"的目标,成为省直部门"立法大户",为推动住房城乡建设工作提供了有力的法制保障。出台的地方性法规有《山西省城市房地产交易管理条例》等 11 件;出台的省政府规章有《山西省建设工程造价管理办法》等。

八、下一步的工作思路

在"十二五"后几年里,山西住房城乡建设系统以邓小平理论和"三个代表"重要思想为指导,深入贯彻落实科学发展观,围绕主题主线总基调,抓住综合改革试验区建设重大历史性机遇,以住房保障、重点工程、城镇化三项工作为重点,以实施城市扩容提质十大工程为抓手,坚持发展城镇组群十个统筹,创新上下统筹联动、政策法规推动、试点示范引领、对标赶超管理、考核评价激励五个机制,进一步解放思想,对标一流,奋力赶超,到"十二五"末,城镇保障性住房覆盖面达到20%以上,重点项目落地金额达到 3 万亿元,重点工程建设投资总量达到 3 万亿元,城镇化率达到55%以上,开创住房城乡建设工作新局面,为转型跨越发展、再造一个新山西做出新贡献。

科学发展提水平　改善民生促和谐

——党的十六大以来内蒙古自治区住房和城乡建设事业发展回顾

党的十六大召开以来的十年,是内蒙古经济社会实现跨越式发展的十年,同时也是内蒙古住房和城乡建设事业取得辉煌成就的十年。城镇化的快速发展,保障性住房的大批建设,城乡基础设施建设的不断完善,住宅品质的不断提升,极大改善了祖国北疆人民的生活,促进了全区经济社会的可持续发展。

一、回望十年历程,住房城乡各项事业取得长足发展

(一)坚持以人为本,和谐发展

科学发展观的核心是以人为本,全区住房和城乡建设事业始终把民生作为开展各项工作的出发点和落脚点,着力建立健全住房保障体系,完善市政公用设施,加大投入惠民生,人居环境得到极大改善。

一是大力开展保障性住房建设。党的十六大以来,自治区认真贯彻落实中央关于住房保障工作的方针政策,不断加大住房保障制度建设力度,初步形成了以公共租赁住房为重点,包含廉租住房、经济适用房、限价商品房、城市棚户区在内的,针对中低收入住房困难家庭的保障房供应体系。初步建立了住房保障工作协调机制、目标责任管理机

制和监督检查机制以及考核奖励机制;逐步完善了对保障性住房建设在资金、用地、税费等方面的优惠和支持政策体系以及保障性住房分配和后期管理等政策制度。十六大以来,由自治区住房城乡建设厅组织实施的保障性住房建设和改造累计达 90.1 万套(户)。至目前,全区已享受住房保障优惠政策的城乡居民累计达 58.8 万户、166 万人。同时,加大农村危房改造力度,多年来均超额完成改造任务,累计改造15.1 万户,极大改善了农村牧区困难群众的居住条件。

二是住房公积金缴存、使用、管理工作取得新进展。全区住房公积金事业从精简规范管理机构出发,将过去一百多个管理机构调整为 13个,在自治区政府成立了住房公积金监督管理委员会,并充实了各盟市的管理力度;加强制度建设,制订并实施住房公积金归集、提取和贷款三个管理办法;加强执法稽查,在全区范围内开展了住房公积金管理专项治理工作,住房公积金管理和服务水平有了大幅度提高。

截至 2011 年年底,全区缴存住房公积金职工人数为 169 万人,归集住房公积金总额 675 亿元,归集余额 476 亿元,累计支取 195 亿元,占归集总额的 30%;全区已为 50 万人提供了个人住房贷款,累计发放个人住房贷款 460 亿元,在保障职工住房方面发挥了重要作用。全区住房公积金贷款回收良好,住房公积金处于安全状态。住房公积金增值收益支持廉租住房建设力度不断加大,到 2011 年年底全区已经计提廉租住房建设补助资金 1.6 亿元。包头市作为首批试点城市,利用住房公积金贷款支持保障性住房建设的试点工作实施顺利。

三是城镇基础设施建设成绩显著。随着自治区经济的快速发展,各地城镇基础设施建设步伐明显加快,从 2002 年到 2011 年,自治区城镇基础设施投入力度不断加大,全区累计完成城镇基础设施固定资产投资 2653.4 亿元,超过新中国成立以来到 2001 年全部投资总和的 5倍。2011 年与 2002 年相比,城市(镇)用水普及率提高 10 个百分点,达到 86.58%;燃气普及率提高 24.68 个百分点,达到 71.07%;人均道路铺装面积达到 15.53 平方米;建成区绿化覆盖率提高 9.78 个百分点,达到 27.75%。全区生活垃圾和污水处理率不断提高,2011 年已建成生活垃圾无害化处理场 68 座,污水处理厂 107 座,处理能力分别达到 12370 吨/日和 266.9 万吨/日,与 2002 年相比,生活垃圾无害化处理率提高 43.17 个百分点,达到 67.49%;污水处理率提高 46.09 个百分点,达到 79.96%。累计改造"城中村"148 个,惠及人口 28.19 万人。城镇人居环境得到明显改善。

从 2012 年开始,为了进一步加大城市建设管理工作力度,在全区开展为期三年的"城市建设管理年"活动,通过实施"生命线工程"、"民心工程"和"宜居工程"等三大工程,2012 年预计可完成城镇市政公用基础设施建设投资 1000 多亿元。同时,组织开展自治区园林城市(县城)、自治区节水型城市、自治区人居环境奖、自治区人居环境范例奖等评选活动。

(二)坚持城乡统筹,协调发展

科学发展的根本方法是统筹兼顾,全区住房和城乡建设事业以深入实施西部大开发的战略为契机,以新型城镇化、新型工业化和农业现代化联动为突破口,按照经济繁荣、城乡统筹、区域协调、社会和谐、环境友好、资源节约的要求,坚持科学规划,走大中小城市和小城镇协调发展的新型城镇化发展道路,大力推进新型城镇化。

一是城镇化进程快速发展。2002 年到 2011 年,全区城镇化率由 44.06% 提高到 56.62%,提高 12.56 个百分点,在全国排列第 10 位,在西部 12 个省市中排列第 1 位。全区十年新增城镇人口 357.34 万人,年均增加 35.734 万人,相当于每年再造一个中等规模人口的城市。目前,全区共有设市城市 20 个,旗县所在地城关镇 69 个,建制镇 388 个。

自治区在推进城镇化进程中,提出了新的工作思路,由于内蒙古地域广阔、东西狭长、人口分散,难以形成由一两个大型城市带动的城镇化格局,开展了走多中心带动的城镇化路子,积极构建多极支撑的城镇体系。初步形成了以呼和浩特市和包头市为龙头,以盟市所在地等区域中心城市为支柱,以旗县所在地及重点镇为支撑,大中小城市和小城镇协调发展的城镇体系。

二是城乡规划管理水平显著提高。城市总体规划修编稳步推进,各盟市都完成了城镇体系规划和城市总体规划的修编工作。加快城市控制性详细规划编制进度,控制性详细规划覆盖率逐年提高。据不完全统计,目前全区城镇控制性详细规划覆盖率已达到80%以上。全区以盟市为单位,以盟市所在地周边地区的城边村和城郊村为重点,统筹城乡经济社会协调发展,开展了城乡一体化规划的编制工作。进一步加大村镇规划资金投入,开展了县域村镇体系规划和乡镇总体规划编制和修编工作。

2011年年初成立了自治区城乡规划委员会,增强规划的约束力和强制性,统筹城乡发展和推进城镇化进程。加强了全区城建档案管理工作。加强重大建设项目选址规划管理工作,出台了《内蒙古自治区建设项目选址规划管理办法》、《内蒙古自治区建设项目选址研究报告编制导则》,使内蒙古重大项目的选址管理工作走上了规范化的轨道。

三是村镇建设管理成效显著。近十年来,自治区本级共安排小城镇建设奖励资金2.5亿元,扶持了390个国家和自治区重点小城镇的公用基础设施建设。各地也相应匹配了建设资金,深受各地城乡居民的欢迎。各地通过深入开展以村庄、乡镇环境综合整治为中心的城镇综合管理工作,对城镇各类违章建筑的处罚和拆除力度进一步加大,城镇"脏、乱、差"治理取得了较大成效。

(三)坚持市场主体,跨越发展

科学发展观的第一要义是发展,房地产业、建筑业具有很强的经济带动力,是全区经济发展的重要支柱之一,自治区着力引导房地产市场健康快速发展,加大建筑业和勘察设计产业支持力度,优化产业结构、壮大产业规模,实现建设与产业协调互动发展。

一是房地产市场调控监管力度进一步加大。多年来,内蒙古认真贯彻落实国家房地产市场调控政策,加大住房结构调整力度,整顿和规范房地产市场秩序,促进了以商品住房为主的房地产市场长足发展。2002年至2011年,全区共完成房地产开发投资5481.62亿元;商品房屋施工面积57997.32万平方米,商品房屋竣工面积13817.7万平方米,商品房屋销售面积16865.49万平方米,商品房屋销售4521.65亿元。2011年一年完成的房地产开发投资是2002年至2005年四年总和的3.7倍。房地产业已成为全区新的发展阶段的一个重要支柱产业,在扩大内需、增加消费、拉动经济增长方面起到了十分重要的作用。

2012年,房地产调控政策效应逐步显现,1至5月份全区共完成房地产开发投资256.44亿元,同比下降17.58%;商品住宅销售面积364.15万平方米,同比下降29.43%;商品住宅平均销售价格3680元/平方米,同比增长3.2%,增幅下降11.57个百分点,环比增长1.15%,房价基本保持稳定。

城镇人均住房面积显著提高,由2002年的17.85平方米,提高到2010年的29.84平方米。住宅建设和房地产开发的科技含量明显提高,符合"四节一环保"要求的新技术、新材料、新产品、新工艺得到推广应用,住宅全装修率正在逐步提高。在全国率先全面开通房地产市场信息系统,提高了房地产市场监管信息化水平。

二是积极扶持建筑业和勘察设计业稳步健康发展。2002年以来,全区建筑业快速发展,规模总量持续扩大,全区建筑业总产值由290亿元提高到了1378亿元,建筑业增加值由130亿元提高到了933亿元,建筑业增加值占全区GDP的比重年均达到6.5%以上。企业资质等级显著提升,全区建筑企业由资质就位后的800余家增加到目前2200家,其中一级以上建筑业企业84家。产业集中度不断提高,全区年产值过10亿元的企业从无到有并增加到了17家,其中3家突破了50亿元。产业结构渐趋合理,全区建筑业基本形成了总承包、专业承包、劳务分包三个层次的产业格局,市政、公路、水利等专业系列企业数量均有较大幅度提高,环保工程等高新技术领域企业实现了从无到有。一大批企业通过了国际通行的质量管理体系、环境管理体系和职业健康安全体系认证,累计评选新技术应用示范工程55项,累计申报成功国家级工法7项,获准自治区级工法88项。实施了区外建筑施工队伍入区备案管理,促进了市场环境的优化。

积极推进勘察设计行业科技创新,队伍整体素质不断提高,勘察设计质量水平明显提高,勘察设计作品的科技含量、文化品位明显提升。行业呈现出快速发展的强劲势头,2011年,全行业勘察设计营业收入为58亿元,是2002年的6.52倍;人均营业收入35万元,是2002年的5.17倍;实现利税3.74亿元,是2002年的7.19倍;2011年,完成施工图建筑面积6596万平方米,是2002年的5.02倍。积极开展创建全国无障碍建设城市工作,呼和浩特、包头等5个城市被列为无障碍建设城市。编制了《内蒙古自治区中小学校舍安全工程新建改扩建与加固技术导则》等指导性技术规范,先后制订了《公共建筑节能设计标准》等14项地方标准和标准设计图集。

三是建筑市场秩序进一步规范。党的十六大以来,自治区进场交易的工程逐年增多,招投标率逐年提高,自治区有形建筑市场建设已经进入制度化和法制化的新时期。2002年至2011年,全区实行公开招投标的工程总计25955项,除房屋建筑和市政基础设施工程进入有形市场外,电力、天然气、信息、民航、邮政通信、铁路工程陆续进入自治区招标投标服务中心进行招标投标活动,涵盖了勘察、设计、施工、监理、材料设备采购等方面。认真贯彻落实国家和自治区有关法律法规,出台了《内蒙古自治区有形建筑市场标准化建设工作制度》等一系列政策文件,建立了招投标信息公开、随机抽取专家评委、中标企业备案等制度,取消了标底审查和中标审批,加强对招投标全过程各个环节的监督,进一步规范了建设工程招投标行为。加强工程造价的管理,以自治区政府主席令的形式出台了《内蒙古自治区建设工程造价管理办法》。为自治区建设工程造价管理活动提供了法律支撑。进一步完善工程造价计价体系,编制完成涵盖建筑、安装、市政、园林绿化、抗震加固等7

个专业共 32 册计价依据。

四是建设工程质量安全监管力度进一步加强。加大工程质量安全监管力度,出台了《内蒙古自治区住宅工程质量分户验收管理办法》等规范性文件,组织开展了全区建筑市场质量安全大检查,进一步规范了工程建设各方的质量行为。重点加大对保障性安居工程建设的质量监管,共排查各类保障性安居工程 793 项。工程质量水平明显提高,2002年以来,全区共有 18 个建筑工程获得国家"鲁班奖",19 项建筑工程荣获国家优质工程银奖,125 项建筑工程荣获自治区"草原杯"工程质量奖。开展了建筑安全生产事故防控工作,以自治区人民政府办公厅名义下发了《关于进一步加强建筑安全生产工作的意见》,对建筑安全生产工作做出全面部署。以安全质量标准化为抓手,认真落实安全生产主体责任制;开展了大范围、多层次、多种形式的安全教育培训;组织开展全区性建筑安全生产大检查,加大了对事故责任企业和责任人的处罚力度。

(四)坚持生态文明,绿色发展

科学发展是人与自然和谐发展,是经济社会的可持续发展。全区住房和城乡建设事业坚持走生态文明的发展道路,大力推进建设领域节能减排,建设绿色低碳城镇。建筑节能是建设领域由传统高消耗发展模式向高效生态型发展模式转变的重要内容,对于实现节能减排目标、实现可持续发展有着重要意义。党的十六大以来,全区加大新建建筑节能标准推行力度,目前内蒙古城镇新建居住建筑已全面执行节能65% 的强制性标准。大规模推进既有居住建筑节能改造,大力推广可再生能源建筑应用,积极推进绿色建筑快速发展,积极开展国家机关办公建筑和大型公共建筑节能监管体系建设。高等院校节约型校园建设工作取得新进展,全区共有 6 所大学被列为示范院校,累计获得国家奖励补助资金 2775 万元。为进一步推动绿色建筑在全区的发展,2011年 2 月自治区住房和城乡建设厅代表自治区人民政府与各盟市住房和城乡建设局、规划局、房管局签订了工作责任状,明确各地区绿色建筑发展目标和工作任务,确保了绿色建筑发展的扎实推进。

党的十六大以来的十年,是全区住房和城乡建设事业长足发展的重要时期,在科学发展观的统领下,各项事业成绩斐然。

二、放眼未来发展,力争夺取住房城乡建设事业新胜利

当前,内蒙古住房和城乡建设事业发展正处于关键时期,经济社会的快速发展、城镇化进程的加快推进,为住房和城乡建设工作带来难得的机遇,同时也带来更大的挑战。

一是加大城乡规划建设管理工作力度,努力实现住房和城乡建设事业的协调发展。加快城乡规划地方性立法,加强城镇体系规划和城市总体规划的编制工作,提高控制性详细规划的覆盖率,强化城乡规划实施的监督,加快构建多极支撑的生态型城镇体系。以"城市建设管理年"活动为契机,加大城镇市政公用基础设施建设投资力度,改善城镇人居环境。加大城市管理力度,推进数字化城管,提高城市综合管理效率和水平。继续加强村镇建设,重点抓好旗县所在地镇建设,增强其对周边地区的辐射带动能力。

二是加大对两大支柱产业发展的引导扶持工作力度,努力实现住房和城乡建设事业的平稳发展。贯彻落实好房地产市场调控政策,着力加快中低价位、中小套型普通商品住房建设,鼓励和支持居民的合理购房需求,遏制投机投资性不合理住房需求,促进房地产业健康发展。加大住宅全装修及绿色住宅的推广力度,加快住宅产业化步伐,着力提升住宅品质。进一步扶持物业服务企业发展,切实提高服务质量。加大旧小区整治力度,将旧住宅小区整治改造与既有居住建筑节能改造相结合,争取五年内完成整治工作。

继续按照抓大不放小的原则全力扶持建筑业企业发展。加强建筑市场监督管理,继续做好项目信息公开和诚信体系建设工作。进一步

完善建设工程招投标交易规则,依法规范房屋建筑和市政工程招标投标活动。加强企业资质管理,从资质审批上引导和调控企业优化结构。整顿规范装饰装修市场和装饰装修企业的资质管理。深化勘察设计业的改革,提高建设工程的科技应用水平。鼓励和支持监理企业、招标代理机构、造价咨询机构、检测试验单位规范发展、做大做强。完善建设工程社会保障费管理制度,收好、管好、用好建设工程社会保障费。

三是加大以民生保障为重点的社会管理工作力度,努力实现住房和城乡建设事业的和谐发展。进一步抓好城镇保障性安居工程开工、建设、分配、管理等环节的工作。督促各地加快项目进度,尽早形成有效供应。进一步完善准入和退出管理制度,确保有限的保障性住房资源落实到最需要的困难群体。注重发挥市场的作用,实现保障性住房建设、管理和运营可持续发展。继续加大农村牧区危房改造工作力度。进一步加强住房公积金监管,确保住房公积金资金安全和有效使用。做好扩大住房公积金贷款支持保障性住房建设试点城市相关工作。进一步完善房屋征收相关制度,健全和完善风险评估防控机制、应急管理机制,预防和有效处理房屋征收引发的社会矛盾。继续做好房屋建筑和市政工程的工程款拖欠预防及清理工作,防止发生因拖欠工程款引发的群体性事件。

四是加大建设工程质量安全监管力度,努力实现住房和城乡建设事业的安全发展。加大建设工程质量监管力度,全面落实建设、勘察、设计、施工、监理等各方主体的质量安全责任,重点抓好保障性安居工程等重点领域和法定建设程序、建设标准、建材供应、施工现场等重点环节的质量监管。全力做好建筑安全生产管理,力争使房屋建筑、市政工程的安全事故起数和死亡人数稳中有降,杜绝重特大事故的发生。

五是加大节能减排工作力度,努力实现住房和城乡建设事业的绿色发展。加强新建建筑节能监管,提高强制性标准的执行率。继续搞好既有建筑节能改造,“十二五”期间争取改造完成 5000 万平方米。推进可再生能源建筑应用规模化发展,切实抓好墙体材料使用环节各项工作,积极开展绿色建筑评价标识、节能检测、能耗统计、能效审计及建设领域新技术、新产品登记推广等工作,发挥建筑节能在加快建设资源节约型、环境友好型社会中的作用。

放眼未来,改革发展的形势令人鼓舞,人民群众的期待催人奋进,全区住房和城乡建设系统将紧紧围绕富民强区的奋斗目标,秉持优良作风,思想上同心同德,行动上同心同向,抢抓机遇,攻坚克难,以努力实现"五个发展"为抓手,全力做好住房和城乡建设各项工作,更加主动地为推动全区经济社会又好又快发展履行职责、发挥作用、做出贡献,力争夺取全区住房和城乡建设事业新胜利!

科学发展观的成功实践

——党的十六大以来辽宁省棚户区改造工作历程和成绩

党的十六大以来,辽宁省住房城乡建设事业有了长足进展,其中最为突出的就是棚户区改造工作。从 2005 年年初开始,在党中央、国务院的亲切关怀下,辽宁把棚户区改造作为深入贯彻落实科学发展观的一项重要内容,作为振兴老工业基地的重要措施,作为坚持以人为本、体现执政为民理念的实际行动,开展了一场声势浩大的棚户区改造工程。

一、辽宁棚户区改造的基本情况

(一)辽宁棚户区的形成

新中国成立初期,辽宁被党中央、国务院确定为钢铁、煤炭、石化、机械等重工业基地,从全国调拨人力、物力、财力来建设辽宁。按照当时先生产、后生活的发展模式,辽宁大部分城市特点都是哪有矿山,就在哪建生活区,在哪建厂,哪里就有生活区。经过几十年的变迁,逐渐形成了几代人居住在一起的情形。超建、插建、私搭乱建大量存在,生活区空间狭小,设施老化,年久失修,公共配套和服务设施几乎为零,吃水难、行路难、如厕难等现象普遍存在,生活环境"脏、乱、差",生活十分困苦,重大安全隐患比比皆是。很多棚户区住房年久失修,外面下大雨、屋里下小雨,外面狂风大作,屋内冷风袭人。在阜新、抚顺、本溪、铁岭等市,多年来形成了较大面积的棚户区。

(二)辽宁棚户区改造的决策背景

历届辽宁省委、省政府始终重视城市棚户区改造,做了大量工作,但由于历史和经济原因,全面改造难度很大。经统计,"十一五"期间需要拆迁棚户房面积是 2910 万平方米,涉及 70.6 万户、211 万人,要建棚户区居住房 4402 万平方米,建设成本按当时每平方米 1080 元计算,需要投资 4754.16 亿元,如果再加上基础设施配套,道路、园林、绿化、学校、文化、医疗、设施等等需要 7000 多亿元。

而且,棚户区改造不仅仅是要解决群众住房难的问题,还要解决职工就业问题,国企改革遗留问题,大集体职工待遇问题,退伍军人待遇问题,下岗职工就医问题,子女就学问题等等。解决棚户区问题,关系到政治稳定、经济发展,关系到处理好改革、发展、稳定的一项社会系统工程。解决这些问题必须冲破现有体制、机制、政策的层层障碍。

2004 年 12 月,李克强同志调任中共辽宁省委书记,刚刚上任不久就深入到抚顺最偏远、最贫困的莫地沟棚户区进行调查研究。面对棚户区居民的生活窘境和对改善住房条件的热切期盼,他坚定地说:"就是砸锅卖铁,也要让你们搬出棚户区,住上新楼房"。

2004 年 12 月 30 日,省委九届八次全会暨全省经济工作会议提出:从 2005 年开始,用两至三年时间,基本完成全省城市集中连片 5 万平方米以上的棚户区改造任务。辽宁省第十届人民代表大会第三次会议决定:用两至三年的时间基本完成 5 万平方米以上城市集中连片棚户区改造任务。至此,一场声势浩大的大规模棚户区改造在辽宁正式展开。

(三)辽宁棚户区改造的基本情况

从 2005 年年初到 2006 年年末,辽宁开展了城市主城区 5 万平方米以上的集中连片棚户区改造工作。两年里,列入省棚户区改造计划的 11 个市,共拆除棚户房 983.7 万平方米,建设回迁楼 1697.6 万平方米,涉及 29.3 万户、101.7 万人。加上沈阳、大连和鞍山 3 个在省计划外、本市自行改造的棚户区的城市,全省 14 个市共拆除棚户房 1212 万平方米,建设回迁楼 1931.5 万平方米,安置棚户区居民 34.5 万户、120万人。

2007 年开始,辽宁又开展了城市主城区 5 万平方米以下 1 万平方米以上的城市连片棚户区改造工作。2007 年至 2008 年,列入省棚户区改造计划的 7 个市,共拆除棚户区 299.4 万平方米,建设回迁房441.1 万平方米,安置棚户区居民 7.38 万户、22.7 万人。

2009 年以后,各市依据本地实际,继续加大棚户区改造力度。自2005 年以来,全省累计改造了棚户区 2910 万平方米,建设了 4402 万平方米回迁楼,改善了 70.6 万户、211 万棚户区居民的居住条件,基本完成了省委、省政府确定的城市连片棚户区改造任务,实现了把改革开放成果惠及到困难群众的宏伟目标。辽宁的棚户区改造为世人瞩目,在全国乃至世界城市建设史上留下了光辉的篇章。

二、辽宁棚户区改造的主要做法

棚户区改造是一项复杂的系统工程,涉及资金、拆迁、施工、回迁、生活保障等诸多环节,辽宁动员一切力量,科学组织推进。

(一)坚持党委领导,从执政为民的高度加强组织领导

省委、省政府把棚户区改造工作,作为执政为民的重要举措,作为"一号民心工程"加以推进。时任省委书记的李克强多次主持召开省委常委会议,统一思想,研究解决棚户区改造中遇到的各种问题,并确定省委常委包市,市、县(区)党员领导干部包片,党员包户的办法,发挥党组织的优势,加快推进棚户区改造。省政府成立了棚户区改造协

调小组,由建设、发改、财政、国土等 17 个部门组成,建立了督察、调度、报告、资金管理等制度,深入各地进行检查、指导,及时帮助解决问题。各市、区政府主要领导亲自挂帅,成立机构、落实人员,一级抓一级,层层抓落实,形成了完整的组织体系,有效地保证了辽宁棚户区改造工作的深入开展。

(二)坚持政府主导、市场运作的原则推进棚户区改造

政府主导与市场化运作相结合,是辽宁这次棚户区改造比较突出的特点。在具体项目运作上,对没有商业价值的棚户区土地,由政府操盘,直接进行改造,比如抚顺、本溪、阜新、朝阳等市,由于大多数棚户区地处城市边缘和矿区周围,土地附加值低,基本不具备市场化运作条件,基本是由政府操盘进行改造,有效地解决了开发商不愿干、不敢干的难题;对有商业价值的,搞市场化运作,采取出让土地和开发商业用房,比如丹东、锦州、营口、辽阳、盘锦和葫芦岛市,吸引社会资本进行棚户区改造。

(三)多措并举解决棚户区改造中的难点问题

为解决棚户区改造资金问题,省委、省政府发挥社会主义制度优势,采取了"九个一块"的办法,也就是政府补一块,政策减一块,企业筹一块,个人掏一块,市场挣一块,银行贷一块,社会捐一块,单位帮一块,工程省一块等办法,多渠道筹集改造资金。为解决棚户区改造拆迁难问题,各级政府发挥政策优势,制定了一系列切实可行的政策。一是实行阳光拆迁,对棚户区改造房屋补偿标准、房屋残值评估、拆迁安置排序等重点环节全部进行了张榜公示,广泛接受社会监督;二是按缴房和交款的顺序选房;三是先建新房,再拆旧房。为加快回迁房建设速度,各级政府发挥政治优势,凡是涉及棚户区改造的审批事项和服务环节,都能打破常规,集中办理,登门服务,现场办公,极大地提高了办事效率。在棚户区改造过程中,辽宁出台了比经济适用房更加优惠的棚

户区改造拆迁政策,使老百姓得到了实惠;拆一平方米旧房,还一平方米新房,不收差价;在标准内增加面积,每平方米交600元至800元。一些特别困难的人不用交钱或只交几千元也能搬进新家。对交不起增加标准面积款的困难户,还采取了先允许入住,待还清增加面积的房款后再予产权或小额借贷救助等办法,照顾特殊困难家庭能及时住进新房。

(四)以让棚户区居民安居乐业为目标把棚户区改造全面延伸

为使棚户区居民住得稳、住得好,各市最大限度地使棚户区改造新区居民减少支出,降低生活成本。一是各市在制定棚户区改造新区物业费收费标准时,向居民作了倾斜,收费标准比较低;二是各市在规划建设棚户区改造新区时,预留了一部分商业用房,用商业用房的经营性收入,来解决特困家庭廉租住房补贴、供热和物业费补助等方面的缺口;三是为了进一步解决低保户的供热问题,省政府给各市低保户的供热补贴,在2007年1.62亿元的基础上,提高到2008年的3亿多元,以确保困难群众温暖过冬;四是对更加困难的群众,建立了棚户区改造救助资金,累计对困难家庭投入救助金1.6亿元;五是各市政府利用棚户区改造腾出的土地,兴建劳动密集型企业、创业市场、农贸市场等,安排棚户区居民就业再就业。

(五)全民关注棚户区改造、支持棚户区改造,形成了密切协作,攻坚克难的棚户区改造精神

辽宁棚户区改造工作自始至终都得到了省委、省政府的高度重视和各部门以及社会各界的大力支持,全省上下思想统一,步调一致,措施得力,真抓实干。特别是各市政府作为棚户区改造的责任主体,把棚户区改造纳入重要议事日程,主要领导亲历亲为、靠前指挥;各级建设、国土、规划、房产、财政、行政执法、有关金融单位以及公、检、法等有关部门,也都各司其职,各尽其责,为棚户区改造工作的顺利推进做了大

量卓有成效的工作。同时,各级人大、政协等领导机关和工会、共青团、妇联等群团组织,以及中央驻辽单位和驻辽宁省军警部队,也都积极支持,做了大量工作,有力地推进了棚户区改造工作。正是通过棚户区改造形成的"为民务实、高效创新、团结协作、拼搏奉献"的精神,成为推动辽宁经济、社会协调发展的宝贵精神财富。

三、棚户区改造取得的主要成果

辽宁棚户区改造不单单改善了困难群众的住房条件,而且从社会、经济上都使辽宁老工业基地发生了深刻的变化,体现在以下几个方面。

(一)有效解决了低收入家庭住房困难,缩小了贫富差距

通过实施大规模的棚户区改造,为全省200多万人改善住房条件。辽宁棚户区居民中,绝大多数属于低收入困难群体。改造后,户均住房建筑面积由36.1平方米增加到56.6平方米,人均由10.6平方米增加到16.6平方米,大大缩小了与全省平均水平的差距。各市在回迁安置时,想尽办法做到"居者有其屋",采取"拆一还一",适度奖励,不补差价等优惠政策,使依靠自身力量无法解决住房困难的群众,不花钱或花极少的钱,就拥有了价值十余万元甚至几十万元的住房,家庭财产增值了十几倍甚至几十倍,缩小了贫富差距。

(二)极大凝聚了民心,密切了党群干群关系

棚户区改造解决的不仅仅是贫困群众的住房、生活和就业问题,也大大地密切了党群关系、干群关系,加深了群众对党和政府的信任。在棚户区改造过程中,实行省委常委包市、市领导包片、党员干部包户。特别是在动迁阶段,广大党员干部耐心细致地疏通群众思想,使棚户区改造居民体验到了党和政府的关怀和温暖,拆迁工作进展顺利。2006年年底,本溪市最大的一片44万平方米、96栋楼的彩北新区竣工。有

四五千人自发赶到现场,老百姓打出"感谢党、感谢政府"的横幅,充分表达了对党和政府的感激之情。

(三)优化了城市规划,扩宽了发展空间

各地把棚户区改造和城市发展有机结合,力求通过棚户区改造促进资源型城市转型,为增强城市功能和可持续发展提供动力。盘锦市将棚户区改造与开发并举,将昔日的棚户区改变成今日的商业"聚宝盆"。在改造魏家棚户区的同时,市政府规划建设了以五星级大酒店为核心的商圈构架,居住人口达到 20 万人,吸引大量商业投资进入,原来的棚户区形成了集购物、休闲、餐饮、娱乐等多功能为一体的时尚商业区,不仅大幅改善棚户区居住环境,还为城市经济发展增加了新的增长点。

(四)改变了城市面貌,完善了新区配套

通过棚户区改造,过去低矮破旧的棚户房变成了错落有致的高楼大厦,城市面貌发生了明显变化。小区楼房建起时,同步建设道路、环卫等市政公用设施和医疗卫生、教育、文体、社区服务、商业服务、金融邮电、行政管理等配套设施。据统计,全省棚户区改造新区新建道路291 万平方米,商业网点 3744 个,公交线路 111 公里,铺设供水管线438 公里、排水管线 774 公里、煤气管线 301 公里,设立医疗卫生机构96 个、卫生服务站 86 个、医疗室 133 个,新建学校 33 所,不仅大大地改变了城市面貌,而且进一步完善了城市功能。

(五)减少了城市污染,改善了城市生态环境

改造前,棚户区没有像样的道路、排水、垃圾排放清运等基础设施,以煤炭取暖、做饭,烟雾弥漫,严重污染城市环境。通过棚户区改造,各地拆烟囱、清垃圾、治污水、搞绿化,极大地改善了城市生态环境。全省共清理生活垃圾 51.5 万吨,新增绿化面积 639.3 万平方米,全省每年

减少烟尘排放量 9.34 万吨,减少污水排放量 151 万吨。仅抚顺市两年间就拆掉 6 万个烟囱,绿化 35 万平方米。

(六)优化配置了土地资源,促进了土地合理利用

通过棚户区改造,进一步盘活了存量土地,改善建设用地结构、布局,提高土地配置和利用效率,使稀缺的土地资源得以有效利用。通过实施棚户区改造,全省腾空土地 134 平方公里。2006 年至 2008 年三年间,鞍山市土地价格由 500 元/平方米增加到 2000 元/平方米,累计取得土地出让金超过 140 亿元。鞍山还将倒出净地用于商业开发,建设了家乐福、沃尔玛、香港新世界等一大批大型商场。棚户区改造改善了投资环境,增强了城市的吸引力、竞争力和聚集经济的能力,扩大了招商引资规模,促进了城市的经济发展。

(七)拉动了经济增长,增加了社会就业

全省棚户区改造累计投入建设资金 7000 多亿元,按照投入与产出比 1:6 计算,可产生 42000 多亿元的效益,有力地拉动了全省建筑业、建材业、交通运输业等相关产业的发展。在拉动投资的同时,棚户区改造还极大地促进了消费,近五十万户居民入住后的装修房屋、购置家具的持续消费,对全省消费水平的拉动作用将会更大。就业方面,充分利用新区物业吸纳无业人员,同时充分利用改造腾出的土地兴建密集型小企业、创业市场、农贸市场、再就业一条街,大力发展建筑业、建材业、服务业等劳动密集型产业,吸纳就业。通过棚户区改造,解决了 19347 个零就业家庭就业问题,有 80% 的下岗失业居民实现了再就业。

(八)有效缓解了社会矛盾,促进了城市和谐

棚户区改造在很大程度上化解了社会分配、治安、就业、就医、就学等矛盾。过去,抚顺的莫地沟社区七八年没娶进过媳妇,100 多个光棍汉,70 多个单亲家庭,刑事犯罪高发,20 年来,劳改、劳教人员达 130 多

人,社会矛盾非常突出。而棚户区改造一年后,莫地沟社区就娶了21个媳妇,没有发生一起刑事案件,治安案件下降了86%。此外,在棚户区改造新区的建设阶段,全省以党建为中心,全力打造新型社区。广泛开展了"告别陋习、走向文明"主题教育活动,棚户区居民改变了不良习惯与不健康的生活方式,实现了房屋改造和精神改造的完美结合,丰富了文化生活。

辽宁棚户区改造不仅取得了很好的成果,大幅改善了群众居住条件,同时在思想、政治、经济、文化、社会、环境等方面,都产生了积极影响。通过棚户区改造,无论是参与改造的党员干部和群众、企业家和社会有识之士,还是棚户区居民都充分感受到了党的温暖。特别是棚户区居民无论是在住房、就业、生活环境还是就学就医出行方面,都有了一个翻天覆地的变化,都从心底坚定了跟着共产党走的信念,坚定了走中国特色社会主义道路的信心。辽宁的棚户区改造,是科学发展观的成功实践,开辟了建设富庶文明幸福新辽宁的新局面。

科学发展　铸就辉煌

——吉林省十年城乡建设发展纪实

从 2002 年走来,两行十年脚印、一分改革实践,叙写着吉林城乡建设的进步、人民生活的改善。这是难忘的十年,更是科学发展铸就辉煌的十年。

一、借东风,保安居

吉林省 8 个设区城市加延吉市,在 2006 年之前,除市中心、重要政府部门、大学校区、科研院所、大型国有厂矿企业区域外,散落着大片脏乱环境里的棚户区、一排排低矮破旧房屋和危房。2006 年,吉林省委、省政府决定开展城市棚户区改造,加大财政投入力度,构建和谐吉林。从 2006 年至 2008 年,全省累计拆迁房屋 3605 万平方米,拆迁户数 55 万户,使 170 多万人的住房条件得到根本改善,投资总额达 820 亿元。

2008 年,吉林省在以城市棚户区改造工作为重点的同时,开展林业棚户区改造试点,加大廉租住房建设力度,全面建立多层次的住房保障体系。省政府决定用 3 到 5 年时间,投资 57.2 亿元,拆迁林业棚户区 434 万平方米,建设回迁房 520 万平方米,解决 13 万户、40 万林业棚户区居民的住房问题。

2009 年,吉林省在全国率先启动了以城市棚户区、煤矿棚户区、林业棚户区、农村泥草房改造和廉租住房建设为主要内容的"五路安居"工程。全年"五路安居"工程开工建设面积2949.50万平方米,总投资316.84亿元,使77.79万户、260万人受益,初步建立了覆盖城乡的住房保障体系。

2009年,吉林省的保障安居工程渐入高潮、经验层出:

一是加强组织领导,形成工作合力。省政府成立了省保障性安居工程领导小组,发挥统筹协调作用,制定规划、检查验收、及时研究解决工作中遇到的问题。同时,各级地方政府及主管部门齐抓共管,协调落实。

二是健全政策体系,完善制度保障。省政府及相关部门制定出台了《吉林省城镇低收入住房困难家庭廉租住房保障办法》等20多部指导性、操作性强的政策文件,对项目管理、工程质量等多方面工作进行了规范。各地也出台了相应的配套政策,为"五路安居"顺利推进提供了强有力的政策支撑。

三是拓宽融资渠道,破解资金瓶颈。首先省发改、财政、建设、林业等部门密切配合,争取国家补助资金33.94亿元。第二省政府克服财政压力,落实补助资金24.4亿元。第三各地通过采取减免各项行政事业收费与经营服务收费等措施,有效降低工程建设成本。第四在省投资集团、交通银行、开发银行等落实金融贷款46亿元。第五鼓励和引导开发企业、项目法人单位和居民个人出资。

四是创新工作模式,确保群众受益。首先创造性地实施廉租住房按份共有产权,扩大了住房保障覆盖面,为破解退出难和建后管理等问题开辟了新途径。第二率先在棚改中建设廉租住房,有效解决了棚户区低收入住房困难家庭的住房问题,使更多的住房困难群体得到实惠。第三农村泥草房改造探索出"泥草房和新式农居双推进"的新途径。第四林业棚户区改造探索出林场搬迁整合与生态还林相结合的新模式。各项创新使更多的困难群众享受到了改革开放成果。

五是深入宣传引导,营造良好舆论氛围。为全面做好宣传报道工作,中央电视台、吉林卫视、香港凤凰卫视、吉林日报、中国建设报等12家新闻媒体两次深入到各市县,对"五路安居"工程进行实地采访和连续宣传报道。吉林日报开辟专栏,吉林电视台连续播报。2009年10月26日,中央电视台"新闻联播"头条新闻对吉林省"五路安居"工程进行了专题报道。

2010年,吉林省委、省政府根据中央统一部署,将国有工矿棚户区改造纳入省保障性安居工程项目,启动"六路安居"。为保证"六路安居"目标任务顺利完成,吉林省重点抓了以下五项工作。

一是进一步用好政策和加大地方扶持力度。省政府出台了《关于推进全省城市和国有工矿棚户区(危旧房)改造的意见》,在建后管理、资金监管、土地供应、税费减免等方面,制定了新的扶持政策。城市和国有工矿棚户区改造除回迁房和公共设施、公益设施用地采取行政划拨外,对于具备收储条件的地块,可以采取土地统一收储,以净地招拍挂方式供应土地。对涉及的城中村等集体土地用地性质变更工作,力争实行"绿色通道"制度,加快推进城市和国有工矿棚户区改造进程。

二是多渠道筹集资金。国家在下拨资金的同时,省内配套资金按时到位。已经实施"五路安居"补助的,应不低于以往的标准。对于新启动的国有工矿棚户区,由于这些项目大多地处城市规划区之外,市场化运作难,省里安排专项资金予以扶持,同时参照城市廉租住房建设补助标准,落实省和地方的补助资金。并积极协调金融部门落实贷款资金支持。通过加大财政投入、政策性减免、市场化运作、单位和个人出资、按份共有产权等措施,多渠道解决配套资金。保证土地出让金净收益不低于10%、住房公积金增值收益提取贷款风险准备金和管理费后全部用于廉租住房建设。按照国家和省有关规定,加强对中央和省预算内投资的审核和使用监管,做到专户存储、分账核算、专款专用,严禁截留、挤占、挪用。

三是加强工程建设全过程管理。从各地实际出发,制定完善各路安居工程发展规划、项目年度建设计划,并认真抓好落实。执行"拆一还一"等优惠政策,实现和谐拆迁和阳光拆迁。同时针对回迁安置中存在的超期回迁、回迁房质量和面积纠纷多、产权办理难等问题,落实好工作责任。在项目实施过程中,认真执行建设项目法人制、招标投标制、合同管理制、工程监理制等四项制度,确保建设项目依法实施。省安居办会同各相关部门,组织开展联合检查和专项检查,特别要对项目落实、工程质量、工程进度、回迁安置等工作进行重点督查。

四是强化措施确保工程质量。重点加强规划设计和施工图设计管理。在廉租住房规划选址上充分考虑保障对象的生活和就业,通过在城市棚户区改造、商品房开发项目按5%的比例配建廉租住房等措施,力求在城市建成区内优先安置。新建楼要按照节能省地环保型建筑的要求,满足节能65%的规定,推广应用太阳能、地源热泵、供热分户计量等新技术。通过组织开展廉租住房、回迁安置房户型设计大赛、社会主义新农居规划设计竞赛等活动,广泛征集方案,让老百姓住得舒心。百年大计,质量第一。在工程施工过程中,实现全员、全过程质量管理。严格执行工程监理、质量监督制度,建立健全质量保证体系,保证材料合格、工序合理、检验合规、施工规范,达到质量验评标准。坚持分户验收与总体验收相结合,做到验收合格后交付使用。

五是切实做好分配和建后管理工作。规范申请、审核、轮候、公示等程序,建立完善工程项目和保障对象档案。分配时,通过采取公开抽签、摇号等办法,邀请当地监察、公证等部门到现场进行监督等方式,实现分配过程公开透明,分配结果公平公正,让老百姓满意放心。规范使用环节的物业管理、保修维修和产权管理等工作,有效解决住上以后管得好的问题。

2011年,吉林省保障性安居工程又上了一个新台阶,增加了公共租赁住房建设和国有垦区危房改造项目,由"六路安居"扩展到"八路安居"。

吉林省自2006年开始先后实施城市棚户区、煤矿棚户区、林业棚户区、农村泥草房改造和廉租住房保障工程。2009年,整合各路安居工程,实施"五路安居"。2010 年,启动"六路安居"。2011 年,扩展到"八路安居"。各路安居工程均超额完成国家和省政府下达的各项指标任务:

城市棚户区改造。2006 年开始在市州政府所在地城市实施,2007 年全面扩展到县(市),到 2011 年年末全省改造 5884.2 万平方米,安置居民 86.7 万户,完成投资 984.51 亿元。

煤矿棚户区改造。2007 年开始实施,到 2011 年年末全省改造 1126.7 万平方米,安置居民 19.1 万户,完成投资 154.84 亿元。

林业棚户区改造。2008 年开始试点,到 2011 年年末全省改造 650.6 万平方米,安置居民 13 万户,完成投资 105.38 亿元。

国有工矿棚户区改造。2010 年开始实施,到 2011 年年末全省改造 140.9 万平方米,安置居民 2.9 万户,完成投资 25.45 亿元。

城市廉租住房保障。2008 年开始实施,到 2011 年年末全省新增廉租住房 1152.8 万平方米、25.1 万套,完成投资 166.69 亿元。发放租赁补贴 32 万户。

公共租赁住房建设。2010 年吉林省开始试点,到 2011 年年底开工建设 76.4 万平方米、1.26 万套,完成投资 14.63 亿元。

农村泥草房改造。2007 年开始试点,到 2011 年年末改造 5776.8 万平方米、76.8 万户,完成投资 426.83 亿元。至此已全部完成改造计划。农村危房改造是 2009 年启动试点,到 2011 年年底已改造完成 6.26 万户,完成投资 45 亿元。

国有垦区危房改造。2011 年开始启动,已改造 46 万平方米、0.76 万户,完成投资 3.7 亿元。

2006 年至 2011 年,吉林省保障性安居工程建设改造完成总面积达 1.49 亿平方米,总投资 1927 亿元,受益 232 万户计 673 万人。按吉林省人口 2700 万人计算,6 年间,全省有近 1/4 人口的住房特别是住房困难群众住房条件得到改善。

二、巧决策,送温暖

吉林省属温带大陆季风气候,冬季漫长干寒,最低温度零下39.8摄氏度,每年长达近半年的供暖期是民生最大的热点。冬天能住上暖房子,成了千万吉林人的一件期盼。

为从根本上解决全省城市供热存在的问题,从2010年开始,吉林在全省实施"暖房子"工程,计划通过三年时间,使全省城市供热保障能力和房屋保暖能力显著提高,建立起管理科学、规范高效、保障有力的城市供热管理体制和运行机制。

2010年3月29日,《吉林省人民政府关于"暖房子"工程的实施意见》制定出台。随后,省住房和城乡建设厅及省暖房办配套和编制了《吉林省2011年"暖房子"工程工作意见》、《吉林省"暖房子"工程技术措施》、《吉林省"暖房子"工程建设标准》、《吉林省"暖房子"工程技术导则》等十几个相关政策、技术文件印发,指导各地的"暖房子"工程建设。2010年5月,"暖房子"工程首先在8个地级城市及延吉市全力展开,既有居住建筑节能改造和撤并小锅炉、改造陈旧管网工程同时开工。

2010年,"暖房子"工程实施第一年完成实施既有居住建筑节能改造985万平方米,改造撤并小锅炉811座、改造更新陈旧管网818公里,增加集中供热能力5580万平方米。

2011年,省政府决定将"暖房子"工程增量扩面,从地级城市向县(市)延伸。当年计划撤并改造小锅炉房1500座,完成1754座,是计划任务的117%;计划改造陈旧管网1500公里,完成2647公里,是计划任务的176%;计划开展既有居住建筑节能及供热计量改造3010万平方米,完成3514万平方米,是计划任务的117%;计划新增集中供热能力5949万平方米,完成6020万平方米,是计划任务的101%。

吉林"暖房子"工程也是基于依托国家已有政策,结合吉林实际,尊重百姓意愿,顺应科学规律而出台的。像外围护结构保温性能的既有居住建筑节能和供热计量改造,是国家推行的既有建筑节能内容;撤并小锅炉、改造陈旧供热管网工程、提高城市集中供热能力,是根据吉林省现实情况采取的符合节能减排的组合措施。

各地创造性地运作"暖房子"工程项目,扩大了范围、丰富了内容。目前,"暖房子"工程主要与如下方面结合建设:

与小区整治相结合。长春市将30个老旧散小区列为实施综合整治的居民小区,其中27个小区同时进行"暖房子"改造。改造后的小区完善了地下管线设施,实现了彩化绿化,配套建设了休闲娱乐广场、健身设施和卫生设施等,并将逐步建立健全社区和居民自治的物业服务体系,实现规范化管理,提升小区的生活服务水平。

与特色街路建设相结合。为充分考虑城市历史文化沿革,长春市将"暖房子"工程与特色街路建设相结合,从色调、材料、楼顶设计等方面进行统一规划,使"暖房子"与特色街路融为一体,突出每条街路的整体风格。

与市容环境整治相结合。长春市对有条件的临街"暖房子"都进行了"平改坡"改造,特别是在伊通河中段沿岸等重点区域,精心选择改造成坡屋顶工程。这些工程从立面整饰、镶边接袖到街面牌匾都进行了统一设计,在实现标准化、规范化的基础上,彰显区域个性,突出城市文化。

与创建文明城市相结合。在义和路与牡丹街交会处的"暖房子"工地有一处宣传栏,上面张贴着"暖房子"工程的所有信息以及创新、文明知识,是长春市今年"暖房子"工程的一个创新。

延吉市"暖房子"工程与打造富有朝鲜族民俗特色的精品景观街结合,将延南路建筑主色调定为"黑白灰",檐口统一采用青黛灰沥青波纤瓦制作"道士帽",外墙涂料采用灰白真石漆、砂胶漆做仿砖,并在山墙绘制"金达莱花"、"莲花瓦当"等民族符号。夜晚配各种灯光点缀,沿街牌匾统一改造,受到社会各界的好评。

　　通化市"暖房子"的环境改造特邀专业人士对城市风格进行规划设计,确定建筑色彩方案。在此基础上,还对沿江和城区重要交通节点的楼体进行亮化。

　　吉林省在实施"暖房子"的过程中,既改造原有痼疾,又着眼长远,对整个城市的供暖系统进行了综合整治。"暖房子"改造中,吉林省大力发展以背压式机组、区域锅炉房和调峰锅炉房建设为重点的集中供热。同时,撤并小锅炉房,改造陈旧供热管网,实施既有居住建筑节能及供热计量改造。目前,全省已基本建成省及地级城市供热信息化监管平台,并且启动了县级城市信息化监管平台建设。

　　吉林省"暖房子"工程从一开始就注重强化组织领导,坚持高位运作。省委、省政府始终把"暖房子"工程作为重大民生实事列为重点工作,纳入重点工作绩效考核目标责任制。各个市州、县也必须是一把手负责。

　　省财政在十分困难的情况下,在 2011 年安排投入"暖房子"工程27.5 亿元财政专项资金,同时争取国家资金 17.2 亿元。全省各地协调金融贷款、减免有关税费、企业自筹、居民合理负担等共筹集资金247 亿元。

　　省住房城乡建设厅建立严格的施工管理、质量安全制度和责任追究制度。"暖房子"工程所用材料,全部经过科技中心认定。对 2010至 2011 年度实施的"暖房子"工程质量在全省开展"暖房子"工程质量"回头看"活动。实行建筑材料和设备供应质量终身负责制,各个环节责任到人、记录在案、追偿到位。项目施工实行企业负责人公示制度;项目竣工实行施工、监理单位及相关产品供应商公示制度;接受社会长期监督。举办一系列政策解读和技术指导培训班。培训各类管理人员1400 人,特种作业、检测等人员 3 万余人。另外,还实行社会义务监督员制度。每一个改造项目要至少聘用两名社会义务监督员,全天候监督材料使用、施工质量和安全生产。

　　省暖房办还组织三次"暖房子"工程质量安全专项检查,并配合省人大、省政协组织开展"暖房子"工程调研和督查工作。

　　作为一项城市建设系统工程,"暖房子"科学论证,统筹规划,全面推进,从根本上改善城市人居环境,提高百姓生活质量,提升居民幸福指数,推动经济社会发展。其主要成果如下:

　　两年来,全省共新增集中供热能力11600万平方米、改造撤并小锅炉2565座、改造陈旧管网3465公里、实施既有居住建筑供热计量及节能改造4499万平方米、完成老旧小区环境综合整治1114万平方米,初步建立起了管理科学、规范高效、保障有力的城市供热管理体制和运行机制。改造后的住宅室内温度一般都要提高3℃—5℃,房屋交易价格平均每平方米增加300—500元人民币。全省84万户计255万城市居民受益于此。

　　"暖房子"工程推进了能源节约和城市减排。改造后的房屋由非节能建筑变为节能建筑,一个采暖期可节约标煤81.17万吨,减排二氧化碳307.19万吨。

　　"暖房子"工程以少量的政府补贴资金带动了350多亿社会资金投入,拉动几十个相关产业发展,提供了大量就业岗位,加快了产业结构调整步伐。

　　吉林省"暖房子"工程建设还在进行,"暖房子"精神仍在延续。温暖在激发聪明才智,科学发展、改革振兴、社会和谐;温暖在凝聚推动力量,朝着更加美好生活的康庄大道奋勇前进!

攻坚克难　科学发展　务实前行

——党的十六大以来黑龙江省住房和城乡建设事业发展综述

在困难中砥砺奋起,在挑战中革弊求新。党的十六大以来,黑龙江住房和城乡建设系统在省委省政府的坚强领导下,坚持以邓小平理论和"三个代表"重要思想为指导,深入贯彻落实科学发展观,紧紧围绕全省加快推进"八大经济区"、"十大工程"建设的总体战略部署,以好发展快发展大发展为主题,以转变发展方式、优化人居环境为主线,以改善城乡居民住房条件、提高城市综合承载能力、大幅度改变城乡面貌和提升城市形象品位为主要任务,抢抓机遇,攻坚克难,举全省之力积极推进城市化、城市现代化和城乡经济社会发展一体化,始终坚定前行在科学发展的光明大道上。

一、城乡规划编制、实施和管理水平不断提高,规划编制体系逐渐完善,法制建设取得了新进展

黑龙江省在全国率先完成了77个市县的第三轮城市总体规划编制,启动了第四轮城市总体规划修编,13个地市全部编制了《城市滨水区开发利用总体规划》,全面启动规划期至2030年的第四轮城市总体规划修编和第二轮《黑龙江省城镇体系规划》编制工作,完成了《哈尔

滨大都市圈规划》、《黑龙江省老工业基地城市体系规划》,形成了区域城镇体系规划、城市总体规划、详细规划、专项规划和城市设计等门类齐全的规划体系。控制性详细规划基本覆盖了城市重点建设地域,各地空间发展战略、概念规划、城市设计等非法定规划的编制种类和质量达到历史最高水平。哈尔滨市城市总体规划、伊春市中心城总体设计等先后获得了国家级规划设计奖项,城乡规划实现了由数量型向数量和质量并重型转变。哈尔滨大松北空间布局规划等概念规划理念新、定位高、特色鲜明,为城市新区向现代化、高端化发展提供了科学指导。

二、城镇住房制度改革进一步深化,保障性安居工程建设大幅度推进

住房保障制度建设已经覆盖全省,为城乡低收入群体和困难群众改善了住房条件,拓展了城乡发展空间,改善了城乡面貌,有力地拉动了50多个相关产业的发展,在全省"保增长、惠民生、促和谐"中发挥了重要作用。2008年以来,全省保障性安居工程累计投资2378亿元,开工建设218万套,创造了启动建设最早、开竣工率最高、工程总量最大、惠及群众最多"四个全国之最"。全省累计完成房地产开发投资3078亿元,人均住房面积由"十五"期末的22平方米提高到26.3平方米,实现了让群众住上新房子、好房子、安全房子的目标。在《关于提高棚户区改造和保障性住房建设项目规划设计质量的指导意见》等规范性文件指导和棚改示范项目推动下,哈尔滨民生尚都等一批高品位示范新区成为全省棚改项目的经典之作,带动了棚改项目规划建设质量的大幅度提升。大庆"创业城"、哈尔滨"辰能溪树庭院"等居住小区项目充分体现了功能齐全、布局合理、设计美观、生态节能等现代居住区的设计理念和要求,成为提高城市价值、拓展城市空间、拉动城市发展的新亮点。

三、市政公用基础设施建设全面推进，城市
综合承载能力日趋增强

"十一五"期间，全省累计完成市政公用基础设施建设投资841亿元。其中，哈尔滨市轨道交通一期工程等一大批重点项目相继开工；新建改造道路202条，建成松浦跨江大桥、文昌高架桥等57座大型桥梁和配套桥涵；全面建成纳入松花江流域水污染防治规划的40个城市污水处理及再生利用设施建设项目；全省20个市县建成32座污水处理厂，16个市县建成24座垃圾无害化处理场，一个个重大建设项目不断加快推进，促进有效投入持续扩大，夯实了经济社会腾飞的基础。在注重发挥基础设施建设先导性作用的同时，全省全力推进以"三供两治"为重点的市政基础设施建设。实施供水、供热、供气、污水治理、垃圾治理"三供两治"工程建设以来，全省"三供两治"项目建设累计投资458.14亿元，开工建设项目503个，是市政基础设施建设投入最大、发展最快、变化最明显的一个时期。新建污水处理厂43座，总数达到81个；垃圾无害化处理场从无到有，发展到27座。哈尔滨天然气置换、大庆天然气入户工程加速进行，绥化中盟、双鸭山大唐等热电厂项目进展顺利，齐齐哈尔、牡丹江等市地一批供水管网改造工程相继竣工。全省新增集中供热面积11453万平方米、供气用户154.5万户、日供水能力174万吨、污水日处理能力303万吨、垃圾日处理能力11547吨，比2008年分别增长41.3%、12.4%、19.6%、246.3%和129.7%，城市综合承载能力显著增强。

四、"三优"文明城市创建活动强力实施,滨水城市建设、城市裸土地面硬化、城镇绿化取得显著成效,城市面貌明显改善

2008 年以来,全省深入开展"三优"文明城市创建,大力实施主街路和楼体立面综合改造,积极推进滨水城市规划建设和城市亮化工作,城市面貌发生了翻天覆地的变化。近年来,各地新建改建扩建市政道路 1800 余条、桥梁 246 座,方便了群众出行;结合既有建筑节能改造,对 2300 余栋建筑实施"穿衣戴帽",粉刷楼体 15000 多栋。哈尔滨市对主街路部分建筑进行风格改造,提升了城市形象。黑河市对城市建筑物实施整体改造同时,精心设计建设了一系列体现时代特点和异域风情的城市雕塑,提升了城市的文化品位。加格达奇对 10 多条道路进行了综合整饰,对主城区 82 栋沿街建筑进行了简欧风格改造,形成了独有的风格特色。18 个边境城镇建筑风貌改造及环境综合整治开工项目 153 个,完成投资 12.7 亿元,边境城镇形象面貌明显改观。七台河、伊春、双鸭山也对部分主街路两侧的楼体进行了改造。

滨水城市规划建设示范作用凸显。全省 13 个市地全部编制完成了《城市滨水区开发利用总体规划》,开工建设滨水项目 400 余个,规划建设了哈尔滨金河湾湿地公园、黑河沿江公园、佳木斯滨江景观带、大庆河湖综合整治、齐齐哈尔劳动湖水域污染综合治理、鸡西穆棱河综合整治、双鸭山安邦河综合治理等一批具有示范作用的滨水项目,打造了城市滨水景观,提升了城市形象,增加了城市灵气,带动了周边地块的发展。

为能进一步提高百姓生活质量,各地加大投入,精心设计,统筹推进了城市主街路亮化、沿江(河)景观亮化、区域景观亮化和主要商业区亮化工程,形成了各具特色的城市亮化景观和亮化体系。黑河市聘请重庆、上海、大连等知名设计单位对中央街、王肃街等主要景观街路,

以及黑龙江公园、大黑河岛桥等重点区域灯饰亮化景观进行精心设计。哈尔滨市以松花江为轴线,重点完成了两岸、一站、四桥、百楼及地标性建筑灯饰亮化景观建设。三年来,全省累计投入资金 8.2 亿元,新安装路灯 10 万多盏,城市的夜色更加靓丽美观。

深入实施城市环境综合整治工程,统筹推进硬化、净化、美化工作,坚持集中治理与长效管理相结合、重点攻坚与全面推进相结合。累计硬化绿化裸土地面 2700 万平方米,清理绿化超高土 730 万平方米,清理各类积存垃圾 650 余万吨,拆除违章建筑 3.92 万处、175 万平方米,清理乱贴、乱画、乱挂和违章牌匾广告 390 多万处,城市"脏乱差"问题得到有效解决。

全省各地积极推进城市管理体制改革,整合管理职能,完善机构设置,下放管理权限,落实主体责任,全面推行"门前四包"。大庆市探索推行"大城管"体制改革,将供水、供热、供气、物业、环卫、绿化、市政、照明等统一纳入城管,实施统一管理。黑河市创新城市管理机制,改革管护方式,实施了城市管理市场化、规范化、精细化、人性化和群众化的"五化"管理法,形成了职责明晰、运转协调的城市管理工作格局。各级政府加大环卫保洁、清雪机械化投入,仅 2011 年,省政府和 13 个市地就投入 2.7 亿元,采购清雪设备 620 台(套)。全省城市主次干道、公共场所、社区街巷保洁率达 100%,中心城市主次干道、县城主要街路垃圾清运设施配备率接近 100%,13 个市地城市主次干路清雪机械化率由 21.8% 提高到 43%,清扫保洁机械化率由 18.93% 提高到 30%,城市管理步入规范化、制度化、精细化轨道。

十年来,全省城市建成区新建绿地 37209.27 公顷,新增公园 186 个,城市建成区绿化覆盖率、绿地率分别达到 36.32% 和 33.22%。2011 年,全省城市空气环境质量优良天数比例达 92.3%,居全国上游。

五、以"百镇"为重点的城镇化建设试点工程全面启动,城乡经济社会发展一体化迈出实质性步伐

　　"十一五"期间,全省累计完成村镇建设投资 810 亿元。完成省域村镇体系规划和 25 个县域村镇体系规划;新铺装砂石以上道路 8960 公里,铺装率达到 69%,其中小城镇铺装率达到 87%;新增自来水受益人口 167 万人,自来水普及率达到 57.5%,其中小城镇自来水普及率达到 85.2%。按照黑龙江省委省政府下发的《黑龙江省构建城乡经济发展一体化新格局推进方案》,组织开展了区域一体化试点,哈尔滨、牡丹江、七台河、北安、萝北一体化试点工作扎实推进,北安探索出"土地流转规模经营、农民转向城镇和新社区,城镇带动、农垦森工带动"的"双转双带"新模式,七台河市在户籍管理等 8 个方面实现了城乡一体化;开展了场镇共建试点,省委下发了《裴德镇与双峰农场场镇共建一体化试点实施方案》,实行"以场带镇、场镇合一、一套班子、两套牌子",规划、管理、社会事业、组织推进、政策趋向"五个一体化"改革全面启动;开展了行业一体化试点,探索了农垦为地方农民"代育、代耕、代种、代收"的有效办法,使小农经营模式逐步转变为现代机械化大农业生产,促进了农民增收,引导部分农民进入农垦小城镇居住,逐步享受了与农垦职工的同等待遇。大力推动"百镇建设"。制定下发了《百镇建设工程推进方案》、《重点旅游名镇示范导则及评定方法》和《关于加快黑龙江省"百镇"及重点旅游名镇建设若干政策》,百镇建设规划全面启动,重点旅游名镇规划已编制完成,第一批 48 个试点镇项目建设积极推进,12 个旅游名镇开工建设项目 128 个,完成投资 20.4 亿元;开展了撤屯并村工作,计划在 10 年内将 36000 多个自然屯撤并为 1 万个左右中心村;积极推进第二批新农村"千村"建设试点,实现了城镇化与新农村建设良性互动。

六、房地产、建筑业呈总体良好发展态势，建设领域可持续发展能力逐步增强，工程质量和安全形势创历史最好水平

"十五"和"十一五"期间，全省共完成房地产投资3378.5亿元，竣工各类商品房面积14880多万平方米。住宅产业化进程加快，有1个项目被评为国家3A级住宅、77个项目被评为国家2A级住宅、4个项目被评为国家1A级住宅、12个项目被评为国家康居工程示范项目。建筑业发展实现了历史性跨越。建筑业改革、勘察设计队伍整合、标准化工地建设取得较大进展，建设工程质量和安全监管工作成效显著。对全省新建建筑实施了闭合式管理，新建建筑节能标准执行率设计阶段达到100%，施工阶段达到98%以上；已建成节能建筑1.89亿平方米。全力推进可再生能源建筑应用城市示范项目、太阳能光电建筑应用示范项目和节约型校园项目等节能项目建设，开展了可再生能源建筑应用示范市和示范县的项目建设，累计获得国家奖励资金2.89亿元。既有居住建筑供热计量及节能改造已完成1500万平方米。地源和水源热泵供热技术得到大力推广，太阳能热水系统与建筑一体化应用已达到1072.7万平方米，浅层地能应用面积达到360万平方米。墙改"禁实"目标逐步落实，新型墙体材料广泛应用，实现了黏土砖产量控制在70亿标砖以下目标，全省新型墙体材料生产比例达到47%，建筑应用比例达到50%，实现了国家确定的禁止使用黏土实心砖目标。建设工程质量监督覆盖率达到98%，竣工工程验收合格率达到100%，具备备案条件的竣工工程备案率达到100%，建筑业安全事故和死亡人数实现连续六年大幅下降。

七、不断深化建设行政执法管理体制改革和职能 转变,依法行政能力不断提高

党的十六大以来,黑龙江省制定了《省建设工程质量管理条例》、《省市容和环境卫生管理条例》等 2 部地方性法规,出台了《省建筑装饰装修管理规定》、《省新型墙体材料开发利用管理规定》和《省农垦和森工小城市建设管理办法》等 6 部政府规章文件。先后修改了《省燃气管理条例》、《省勘察设计管理条例》、《省供热管理条例》和《省建筑市场管理条例》等 4 部地方性法规。

建设系统行政执法责任制体系不断完善,先后制定了规划、建设、房产和城管四个行业的行政执法责任制示范文本,并在全省建设系统进行了推广应用。行政执法程序得到了进一步规范,制定了建设系统《行政许可示范文本》、《行政执法格式文本》;编制了《行政许可手册》、《行政执法手册》;审查备案规范性文件 165 件,清理行政审批(许可)事项 150 余项,简化程序 15 项,取消不符合规定的初审程序 13 项;开展了对《建筑法》、《城乡规划法》和《城市房地产管理法》的执法检查,纠正各类违法违规行为 1600 余件。

八、扎实推进党风廉政建设和精神文明建设, 服务保障作用充分显现

反腐倡廉工作历来是各项工作的重中之重。黑龙江省住房和城乡建设系统不断完善和实施《〈厅党组关于建立健全教育、制度、监督并重的惩治和预防腐败体系实施纲要〉的具体意见》及《厅党组贯彻落实〈建立健全惩治和预防腐败体系 2008—2012 年工作规划〉实施方案》,不断深化系统政风行风建设,基本形成了惩治和预防腐败体系,工程建设领域专项治理及住房公积金专项治理不断深入。黑龙江省住房和城

乡建设厅连续四年荣获"端正政风行风、优化发展环境"最佳单位和"关注民生、服务发展"群众最满意单位。

扎实开展文明单位创建活动,干部职工思想道德和职业道德水平不断提升,系统创造力、凝聚力和战斗力明显增强。黑龙江省住房和城乡建设厅党组荣获全国建设系统党风廉政建设先进集体称号。

辉煌成就鼓舞人心,崇高使命正在召唤。每当历史的脚步迈向重要时间节点,我们总要回顾过去,总结经验,发现启示,展望未来。浓墨重彩之间,我们珍藏一段难忘的记忆,更寄托出一份由衷的祝福。面对时代赋予的发展机遇,面对人民群众过上更好生活的新期待,黑龙江省住房和城乡建设厅紧密团结在以胡锦涛同志为总书记的党中央周围,认真落实省委省政府的战略部署,坚定必胜信念,推进科学发展,沿着中国特色社会主义道路,奔向更加美好的未来,为加快建设富强、文明、和谐、大美、幸福黑龙江做出新的更大贡献。

快速城市化进程中的和谐追求

——江苏省住房和城乡建设事业十年发展之路

党的十六大以来的十年,是江苏省经济社会快速发展的十年。十年来,江苏省城市化进程持续推进,城乡人居环境不断改善,城乡面貌发生深刻变化,走出了一条具有自身特色的城市化道路:在改革开放中快速发展,在快速嬗变中追求和谐,在延续历史中活力四射。

一、城市化——江苏省经济社会发展的引擎和动力

2002 年至 2011 年,江苏城市化水平由 44.7% 提高到 62%,初步形成了以特大城市和大城市为核心、中小城市为纽带、小城镇为基础、城乡协调发展的城镇体系结构。

(一)深入实施城市化战略

江苏以全国 1% 的土地承载了全国近 6% 的人口,创造了全国 10% 的地区生产总值,经济社会发展资源环境约束大,区域统筹发展要求高。2002 年,江苏前瞻性地提出实施城市化和城镇空间布局集约化发展战略,并创造性地提出区域发展协调管治措施;进入"十二五",江苏将城市化战略拓展为城乡发展一体化战略,更加突出统筹城乡发展和构建城乡经济社会发展一体化新格局。目前,江苏省已经形成了 7

个特大城市、10 个大城市、31 个中等城市、15 个小城市、814 个建制镇
（不含城关镇）的城镇体系。

（二）大力推进城乡规划全覆盖

2005 年起,江苏立足城乡统筹发展全局,超前谋划各项发展要素
的空间配置与衔接互动,率先在全国推进并实现了城乡规划全覆盖,完
善了从区域到城市、从农村到城镇、从总体到专项、从建设性规划到保
护性规划,层次分明、互相衔接、完善配套的城乡规划体系,建立了城市
化的空间用途规则。形成了覆盖全省范围、全方位立体化的城乡规划
体系,使全省每一处城乡建设用地都有了规划依据,各种重大设施布局
建设有了系统的规划引导,每一块保护和禁止建设空间都有了明确的
保护要求。

（三）科学规划引导发展

江苏省在全国率先制定了《江苏省城镇体系规划》、江苏省三大都
市圈规划等区域性城镇体系规划以及《江苏省沿江城际轨道交通线网
规划》等一系列区域基础设施规划,有效引导了全省城镇体系的逐步
完善,极大地促进了区域和城市间在功能建设、基础设施、环境保护等
方面的协调协作。2011 年,江苏对城镇空间布局作进一步优化延伸,
明确以"一带二轴三圈一极"为江苏城市化的主体空间,加快沿江城市
带、东陇海城镇轴、沿海城镇轴和南京都市圈、徐州都市圈、苏锡常都市
圈、淮安增长极的建设。新时期的江苏,以城市带建设引导产业集聚,
以城市功能转型引导产业结构调整,推进重点产业带和城市带的联动
发展,以都市圈、城市组群为主体促进了城市化质量的提升。

二、住有所居——致力于推动城乡居民居住水平提升

十年来,江苏省保证了新增城镇人口对住房的需求,并普遍提升了

城乡居民生活品质,以住房供应和保障的相对有序,保证了城市化进程的相对有序,实现了快速发展中的社会和谐安定。

(一)居住条件实现了从有到好的提升

新世纪以来,江苏省房地产开发投资额由 2000 年的 358.72 亿元上升到 2011 年的 5552 亿元。为有效遏制少数城市房价上涨过快、促进房地产市场健康有序发展,江苏省重点做好中低价位、中小类型普通商品住房和廉租住房建设与供应,以保障性住房为支撑、以普通商品住房为主体、以高档商品住房为补充的住房供给结构更趋合理,总数达 4000 多万的城镇居民基本实现"住有所居"的目标。水电气等配套设施更加完善,住房环境品质不断提升,物业管理日益普及和规范。到 2011 年,江苏省城镇人均住房面积已达 34.7 平方米,农村人均住房面积已达 48.6 平方米。

(二)住房保障大力推进

江苏省率先编制并启动住房保障三年行动计划,全省县以上城镇全部建立住房保障制度。到 2010 年年底,全省累计形成解决 89.5 万户城镇家庭住房困难的保障能力,占全省城镇家庭的比例达 9.84%,低保住房困难家庭申请廉租住房实物配租和租赁补贴应保尽保,低收入住房困难家庭申请购买经济适用住房和廉租住房租赁补贴应保尽保。2011 年,江苏省率先将住房保障条件从低收入住房困难家庭向中等偏下收入住房困难家庭扩容,全年完成各类保障性安居工程任务 45.3 万套(户)。全面建立住房公积金制度,全省正常缴存职工人数已达 608.2 万人,累计归集总额 1696.5 亿元,为 95 万户职工发放公积金贷款 1220.3 亿元。

(三)住房保障体系基本构建

江苏省政府连续六年将保障性住房建设列入为民办实事项目。

2007 年,江苏省以省政府令先后颁布了《江苏省廉租住房保障办法》、《江苏省经济适用住房管理办法》和《江苏省公共租赁住房管理办法》,住房保障法制化程度不断提高。印发了《关于进一步加强住房保障体系建设的实施意见》,在全国率先提出要建立长效机制、构建住房保障体系。

(四)住房保障实现方式不断创新

一是货币保障。苏州、常州等地对符合条件购买经济适用住房的低收入家庭发放一次性购房补贴,鼓励低收入家庭自主选购住房。二是专户补贴。泰州市为低收入住房困难家庭在银行建立补贴专户,按月足额发放租赁补贴,保证租赁补贴专门用于住房消费,并为低收入家庭购买经济适用住房提供贷款担保。三是按比例配建。常州、连云港、泰州等地要求在普通商品住房小区中按 2%—3% 的比例配建保障性住房。四是共有产权。无锡、淮安、泰州等地对保障性住房实行共有产权管理,允许保障家庭先行取得部分产权,减轻一次性购房支付压力。与此同时,江苏还推动落实新就业人员住房公积金制度,允许新就业人员提取住房公积金支付房租。

三、人居环境——持续打造宜居美好家园

(一)基础设施建设夯实城乡人居环境"硬实力"

江苏省城市道路交通基础设施不断完善,城乡供水供气能力大幅提高,城市污水、垃圾处理能力快速提升,人居环境和生态质量不断提升。到 2011 年年底,江苏省城镇人均道路面积已达 21.2 平方米;城市自来水综合生产能力达到 2757 万立方米/日,供水总量 47.7 亿立方米,城市(县城)用水普及率达99.20%;燃气普及率98.41%;全省污水处理总能力达到 1150 万立方米/日,城市(县城)污水处理率88.48%,其中污水处理厂集中处理率 70.57%;城市(县城)生活垃圾无害化处

理率达 87.3%,生活垃圾无害化处理总能力达到 4.2 万吨/日;全省城市建成区绿地率 38.4%,建成区绿化覆盖率 41.7%,人均公园绿地面积 12.5 平方米。

(二)城乡统筹基础设施建设不断加快

江苏省的城乡统筹基础设施建设,始于群众最为关注的饮用水保障。通过大力推进城市供水设施"达镇、通村、入户"、推动不同行政区域供水管网互联互通,实现了城乡间、不同区域间"同源、同网、同质"供水。经过十年的努力,全省 1225 个乡镇中已有 890 个(占比 73%)实现了城乡统筹区域供水。全省大半农村人口和城市居民一样喝上了干净卫生的水,饮水条件得到根本改善。在此基础上,江苏省将城乡统筹基础设施建设从供水拓展到污水和垃圾处理方面。目前,"组保洁、村收集、镇转运、市县集中处理"的全省生活垃圾处理体系基本形成,县以上城市全部建成污水处理厂,50% 的建制镇建成污水处理设施,太湖流域实现污水处理设施建制镇全覆盖。

(三)历史文化在保护中传承延续

江苏省在经济社会快速发展、城市化进程迅猛推进的过程中,高度重视保护、传承和弘扬历史文化,形成了较为完善的历史文化名城、名镇、名村保护规划体系和相关法规制度,保有了全国最多的历史文化名城和名镇,修缮和保护了大批历史文化街区,城镇的历史文脉和地域特色得到延续,促使历史文化与现代文明交相辉映,为城乡建设注入了灵魂与活力。全省现有国家级历史文化名城数量全国第一。南京、苏州、扬州、镇江、常熟等 10 个国家历史文化名城在江苏大地上熠熠生辉。

(四)管理水平提高增强城乡"软实力"

江苏省注重加强城市管理制度建设,建立健全综合协调机制,有序推进城市管理重心向街道、社区延伸。整合城市公共服务资源,加强城市管理信息化建设,完善城市地理信息、智能交通、社会治安、环境管理、市容管理、灾害应急处置等智能化信息系统,构建职责明晰、反应敏捷、处置高效的城市管理新机制,全面提升城市管理科学化、精细化水平。深入开展城市管理优秀城市创建活动,大力推进城市精细化、信息化管理。

(五)村庄人居环境持续改善

江苏省在全国率先组织编制了镇村布局规划,引导基础设施、公共服务设施建设和农民新建住房建设;随后开展了规模较大、历史文化遗存丰厚、地形地貌特殊等"三类村庄"的规划编制工作,已经编制完成2600多个"三类村庄"建设规划和14300多个一般布点保留村庄平面布局规划。自2003年开始,从农民群众最关心、受益最直接的环境卫生整治和基础设施配套入手启动建设整治,连续实施了两轮惠及农村千家万户的五件实事,促进了农村人居环境改善。2011年,全面推进村庄净化、绿化、美化和道路硬化,计划用三至五年时间普遍改善全省近20万个自然村的环境面貌。

四、转型发展——率先启动节约型城乡建设新模式

十年来,江苏从单项的建筑节能转变到全行业的节约型城乡建设,再转变到低碳生态城市的集成规划与建设实践,大力推动城乡建设发展转型升级不断深化,促进经济、社会、生态全面协调发展。

(一)建筑节能工作实现新跨越

到2011年年底,全省新建建筑节能设计率、竣工项目达标率分别达到100%和99.6%,建筑节能总量达7.2亿平方米,约占城镇新建建筑总量的33%。10年间,全省通过建筑节能措施共节约标准煤超过2000万吨,对全社会节能减排的贡献率达20%。节能建筑规模、国家

级建筑节能示范项目数量、国家资金支持总量、省级建筑节能引导资金数量和绿色建筑测评标识项目数量均全国第一,可再生能源建筑推广应用居全国前列。南京市、扬州市、无锡市、淮安市四市成为国家可再生能源建筑应用示范城市;赣榆县、海安县等成为国家可再生能源建筑应用示范县。

(二)节约型城乡建设重点工作扎实推进

江苏在大力推进建筑节能的同时,积极做好绿色建筑、节水型城市建设、城市绿色照明、城市垃圾资源化利用、绿色施工管理、住宅全装修、节约型城乡规划与城市空间复合利用、节约型村庄规划建设和城市综合管廊建设等工作。全省先后有29个项目获得绿色建筑星级标识,7个城市被评为国家节水型城市,功能和景观照明高效光源使用率分别达88%和93%,城市垃圾无害化处理率超过80%,多项指标处于全国领先水平。累计实施32个国家级和156个省级建筑节能、绿色建筑和可再生能源建筑一体化应用等示范项目,并在全省各地遴选一批实践案例,组织编写节约型城乡建设案例集,指导推动各地做好节约型城乡建设工作。

(三)低碳生态城区与城市环境提升的合成实践循序渐进

江苏在推进低碳生态城市规划建设的过程中,既有长远前瞻的发展目标,又立足省情制定切实可行的规划与设计方案,分步实施,进行由点及线到面的示范引导和推广,推动低碳生态建设由条线工作探索成果向具体的城市实践转化,逐步实现低碳生态城市发展目标。目前已经启动规划建设无锡太湖新城、南京河西生态新城、苏州工业园区、昆山花桥国际商务园区等一批低碳生态新区。已建成苏州工业园区中新生态科技城等19个省级建筑节能与绿色建筑示范区。

五、建筑业发展——建筑大省向建筑强省的跨越

建筑业是江苏的传统产业、优势产业、富民产业。2010年,全省建筑业总产值12930亿元,是全国第一个建筑业总产值突破万亿元的省份。2011年建筑业实现总产值1.6万亿元,建筑业增加值在全省GDP的比重始终在6%以上,建筑业总产值、高等级企业数量等主要经济指标位列全国第一,建筑工程累计获得"鲁班奖"、"国优奖"的总数居全国首位,建筑铁军的形象和品牌享誉全国,成功实现了由建筑大省向建筑强省的跨越。至2011年年底,江苏建筑业吸纳全省城乡劳动力560多万人,农民从建筑业获得的收入占全省农民纯收入的28%。

(一)政府引导,服务发展

江苏省高度重视建筑业改革发展。2000年,省政府确定实施建筑强省战略,并于2002年在全国率先明确提出奋斗目标,构建了建筑强省的五大指标体系和三步走战略。省政府每五年召开一次全省建筑业工作会议,先后三次制定出台加快推进建筑业改革发展的意见;每年组织召开江苏省建筑业推介会,帮助优质企业"走出去",开拓省外市场。积极支持骨干企业做大做强,引导推动大型施工企业向开发与建造、资本运作与生产经营、设计与施工相结合方向转变,加快实现由建造建筑产品向经营建筑商品的转变。加大产业结构调整,大力发展施工总承包、工程总承包,积极扶持高等级资质的总承包类企业尽快进入地铁、公路、机场、港口、城际铁路等政府重点投资领域。十年来,江苏省建筑业高速发展,年均增幅始终保持在20%以上,主要经济指标均居全国首位。

(二)科技兴业,增添动力

江苏省高度重视科技对传统产业的提升改造作用,推动建筑业向

现代产业转变。充分发挥在装备制造领域具有的人才和技术优势,鼓励有条件的地区建立建筑产业园区或生产基地,整合引进装备制造、建材生产、设计咨询、资金物流等资源要素,针对工业化建筑设计、预制构件和建筑部品制作、机械化施工安装、建筑成品验收等关键环节,组织开展重点技术攻关,构建适应建筑工业化发展需要的标准规范体系、建造安装体系和建设管理体系。至 2011 年年底,全省建筑业技经人员总数达 116.3 万人,一级建造师 2.7 万人。支持企业建立技术研发中心,重点开展节能、环保、智能化等建筑业重大关键技术、共性技术和专业施工技术、尖端施工技术攻关,开发具有自主知识产权的核心技术和施工专利。鼓励企业以实施高端工程项目为载体,在更高层次上引进国内外先进技术,实现建筑业技术进步新的跨越。

(三)规范市场,构筑优势

江苏省坚持"建筑市场"与"施工现场"联动管理,将工程现场与招标投标、施工许可、资质资格管理相结合,将有违法违规行为、质量安全事故的企业清出市场,积极营造"守信激励、失信惩戒"的市场氛围,构建诚信守约的良好市场环境。在全国率先开展远程异地评标,实施标书电子化、评委异地化、评标远程化、监察实时化、管理网络化,实现评标过程的精确高效协同管理。至 2010 年,江苏建设工程网上远程异地评标已实现省内地区全覆盖和政府投资工程项目全覆盖,目前已累计完成网上远程异地评标 1 万余项,从源头预防了违法违规行为发生,巩固了优质企业市场竞争主体地位,有力保障了工程建设质量安全以及国有资金使用安全。2010 年起,江苏又在全国率先开发建设省级统一开放的建筑市场信用信息平台,对全省建筑业企业、人员和工程项目三大数据库实行关联,统一数据采集处理和发布,为实现全省建筑市场信用信息共享和省市(县)联动监管,规范市场责任主体行为,提高建筑工程质量安全提供了科学手段和技术支撑。

（四）管控现场，提升品质

江苏省始终绷紧质量安全弦，力抓建设工程质量安全监管。严格落实质量安全生产责任制和工程质量安全终身责任追究制。引导企业创新管理模式，推进以项目管理为核心的建设工程生产组织方式变革，提高施工效率和项目管理水平，保障工程建设质量安全。深化质量监督巡查制度，完善省市县三级监督巡查体系，通过监督巡查与抽查相结合，强化工程参建各方主体质量责任行为监管和工程实体质量检测。目前，江苏已实现工程质量检测网络远程监控全覆盖，检测数据实现动态实时上传。率先全面推行住宅工程质量分户验收，提高工程质量通病防控水平。稳步推进建设工程质量报告制度和保险制度，防范和化解工程质量风险。

六、"美好城乡建设行动"——江苏的明天更美好

"十二五"时期，江苏省将通过"美好城乡建设行动"的实施，努力实现美好环境与和谐社会的共同缔造。"美好城乡建设行动"包含城乡规划引导、村庄环境整治、城镇功能品质提升、节约型城乡建设等4个内容体系，分别对应着"规划引导"、"文化引领"、"生态导向"和"城乡统筹"。城乡规划引导计划强调增强各级各类城乡规划的科学性、指导性、前瞻性，以规划为龙头统筹城乡空间布局、产业发展、基础设施建设和生态环境保护；村庄环境整治行动计划旨在全面改善村庄环境面貌，提升农村基础设施和公共服务水平；城镇功能品质提升计划重点是在住房保障、公用设施和公共服务体系建设、交通现代化、城市管理、绿色生态网络构建等方面加大力度，全面提升城镇空间品质和人居环境质量；节约型城乡建设推进计划着力于转变城乡建设发展模式，把资源节约、环境友好、生态宜居的理念贯彻到城乡规划建设管理的各领域。

"美好城乡建设行动"的全面实施将推动江苏加快形成以城市群

为主体、特大城市和大城市为支撑、中小城市为依托、小城镇为纽带、新型村庄为基础的城乡空间格局,形成结构完善、布局合理、均衡配置、覆盖城乡的公共服务设施体系,形成特色鲜明、功能互补、和谐相融的现代城乡形态,形成生态宜居、环境优美、舒适便利的城乡人居环境,推动江苏探索适合省情特点的城乡统筹、集约高效、低碳生态、和谐幸福的城乡建设发展道路。

科学引领　共谱城乡和谐发展乐章

——浙江省住房和城乡建设十年成就回顾

党的十六大以来,浙江省住房和城乡建设系统在省委、省政府的坚强领导和住房和城乡建设部的有力指导下,认真贯彻落实科学发展观,深入实施"八八战略"和"创业富民、创新强省"总战略,以大力实施新型城市化战略统领各项工作,全省住房和城乡建设事业保持了全面协调可持续发展,为浙江省全面建设小康社会、加快推进现代化进程做出了重要贡献。

一、新型城市化不断取得新发展

1998 年,浙江省在全国率先提出不失时机大力推进城市化,率先出台了《浙江省城市化发展纲要》,率先编制了《浙江省城镇体系规划(1996—2010)》,全省城市化进入快速发展时期,走出了一条富有浙江特色、具有时代特征的城市化发展道路。2003 年,又率先提出加快推进城乡一体化发展,出台了《浙江省统筹城乡发展推进城乡一体化纲要》。2006 年 8 月,浙江省委、省政府召开全省城市工作会议,出台了《关于进一步加强城市工作,走新型城市化道路的意见》,率先提出走"资源节约、环境友好、经济高效、社会和谐、大中小城市和小城镇协调发展,城乡互促共进"的新型城市化道路。2009 年 9 月,浙江省政府与住房和城乡建设部合作签署了《关于联动推进浙江新型城市化发展的意见》,为更高层次、更深领域推进浙江新型城市化战略实施创造了条件。2012年5月,浙江省委、省政府召开全省新型城市化工作会议,7月省委、省政府出台了《浙江省深入推进新型城市化纲要》,在新的起点深入推进新型城市化,加快提升城市化发展水平和质量。

　　城市化战略特别是新型城市化战略实施以来,浙江城乡空间布局不断优化,城乡面貌不断变化,城乡统筹发展能力不断增强,城市化发展体制机制不断健全,城乡居民生活质量不断提高。城市化促进工业化、信息化、市场化和国际化的作用日益显现,城市化综合效应巨大。截至2011年年底,全省城市化水平达到62.3%,比全国平均水平高出12个百分点;全省生产总值32000亿元,居省区市第4位;人均生产总值58665元,居省区市第5位;城镇居民人均可支配收入、农村居民人均纯收入分别达到30900元和13071元,其中,城镇居民人均可支配收入连续11年居省区市第3位,省(区)第1位,农村居民人均纯收入连续27年居全国各省(区)首位;城乡居民收入差距为2.37倍,低于全国3.13倍的平均水平,成为全国城乡居民收入差距最小的省份之一。

二、城乡规划主导地位日益加强

(一)全面加强城乡规划编制

　　浙江省在全国率先开展并完成新一轮《浙江省城镇体系规划(2011—2020)》编制工作,2012年2月经国务院同意批复实施。编制并实施环杭州湾、温台和浙中三大城市群规划。率先全面推进城乡全覆盖、要素全统筹的县(市)域总体规划编制工作,创新建立县(市)域总体规划与土地利用总体规划全面衔接的协调机制,较好地解决了长期以来一直存在的"两规"脱节的矛盾和问题,使工业、交通、水利、环保、林业、农业、能源以及科教文卫等各专项规划的空间需求得到协调与基本满足。全面加强乡镇规划编制工作,加快中心镇总体规划修编和控制性详细规划编制,县域村庄布局规划全部完成,建制镇和集镇总体规划编制全部完成,规划保留村庄的规划编制率达到75%。各类专项规划和详细规划的编制也得到进一步加强,特别是2011年省政府重点部署的城市地下空间开发利用工作,11个市已全面启动相应专项规划的编制。

(二)切实强化规划实施与监管

浙江省人大颁布实施了《浙江省城乡规划条例》,省政府出台了《关于加强城乡规划工作的若干意见》,全省大部分县市设立了以政府主要负责人为主任的城乡规划委员会,全面推进了"阳光规划",全面推进了城乡规划督察员制度,全面建立由省域城镇体系规划、城市群规划、设区市城市总体规划、县(市)域总体规划,以及镇、乡、村庄规划构成的城乡规划编制体系,初步建立起城乡规划编制、城乡规划实施监管、城乡规划法规标准"三位一体"的城乡空间规划管理制度。

三、城镇住房保障水平明显提升

早在2003年,浙江省委、省政府就提出了"一手抓保障、一手抓市场"的工作方针,着力构建城镇住房保障体系和商品住房供应体系,广大城镇居民的居住条件得到明显改善。自2003年在全国率先实施城镇住房保障制度以来,到2011年年底累计开工建设各类保障性住房和危旧房改造9367万平方米、109万套,竣工87.5万套,解决了92万户城市中低收入家庭住房困难,城镇住房保障受益覆盖面为16.0%。

在推进城镇住房保障过程中,浙江省着力加强以下六方面工作:

一是注重健全政策体系。2003年至今,省政府就城市住房工作先后出台2个政府规章、20个规范性文件。2011年,省政府又出台了《关于加快推进保障性安居工程建设,坚定不移做好房地产市场调控工作的若干意见》,进一步明确公共租赁住房在保障性住房建设中的主导地位。2010 年,杭州市多层次住房保障体系荣获中国全面小康最高奖"十大民生决策"奖。

二是注重稳步扩大受益面。2010 年年底前,全省全面实现了城镇低保标准两倍以下住房困难家庭廉租住房"应保尽保",基本满足了城镇人均可支配收入 60% 以下住房困难家庭购租经济适用住房需要。宁波、湖州、绍兴等一些城市已经将廉租住房"应保尽保"标准提高到了低保 2.5 倍至 3 倍。2011 年,省政府办公厅印发了《浙江省城镇住房保障和房地产业发展"十二五"规划》,提出"到 2015 年,全省城镇住房保障受益覆盖面达到 20% 以上,基本实现人均可支配收入 60% 以下的城镇住房困难家庭廉租住房应保尽保;基本满足人均可支配收入 80% 以下的城镇住房困难家庭购租经济适用住房需要;基本满足城镇中等偏下收入住房困难家庭租住公共租赁住房等需要;基本完成城市旧住宅区和国有林场、农场、独立工矿等危旧房改造"。

三是注重强化要素保障。严格落实土地、资金、税费等各项政策制度。

四是注重创新实施方式。各地不断探索,创造性地实施经济适用住房保障货币化补贴制度、租售结合制度、限价商品房制度、公共租赁房制度、公积金贴息制度等"五种制度"。

五是注重加强质量管理。先后下发了《关于进一步加强全省保障性住房工程质量安全管理的意见》、《关于新竣工工程设置永久性质量责任标牌的通知》等一系列文件,多次开展保障性安居工程质量安全大检查,全面推行工程质量终身负责制,全面实行保障房建设信息公开。

六是注重落实工作责任。从 2007 年起,省政府将城镇住房保障纳入对各级人民政府年度目标责任考核,并列入"为民办实事"工程。2011 年,省政府接连召开市长座谈会、全省保障性安居工程座谈会和推进会。

四、房地产市场平稳健康发展

　　浙江省充分发挥国家、地方、企业和个人等各方面的积极性,积极推进住房商品化,满足居民家庭不同层次的住房需要。据统计,1986年至2011年间,全省商品房竣工和销售面积累计分别达4.45亿平方米和4.11亿平方米,共有340余万户城镇居民家庭通过房地产市场购置了住房,到2011年年底,全省城镇居民人均住房建筑面积达到35.3平方米,位居全国前列。特别是"十一五"期间,全省房地产开发投资额从1574.3亿元上升到3030亿元,年均增长15.8%,占全社会固定资产投资的比重保持在20%左右;房地产业增加值从808亿元上升到1520亿元,年均增长16.9%,占全省生产总值的比重保持在5%左右,占第三产业增加值的比重保持在13%左右;房地产业税收从205亿元增加到468亿元,年均增长22.3%,占全省地税总收入的比重保持在20%左右;房地产企业数量从3549家增加到5500多家,其中一级资质企业从40家增加到120家,从业人员由7.1万人增加到10万人左右。到2011年年底,全省已有15家房地产企业入围中国房地产企业百强,其中绿城集团入围前十强;已有15家房地产企业在海内外证券市场成功上市;已有18个住宅小区列入"国家康居示范工程",23个住宅小区通过国家A级住宅性能认定;已有温州正泰、绍兴宝业、杭萧钢构被批准为国家级住宅产业化基地。房地产业的快速发展,极大地改善了城镇居民的人居条件。

　　与此同时,房地产物业、评估、经纪、咨询等房地产服务业快速发展,绿城物业等一大批综合实力强、品牌形象好的房地产服务企业脱颖而出。到2011年年底,全省物业服务项目已达8684个,全省城镇95%以上新建小区和近60%旧住宅小区已实施物业管理。物业服务已涵盖住宅、写字楼、工厂、学校、医院、体育场馆、机场、仓储等多种类型物业,基本覆盖到了不动产管理的所有领域。全省已建立物业专项维修资金 193.44 亿元、住宅物业保修金 30.71 亿元。到 2011 年年底,全省物业服务业年营业收入达 107.65 亿元,比 2008 年增长 71%,平均年增速为 23.7%。全省物业服务行业总就业人数达 19.82 万人,比 2008 年增长 55.7%。

五、城镇基础设施建设管理上新台阶

(一)强化城镇基础设施建设

浙江省坚持以完善市政公用设施体系为着力点,大力推进城市旧城改造和新区建设,努力提高城市综合承载能力和集聚辐射能力。积极探索旧城改造的实施方式和推进机制,有效推进城市"有机更新"。杭州等地大力推进了背街小巷改造,取得了明显成效。坚持规划引领、功能优先、公建带动、有序开发,有力推动城市"集约增长"。"十五"期间,全省县以上城市新增建成区面积 725 平方公里,市政公用设施投入达 2100 亿元,新增道路 5600 公里,新增供水能力 224 万吨/日,新增集中污水处理能力 382 万吨/日,新增给排水管网 2.6 万公里,新增垃圾处置能力 1.1 万吨/日,新增公园绿地 7700 万平方米。"十一五"期间,全省设市城市和县城累计完成市政公用设施建设的固定资产投资 2334.48 亿元。供水综合生产能力增加 262.2 万立方米/日,累计达到 1759.8 万立方米/日,用水普及率由"十五"期末的 99.1% 提升到 99.7%;新建、扩建城市道路 4441.9 公里,人均城市道路面积由 10.94 平方米增加到 16.73 平方米;新增污水处理厂处理能力 313.5 万立方米/日,累计处理能力达到 743 万立方米/日,污水处理率达到 78%;新增污水管道长度 6637 公里,累计达到 15374 公里;新增生活垃圾无害化处理厂 28 座,累计达到 90 座,新增垃圾无害化处理能力 1.8 万吨/日,累计达到 4.3 万吨/日,生活垃圾无害化处理率由 81.5% 提升到 96%;新增公园绿地面积 8845.09 公顷,累计达到 24044 公顷,人均公园绿地面积由 6.96 平方米增加到 10.87 平方米。各项指标均全国领先。全省共创建国家级园林城市 18 个,累计达到 21 个;省级园林城市 21 个,累计达到 36 个。创建国家级节水型城市 3 个。荣获联合国人居奖城市 1 个,改善居住环境最佳范例奖项目 1 个,中国人居环境奖城市 2 个,人居环境范例奖项目 8 个。

(二)在全国率先全面推行"数字城管"工作

　　浙江省政府办公厅先后出台了《转发省建设厅关于推行数字化城市管理试点工作实施意见的通知》《关于积极推进"数字城管"工作的实施意见》。杭州市、诸暨市和绍兴县分别是全国第一个通过国家验收的地级市、县级市和县城,到 2011 年年底,全省有 11 个设区城市和 55 个县(市、区)建成并运行"数字城管"系统,并开始向建制镇延伸,全省已有 3 个镇建成运行"数字城管"平台,部分地区还以"数字城管"为依托积极打造"智慧城市"、"数字政府"。全省基本形成标准统一、类型有别、目标一致、成效明显的"数字城管"格局。

六、新农村建设不断取得新进展

(一)全面推进"美丽乡村"建设

　　2002 年以来,全省结合实施"千村示范、万村整治"工程,大力推进城镇公用设施向农村延伸。到"十一五"末,累计完成示范村 630 个、整治村 12306 个。累计完成 1.5 万余个规划保留村规划编制,编制完成率达到 75% 以上;推进城镇集中供水向农村延伸,新增农村供水人口超过 690 万人;1.4 万个行政村开展了生活污水治理,生活污水治理行政村覆盖面从"十五"期末的不足 10% 提高到 45% 左右;农村生活垃圾集中收集处理村庄达到 1.5 万个以上,生活垃圾集中收集处理行政村覆盖面从"十五"期末的 50% 提高到 85%。

（二）在全国率先开展农村困难家庭危旧房改造工作

至 2010 年年底止,全省累计完成农村低保标准 1.5 倍以下农村困难家庭危旧房改造 11.2 万户。大力加快农村住房改造建设,累计完成 72 万户农村住房改造建设。2011 年,全年实施困难家庭住房救助 4.5 万户,向基本实现农村低保标准 1.5 倍以下困难家庭住房救助全覆盖迈进了一大步;2011 年全年完成农村住房改造建设 41.4 万户,三年累计改造建设农村住房 117.4 万套,提前一年完成四年改造建设农村住房 100 万套的目标。

七、污染减排和建筑节能工作顺利推进

（一）全面推进绿色城镇行动

浙江省加大城市污水管网和镇级污水处理设施建设管理力度,充分发挥污水处理设施对改善环境的作用,全省 COD 减排贡献率达到 70% 以上。2007 年,在全国率先建成了县级污水处理设施,是全国第一个"县县有污水处理厂"的省份。在率先实现太湖流域镇级污水处理设施全覆盖的基础上,列入"811"环境保护新三年行动计划的 288 个镇级污水处理设施建设项目基本建成。

到 2011 年年底,城市（县城）污水处理能力 776.8 万立方米/日,污水处理率 83.80%。2011 年,新建成 60 个镇的污水处理设施,累计有 527 个建制镇建成污水处理设施,占全省建制镇总数的 72.4%。全省新增县以上城市污水配套管网 1650 公里。全省县以上城市运行中的 107 座主要城镇污水处理厂,建成设计能力 776.8 万吨/日,年污水处理总量 24.68 亿吨,COD 去除量 124.58 万吨。全省新建成城镇污水处理厂污泥处置设施 9 座,新增能力 2996 吨/日。截至 2011 年年底,全省已建成较为规范的焚烧发电、脱水干化、建材利用等污泥处理处置设施 17 座,日处置能力达到 5626 吨。

到 2011 年年底,全省已有城镇生活垃圾处理设施 92 座,其中填埋设施58座,焚烧设施33座,堆肥设施1座。全省生活垃圾处理能力达到4.3万吨/日。杭州、湖州等市积极开展生活垃圾分类收集和处置工作取得了初步成效。

(二)大力发展绿色建筑

2005年,浙江省政府召开全省建筑节能工作会议,出台建筑节能的政策性文件,2007年,在全国率先出台了《浙江省建筑节能管理办法》。绿色建筑和建筑节能快速发展,新建民用建筑全面实施建筑节能设计标准。2011年,省政府出台了《关于积极推进绿色建筑发展的若干意见》,全省已有两市、六县和一镇被国家列为可再生能源建筑应用示范区域。进一步加强建筑节能监管工作,省人大颁布实施了《浙江省实施〈节约能源法〉办法》,出台了民用建筑节能评估审查等4项制度。截至2011年年底,全省已累计设计节能建筑3.5亿平方米,建成节能建筑1.6亿平方米,形成了年节约标准煤425万吨的能力,建筑节能对全社会总能耗降耗的贡献率保持在10%以上。38项建筑获得绿色建筑标识,其中3项绿色建筑荣获国家绿色建筑创新奖。

八、风景名胜和历史文化资源得到有效保护

浙江省切实加大国家级和省级风景名胜区规划编制工作,强化建设项目选址管理与实施监管,积极开展风景名胜区环境综合整治。到2011年年底,全省共有世界自然遗产1处,世界文化遗产1处,分别有国家级、省级、市县级风景名胜区18处、41处和120处,其中,国家级风景名胜区数量占全国总数的9%,居全国首位。风景名胜区总面积达到7403平方公里,占全省陆域面积的7.27%,高于全国平均水平约6个百分点,基本实现风景名胜资源应保尽保。全省已拥有6座国家级历史文化名城、12座省级历史文化名城、79个历史文化街区和村镇,形成了层次鲜明、较为完善的历史文化遗产保护体系。

九、实施"建筑强省"战略取得明显成效

浙江省委、省政府一直高度重视建筑业工作,2002 年以来,全省建筑业各项主要经济指标全国领先,国民经济的支柱产业地位进一步确立。2005 年,省政府召开了全省建筑业工作会议,出台了《关于促进建筑业持续健康发展,加快培育建筑强省的若干意见》,部署建筑强省战略。"十五"期间,浙江省建筑业总产值已连续四年、利税连续五年全国领先。全省建筑业增加值合计为 3157.4 亿元,占同期全省生产总值的 6.5%,全省建筑业税收合计为 407.94 亿元,占全省地税收入的 13.9%。"十一五"以来,浙江省建筑业行业规模迅速扩大,社会贡献不断提高。"十一五"全省建筑业累计完成产值 42384 亿元,是"十五"时期的 2.7 倍,五年平均增长 20.5%,2010 年建筑业总产值更是突破万亿元大关,达到 12008 亿元。累计实现建筑业增加值 6241 亿元,五年平均增长 15.0%,建筑业增加值占 GDP 的比重稳定在 5.6%—6.0%之间,建筑业已成为一个支柱产业,为全省国民经济持续稳定增长做出了重要贡献。

在建筑业产值不断提升的同时,浙江建筑业结构调整步伐加大,市场领域不断拓展。全省建筑业企业积极调整结构,转换经营机制,产业结构不断优化,资质结构日趋合理。全省建筑业特级企业由 16 家增加到 40 家,已经形成了一支专业配套、善打硬仗、信誉良好的建筑业产业大军。40 家特级企业已有 26 家具备了设计甲级资质的能力,逐步从单一的施工总承包为主向综合的大土木工程总承包拓展。并参与了包括奥运"鸟巢"、北京机场候机楼、各大城市地铁等重大工程在内的大型基础设施和城市标志性工程的建设。省外施工产值占全省建筑业产值的比例由 2005 年的 37%提高到 2010 年的 48.2%,产值规模超百亿元的省外区域市场已发展到 17 个。与此同时,境外承包工程也取得了长足进展,承建工程近百项分布在 60 多个国家和地区,累计境外承接

工程近 100 亿美元。浙江省出省完成建筑业产值位居全国第一,海外建筑市场稳步开拓。

2011 年,浙江省委、省政府召开了全省建筑业发展大会,省政府出台加快建筑业发展的政策性文件,首次命名了浙江省"建筑强市"、"建筑强县"和"建筑强企",并表彰了一批建筑企业家。2011 年,全省建筑业产值达到 14686 亿元,同比增长 22.3% ,建筑业从业人员达到 628 万人。出省施工产值达到 7339 亿元,同比增长 26.4% ;外向度达到49.97% ,超百亿元区域市场达到 20 个,主要经济技术指标继续保持全国前列。

在新的历史时期,浙江省将迎来新的发展机遇。在新的历史起点上,浙江省住房和城乡建设系统广大干部职工正以开阔的视野、创新的思路、有力的举措,锐意进取,努力开创浙江省新型城市化工作、住房和城乡建设事业新局面,为加快推进浙江新一轮高质量发展、加快建设物质富裕、精神富有的现代化浙江作出不懈努力,做出更大贡献,以优异成绩迎接党的十八大胜利召开。

科学发展铸辉煌

——党的十六大以来安徽省住房和城乡建设成就综述

党的十六大以来,在科学发展观的指导下,在住房和城乡建设部的关心支持及省委、省政府的坚强领导下,安徽省经济社会发展波澜壮阔,城乡建设精彩纷呈,城乡面貌日新月异。这十年,是全省住房和城乡建设投入最多的时期,全省建设投资累计达到15808亿元,年均增长32.2%;2011年,全省建设投资3911亿元,是2001年的15.3倍,十年翻了近四番。这十年,是全省住房和城乡建设发展最快的时期,城镇基础设施不断完善,城市天然气供应从无到有,所有市县建成污水处理厂,城乡基础设施水平显著提高,城乡人居环境明显改善。这十年,是全省城乡面貌改观最显著的时期,一座座新城拔地而起,一处处秀美村庄映现眼前,呈现出快速发展、环境优美、文明进步、社会和谐的喜人魅力,城乡面貌发生了翻天覆地的变化。十年的快速发展,十年的辉煌成就,镌刻了全省住房和城乡建设事业发展的恢宏篇章,也为住房和城乡建设事业长期健康快速发展奠定了重要基础。

一、城镇化迈上新台阶

党的十六大以来,安徽省城市群落不断崛起,城市经济日益繁荣,城市生活加速改善,城镇化进入持续快速发展新时期。

（一）城镇化进程快速推进

全省城镇化水平由 2001 年的 29.3%，提高到 2011 年的 44.8%，年均提高 1.55 个百分点。城镇人口由 2001 年的 1795.5 万人，增加到 2011 年的 2673.5 万人，每年平均近 90 万人进入城镇。十年间，城镇化发展经历了两个重要节点：一是，2002 年全省城镇化水平达到 30.7%，首次突破 30% 大关，标志着全省城镇化进入加速发展阶段；二是，2008 年全省城镇化水平达到 40.3%，突破 40% 大关，标志着全省城镇化进入持续快速发展时期。

（二）城镇体系不断优化

安徽省大力实施中心城市带动战略，初步形成了层级合理、梯次分明的城镇体系。构建了合肥经济圈、皖江城市带和皖北城市群三大城镇群。到 2011 年，全省城镇人口 100 万以上的特大城市已达 4 个，50 万—100 万人口的大城市 5 个，20 万—50 万人口的中等城市 15 个，10 万—20 万人口的小城市 35 个。省会合肥市综合实力显著增强，芜湖、马鞍山等皖江城市发展势头强劲，皖北城市发展普遍提速，皖南旅游城市功能不断完善。城镇规模等级序列呈"金字塔"式分布，大中小城市和小城镇基本实现协调发展。

（三）中心城市实力明显增强

安徽省着力做大做强中心城市，逐步打造具有较强辐射功能的综合性区域经济中心。合肥市在行政区划调整后，由滨湖迈向环湖时代，通江达海，对外辐射能力明显增强。芜湖市借力国家批准设立皖江城市带承接产业转移示范区的东风，现代化滨江城市雏形初现，进一步确立了沿江城市集群的龙头地位。淮南等资源型城市转型步伐加快，现代服务业发展迅速，正逐步成为新型综合性城市。黄山市以建设国际旅游文化示范区为载体，成为著名的风景旅游城市和世界级旅游目的地。

（四）区域城乡统筹发展取得长足进展

在皖江城市带承接产业转移示范区、合芜蚌自主创新综合试验区等战略平台建设的推动下，合肥经济圈联动发展成效凸显，皖江城市带增长势头强劲，皖北经济发展明显提速，区域发展的联动性、协调性特征逐步显现。马鞍山、淮南、淮北等市城乡一体化综合配套改革试点工作取得积极进展，城乡之间的产品、资本和劳动力等要素加快流动，城乡发展得到进一步统筹与协调。

（五）新型城镇化发展战略更加明晰

近年来，安徽省委省政府相继印发了两个文件、召开了一次工作会议，立足"三化联动"，着力推进新型城镇化。重点组织实施"11221"工程，推动合肥市建设成为全国有较大影响力的区域性特大城市，建设芜湖—马鞍山滨江城市组群，发展 20 个以上县级中等城市，培育 200 个左右特色镇，实施万村规划综合整治工程，打造具有安徽特色的美好乡村。

二、城乡建设发展阔步前行

安徽省不断加大建设投入力度，城镇基础设施不断完善，城镇功能明显增强，城乡人居环境显著改善。

（一）城乡规划龙头作用增强

一是及时编制完善省域城镇体系规划。及时编制实施了《安徽省城镇体系规划（1995—2010 年）》，启动了《安徽省城镇体系规划（2012—2030 年）》修编工作，在新的发展起点上，描绘未来全省城镇空间布局蓝图。

二是重视加强区域城镇体系规划的编制研究。相继开展了《长三角城镇群规划（安徽省）》、《合肥经济圈城镇体系规划（2008—2020

年)》等编制和研究工作。

三是加快推进城乡规划修编。2001 年以来,全省 22 个设市城市、56 个县城全部完成新一轮城市总体规划的修编工作,小城镇规划修编完善率达到 90% 以上,划定区域内村庄布点规划全部完成。与此同时,各地大力开展城市详细规划、专项规划、风景名胜区和历史文化名城名镇名村规划的编制工作,进一步完善城市规划体系。

四是不断加强城乡规划实施管理。全省相继制定出台了《安徽省城乡规划条例》等多部法规规章;建立了城乡规划督察员制度,向省辖市派驻了城乡规划督察员;组织开展了"村镇规划员"专题培训;加快推进了规划展示馆建设。

(二)城市建设日新月异

一是城市规模不断扩大。城市基础设施建设投入逐年递增,建成区面积逐年扩大。2011 年,全省城市(含县城)市政公用基础设施建设完成投资 815 亿元,是 2001 年的 15.7 倍;全省城镇建成区面积由 2001 年的 2762.4 平方公里,扩大到 2011 年的 3755.66 平方公里,增加了 993.26 平方公里。

二是城市功能不断增强。各级政府把抓城市市政公用基础设施建设列为任期责任目标和为民办实事的主要内容。(1)城市路网体系日趋完善。目前,各市城市道路主干路网基本形成,初步建成以快速路、一级主干路组成的城市快速通道系统,加大次干路和支路的覆盖范围,形成网络布局合理、功能完善、等级分明的道路系统,并与区域性的交通节点形成通畅的衔接。2011 年年底,全省城市道路总长 16069.2 公里,比 2001 年增加了近一倍(增加 95.6%);人均城市道路面积达 18 平方米,比 2001 年增加 9.6 平方米,处于全国先进水平。(2)城市供水普及率明显提升。由 2001 年的 78% 提高到 2011 年的 96.55%。(3)城市污水处理成效显著。连续多年将污水处理设施建设列入省政府对各市县政府年度目标考核内容进行管理,2009 年大力实施"减排攻坚"

行动,全年新建成城镇污水处理厂41座,新增污水处理能力101.5万吨/日,实现全省所有市、县都建成污水处理厂,成为全国第5个"县县建成污水处理厂"的省份。到2011年年底,全省建成城市生活污水处理厂106座,形成污水处理能力460.5万吨/日,铺设污水管道14897公里,城市污水处理率由2001年的43.5%提高到2011年的91.09%,居全国前列。(4)城市垃圾处置积极推进。到2011年年末,全省已建成城市(县城)生活垃圾无害化处理设施39座,形成垃圾无害化日处理能力14984吨。城市生活垃圾无害化处理率由2001年的46.1%提高到2011年的86.99%,比2001年增长了近41个百分点。部分城市积极探索区域治理、焚烧处理和综合利用城市垃圾新模式取得突破。(5)燃气事业迅速发展。到2011年,全省所有省辖市都用上了天然气。城市燃气普及率由2001年的57.74%提高到2011年的93.35%。

三是城市人居环境不断改善。城市园林绿化水平明显提高。2011年年底,全省城市园林绿地面积已达95977公顷,人均公园绿地面积11.88平方米,分别比2001年增长184.7%和148%。注重绿化品质提升,一大批设计新颖、施工精细、管理规范的园林绿化精品工程相继建成。积极运用数字化城市管理信息技术,建立城市管理快速反应机制,提升城市管理水平。合肥等多个城市被列为全国数字化城市管理试点城市。全省已有8个市的数字城管系统投入使用。到2011年年底,全省有10个国家园林城市、3个国家园林县城、1个国家园林城镇。2011年初,黄山市被评为2010年度"中国人居环境奖"城市。十年来,全省累计获得"中国人居环境范例奖"项目18个。

(三)村镇建设亮点纷呈

一是村庄整治改村貌。全省确定了1132个村、125个镇作为"千村百镇示范工程",以农房、基础设施建设和村容村貌整治为重点,着力改善村庄人居环境。率先在潜山、岳西、肥西、泾县等10个县选择了970个村庄,开展村庄整治试点,编制整治规划,推进农房整修、道路硬化、改水改厕、环境卫生、植树绿化工作,共完成道路整治 37 万平方米、整修房屋 1.98 万户、完善污水排放管道 640 千米、绿化面积 9 万平方米,收到明显效果,产生广泛影响。全省确定利用五年时间,在全省开展万村规划综合整治行动,实现农村环境明显改观,着力打造安徽特色的美好乡村。

二是清洁工程改环境。积极推进"村收集、镇(乡)中转、县(市)处理"的农村垃圾治理模式,村镇环境卫生面貌有了明显改善。截至 2011 年,全省 495 个乡镇,共计建成垃圾处理设施 109 个,建设投资 6.4 亿元,共建成垃圾转运站 447 个,垃圾房 23200 余个。配备小型生活垃圾清扫车 11000 余辆,垃圾桶(箱)8.63 万个。

三是小城镇发展显特色。立足城镇自然风貌和文化禀赋,积极扶持,形成一批像肥西三河镇为代表的兼具工业、旅游、商贸业态发展的综合发展型,天长秦栏镇、繁昌孙村镇等为代表的产业支撑型,黟县西递—宏村镇等为代表的旅游服务型,芜湖娥桥镇为代表的商贸带动型,固镇王庄镇为代表的特色农业型和濉溪临涣镇为代表的项目带动型等各具特色的小城镇。2011 年,全省人口规模 1 万人以下的小城镇达 658 个,1 万—3 万人的小城镇达 474 个,3 万—5 万人的小城镇达 63 个,5 万人以上的小城镇达 7 个。小城镇综合服务功能不断增强。截至 2011 年年底,全省小城镇通水个数达到 905 个,居民用水普及率达 72%;道路总长度达到 2837.96 千米,人均道路面积 11.21 平方米。小城镇公共服务设施建设突飞猛进。学校、医院、敬老院、幼儿园、金融机构、文化活动中心、党员活动场所等基本一应俱全,一些发展快的小城镇还建成了农民游泳池、农民溜冰场、农民公园、职业培训中心。

三、住有所居实现新跨越

安徽省着力改善城镇居民居住条件,确保老百姓不仅住者"有"其屋,更能住者"优"其屋。全省城镇居民人均住房面积由 2001 年的

19.75 平方米提高到 2011 年的 32.1 平方米,农村居民人均住房面积由 2001 年的 18.36 平方米提高到 2011 年的 31.5 平方米,居住条件明显改善。

(一)房地产业持续快速发展

一是普通商品住房建设力度加大。十年来,共竣工 2 万平方米以上住宅小区 2200 多个,近 170 万户家庭通过市场解决和改善了住房。2 万平方米以上的住宅小区物业管理覆盖面达 90%,新建住宅小区物业管理覆盖面达 98%,社会化、专业化、市场化物业管理体制初步建立。2001 年至 2011 年,全省商品房年施工面积由 1693.4 万平方米增加到 20744.1 万平方米,其中商品住房由 1293 万平方米增加到 16058.4 万平方米,均增长 12 倍多,年均增幅分别在 25% 左右;竣工商品房面积由 759.3 万平方米增加到 3063.9 万平方米,其中商品住房竣工面积由 769.5 万平方米增加到 2422.6 万平方米。

二是住宅产业现代化积极推进。截至 2011 年年底,全省累计实施 10 个国家康居示范工程住宅小区,87 个省级省地节能环保型住宅建设试点项目,14 个住宅小区通过住房和城乡建设部 A 级以上住宅性能认定。通过住宅产业现代化的推进,一些新技术、新产品、新材料、新工艺得到推广应用,住宅的综合性能得到较大提升。

三是住房公积金作用充分发挥。截至 2011 年年底,全省累计归集住房公积金 1343 亿元,贷款使用总额 676.3 亿元、提取使用总额 659.6 亿元,为改善职工住房条件提供了有力的资金支持。同时,住房公积金较好地支持了保障性安居工程建设,促进了居民住房消费。淮南市作为全国利用住房公积金贷款支持保障性住房建设试点城市,核准住房公积金贷款规模 21.99 亿元,截至 2011 年年底,已发放住房公积金贷款 13 亿,占保障性住房建设试点项目完成投资的 69%。

（二）保障性安居工程加快实施

一是保障性住房建设力度持续加大。2007 年，安徽省政府印发了《关于解决城市低收入家庭住房困难的实施意见》(皖政 106 号)。截至 2011 年年底，全省已有 35.2 万户城镇低收入住房困难家庭通过配租配售保障性住房和廉租房补贴解决了住房困难；共计开工建设保障性住房和实施各类棚户区改造 83.4 万套(户)。至"十二五"末，全省保障性住房覆盖面将达到 20%。

二是建设投入大幅增加。2008 年至 2011 年，全省累计完成保障性安居工程建设投资 800 多亿元，争取中央保障性安居工程各类补助资金 144 亿元。其中，2011 年争取中央资金 73.75 亿元，安排省级配套资金 18.41 亿元。

三是建管机制不断创新。全省大力推行配建制，在商品房中无差别混建保障性住房，使保障性住房和商品房配套设施和公共服务共建共享、互融互通。搭建保障性住房融资平台，通过贷款、发债等方式，筹集建设资金。芜湖、淮南、铜陵等市在保障性住房融资、准入、退出等方面积极探索，创新了很多好的做法。

四是质量监督不断强化。2011 年，在全国率先出台了《安徽省保障性住房建设标准》，得到了中央领导的肯定。全省狠抓标准实施，进一步规范保障性住房项目选址、建筑设计、设施配套、室内装修、施工与验收，切实提升保障性住房整体质量。

五是分配机制不断完善。严格落实"三级审查、两轮公示"制度，对申请人资格进行审核把关，审查合格、公示无异议后方可轮候。保障性住房申请、审核、轮候、分配环节全程公开操作，接受社会监督。完善动态监管和退出机制。加大对住房保障对象资格审查力度，根据保障对象收入、财产和家庭人口变动情况，及时进行保障对象调整。对审核中发现不符合保障条件的，及时通过调整租金、收回房屋等形式，形成退出机制。加强保障性住房后续管理。采取政府主导与市场化运作相结合的方式，采取专业化物业管理，辅以政府购买部分物业服务，做好保障性住房小区管理。

四、建筑业不断发展壮大

安徽省进一步加大建筑市场监管力度,规范市场秩序,培育"徽匠"品牌文化,促进了建筑业持续健康快速发展。

(一)产业规模不断扩大

安徽省等级以上建筑业企业完成产值由 2001 年的 469.7 亿元增加到 2011 年的 4139.66 亿元,年均增长 24.3%;企业数量由 2001 年的 2291 家增加到 2011 年年底的 5262 家。全省建筑业完成增加值由 2001 年的 223.7 亿元、占全省生产总值 6.7%提高到 2011 年的 1246.8 亿元、占全省生产总值 8.3%;2011 年,全省建筑业企业缴纳税收 146.6 亿元,占全省地税收入的 17.2%。

(二)企业结构有效调整

十年来,安徽省大力实施建筑业企业产权制度改革,行业整体实力不断增强。到 2011 年,全省建筑行业已基本形成了大中小企业合理配置、各类型企业优势互补的发展格局,建筑业从业人数 229.64 万人,等级以上建筑业企业中特级资质企业 4 家,一级企业 241 家,二级总承包企业 1201 家。共有注册建造师 42359 人。2011 年,安徽建工集团、中煤矿山建设集团、安徽外经建设集团等 3 家企业入围全国建筑业最具竞争力百强。

(三)建筑工程质量安全稳步上升

全省持续开展工程质量安全专项整治和督查检查,规范市场行为,加强标准化工地建设,工程质量稳步提高,涌现出一大批优质精品工程。累计获得全国建筑工程"鲁班奖"22 项、省优质工程"黄山杯"奖

674 项。建筑施工事故总量得到有效控制,建筑安全生产形势总体平稳。

(四)"徽匠"品牌效应逐步显现

通过广泛宣传教育、构筑文化载体、创新发展理念,传承"徽匠"精神,打造"徽匠"品牌,取得了积极成效。"徽匠"品牌逐步形成,对外影响力正在不断扩大。2007 年以来,连续成功举办五届"徽匠"建筑技能大赛,共产生了 27 名"徽匠状元"、54 名"徽匠标兵"、83 名"徽匠技术能手"。

五、建设科技水平不断提高

安徽省大力实施"科教兴业"发展战略,加大重点领域技术创新力度,加快科技成果推广应用步伐,建设科技水平不断提高。

(一)建筑节能取得重要成果

安徽省率先在国内编制完成了地方标准《安徽省公共建筑节能设计标准》和《安徽省居住建筑节能设计标准》,制定了《关于推进绿色建筑发展工作的实施意见》,为全省建筑节能工作的深入开展提供了保障。

一是创建建筑节能示范工程。出台了《安徽省建筑节能试点示范工程管理办法》,启动了安徽省建筑节能示范工程创建工作。目前,全省已建成"铜陵世界花园三期"、"安徽中房豪庭"两项国家级节能示范工程,建成一批节能示范小区和多项住房和城乡建设部科技示范工程,完成了"安徽省建筑科学研究院办公楼"既有建筑改造试点工作。

二是推动可再生能源建筑应用。2006 年以来,住房和城乡建设部将安徽省"科学家园"等 7 个项目列入国家可再生能源建筑应用示范项目,合肥等 6 个城市和利辛等 3 个县先后被列入国家可再生能源建筑应用示范城市(县),滁州市来安县汊河镇被列入 2011 年国家可再生能源建筑应用集中连片示范区。

三是积极推广运用新型墙材。初步建立了节能技术体系框架,共发布 32 部工程建设地方标准,13 项标准图集,累计在施行的工程建设地方标准 51 项、标准设计图集 54 项;高性能混凝土技术应用得到应用,商品混凝土、高效钢筋、粗钢筋连接、新型模板与脚手架技术推广应用取得新进展。到 2011 年,全省建筑节能标准设计执行率达到100%,施工执行率达到 98.3%。共形成节能能力 184.2 万吨标准煤,其中居住建筑形成节能能力 93.7 万吨标准煤,公共建筑形成节能能力49.9 万吨标准煤,可再生能源应用形成节能能力 40.6 万吨标准煤。

(二)建筑科技广泛应用

截至 2011 年,安徽省自主研发的"建筑保温耐候测试仪"荣获中国专利优秀奖,66 个科研项目被列为住房和城乡建设部科学技术项目计划,12 个项目获得安徽省科技进步奖及住房和城乡建设部华夏科技奖。建设行业整体技术水平较大提高,科技成果转化率由 2001 年的40%提高到 2011 年的 65%。

辉煌成就鼓舞人心,崇高使命正在召唤。2011 年,安徽省住房和城乡建设厅被中央文明委评为"全国精神文明建设先进单位"。党的十八大即将隆重召开,面对时代赋予的历史机遇,顺应人民群众过上更好生活的新期待,安徽省住房和城乡建设系统将在省九次党代会精神指引下,不断创造住房和城乡建设事业持续健康发展新业绩,为推进跨越发展、建设美好安徽做出更大贡献!

海峡西岸听潮声

——记党的十六大以来福建省住房和城乡事业发展

福建地处中国东南沿海,与台湾省一水之隔,毗邻港澳。全省土地面积 12.14 万平方公里,海域面积 13.6 万平方公里,人口 3316 万,是中国著名侨乡和港澳台同胞的主要祖籍地。党的十六大以来,福建省委、省政府在深入贯彻科学发展观中,抓住海峡两岸人民希望和平发展的强烈愿望,结合福建实际,先后提出建设海峡西岸经济区构想和加快转变经济发展方式,建设更加优美、更加和谐、更加幸福的福建的发展战略目标。围绕这一发展战略目标,住房和城乡建设系统致力于改善民生、优化环境,促进社会和谐,加快改革发展,先行先试,为海峡西岸经济区的腾飞奠定基础,贡献力量。

一、住房保障体系初步建立

福建省住房保障从无到有、覆盖范围不断扩大。2002 年,福建省主要通过廉租住房、经济适用住房方式解决城市中低收入家庭住房困难,廉租住房仅福州市、厦门市实施。"十一五"期间,全面启动住房保障制度。2006 年省政府在厦门市召开社会保障性住房建设经验交流会。2008 以来,福建省委、省政府将保障性安居工程建设工作列入年度为民办实事项目,2010 年起列为"民生工程战役"的重要组成部分,实行目标责任管理。住房保障基本形成较为完善的政策体系,覆盖全省所有市县。率先在全国开展"和谐人居"社区建设,推行保障性住房配租配售"流程图",厦门市住房保障工作走在全国前列,被誉为"厦门模式"。截至 2011 年年底,全省保障性安居工程累计保障到户 91.4 万户。其中,各类保障性住房 43.35 万户,各类棚户区 48.05 万户。自 2010 年国家对住房保障实行目标责任管理以来,每年均超额完成任务。

二、房地产业快速成长

党的十六大以来,福建省出台了扩大市场机制、搞活住房二级市场等一系列政策,扶持发展房地产业。2011 年房地产开发完成投资 2402.6 亿元,是 2001 年 226.8 亿元的 10.6 倍,年均增长 27%;商品房销售 2796.7 万平方米,是 2001 年 987.8 万平方米的 2.83 倍;存量房交易量 1283.8 万平方米,是 2001 年 397 万平方米的 3.23 倍。行业不断发展壮大,全省有 3019 家房地产开发企业,1478 家物业管理企业,1000 多家房地产中介经纪机构,创造了大量的劳动就业岗位,从业人员近 30 万人。全省城镇实现物业服务覆盖面达到 70%,新建住宅小区达到 100%,累计有 67 个项目获得全国物业管理示范项目称号,一批住宅小区被列入国家康居示范小区和省级住宅建设示范小区项目。近年来,按照"突出重点、分类指导、优化结构、保障供应、规范市场、稳定房价"的原则,调整住房供应结构,稳定住房价格,取得明显成效。2010 年年末全省城镇居民人均住房建筑面积达到 35.62 平方米,居全国前列。

三、城市群建设呈现新格局

海峡西岸城市群规划编制完成并全面实施,新一轮福建省域城镇体系规划编制顺利开展。平潭综合实验区、武夷新区、古雷南太武等十大新增长区域规划编制加快推进;以厦泉漳龙城市联盟、福州和宁德城市联盟为省级平台,福州和厦漳泉两大都市区同城化建设加速;42个综合改革发展试点镇加快建设宜居城市综合体。以改善民生,优化人居环境为重点的"城市建设战役"持续推进;总结推广泰宁县、漳州市等城市规划建设经验,提升全省城市规划建设水平;实施"点线面"综合整治攻坚计划,推动城乡人居环境连片整治改造,打造完整社区和山清水秀的绿色田园村庄;制定推进城镇化工作方案,促进新型城乡化稳健和谐向前发展。目前已初步形成以福州大都市区和厦漳泉大都市区为中心,区域城市为次中心,县级城市为骨干,小城镇为基础,快速便捷交通网络、现代通信网络和公共服务体系为支撑的海峡西岸城市群框架。2011年全省城镇化水平达到58.1%。

四、城市基础设施不断改善

城市供水、供气等公用设施建设适度超前。至2011年年底,全省城市日供水能力682.94万吨,用水普及率99.11%,比2003年增长7.6%;液化石油气年供气总量32.48万吨,燃气普及率98.67%,比2003年增长10%。福州、厦门、泉州、漳州、莆田沿海五城市转换使用天然气,汽车加气有序推进。城市道路交通网络不断发展。加快过境快速干道、城市进出口通道、市区骨干道路、桥梁、交叉口等工程的建设改造,城市道路网络骨架进一步完善。至2011年年底,城市道路面积13908万平方米,人均拥有城市道路面积13.46平方米,比2001年增加3.56平方米。发展城市综合交通,福州市地铁1号线全面开工,厦门市启动轨道交通1号线试验段。

五、污水垃圾处理产业化结出硕果

"十一五"以来,加快城市污水处理厂及配套管网建设,大力推行垃圾焚烧处理,到 2011 年年底,全省市县污水处理率达 81.3%,共建成城市生活污水处理厂 93 座,日处理规模 366 万吨,实现"县县建成一座以上污水处理厂"目标;城市污水处理厂新增 COD 削减量占全省总量的比例超过 82%。全省市县垃圾无害化处理率达 85%,共建成垃圾无害化处理场 64 座,日处理规模 2.16 万吨,全省 7 个设区市县县建成垃圾无害化处理厂。已建成垃圾焚烧发电厂 12 座,处理能力约占全省垃圾处理能力的 45%,处于全国前列。

六、园林绿化扮靓八闽城市

到 2011 年年底,全省城市建成区绿化覆盖率达 41.39%,比 2001年的 33.5% 提高 7.89 个百分点;建成区绿地率达 37.37%;人均公园绿地面积达 11.72 平方米,比 2001 年的 7.2 平方米提高 4.52 平方米;县城建成区绿化覆盖率达 37.53%、建成区绿地率达 33.54%、人均公园绿地面积达 10.92 平方米。现有城市公园 685 座(含县城),其中97% 免费对外开放。福州市罗星塔公园等被列入"国家重点公园"名录,厦门市杏林湾被列入"国家湿地公园"。全省城市和县城均建成一座以上城市综合性公园。福州、厦门等 11 个市(县)被命名为"国家园林城市(县城)"。

七、风景名胜资源保护成绩斐然

到 2011 年年底,全省拥有省级以上风景名胜区 51 处,比 2001 年增加 42 处。其中国家级 16 处、省级 35 处,总面积 2200 多平方公里,增加 700 多平方公里,约占全省国土面积 1.8%,国家级风景名胜区数量居全国第三位。武夷山被列入《世界文化和自然遗产名录》,泰宁被列入《世界自然遗产名录》,清源山、海坛、太姥山和冠豸山被列入《国家遗产名录》,加上福建土楼世界文化遗产,福建成为全国拥有三大遗产体系的两个省份之一。建立了以丹霞地貌、花岗岩地貌、海蚀地貌、岩溶地貌、火山熔岩地貌、海岛风光、森林湖泊、峡谷瀑布、石臼景观和宗教文化为特征的十大类型风景名胜区体系。

八、村镇建设稳步推进

截至 2011 年年底,全省共有 680 个镇(乡)、7440 个行政村完成规划修编,计划在 2012 年年底前完成全部村庄规划编制,实现村庄规划全覆盖。2010 年开始实施小城镇改革发展战役,已发展 42 个试点镇,全部完成总体规划编制及各类专项规划和城市设计,生成各类项目 1987 个,完成投资 964 亿元,其中城建项目 747 个,完成投资 254 亿元。指导全省农房建设,累计建成及在建省级村镇住宅试点小区 254 个;完成 3.07 亿平方米石结构房普查工作,出台《新一轮全省造福工程农村石结构房屋改造搬迁安置指导意见》。农村人均住宅建筑面积 37.26 平方米。创建一批绿色乡镇,厦门市灌口镇列为第一批全国绿色低碳重点小城镇试点。82 个镇村获得国家级、省级历史文化名镇名村称号,其中国家级 23 个;16 个镇村获得特色景观旅游名镇村称号,其中国家级 7 个。

九、乡村垃圾整治成效明显

2006 年 10 月,福建省住房和城乡建设厅牵头发起全省农村"家园清洁行动"。以治理农村垃圾为重点,逐步改善农村人居环境。截至 2011 年年底,全省建成乡镇垃圾处理设施 1015 座,建设垃圾池 7.9 万个,累计投入 24.87 亿元,聘请村镇保洁员 4.2 万人,日处理村镇垃圾 1.79 万吨。农村垃圾治理覆盖面乡镇达到 100%,村庄达到 83%(2012 年年底将达到 100%)。农民说,"家园清洁行动"是新中国成立以来,村庄这一级环境卫生搞得最彻底的一次,村容镇貌明显改观。

十、建筑业成为富民产业

2003 年,福建省出台《关于加快建筑业改革发展的若干意见》,开展建筑业改革,放手发展民营企业;2006 年出台《关于进一步发展壮大建筑业的若干意见》,引导建筑业由数量扩张转向注重质的提高,调整结构,做大做强。两个政策文件衔接实施,有力地促进了建筑业持续稳定发展。全省建筑业总产值从 2002 年的 409 亿元,增加至 2011 年的3696 亿元;实现全社会增加值从 76 亿元增至 1392 亿元,增长了 17 倍,约占全省 GDP8%;企业缴纳地方税收从 2002 年的 22 亿元增至 2011年的 155 亿元,增长了 6 倍;从业人员从 2002 年的 49 万人增至 2011年的 180 多万人,其中 80% 多来自农村,为转移农村劳动力、增加农民收入,增加大中专学生就业岗位做出了贡献。

十一、建筑节能持续推进

自 2007 年以来,福建省政府与住房和城乡建设部连续 6 年联合举办"6·18 海峡绿色建筑和建筑节能博览会",展示节能减排成就,展出建筑节能新产品、宣传绿色建筑和生态城市新理念及福建特色项目,共展示项目 1803 项,对接项目 1121 项,影响日益扩大。开展绿色建筑评价标识、可再生能源应用建筑应用示范,绿色建筑实现由单个工程项目向城市(县)整体示范和新区集中连片示范发展。实施建筑节能全过程闭合监管,组织专项检查,确保节能标准严格执行。率先在全省设区市开展国家机关办公建筑和大型公共建筑能耗统计工作,民用建筑能耗和节能信息统计工作排名全国第二。建筑节能工作走在全国南方同气候区前列。

十二、标准化、信息化达到新水平

十年来,主编国家标准 13 部、国家级工法 31 部,发布地方标准及图集 152 部,审定省级工法 138 部。开展行业信息化工程暨金建工程三期建设,总投资达 2400 多万元,开发了建设厅政务办公系统、房地产市场动态监测、远程电子招标投标、网上审批等系统,省厅网站多次被评为优秀政府网站,被评为 2010 年省信息化应用先进单位,其中房地产市场动态分析监测系统被住房和城乡建设部评为 2011 年度"住房城乡建设领域信息化优秀工程"。

十三、抗震救灾壮举成为精神财富

2008 年汶川特大地震发生后,福建省积极响应中央号召,参与抗震救灾。省住房和城乡建设厅受命组建援建现场指挥部,派出援建干部 100 多人次,调集省内 50 多家设计、施工、安装企业入川,现场人数最多时达 7000 多人。经过两个月艰苦奋战,提前 20 天超额完成 3.65 万套 75 万平方米板房援建任务。被党中央、国务院、中央军委授予"全国抗震救灾英雄集体"称号。随后响应省委省政府支援四川彭州灾后重建、新疆昌吉回族自治州建设的部署,派出得力干部和优秀企业参与援建工作,高质量完成援建四川彭州的 115 个"交钥匙"项目,实现国务院要求的三年援建两年完成的目标。17 个符合四川省"天府杯"优质工程评奖规模的项目全部获奖,其中金奖 10 个、银奖 7 个。抗震救灾精神在抗击 2010 年 6 月的闽西北特大暴雨洪灾中得到发扬。全系统齐心协力参与抢险救灾和灾后重建工作,顺利建成 258 个安置点,实现当年春节前灾民搬入新居的目标。

十四、十年来工作亮点

一是《海峡西岸城市群发展规划》。2006年,海峡西岸城市群被列入全国城镇体系规划,为优先支持发展的八大城镇群之一。2007年1月,福建省政府与住房和城乡建设部联合编制海峡西岸城市群发展规划(2010—2020),历经四年编制完成,2010年12月正式实施。规划提出,建立"以工促农、以城带乡"的长效机制,城乡经济社会一体化程度明显高于全国平均水平,2020年全省城市化水平达到62%以上。

二是城市联盟。2003年,地处闽南三角洲的厦门、泉州、漳州三市率先发起成立城市联盟。几年来,通过城市联盟市长联席会议的运转,编制完成了厦泉漳龙地区发展走廊规划等三个专项规划。围绕城市规划、交通等诸多领域重点项目对接顺利、推进有力,厦泉漳龙城市联盟、闽江口、环三都澳湾区城市联盟以及泉州、三明内部城市联盟初具规模,走出了一条促进区域协调发展的新路子。福州、厦门、泉州、漳州、宁德、莆田、三明等地也依托总体规划编制开展城乡统筹发展研究。城市联盟成为推进海峡西岸城市群协调发展的一个重要机制。

三是泰宁县城建设经验。泰宁是福建西北部的一个山区小县。该县依托历史文化和自然生态两大资源,先后投入近千万元,委托国内权威规划设计机构编制城市总体规划和各类规划,形成合理有序的城市格局。突出城市个性,把文化特色和风土人情放在首位,通过文化资源与旅游资源的结合来提升城市的品位,拥有江南保存最完好的明代民居尚书第和世德堂等古建筑群,保持秀丽的山水园林景观,形成"状元故里,江南名城"特色。在注重对原有传统建筑特色、街巷格局肌理以及整体风貌的保护基础上,该县还严格控制城区新建建筑的体量、高度、色彩,促进新区开发和古城整体风貌的协调。在城市建筑风格上,精心提炼泰宁传统的造型元素,体现出城市历史的延续性。此外,该县还坚持一张规划图绘到底,保证了城市规划建设的持续性和连贯性。

泰宁城关镇被评为"中国最有魅力的十佳名镇"。

四是"公厕革命"。2010年11月,省政府将解决城市群众如厕难问题列入惠民实事项目之一。城市公厕建设列为城市建设战役工程。经过全省建设系统齐心协力,至2011年6月底,仅用一年时间,全省累计新增城市公厕1200座。新建城市公厕标准高、管理好,较好地解决了群众"如厕难"的问题,促进了城市文明水平的提升,受到广大市民好评。福建日报为此刊发"公厕革命"专版,传为佳话,成为政府急民之所急、办好惠民实事的典范。

五是"点线面"攻坚计划。"点线面"城乡人居环境综合整治攻坚计划,是建设更加优美、更加和谐、更加幸福的福建的重要举措。"点"就是抓好城乡社区的规划、整治和建设,以完善公共服务设施配套和环境建设为重点,打造完整社区。"线"包括快线和慢线。快线就是抓好高速公路、过境公路和铁路沿线两侧的绿化整治,以开展环境和景观综合整治为重点,打造一批房屋美观、环境整洁、配套完善、自然生态的宜居新村;慢线则是充分利用现有道路、景观、旅游资源,抓好自行车和步行道系统的建设,打造人居环境走廊。"面"就是小流域治理,以生态环境恢复和增强水体自净能力为重点,建设生态清洁型小流域,打造青山绿水的田园风光。

六是"三坊七巷"街区保护。"三坊七巷",是福州市历史文化名城的重要标志。它不仅名人辈出,而且建筑基本保留了唐宋的坊巷格局,保存较好的明清古建筑159座,其中包括全国重点保护单位9处,省级文物保护单位8处,被誉为"明清建筑博物馆"、"城市里坊制度的活化石",是中国十大历史文化名街之一。2004年,福州市初步考虑将分步骤修复三坊七巷,并开展相关调研。2006年7月,三坊七巷保护修复工程正式启动,工程按照"不改变文物原状"的原则,严格采用传统工艺和材料进行修复。新建建筑延续了历史街区肌理,严格控制高度和体量。经过保护维修,历经千年风雨的三坊七巷建筑格局依然完美地展现在世人面前。

七是"厦门蓝本"。为有效解决中低收入家庭的住房困难,厦门市委、市政府于 2006 年 5 月提出把市场调节与政府保障行为分开,"社会保障性住房"概念应运而生。几年来,厦门市严格遵循地点好、配套好、质量好的"三好"要求大规模、高标准、高水平规划建设保障性住房,先后制定出台了 20 多个管理规定及操作办法,逐步形成公平、公开、公正的住房保障制度,建立"全覆盖"住房保障体系。通过向不同对象提供不同类型的保障性住房,厦门的保障性住房已经覆盖到全体市民。截至 2012 年 5 月,厦门市累计竣工保障性住房 47402 套,已分配入住 35912 套,实现了中低收入家庭保障住房应保尽保,实现保障房配租配售"零投诉",被媒体称为"厦门蓝本"。住房和城乡建设部先后在福建省召开现场会和座谈会推广厦门做法。

八是"平潭速度"。平潭岛位于台湾海峡中北部。平潭综合实验区自 2009 年 7 月成立以来,围绕建设"两岸人民共同家园"的定位,从规划到基础设施建设做了大量工作。2010 年以来,先后编制完成《平潭综合实验区概念性总体规划》、《平潭综合实验区总体发展规划》、《平潭综合实验区总体规划》等;出台了《台湾建筑业企业进驻平潭综合实验区从事建筑活动管理办法》等。完成了旧城区道路网改造,污水处理厂二期建成投入使用;城市主干道和垃圾焚烧发电厂等工程进展顺利。启动国际森林花园岛建设,累计植树造林 3000 多万株。平潭综合实验区正以"一天一个亿,一天一个样"的速度推进基础设施建设,海峡大桥复桥等重大基础设施项目将于 2012 年年底建成。

九是"两条保底线"。福建省住房和城乡建设厅党组提出:工程质量安全和干部队伍廉洁从政是行业不可动摇的两条底线。主要做法:首先转变职能,转变作风、转变工作方式方法。2002 年在全国建设系统率先成立省建设厅政务中心,同时采取精简审批事项、下放审批权限,规范行政权力运行和行政处罚自由裁量权,加强招标投标、房地产项目容积率监管制度建设等措施,保障干部"既能干事,又不出事"。其次强化工程质量安全,坚持工程质量安全目标责任制,加强现场管理和专项整治,推进安全文明标准化建设,完善企业信用档案,开发"三网"系统实行动态监管,建立起一套比较科学完善的工程质量和安全生产制度,使重大工程质量安全隐患处于可控状态。建筑施工百亿元产值死亡率从 2002 年的 9.76 逐年下降到 2011 年的 0.68。十年来,"两条保底线"如江河两岸的坚固堤坝,为建设事业和谐发展和干部健康成长提供了坚强保障。

科学发展,红旗猎猎;海峡西岸,涛声如鼓。过去十年,既是福建持续稳定发展的十年,也是福建住房和城乡事业快速发展的黄金十年。今天,民生优先、绿色发展、和谐发展已成为福建住房和城乡建设的总基调。在"科学发展、跨越发展"的旗帜下,一个更加优美、更加和谐、更加幸福的海峡西岸正日益鲜明地呈现在世人面前。

科学发展　辉煌成就

——十年来江西省住房和城乡建设事业健康发展

党的十六大以来,江西省住房和城乡建设厅深入贯彻落实科学发展观,团结一心,开拓进取,全省住房和城乡建设事业实现又好又快发展。

一、发展成就辉煌

(一)城镇化进程加快

到 2011 年年底,全省城镇总人口首次突破 2000 万人,达到 2051.21 万人,城镇人口比 2002 年增加 692 万人,年均增加 77 万人;城镇化水平达到 45.7%,比 2002 年提高了 13.5 个百分点。全省现有设市城市 22 个,县城 70 个,92 个市县城市建成区面积达 1876 平方公里。其中 100 万人以上的特大城市 1 个;50 万—100 万人的大城市 5 个,与 2002 年相比增加 5 个;20 万—50 万人口的中等城市 13 个,增加了 5 个。

(二)城乡人居环境不断改善

全省建成一大批城镇基础型、生态型、功能型设施项目,城镇服务和承载能力大幅提高,城市环境质量持续位居全国前列。全省城镇生活污水集中处理率和生活垃圾无害化处理率 2011 年分别达到 77.96%、55%；设市城市绿地率、绿化覆盖率、人均公园绿地面积等指标保持全国领先水平,列中部地区第 1 位。全省已有国家园林城市 9 个,国家园林县城 3 个,省级生态园林城市 4 个,省级园林市(县) 45 个。

(三)城乡住房保障水平得到提高

"十一五"期间,全省已累计投资 600 亿元,解决了 64 万户家庭住房困难,惠及人口超过 200 万人,实现城镇人均住房建筑面积 10 平方米以下低收入家庭保障性住房应保尽保。农村危房改造实施以来,共拨付补助资金 14 亿元,圆满完成 12.9 万户农村危房改造任务,惠及住房困难的农村人口 50 万人。

(四)住房和城乡建设事业进一步发展

2011 年年底与 2002 年比较,全省房地产开发投资由 103 亿元,增长到 853 亿元;商品房竣工面积从 688 万平方米,增加到 1777 万平方米;房地产开发企业由 1200 家,发展到 3000 多家。全省建筑业总产值由 245 亿元增长到 2000 亿元,年均增长 23.36%;全社会的建筑业增加值从 68 亿元增长到 980 亿元,从占全省 GDP 的 2.77% 增长至 8.5%。全省甲级勘察设计单位从 50 家发展到 77 家,营业收入由 12 亿元增长到 44 亿元。市政公用、房地产中介服务等行业迅速发展。全省城市、乡镇和行政村规划实现全覆盖,城乡规划编制和管理水平显著提高,行业改革迈上了新的台阶。

(五)全系统党建和精神文明建设取得新成效

2009 年,中共中央、国务院、中央军委授予江西省住房和城乡建设厅"全国抗震救灾英雄集体"称号。住房和城乡建设部授予厅机关抗震救灾先进集体称号。江西省援建四川过渡安置房现场指挥部由全国总工会命名为"抗震救灾重建家园'工人先锋号'"。厅机关连续 4 年荣获省直机关党工作特别优秀奖、省直文明单位、全省综治工作先进单位。全省先后涌现了新余市房管局等全国文明单位、景德镇市房地产交易处等全国青年文明号集体、南昌市住房公积金管理中心等全国住房城乡建设系统文明行业示范点、宜春市城管局等全国住房城乡建设系统精神文明建设工作先进单位。

二、城镇化高位推进

党的十六大以来,全省掀起了加快城镇化发展的热潮。2004 年,省委、省政府制定了《江西省城市化发展纲要》,将推进城市化进程正式摆到加快全省发展的突出位置。2008 年 4 月中旬,省委常委会理论中心组专题学习研究城镇化工作。2010 年 1 月,省委、省政府召开全省推进新型城镇化和城市建设工作现场会。2010 年 4 月,成立江西省推进新型城镇化工作领导小组。

2010 年 6 月,省委、省政府印发《关于加快推进新型城镇化的若干意见》。2010 年 8 月,省政府正式印发了《全省推进新型城镇化和城市建设现场督查和考核评价实施方案》和《全省推进新型城镇化和城市建设考核评价指标体系》。2012 年 6 月,省政府印发《关于进一步推进城镇化发展的实施意见》,标志着江西省的城镇化进入了加速发展的新阶段。同时,各市县也进一步完善了推进城镇化发展的相关政策和制度。

三、保障性安居工程成效突出

近年来,江西省大力推进保障性安居工程建设,努力实现住有所居的目标。

（一）确定"五种形式"，圆万千家庭住有所居之梦

2008年，江西省确定了五种住房保障形式，即通过建设廉租住房、建设经济适用住房、建设公共租赁住房和改造城市棚户区及危旧住房、改造农村危房，形成结构完整的住房保障体系。

2012年，江西率先在全国推行"三房合一，租售并举"新制度。实行廉租住房、经济适用住房、公共租赁住房"三房"合并建设公共租赁住房，实行"租售并举"。这进一步明确了住房保障的发展方向，破解了体制机制上的诸多难题。

（二）坚持"三个舍得"，确保保障性安居工程目标实现

一是舍得投入。2009年以来，省级财政逐年增加配套补助资金。2010年省政府搭建的投融资平台，向银团贷款130亿元用于廉租住房等使用。截至2011年年底，各市、县通过财政预算安排等筹集资金达750余亿元。二是舍得供地。优先安排存量建设用地或政府收储土地用于保障性住房建设。2007年以来，全省累计落实保障性安居工程建设用地2.2万亩。三是舍得给政策。通过实施一系列优惠政策，2008年以来，全省减免税费资金总额近30亿元，切实降低了保障性安居工程建设成本。

（三）做到"三个落实"，建立强有力的工作推进机制

一是落实目标责任。江西已连续6年签订了省、市、县三级政府保障性安居工程目标责任书，实行"四定四保"，连续6年出台年度工作方案，明确了具体要求。二是落实考核奖惩。建立了保障性安居工程建设目标责任考核制度，实行周报告、月调度、季督查、年考核。坚持日常巡查与重点督查、现场督查与网上督查、群众举报与社会监督的"三结合"制度。三是落实约谈问责机制。省监察厅实施专项效能监察，对不按时完成任务的市县，约谈当地政府主要领导，直至问责。

（四）抓好"五个环节"，把好事办好实事办实

一是优化规划布局和户型设计。充分考虑群众的需要，优先安排便利的区域进行规划，棚户区改造尽量就地就近建设安置用房。二是加强质量安全监管。强化全程监管，率先推行三个"百分之百"质量安全监管措施。三是严把准入分配关口。率先建立了"三级审核、三榜公示"等制度，确保了分配过程与结果的公开、公平、公正。四是完善退出机制。建立住房保障动态管理台账，对不再符合保障条件的住户进行清退。五是强化后续管理，让居民住得放心。

四、城乡规划编制管理不断规范

目前，江西省已基本建立了城乡全覆盖的规划编制体系、科学规范的规划管理体系、完善齐备的规划制度体系。全省现有 22 个设市城市，70 个县，国家历史文化名城 3 个，省级历史文化名城 4 个。

（一）管理机构日益健全，规划管理水平明显提高

2002 年，全省仅有 17 个市县设立了规划局，规划管理人员不到千人。至 2011 年年底，江西省共有 11 个市设立了一级规划局，9 个市设立了一级规划建设局，4 个市设立了二级规划局（处），17 个县设立了规划局，15 个县设立了规划建设局，共有规划管理人员近两千人。

（二）规划编制体系不断完善，规划引领城市发展的作用日益凸显

先后开展了两轮《江西省城镇体系规划》编制工作，目前规划纲要已经住房和城乡建设部审查通过。全省城市总体规划编制质量与审批效率明显提升。自 2008 年开始，全省 22 个设市城市开始了新一轮城市总体规划修编，并全部经省政府批准实施。各地控制性详细规划和各类专项规划的编制也不断加强，城市控制性详细规划近期建设用地

覆盖率达到了90%以上。

(三)规划法规制度不断健全,各地依法行政意识日益增强

江西省相继配套出台了两个条例、两个意见和一系列配套文件。通过一系列法规制度建设,各地政府与城乡规划行政主管部门依法行政的意识不断加强,城乡规划的严肃性和权威性进一步加强。

五、房地产业健康发展

经过十年的发展,全省11个设区市、99个县(市、区)都设立了房地产行政管理部门,负责辖区的房地产业管理,对推动整个房地产业规范、有序、健康发展起到了积极的作用。

(一)房地产业运行规范有序

加强商品房销售管理,着力建立健全商品房销售预售管理、资金管理等制度。实施企业动态监管,开展了对房地产开发企业等的动态督查工作。建立房地产市场监测系统,全面建成并使用新建商品房网上备案子系统,并与省房地产市场信息监测系统和预警预报系统实现互联互通。推进房地产交易与登记规范化管理,提高房地产管理部门办事效率、服务质量。

(二)房地产业贡献日益突出

党的十六大以来,江西全社会固定资产投资额累计41527亿元,房地产开发投资累计4371亿元,占全社会固定资产投资累计总额的10.53%。

(三)住宅小区建设日益规范

十年前,住宅建设只限于零星式、见缝插针式开发。现今都是住宅

小区开发。新建住宅小区物业管理覆盖率达 100% ;累计有 19 个项目获得国家物业管理示范项目称号。近年来,江西实施了一批批城市棚户区改造项目。截至目前,已累计改造城市棚户区 2110. 15 万平方米,解决了 24. 8 万户城市棚户区居民的住房困难问题。

(四)住房公积金事业稳步发展

全省现有住房公积金管理中心 11 个,省直、铁路分中心 2 个。全省各设区市均成立了住房公积金管理委员会,共计 11 个,履行当地住房公积金的决策职能。一是公积金归集总额大幅提高。先后共有 233. 92 万职工参加住房公积金制度。"十一五"期末住房公积金归集总额为 303 亿元,是"十五"时期的 2. 9 倍。截至 2011 年年底,江西省住房公积金累计归集总额 533. 01 亿元,是 2002 年年底的 12. 41 倍。二是资金使用效率明显增强。截至 2011 年年底,累计向 32 万余户发放个人住房贷款 359. 13 亿元,贷款额是 2002 年年底的 27. 71 倍,累计提取住房公积金 160. 55 亿元,是 2002 年年底的 23. 57 倍。三是资金运行规范安全。截至 2011 年年底,全省住房公积金还款逾期率仅为 0. 32‰,大大低于 1. 5‰的控制标准,实现了全省住房公积金的规范管理和安全运行。

(五)住房制度改革扎实推进

2002 年至 2011 年,全省住房分配制度完成了由实物分配向货币分配的转变;住房供应制度实现了由单位单一分配制度向针对不同人群提供不同住房的住房保障制度的转变。推动了全省房地产市场平稳健康发展,百姓居住条件得到了明显改善。

六、城市建设日新月异

(一)污水处理设施建设实现跨越发展

截至目前,江西全省五条主要河流监测断面Ⅰ—Ⅲ类水质常年保持在80%以上。2008年5月,江西省全面启动85座县(市、区)污水处理厂建设。到2011年年底,全省共建有城镇生活污水处理厂100座,日处理能力达到287.55万立方米。其中,设区市15座,日处理能力达到182万立方米;县(市、区)85座,日处理能力达到105.55万立方米。污水处理能力由2002年年底的8万立方米/日,发展到2011年年底的287.55万立方米/日,提高了36倍;污水处理率由2002年年底的2.7%,提高到2011年年底的78.8%,提高了29倍。一是创新建设模式。全省县(市)污水处理设施建设实行由省里统一协调调度,并按市场方式通过公开招标确定施工队伍等的模式,实现了政府主导与市场运作的有机结合。二是创新融资模式。以省行政事业资产集团公司为融资平台,统一向国家开发银行牵头的8家银团申请贷款40.8亿元,解决了建设资金问题。三是创新转让模式。实行统一打捆出让特许经营权,迅速回笼建设资金,为污水处理厂经营发展提供了保障。

(二)园林绿化水平名列全国前列

2002年以来,江西省城市园林绿化投入逐年增加。2011年年底城市绿地率、绿化覆盖率、人均公园绿地面积分别为43.35%、46.81%、13.49平方米,列中部地区第1位,其中建成区绿化覆盖率和绿地率均在全国排第1位。到2011年年底,全省11个设区市均为省级园林城市,其中9个设区市已经进入标准更高的国家园林城市行列;有34个县和县级市被评为省级园林城市(县城),武宁县、吉安县、修水县被评为国家园林县城。目前,全省共有省级文明公园36个,省级园林小区93个,省级园林化单位369个,林荫路49条,杜鹃花奖(百花奖)18项,优良工程奖 187 项。江西第一期移民建镇项目等 9 个项目被评选为中国人居环境范例奖。

(三)市政基础设施不断完善

十年来,全省城镇用水普及率由 81.2% 提高到 94.5%,燃气普及率由 57% 提高到 86.15%,人均道路面积由 7.63 平方米发展到 14.87 平方米,路灯由 18.6 万盏发展到 82.84 万盏,垃圾无害化处理率由 25.4% 提高到 55%。城市供水和燃气建设运营不断完善。建立了各级应急专业队伍,完善了应急物资和装备,10 年来未发生重特大事故。

(四)市容环境综合整治不断加强

目前,设区市均已成立了城市管理行政执法局或城市管理局,53 个县成立了城市管理局,各市、县均成立了城建监察(城管执法)支、大队,共有城管监察队员 5800 余人,配备各类执法监察车辆 2200 辆和其他各种取证及机械设备。近年来,江西省积极推进数字化城市管理信息平台的建设。到 2011 年,南昌市、新余市数字化城市管理信息系统均已建成投入运行。

七、建筑产业稳步发展

2002 年全省建筑业总产值 245.07 亿元,到 2011 年年底已突破 2000 亿大关,年均增长 23.36%。全社会的建筑业增加值从 2002 年的 67.95 亿元迅速增长到 980.35 亿元,从占全省 GDP 的 2.77% 增长至 8.5% 之多,已成为江西省工业千亿元的第二大产业。

一是公司制企业、私营企业成为建筑行业的主力军。2002 年全省 1312 家建筑业企业中,国有和集体企业共 579 家,完成了全省 75% 的建筑业产值;到 2011 年年底,全省非国有建筑业企业完成建筑业总产值已占 61.4%。

二是施工领域不断拓宽,结构渐趋合理,实力明显增强。江西省积极开拓新的施工领域,装饰装修业等行业有了长足的发展。目前,全省建筑产业大军初步形成,施工技术正向高、精、尖、深的方向发展,企业发展实力增强。

三是企业竞争力不断增强,拓展市场能力增强。2011 年,全省企业在省外完成建筑业总产值达 521.72 亿元,占全部建筑业总产值的 25.1%。全省对外承包工程实现营业额 15.85 亿美元,是 2002 年的近 30 倍。

八、村镇建设成果喜人

十年来,全省以重点镇、示范镇为突破口,不断完善基础设施,扩容提质,优化环境,村镇面貌焕然一新,初步形成了各具特色的建设发展格局。到 2011 年年底,全省小城镇建成区面积迅速翻番扩张增至 147481 公顷,村镇建设总投资更是连翻两番达 303 亿元,其中住宅建设投资达 173.6 亿元,公共建筑、生产性建筑和公用设施投资合计达 129.4 亿元。生产性建筑面积为 7210 平方米,人均住宅面积达 37.64 平方米。自来水用水人口 1371 万人,用水普及率为 36.7%。

(一)移民建镇,倾力打造人居新家园

2003 年年底,1—4 期移民建镇任务已基本完成,全省共新(扩)建集镇 126 个、中心村 363 个、基层村 2097 个。移民 22.1 万户、90.82 万人,四期移民建镇工程累计投资 70 多亿元。一批规划设计高起点编制、基础设施高标准建设、人居环境高品质打造的新集镇、村庄拔地而起,为全省建设新型村镇树立了典型。

(二)规划先行,绘就村镇科学发展蓝图

"十五"以来,江西省颁布了《江西省村镇规划建设管理条例》、《江

西城乡规划条例》等法规条例。2006 年起,江西省全面实施村镇规划编制工作。截至 2011 年年底,全省共有 1257 个乡镇编制了总体规划,14357 个行政村编制了村庄建设规划,乡镇总体规划和行政村建设规划覆盖率分别达到 95.5% 和 85.3%,居全国前列。

(三)示范镇建设,引领全省小城镇建设提质增速

2010 年,江西省选择了 28 个具有一定基础的小城镇作为示范镇。通过创新体制机制,加大政策支持力度,增强经济实力和发展活力,提高综合承载能力和辐射带动能力。2011 年,28 个示范镇共完成省内 GDP289.82 亿元,实现财政收入 29.65 亿元,实现固定资产投资 192.98 亿元,分别同比增长 53.1%、55% 和 20.43%,镇区人口达 62.4 万人,示范镇建设的示范效应逐步显现。

(四)新农村建设,让村庄更宜居生活更美好

"十五"开局以来,江西省努力建设社会主义新农村。目前,全省累计选择近 5.5 万个自然村开展新农村建设。2006 年至 2011 年,全省新农村建设点资金投入达 311.57 亿元。新农村建设的推进,优化了农村空间布局,改善了人居环境,其中,赣州市在新农村建设中村庄环境整治的经验做法被住房和城乡建设部总结为"江西模式"向全国推广,并获得 2008 年中国人居环境范例奖。

(五)名镇名村,传承弘扬赣鄱独有魅力

近年来,江西着力开展国家级名镇名村的创建工作。目前,江西 21 个村镇列为国家级历史文化名镇名村,并将 84 个村镇列为省级历史文化名镇名村。此外,还有 8 个村镇列为全国特色景观旅游名镇名村,数量均居于全国前列。

九、风景名胜区保护扎实有效

截至目前,全省有 12 处国家级风景名胜区和 24 处省级风景名胜区。风景名胜区总面积达 5257 平方公里,占全省国土总面积的 3.2%。全省共设立风景名胜区管理机构 39 个,风景名胜区从业人员 45000 人。2011 年,国家级风景名胜区接待境内外游客 3100 万人次,比 2002 年增长 150%,实现旅游收入 180 亿元,比 2002 年增长 857%,门票收入是 14.3 亿元,比 2002 年增长 450%。

一是规模建设有了新突破。十年来新增国家级风景名胜区 8 处,国家级风景名胜区数量达 12 处,增幅全国第一位,总数列全国第六位。2006 年和 2007 年,全省风景名胜区总面积增加 1130 平方公里。

二是遗产保护有了新突破。目前,全省已有三个世界自然遗产、一个世界文化景观,世界自然遗产数量跃居全国第二位。在国家公布的两批 56 处国家遗产预备名录中江西省有六处,数量为全国第一位。

三是规划编制有了新突破。《江西省风景名胜区体系规划》已通过省风景名胜区规划委员会审查。全省所有国家级、省级风景名胜区总体规划全部编制完成。国家级风景名胜区大多编制了核心景区规划,重点建设区域都编制了详细规划。科学的规划为全省风景名胜区保护和建设提供了依据。

四是法制建设有了新突破。继庐山、滕王阁风景名胜区条例出台之后,2002 年以来,又颁布实施了三清山、龙虎山和龟峰、梅岭等三部风景名胜区条例。

五是基础设施有了新突破。近五年,全省风景名胜区建设投资额每年都以 30% 以上的速度增长,2011 年国家级风景名胜区基础设施建设投资额达到 30 亿元,比 2002 年增长 233%。

下一步,江西省将继续以科学发展观为指导,进一步加快城镇化进程、加大保障性安居工程建设力度、加快改善人居环境、加快发展和壮大建筑产业,努力谱写江西省住房和城乡建设事业的新篇章。

科学发展新山东　十年建设铸辉煌

——党的十六大以来山东省住房和城乡建设事业综述

党的十六大以来,山东住房和城乡建设系统按照科学发展观的要求,用智慧和汗水不断装点着这块充满希望、前景广阔的热土,创造出了前所未有的辉煌业绩。2002 年至 2011 年这十年,是山东城乡建设投资最多、城乡面貌变化最大、城镇化发展速度最快的时期。

一、新理念谋划新战略　大气魄成就大发展

理念指引方向,思路决定出路。2002 年 7 月 1 日,山东省召开城市规划建设管理工作会议。会议确定了以人为本、环境是生产力、经营城市"三个理念";完善了权责明确、协调统一的城市规划建设管理等"三个机制",同时,会议坚持高起点规划、提高城市规划设计和规划管理水平等"三高原则"。会议对于山东建设事业发展具有战略性、历史性意义,是山东城市规划建设管理的新起点和转折点。

2009 年 11 月初,山东省召开了全省城镇化工作会议,制定出台了《关于大力推进新型城镇化的意见》。会议提出,围绕建设经济文化强省的目标,按照循序渐进、节约土地、集约发展、合理布局的原则,坚持以推动科学发展、促进社会和谐为主题,以促进发展方式转变、经济结构调整为主线,以规划为依据,以制度创新为动力,以功能培育为基础,

以加强管理为保证,统筹城乡发展,协调推进新型城镇化与新型工业化、农业现代化。会议要求,强化城市集群发展、城乡统筹发展、城乡可持续发展"三个理念",突出城市现代化、城乡一体化、环境生态化"三化取向",把培育壮大城市群作为推进新型城镇化的战略重点,把城市发展与新农村建设有机结合起来,把城乡发展与提高资源利用效率、改善生态环境有机结合起来,努力形成资源节约、环境友好、经济高效、区域协调、文化繁荣、社会和谐的城镇发展新格局。至此,推进新型城镇化,成为全省上下的广泛共识,成为扩内需、保增长、转方式、调结构、惠民生、促和谐的重要举措。

二、编制区域发展新规划 描绘城乡建设新蓝图

山东半岛城市群,包括济南、青岛等8个设区城市和22个县级市、14个县,是全国第四大城市群。2002年,山东省建设厅组织开展山东半岛城市群发展战略研究,提出要发展成为基础设施共享、产业互补配套、高素质人力资源集中、综合服务功能完备、科技文化创新能力较强的城市群。在此基础上组织编制了《山东半岛城市群总体规划》,将半岛城市群发展战略予以深化、细化,安排了五类空间布局,即紧凑型城市与开敞型区域相结合、各城市联系紧密的网络状、类晶体空间结构布局,由胶济线、沿海线组成的T形产业空间布局,以青岛为龙头的对外开放布局,对外辐射腹地、对内功能整合的基础设施布局,中部生态主轴与生态恢复区、生态防护区为主体框架的生态安全布局;在全国第一次以省为单元,编制了面积为11617平方公里的《山东省海岸带规划》,将促进海岸带旅游及景观资源、生态及环境资源的可持续利用作为规划重点,提出了空间、保护、开发、交通、区域协调、滨海城市发展、旅游等7项总体规划管制政策,建立了系统的规划管制体系,提出以青岛、烟台、威海、日照4城市为重点,将山东海岸带建设发展成为阳光海岸特色旅游带、高新技术产业聚集带、城市密集带和中国最大的港口群

带。2009 年年底和 2011 年年初,山东省关于建设黄河三角洲高效生态经济区、打造山东半岛蓝色经济区的重大决策分别上升为国家战略。省住房和城乡建设厅相应组织编制了《黄河三角洲城镇发展规划》和《山东半岛蓝色经济区城镇体系规划》。此外,为促进山东中西部和南部地区的发展,省住房和城乡建设厅还组织编制了《济南都市圈规划》和《鲁南地区城镇发展规划》。目前,全省共有 6 个特大城市、10 个大城市、30 个中等城市、62 个小城市和 1314 个小城镇,有 10 个区域中心城市位列全国城市综合实力前 100 名,26 个县市位居全国百强,95 个小城镇跨入全国千强之列。

　　2004 年,山东在全国率先全面启动到 2020 年的新一轮城市总体规划修编。这次规划修编把环境保护和生态建设放在战略位置,将规划范围由中心城区扩展到整个行政辖区,促进城乡一体协调发展。到 2011 年年底,全省 108 个市县全部完成总体规划修编,91 个市县已获批复,对优化城市布局、提高城镇化质量、统筹城乡发展发挥了重要作用。为有序实施总体规划,山东各地普遍编制了城市近期建设规划,编制城市道路交通、绿地系统、历史文化名城保护、保障性住房建设等专项规划,有些城市还结合实际开展了城市色彩、景观风貌、城市特色等专项规划研究,引导了城市功能完善和承载能力提升。为实施精细化、指标化、规范化的规划管理,大力编制城市控制性详细规划,目前城市和县城已基本实现建设用地控规全覆盖,建立起了以控规为核心的规划管理体系。2007 年开始推行城乡规划全覆盖,目前半数以上市县已编制实施城乡统筹规划,所有县市区都编制了村镇体系规划,所有小城镇和中心村都编制了建设规划。从 2001 年起,山东省在全国率先全面推行"阳光规划"和城市规划委员会制度,理顺规划管理体制。目前,各地基本形成了科学民主公开的规划决策机制和高度集中统一的规划管理格局。

三、整治城乡环境大手笔　营造宜居宜业新空间

2002 年 7 月,山东省委、省政府确定,从群众关注的热点难点问题入手,综合整治城市环境,改善城市面貌,营造天蓝水清、地绿花红、适宜创业发展和生活居住的城市环境。2003 年 5 月,省政府做出专项部署,将以整治脏乱差、搞好城市环境建设为重点的城市环境综合整治,在全省 48 个城市和 60 个县城城区全面推开。2005 年 8 月起,山东将整治工作向农村全面延伸。到 2011 年年底,山东拥有 33 个国家园林城市和县城、14 个国家节水型城市、8 个国家历史文化名城、6 个中国人居环境奖城市、3 个联合国人居奖城市,获奖数量均居全国前列。

(一)大力治理脏乱差,营造整洁美观的市容环境

一是开展城乡环境卫生治理。山东坚持从治脏入手,积极开展环境净化,大力推进城乡环卫一体化。全省十年累计清除城市和村镇卫生死角 40 多万处,清运垃圾 4600 多万吨,新建、改扩建生活垃圾无害化处理场 104 座,2011 年年底实现"一县一场(转运站)"。目前,城市和县城生活垃圾无害化处理率达到 92.5% ;建成小城镇垃圾中转站 3000 多个,7 万个村庄中有 3.8 万个设置了垃圾收集点,村镇生活垃圾处理率超过 30% 。二是整治违法违章建筑。各市政府采取发布公告责令自行拆除、组织执法部门强制执行等方式,累计拆除侵占道路、绿地、山体、水面的违法违章建筑 1200 多万平方米,还路、还绿、还山、还水于民。三是清理城市占道经营和乱贴乱画。一方面,坚决取缔马路市场,整治乱摆摊点,清理乱贴乱画;另一方面,建设室内集贸市场,对入室经营业户给予优惠,引导马路市场退路进厅,还划定规定范围和时段允许摆摊设点,并在繁华地段设置公共信息栏,免费发布各类合法信息。十年来,山东累计取缔城镇占道经营 300 多万处,清理"野广告" 800 多万处,整修更换广告牌匾 100 多万块。四是推动村容村貌整治。

在全省推进村庄环境整治,到 2011 年年底累计整治村庄 2.3 万个,受益农民群众达 1100 多万人。

(二)狠抓污染治理和园林绿化,营造自然和谐的生态环境

首先,突出整治城市水环境。一是截污,即改造雨污合流的排水管线,截住排往河湖水系的工业废水和生活污水,十年来新增污水管道 1.2 万公里,是 2001 年的四倍;二是建厂,即建设和扩容改造污水处理厂,新增污水处理能力 700 万吨/日,在全国较早实现"一县一厂",污水集中处理率由 2001 年初的 37.3% 提高到 2011 年年底的 90.5%;三是清流,即通过清淤疏浚、从水库引水或回灌中水,使水体变清并减轻富营养化程度,目前全省城区 60% 左右的河湖及近海水质由劣五类上升为四类;四是美化,即加固整饬堤岸,植树栽花种草,建设园林小品,累计整修绿化河湖海岸线 4000 多公里。其次,大规模实施城市绿化。全省十年来完成城市绿化投资 500 多亿元,城市和县城园林绿地由 7.5 万公顷增加到 21 万公顷。2011 年年底建成区绿化覆盖率达 40.3%,在全省城市人口十年净增 1145 万的情况下,人均公共绿地由 4.2 平方米增加到 15 平方米。再次,加强城市大气污染治理。十年来,山东一手抓污染源控制,累计取缔燃煤小锅炉和露天烧烤 12 万处,关停城郊采石采矿点 6000 余处,强制改造和搬迁城区污染企业 3400 多家;一手抓洁净能源推广使用,城市天然气和液化石油气使用量比 2001 年成倍增加,集中供热面积翻了一番还多。全省城市空气质量明显改善,48 个城市按功能区全部达标;17 个设区市空气质量日报良好率为 84.9%—100%,其中 13 个市高达 90% 以上。

(三)加强旧城区整治改造和建筑节能工作,营造方便舒适的生活环境

一是加快城市基础设施建设。十年来,山东大规模进行城市基础设施和公共文化设施建设,累计完成投资 4000 多亿元。全省新建、改

扩建城市主次干道 5000 多条,新增道路面积 5.8 亿平方米,改造铺装人行道 5000 多万平方米,建成青岛海湾大桥和海底隧道、济南全运会场馆、潍坊文化中心等重大项目,完善了城市功能,方便了群众生活。实施空中管线下地 9000 多公里,粉刷修饰沿街建筑立面 8000 多万平方米,美化了市容景观。二是积极打造城市亮点。山东高度重视车站、机场、码头、高速公路出入口、广场、旅游景点、历史文化街区等窗口部位的整治,高起点规划设计,高标准组织实施,许多项目实现了使用功能、景观效果和文化内涵的统一。三是着力实施旧城区整治改造。十年来拆除棚户区、危旧房、旧厂房 1.1 亿平方米,改建成设施配套、环境优美的住宅小区、商业街和写字楼,300 多万人搬出旧房、住进新居。全面进行旧居住区综合整治,拆除违章搭建,清理乱堆杂物,配套改造和布设地下管线,整修道路、建筑立面和楼顶,增设花坛绿地、环卫设施,各地累计整治老旧住宅小区 600 多个,受益居民 400 万人。全省十年整治街巷 1.8 万条。四是大力推进建筑节能。山东 2006 年率先在全省范围内全面推行居住建筑节能 65%、公共建筑节能 50% 的新标准,目前新建、改扩建建筑设计阶段执行率 100%、施工阶段执行率98%。2009 年起大规模实施既有居住建筑供热计量和节能改造,到2011 年年底累计改造 3000 万平方米,实行按用热量计价收费的建筑达到 6000 万平方米,总量居全国前列。积极推动太阳能、浅层地热能等可再生能源建筑应用,许多市县进入国家示范行列,其中太阳能光热与建筑一体化实施面积超过 5000 万平方米。同时着力推进住宅产业现代化,目前拥有 4 个国家住宅产业化基地,并且分别是整体厨卫、太阳能、墙体保温、供热计量领域唯一的国家基地。

四、新思路建设新农房　新农村呈现新生活

2009 年初,山东在全国率先启动政府主导下的大规模农房建设与危房改造。三年来,全省整体改造村庄 12259 个,集中建设农房 320 万

户、改造危房 61 万户,建成和在建新型农村社区、城镇住宅小区 7976 个,惠及农民群众 1200 多万人,使广大农民真正享受到改革发展的成果。

(一)注重五个举措,推进新农房建设

一是强化规划引领。根据当地地形地貌、交通条件、产业特点、群众意愿等实际情况,编制县域村镇体系规划、农房建设与危房改造三年规划以及农房集中建设改造项目详细规划,增强了规划的可操作性。凡是准备实施的农房集中建设改造项目,都由县市区统一编制详细规划。以农业生产为主的地方,都因地制宜地把握了集中建设的新型农村社区规模,宜大则大、宜中则中、宜小则小。在农房建筑设计上,力求体现内部实用性、外部艺术性、建筑节能性、群体协调性,努力建设布局合理、功能齐全、安全实用、经济美观的"百年住宅"。

二是突出工作重点。山东的新农房建设,是以城中村、城边村、乡镇驻地村、大企业周边村、经济强村、矿区搬迁村和城乡建设用地增减挂钩试点村为重点,按照规划实施整体改造。三年来,城中村改造进一步提速,城边村在由近及远、分期分批进行改造,各类开发区、工业园区内的村庄和重大基础设施建设涉及的村庄得到优先改造。96 个国家重点镇、252 个省级中心镇,镇驻地都启动了 1—2 个社区建设项目,有条件的还形成了较大规模的社区,吸引了周边村庄的许多村民进镇居住。对离城镇较远的一般村庄,先选择铁路、高速公路、国道省道沿线和自然保护区、风景名胜区、城市水源地附近的村庄,利用城乡建设用地增减挂钩政策,有计划、有步骤地进行改造,保护生态环境,改善农村面貌规划确定的合并村庄和重点发展区域中暂时不能集中改造建设的村庄,原则上不再审批新的宅基地。山东在农房建设中始终高度关注困难群众居住危房的问题,采取空闲房安置、租借、修缮加固、翻建新建等方式,加强对残疾人等特殊困难群体的扶持救助,无房户和整体危房户得到优先安置。

三是狠抓政策落实。山东 2009 年制定出台了 17 号文件,规定了一系列优惠政策,最大限度地让利于民,使土地收益和财政投入成为农房建设的重要来源。城中村、城边村和镇驻地村庄改造项目中的村民安置房,一律免收城市基础设施配套费、防空地下室易地建设费等行政事业性收费;城市规划区外的农房建设项目实行行政性事业性费用"零收费",经营服务性收费减半收取。省财政专门安排奖补资金,各市县都增加财政投入并纳入预算安排。县市区政府统筹安排农村道路、供水、沼气、电网等涉农专项资金,统一用于农房集中项目中的配套设施建设。省里增加城乡建设用地增减挂钩项目和指标,县市区建立土地转换平台,搞好土地收储和出让、转让。坚持"一户一宅、建新拆旧"的原则,鼓励拆除危旧房、交还宅基地。通过农房建设节约的土地置换到城区或乡镇驻地后,一般安排不低于 40% 的置换指标用于经营性用地"招拍挂",实现的大部分增值收益返还给了农房建设项目。

四是完善配套设施。在农房建设与危房改造工作中,山东严格按规划实施,统筹安排基础设施、公共服务设施以及周边环境建设,基本做到了与农房同步设计、同步施工、同步交付使用。城中村和城边村改造,都按照城市社区的标准,同步配套建设城市路网、公交站点、停车场所,完善供水、燃气、热力、污水等地下管网,建设养老、教育、医疗等服务设施。达到一定规模的农房集中项目,都建起了农村社区服务中心,综合配置科教文卫、治安、社保等服务设施,实现了城乡基本公共服务均等化。所有集中建设改造的农房,大都使用煤矸石多孔砖、粉煤灰蒸压砖、加气混凝土砌块等新型墙材,有些还应用了秸秆气化、秸秆型煤、大中型沼气等节能环保适用技术。

五是加强工程监管。山东省各地把所有农房集中建设改造项目纳入了工程建设程序,由县以上建设部门实施全过程监管,在项目选址、地质勘察、建筑设计、施工组织、建材选用等关键环节严格把关,工程质量和施工安全没有出大的问题。更重要的是,从规划设计到竣工验收,都全方位、全过程向村民公开,主动接受群众监督。

(二)新农房建设的五个成果

一是农民生活条件明显改善。全省 20% 的农村居民告别设施简陋、环境脏乱、低矮破旧的旧村居,住进功能完备、整洁有序、宽敞明亮的新农房,走上了柏油路,喝上了自来水,做饭有燃气、洗澡有热水、购物有超市、看病有诊所、休闲有游园、出行有公交。

二是内需拉动作用明显增强。全省新建农房由原来的每年大约 30 万户增加到 100 多万户,户均综合支出由 10 万元左右增加到 15 万元以上。三年的新农房建设直接完成投资 4777 亿元,使用钢材 1142 万吨、水泥 8108 万吨、施工工日 8.6 亿个,提供就业岗位 300 多万个,增加建筑农民工收入 1046 亿元,农民搬入新居后购买家电、家具、纺织品等支出 800 多亿元,成为扩大内需的有力引擎。

三是要素资源配置明显优化。三年的新农房建设,治理空心村 1200 多个,迁移合并村庄 3700 多个,有效解决了村庄布局散乱、村内土地闲置、户均用地较多等问题,节约土地 133 万亩,大大缓解了经济社会发展与土地资源紧缺的矛盾,为工业化、城镇化发展拓展了空间。

四是公共服务水平明显提升。山东省把农房建设作为联系群众、服务群众、为农民群众办实事的重要举措,综合运用财政投入、政策扶持和市场运作的办法解决建设资金。各级政府直接投入 605 亿元,其中省市县三级财政投入 110 亿元,划拨、返还土地出让和增减挂钩收益 405 亿元,整合投入涉农资金 90 亿元,另外减免行政事业性收费 130 亿元。

五是乡村文明程度明显提高。通过农房建设形成的新型农村社区和城镇住宅小区,大多配建了文体活动中心、文化活动室、图书室等设施,为农村文化发展创造了条件。农民生产生活方式的改变,推动了农村社会关系的新变化,促进了农村基层政权和群众自治组织建设,提高了农民文明素质和基层管理水平。

轩辕故里逢盛世　中原崛起正当时

——党的十六大以来河南省住房和城乡建设发展成就

党的十六大以来,河南省住房和城乡建设系统坚持以科学发展观为统领,改善民生,促进和谐,保持了又好又快发展的良好态势。

一、坚持以人为本,更加注重保障和改善民生

(一)保障性住房建设强力推进

河南省大力推进住房保障体系建设。自 2007 年以来,省委、省政府连续六年把加快保障性住房建设列入承诺为民办好的"十件实事"。2002 年以来,河南省累计开工建设各类保障性住房和棚户区改造安置住房 9380 万平方米、127 万套,基本建成 6329 万平方米、84 万套,累计投入建设资金 819 亿元。

住房公积金支持保障性住房建设取得新进展。洛阳市作为河南省利用住房公积金支持保障性住房建设的试点城市,2012 年向 5 个经济适用房项目发放贷款 5.7 亿元。截至 2011 年年底,河南省累计有 4.5 万个单位、476 万名职工参加住房公积金制度,职工住房公积金覆盖率为 66.56%;住房公积金累计归集 1196.42 亿元,归集余额 803.16 亿元;职工个人贷款率 46.33%,资金使用率 63.35%。

河南省计划"十二五"后三年再开工建设各类保障性住房 120 万

套,积极探索和建立符合河南省实际的多层次住房保障体系,加快保障性住房建设,逐步实现"住有所居"目标。

(二)人居环境显著改善

河南省住房和城乡建设系统强力推进污水垃圾处理设施建设运营。目前河南省正式投入运营的城市污水处理厂148座,建成规模645.55万吨/日;河南省共建有生活垃圾无害化处理设施123座,建设规模为日处理垃圾3.27万吨。集中供热、燃气等新兴行业发展迅速。2010年,河南省城市管道燃气总用量为29.21亿立方米,其中天然气用量为16.66亿立方米,人工煤气用量为12.55亿立方米;燃气管道总长度共计13502公里,城市居民用气普及率为73.43%。2002年至2010年间,河南省累计新增集中供热面积6317.5万平方米,新增水厂生产能力123.52万吨/日,新增天然气供应量16.7亿立方米/年,新增城市道路7476.13公里,新增污水日处理能力536.87万立方米。同时,大力加强城市管理力度,濮阳、洛阳、郑州等20座城市被命名为国家园林城市(包括5个县级市),8个县城被命名为国家园林县城,16个项目获得"中国人居环境范例奖"。

二、坚持统筹兼顾,更加注重城乡协调和全面发展

(一)符合省情的现代城镇体系框架基本建立

河南省把18个省辖市全部纳入中原城市群统筹布局,着力构建国家区域性中心城市、地区性中心城市、县域中心城市、中心镇和新型农村社区五级现代城镇体系。

一是加快郑汴都市区和郑汴一体化建设。郑州、开封两地编制实施《郑汴产业带总体规划》、《郑汴新区总体规划》和《郑州都市区空间发展战略规划》,都市区产业分工逐渐明晰,集群发展优势初步显现,形成中原城市群和中原经济区的核心增长极。

二是推进中心城市组团式发展。加快建立科学合理的功能分工和快速便捷的交通联系,将中心城区和周边城市组团形成城市集群。目前,郑州市初步完成了都市区空间规划,驻马店、周口、平顶山、焦作等城市初步完成中心城市组团式发展总体规划成果。

三是促进县域中心城市内涵式发展。近年来,河南积极推进县域中心城市内涵式发展,正确处理发展速度与发展质量、集约发展与外延扩张的关系,加快基础设施和公共服务设施建设,提升综合承载能力和辐射带动能力。

四是引导中心镇集聚式发展。省域城镇体系规划确定的308个中心镇,有效整合土地、人口、产业等区域空间资源要素,增强中心镇综合服务功能,有效发挥辐射带动作用。目前,中心镇发展势头良好,对周边乡村的集聚和辐射带动能力明显提高。

五是积极稳妥推进新型农村社区建设。科学有序、积极稳妥地推进新型农村社区建设,形成了依托城镇、产业集聚区、农业产业化、煤矿塌陷区治理、生态移民等多种建设发展模式。目前,河南省新型农村社区初步建成近500个,开工建设2300个。

(二)城乡统筹一体化发展格局基本形成

一是推进城乡规划一体化。整合现有城镇总体规划、城镇体系、村镇体系和村庄布局等规划,加快编制适应现代城镇体系发展和城乡统筹要求的全域规划,形成各类规划高度衔接的城乡规划体系。在省域城镇体系框架下,河南省108个县(市、区)域村镇体系规划正在加快修编调整完善,乡镇总体规划全面完成,60%以上的中心村编制了规划,为河南省城乡统筹发展奠定了基础。

二是推进城乡基础设施一体化。引导推进城乡能源等基础设施统一布局,加快形成城乡基础设施网络。从2010年起,河南省开展了以提升规划水平、提升建设质量、提升管理效率为主要内容的城乡建设三年大提升活动,着力加强城乡基础设施建设,深化城乡环境综合整治,积极开展以"五改"、"三清"和"四化"为内容的村庄整治。河南省城乡基础设施体系不断完善,为新型城镇化发展打下了良好的基础。

三是推进城乡一体化试点。积极推动鹤壁等 7 个城乡一体化试点建设,构建城乡统一的基础设施、公共服务体系。积极服务和推动信阳市农村改革发展综合试验区、新乡市统筹城乡发展试验区建设,初步形成了各具特色的统筹城乡发展经验。

(三)村镇建设发展成就斐然

一是村庄空间布局进一步优化。截至 2011 年年底,河南省有村庄193305 个,其中行政村 43886 个。村庄个数与 2002 年相比减少了27800 个,行政村个数与 2002 年相比减少 1754 个;农村人口由 2002 年的 7046.11 万人减少到 2011 年的 6552.04 万人。

二是农村人居环境逐步改善。2011 年农村基础设施建设投资累计完成 67.54 亿元,是 2002 年基础设施投资额的 12.62 倍。截至 2011年年底,河南省共创建国家级历史文化名镇(名村)9 个、省级历史文化名镇(名村)39 个,创建国家特色旅游景观名镇(名村)12 个、省级特色旅游景观名镇(名村)52 个。

三是农村居住条件不断提高。2011 年河南省农村建房 40.1 万户,与 2002 年相比增加了 12 万户。农村危房改造成效显著,2009 年以来共完成 31.8 万户危房改造任务。农村居住面积由 2002 年的 25平方米提高到 2011 年的 32 平方米。

四是小城镇规模逐步扩大。确定了 115 个国家级重点镇和 123 个省级重点镇。截至 2011 年年底,河南省城市和县城规划区以外的小城镇共 1711 个。根据《河南省城镇体系规划》,在 108 个县(市)城区之外确定了 308 个中心镇。小城镇建成区面积由 2002 年的 1079.55 平方公里发展为 1718.79 平方公里。

五是小城镇功能逐步完善。河南省 1711 个小城镇已全部建成了垃圾收集中转站,中心镇城镇自来水普及率、供气普及率、电话普及率

分别由 2002 年的 64.29%、0.12%、70% 提高到 2011 年的 80%、
5.18% 和 89.2%,有线电视普及率达到 90%。

(四)新型城镇化发展的体制机制不断创新

河南省委、省政府先后出台《关于加快城镇化进程的决定》等一系
列重要文件,明确城镇化发展的指导思想、目标任务和政策措施。为加
快城乡一体化步伐,省政府出台《关于加快推进城乡一体化试点工作
的指导意见》,组织开展城乡一体化试点。为优化城市空间形态,河南
省委、省政府又出台了《关于促进中心城市组团式发展的指导意见》,
激发城市组团发展活力,提升中心城市综合竞争力。2011 年年底,全
省城镇化率达到 40.6%,城市规模和综合影响力不断扩大。

三、坚持科学发展,更加注重结构优化和发展质量

(一)城镇居民住房条件显著改善

从 2002 年开始,河南省房地产业迅速"升温",结构日趋合理,开
发队伍不断壮大,投资规模不断扩大,带动城镇住宅建设快速发展。

一是房地产业已成为国民经济的重要支柱产业。2002 年至 2011
年,房地产开发共完成投资 9880 亿元,开发投资从 2002 年的 138.36
亿元增加到 2011 年的 2620.01 亿元。房地产业带动了建材、钢铁、家
居家电用品等多个产业的快速发展,目前已形成从开发建设、流通交
易、中介服务到物业管理的完整产业链。

二是房地产业对经济增长拉动作用显著。河南省房地产开发投资
占 GDP 比重由 2002 年的 2.24% 增长到 2011 年的 9.62%,占全社会固
定资产投资规模从 2002 年的 8.03% 增长到 2011 年的 14.75%。房地
产业的发展推动了金融业的发展,房地产贷款占商业贷款比例稳步提
高,个人住房消费贷款成为增长速度最快、资产质量最高的贷款品种。
同时,房地产业发展带动了就业,其中建筑业就业人数增长较快,成为

吸纳就业的主力军。

三是房地产业的发展支撑城镇化快速发展。实行房地产与城镇基础设施的综合开发和配套建设,房地产业的发展对完善城市功能、改变城市形象、提升城市现代化水平起到了至关重要的作用。

四是房地产业的发展极大改善城镇居民的居住条件。2002年至2011年,河南省商品房销售面积共29900万平方米,年销售面积从2002年的640万平方米增加到2011年的6304万平方米。2011年,河南省城镇居民人均住房建筑面积达到了31.8平方米,比2002年增加了12.6平方米。物业管理水平大幅提高,河南省共有290个住宅小区(大厦)获得全国及省级物业管理示范、优秀小区称号,其中46个项目获得国家级物业管理示范小区(大厦)。

(二)建筑业在国民经济中的地位更加突出

建筑业已成为河南省国民经济重要支柱产业之一。2002年至2011年,河南省累计完成全社会建筑业增加值8217.29亿元,占河南省GDP的比重达到5.58%,完成建筑业总产值22837.72亿元,年均增长25.7%。

一是建筑业支撑经济社会发展的作用日益突出。十年来,建成了一大批公路、水利等设施。河南省高速公路通车总里程达到5016公里,18个省辖市全部实现高速公路连接。全省发电总装机容量达5406万千瓦,居全国第六位。十年间河南省累计竣工的房屋建筑面积达到17.71亿平方米,年均增长16.7%,其中竣工住宅面积8.23亿平方米,年均增长15.4%。

二是产业规模持续扩大,产业结构明显优化。截至2011年年底,河南省共有资质建筑企业9164家,其中总承包和专业承包企业7055家,劳务企业2109家,基本形成了以总承包企业为龙头、专业承包企业为基础、劳务分包企业为依托的企业格局。全省产值超亿元的建筑企业有926家,比2002年增加814家;超10亿元的企业有69家,比2002

年增加 67 家;超 50 亿元的企业有 6 家,超 100 亿元的企业有 2 家。建筑业企业平均产值由 2002 年的 2787 万元提高到 1.22 亿元。

三是建筑业成为解决农村富余劳动力就业的重要渠道。2011 年,建筑业从业人员 650 万人,比 2002 年增长了 71.2%,其中乡村从业人员 540 万人,比 2002 年增长了 70%,占建筑业从业人员的 83%。建筑业从业人数占全社会从业人数的比重由 2002 年的 6.84% 上升到 2011 年的 10%,在国民经济各行业中,建筑业的从业人员位居第三位。

四是技术装备和创新能力不断增强。河南省建筑业技术装备水平显著提升,技术更新步伐明显加快。超高层、大跨度房屋建筑施工等技术等都达到或接近国内国际先进水平。西气东输、南水北调、小浪底水利枢纽工程、郑州黄河公路大桥等工程举世瞩目,郑州新郑国际机场航站楼改扩建工程中的大跨度空间结构与大型钢构件滑移施工技术获得国家“金钢奖”。十年间,河南省共有 38 项工程获国家“鲁班奖”。

五是积极开拓国内国际市场,外埠竞争能力显著提升。十年来,在外省完成产值达到 4407.91 亿元,占河南省建筑业总产值的 19.3%,年均增长 30%。在境外完成对外承包营业额 82.92 亿美元,年均增长 35.2%,新签合同额 93.57 亿美元,年均增长 25.8%,派出人员达 5.6 万人次。

四、坚持可持续发展,更加注重科技进步和节能减排

(一)建筑节能工作积极推进

河南省以“四节一治”为重点,促进科技创新和技术集成应用,提高建设事业整体技术水平。

一是建设科技成果推广与转化得到加强。加大了民用建筑节能技术、产品、工艺推广的力度。制定了《河南省建设科技推广应用新技术管理办法》。实施建筑节能技术体系重点推广工作,每年优选重点推广项目 80 余项。大力开展可再生能源建筑应用、光电建筑应用,带动

了有关生产企业的发展。据不完全统计,与建筑节能相关的生产企业已达 600 多家近千个产品,生产总值超过 800 多亿元。

二是建筑节能成效明显。近年来,组织实施既有建筑节能改造,积极推动可再生能源建筑应用,建筑节能工作取得了显著成效。2005 年以来,河南省政府出台了《关于加强建筑节能工作的通知》,促进了全省建筑节能工作开展。新建建筑节能标准执行率从"十一五"初期的 50% 提高到了 100%,标准实施率也由 30% 逐步提高到了 95% 以上;已累计建成节能建筑面积 1.87 亿平方米,约占全省城镇既有建筑总量的 16.3%。全省建筑节能累计节约标准煤 1000 多万吨。

三是可再生能源建筑应用呈现快速发展良好势头。完善河南省可再生能源建筑应用的标准体系。截至目前,国家对河南省可再生能源建筑应用相关示范投入累计达 8.7 亿元,可再生能源建筑应用面积 6000 多万平方米。河南省累计列入财政部、住房和城乡建设部可再生能源建筑应用示范项目 22 个,示范建筑面积 217.43 万平方米;太阳能光电建筑应用项目 23 个,核定补贴光电装机容量 32.48 兆瓦;列入全国循环经济试点示范的居住小区 1 个;鹤壁等 4 市 8 县被国家批准为可再生能源建筑应用城市级示范和农村级示范。

组织编制完成了《河南省可再生能源建筑应用"十二五"规划》;编制相关系列标准 12 项;提出了可再生能源建筑应用"三优先"原则。全省 18 个省辖市中已有 14 个城市及 28 个县政府发布了《可再生能源建筑应用专项规划》、《可再生能源建筑应用实施方案》,制定了推广应用可再生能源建筑的《实施意见》,可再生能源建筑应用示范(或申报)市、县均出台了相应项目及资金管理办法。

四是既有居住建筑供热计量及节能改造进展顺利。河南省结合实际,率先在全国编发了《河南省既有居住建筑供热计量及节能改造技术指南(暂行)》、《河南省既有居住建筑供热计量及节能改造技术规程》,编制了《河南省"十一五"地市既有居住建筑供热计量及节能改造工作实践汇编》等材料,加大成熟、适用供热计量及温控产品的推广力度,累计完成 800 多万平方米的改造任务。

五是绿色建筑推广条件基本成熟。河南制定印发了《河南省推广节能省地型建筑和绿色建筑实施方案》,编发了《河南省绿色建筑评价标准》等,成立了河南省绿色建筑评价标识专家委员会,设立了河南省建筑节能与绿色建筑工程技术研究中心,指导全省积极发展绿色建筑,并获住房和城乡建设部批准开展一、二星级绿色建筑评价标识工作,河南省郑州等 7 个项目列入建设部试点示范计划。

六是国家机关办公建筑和大型公共建筑节能监管体系建设持续深入。制定《河南省政府机关办公建筑大型公共建筑节能监管体系建设工作方案》、《河南省可再生能源(光电)建筑应用示范项目能耗监测系统建设方案(试行)》。积极开展国家机关办公建筑和大型公共建筑能耗统计、能源审计、能效公示等工作。初步建立了建筑能耗动态监测系统,省本级能耗监测平台已经完成建设,省直、郑州、鹤壁 3 个二级数据中转站搭建完毕。

(二)墙材革新工作取得突破

一是强力关闭黏土砖瓦窑厂,发起墙材革新工作攻坚战。2005 年年底,河南省政府出台了《关于治理整顿黏土砖瓦窑厂加快发展新型墙体材料的通知》,2006 年,河南省率先开展了集中整治黏土砖瓦窑厂工作。几年来,河南省累计关闭黏土砖瓦窑厂 9976 座,黏土砖产量由 2005 年的 284 亿标砖降到 2011 年底的 0.4 亿标砖。

二是以"禁实"工作为抓手,不断巩固成果、稳步推进。2008 年年底河南省 18 个省辖市和 108 个县(市)城区全部实现了"禁实"。同时,积极推动"禁实"向乡镇延伸、向"禁黏"拓展,先后公布了 6 个"禁黏"试点市、18 个"禁黏"试点县和两批共 88 个"禁实"试点乡镇名单。截至目前,郑州市、焦作市实现了城市"禁黏",登封市、长葛市实现了县城"禁黏",全省 137 个乡镇实现了"禁实"。

三是新型墙材跨越式发展,跻身全国墙材革新工作先进行列。

2003 年至 2011 年,河南新型墙材产量由 62 亿标砖上升到 410 多亿标砖,年均增长 42.3%;规模以上新型墙材企业从不足 100 家,发展到 1500 多家,全省新增规模以上生产线 1156 条,新增产能 600 多亿标砖,总产能超过 750 亿标砖;新型墙材建筑应用比例达到 97%,比 2003 年提高了 56 个百分点。新型墙材产业成为从业 10 万人、产值百亿元的新兴优势产业。

(三)历史文化名城(名镇名村)保护工作取得积极进展

"十一五"以来,河南省将历史文化名城名镇名村的保护和利用作为一项重要内容列入重点工作。2005 年 7 月、2008 年 7 月 1 日,颁布实施了《河南省历史文化名城保护条例》、《河南省历史文化名城名镇名村保护条例》。河南省历史文化名城名镇名村保护工作取得了积极进展。

一是历史文化名城名镇名村保护规划的编制和实施工作不断加快。目前,河南省国家历史文化名城、中国历史文化名镇名村的保护规划已经全部编制完成。郑州、开封、洛阳等地还编制了大量的重点保护地区的详细规划。

二是科学处理旧城改造和历史文化遗产保护的关系。重点采取两种模式:一种是"避开古城建新城"模式,如洛阳市将隋唐洛阳城 22 平方公里遗址列为绿地保护。另一种是"疏解功能、疏散人口"模式。如开封、商丘等城市,将古城内不利于古城保护,及与古城保护无关的功能和设施迁出古城,将古城内居住的人口向城市新区转移。

三是历史文化名城名镇名村法规体系逐步完善。近几年,河南各地陆续出台有关加强名城名镇名村保护的地方法规。洛阳市在全国率先制订出台了《洛阳市〈文物保护法〉实施细则》,并制订了《龙门石窟保护条例》等地方法规,形成了规划、文物主管部门密切配合、共同审批基建项目的制度。开封市、安阳市等市县出台了历史文化名镇名村保护管理的规范性文件,一些镇(乡)政府制定了保护细则。

（四）风景名胜区规划建设工作稳步提升

2000 年以来,河南的国家级风景名胜区增加了 6 个,省级风景名胜区增加了 3 个。目前,河南省已有 11 个国家级风景名胜区,23 处省级风景名胜区,数量进入全国先进省市行列。龙门风景名胜区申报世界文化遗产成功,登封"天地之中"历史建筑群被列入《世界遗产名录》,云台山风景名胜区被住房和城乡建设部批准列入《中国国家遗产名录》。

一是贯彻《风景名胜区条例》,把资源保护工作放在首位。河南省严格控制景区建设开发,大力清除违法违规建设等工作,使河南省风景名胜区自然生态环境和历史文化遗存得到有效的保护,景区生态环境、景观质量和基础设施水平不断提高。云台山风景名胜区利用草种喷播技术,对以前开山采石形成的裸露山体进行了植被恢复。

二是以综合整治工作为抓手,全面提升风景名胜区管理水平。按照住房和城乡建设部的要求,河南省开展了规划编制、核心景区划定和监管信息系统建设为重点的风景名胜区综合整治工作。绝大多数风景区已编制完成了风景名胜区总体规划,一些风景名胜区在完成总体规划的基础上,还积极着手编制了详细规划,为提高景区建设和管理水平奠定了基础。

当前,河南已迈入新型城镇化引领"三化"协调科学发展的新阶段。河南省住房和城乡建设系统将深入贯彻落实科学发展观,以更加振奋的精神,更加开阔的视野,更加务实的作风,不断开创住房和城乡建设工作新局面,为中原经济区建设做出新的更大贡献。

改革·创新·跨越

—— 湖北省住房和城乡建设事业辉煌十年

党的十六大以来,湖北省住房和城乡建设系统坚持以科学发展观为指导,以改革为动力,以创新为推手,以推进新型城镇化、建立住房保障制度、实施节能减排、转变发展方式为重点,全面加强城乡规划建设管理工作,全省住房和城乡建设事业实现了跨越式发展。

一、坚持科学发展,住房和城乡建设事业步入快车道

湖北省住房和城乡建设系统在绿色发展、协调发展、可持续发展上下工夫,在追求发展的质和量的统一上花气力,取得了令人鼓舞的成绩。

一是城镇化水平稳步提高。全省城镇化率从 2002 年的 41.4% 提高到 2011 年年末的 51.83%。城镇人口比例首次超过乡村人口,这标志着湖北省以农村人口为主的人口结构发生根本性变化,从农业大省进入到以城市型社会为主的新成长阶段。城镇体系进一步完善,形成特大城市 1 个,大城市 5 个,中、小城市 30 个,建制镇 740 个。

二是城乡规划管理水平明显提升。十年来,全省共完成总体规划、分区规划、专项规划、详细规划等 4.5 万余项。先后有 48 项成果获全国优秀城市规划奖,其中《湖北省城镇体系规划》等 4 项荣获一等奖。

三是重点产业加速发展。2002年,全省建筑业总产值只有639.11亿元;2011年达到5617亿元,为2002年的9倍,跃居中部第一。2002年勘察设计业营业收入仅为67.19亿元,2011年达628.14亿元,为2002年的9倍多,在全国处于领先地位,水利和铁路桥梁领域的设计水平居全国第一。房地产开发投资保持了20%以上的年均增长幅度,2011年达2063.21亿元。

四是城镇住房保障水平不断提升。至2011年年末,全省新建和筹集各类保障性住房126.39万套。其中:廉租住房15.71万套,公共租赁住房11.77万套,经济适用住房33.63万套,限价商品房2.63万套,改造各类棚户区住房34.55万户;发放廉租房租赁补贴28.1万户。完成了22.76万户农村危房改造。住房公积金归集总额达到1271.69亿元,归集余额811.83亿元,为47.76万户职工发放个人住房贷款656.78亿元,增值收益上交廉租住房建设补充资金17.02亿元。

五是市政公用设施建设全面提速。全省城镇基础设施建设投资每年平均增长10%以上。至2011年年末,城市排水管道达20492公里,供水管道28236公里,燃气管道16664公里,城市道路17904公里。城市人均道路面积14.25平方米,城市用水普及率达到96.08%,燃气普及率达到88.23%。新增城市园林绿地69202公顷,城市绿化覆盖率、绿地率和人均公园绿地面积分别达35.01%、29.51%和9.54平方米。

六是节能减排力度不断加大。至2011年年末,全省县以上城市城区新建建筑设计阶段节能标准执行率达100%,施工阶段执行率达97%,实现节能585万吨标煤,新型墙材应用量累计达1284.36亿标砖,散装水泥供应量达1.92亿吨,市州城区已实现预拌混凝土供应全覆盖。全省已建成132座污水处理厂,设市城市污水处理率达82%;建成垃圾处理场73座,生活垃圾无害化处理率达到73.5%。武汉"绿景苑"节能示范工程,受到胡锦涛总书记的充分肯定。

七是新农村建设扎实推进。至2011年年末,小城镇规划覆盖率达到100%;全省1.9万个村编制了村庄规划,村庄规划覆盖率达到

80.8%。先后有9066个建制村基本完成村庄环境整治。

八是人居环境极大改善。至2011年年末,有9个城市获国家园林城市称号,13个项目获"中国人居环境范例奖"。33个城市(县城)获省园林城市称号,10个省辖城市、29个县市、74个小城镇获得省"楚天杯"奖。

二、坚持开拓创新,住房和城乡建设工作再上新台阶

(一)坚持统筹发展,加快推进新型城镇化

党的十六大以来,湖北加快推进新型城镇化,统筹城乡发展,改变城乡二元结构,在抓好科学规划,基础设施建设,城乡统筹上下工夫。

一是科学规划,促进城镇发展方式的转变。湖北各级政府和城乡建设主管部门通过科学规划积极引导城乡统筹,实现城镇发展方式的"四个转变":科学定位城市价值取向,由"以物为中心"向"以人为中心"转变;理性控制城市规模,由"贪大"向"求优"转变;凸显城市特色,推动城市规划建设由外延扩展向内涵深化转变;开拓规划视野,推进规划编制工作由"闭门造车"向"市场化、国际化和本土化"转变。

在《武汉城市圈"两型"社会建设空间规划》的基础上,编制完成了《鄂西生态文化旅游圈生态建设规划》等一系列重要规划并积极实施。同时,各地加快城乡规划管理体制改革。重点从完善决策机制、规范行政行为和推进政务公开入手,着力城乡规划管理长效机制建设。积极推行"阳光规划",目前,全省设市城市已基本建立起城乡规划公众网站,成为各地城乡规划工作的重要"窗口"。加强规划管理,推行城市与区域重大建设项目选址分级管理,强化包括开发区在内的城市规划集中统一管理。积极推进全省城乡规划管理信息系统试点工作。大力推行规划督察员试点制度,严肃查处违规行为,维护了规划的权威性。

二是加快建设,提高城镇综合承载能力。以城镇综合交通体系规划的编制和实施为重点,完善城镇路网结构和路网功能。配套推进供

排水等节能改造。加强城镇排水设施清淤,提升防洪排涝能力。以贯彻落实《城市园林绿化评价标准》为抓手,大力推进生态城市建设。积极推进"公园绿地工程"、"老城区添荫工程"等建设。以市政公用行业改革为突破口,大力推进市政基础设施建设,鼓励跨地区、跨行业投资和区域共建城市基础设施,基本形成了建设投融资主体多元化、多种经济成分参与市场竞争,公用事业政事分开、管养分离,市政公用领域政府监管日益完善的城市公用事业新格局。深入开展城镇环境综合整治。着力整治设施不配套、功能环境差的旧城区旧居民小区。

三是创新城管,改善城镇人居环境。湖北各级政府和城乡建设主管部门大力推行城市网格化管理,城市综合管理格局初步形成。在加强城市管理中,不断创新管理体制。切实改变城市管理中部门分割等问题,明确市、区、街道、社区城市管理责任,建立监督有力、分工明确、协同配合的城市综合管理体制。夯实城市管理平台建设。建立完善城市管理检查考核机制,形成省对市州,市州对县市、城区,市县对街道、社区的检查考核和奖惩机制。建立稳定的城市管理投入机制和社会广泛参与的联动机制。加快数字化、网格化城市管理系统建设,提高城市管理效率和精细化水平。

四是统筹发展,发挥城镇对农村的辐射和拉动作用。湖北各级政府和城乡建设主管部门狠抓村镇规划编制与实施,提高村镇规划编制质量,开展优秀规划示范活动;加强规划实施管理,改变无序发展现状,推动村镇健康有序发展。同时,切实抓好试点示范,积极推进"百镇千村"、脱贫致富奔小康试点等一系列开创性的示范工程。启动重点中心镇、特色镇创建工作,切实把100个重点中心镇、100个特色镇作为重要的品牌来抓;加强镇容镇貌和环境卫生管理,加强传统村落保护,开展历史文化名镇、特色景观旅游名镇、绿色低碳小城镇创建;以农房建设和农村危房改造为重点,以中心村、农村新社区建设为抓手,扎实抓好200个宜居村庄建设。

（二）坚持以人为本，抓好保障性安居工程建设

党的十六大以来，湖北省委、省政府把实现"住有所居"目标作为经济社会发展和保障改善民生的重要内容，初步建立了以公共租赁住房为主体、其他保障形式同时推进的多层次城镇居民住房保障体系。

一是在保障上，做到三个"千方百计"。千方百计筹措资金，积极争取中央的资金和各级财政的配套资金；引入社会资本。千方百计保障供地，确保项目有地可建；在选址上保证区位优先，将设施齐全、方便群众生产生活的地段用于保障性住房建设。千方百计落实责任，督促各级政府一把手亲自过问、亲自部署，把领导责任落到实处。

二是在制度上，探索形成长效机制。探索保障住房供应和普通商品房供应的有机统一，做到一手抓政府保障住房的供应，一手充分利用市场机制增加普通商品房的供应。探索将多种形式的保障性住房统一纳入公共租赁住房建设体系内管理，逐步将外来务工人员、新就业大学生等"夹心层"住房困难群体纳入保障范围；实行"市场租金、分类补贴、租补分离、租售并举"的运作模式，变"暗补"为"明补"。

三是在管理上，加强规范管理，确保分配公平。重点把好"三关"：把好准入条件关，合理确定收入线和人均住房困难线这两个准入标准；把好审核关，规范申请、审核、公示、核准登记、轮候、配租配售等工作程序；把好信息公开关，所有房源、所有申办过程、所有配租配售办法公开，阳光操作，同时，强化监督管理，确保工程质量。重点做好"三控"：加强源头把控，对工程招标投标、施工图审查、建筑材料实施严格监管；实行过程全控，加强保障房规划设计、建材供应、工程施工等基础设施配套多方面的全程监控管理；强化责任管控，实行工程质量责任永久标牌制度，落实相关负责人和参建单位负责人终身责任制，确保质量管理落实，对出现重大质量安全问题的企业，一律清出市场，并依法追究责任。

在抓好保障房建设管理的同时，全面推进农村危房改造工作。2009年、2010年国家三部委下达湖北省2.36万户、4万户农村危房改

造任务都已全部完成;2011 年完成农村危房改造 10.4 万户,超过目标任务 30%,农户档案电子信息率达 100%。

(三)坚持绿色发展,强力推进节能减排

党的十六大以来,湖北省在全国率先颁布了《湖北省建筑节能管理办法》,先后印发了《省人民政府关于加强城市污水处理工作的意见》等规范性文件,节能减排呈快速发展势头。

一是在推进建筑节能中,坚持"三个并重"。新、旧并重,加强建筑节能监管;推广与科研并重,积极发展绿色建筑和可再生能源建筑;推、禁并重,提升新型墙材和散装水泥发展水平。在抓好城市中心城区"禁实"和"禁现"的基础上,推进"禁实"和散装水泥工作向村镇延伸,县以上城区基本实现预拌混凝土全覆盖。完善建筑节能经济激励措施,推动建筑节能技术创新。大力推广太阳能、地热能、生物能源在建筑中的规模化、一体化、成套化应用,积极推进低能耗建筑、绿色建筑发展。

二是在推进污水处理中,努力提高污水处理设施的运营效率。加快配套管网的建设,扩大覆盖面,提高污水收集率和进水浓度,实现城市建成区主管网、老城区支网全覆盖;切实提升污水收集率,逐步做到污水全收集全处理。强化污水处理厂营运监管,完善考核评价,确保规范达标运行;积极开展污水处理厂污泥处理处置示范试点。

三是在推进垃圾处理中,注重加强垃圾处理设施建设和使用。加大生活垃圾无害化处理设施建设力度,重点督促垃圾处理设施建设空白的市县完成项目前期准备,及时开工建设。改革城镇生活垃圾处理收费方式,提高生活垃圾卫生填埋处理场和焚烧处理厂的运行管理水平。加强对市县建设、运行项目的监管,着力提高垃圾处理项目的无害化处理能力。推进垃圾分类和资源化利用,做好生活垃圾分类试点工作。

（四）坚持结构调整，促进行业发展方式的转变

2003 年，湖北省出台《关于加快建筑业改革与发展的若干意见》。2004 年，建筑业总产值首次突破千亿大关，2011 年，则突破了 5000 亿大关。为实现建筑业发展方式转变，打造一批优势企业集群，湖北省开展建筑企业 20 强、装修装饰 10 强、勘察设计企业 10 强创建活动，开辟重点企业绿色通道、"直通车"服务，壮大一批产值过 100 亿元的建筑企业群。

一是打破行业分割，推进建筑业一体化发展。积极推进建设工程项目管理方式改革，引导优势企业实施跨地区、跨行业、跨所有制资产重组和合作，支持企业向关联的上下游产业延伸，拓展经营业务。鼓励支持施工企业同上游勘察设计、下游建筑材料企业的相互联合，实现建筑业一体化发展。

二是强化科技支撑，促进新型建筑工业化、住宅产业化。目前，全省共有 29 项工程获"鲁班奖"；25 项工程获"国优奖"；79 项工程获"全国建筑工程装饰奖"。引导企业加快信息化建设和管理创新，推动施工方式变革，大力实施绿色施工和绿色建筑。建立健全人才成长、引进的激励机制，提高行业的核心竞争力。

三是围绕打造千亿元产业集群，研究制定促进勘察设计行业加快发展的政策。充分发挥武汉工程设计产业联盟和产业园区的作用，提升行业核心竞争力。目前，已形成拥有较高专业水平、门类齐全的工程勘察设计行业，涉及范围包括 21 个工程勘察设计子行业。全省工程勘察设计行业总体竞争力居全国前列，稳居中部第一位。

四是注重改善开发结构，实现市场供需基本平衡。在落实房地产市场宏观调控的同时，房地产开发中住宅比例保持在 80% 以上。同时，以普通商品住房为主的商品房供应体系基本形成；住房二级市场日趋活跃，开放范围逐步扩大。通过调整住房供应结构，开展市场秩序专项整治，全省房地产市场呈现开发投资渐趋理性、市场供给稳定、需求持续增长的态势。城镇房屋拆迁严格计划管理，有效控制了拆迁规模；

房地产交易、权属登记和物业管理工作进一步规范;住宅产业化不断推进,住宅性能认定和康居示范工程试点工作取得新的进展。目前有3个城市的5个项目列入国家康居示范工程范畴。

三、坚持配套改革,破解住房和城乡建设领域发展难题

(一)积极探索建立"政府主导、市场运作"的投融资体制机制

湖北各地不断深化城市建设投融资体制改革,拓宽融资引资的渠道。首先,切实转变职能,建立城市建设项目分类运作机制。将城市市政公用基础设施项目,分为经营性、准经营性、非经营性项目三种类型,政府投资集中用于非经营性项目;对准经营性和经营性项目,按照政事、政企分开的原则,采取市场化运作方式。其次,对政府投资工程建设管理体制进行改革,实行投资、建设、营运、监管"四分开",提高城建投资效益。最后,充分发挥现代金融工具的作用,加强与金融机构战略合作,实施建设项目和土地整理开发封闭运行,发行企业债券,股权转让,资产变现,上市公司向资本市场融资,争取国内外银行贷款,探索BT、BOT、PPP方式利用社会资本,采取多种融资渠道和方式直接或间接融资、引资。

(二)积极探索建立"依法拆迁、有情操作"的拆迁工作机制

在工作中坚持"依法拆迁、有情操作",综合运用经济、法律、行政等手段,致力于"和谐拆迁"。一是坚持改善拆迁户住房条件的政策取向。通过"双限房"建设等途径,定向用于拆迁户安置。对符合经济房、廉租房、公租房条件的拆迁户实行应保尽保。同时适时调整货币补偿标准,确保拆迁户不因拆迁降低住房条件。二是严格依法规范拆迁行为。加强一书一证等要件把关。严格旧城改造拆迁管理,制定详细的补偿方案和维稳工作预案,确保和谐拆迁。加强现场跟踪监督检查,公布举报电话,杜绝"野蛮"拆迁。三是推行"一户一策"。对部分拆迁

户的特殊困难,采取"一户一策"的方式帮助解决,保障其基本生活水平不降低。

(三)积极探索建立工程质量安全和文明施工监管机制

党的十六大以来,湖北全省在建工地有近2万个,质量安全监管压力前所未有。全省牢固树立质量为本、安全第一的思想,严把施工安全和建设质量关。建立工程项目管理体系,加强招标投标管理,国有投资项目必须全部实行公开招标;制定落实建筑工地安全文明施工标准;加强远程视频监控等管理手段,督促工程管理措施落实到位;构建建筑市场诚信体系,引导企业自觉强化质量安全管理。落实质量安全责任制,严格政府部门监管责任和企业主体责任,层层签订责任状,形成安全生产责任链条;建立和完善"领导带班、重大隐患挂牌督办、生产安全事故公开查处"三项制度,严格实行"一票否决"。强化建设工程文明施工,颁布实施文明施工管理规定,强化防尘降噪管理;严格制定实施交通疏导预案。

(四)积极创新行政服务方式

湖北从制度建设入手,先后制定了3个规范性文件,建立了13个工作制度,初步形成了行政审批管理制度体系。积极整合审批资源,形成了"一个中心对外、一个窗口受理、一次性告知、一条龙服务、一站式办理"的工作机制。强化监督机制,实现廉政审批,在实行行政审批决策权、执行权、监督权"三分离"的同时,内部实行受理、审查、发证分离。实行工作人员轮岗交流和AB角制度,以减少"关系"、"人情"对审批行为的影响。积极推行项目审批全程代理制,实现政府信息公开和网上办公。行政审批制度改革取得明显成效。审批事项大幅减少,由37项减至18项;行政效能显著提高,目前,与法定工作时限相比,快办事项提速60%;期办事项提速57.8%,项目审批平均提速58.9%;服务质量明显加强,服务窗口电子评价满意率达到99.94%,仅2011年,受理办结各类行政审批事项 7285 件,无一起群众投诉。

(五)积极创新城乡管理体制

为适应新形势,全省建立城乡一体、精简高效、分工合理、职责明确的城乡管理新体制;建立以控制性详细规划为主要内容的规划管理机制,严格实施用地红线、水体蓝线、绿地绿线、历史文化保护紫线、市政公用设施黄线、公共服务设施橙线等"六线"管理制度;完善建设工程质量安全管理体系;加快工程项目建设组织方式改革,逐步实行城乡一体的工程建设管理体制;推进城市管理重心下移,把社区管理摆在城乡管理的突出位置,积极推进"城管进社区",全面实现城乡统筹、协调发展。

"十二五"时期,是湖北省全面实施"两圈一带"战略,协调推进新型工业化、新型城镇化、农业现代化,促进湖北经济社会跨越式发展的关键时期。为此,湖北省住房和城乡建设系统将坚持以科学发展为主题,以转变发展方式为主线,以改革创新为动力,以推进新型城镇化为抓手,牢固树立"发展优先、民生优先、服务优先、效率优先"的理念,着力抓好保障性安居工程建设、宜居城乡建设、建设领域节能减排,实现全省住房和城乡建设事业新跨越。

春风无限潇湘意

——湖南省住房和城乡建设事业十年回眸

2002 年至 2011 年,湖南省住房和城乡建设系统应对重大挑战、经受重大考验、取得重大成就的十年。

这十年,是湖南省住房和城乡建设系统大力推进新型城镇化,思想观念和发展方式加快转变的十年。2010 年提出的"四化两型"发展战略,将推进新型城镇化提到了湖南战略性和全局性高度。各地城镇发展步伐加快,发展理念和发展方式都有了新的转变。湖南省城乡建设正朝着更加注重以人为本和宜业宜居,更加注重资源节约和环境友好,更加注重提升综合承载能力和辐射带动能力,更加注重城市文化内涵和文脉传承的目标迈进。

这十年,是湖南省住房和城乡建设系统服务中心和大局,为全省经济社会发展做出积极贡献的十年。重点建设累计投资 6818 亿元,占全社会固定资产投资的 15%,对全省经济增长贡献率超过 10%;建筑业、房地产业和市政基础设施建设快速发展,建筑业支柱产业地位更加凸显;住房保障体系初步建立,实现了人均 10 平方米以下住房困难家庭应保尽保。

这十年,是湖南省住房和城乡建设系统体制不断调整、职能不断充实,凝聚力和战斗力显著提高的十年。新型城镇化被委以牵头之责,住房保障上升为主要使命,节能减排承担了重要任务,市场监管责任大大强化,规划、建设、管理工作由城市向农村延伸,在促进经济发展、改善民生方面起着十分重要的作用。

这十年,是湖南省住房和城乡建设系统不断加强队伍建设,机关作风明显改观,依法行政能力明显增强的十年。进一步完善了建设领域法律法规和工程建设标准,培养了一大批高素质专业技术人才和管理人才,增强了依法行政能力。

一、新型城镇化驶入"快车道"

2002年,湖南省提出了全面建设小康社会、加快推进"三化"进程的战略决策,首次把城镇化纳入了国民经济和社会发展的重大战略。2003年和2005年,省建设厅召开了全省加强城镇基础设施建设和城镇化工作会议,对推进全省城镇化战略做出全面部署。省九次党代会后,省建设厅集中力量研究了推进新型城市化和长株潭"3+5"城市群建设问题,形成了一系列调研成果。2008年,省委省政府召开全省新型城市化工作会议。会议提出的目标是到2015年,全省城镇化水平超过50%,其中长株潭达到70%以上,城市主要经济社会发展指标进入全国先进行列。

湖南城镇化的发展呈现在"快车道"挺进的良好态势。从2002年到2011年,湖南省城镇化水平由32.00%增长至45.1%,年均增长约1.3个百分点。城镇体系日趋完善。2011年,全省有100万人以上的特大城市1个,50万—100万人的大城市8个,20万—50万人的中等城市8个,20万人口以下的小城市12个,共有小城镇1050个,其中县城71个,县以下建制镇979个。以城市群为主体形态,长株潭城市群为核心,区域中心城市为重点,县城和中心镇为依托的大中小城市和小城镇协调发展的城镇体系已经初步形成。"两型"城镇建设成效明显。2007年,长株潭城市群获批"全国资源节约型和环境友好型社会建设综合配套改革试验区"。"十一五"期间,全省单位地区生产总值能耗累计下降 20.4 个百分点,城镇工矿建设用地产出上升约 30 个百分点,人均公园绿地面积提高 2.01 平方米;城市污水处理率提高 32.23 个百分点,生活垃圾无害化处理率提高 39.30 个百分点,实现了全省县城以上城镇污水处理设施全覆盖。城市群带动作用初步显现。随着环长株潭城市群建设战略的实施,全省城镇直接的联系更加密切,以长株潭为中心,以一个半小时通勤为半径,包括岳阳、常德、益阳、娄底、衡阳在内的环长株潭城市群迅速成长壮大,成为全省对外参与竞争、对内引领区域发展的战略要地。2011 年,长株潭城市群与环长株潭城市群分别以全省 26.99% 与 62.70% 的城镇人口、13.27% 与 45.57% 的国土面积,创造了全省 41.88% 和 78.31% 的地区生产总值,在辐射带动全省城乡经济社会发展中发挥了重要作用。城镇综合承载能力日趋增强。全省城镇不断发展壮大,城镇扩容提质加速,城镇综合承载能力日趋增强。

二、重点建设高歌猛进

十年来,湖南交通、能源、水利、通信等领域一大批基础设施项目开工建设和投产使用,实现了基础设施新跨越,创造了良好经济效益和社会效益,提升了可持续发展的承载力。铁路建设迎来"高速"时代。目前,全省正在形成以京广、沪昆线构成的"十字"形主骨架,以焦柳、洛湛、湘桂为主干线的"三纵二横"铁路运输网,营运里程达 3647 公里(其中高速客运专线 518 公里),占全国的 4.2%。公路建设进入"高网"时代,高速公路总里程达到 2393 公里。到 2011 年年底,湖南省在建和通车高速公路近 6000 公里,跃居到中部第 2 位,在建里程居全国第 1 位。机场、水利、能源、通信等其他基础设施建设驶入快车道,实现科学跨越。

"十一五"时期,全省新农村、社会发展和节能环保项目等重点建设加快实施,农村公路、饮水、通信等项目进展顺利。五年新改建农村公路 13.8 万公里,解决了 986.7 万农村人口的安全饮水问题,农村通信实现 5172 个自然村信号覆盖,极大地改善了农村的基础设施条件和生活条件。中南大学、湘潭大学、南华大学等高校进行扩建和新校区建设,改善了办学条件,提升了办学质量。湘雅医院、湘雅附二、湘雅附三、省人民医院、省肿瘤医院等医院相继进行了扩建,进一步改善我省医疗基础设施滞后现状,缓解了百姓看病难问题。

三、住房保障体系建设卓有成效

十年来,湖南省积极推动全省房地产业持续健康发展,城镇居民住房条件得到很大改善。全省房地产市场一直保持了投资趋于理性,市场供给稳定、需求持续增长的平稳健康运行态势,中小户型住宅占70%以上,房价涨幅一直在 10% 以内。住房价格涨幅平稳,全省商品房销售均价长期处于中部偏下的位置。从全省城镇人均住房面积看,2002 年,湖南城镇人均住房面积仅为 12.4 平方米,到 2011 年,湖南人均住房面积达到 36.7 平方米,十年增长 24.3 平方米;从经济拉动的成效看,全省商品房销售额由 2002 年 80.9 亿元增加到 2011 年 1567 亿元。房地产投资对 GDP 贡献率由 2002 年 0.9% 增加到 2011 年 8.4%。2011 年全省房地产业增加值占 GDP 比重超过了 5%。

"十一五"期间,房地产业已经成为国民经济重要的支柱产业,五年时间房地产累计实现税收 722.6 亿元,年均增长 26.2%。全省各类保障性住房和棚户区改造共完成投资 373.59 亿元,竣工(筹集)2418.17 万平方米、39.99 万套。其中,竣工(筹集)廉租住房 23.96 万套、经济适用住房 9.91 万套、公共租赁住房 1.23 万套、棚户区改造安置住房 4.89 万套。

截至 2011 年年底,全省通过住房和租赁补贴共解决了 108 万户城镇低收入家庭住房困难,住房保障覆盖面近 10%。全省逐步形成了包括廉租住房、经济适用住房、公共租赁住房等保障性住房和城市等棚户区改造的城镇住房保障体系。2011 年省委、省政府注资 45 亿元,成立省保障性安居工程投资有限公司,全省保障性安居工程建设融资从此被注入了强劲动力。经过积极的探索,湖南已经形成了实物配租、货币补贴、产权共有、租售并举、实物配售、安置住房建设等灵活多样的保障形式,并按照保障对象的收入水平和经济支付能力,对不同家庭、不同人群实行不同的住房供应政策。省人民政府先后出台了《湖南省人民政府关于解决城市低收入家庭住房困难的实施意见》等一系列文件,为住房保障工作的持续开展提供了政策基础。

十年来,住房公积金制度日趋完善。截至 2011 年年底,全省住房公积金累计归集总额和余额分别达到 974.66 亿元和 601.18 亿元,个人住房贷款总额和余额分别达 634.54 亿元和 414.36 亿元。全省缴存职工达 490 多万人,涵盖居民 1500 万人以上。回顾十年,住房公积金贷款帮助 200 余万人解决和改善了居住条件,改善职工住房面积达到 6000 多万平方米,提高全省人均居住面积 2.3 个百分点。贷款户数相当于同期全省各类金融机构发放住房按揭贷款数量的五分之一,个贷余额占全省各类金融机构个贷余额的 23.6%,住房公积金已经发展成为全省政策性住房金融的重要支撑。购房居民中,一半以上选择了住房公积金低息贷款。目前,全省住房公积金累计发放个人住房贷款 634.54 亿元,购建房提取 261.44 亿元,增值收益中用于廉租住房建设的补充资金 14.67 亿元,合计 910.65 亿元,相当于 1999 年至 2010 年全省城镇住房投资总额的 11.5%。

四、建筑业在转型中成长

建筑业是湖南国民经济的支柱产业,对保增长、保就业、保稳定有着极为重要的作用,为全省经济社会发展发挥了"三个明显"作用。一是对经济快速增长拉动明显。2002 年至 2011 年,全省建筑业总产值由 595.77 亿元增长至 3913 亿元,全省建筑业累计完成总产值 15135 亿元,年均增长 25%。十年间,累计实现增加值 6122.64 亿元,累计实现利润总额288.87亿元,年均增长达30.9%,占全省GDP的比重一直保持在6%以上。二是对就业促进明显。2011年,建筑业共吸纳全省农村富余劳动力270万人,占全省劳务总人数的18%;创建筑劳务收入240亿元,占全省劳务总收入的20%,成为了促进农民增收的第二大产业。三是对地方财税增收明显。十年来,全省建筑业累计上缴各类税费544.65亿元,年均增长23%。

坚守行业底线,确保安全发展。湖南省住房和城乡建设厅始终将工程质量和安全生产作为工作底线,特别2009年以来,提出了以实施安全质量标准化为基础、实现监督工作规范化为保障、完善信息化手段为支撑,落实企业主体和监督主体两大责任,推动建筑市场和施工现场联动监管的工作思路。十年来,全省共创鲁班奖工程27项,芙蓉奖工程442项,省优质工程1707项,工程一次性验收合格率由2002年的90.9%提高到98.7%,建筑施工生产安全事故死亡人数由百亿元产值3人降低到0.66人。

建筑节能和绿色建筑的发展与建筑业转型相伴而行,成为了新时期建筑业发展的主要抓手。十年来,建筑节能走过了从理念萌发到体系成熟的发展历程,相关政策法规体系不断健全,管理制度和机制日臻完善,技术支撑能力稳步提升,示范工程建设有序推进,建筑节能工作实现了全面发展。截至2011年,全省设区城市新建建筑节能50%强制性标准执行率设计阶段达到99%,施工阶段达到95%。建筑节能、绿色建筑、可再生能源建筑应用产学研结合创新平台以及湖南省建筑环境监测中心等4家建筑节能专业检测机构正式挂牌成立,以"资源节约、环境友好"为特征的绿色建筑体系应运而生。2011年,全省已有两个项目列入住房和城乡建设部绿色建筑示范项目,3个项目获得住房和城乡建设部授予的绿色建筑评价标识,11个项目列入湖南省绿色建筑创建计划,绿色建筑创建面积累计达362万平方米。

五、攻破计划经济的"最后一个堡垒"

这十年,是特许经营法规取得重大创新突破的十年。2006年湖南省将城市自来水供应、管道燃气供应、集中供热、城市公共客运、城市污水处理、垃圾处理等六大行业,向社会资本敞开大门,以招标、招商、谈判等多种方式选择特许经营者。几年间,城市供水、公交、燃气、污水处理、垃圾处理等公用行业完全进入市场化运作。城市公用资产被全面盘活,运行效益得到显著提高,城市公用事业发展由此步入了开放式多元发展的良性轨道。

这十年,是特许经营市场培育取得重大进展的十年。特许经营迅速覆盖全省绝大部分设市城市和县城。城市供水、垃圾处理、污水处理、道路桥梁、公共交通、管道燃气等几大市政领域全面开放,齐头并进。其中,管道燃气、公共交通已经全面实行特许经营;34%、23%的污水和垃圾处理运营项目、22%的垃圾处理建设项目实行了特许经营。市场多元化发展特征日趋明显。外资、内资、民营、国有多元投资格局基本建成。

这十年,是特许经营监管得到全面提升的十年。十年间,先后成立省城市供水计量认证办公室、省城市供水水质监测网络,出台了《湖南省燃气管理条例》等政策性和规范性文件,为强化政府监管提供了依据。市政公用事业的特许经营进一步拓宽了投融资渠道,直接带动了市政公用事业的迅猛发展。市政设施总量连翻几番。公共产品质量和服务效率明显提升。市政设施指标方面,自来水普及率、燃气普及率、污水处理率、垃圾无害化处理率分别从2002年的81%、60%、19%、7.4%增长到2011年的92.56%、80.64%、80.87%、62.42%,人均城市道路面积、人均公园绿地面积分别由2002年6.6平方米、4.7平方米增加到2011年的12.54平方米和8.03平方米。

六、城镇污水处理闯出"湖南模式"

2008 年,湖南省在全省实施城镇污水处理设施建设"三年行动计划"。截至 2010 年,119 个项目累计完成投资 165.9 亿元,铺设主次干线管道 4340 公里,分别占总计划的 96.3% 和 78.9%。已有 89 个项目投入运营,新增日污水处理能力 329.8 万吨,新增化学需氧量年削减能力 24 万吨。2009 年,全省新增建成运营项目个数和新增管网长度分别占全国的 13.5% 和 18.8%,跃居全国第 1 位;运营项目总设计处理能力占全国的 3.65%,设施总量从 2007 年的第 18 位上升至第 10 位;建成配套管网长度占全国的 4.44%,从 2007 年的第 18 位上升至第 8 位;全年处理污水总量占全国的 2.51%,从 2007 年的第 17 位上升至第 13 位。

在全球金融危机和中央关于"保增长、扩内需"政策背景下,全省做出加快推进城镇污水处理基础设施建设的战略部署,并适时引进了北京首创公司、北控水务集团等专业的国有战略投资者,在污染防治、环境管理与环保产业等领域展开全方位的合作。省住房和城乡建设厅牵头起草了《关于实施城镇污水处理设施建设三年行动计划的意见》,并会同相关部门上报省政府。实施中,为确保所有项目整体协调推进,省政府还组织了 3 次全省性督查,由省直 9 个部门主要负责人带队,对所有项目进行全面现场检查,有力推动了项目建设。

三年行动中,省政府和相关部门陆续印发了 15 个配套文件,出台了以奖代补、保障用地等一系列政策。2010 年,湖南在城镇污水处理设施建设中的做法得到了住房和城乡建设部的充分肯定,被誉为"湖南模式"。

七、风景这边独好

这十年,湖南风景名胜区品质建设卓有成效。国家级风景名胜区数量从 2002 年 6 处发展到 2012 年 16 处,居全国第三位。省级风景名胜区从 2002 年 19 处发展到 2012 年 39 处,风景名胜区规划面积达 7238 平方公里,占全省国土面积 3.44%。修订完成了《湖南省风景名胜区条例》和武陵源、南岳衡山、崀山条例,制定了岳麓山等风景名胜区条例,推进风景名胜区规划"全覆盖"、管理规范化和监督常态化,加快配套设施建设,挖掘历史文化内涵,加大宣传力度。

这十年,湖南省世界遗产、国家遗产的创建屡结硕果。2010 年 8 月 2 日,湖南省崀山、广东丹霞山、福建泰宁、江西龙虎山、浙江江郎山、贵州赤水 6 地丹霞景区联合捆绑,以"中国丹霞"为总名称的申遗项目,6 个丹霞景区一并列入了世界自然遗产名录。目前,湖南已经拥有了武陵源、崀山两处世界遗产,南岳衡山、紫鹊界—梅山龙宫、万佛山—侗寨 3 处国家遗产。

这十年,湖南省遗产地和风景名胜区在发展旅游经济,丰富民众生活方面做出巨大贡献。2011 年,世界遗产地和风景名胜区,吸纳了全省 40% 以上,达 1.3 亿人次的游客总量,创造了占全省四分之一以上,超过 400 亿元的旅游总收入。

十年的成就既是里程碑,更是新起点。今后面对新的重要战略机遇期,湖南省住房和城乡建设系统将深入贯彻落实科学发展观,适应国内外形势新变化,围绕全省建设战略总体部署,以转变发展方式为主线,以新型城镇化建设为统领,以重点工程项目建设为抓手,以建立符合省情的住房保障体系和商品房体系、提升城镇综合能力、打造绿色人居环境为重点,以改革创新为动力,统筹城乡发展,开创湖南住房和城乡建设事业科学发展新局面。

加快转变发展方式 提升城市化发展水平

——党的十六大以来广东省住房和城乡建设主要成就

党的十六大以来是广东贯彻落实科学发展观,推动经济社会又好又快发展的重要时期。十年以来,广东省住房和城乡建设系统以不断改善和发展民生为主线,以大力开展宜居城乡建设为抓手,扎实推进住有所居、改善人居环境、完善公共服务,为实现全省城乡全面、协调和可持续发展做出贡献。

一、加快宜居城乡建设,不断提高城市化发展水平

(一)在全国率先倡导和建设绿道网

在珠三角规划建设 6 条省立绿道,串联起郊野公园、自然保护区、风景名胜区、历史文化景观和居民点等,深入到广大城乡地区,并与城市绿道和社区绿道串联成网。

珠三角绿道网建设两年多来,在如下四方面取得了令人瞩目的成绩。一是目标任务超额完成。截至 2011 年年底,建成省立绿道 2372 公里;城市绿道建成慢行道 2828 公里,新增绿化 2763 公里,并建设了一大批绿道服务配套设施。二是制度建设同步。基本确立了绿道网规划建设管理的制度框架。珠三角各市相继出台相关管理办法,积极探索符合当地实际的管护模式。三是绿道综合功能日益丰富。在绿道网

建设过程中,按照体现生态化、本土化、多样化和人性化的要求,依托特有的自然和人文资源,不断丰富绿道的功能和内涵。四是品牌影响不断扩大。2011 年珠三角绿道网建设项目被授予中国人居环境范例奖,并被推荐申报 2012 年迪拜国际改善居住环境最佳范例奖。

（二）宜居城乡创建顺利推进

把创建宜居城乡作为广东省工业化、城市化、现代化的重大战略选择,2009 年 7 月印发了《关于建设宜居城乡的实施意见》,明确了推进宜居城乡建设的指导思想、目标内容、具体措施和要求。

《实施意见》下发以来取得五个方面的成绩。一是示范带动。在全省范围内开展创建"宜居城市"、"宜居城镇"、"宜居村庄"和"宜居社区"的试点工作,对突出的市、镇、村和社区授予相应的称号。2003 年以来,先后有 15 个项目获得"中国人居环境范例奖",梅州市龙丰垃圾填埋场 CDM 综合治理项目荣获 2010 年联合国人居署"迪拜国际改善环境最佳范例奖"全球百佳称号。二是考核促动。牵头组织省直有关部门开展了全省 21 个地级以上市创建宜居城乡工作绩效考核。三是项目推动。将宜居城乡建设重点领域中的城中村改造、城镇保障性住房建设、垃圾处理设施建设列入了省重点工程,2011 年分别完成年度投资 267 亿元、214.3 亿元、20.4 亿元。四是政策引导。制定广东省宜居城市、宜居城镇、宜居村庄、宜居社区评价标准和宜居环境范例奖申报及考核办法,印发了《关于加强宜居社区建设工作的指导意见》。启动岭南特色规划与建筑设计评优活动。五是综合治理。广州市以举办亚洲运动会为契机,人居环境综合整治取得巨大成果,荣获联合国颁发的"中国区环境规划优秀示范奖";深圳市利用举办大运会的契机,实现基础设施、市容市貌和生态环境的大提升;包括韶关丹霞山在内的"中国丹霞"于 2010 年 8 月成功申报为世界自然遗产。

（三）开创提高城市化发展水平工作新局面

改革开放以来,全省城市化水平达到66.2％,珠三角地区城市化率超过80％。广东省提出了围绕"加快转型升级,建设幸福广东"的新任务,并印发了《关于提高我省城市化发展水平的意见》,起草了《广东省提高城市化发展水平重点建设任务地区分解方案》,制定了城市新区建设、实施旧城区改造、宜居社区建设、复兴岭南特色历史文化街区、建造绿色建筑、绿道网建设、名镇名村建设、生活垃圾无害化处理场建设、污水处理厂建设等9项工作任务。

（四）区域发展格局不断优化

广东省推进城市一体化发展,优化区域发展格局,牵头组织编制（或联合港澳编制）《珠三角地区城乡规划一体化规划》、《大珠江三角洲城镇群协调发展规划研究》、《环珠江口宜居湾区建设重点行动计划》、《粤东城镇群协调发展规划》和《粤西城镇群协调发展规划》等区域规划文件,并发布粤港澳首次合作的策略性区域规划研究成果——《大珠江三角洲城镇群协调发展规划研究》。目前,广东省已形成以珠三角城市群为核心、东西两翼为新兴增长区、北部山区中心城市集聚发展的城乡一体化发展格局。

（五）城乡规划工作再创佳绩

近年来,广东省通过促进区域协调、城乡统筹、改善人居环境,切实提高了城乡规划的先导主导作用和综合统筹能力,成绩主要表现在如下五个方面。一是完善了城乡规划法规体系。加快推动《广东省城乡规划条例》的立法,并创新性地增设了"历史文化和自然风貌保护"专章。二是不断完善城乡规划管理的长效机制。组织开展了《广东省城市、镇控制性详细规划编制指引》等多项配套技术文件的制定工作,初步建立起科学动态循环机制。三是积极配合推动"三旧"改造（旧城镇、旧厂房、旧村庄改造）、"双转移"（"产业转移"和"劳动力转移"）等省重点工作。制定印发了《广东省产业园区规划制定的指导意见(试行)》,制定了《广东省城市"三旧"改造规划及年度实施计划编制要点》。四是围绕"三促进一保持"(促进提高自主创新能力、促进传统产业转型升级、促进建设现代产业体系、保持经济平稳较快增长)的目标要求,加强和完善重大建设项目规划选址的管理工作。至 2011 年年底,广东省住房和城乡建设厅共依法核发了近 300 个建设项目规划选址意见书。五是村镇规划编制取得突破。广东省村庄规划覆盖率由 2002 年年底的 22.9% 提高到 2011 年年底的 47.4%。全省建制镇基本完成城镇总体规划编制任务,277 个中心镇已实现总体规划全覆盖。

(六)城市建设迈上新台阶

　　党的十六大以来,广东省城市建设全面快速发展,在如下四个方面取得长足进步。一是城乡生活垃圾处理取得新进展。截至 2011 年年底,广东省共有 19 个地级以上市、20 个县(市)城区实现生活垃圾无害化处理,已投入运营的生活垃圾无害化处理场(厂)56 座,总处理规模达 4.83 万吨/日,全省城镇生活垃圾无害化处理率达 75%。二是污水处理能力再上新台阶。2008 年以来,投入 25 亿元支持东西北地区污水处理设施建设,共建成污水处理厂 349 座,处理能力 2186.86 万立方米/日,污水处理率 76%。三是园林绿化水平稳步提升。广东省共有 16 个"国家园林城市"、3 个"国家园林城镇";建成区绿化覆盖率 41.2%,建成区绿地率 37.4%,城市人均公园绿化面积 14.58 平方米。四是供水水质督察工作扎实有效。从 2006 年起,建立了全省城市供水水质督察制度,建立了北江、韩江、西江 3 大流域原水水质监测与污染预警系统,实现对原水、制水、供水实施全过程管理。

(七)村镇建设形成新格局

　　一是村镇建设取得长足发展。2006 年开始,开展以"五改"(即改水、改厕、改房、改路、改灶)为重点,辅以"三清"(清理垃圾、清理荷塘、清理乱堆放)、"五有"(有村庄规划、有文体活动场地、有一片成荫绿地、有垃圾收集池、有污水处理简易设施)等内容为主的村庄整治工作。截至 2011 年年底,广东省有 17600 多个行政村、145400 个自然村,村庄内道路长度 97779 公里,有生活垃圾收集点的行政村 10231 个、集中供水的行政村 9561 个、对生活污水进行处理的行政村 2311 个,人均住宅建筑面积达 27.68 平方米。二是中心镇进一步加快发展。出台《关于加快中心镇发展的意见》,给予中心镇多方面支持。截至 2010 年年底,广东省 277 个中心镇的地区 GDP 达 7944.32 亿元,镇域总人口 2831.40 万人,可支配财政收入总额为 324.19 亿元。三是历史文化、特色景观旅游名镇名村的保护和开发利用取得新成效。广东省共有 20 个镇、10 个村被评为国家历史文化名镇(村),7 个镇、3 个村被评为国家特色景观旅游名镇(村)。江门市"开平碉楼与村落"于 2007 年 6 月被联合国教科文组织评为世界文化遗产。

二、多层次全方位推进"住有所居"工程,实现 "底线民生"向"基本民生"转变

"住有所居"是构建和谐社会的一个重要目标,广东省高度重视住房保障工作,通过落实科学发展观、为民办实事的工作重点,推动住房保障工作取得突出成效。

(一)住房保障取得重大发展,逐步构建以公共租赁住房为主体的住房保障体系

一是住房保障覆盖面逐步扩大。2008 年以前,广东省住房保障仅对"双特困户"城镇居民家庭实施住房保障。从 2008 年起,开始对城镇低保家庭和低收入家庭实施住房保障;同时,开始对非户籍常住人员实施住房保障。二是住房保障力度加大。住房保障从过去以"租赁补贴为主、实物配租相结合"逐步改为以"实物配租为主、租赁补贴相结

合";同时加大以公共租赁住房为主体的保障性住房供应量。截至2012年5月月底,广东省共实施住房保障39万多户(套);全省新开工建设各类保障性安居工程(含租赁补贴)66万套。三是住房保障体系基本健全。建立健全了以公共租赁住房制度为主体,积极推进廉租住房、经济适用住房、限价商品住房制度建设,全面启动城市和国有工矿棚户区改造,推动林区、垦区等各类棚户区改造。四是住房保障制度建设日趋完善。各地均建立了各类保障性住房的制度,明确了保障性住房筹集方式、土地供应、规划建设、资金筹集、保障对象、需求调查、分配方法程序、保障标准、后续管理、组织领导等,形成了一套完整制度建设体系。五是积极推进住房保障制度改革创新。2011年11月通过了《广东省住房保障制度改革创新方案》。2012年2月月底,广东省印发了《广东省住房保障制度改革创新方案》,加快建立新型住房保障制度。

(二)房地产业发展成绩显著,人民居住水平不断改善

一是房地产开发促进了国民经济保持平稳健康增长。2002年以来,广东省房地产开发投资占固定资产投资比重一直稳定在22%以上。从2006年到2011年,广东省房地产贷款余额(包括企业开发贷款和个人按揭贷款)从5275.37亿元增长到15486.79亿元。从2002年到2011年,广东省房地产业产值从633.87亿元增加到3213.50亿元。二是房地产业的发展推动了城市化发展水平提升。2002年到2011年,广东省房地产业税收从100亿元增长到872亿元。2011年国有土地出让收入达到1833.32亿元。同时,房地产开发建设极大改变了城市面貌。三是房地产业的发展提高了人民居住水平。2002年到2011年,广东省共销售商品住房45376万平方米,城镇居民人均居住建筑面积由24.5平方米增长到34.4平方米。四是物业管理行业持续发展。2002年至2011年,广东省物业服务企业从2146家增长到6388家,其中一级企业232家;管理项目从9341个增长到20595个,管理面积从

8.56 亿平方米增长到 12.61 亿平方米;从业人员从 17.3 万增长到
58.4 万人。五是房地产开发企业不断壮大。广东省房地产开发企业
形成了一批在国内有着强大综合实力和良好品牌效应的龙头企业。
2010 年,深圳万科与广州恒大和保利地产销售金额名列前茅。六是住
房公积金工作稳步推进。截至 2011 年年末,广东省住房公积金缴存职
工人数达到 1049.72 万人,缴存总额达到 3766.68 亿元,个人住房公积
金发放贷款总额为 1376.2 亿元,累计发放 62.1 万笔。

三、转变发展方式,推动建筑业取得新成就

(一)建筑业不断做大做强

2011 年,广东省建筑业完成总产值 5378 亿元,实现利税 394 亿
元。建筑业企业总数为 4692 家;其中,特级资质企业为 7 家,一级资质
企业为 526 家。2011 年,广东省勘察设计企业 1626 家,完成工程勘察
设计合同额 395.4 亿元。2002 年至 2011 年累计获国家级工法 71 项,
全国新技术应用示范工程 12 项,国家优质工程"鲁班奖"55 项,全国建
筑工程装饰奖 253 项,国家 AAA 级安全文明标准化诚信工地 115 个,
共有 6 人被评为国家勘察设计大师。

(二)建筑市场监管取得新进展

一是加强建设工程的招标投标管理。通过不断完善制度,加强招
标投标行为的管理,促进工程招标工作遵规守纪。广东省设有有形建
筑市场 95 个,2011 年实行招标工程 13866 项,工程造价 3386 亿元,其
中公开招标工程 11625 项,工程造价 2665 亿元,招标工程造价为 2002
年的 3 倍多。二是加快推进项目信息公开和诚信体系建设工作,构建
全省建筑市场诚信平台和"三库一平台"(省住房城乡建设系统企业信
息库、人才信息库、法规标准信息库和行政服务平台)行政服务系统。
截至 2011 年年底,广东省住房和城乡建设厅工程建设领域项目信息公

开专栏收录了近56万条信息,占广东省省级工程建设领域项目信息公开信息发布量的70%多。三是落实中央工程建设领域突出问题专项治理工作。2009年至2011年,广东省住房城乡建设系统通过落实中央工程建设领域突出问题专项治理工作,共排查5573个项目,排查发现存在2521个问题,排查期间纠正了1384个问题。四是开展建筑市场动态核查。至2011年年底,广东省住房和城乡建设厅共分8批对广东省设计施工一体化、招标代理、混凝土、施工等1698家企业进行了资质条件核查。五是推动粤港住房和城乡建设行业合作。积极落实CEPA先行先试政策,促进粤港两地住房和城乡建设行业发展。2003年以来,香港有1066人取得了内地执业资格互认,内地也有对等6个专业的工程师共1157人取得了香港执业资格互认。

(三)工程质量和施工安全监管取得新成效

一是建筑工程质量安全管理制度进一步健全。党的十六大以来,先后印发了《广东省房屋建筑工程和市政基础设施工程结构备案管理办法》、《广东省建设工程质量监督机构考核办法》等一系列文件,规范了工程质量和安全管理。二是积极推行工程质量信息化建设。2011年年底,建成省和珠三角地区各市(含佛山市顺德区)工程质量检测信息化监管平台和网络,实现省、市和检测机构联网;逐步推广混凝土质量跟踪监管信息系统。三是实行工程质量检测机构资质管理。2009年,印发了《广东省住房和城乡建设厅关于实施建设工程质量检测机构行政许可的公告》,对全省工程质量检测机构实行资质管理。四是全面实行安全生产许可证制度。自2005年开始,对施工企业全面实行安全生产许可证和施工企业"三类人员"安全生产考核合格证两项行政许可制度。目前,全省共有5500多家施工企业取得了安全生产许可证,20万多名施工企业"三类人员"取得安全生产考核合格证。五是实行建筑施工安全动态管理。自2006年7月1日起实行安全生产动态管理以来,对13家建筑施工企业、140名项目负责人、89名专职安全员和95名注册监理工程师实施了暂停上岗执业等监管处理。六是全面推行建筑工人安全教育"平安卡"管理制度。从2006年推行该管理制度至今,广东省接受安全教育和考核的建筑工人超过120万人,持"平安卡"上岗作业的超过100万人;编写了《建筑工人安全常识读本》、《建筑工人应急处理手册》,摄录并制作《广东省建筑施工安全操作教育系列片(DVD)》派发到全省在建工地。七是加强全省建筑起重机械及特种作业人员信息管理。2008年组织开发了省建筑起重机械及特种作业人员监督管理系统,对全省起重机械和特种作业人员信息实行网上动态管理。八是实施施工安全管理目标责任制,全省建筑施工安全生产形势保持稳定。从2004年开始,每年都与各地住房和城乡建设行政主管部门签订了施工安全管理目标责任书,严格控制建筑施工安全生产控制指标,事故起数和死亡人数总体呈稳定下降趋势。

(四)建筑节能迈出新步伐

广东省既是建筑大省,也是能源消耗大省,推进建筑节能工作意义重大。

近年来,广东省积极推动建筑节能发展,取得显著成效。一是政策法规不断完善。2004年,广东省政府颁布了《广东省发展应用新型墙体材料管理规定》,2011年颁布了《广东省民用建筑节能条例》。二是建筑节能标准体系基本形成。先后发布了16部建筑节能地方标准,出台了11本建筑节能标准设计图集,为建筑节能工作提供了技术依据。三是新建建筑节能标准执行率稳步提高。对新建建筑的规划、设计、施工图审查、施工和验收等建筑活动进行全过程把关,全省新建建筑执行率在设计阶段从77%提高到100%,在施工阶段从60%提高到97.5%以上。四是绿色建筑取得较大发展。按照"示范引路,以点带面"的工作思路,积极推动绿色建筑的发展,广州、深圳、珠海等城市涌现了一批绿色建筑示范项目。五是政府办公建筑和大型公共建筑节能监管体系建设扎实推进。2008年至2011年全省共完成8156栋国家机关办公建筑和大型公共建筑基本信息及能耗统计,并按期进行能效公示。六是建筑节能示范工作深入开展。推广可再生能源建筑应用示范项目,获国家批准的项目大幅增加,市级以上建筑节能示范工程超过80个,并发布了四批《广东省建筑节能技术产品推荐目录》共40个产品。七是既有建筑节能改造逐步展开。截至2011年年底,广东省既有建筑节能改造面积完成了857万平方米,其中"十一五"期间完成532万平方米,2011年完成325万平方米。八是不断加强墙材革新工作。广东省所有城市都开征墙改基金,并严格按规定加强了全省墙材专项基金征收管理,积极推进新型墙材的推广应用工作。

四、积极推进信息化建设,深化行政审批改革

广东省充分利用先进的信息技术,搭建信息化平台,并通过改革行政审批机制,促进行业发展,具体成绩如下四个方面。一是建设和应用"三库一平台",打造企业资质审批及行业监管"一体化"模式。将原有审批平台"一站式电子政务系统"升级为"三库一平台"(企业信息库、人才信息库、法规标准信息库和行政服务平台)审批应用系统,将16类行政许可事项统一整合到"三库一平台"办理。"三库一平台"将企业信息、专业人员信息和企业和个人的资质(资格)、经营(从业)的业绩、诚信、奖惩等信息建立档案,打破了"信息孤岛"。二是推行网络审批模式,依法高效地实施资质审批工作。借助"三库一平台",积极推行企业资质网络审批模式,推进审批信息公开,对规范审批企业资质发挥了积极的作用。三是实施企业资质申办无纸化及"三公开",全面提升行政审批效能。2011年以来,在总结推行网络审批模式的基础上,健全和完善"三库一平台"的功能,试点实施企业资质申办无纸化及申办信息"三公开"(即公开申请信息、公示审查意见、公布审批结果)。四是深化行政审批制度改革,使行政许可审批重心"下移"。2009年以来,逐步下放了部分审批事项,例如城市园林绿化二级、房地产开发二

级资质等已经委托地级以上市主管部门办理,建筑业等 13 个大类的企业资质信息变更权限也下放到了地级以上市办理。

五、积极推进法规建设,为住房城乡建设提供法制保障

近 10 年来,由省人大颁布实施的本行业地方性法规共 11 件,由省政府颁布实施的省政府规章共两件,包括《广东省发展应用新型墙体材料管理规定》、《广东省建设工程勘察设计管理条例》、《广东省建设工程监理条例》、《广东省民用建筑节能条例》等;城市规划与建设领域的法规包括:《广东省城市绿化条例》、《广东省城市控制性详细规划管理条例》《广东省珠江三角洲城镇群协调发展规划实施条例》、《广东省燃气管理条例》等;住房保障与房地产业领域的法规包括:《广东省物业管理条例》和《广东省商品房预售管理条例》。

六、广东省住房和城乡建设工作展望

广东省要以过去的成绩为新的起点,不断把全省的住房建设事业各项工作推向新的高度,做好下面四项工作。一是要以提高城市化发展水平为发力点,把建设宜居城乡推向深入。把宜居作为对新区开发和旧城更新改造的重要目标;推进城市一体化发展,继续深化粤港澳合作,携手打造更具综合竞争力的世界级城市群;以复兴岭南特色历史文化街区和建设名镇名村为抓手,进一步突出城市规划建设的文化特色。二是以完善珠三角绿道网为新起点,打响广东绿道网品牌。出台《广东省绿道网建设管理规定》,建立健全绿道网建设、运营、管理的长效机制。实施《广东省绿道网建设总体规划》,推动绿道网向粤东西北地区延伸。三是以制度创新为引领,建立以公共租赁住房为主体的新型住房保障体系。逐步将廉租住房、直管公房、经济适用住房和公共租赁住房(以下简称公租房)等保障性住房合并管理、并轨运营,统一归类

为公租房,建立以公租房为主体的新型住房保障制度,解决住房保障对象基本居住需求。四是以岭南特色规划与建筑设计评优和绿色建筑推广为突破口,加快建筑业转型升级。开展广东近代建筑研究,确立广东近代建筑在中国建筑史上的地位。通过推广绿色建筑的绿色建材,鼓励科研单位和生产企业开展绿色建材的研究和生产,提升建筑科技水平。

抒写艰辛　铸就辉煌

——党的十六大以来广西壮族自治区住房和城乡建设事业发展综述

党的十六大以来,广西住房和城乡建设事业走过了极不平凡的十年。十年来,强化团队精神和执行力,加快推进城镇化进程、加强城乡规划建设管理,促进了住房和城乡建设事业又好又快发展。

一、城镇化水平快速提升,城乡规划工作力度加大

(一)城镇化水平不断提高,城镇化进程明显加快

党的十六大以来,广西城镇化水平不断提高,城镇化进程明显加快。2011年,广西城镇化水平达41.8%,比2002年的28.3%增长13.5个百分点以上,高于同期全国平均增长速度。城镇建成区面积由2002年的1533.97平方公里,增加到2011年的2307.79平方公里,增加773.82平方公里,年均增加85.98平方公里。南宁五象新区、柳州柳东新区、桂林临桂新区等城市新区加快建设,中心城市辐射和带动作用日益增强。城镇体系得到完善,基本形成了以南宁为核心的北部湾城市群和桂中、桂北、桂东南等4个城镇群,右江河谷走廊、黔桂走廊、桂西南、桂东北等4个城镇带,城镇体系不断完善,大城市和城镇群(带)已经成为广西经济社会平稳较快发展的重要载体和推动力。

（二）城市人居环境显著改善

南宁"中国绿城"形象享誉全国、"中国水城"建设初具规模,成为获得"中国人居环境奖"、"联合国人居奖"称号城市。桂林"两江四湖"和柳州"百里柳江"生态休闲景观工程建设进一步完善,山水生态历史文化名城形象显现。截至2011年,全区已有桂林、柳州、北海等3个城市获得国家历史文化名城的称号;南宁市、桂林市、柳州市、北海市、百色市、凌云县等五市一县获"国家园林城市(县城)"称号,梧州市、玉林市、贵港市、钦州市、来宾市、北流市、桂平市以及崇左县、鹿寨县、平果县、乐业县7市4县获"广西园林城市(县城)"称号。

（三）提高城市园林绿化水平,改善人居环境

为提高城市园林绿化水平,改善人居环境,广西决定从2011年开始,每年举办一届广西园林园艺博览会,由14个设区市轮流举办。首届广西园博会以"秀美八桂,生态龙城"为主题在柳州市成功举办,荟萃了全区14个城市和20多个国家最具代表性的造园艺术精品,向世界展示了一幅生态、文明、和谐、秀美的园林画卷,赢得了区内外游客的高度称赞和广泛好评。

（四）规划组织编制步伐加快,规划宏观调控作用逐步加强

规划组织编制步伐加快,规划宏观调控作用逐步加强。为建立完善的规划体系和有效的调控机制,实现局部与整体、近期与远期、省域与市域的协调发展,完成了《广西城镇体系规划(2008—2020年)》、《广西"十一五"城镇化发展规划》、《广西"十二五"城镇化发展规划》、《广西北部湾经济区城市群规划纲要》等的编制并获批准实施。十年来,全区89个市、县都依法完成了城市、县城总体规划编制报批工作,其中南宁市、柳州市新一轮城市总体规划已获国务院批复。设市城市的控制性详细规划面积占建成区面积的80%以上。全区基本上形成了由城镇体系规划、城市总体规划、控制性详细规划、修建性详细规划

组成的城市规划体系。全区设市城市近期建设规划工作全面展开,控制性详细规划覆盖率稳步提高。创新规划管理体制机制,城乡规划委员会制度和城乡规划督察员制度不断建立完善。

二、市政公用设施建设步伐加快,服务能力和保障水平不断提高

(一)市政公用基础设施建设步伐加快

十年来全区县城以上城市市政公用基础设施建设累计完成投资3642亿元。截至2011年,相应完成城市市政公用基础设施投资1035亿元。城镇供水综合生产能力提高到869万立方米/日,城市桥梁共1345座,城市道路照明共82万盏,燃气普及率提高到84.55%,人均城市道路面积提高到13.47平方米,人均公园绿地面积提高到9.62平方米,建成区绿化覆盖率高到33.76%,建成区绿地率提高到29.07%。

(二)污水、垃圾处理设施建设逐步完善

提前实现了县县建成污水处理设施的目标,截至2011年年底,全区建成生活污水收集配套管网2730公里,城镇污水处理能力累计达372.25万吨/日,生活垃圾处理能力累计达13843吨/日,建成城镇污水处理设施112座,城镇污水处理率均达到65%;建成生活垃圾处理设施81座,垃圾无害化处理率达65%。

(三)城乡人居环境进一步改善

2006年9月,全区范围内组织实施了以加强城乡环境卫生和城乡容貌秩序管理工作,并开展改善城乡人居环境为主题的"城乡清洁工程",逐步由中心城市、县城深入到乡镇和村屯,呈现了以城带乡格局,营造了"山清水秀地干净"的城乡环境,增强了广西发展环境竞争力,进一步完善城市功能,全面提高城乡环境质量,改善人居条件和投资

环境。

（四）城市管理水平进一步提高

按照"统一领导、分组管理,条块结合、以块为主"的城管体制要求,运用现代科技手段实现城市管理理念、体制、技术的全面创新。实施数字化城市综合管理指挥和运行系统建设,不断完善提升市政公用设施服务效能,创新便民服务形式,加强和改善对建设项目的监管,全面治理"五乱",推进城建监察队伍建设,开展"和谐城管"建设活动。

三、村镇建设硕果累累,农村居民生产生活条件明显改善

（一）城乡风貌改造

2009 年 7 月以来,实施了以改造"竹筒房"和区域环境综合整治为主要内容的城乡风貌改造,前三期工程开展了 34 类项目建设,完成投资 28.97 亿元。项目覆盖全区各市和 80 个县区、320 个乡镇、1895 个村,惠及约 90 万农民群众。在项目建设中,综合整治村屯必须完成"规划编制、房屋外立面改造、道路和排水沟建设、远教站点建设、文化书屋、计生室、篮球场、村屯绿化、卫生室、垃圾池"等"标准件"项目建设。

（二）名镇名村建设

2011 年以来,开展特色名镇名村建设,打造宜居型村镇,增进村镇后续发展能力,编制特色名镇建设发展规划,依据规划合理布局各类建设用地和产业发展用地,统筹基础设施和公共服务设施布局,完善特色名镇功能。依据特色名镇名村产业发展规划,合理安排产业发展项目和相关配套设施建设,促进产业发展水平的提升。

（三）农村危房改造工作

2009 年以来，连续 3 年把农村危房改造工作作为自治区为民办实事项目，把实施农村危房改造作为改善民生、统筹城乡发展、构建和谐社会的重点工作来抓。至 2011 年年底，共完成农村危房改造约 39.8 万户，约 160 万农民群众告别破旧不堪的危房，喜迁安全温暖的新居。

（四）少数民族村寨防火改造

2008 年开始用 3 年时间，对全区 1156 个 50 户以上连片的木结构房屋少数民族村寨，通过实施电改、灶改、水改、寨改，重点解决少数民族村寨用火用电隐患严重、无消防水源、无消防设施、无防火分隔等突出问题。2011 年继续对融水县 30—50 户的村屯实施防火改造。项目实施四年来，完成了 1156 个 50 户以上的少数民族村寨的改造任务，以及融水县 30—50 户 777 个村屯的防火改造，使约 18 万户 73 万农民群众受益。

（五）农村规划编制

从 2011 年开始用 3 年时间，开展村镇规划，解决长期制约村镇发展的规划滞后问题，基本完成各县（市、区）域村镇体系规划、乡镇总体规划，以及村委所在地村屯、中心村和交通干线沿线 50 户以上自然村等村庄规划的编制任务。截止到 2011 年，村镇规划集中行动完成 75 个县域镇村规划、322 乡镇总体规划、11704 行政村建设规划的编制。

四、保障性安居工程全面推进，居民住房条件明显改善

（一）大力推进保障房建设

一是重视。成立了自治区保障性安居工程工作领导小组，与各市政府签订住房保障工作目标责任状，以实现"住有所居"为目标，着力加大廉租住房、经济适用房建设力度，积极推进城市、国有工矿棚户区

改造及危旧房改住房改造,推动公共租赁房和限价房建设,多渠道解决城镇中低收入家庭住房困难。二是落实。在 2010 年召开了 8 次全区住房保障性安居工程工作会议,编制了《2010—2012 年保障性住房建设规划》和"十二五"住房保障规划编制。初步形成了以公共租赁住房和廉租住房为重点、以棚户区改造为支撑、以经济适用住房和限价商品住房为补充的、覆盖城镇中低收入群体的住房保障体系。三是投入。2007 年至 2011 年年底,各类保障房累计完成投资 420.43 亿元,建设保障性住房和各类棚户区改造安置住房 60 万套(户),解决了 200 多万中低收入住房困难群众居住问题。四是实效。截至 2011 年年底,全区通过发放廉租住房租赁补贴保障 153059 户,廉租住房实物配租保障 110205 户,通过公共租赁住房保障 58833 户,通过经济适用住房保障 113981 户,通过限价商品住房保障 48586 户,通过各类棚户区改造保障 115321 户。全区住房保障覆盖面由 2007 年的 8% 提高到 13%。2011 年,保障性住房任务量为 29 万套,首次超过全区商品住房的销售规模。2011 年保障性安居工程项目开工 32 万套,竣工 97774 套,完成投资 168.62 亿。

(二)大力推进公积金制度完善

认真贯彻落实《住房公积金管理条例》,继续扩大住房公积金制度覆盖面,保持住房公积金平稳发展;加大贷款发放力度,提高职工购建住房支付能力;继续加强制度建设,防范管理风险,保证资金安全;加快住房公积金信息化建设,提高监管水平。截至 2011 年年底,全区住房公积金缴存总额达 861 亿元,已累计发放个人住房贷款 382.57 亿元,个贷率 62.35%、全区住房公积金覆盖率达 90.6%。

五、房地产市场调控加强,房地产业持续稳定健康发展

十年来,广西房地产业保持了持续健康平稳发展势头,是房地产业

发展最快的时期,地产业保持持续健康平稳发展、相关配套法规和服务不断完善。

(一)地产业保持持续健康平稳发展

2002 年至 2011 年年底,全区房地产开发投资累计完成 5742.59 亿元,城镇居民人均居住面积增至 39 平方米。2010 年,全区房地产开发投资达 1206.22 亿元;2011 年,全区房地产开发投资达 1500.46 亿元。"十五"期间,全区累计竣工面积 3763.6 万平方米;"十一五"期间,累计商品房施工面积 3.8 亿平方米,竣工面积 6706.8 万平方米。

(二)相关配套法规和服务不断完善

不断完善法规建设,细化相关条例,理顺广西物业管理工作体制;推进物业管理服务模式,加强相关法律法规和管理知识宣传的力度。2006 年至 2009 年评出自治区优秀物业小区(大厦、工业区)共 87 个,其中 7 个获得国家优秀示范小区(大厦、工业区)。

六、建筑业快速发展壮大,支撑作用日益增强

党的十六大以来,建筑业作为广西的重要支柱产业,同其他行业一样,走过了不平凡的发展道路,取得了辉煌的成就,为广西经济发展作出了积极的贡献。一是建筑业总产值迅速增长。2011 年,建筑业总产值 1552 亿元,完成建筑业增加值占自治区 GDP 的 6.5%;全行业实现利润 31.9 亿元。二是建筑施工企业规模迅速扩大。截至 2011 年年底,建筑施工企业共有 2632 家。2002 年至 2011 年,依法实施监督的工程 145110 项,建筑面积 92518 万平方米,工程总投资 868.62 亿元。近五年来,工程质量安全监督覆盖率 100%,验收合格率 100%;有 16 项工程获中国建设工程鲁班奖(国家优质工程),3 项工程获国家市政工程金杯奖,1 项工程获国家土木工程"詹天佑"大奖,17 个工地获住

房和城乡建设部 3A 安全文明工地称号。三是实施"走出去"战略。2011 年,广西建筑业企业在区外完成建筑业总产值 135 亿元;与此同时,海外建筑市场开拓力度不断加大。海外建筑工程业务主要分布在东盟十国、中东地区、南美洲和西南部非洲的 23 个国家。目前,广西已有 28 家建筑施工企业取得对外经营权,海外建筑市场开拓力度不断加大。

七、建设领域科技水平提高,建筑节能工作取得新进展

"十五"期间启动完成了《广西地区建筑节能背景材料调查研究》、《新型保温隔热混凝土多孔小砌块的物理力学性能研究》等课题研究。自 2007 年以来,在建设领域重点推广地源热泵、太阳能建筑一体化、空调节电等 10 项建筑节能技术。截至 2011 年年底,全区累计完成建筑节能 220.95 万吨标准煤。2008 至 2011 年,广西财政安排了建筑节能示范工程项目以奖代补资金约 1.08 亿元及大型公共建筑节能监管体系建设补助资金 2100 万元,扶持建设了广西 300 余项建筑节能示范项目。

八、建设行政管理体制改革逐步深化,行业队伍素质不断提高

(一)提高管理人员和执法人员业务能力

近年来,实施城镇化"1211"工程、"城乡清洁工程"和城乡风貌改造工程,工作重心由城市向覆盖全区、城乡联动、整体推进转变,管理措施由集中整治、重点突破向长效管理转变。以规范市场秩序为重点,加强了住房和城乡建设行业立法工作;加大行政执法力度,依法查处建设领域违法行为。以创建文明法治行业为目标,深入开展普法宣传教育工作,建立健全行政执法责任制、评议考核制、错案追究制等行政执法工作制度。广西住房和城乡建设厅连续荣获全国住房城乡建设系统

"四五"、"五五"普法依法治理先进单位称号。

（二）组织各种岗位和专业的培训

截至 2011 年年底,组织 24 次全区关键岗位培训考试统考,参加培训考试人数 86870 人次;举办 152 期其他岗位资格培训班,参加培训人数 31006 人次;举办了 116 期建设行业执业注册人员继续教育培训班、433 期其他从业人员继续教育培训班、10 期领导干部专题培训专题培训班等。

坚持绿色崛起 打造国际旅游岛
优美城乡环境

——海南省住房和城乡建设事业发展综述

党的十六大以来,海南省住房和城乡建设事业紧紧扭住科学发展不放,紧紧围绕"生态之岛、绿色之岛"这一主旋律,实现绿色崛起,在成功处置积压房地产的同时,促进房地产业平稳健康发展,保障性住房建设、城乡规划建设和管理、城市公共设施建设、村镇建设等都取得了显著成绩。海南国际旅游岛建设上升为国家战略,给住房和城乡建设事业带来了新的发展机遇,推动全省住房和城乡建设事业取得更大成绩。

一、成功处置积压房地产

20 世纪 90 年代,海南在建省办经济特区的开发建设中,曾形成了严重的房地产泡沫。当泡沫破裂后,畸形的房地产市场由表面的兴盛急转低迷衰落,留下了严重隐患,使海南经济社会发展受到严重制约。因此,国务院确定海南省作为处置积压房地产的试点省份,经过几年的艰苦努力,逐步消除了这些隐患,化解了金融风险。

（一）主要的措施

当时处置海南省积压房地产采取了有效的措施：（1）大力开展追债确权；（2）采取税费优惠政策，启动房地产投资市场；（3）返还土地出让金，打开积压商品房销路；（4）核发换地权益书，加快盘活闲置建设用地；（5）代为处置停缓建工程，加大处置力度；（6）坚持特事特办，提高办事效率。

（二）良好的效果和深刻的经验

通过这些行之有效的措施，处置积压房地产工作取得了良好的效果，表现在下面三个方面：一是收回或盘活了闲置建设用地；二是启用或销售积压空置商品房；三是停缓建工程按新规划复工建设。

房地产泡沫给海南全省经济运行、金融等都带来深远的负面影响，尽管积压房地产已成功处置，为国家进一步加强房地产调控提供了宝贵的经验，但也有教训值得总结。一是要更新经营理念——必须坚持以消费需求为中心；必须注重面向老百姓、面向未来。二是要营造良好的城市环境——广大居民更关心住房质量和环境好。三是要坚持以人为本——房地产开发要从满足不同层次的住房消费需求出发来进行。四是要规范行业管理——只有健康有序的行业管理才能保障房地产健康发展。

二、房地产业平稳持续发展

经过处置积压房地产，海南的房地产业开始走向良性发展的轨道。

（一）过去十年的主要数据

据统计，2002—2011年，全省房地产开发投资累计完成2018.72亿元，商品房累计销售面积3757.93万平方米，年均增长31.3%。全省70%以上的商品住房销往岛外，购房对象遍布全国31个省、直辖市、自治区和港澳台地区,以及美国等25个国家。2010年全省房地产税收收入104.05亿元,占地方税收收入的43.88%。2011年全省房地产税收收入111.58亿元,占地方税收收入的39.2%,房地产业成为拉动全省经济增长的主动力,各项指标均超过预期目标。

(二)防范新的过热

2010年,在海南国际旅游岛建设上升为国家战略的利好刺激下,海南房地产市场开发投资、销售、房价呈急剧快速增长态势,海南省及时出台了"两个暂停"措施,并严格贯彻落实国家调控政策等一系列措施,使房地产市场先扬后抑,继续保持平稳健康发展。

为使房地产继续保持稳步发展态势,海南省委、省政府认真贯彻落实国家系列房地产市场调控政策。一是贯彻落实国务院的决策部署,加强房地产市场调控。出台实施《新建住房价格调控长效机制意见》等系列规定,建立房地产市场调控约谈问责机制。二是加快推进房地产业转型升级。实施《海南省房地产业发展战略与中长期规划(2010—2020)》,科学规划引导全省房地产业发展。三是加强房地产市场监测和监管。完成全省个人住房信息系统建设,并实施商品房买卖网上签约。同时从2011年开始大力推动"海南省房屋建筑全过程监管信息平台"建设。四是调整开发结构,转变房地产发展方式。鼓励和引导开发商从主要开发商品住房到逐步转向开发经营性房地产的转变,构筑以专业化旅游房地产为主导,居住、商业、办公地产协调发展的多元化产品体系。进一步延伸产业链,开拓房地产服务增值业务领域。

三、加强保障性安居工程建设

近年来,海南省始终坚持"小财政办大民生"的民本理念,为确保保障房建设任务完成,将保障性住房建设纳入省政府对地方政府经济社会年度考核指标体系,从政策、资金、土地等方面给予大力支持,并在全国率先将水库移民危房改造列入保障性安居工程建设,使保障性住房建设连续几年超额完成国家下达的任务目标。

(一)保障房建设情况

海南的保障房概念也逐步扩大,从初期的仅有廉租住房、经济适用房,进一步涵盖至公共租赁住房、限价商品住房、各类危改房,初步形成"八房并举"的保障房建设体系。从 2008 年到 2011 年,海南省保障性安居工程完成投资 324.38 亿元,累计开工 36.25 万套(户)、竣工 21.88 万套(户),分配入住 20.15 万套(户),受益人数达到 73 万人,城镇居民的居住环境有了较大改善。完成农村危房改造 1.9 万户,改造面积 104 万平方米,全面完成少数民族茅草房改造,比预定时间提前两年。

(二)保障房配套政策

为持续推进保障房建设提供政策保障,海南省出台了《海南省人民政府关于加快发展保障性住房的意见》《海南省经济适用住房管理实施办法》等"一个意见五个办法"有关保障房建设和管理的重要文件。通过合力,建立政府保障与市场供给并举的"双轨制"住房体系,一方面破解中低收入群体的住房难题,另一方面推动市场充分发展。

(三)保障房资金落实

海南规定了 9 种保障房建设资金筹集渠道:年度财政预算安排的专项建设资金;提取贷款风险准备金和管理费用后的住房公积金增值收益余额;不低于 10% 的土地出让净收益;中央和省级财政预算安排的专项补助资金;保障房建设融资;保障房售房款;发行地方债券;捐赠资金以及其他方式筹集的资金。同时,对保障性住房用地实行计划单列,为推动保障房建设发挥了重要作用。

四、城乡规划发挥先行和导向作用

海南省重视发挥规划的先导作用,城乡规划工作取得了显著成绩,对推动全省经济社会又好又快发展发挥了重要作用。

(一)初步建立海南特色的城乡规划体系

按照海南省"全省统一规划、整体布局"的发展思路,突出省域城乡规划和旅游区规划编制工作,初步建立了以省域城乡规划为龙头,包括省域规划、市县规划、旅游区和开发区规划、乡镇规划以及村庄规划等组成的具有海南特色的城乡规划体系,具体落实在省、市县和村镇三级规划上。一是省域规划编制。先后完成了《海南省城镇体系规划》、《海南城乡总体规划》、《海南省社会主义新农村建设总体规划》、《海南省城乡经济社会发展一体化总体规划》等省域城乡规划。二是市县总体规划和旅游区、开发区总体规划编制。全面完成了建省以来第二轮市县城市总体规划修编,完成了文昌铜鼓岭、三亚海棠湾等一大批省重点旅游区总体规划。2010 年年底,全省设市城市、县城镇、旅游区和开发区控制性详细规划覆盖率达到 85%。三是乡镇和村庄规划编制。在财政非常困难的情况下,海南省、市县财政均安排资金对小城镇规划全面进行修编,并开始全面编制村庄规划。

(二)逐步建立城乡规划地方法规体系

海南省先后出台了《关于加强重点景区沿海重点区域规划管理的决定》、《海南省城乡规划条例》等条例和规章,以及《关于加强重点景区沿海重点区域规划管理的决定》和系列配套规章制度。《海南省城乡规划条例》将"省域城乡规划"列为法定规划,强化了控制性详细规划的法律地位,严格了城乡规划修改程序,明确了特定地区的规划编制、审批、实施的主体和程序。

(三)初步建立符合海南实际的城乡规划管理体制

一是建立了适应全省一盘棋统筹协调发展要求的省—市(县)规划分级管理的模式,明确省—市(县)权责,省城乡规划主管部门的工作以全省宏观层面为主,兼顾重大项目和重要资源的保护、利用与管理。二是建立了符合"全省统一规划、整体布局"要求的城乡规划管理机制,成立了由省长担任主任的省城乡规划委员会,各市县相继成立了市县城乡规划委员会。三是建立了省级城乡规划督查制度。聘请资深专家组成督察组,完成全省 8 个设市城市的城乡规划督察工作。

(四)城乡规划对促进经济社会发展的突出作用

一是推进了全省产业布局的优化。全省"一个生态绿心、两条产业经济发展轴、五大发展节点"的整体功能布局已基本形成,东线旅游经济发展轴和西线综合经济发展轴已经成为推动全省经济社会健康快速发展的双引擎。二是有效指导了城镇建设的健康发展。各市、县城镇道路、市政管网等基础设施建设不断完善,为城市的持续健康发展打下较好基础。三是推动了市(县)域经济的蓬勃发展。充分发挥了规划"点土成金"的巨大作用,促进了资源效益最大化。一些开发区通过精心规划,吸引了一大批国际国内大企业进入,资源价值得到了提升。四是促进了生态环境和人居环境持续改善。全省森林覆盖率达到60.5%,城市建成区绿地面积达到10905公顷,绿地率为33.35%。

五、垃圾处理设施和公厕建设成就显著

海南省经济欠发达,基础垃圾处理和公厕设施建设起步晚、起点低,但通过攻坚克难,全力推进,使垃圾处理设施和公厕建设取得了突破式发展。

（一）垃圾处理设施大为完善

2007 年年底全省只有海口、琼海两市建有垃圾无害化处理设施，其他 16 个市县及洋浦经济开发区均没有建设，垃圾无害化处理率仅为 37%，远低于全国平均水平。截至 2011 年 12 月，全省共投资 14.7 亿元，建成并运营 21 个垃圾处理设施项目，主要包括 14 座生活垃圾填埋场、3 座垃圾焚烧厂、两个垃圾转运站打包项目和两个垃圾转运站项目。"十一五"期间，全省新增垃圾无害化处理能力 3514 吨/日，城市生活垃圾无害化处理率达到 86%，实现了全省县城以上垃圾处理设施全覆盖。

（二）公厕面貌大为改观

海南国际旅游岛建设上升为国家战略，这对海南省境内各个城市和景区的基础设施建设水准提出了新的要求，也对厕所的建设管理提出了更高的要求。2010 年，明确提出用 3 年时间彻底解决全省旅游和城镇公厕存在的布局不合理、数量不足、建设标准偏低等问题。通过两年的推进，公厕建设和管理方面均取得了重大进展：海南全省目前共新（改）建公厕 1139 座（其中投入运营 760 座）。各市县正在新建、改扩建 500 多所学校厕所，已有 100 多所学校的厕所竣工投入使用，改善了学校的如厕条件。建设农村无害化卫生户厕 19.5 万座，农村卫生环境得到改善。

六、村镇建设成为国际旅游岛建设的亮点

国际旅游岛建设正式启动后，全省大力推进小城镇规划和基础设施建设，积极推进新农村建设，推进"特色景观旅游名镇（村）示范"建设，在下面三个方面取得突出成效。一是村镇规划全面启动。对全省 205 个乡镇规划编制情况进行了全面梳理，完成了 100 个示范中心村规划编制，作为指导全省村庄规划编制的示范项目；各市县在此基础上

结合文明生态村建设,也编制了部分村庄建设规划。2011年完成《海南国际旅游岛建设发展规划纲要》确定的22个特色旅游风情小镇总体规划和控制性详细规划的编制工作。二是风情小镇重点打造。启动"百镇建设计划",重点建设镇面貌均有较大改观,有26个镇率先成为布局合理、建设有序、交通便捷、经济繁荣、环境优美、具有特色的新型小城镇。全省小城镇基础设施、公共设施建设都取得长足发展,道路硬化率达60%,自来水普及率达100%,镇区绿化率达30%;并涌现出三亚田独镇、琼海博鳌镇等一批富有活力、发展势头良好、城镇面貌显著改善的小城镇。三是村镇规划管理全面加强。2011年,海南省发布实施了《海南省人民政府关于加强村镇规划建设管理工作的意见》,随后又相继制定了村镇规划编制办法、村庄规划编制技术导则等一批配套政策文件及措施,填补了海南村镇建设管理无规可循的空白,明确提出了海南村镇规划建设管理的发展方向和具体要求。

科学发展谱华章　十年奋进铸辉煌

——党的十六大以来四川省住房和城乡建设事业发展综述

十年沧桑磨砺,十年奋发图强;十年跨越发展,十年成就辉煌。回顾这十年,全省住房城乡建设系统以大力推进新型城镇化为主线,以创新开展城乡环境综合治理为突破,以加快推进灾后恢复重建为重点,开拓进取,励精图治,全面提升城乡规划、建设和管理水平,推动全省住房城乡建设事业的大发展。

2002 年以来,全省城镇化步入快速发展的新阶段,2011 年全省城镇化率达到 41.83%;完成了县域新村建设总体规划和新村(聚居点)规划的全覆盖,大力实施保障性安居工程,加快农村危房改造,推进彝家新寨建设,开展牧民定居行动;全省公积金缴存总额、缴存余额分别达 1593.4 亿元和 910.6 亿元。全省累计完成房地产开发投资 9483.2 亿元,占全社会固定资产投资的 17.7%。全省建筑业总产值累计达 24436.4 亿元,较 2001 年年末增长 554%。全省共有 159 个项目获全国和部级优秀工程勘察设计奖,38 项工程获国家"鲁班奖",53 项工程获国家优质工程奖,全面完成国家规定的三批共 27 个"禁黏禁实"的城市目标。

在"5·12"汶川地震抗震救灾和灾后恢复重建中,第一时间集结精干力量和各类机械装备紧急驰援灾区,组织房屋和市政基础设施应急评估,全力恢复灾区群众生活急需的市政公用设施,及时解决了灾区基本生活和应急保障等急迫问题。坚持民生优先、科学规划、科学重建,震后不到 100 天完成了 1200 多万受灾群众的住房过渡安置;震后一年内,365 万余户震损住房修复加固全面完成;震后一年半,150 万余户农房重建全部完成;震后两年,26 万余户城镇住房重建基本完成,38 个重点恢复重建城镇规划的 687 个重建基础设施和公共服务设施项目基本完成。在历时 6 个多月的玉树地震石渠灾区农房恢复重建中,战胜了平均 4500 多米高海拔地区建设施工极为艰辛的恶劣环境和重重困难,在"生命禁区"全面夺取了灾后重建崛起的又一胜利。

一、大力推进城镇化,绘就发展新画卷

2003 年年初,出台了《关于加快城镇化进程的意见》等系列文件,决心重塑"四川经济版图",作出了联动推进新型工业化、新型城镇化的"两化"互动战略部署。"十一五"期间,全省城镇化率增长 7.18 个百分点,年均提高 1.44 个百分点,2011 年又提高了 1.65 个百分点,达到 41.83%。

(一)城镇体系不断完善

编制完成《四川省城镇体系规划》,相继开展了成都平原连绵区、川南城镇密集区、攀西和川东城镇发展区"四大城镇群"规划的编制工作;全面完成了新一轮市、县总体规划修编;开展了城市工业布局、商业网点、防灾减灾、绿地系统、历史文化保护、风貌规划等重要专项规划的编制。构建了以成都特大城市为核心,8 个大城市和 16 个中等城市为骨干,28 个小城市和 1793 个小城镇为基础的省域城镇体系,形成了成都平原、川南、攀西和川东北"四大城镇群"雏形。2010 年年底,制订了"产业成都"的规划,计划建设"四川省成都天府新区",形成"一城六区"组合型城市布局。2011 年 12 月"四川省成都天府新区"建设正式启动,成都作为成渝经济区"双核"之一得到强化,成为带动全省、辐射

西部发展的重要引擎。

（二）区域性中心城市和中小城市发展迅速

自贡市、绵阳市、泸州市、南充市、攀枝花市、内江市、德阳市、宜宾市、达州市等10个区域性中心城市得到迅速发展，城市特色基本形成，优势产业明显加强，有望在"十二五"期间迈入100万人口大城市行列。随着区域性中心城市的迅速发展，带动了中小城市的蓬勃兴起，一批经济基础较好、人口规模较大、环境承载力较强的县城已经逐步成为重要产业支撑地；一批重点中心镇已建设成为地域文化特色鲜明的旅游、工业、商贸小城镇，同时还辐射和带动了乡村腹地发展。

（三）城镇建设质量明显提高

全省加大城镇基础建设投融资力度，积极推进市政公用事业改革，引导金融资本和社会资金投入，全省城镇市政基础设施建设水平显著提升。2011年全省城市自来水用水普及率、民用燃气普及率分别达到89%和80%，污水、生活垃圾无害化处理率同时达到70%。

（四）城镇人文生态环境持续改善

全省拥有国家历史文化名城8个、历史文化名镇17个，省级历史文化名城26个、历史文化名镇49个；有12个城镇被命名为国家园林城市（县城、镇），33个城镇被命名为省级园林城市（县城、镇），有10个项目获联合国改善居住环境等奖项，15个项目获得中国人居环境范例奖，有2个城市被授予中国人居环境奖"水环境治理优秀范例城市"称号。

（五）统筹城乡发展成效明显

2003年以来，按照中央统筹城乡发展的战略部署，在成都市率先实施"四位一体"科学发展的城乡一体化综合配套改革，探索形成了城乡统筹发展的体制机制。2007年,成都市被列为全国统筹城乡综合配套改革试验区,其后推动自贡市、德阳市、广元市等省级试点市创新体制机制,进一步促进了城乡生产要素优化配置和基础设施、公共服务设施的建设。在全省启动了"千村示范"工程,实施牧民定居和彝家新寨行动计划等,有力地推进了城乡统筹发展。

二、保障和改善民生,全力为民谋福祉

坚持把以人为本、惠民富民作为一切工作的出发点和落脚点,把保障和改善民生贯穿始终。全省住房城乡建设系统凝心聚力、担当使命,加快新村规划建设,推进保障性安居工程,实施农村危房改造、牧民定居行动和彝家新寨建设,一大批民生难题得到解决,实现了富民与强省的和谐发展。

(一)新村规划建设扎实推进

按照"全域、全程、全面小康"和"三打破、三提高"(打破"夹皮沟"、提高村庄布局水平,打破"军营式"、提高村落规划水平,打破"火柴盒"、提高民居设计水平)的总体要求,加快推进全省新村规划建设。总结推广汶川地震灾后农房恢复重建成功经验,集中组织了多批次的市、州、县领导干部专题培训。借鉴地震灾区农房恢复重建规划编制组织模式,集中开展规划"大会战"。分批开展了基层万人新村规划建设培训,组织技术力量深入一线对口指导新村规划建设。全省确定了50个省级示范片和10个整县推进的县(市、区)先行先试,实施省、市、县、乡(镇)、村五级联动,已建成新民居68.5万户、新村聚居点3500个、新农村综合体60个,全省新村建设取得重大进展。

(二)保障性住房建设成效显著

2008年至2011年四年间,筹措了1200多亿元资金,建设了100多

万套保障性质的住房(含26万套灾后恢复重建城镇住房),还向20多万户困难群众发放了廉租住房租赁补贴,支持他们租赁房屋改善居住条件。目前,全省城镇居民中超过12%的群众享受到住房方面的保障和支持。

(三)农村危房改造加快实施

全省2009年至2011年安排的31.98万户农村危房改造任务已全面完成;同时,结合实施农村危房改造,建成彝家新寨404个,惠及近3.1万农户。全省农村困难群众居住环境和条件得到明显改善。

(四)牧民定居行动全面完成

实施了藏区牧民定居行动计划暨帐篷新生活行动,用四年的时间实现"家家有固定房、户户有新帐篷、村村有活动中心"的目标。组织全省12个市州30家规划设计单位赴藏区开展规划设计工作,完成全省牧民定居点四年(2009—2012年)编制规划1400多个,编印发放定居点设计方案等图集8000多册,建成牧民定居点1261个,解决了近9.3万户牧区群众的定居难题。

三、开拓创新抓治理,城乡旧貌换新颜

2007年12月,作出了优化改善四川人居和发展环境,在全省开展城乡环境综合治理的重大决策部署。坚持把城乡环境综合治理,作为改善人居环境、提高生活质量的惠民工程,作为创造发展优势、增强竞争实力的环境工程,为推进全省"两个加快"营造了良好环境。

(一)科学定位,赋予城乡环境综合治理工作重要地位和使命

近几年来,全省坚持把城乡环境综合治理作为一项全局性重大工作来抓,与灾后恢复重建、社会主义新农村建设和生态建设等紧密结

合、统筹推进。下发了全面开展城乡环境综合治理的决定,将城乡环境综合治理列入"十二五"经济社会发展规划,并颁布了《四川省城乡环境综合治理条例》。

(二)试点示范,探索符合省情的城乡环境综合治理工作路子

2008 年在地震灾区率先启动,之后又在平原、丘陵、山区、民族地区等不同类别的区域确定了 11 个市、县(区)开展试点探路,积累经验。2009 年,在全省全面展开,并逐步建立了治理工作的政策法规和制度框架。2010 年以来,扎实开展"五市十县百镇千村环境优美示范工程"建设,全省 14 个地级市、61 个县(市、区)建成环境优美示范城镇,200 个镇乡、2000 个村庄建成环境优美示范乡村。

(三)创新方式,不断深化城乡环境综合治理工作内涵

实行全域、全程、全面的城乡环境治理,从解决人民群众关心的环境卫生问题入手,深入开展"五乱"(垃圾乱扔、广告乱贴、摊位乱摆、车辆乱停、工地乱象)治理,并向基层、村庄和盲点死角延伸;增加城乡环境综合治理投入,添置环卫设备,加快建设城镇生活垃圾和污水处理设施,逐步建立起了农村垃圾"户分类、村收集、乡(镇)运输、县处理"的机制;建成了一批特色街区、城镇和村庄。

四、历经艰险危难,重建美好家园

"5·12"汶川特大地震,使 1933 万平方米城镇住房倒塌,15449 万平方米农村居民住房倒塌,6877.6 万平方米城镇住房严重破坏,17980 万平方米农村居民住房严重受损……全省有 1200 多万人急需维修加固或重建住房。

在住房和城乡建设部的精心组织下,省内外建设系统在震后三个月时间内就建成 260 多万套过渡安置房。其中,省外援建活动板房 60

余万套（含配套公共设施用房），地方自建过渡房 190 余万套，社会企业、团体、个人捐建等方式建成 10 多万套，保证了 1200 多万受灾群众顺利入住并安全过冬。

国务院下达《汶川地震灾后恢复重建总体规划》后，从 2008 年 9 月底起正式转入灾后恢复重建。四川省成立了"5.12"地震灾后重建委员会，组织实施农村和城镇居民住房重建规划及其他相关规划，落实城乡居民住房重建补助支持政策。灾后恢复重建实施中，坚持民生优先、科学规划、科学重建，仅仅用了 2 年多的时间，灾区 540 多万户、1200 多万受灾群众"家家有房住"的美好愿景就如期实现，汶川、北川、青川等 38 个重点城镇市政基础设施重建全面完成。

（一）坚持规划先行，科学编制和实施灾后恢复重建规划

坚持"安全、宜居、特色、繁荣、文明、和谐"的原则，对平坝浅丘地区、高山高原地区、中山深谷地区采取富有针对性的恢复重建策略，切实以科学规划引领灾后恢复重建。一是坚持科学选址。面对灾区多达 26 个超过 1000 万立方米的特大型山体滑坡和多数城、镇、乡、村都存在断裂带及次生灾害威胁的严峻考验，对涉及迁建选址的 26 个受灾镇（乡）进行踏勘论证，科学开展地质、地勘、地震、水文、环境承载能力综合评估；针对集聚规模达 30 户以上的村落，专门制定了《四川汶川地震灾后农村房屋恢复重建选址技术导则》，逐一抓好灾后农村房屋恢复重建规划选址，确保了整个灾区重建选址的科学、安全、可靠。二是坚持规划先行。面对艰巨而繁重的灾后城乡规划编制任务，按照"政府组织、专家领衔、部门合作、公众参与、科学决策"的要求，采取开门开放搞规划的办法，成功组织了上千家规划设计单位、万名规划专家和技术人员参与的规划编制攻坚战；对汶川、北川、青川、映秀、汉旺等极重灾区城镇的重建，还广泛征求了意见或建议，专题召开了"映秀灾后重建国际研讨会"、"北川新县城规划建设推进会"等重大会议；在不到 6 个月时间内，高质量完成了 39 个重灾县（市、区）以及 700 多个镇乡、

2000 多个村庄的重建规划编制或修编工作,形成了"一群"(成德绵城镇群)、"一带"(成德绵广城镇密集带)、"多线"(旅游发展和生命线通道)的城镇体系空间结构,为推进灾后恢复重建和灾区发展振兴构建了"落地蓝图"。三是坚持严格实施规划。以规划为总纲,依据科学规划指导恢复重建,强化规划实施的严肃性;六个工作组分赴成都、阿坝、德阳、绵阳、广元、雅安等重灾地区会同有关部门,加强对城镇恢复重建和城乡住房恢复重建的现场督导。

(二)严格技术标准,精心组织勘察设计

坚持把抗震设防作为确保重建工程质量安全的生命线、高压线,贯穿于灾后重建的各领域、全过程。一是严格落实抗震设防标准。认真贯彻执行汶川地震后国家新修订颁布的系列抗震设防标准,将全省 49 个县、市的地震动参数逐一进行了科学调整;加强对工程建设强制性标准、抗震设防要求执行情况的监督检查,严格实行抗震审查一票否决制度;尤其是对学校、医院等公共设施重建,按高于本地区抗震设防烈度一度的要求加强抗震设防,使之建设成为最安全、最牢固、群众最放心的建筑。针对过去农房抗震设防缺失的实际,灾后重建中专门制定了《四川省农村居住建筑抗震设计技术导则》、《四川省农村居住建筑抗震构造图集》等;大力推广和应用抗震新技术、新工艺、新材料,提高了重建工程科技含量和抗震防灾能力。二是提高农房设计质量。遵循"安全、经济、适用、节地,突出民居建筑特色、突出民族文化特色和因地制宜、分类指导"的原则,在组织工程技术人员深入灾区调研的基础上,制定出台了《四川省地震灾区农房重建设计方案图集》(分为平坝丘陵地区、山区和民族地区三册)、《四川省地震灾区农村居住建筑抗震施工质量安全技术指导手册》、《四川省地震灾区农村住宅施工技术导则》等,为农房重建提供了科学依据和技术支撑。三是抓好农房设计方案的编发和应用。指导各地精心设计了 1000 多个具有地方特色和民族特色的农房设计方案,编印了 10 万多套民居设计图集免费发放

给各地,供重建农户建房选择;通过科学制定规范、科学设计、科学施工,使四川省农房建设第一次有了系统规范的抗震设防要求和标准,从根本上改变了千百年来农村住房不设防的历史。

(三)加强质量监管,确保重建工程质量安全

坚持把工程质量作为灾后重建的生命线贯穿重建全过程,按照质量第一、时间服从质量的原则推进灾后恢复重建,严格执行基本建设程序和标准、规范,构建了全方位、全覆盖、全过程的质量控制体系。从全省非灾区抽调监督技术骨干 5 批计 4850 人(次),协调各援建省市工程质量安全监督人员 300 多人(次),分赴各重灾区一线加强监管力量,开展重建工程质量安全督查和专项督查 386 余批(次),督查工程项目 10000 余个,确保了灾后重建项目完全处于受控状态。随着灾后恢复重建工程项目相继竣工,及时制定了《四川省汶川地震灾区灾后重建工程质量保修暂行规定》,对所有灾后重建工程项目一律严格实行质量保修制度,确保了工程交付后的正常使用。

(四)突出风貌塑造,促进灾区可持续发展

坚持把恢复重建与新型城镇化和新农村建设、优化经济布局、转变发展方式、改善发展环境结合起来,立足当前、兼顾长远,统筹推进。针对灾前普遍存在的"千城一面、万乡一貌"问题,在农村,按照"三打破、三提高"要求,组织各类村庄设计、村落设计和建筑设计,灾后恢复重建项目注重与自然和谐,依山就势;与环境协调,错落有致;与地域相融,特色突出。在城镇,按照"四注重、四提升"(注重塑造风貌,提升城市整体形象;注重个性特色,提升单体建筑设计水平;注重色彩协调,提升建筑立面装饰美感;注重历史传承,提升城市文化品位)的要求,组织各类城市设计,使城镇建设协调一致,着力提升风貌特色,在建筑风格和建筑色彩上凸显了四川独特的地域文化和风貌特色。

（五）注重机制创新，加快推进灾后重建

通过健全组织领导、资金筹措、科学规划、标准规范、组织实施、质量安全保障、建材特供等政策机制和实施管理机制，采取多种形式科学指导农房重建。针对城镇住房恢复重建面临的多样问题，创新建立了地震灾区安居住房制度和住房供应体系，出台了《四川省汶川地震灾后城镇住房重建工作方案》《关于汶川地震灾区城镇安居住房建设管理指导意见》，确保了城镇重建住房分配的阳光透明，公平公正。针对灾后恢复重建项目实际，对原有建筑市场监管的制度进行了调整和改进，严格施工现场建材产品的质量监管，严格实行工程质量安全终身责任制，严格执行工程质量安全政府监督制度，做到监管与服务、督促与指导并重。

五、担当新使命，再创新辉煌

历史见证辉煌，使命任重道远。抢抓国家新一轮西部大开发、实施扩大内需战略、规划建设成渝经济区等重大机遇，在新的起点上奋力推进住房城乡建设事业"十二五"规划的各项工作，加快建设富裕、民主、文明、和谐的新四川。

要在下面六个方面取得新突破：一是新型城镇化进程加快推进。按照省委、省政府"两化"互动、统筹城乡的发展战略，科学构建具有四川特色的新型城镇化发展格局；到"十二五"期末，全省城镇化率达到48%以上，到2017年城镇化总体水平超过50%，实现城镇人口超过农村人口的结构性转变，城镇建成区面积达到4000平方公里左右，城镇经济的集聚效应和规模效应得到显著提升。二是新村建设取得重大进展。完成全省50%的新村建设任务；完成50万户农村危房改造；完成大小凉山5万户农村危房改造任务，逐步解决大小凉山"三房"改造，着力推进老少边穷地区的农村危房改造。三是住房保障体系健全完善。加大保障性安居工程建设力度，建立符合省情的保障性住房体系；

建设保障性住房约 113 万套,改造棚户区约 34 万户;扩大住房公积金覆盖面,力争归集总额达到 3000 亿元,资金使用率达到 80% 以上。四是房地产业持续健康发展。实现投资平稳增长、供求总量基本平衡、结构基本合理、价格基本稳定,房地产业对全省经济社会发展的贡献保持稳定;累计完成房地产开发投资 1 万亿元、年均增长 10%;商品住房供应中小户型比重进一步提高,建立符合省情的商品房体系。五是建筑业综合实力明显增强。建筑业增加值占全省 GDP 比重保持在 7% 以上;全省建筑业总产值力争达到 8000 亿元,建筑业增加值达到或超过 2600 亿元;全省城镇新建民用建筑执行节能强制性标准达 95% 以上,绿色建筑的比例不断提高。六是城乡环境建设成效显著。按照持续治理、全域治理、科学治理、常态治理、联动治理、依法治理的要求,以更高标准、更大力度推进,改善人居环境,优化发展环境,为"十二五"时期全省城乡环境建设取得显著成效奠定基础。

科学发展催开城乡建设之花

——党的十六大以来贵州住房和城乡建设事业发展综述

党的十六大以来,贵州住房城乡建设事业在科学发展观的指导下取得了长足进步。建筑业持续发展,建设领域节能不断推进,房地产业加速发展,城镇居民住房保障全面推开。2002 年年初至 2011 年年底,全省城镇化水平从 24% 上升到 35%;全省县城以上城市人均道路面积从 2.68 平方米增加到 6.66 平方米;人均公园绿地面积从 3.02 平方米增加到 5.5 平方米;燃气普及率从 24.45% 增加到 54.99%;污水处理率从 3.34% 增加到 82.01%;生活垃圾无害化处理率从 3.19% 增加到 47.54%;城镇人均住房建筑面积从 18.08 平方米增加到 31.93 平方米,廉租住房保障户数达到 23.82 万户;农村基础设施逐步完善,农村危房改造完成 102.5 万户;国家级风景名胜区 18 个,省级风景名胜区 53 个,世界自然遗产地 2 个。

一、攻坚,向着农村危房出发

2008 年,贵州成为当时全国唯一的农村危房改造试点省份。

(一)天灾无情人有情

2008 年年初,一场百年未遇的雨雪凝冻席卷中国南方,贵州灾情尤为严重,大量农村房屋严重损坏成为危房。在全省人民抗击雪凝灾害,奋力重建家园的关键时刻,中央领导同志深入贵州边远山区指导抗灾。温家宝同志强调,要把灾后造成倒塌、损坏房屋的重建和修复工作与推进农村危房改造工作结合起来,改善困难群众的居住条件。贵州省委、省政府数次召开会议研究农村危房改造。2008年3月,贵州省农村危房改造工程领导小组成立。2009年2月,农村危房改造工程全面启动。

(二)这是一块难啃的"硬骨头"

贵州农村危房共192.48万户,占全省农户总数的23.16%;涵盖了全省9个市(州)、88个县(市、区、特区)的所有镇(乡)、村,且绝大多数处在交通条件差、偏远落后的深山区、石山区、高寒边远地区和少数民族地区;五保户、低保户、困难户等特困农户就有125.84万户,占全部危房户的65.38%;需拆除重建的一级危房和需搬迁治理的地质灾害危房88.04万户,占全部危房的45.74%。

贵州农危房改造之"坚",还体现在以下四个方面:一是"钱从哪里来"?二是"人从哪里来"?三是如何处理"与人争地"的矛盾?四是如何解决"农村基础设施短缺"的问题?

(三)越是艰难越要勤

一是以资金整合为主要手段,多方筹资。在群众自筹的基础上,采取了政府匹配、组织无偿捐赠、协调金融支持、对口联系帮扶等手段,并按照"渠道不乱、用途不变、捆绑使用、统筹安排、各记其功"的原则,支持县一级政府整合涉农资金推进农村危房改造,在局部上实现了优势资金向重点工作集中的有利格局。贵州坚定不移地把"最危险住房,最困难群众"的危房改造作为推进这项工作的出发点和落脚点,统筹兼顾一般困难群众的危房改造,得到了困难群众的普遍理解与支持,探索出了经济弱省搞好民生工程的科学途径。

　　二是以培训为主要手段,多形式发动群众参与,多渠道解决人才匮乏问题。贵州充分提供部门智力、技术等支持,仅住房城乡建设系统就提供建房图集89套。通过农村工匠培训、持证上岗、大学生村官专门从事农村危房改造、组建生态民兵团参与等多种手段,有效解决了人力资源不足的问题。

　　三是以节约、集约用地为原则,有效解决了农村危房改造"与人争地"的矛盾。不搞大拆大建,通过控制建房面积,倡导以改为主、就地改造,组织合户联建等方式,尽可能减少建房占地。同时,积极把"禁实"工作引向农村,引导使用新型墙材,减少了土地资源浪费,有效解决了农村危房改造"与人争地"的矛盾。

　　四是实施了农村危房改造"整县推进"试点,深入推进农村危房改造和社会主义新农村建设村庄整治"改治结合",对超过15户农户的部分自然村寨进行村庄整治,逐步解决了"只见新房,不见新貌"的问题。

　　2008年至2011年,贵州实际累计改造完成农村危房改造102.5万户,农村危房改造成为科学发展、以人为本的生动实践。

二、"居者有其屋"的贵州探索

　　"安居乐业"一直是中国民众最淳朴的要求之一,随着经济社会的发展,在"衣、食"问题基本解决之后,"住"成了老百姓尤其是城镇低收入住房困难家庭最迫切的需要。"以人为本",关键要以弱势群体为本,城镇低收入住房困难家庭廉租住房保障理所应当成为科学发展的重要内涵之一。

(一)贵州廉租住房保障的制度创新

　　2004年以前,贵阳、遵义、六盘水和安顺四个地级城市相继试点廉租住房保障,但是由于各级政府财力薄弱等诸多因素的限制,截至

2006年年底,贵州省廉租住房保障仅仅0.42万户,远远不能满足低收入住房困难群众的期盼和要求。

2007年9月,贵州省政府出台了贯彻落实国务院关于解决城市低收入家庭住房困难若干意见的实施意见。随后,贵州省住房和城乡建设厅经过认真深入的调研,向贵州省政府提出了廉租住房"租售并举"的建议。2008年4月,贵州省政府办公厅印发《贵州省城市低收入家庭廉租住房管理试行办法》,对于没有经济承受能力或者暂时没有购买意愿的应保家庭,实行租赁补贴或实物配租;对于有一定经济承受能力且有购买意愿的应保家庭,可以出售廉租住房。随后,贵州省住房和城乡建设厅出台了廉租住房出售指导意见等一系列的配套文件,各地相继出台了当地的廉租住房出售办法,贵州廉租住房出售工作积极展开。廉租住房出售的回笼资金投入在建项目,既能缓解地方政府财政资金投入不足的问题,又能形成一条建房资金链实现循环利用。"政府主导出资,低收入家庭凑资",共有产权一劳永逸地解决保障对象的住房问题,并且彻底解决了退出难的问题。廉租住房出售使更多的城镇低收入住房困难家庭圆了"居者有其屋"的梦,共同享受到科学发展的成果。

(二)走出了一条可持续发展的新路子

在廉租住房"租售并举、共有产权"这一制度创新的基础上,贵州打出了廉租住房保障资金筹集的组合拳。除地方财政预算而外,土地出让总收入3%、住房公积金增值收益提取贷款风险准备金和管理费用后的全部余额,统筹用于廉租住房和公共租赁住房建设,挂牌出让的普通商品住房用地新建项目,按照建设项目住宅建筑总面积5%—10%的比例配建廉租住房、公共租赁住房。截至2011年年底,贵州省共有534个已建和在建廉租住房建设项目,总建设规模1158.98万平方米,23.26万套,总投资134.43亿元。累计竣工面积523.70万平方米,10.47万套,累计完成投资88.04亿元,累计出售廉租住房3.69万套,185.59 万平方米,回笼资金 13.01 亿元。出售面积、套数分别占竣工面积、套数的 35.43% 和 35.3%。廉租住房保障家庭增加到 23.82 万户,是 2006 年年底 0.42 万户的 56.7 倍。

三、启动城镇化带动这个"强劲引擎"

贵州省委、省政府实施"城镇化带动"战略,进一步加快全省城镇化进程,"城镇化带动"战略的提出,既恰逢其时,又刻不容缓。

(一)恰逢其时的"城镇化带动"战略

城镇化率是衡量一个地区城镇化水平的核心指标。贵州城镇化率从 2002 年的 24% 提高到 2011 年的 35%,但仍远低于全国 2011 年的 51.3% 的平均水平,更为严重的是指标的差距有逐渐拉大的趋势。贵州城市少且城镇体系不呈梯级结构,城镇发展"小"、"弱"、"散",对城镇化进程的支撑力不足。2011 年,贵州 GDP 排名全国倒数第六,经济发展远远落后于全国,主要原因就在于城镇化和工业化落后。2012 年,国务院出台《国务院关于进一步促进贵州经济社会又好又快发展的若干意见》,把"加快城镇化"单独作为一个章节,这对贵州而言,正是劲吹城镇化发展的"东风"。

(二)思路决定出路,方法决定成败

贵州以规划为"龙头",引领城镇化发展。《贵州省城镇体系规划(2011—2030)》着力打造"双核引领、集聚两群,九心带动的差异化中小城镇簇群";《黔中经济区核心区空间发展战略规划》打造全省经济社会发展的"发动机"和"火车头";《贵安新区总体规划》促进贵阳、安顺一体化发展。贵州的城镇化发展,"以人为本"的理念始终贯穿其中:推进城镇保障性安居工程建设和农村危房改造;探索小城镇建设与生态扶贫异地搬迁相结合;加强城镇市政基础设施和公共服务设施建

设等。这些,都是为了让群众"住得更好、活得更美"。

(三)贵州城镇化带动"锋芒乍现"

2011 年年底,贵州常住人口 3469 万,其中城市人口 1212. 76 万,城镇化率35%。与 2002 年相比,城市人口增加了 280. 65 万人,城镇化率增加了 11 个百分点。贵州城镇数量已发展至 709 座,其中特大城市 1座,大城市 1 座,中等城市 7 座,小城市 4 座,小城镇 694 座,城镇的"骨骼"日趋强壮。2011 年年末,贵州城市建成区面积 986 平方公里,城镇固定资产投资 4312 亿元,占全社会固定资产投资的 84. 52% ,城镇的"躯体"逐渐壮大。城市聚集和辐射带动作用大为增强,"强劲引擎"的动力初现。

四、规划管理体制改革的勇者

一座城市建成后功能是否配套,整体建筑风格是否协调,工作、生活在其中的人是否能感到舒适,与城市规划息息相关。2003 年,贵州在全国率先开展了规划管理体制改革。

(一)直面规划监管的漏洞

城市规划是城市发展的"蓝图",有着极强的严肃性、权威性。贵州原来的规划管理体制,主要是省、市(州)、县(市、区、特区)分级负责,以设市城市和县为主,虽有一定的积极作用,但由于省、市(州)两级政府对城市规划实施的事前、事中监督缺位,难以对违法违规建设依法及时查处,更不可能对城市重点地段的重要详细规划等进行前置性审查,而城市建设最终的成败,恰恰就在于此。体制的不到位,导致了上级政府规划监管的缺位。

（二）新体制的"三板斧"

2003 年 9 月，贵州省出台《关于深化我省城市规划管理体制改革有关问题的通知》（黔府发［2003］26 号），标志着贵州城市规划管理体制改革工作全面展开。成立规划管理委员会，为城市建设"把脉"，这是"第一板斧"。城规委作为议事机构，其会议决议和审查意见不代替规划部门最终决定，但却是规划部门审批规划和项目的重要依据。建立派驻规划督察员制度，及时掌握城市规划动态，是"第二板斧"。经贵州省政府批准，省城规委派驻规划督察员赴省内九个市（州）实施规划督察，按照参与不决策的要求，行使"准钦差"权力，负责对派驻地的城市总体规划、历史文化名城保护规划等实施情况进行巡查和监督，并定期提交评估报告。如发现当地有违反规划的建设行为及时向省城规委报告。落实设区城市规划垂直管理，理顺规划管理层级关系，是"第三板斧"。贵阳、六盘水、遵义、安顺等设区城市区级规划管理部门一律改为市规划管理部门的派出机构，由市规划管理部门统一管理，业务上直接领导，干部实行垂直管理，解决了设区城市下放规划管理权限的问题。

（三）"破冰之旅"的示范作用

贵州规划管理体制改革以"不怕得罪人"的勇气，以"最终保护人"的出发点，弥补了原有城市规划管理体制的缺憾。2003 年，建设部下发《关于转发〈贵州省人民政府关于深化我省城市规划管理体制改革有关问题的通知〉的通知》（建规［2003］203 号），要求各地规划部门结合当地实际，学习、借鉴贵州的做法，积极稳妥推进规划管理体制改革。贵州规划管理体制改革的经验得到了国家主管部门的高度认可，在全国逐步推开。

五、向污水处理设施建设发起总攻

地球是我们共同的家园,保护生态环境是科学发展的应有之义。贵州加大污水处理工程的建设力度,就是既要经济社会提速,又要保住绿水长流。

(一)形势,逆水行舟

由于"三欠"的省情,在处理发展带来的问题上,贵州显得有些力不从心,污水处理设施建设明显滞后于东部、滞后于全国。2008 年年底,贵州城镇污水处理率排在全国第 29 位;省会贵阳市污水处理率列全国 36 个大中城市的第 32 位,在全国除 4 个直辖市外的 109 个城市中,排在 103 位。如果不尽快破解这个难题,贵州将极有可能无法按时完成实施"十一五"减排目标,进而影响全省经济社会的发展。

(二)行动,箭在弦上

面对严峻形势,贵州必须放手一搏。2008 年 11 月,贵州省政府召开全省城镇污水处理设施建设工作会议,吹响了污水处理设施建设的号角。为确保 2010 年比 2005 年下降 7% 的减排目标,贵州省决定将全省污水处理设施建设任务提前到 2010 年 6 月前完成,并印发《贵州省主要污染物总量减排攻坚战行动方案》,做出具体安排和部署。原计划于 2010 年建成投运的 14 个污水处理工程提前到 2009 年年底前建成投运,原计划 2011 年建成投运的 10 个污水处理工程提前到 2010 年 6 月月底前建成投运;县级以上城镇污水处理设施建设在 2009 年年底前基本完成,2010 年 6 月月底前全部完成。

(三)责任,重在落实

贵州省建立了污水处理设施建设工作联席会议制度。2009 年 6

月,贵州省政府办公厅下发《贵州省主要污染物总量减排攻坚工作行政问责办法》,要求"三个严格、三个挂钩、三个公开"。"三个严格",即严格落实行政首长负责制;严格落实减排目标责任考核内容,实行严格的"行政问责制"和评优创先"一票否决制";严格兑现减排奖惩。"三个挂钩"即减排目标任务完成情况与评价地区经济发展成效挂钩;与地方政府领导班子政绩和评优挂钩;与项目审批挂钩。"三个公开"即经过上级核查的各市(州)年度减排目标完成情况在相关媒体公开;各市(州)环境质量定期在相关媒体公开;涉及减排的行政许可、行政审批、行政处罚等群众关心的环节及时公开,接受监督。

针对污水处理设施建设资金不足、专业技术人员缺乏等实际困难,贵州积极推进城镇污水处理行业市场化改革,以 BOT(建设—运营—移交)方式吸引国内外投资者,成功探索出了"湄潭模式";对已建成的污水处理厂,以 TOT(转让—运营—移交)等方式,吸引国内外有经验的污水处理企业来经营,成功打造了"小河样板"。

2010 年 6 月,贵州省县城以上城镇生活污水处理设施全部建成投运,成为全国率先全面建成县城以上城镇生活污水处理设施的少数几个省份之一,建成投运的县城以上城镇生活污水处理厂 100 座,设计处理能力 171.05 万吨/日,"十一五"时期全省 COD 排放总量下降7.89%,超额完成了国家下达的任务! 县城以上城镇污水处理设施全面建成的同时,2011 年年底贵州建成或主体建成县城以上生活垃圾无害化处理设施 45 个,设计处理能力 8810 吨/日,为贵州科学发展做出了积极的贡献。

六、全力做好世界自然遗产保护

2007 年 6 月 27 日,"中国南方喀斯特"(贵州荔波、云南石林、重庆武隆)被确定为世界自然遗产,贵州实现了世界自然遗产"零"的突破。2010 年 8 月 2 日,"中国丹霞"联合申遗项目正式列入《世界遗产名录》，赤水成为继荔波之后贵州的第二个世界自然遗产地。

（一）功夫不负有心人，翠绿宝石添光辉

贵州荔波从2002年正式提出申请到进入《中国世界自然遗产地预备名单》，到成为世界自然遗产，走过了五年多不平凡的历程。"中国南方喀斯特"是我国跨省（市）联合申报世界自然遗产的首次尝试。在无章可循、无经可取的情况下，牵头单位贵州省建设厅组织三地抽调人员与贵州省"遗产办"组成联合办公室，精心编制工作计划和方案，形成"申遗一盘棋，三地共联动"的工作格局。申报世界自然遗产，资源禀赋是前提，环境整治是重点。三地紧锣密鼓地制定了"环境整治工作方案"，相继召开动员大会，将整治任务层层分解，落实到人，较好地完成了环境整治各项工作。申遗工作，专业技术含量高，工作标准要求也很高。联合申遗办公室巧借外力，积极邀请国际国内知名专家提供咨询和技术指导，既提高了申遗工作的质量，又借助这些专家的知名度，扩大了申报地的国际影响力。功夫不负有心人，五年多的风雨兼程，荔波这颗曾经名不见经传的"地球腰带上的绿宝石"，终于戴上了耀眼的光环。

（二）甘苦自知其中味，千回百转见真颜

2006年12月，中国丹霞地貌联合申报世界自然遗产研讨会召开，决定整合国内典型的丹霞地貌，"捆绑"申报世界自然遗产，赤水丹霞悄然"缺席"。贵州难道就此错失良机？必须用行动赢回转机，再难也得迎难而上，再苦也要冲锋陷阵！贵州省立即组织编制赤水丹霞申遗文本，拿出确凿翔实的高端学术成果，力邀国际国内知名专家亲赴赤水考察。2008年6月2日，赤水终于进入了"中国丹霞"捆绑申遗的队伍。进入"门槛"，仅是"万里长征"第一步。2008年7月，赤水丹霞申遗专家组成立，10月，贵州省政府成立赤水丹霞申遗工作领导小组。专家们加紧赤水丹霞的世界遗产价值及其国际对比性研究，领导小组

则紧紧围绕扩大赤水丹霞知名度、美誉度、认知度和影响力,展开一系列宣传。2009 年 1 月,赤水丹霞终于与湖南崀山、广东丹霞山、江西龙虎山、福建泰宁、浙江江郎山联袂组合成为中国丹霞申遗项目报联合国教科文组织世界遗产中心,3 月世界遗产中心受理,8 月表决通过。贵州赤水终于获得了"世界级"的名片。

申报的成功,并不只是为了荣誉,更是为了保护与发展之间的平衡;申遗的过程,让我们思考如何破解保护与发展之间的矛盾。一路走来,贵州赢得的,是两项世界级的桂冠;贵州回报的,将是发展与保护之间的平衡!

成绩止步于既往,挑战迎接于未来。贵州省住房城乡建设事业已经谋划了更加辉煌和灿烂的明天,加快实现全省城乡规划全覆盖。2015 年年底,设市城市和县城近期建设地区控制性详细规划覆盖率达100%;城镇人均道路面积达 8 平方米,县城以上城镇供水普及率达95%,生活污水再生利用率达 20% 以上,垃圾无害化处理率达 80% ;3万人以上乡镇污水、垃圾实现无害化处理;建筑业加快发展,建筑节能形成 150 万吨标准煤节煤能力;房地产业持续健康发展,城乡住房保障水平不断提升,力争形成"南荔波,北赤水,中施秉"的世界自然遗产分布格局。我们坚信,贵州省住房城乡建设事业一定会为贵州全面建设小康社会做出积极的贡献!

在科学发展观引领下建设和谐城乡

——党的十六大以来云南省住房和城乡建设发展综述

党的十六大以来,云南省委、省政府坚持以科学发展观为统领,按照"做强大城市、做大区域中心城市、做优州市政府所在地城市、做精县城、做活边境口岸城镇、做特小城镇"的思路,加快云南特色城镇化步伐,发挥城乡规划龙头作用,加强保障性住房建设,推进生态文明建设,加快建筑业和房地产业发展,有力地促进了云南住房城乡建设事业科学发展、和谐发展、跨越发展。

一、规划先行,统筹云南城乡建设与发展

云南省按照"坚持规划、突出特色、保证质量、注重节约"的思路,着力推动现代新昆明,滇中、滇东、滇西和滇南4个区域中心城市,州市所在地和设市城市,重点县城,边境口岸城镇,小城镇6层次的城镇体系建设,形成中小并举、空间分布合理、功能完善、特色鲜明并覆盖全省的网状城镇发展体系。

(一)突出"做强",推进现代新昆明建设

云南省委、省政府于2003年提出建设现代新昆明的发展战略,作出了实施环湖截污、环湖生态、环湖公路、环湖新城区的"四环"工程,

建设"一湖四片"的城市布局的决定。全面、协调推进滇池沿岸四城区建设,着力搞好滇池治理、城市交通、市政管理服务、城市美化等关系群众切身利益的大事,充分发挥昆明市作为特大城市、核心城市的地位。

(二)突出"做大",大力发展区域中心城市

突出把大理、玉溪、曲靖和蒙自作为上承昆明,下接滇西、滇中、滇东和滇南发展的区域中心城市来抓,充分利用这4个城市资源富足,发展基础较好,土地较为平缓的良好条件,积极把这4个城市培育成大城市,发挥其对区域发展的辐射带动作用。适度扩大其城市规模、优化内部空间结构、完善基础设施,增强城市的综合功能,进一步完善全省城市结构。

(三)突出"做优",打造州市政府所在城市

坚持以提高城市综合承载能力、要素集聚能力和辐射能力为目标,积极将昭通、楚雄等11个州市政府所在地城市发展成为规模合理、功能齐备、特色突出、具有一定影响力的中等城市。

(四)突出"做精",促进县域经济跨越发展

把县城建设作为促进县域经济发展、吸纳农村富余劳动力、减缓大城市压力、拉动内需、活跃地方经济的重要抓手,在充分发挥本地优势上做文章,在构造良好环境上下工夫,坚持分类指导、合理定位、规划统领、产业支撑、突出特色、完善功能、协调发展的原则,创新建设方式,提高建设质量,促进县域经济的跨越式发展。

(五)突出"做活",着力建设边境口岸城镇

坚持把边境口岸城镇建设打造成边疆稳定、民族团结、边贸发展、对外交往的窗口。积极做好云南边境19个国家一、二类口岸城镇建设,灵活利用国内、国外两个市场、两种资源,依托大市场,发展大贸易、

大流通,实现大发展,建成统筹国内发展与对外开放的示范城镇。

(六)突出"做特",发挥特色小镇带动作用

近年来,云南坚持以特色小镇建设为先导,大力推进旅游小镇的开发建设,以此带动全省小城镇建设迈上新台阶。在"村镇上山,农民进城"的规划编制思路的指导下,积极探索云南独具特色的规划编制道路,加快村庄规划编制步伐,提高村庄规划编制水平。截至2011年年底,已实际完成村庄规划80366个。

二、因地制宜,走有云南特色城镇化道路

2011年,省委、省政府提出"守住红线、统筹城乡、城镇上山、农民进城"的城镇化发展思路和"山水田园一幅画、城镇村落一体化,城镇朝着山坡走、良田留给子孙耕"的发展目标。坚持规划引导和因地制宜,以转变城乡建设发展方式为主线,树立山坝结合的城镇化发展理念。

(一)立足地理条件和生态环境优势,科学确定各类城市的规模和发展定位

近年来,云南结合环境条件和地形地貌发展中小城市,科学确定各类城市的规模和发展定位,逐步形成了大中小城市和小城镇比例协调、布局合理的城镇体系,有力地促进了全省城镇化有序发展。同时,挖掘云南丰富的生态资源和民族历史文化,切实把山地住宅建设成适应山地地形、地貌、植被、地质、气候和民族特征的住宅,使山地住宅跟当地特有的山水风貌和民族特色相融合。

（二）立足民族特色和区域文化优势，努力营造传统与现代相融的城市文化

多年来，云南众多的中小城市和小城镇的形成和发展，与各地优秀的传统文化紧紧相连，形成了大批历史文化名城、名镇、名村、街区，保留了大量的物质文化遗产、非物质文化遗产和优秀历史建筑。目前，云南共有历史文化名城名镇名村名街 70 个，其中，国家级历史文化名城 5 个，中国历史文化名镇名村 12 个；省级历史文化名城 10 个，名镇名村 41 个，名街 2 个。

（三）立足地域特色和资源禀赋优势，增强具有城乡特色和魅力的特色城镇

多年来，云南省依托各地特有和关键的资源禀赋，在城市空间形态、经济形态和文化形态等方面形成了自己独有的特征，逐步彰显出有别于其他地区的差异化、个性化发展特色。先后抓了 60 个旅游小镇、105 个中心小城镇、39 个省级重点小城镇和 210 个特色小镇建设。剑川县沙溪镇的寺登街荣获"联合国教科文组织亚太地区文化遗产保护奖——杰出贡献奖"，丽江束河古镇从一个名不见经传的边陲小村发展成为全国人居环境最佳魅力名镇，玉溪市 22 个工业型小城镇大部分发展到了年工业产值数亿元的水平，宾川县鸡足山镇在精心规划的基础上完成了异地搬迁新建，获得了国家示范小城镇荣誉称号。

三、突出重点，加强城镇基础设施建设

党的十六大以来，云南省以完善城市功能，改善人居环境，服务经济建设为目标，大力加快城市道路等基础设施建设，重点开展了全省城市污水生活垃圾处理、城市供水管网改造、大中小型城市管道天然气设施以及昆明市掌鸠河引水供水、昆明市轨道交通工程等一系列重点工程的建设，积极推进省级、国家级园林城市（县城）的创建工作，城市市

政基础设施承载能力不断提高,城市建设发生了日新月异的变化。

(一)治污设施建设稳步推进

通过加快推进项目建设进度、强化工程建设质量、运行和资金管理四个方面的工作,全省治污设施建设稳步推进。全省城镇污水处理设施由"十五"末 34 个县(市、区)、37 座污水处理厂、污水处理能力127.05 万吨/日增加到 103 个县(市、区)、117 座污水处理厂、污水处理能力 320.65 万吨/日,污水处理能力增长了 152%;垃圾处理设施由"十五"末 29 个县(市、区)、27 座垃圾处理场,垃圾处理能力 5993吨/日增加到 115 个县(市、区)、115 座垃圾处理场,垃圾处理能力16559 吨/日,垃圾处理能力提高了 176%。

(二)市政公用事业健康发展

建立完善市政公用设施长效管理机制,进一步加大对城市道路等设施管养力度,保障市政公用事业的健康发展。全省城市市政公用设施完成固定资产投资达 351 亿元,比 2001 年约增加 6 倍。城市建成区面积达 1457 平方公里,建成城市道路 8262 公里,分别比 2001 年增加了 76%和 99%。全省城市道路总长度达 8262.34 公里,道路面积达15584.41 万平方米,人均道路面积达 11.48 平方米,供水管网长度14932.35 公里,燃气管道长度为 3967.46 公里,增长了 24.13%,排水及雨水管道长 9724.4 公里,建成区管网密度达 6.67 公里/平方公里,全省燃气普及率达 63.29%,供水普及率达 93.17%,城镇化水平由"十五"末的 29.5%提高到 36.8%。

(三)数字化城市管理加快推进

在昆明市、安宁、个旧实施数字化城市管理的基础上,编制了《云南省数字化城市管理实施方案》《云南省数字化城市管理可研报告》和《云南省数字化城市管理资金投入预算》,为数字化城市管理系统的规范建设和良性运行打下了基础。昆明市五华区于 2005 年 7 月开通数字城管快车,是国内第二个率先实现数字城管的城市,带动全省城市管理水平迈上了新台阶。

四、关注民生,科学构建住房保障体系

按照"廉租保底、公租解困、农村改危、抗震安居、市场调节"的总要求,狠抓保障性安居工程建设。

(一)狠抓城镇保障性安居工程建设

一是注重完善政策,大胆创新尝试。先后出台了《关于进一步加快保障性安居工程建设的实施意见》、《关于推进城镇和国有工矿棚户区改造工作的实施意见》、《关于大力推进保障性安居工程建设的意见》、《关于做好 2012 年全省城镇保障性安居工程建设工作的意见》、《云南省公共租赁住房管理暂行办法》。二是筹措建设资金,强化资金监管。逐年加大对城镇保障性住房建设的资金配套力度。2005 年至今,省级财政共安排廉租住房省级补助资金 29 亿元、公共租赁住房省级补助资金 5.5 亿元、各类棚户区改造省级补助资金 4.097 亿元,共计38.597 亿元。同时,积极争取中央资金支持,2007 年共争取中央补助资金 133.3433 亿元。各地多渠道筹措建设资金,积极搭建投融资平台,全省已落实信贷资金 120 多亿元。三是单列用地指标,确保用地供应。对城镇保障性住房建设用地计划指标实行单列,做到优先供应、应保尽保。收回使用权的国有土地和政府储备土地优先安排用于城镇保障性住房建设。对用于城镇保障性住房的新增建设用地,可免征新增建设用地使用费、征地管理费,具备条件的,征收转用、供应可一并办理。对企业利用存量土地建设城镇保障性住房的,经规划部门同意将原用途变更为住宅用地后,无需补缴土地出让金。对到期未落实城镇保障性住房建设用地的州(市)、县(市、区),一律停办房地产开发土地

供应手续。四是明确税费政策,加大扶持力度。城镇保障性住房建设、买卖、经营等环节涉及的土地使用税、土地增值税、契税、印花税、营业税、房产税等,按照国家有关规定予以减免。城镇保障性住房建设项目免收城市基础设施建设配套费等行政事业性收费和政府性基金。城镇保障性住房建设用地以有偿方式出让的,不计提土地出让平均纯收益等各项资金。五是强化项目管理,确保质量安全。专门成立工作领导小组,建立督查、巡查工作制度,全面实行项目法人责任制、工程监理制、合同管理制和竣工验收制,严格执行工程招投标、施工图审查、施工许可、质量监督、工程监理、竣工验收备案等建设程序,强化质量管理和安全控制,严防发生质量安全事故。六是强化分配管理,确保分配公平。坚持规范运作、公开透明和注重公平原则,建立和完善了城镇保障性住房申请、审核、公示、轮候、复核、退出和社区居委会、街道办事处(乡镇)、县(市、区)建设、民政、财政联合审查的三级审核公示制度,实行房源和分配过程、分配结果全公开,确保分配公开、公平和公正。

(二)狠抓农村危房改造工程建设

云南省历年来将农村危房改造作为重点建设工程。自 2009 年开展农村危房改造工作以来,全省已统筹完成农村危旧房改造 106.16 万户,投入资金共 68.58 亿元,其中中央补助 39.23 亿元,省级财政配套 29.35 亿元。

(三)狠抓农村地震安居工程建设

2006 年云南省在昆明、玉溪、昭通、曲靖、红河 5 个州(市)11 个县(区)15 个自然村 3886 户实施农村民居地震安全工程试点工作,并初显成效。2007 年,农村民居地震安全工程试点工作在全省 70 个县(区)推开。截至 2012 年春节前,合计完成 141.3566 万户。农村地震安居工程的实施,不仅改善了农民的居住条件,还改变了乡村面貌,促进了农村的和谐稳定。

五、保护环境,加强自然遗产和风景名胜区管理

党的十六大以来,云南省全面增强资源保护力度,建立、健全风景名胜区管理体系,推动风景名胜区与遗产地事业持续健康发展。

(一)保护第一,合理利用

根据各风景名胜区的特点,坚持科学规划、统一管理、严格保护、永续利用的方针,统筹人与自然和谐发展,处理好风景名胜区开发利用和风景名胜区生态环境的关系。建立了类型多样的风景名胜区与遗产地。成功申报了"三江并流"、"石林"、"澄江化石地"3 个自然遗产地和 1 个丽江古城文化遗产地。目前,云南省有世界自然、文化遗产 4 个,全国排名第三;有国家级风景名胜区 12 个,全国排名前列;有省级风景名胜区 54 个,其多样性全国少有。风景名胜区与自然遗产地总面积约 3 万平方公里,约占全省国土面积的 7.8%。

(二)全面发展,完善体系

一是加快风景名胜区立法工作。完成了《云南省风景名胜区条例》等修订工作,基本形成了"国际公约—国家法律法规—地方政策法规"三级法律法规框架。二是建立和健全了风景名胜区监管机构。在全国率先设立了云南省世界遗产管理委员会,并在省住房和城乡建设厅设立了风景名胜区管理机构。为做好风景名胜区保护管理工作打下了基础。三是建立风景名胜区管理标准体系。出台了《云南省风景名胜区总体规划报批管理规定》(云府登 592 号)、《云南省风景名胜区总体规划编制办法》(云府登 593 号),编制了《云南省风景名胜区详细规划编报批工作提纲》等标准。

(三)科学规划、持续发展

一是开展了风景名胜区总体规划工作。完成了11个国家级风景名胜区总体规划编、报、批工作,并经国务院批准同意;完成建水风景名胜区总体规划上报工作;开展了大盈江—瑞丽江国家级风景名胜区总体规划修编前期调研工作;完成抚仙—星云湖泊省级风景名胜区总体规划并经省政府批准。二是开展了风景名胜区详细规划工作。完成大理风景名胜区金梭岛罗荃湾片区、腾冲地热火山风景名胜区马站火山群景区、石林风景名胜区旅游服务中心区、腾冲地热火山风景名胜区和顺景区等一批风景名胜区详细规划并经住房和城乡建设部批准;完成了三江并流风景名胜区梅里雪山景区、三江并流风景名胜区老君山景区、丽江玉龙雪山风景名胜区泸沽湖景区详细规划编制上报工作。三是完成了重大基础设施建设选址许可工作。完成了中缅油气管道、大瑞铁路、成昆铁路、云桂铁路、昆玉铁路、金沙江大桥、盈江弄璋大桥、小黑江电站、九十九龙潭索道、黎明索道等一大批涉及风景名胜区的重大基础设施建设项目选址核准工作。

六、夯实基础,促进相关产业持续健康发展

进一步优化产业结构、提升发展水平、增强整体实力,充分发挥建筑和房地产业在城乡建设、基础建设和产业发展中的重要作用,培育产业经济重要增长极,促进云南省经济社会科学发展、和谐发展、跨越发展。

(一)重扶持,强管理,确保建筑业市场健康有序发展

一是加大对建筑业的扶持力度。截至2011年,云南省建筑业年总产值已达到1867.06亿元,建筑业增加值占全省GDP的9%,建筑业已成为云南省的支柱产业。全省现有建筑施工企业3522家,其中,特级资质企业2家,一级资质企业160家,二级资质企业1067家,不分等级

企业 161 家。监理企业 104 家,其中,综合资质 1 家,甲级资质 20 家,乙级资质 45 家,丙级资质 37 家,事务所 1 家。检测企业共计 224 家。二是加强勘察设计行业的管理。十六大以来,云南省一批工业、交通、能源、水利和城市建设等重点建设项目的勘察设计技术达到了国内外先进水平,先后获得 8 项国家级设计金奖、15 项银奖、20 项铜奖,32 项部级奖励。2011 年行业营业收入达到 140.4 亿元,较 2002 年的 10.8 亿元增长了 12 倍。2011 年勘察设计行业从业人员人均营业收入达到 43.79 万元,较 2002 年的人均 6.77 万元增长 546.8% ,到 2011 年年底云南省勘察设计咨询业共有各类专业技术人员 26128 人,其中高级职称人员 5717 人,各类注册执业人员 4318 人,较 2002 年均取得了成倍的增长。三是完善工程建设标准体系建设。十六大以来,先后批准发布实施 45 部工程建设地方标准,组织参与编制 3 部行业标准,在编 48 部工程建设地方标准。2001 年至 2003 年间,进行了全省工程造价咨询行业体制改革,完成了工程造价咨询企业由行政事业单位向中介服务机构的体制转变。制定了全国首部工程造价管理的地方性法规——《云南省建设工程造价管理条例》。编制并发布实施了涵盖建筑装饰、安装、市政、园林绿化、房屋修缮等工程的《云南省 2003 版建设工程造价计价依据》,《云南省建设工程清单细目指南》获得中国建设工程造价管理协会颁发的优秀造价成果一等奖。四是推进建筑安全质量标准化工作。2002 年至 2011 年,企业创建省级安全质量标准化工地 170 个、国家 AAA 级诚信标准化工地 32 个,全省共有 17 项工程获得鲁班奖,1 项工程获得国家优质工程金质奖,47 项工程获得国家优质工程银质奖,735 项工程获得省优质工程奖。

(二)强调控,稳增长,确保房地产市场持续健康稳定发展

一是健全制度见成效。近 10 年来,云南制定了一批地方性法规、政府规章和部门规范性文件,如《云南省商品住宅价格管理办法》等,为规范房地产市场、促进全行业健康发展奠定了基础。二是促进投资

见成效。2001 年至 2011 年,全省房地产开发投资总额 4914 亿元,尤其是 2011 年,全省房地产开发投资首次突破千亿元大关,实际完成 1272.72 亿元,同比增长 41.3%。房地产开发投资占全省规模以上固定资产投资的比重达到 21.5%,有力促进了全省经济社会的平稳较快发展。三是改善供求见成效。10 多年来,云南省房地产市场住房供应结构基本合理,供求基本平衡,价格基本稳定。2011 年年末,全省城镇人均住房面积达到 35 平方米,比 2001 年增加 11.6 平方米;尤其是 2011 年,全省商品房供应实现较快增长,商品房施工面积达到 10597.88 万平方米,同比增长 20.6%。

(三)强应用,重推广,加快推进建筑节能工作步伐

一是加强技术创新能力建设。全省住房城乡建设系统共承担各类科研项目 33 项,其中 11 项达到国内领先水平。建立了城市、企业、住宅小区和工程项目等不同层次的新技术应用试点示范工程。二是大力推行节能新技术、新产品。开展了技术适用性调查研究,在建设领域积极推广使用太阳能光电照明技术、一体化的太阳能光热系统应用技术。积极推广使用建筑节能产品和技术,发布了全省建设行业新技术新产品推广目录,出版了《云南省建筑领域节能减排工作图册》。三是突出可再生能源建筑应用试点示范工作。2007—2008 年,云南省有 7 个可再生能源建筑应用项目列入国家示范项目,示范建筑面积达 69.1 万平方米;2009—2010 年全省太阳能光电建筑应用示范 5 个项目得到审批,丽江市、昆明市、宣威市被国家评为可再生能源建筑应用示范城市。

面对新的形势和机遇,云南省住房城乡建设系统将继续深入贯彻落实科学发展观,加快城镇化步伐,加强保障性住房建设,加快建筑业和房地产业发展,为云南经济社会又好又快发展做出新贡献。

以科学发展为统领
推动住房城乡建设事业跨越式发展

——十年来西藏自治区住房城乡和建设
事业步入发展的最快时期

党的十六大以来,在科学发展观的指引下,西藏自治区住房城乡建设系统广大干部职工求真务实、真抓实干、开拓创新,有力地推动了西藏住房城乡建设事业跨越式发展。今天的西藏,城乡面貌焕然一新,城镇品位不断提升,人民群众住房和生产生活条件逐步改善,西藏住房城乡建设事业步入发展最快的时期。

一、城镇功能不断完善,城镇品位稳步提升

在党中央的亲切关怀和各省市的无私援助下,经过西藏各级地方政府和住房城乡建设部门的共同努力,西藏自治区各城镇相继编制完成城镇总体规划,各地市行署(人民政府)所在地城镇、各县(区、市)所在地县城和部分重点镇基本上均有了城镇总体规划作为建设的依据。2001年后,随着中央投资和各省市对口支援力度的加大,我区各城镇建设规模不断扩大,建设水平逐年提高,但由于部分城镇总体规划编制对经济社会发展预期不足,建成区逐步延伸甚至突破了当时所编制的总体规划范围,各城镇需对原编制的城镇总体规划进行修编。针对这

种情况,西藏自治区各级地方政府充分发挥自身主观能动性,通过整合财政资金和援藏资金、协调对口支援省市进行技术援藏等方式,得到了北京、江苏、山东、辽宁、黑龙江等省市和中国城市规划设计研究院等对口支援单位的资金、技术、人力等扶持,有力地推动了全区各城镇总体规划的修编。2012 年,西藏自治区城镇体系规划通过部际会审议有望年内经国务院批准实施;目前,各地市所在地城镇基本修编完成城镇总体规划,拉萨市、那曲镇还编制了控制性详细规划,各县城和部分重点镇总体规划修编工作进展顺利。特别是在江苏省的无私援助下,拉萨市 2008 年完成 6 个片区控制性详细规划,标志着西藏城镇规划正式走入了涵盖自治区级城镇体系规划、城镇总体规划、城镇控制性详细规划、乡村规划等多层次、专业化的城镇规划体系。2005 年以后,西藏各地市按照社会主义新农村建设的要求,通过技术援藏方式,着手为一些乡村编制村落规划,使规划的触角向农牧区延伸。

2000 年以前,西藏各城镇规模小,市政路网和供排水设施等基础设施不完善。中央第三次西藏工作座谈会召开以来,随着中央和全国各兄弟省市对口援藏力度的加大和西藏自身"造血"功能的逐步增强,西藏城镇建设投资规模逐年加大,城镇道路、给排水、垃圾处理等基础设施日趋完善,城镇功能品位逐步提高,城镇绿化、美化工程和城镇环境综合整治活动,使城镇环境、市容市貌明显改善。7 个地(市)所在城镇道路骨架基本形成,各县城城镇道路主干初具雏形,城镇建成区超过60 平方公里,供水普及率超过 60% ,2011 年西藏城镇化率达 26% ,城镇建设有力地促进了全区经济、政治、文化等领域各项事业的蓬勃发展。

西藏历来高度重视传统建筑研究以及传统工艺和传统民族特色、地域特色的传承,在城乡建设中进一步彰显民族特色、地域特色。近年来,各地市还结合当地实际,进行了凸显民族、地域和时代特色的课题研究,并在城镇建设中不断实践和运用,完成了拉萨贡嘎机场改扩建工程,西藏大学改扩建工程,拉萨金珠西路、当热路改扩建、火车站及配套设施、拉萨柳梧大桥、林芝机场以及布达拉宫广场、宗角禄康公园、扎什伦布寺广场周边环境综合整治等一大批标志性建设工程,并结合藏式建筑风格特点和西藏地域特点及当地民俗风貌,建成了一批反映高原风光、民族风格的雕塑,极大地丰富了城镇景观。

二、住房保障体系初步建立,城乡居民居住质量稳步提升

在党中央、国务院的正确领导和西藏自治区党委、政府的坚强领导下,全区各族人民紧紧抓住全国人民支援的有利机遇,经过 60 年的努力,居住条件得到了极大的改善,住房质量不断提升,实现了从 90% 以上的人没有自己的住房到 98.7% 的农牧民拥有自己的住宅的历史性飞跃。截至 2011 年年底,全区城镇居民人均居住面积达 36.61 平方米,农牧民人均居住面积达 29.61 平方米,西藏正加快向“住有所居”的目标阔步前进。

(一)安居工程幸福千万家

2001 年以来,随着西藏各乡、村基层政权建设的加强,特别是在牧区定点定居制度的实施,改变了西藏广大牧民千百年来逐水草而居的游牧传统。随着经济的发展,农牧区的住宅建设也得到较快发展,居住条件不断得到改善。

2005 年,西藏自治区结合实际情况,切实推进社会主义新农村建设的目标,提出了利用 5 年时间,通过以安居工程为突破口的社会主义新农村建设,让全区 80% 的农牧民住上安全适用的住房。在安居工程建设过程中,西藏充分考虑农牧民群众的收入状况,对低收入困难户,进一步加大补贴力度并多方筹措资金,让农牧区困难群众能建得起房、住得上新房、住得安心和舒心。“十一五”期间,农牧民安居工程建设任务完成后,西藏 80% 的农牧民住房条件已得到明显改善。在此期间,自治区整合国家投资、积极自筹资金、多方协调落实援藏资金、充分

调动农牧民群众的积极性,累计投资170亿余元,实施了以农房改造、游牧民定居和扶贫搬迁为重点的农牧民安居工程,使全区条件较差的30万户、143万多农牧民住上安全适用的新房。

在推进农牧民安居工程建设中,西藏高度重视居住安全。2008年以来,全区深入推进农牧民安居工程抗震加固工程,采取国家和自治区补贴一部分、农牧民再自筹一部分资金的方式,对4.92万户农牧民房屋进行了危房改造和建筑节能改造,截至2011年年底,已完成了10万多户农牧民安居工程抗震加固。

(二)住房保障体系逐步建立

西藏自治区党委、政府历来高度重视做好城乡居民的住房条件改善工作,想方设法多渠道解决广大群众的住房问题。2007年以前,主要通过游牧民定居工程、地方病重病区搬迁、自建私房、集资合作建房、周转住房建设以及商品住房开发等方式,改善城乡居民住房条件。2007年后,西藏在财力十分有限的情况下,安排专项资金,组织开展廉租住房建设试点工作,正式启动了保障性住房建设工作。截至2011年,全区廉租住房等保障性住房建设投资11亿多元,建设廉租住房1.28万套,通过实物配租的形式,解决了城镇低收入家庭1万多户、4万多人的住房困难问题。通过发放租赁住房补贴解决了9049户、1.35万人的住房问题;投资31亿多元,建设周转房近2.66万套,总建筑面积194万平方米,广大干部职工特别是基层单位干部职工周转住房条件得到一定改善。随着保障性住房建设力度的不断加大,目前,西藏已初步构建以“四房三改”为重点、“两补一金”为基础的住房保障体系(“四房三改”即廉租房、公共租赁住房、干部职工周转房、经济适用住房,棚户区改造、周转房维修改造和农村危房改造;“两补一金”即廉租住房租赁补贴、干部职工住房补贴,住房公积金)。

三、建筑业已成支柱产业,房地产业拉动投资消费

2001 年以来,建筑业伴随着西藏经济社会发展的光辉历程加快发展,不仅成为西藏的支柱产业,还成为推动经济社会发展的重要产业支撑。房地产业平稳起步并有序发展,在改善广大群众居住条件的同时,充分发挥了投资消费拉动作用,成为西藏经济发展的新增长点。

(一)建筑业逐渐成为支柱产业

随着国家和对口援藏省市、对口支援中央骨干企业投资力度的逐年增大,西藏自治区固定资产投资稳步提升,建筑业呈现出加快发展的态势,西藏建筑业增加值从 2001 年的 21.09 亿元增长到 2005 年的 46.04 亿元,占自治区国民生产总值的比例由 15.2% 提高到 18.3%。2006 年,随着"十一五"规划"188"项目的实施,自治区大力推进城乡基础设施建设,建筑业在改善城乡面貌、改善广大群众生产生活条件的同时,充分发挥了投资拉动作用,进一步巩固了在全区经济发展中的支柱产业地位。2010 年建筑业增加值达 124.19 亿元,占全区 GDP 的 24.47%,占全区第二产业增加值的 75.76%。随着"十二五"规划国家支援西藏经济社会发展 226 个重点项目的逐步实施,西藏建筑业进入快速发展阶段,2011 年西藏建筑业增加值达到 160.61 亿元,占全区 GDP 的 26.51%。

近年来,西藏各级党委、政府大力实施强农、惠农、扶农政策措施,在工程建设过程中,积极吸纳农牧民工参与工程建设,带动农牧民增收。2003 年开始,各级住房城乡建设部门在充分调研的基础上,在全区试点组织开展农牧民建筑实用技能培训。据不完全统计,截至目前,全区对近 20000 名农牧民工进行建筑实用技能培训,共扶持组建以农牧民为主体的县乡劳务施工组织 256 家,工程建设领域吸纳农牧民工超过 5 万人,每年为农牧民增收超亿元。

（二）房地产业成为西藏经济新的增长点

随着经济社会发展和住房制度改革不断深化,1993 年自治区第一家房地产开发公司成立。经过近 20 年的发展,全区房地产业正从单一的房地产开发向物业服务、房地产价格评估、房地产测绘等综合性产业化发展,房地产开发更加注重节能、环保、省地。截至目前,西藏共有各类房地产企业 120 余家,房地产业逐渐成为全区经济新的增长点。

四、节能环保技术广泛运用,建筑质量安全稳步提升

随着经济社会的不断发展和现代技术的不断革新及人民群众对建筑产品需求呈现出的多样性,西藏建筑施工工艺和水平不断发展和提高,建筑工程质量稳步提升,建筑产品也从单一的一二层低矮式建筑向多层、高层建筑过渡,更加注重节能环保,更加注重外观和使用功能的有机结合。

以前,西藏工程建设主要靠简单的人力堆砌,建筑材料靠背背、肩扛。1959 年自治区民主改革后,拉萨、日喀则等城市建设有了较大的发展,建筑业迈上了新的台阶,建筑施工水平也有一定程度的提高,一批具有浓郁民族风格和地方特色的现代化建筑群展现在世界屋脊上。

20 世纪 80 年代中期,西藏自治区与内地省市在建筑人才、建材产品流通等的交流进一步加大,建筑施工水平和施工工艺进入快速提升阶段,拉萨、日喀则等主要地区,大量建筑采用混合结构。2001 年以来,塔吊、龙门吊、装载机、挖土机、混凝土搅拌机等现代建筑设备广泛运用于自治区建筑施工中。随着对口支援西藏工作力度的不断加大,一大批内地兄弟省市、中央骨干国有企业专业技术人员投入到援藏工作中,为全区城乡建设提供了人才、智力和资金支持,也带来了丰富、先进的管理经验和施工工艺。

2009 年以来,西藏采取财政奖励、专项节能补贴等方式,大力提倡使用节能环保建筑材料,要求各地市因地制宜地发展页岩烧结空心砖、

页岩烧结多孔砖、蒸压加气混凝土砌块砖、蒸压灰砂砖、页岩烧结标准砖等新型墙体材料。有关部门还从设计、审图等环节入手,加大新型墙体材料和节能建筑的推广,确保新型墙体材料和节能建筑得以大力推广,使建筑的性能得到一次质的提升。截至2011年,全区城镇房屋建筑竣工一次性验收合格率达98%,绝大部分民房都进行了抗震加固和节能改造,人民群众居住更加安全。

五、历史文化资源保护和风景名胜区建设成为推进国际旅游目的地建设的重要抓手

在党中央、国务院的亲切关怀下,西藏高度重视做好历史文化资源保护和风景名胜区建设工作,一大批文物古迹和历史文化资源得到保护,人文景观得到有效保护和传承,风景名胜资源一直保持原真性。

2001年以来,国家每年专门安排资金加大西藏历史文化名城、名镇的保护力度,从完善历史文化名城名镇街区道路、供排水等基础设施入手,强化对历史文化遗迹的保护。截至目前,西藏共有拉萨、日喀则、江孜三座历史文化名城和昌珠、萨迦两座历史文化名镇。2010年,结合加强基层建设年活动,西藏区住房城乡建设厅启动了新农村示范建设和历史文化名村申报准备工作,力争从规划引导入手,充分挖掘历史文化资源,努力将吞达村打造成为西藏第一个历史文化名村。

2009年,西藏出台了《西藏自治区区级风景名胜区审查办法》,标志着全区风景名胜区建设规划、开发保护工作步入了快速发展阶段。目前,西藏共有雅砻河、纳木错—念青唐古拉山、唐古拉山—怒江源、土林—古格遗址四处国家级风景名胜区,有阿里神山圣湖、林芝鲁朗林海、卡久等16处自治区级风景名胜区,已形成了自治区级、国家级风景名胜区申报评定的良性运行机制,为风景名胜事业有序发展奠定了良好基础,为推动世界旅游目的地建设创造了条件。

展望未来,西藏住房城乡建设系统将在科学发展观的指引下,在党

中央、国务院的亲切关怀和各省市的无私援助及住房和城乡建设部的有力指导下,按照中央第五次西藏工作座谈会议确定的目标,依托国家西部大开发战略的深入推进,强化住房保障,统筹城乡发展,稳步推进全区城镇化建设进程。

科学发展谱新篇　十年奋进铸辉煌

——党的十六大以来陕西省住房和城乡建设事业发展成就

党的十六大以来,陕西住房城乡建设系统深入贯彻落实科学发展观,牢牢抓住西部大开发历史机遇,创新思路,狠抓落实,扎实推进保障性住房、城镇化、建筑业、重点示范镇建设等重点工作,实现了跨越式发展。

一、保障房建设成果辉煌

陕西省高度重视保障性住房建设,采取多种措施加以推进,取得了优异成绩。

(一)"十一五"成果明显

2007 年,省委、省政府将加快保障性安居工程建设列入民生八大工程重点实施,并纳入到对各市政府的年度目标责任考核中。2009年,印发《陕西省 2009—2011 年廉租住房保障规划》(陕建发[2009]197 号),明确了廉租住房的建设规模。2010 年,印发《关于加快保障性住房建设的意见》(陕办发[2010]11 号),提出"加快廉租房建设、规范经适房、支持限价房"等措施,制定了提高廉租住房省级配套标准、确保土地供应用地指标、降低各项费用标准等一系列政策。基本形成了由廉租住房、经济适用住房、公共租赁住房、限价商品房 4 类保障性住房和商品房组成的"4+1"住房供应体系,覆盖了全省城市低保、低收入、中等偏下和中等收入家庭等不同收入群体。2009 年,陕西被列入全国扩大农村危房改造试点省份,共完成 48 个国家扶贫开发重点县的 3.1 万户农村危房改造任务。2010 年,危房改造范围扩大到全省所有县区,完成 6 万户。截至"十一五"末,全省累计建设廉租住房 15 万套,发放租赁补贴 30.2 万户;建设经济适用房 24.2 万套,解决了 40 万户城市低收入家庭住房困难问题;完成棚户区改造 17.9 万户,农村危房改造 9.1 万户。

(二)2011 年再创佳绩

在"十一五"全省保障性住房建设的基础上,2011 年,省委、省政府继续加大建设和支持力度。省政府一次性下达 3.12 万亩用地指标,确保建设用地应保尽保;创新融资机制,将新增财力的 80% 用于民生,地方债券留省部分、地方政府土地出让总收入的 3% 全部用于保障性住房建设,全年省级财政配套的建设资金达 44.05 亿元;采取"月排名、季点评、年度考核"等措施,每月对各市保障性安居工程建设进展情况进行考核排名,结果通过省内主要媒体向社会公布,年底全面考核,将保障性安居工程建设作为地方工作业绩的重要内容;开展全省中等以下收入家庭和外来务工人员、新就业职工住房调查工作,全口径统计,摸清保障对象底数和住房需求,所有数据同步录入全省住房保障信息系统数据库,实现了静态准确统计;实施"政策、土地、资金、质量、分配、管理"六大模块,指导市县科学化、制度化推进保障性住房建设。全年保障性安居工程投资 673.03 亿元,目标任务 47.43 万套,其中实物建房目标任务为 44.83 万套,任务量居全国第三。全年开工 48.13 万套,开工率 107.36%,位居全国前列。竣工 20 万套,为年度计划的 167.36%。新增发放租赁补贴 2.73 万户,提前 1 个月完成了年初目标任务,各项指标均居全国前列。农村危房改造建设项目 12.7 万户,其中建设节能示范户 9000 户。城镇居民人均住房建筑面积 29.3 平方米,比 2002 年的人均 16.7 平方米增加了 12.6 平方米;农村人均住房建筑面积 37.2 平方米,比 2002 年的人均 25.13 平方米增加了 12.07 平方米。

二、房地产业生机勃勃

(一)房地产业快速发展

"十一五"期间,全省房地产开发经历了从较大幅度波动到稳定增长的发展过程,特别是 2010 年、2011 年,全省房地产业勤练"内功",调整结构,实力和规模继续壮大。2011 年,全省房地产企业 4860 家,是 2002 年的 9.54 倍;房地产开发投资 1420.53 亿元,是 2002 年的 14.96 倍;商品房销售面积 3068.63 万平方米,是 2002 年的 6.53 倍;房地产业增加值 369.55 亿元,是 2002 年的 4.8 倍,占全省生产总值的 3%,比重提高了 0.4 个百分点。

(二)物业管理不断提升

近年来,陕西物业服务行业从无到有,从小到大,取得了长足的发展。截至 2011 年,全省共有物业服务企业 1255 家,从业人员 6.2 万余人,管理物业项目 2330 个,管理面积 2.9 亿平方米,物业管理覆盖率 42%。在 2004 年、2008 年国家两次经济普查中,陕西的物业企业数量、从业人员、主营业务收入同比增长率远远高于全国平均水平。全省创建国家级物业管理示范项目 48 个、省级示范项目 183 个。

(三)住房公积金作用显著增强

"十一五"期间,陕西住房公积金事业取得长足发展。截至 2010 年年底,全省缴存住房公积金职工 292.2 万人,覆盖率 82.3%。住房公积金累计缴存 689.05 亿元,累计提取 264.48 亿元,累计为 22.97 万名职工发放住房公积金贷款 219.57 亿元,个贷余额 153.42 亿元。缴存余额 424.57 亿元,同比增长 27.03%。2011 年,住房公积金实际缴存人数达到 312.3 万人,比上年增加 20.1 万人;缴存余额 533.1 亿元,当年新增 188.9 亿元,与上年同比净增 34.5 亿元;住房公积金个贷总额达到 290.7 亿元,同比净增 71.1 亿元,个贷率达到 38%;全年实现增值收益 3.13 亿元,确保了住房公积金保值增值。2011 年,指导西安市继续开展利用住房公积金贷款支持保障性住房建设试点工作,推荐咸阳、延安、汉中 3 个试点城市作为全省试点扩面城市,确定了 13 个试点项目,建设规模 357.7 万平方米,项目总投资 87.6 亿元,利用住房公积金贷款 25 亿元,其中公共租赁住房项目贷款 13 亿元,占 52%。

三、城镇化建设取得新成效

党的十六大以来,省委、省政府把加快推进城镇化进程作为推动全省经济社会发展的重要载体和重大举措,出台了一系列加快城镇化进程的政策措施,使城镇规模不断扩大,城镇化率连年提高。2011 年,全省城镇化水平达 47.3%,比 2002 年提高 12.7 个百分点。

(一)政策引导力度不断加大

省人大颁布了《陕西城乡规划条例》、《陕西省乡村规划建设条例》,在全国率先将城乡一体化规划纳入法定规划。省政府印发了《陕西省加快县域城镇化发展纲要》等文件,为城镇化的快速健康发展提供及时的政策引导。同时,稳步推进城乡一体化建设试点。2010 年 7 月省委、省政府印发《关于支持延安率先实现城乡统筹的意见》(陕发[2010]7 号文),确定神木、府谷、高陵、杨凌 4 县区为城乡统筹省级示范区试点,积极加快建立有利于统筹城乡发展的行政管理体制、城乡规划机制和公共服务体系,探索建立城乡一体化发展新机制。

（二）规划引领作用充分发挥

2006 年 7 月，《陕西省城镇体系规划》经国务院同意正式实施。2007 年以来先后编制完成了《陕北能源化工基地城镇体系规划》、《关中城市群建设规划》、《陕南地区城镇体系规划》、《陕西省历史文化名城保护规划纲要》、《西安国际化大都市发展战略规划》、《西咸一体化建设规划》、设市城市新一轮城市总体规划、102 个县（区）村庄布局规划、83 个县城市一体化建设规划、43 个重点县城和 31 个重点镇的规划，全省镇（乡）规划覆盖面达到 88%。2011 年 6 月 13 日，国务院新闻办正式发布《西咸新区总体规划》，确定了"一区五城"现代田园城市的空间布局，将打造成为国家创新城市发展试验区，年内引进项目 16 个，总投资 1610 亿元，呈现出"五龙舞西咸、五城争变化"的格局。

（三）城镇功能不断增强

2010 年年底，全省城镇建成区总面积达 2202.1 平方公里，比 2005 年增加 555.19 平方公里。其中，设市城市建成区面积增加了 196.9 平方公里，县城建成区面积增加了 132.24 平方公里。城镇规模空间层次弱缺的现象得到一定的改善，全省逐步形成了以特大城市为中心，大城市为骨干，大中小城市相结合的多层次城市网体系。截至 2011 年年底，全省有 10 个设区城市和 1 个杨凌农业高新技术产业示范区，3 个不设区的市、80 个县，1137 个建制镇。共计历史文化名城 17 座，其中国家级历史文化名城 6 座；国家级历史文化名镇名村 5 个，全国特色景观旅游名镇名村 4 个；国家级园林城市（县城）8 个；国家级风景名胜区 6 个。

（四）城镇建设水平大幅提升

2002 年至 2011 年，全省城市（含县城）基础设施累计完成投资 2633 亿元，其中"十一五"完成投资 1639 亿元，年均增长 30%。市政公用设施建设成就喜人，城市内外交通建设跨越发展，郑西高铁建成通车,西安咸阳国际机场扩建工程全部完工并投入使用,西安地铁二号线通车运营,西安车站北客站、榆林新机场建成投运,新增道路 2096 公里。城镇市政设施水平明显提高。"十一五"期末,全省城市燃气普及率达 92%,城市集中供热面积 11200 万平方米。2011 年年末,全省污水处理厂共 85 座,日处理能力 259.50 万吨,城镇污水处理率 73%;累计建成和在建的无害化垃圾填埋场 97 个,生活垃圾无害化处理率达到 75%;人均日生活用水量 163 升;人均拥有道路面积 13.72 平方米;人均公共绿地面积 11.41 平方米。

(五)县域城镇化水平快速提升

2001 年,出台《关于加快城镇化进程的若干意见》(陕发[2001]19号),明确提出建设发展小城镇。2007 年,省委、省政府将全省纳入国家的 68 个重点镇规划建设作为重要任务来考核。2008 年,在关中地区率先开展"关中百镇"建设。2009 年,在启动陕南、陕北各 50 个重点镇建设的同时,优中择强启动了 107 个重点镇的规划建设工作。从 2011 年起,以加快 43 个重点县城和 31 个重点示范镇建设为切入点,以推进有条件农民进城落户为抓手,进一步加快县域城镇化建设步伐。截至 2011 年,全省县域城镇化率达到 44.5%,比 2006 年的 34.7% 提高了近 10 个百分点。

四、建筑业支柱产业作用日益增强

(一)产业规模持续扩大

全省形成了以施工总承包为龙头、以专业施工队伍为骨干、劳务分包为依托、国有与民营等多种经济成分并举、总包与分包、前方与后方分工协作互为补充的组织结构,建筑业集约化经营逐渐增强。2009 年,在全省经济受金融危机影响增速变缓的情况下,陕西建筑业实现 38% 的增长,占 GDP 的比重达到 12.2%,部分弥补了工业增速回落对第二产业增长的影响,成为全省仅次于能源化工产业的第二大产业。建筑业总产值在全国位次大幅前移,由 2005 年的第 18 位前移到 2009 年的第 13 位。2011 年,全省资质内建筑企业 5018 家,比 2002 年增加 3364 家;完成建筑业总产值 3470 亿元,是 2002 年的 4.8 倍;实现建筑业增加值 1250 亿元,占全省年生产总值 12391.3 亿元的 10.1%,是 2002 年的 4.9 倍。

(二)工程质量逐年提高

2002 年以来,建筑施工企业共获得中国建设工程鲁班奖 40 项,国家优质工程金质奖 1 项、银质奖 36 项,陕西省建设工程长安杯奖(省优质工程)363 项。陕西历史博物馆、延安革命纪念馆、中国延安干部学院、秦始皇兵马俑博物馆 4 项工程被评为新中国成立 60 周年"百项经典暨精品工程"。全省建筑业百亿元施工产值死亡率远低于全国平均水平。

(三)省外市场稳步开拓

随着建筑企业经营实力的不断攀升,陕西建筑企业对外开拓市场的能力逐步增强,省外建筑市场不断扩大。目前已在上海、江苏等近 30 个省(区)、市开拓了建筑市场,其中在江苏等 10 多个省完成的建筑业总产值均达 10 亿元以上。对外承包工程新签合同额 8.11 亿美元,实现营业额 13.62 亿美元。对外劳务合作新签合同工资额 5380 万美元,实际收入总额 5542 万美元,增长 1.02 倍。

五、勘察设计行业贡献增强

党的十六大以来,全省勘察设计行业积极推进体制机制改革,大力实施人才兴业和质量技术提升战略,以企业为主体、以市场为依托、以人才为基础、以创新为手段,实现了行业持续健康快速发展。

(一)行业发展成效显著

2002 年以来,陕西勘察设计行业累计实现施工图投资额 4472 亿元,建筑面积 2.3 亿平方米。高标准完成了青藏铁路、西气东输、华沁超高压电网、黄河公伯峡水电站、烟台万华聚乙烯装置、神府煤田、大唐芙蓉园、黄帝陵等一大批国家重点工程建设项目,为全省国民经济的持续健康发展、城乡面貌和人居环境的改善作出了重要贡献。

(二)产业结构不断优化

2002 年以来,陕西勘察设计行业门类日益齐全,产业结构更趋合理,投资纽带作用得到较好发挥。2011 年,全省勘察设计行业实现营业收入 380 亿元,比 2002 年的 24.5 亿元增长了 15.5 倍,列全国第九位;勘察设计企业 650 家,比 2002 年增加了 12.4%;从业人数 6.8 万人,比 2002 年的 3.1 万人增加了 2.2 倍;8 家企业进入全国勘察设计百强,4 家企业获得综合甲级设计资质;全省勘察设计行业共有中国工程院院士 2 人,全国勘察设计大师 24 人,省级优秀勘察设计师 140 人,各类注册执业人员 5560 人,中高级技术职称人数占从业人数的 71.6%,行业综合实力位居全国前列。

(三)技术质量稳步提升

2002 年以来,全省勘察设计行业加快了技术创新和科研成果转化步伐,科技活动支出额 10.6 亿元,科技成果转让额 1.28 亿元,完成专利和专有技术 475 项,参加编制标准和标准图集 197 个。新技术、新材料、新工艺、新设备在勘察设计中得到广泛应用,在高速铁路、高原冻土、湿陷性黄土、超高压变电、新能源发电、汉唐风格建筑等领域的勘察设计技术处于同期国内和国际领先水平。全省勘察设计行业技术质量稳步提升,获国家级科技进步奖和勘察设计奖 90 项,省级科技进步奖和勘察设计奖 332 项。

（四）体制改革扎实推进

2002 年以来,全省持续推进勘察设计行业体制改革,管理部门秉承服务理念,为行业发展营造良好政策环境,企业结合自身实际,因地制宜,努力转变管理体制和经营机制,积极创新发展方式。到 2011 年年底,全省勘察设计单位改企转制工作已全面完成,各类有限责任公司数量已占到勘察设计企业总数的 72%。

（五）行业管理取得实效

2002 年以来,陕西把加强勘察设计行业监管、整顿规范市场秩序作为工作重点,取得了显著成效。完善了勘察设计信息管理系统、施工图审查信息系统和工程建设标准信息系统,提升了行业信息化管理水平;通过工程设计资质换证和资质动态监管淘汰了 140 家不达标的勘察设计单位,提升了行业整体素质;先后开展了注册岩土、注册电气、注册公用设备、注册化工工程师注册工作,启动了注册岩土工程师执业制度,强化了注册人员的执业能力和责任;通过勘察专项治理和施工图审查检查,对 3 家勘察设计单位及 3 家施工图审查机构进行了通报批评和诫勉谈话;制订了《陕西省省外勘察设计企业进陕登记备案管理规定》等一系列规章制度,规范了勘察设计市场秩序,保证了工程建设的质量和水平。

（六）标准化体系逐步健全

2002 年以来,编制了《村庄规划技术规范》、《陕西省村镇建筑抗震设防技术要点》等 23 项地方标准和 69 套标准设计图集,对全省 3.2 万名工程技术管理人员进行了教育培训,强化了工程建设标准的执行力度。组织编制《陕西省新农村住宅设计图集》、《陕西省村级组织活动场所设计方案》、《陕西省廉租住房设计方案》,免费发放供有关单位和农民使用,切实提高了全省农村民居和保障性住房的设计和建造水平。

六、建筑节能与科技成果不断涌现

党的十六大以来,全省建筑节能与科技工作始终坚持"政府领导,政策先行,全面规划,系统推进,部门合作,狠抓落实"的工作思路,紧紧抓住"新技术研发、成果转化,工程试点示范、编制标准规程、推广应用"的链条,以示范工程为切入点,为保障全省经济平稳较快增长和可持续发展做出了应有贡献。

(一)出台政策法规,完善标准体系

颁布《陕西省建筑节能条例》(陕人常发[2006]39号)、《陕西省新型墙体材料发展应用条例》(陕人常发[2011]24号)。制定了《陕西省建筑节能"十一五"发展规划》、《陕西省建筑节能"十二五"发展规划》和《陕西省建筑节能专项规划(2009—2011)》。编制了《建筑节能工程施工质量验收规程》、《西安市居住建筑节能设计标准》、《西安市公共建筑节能设计标准》和《太阳能热水系统选用与安装》(陕2009TS001)等工程建设地方标准。

(二)建立健全建筑节能监督管理体系

省政府设立了建筑节能与墙体材料改革领导小组及办公室,加强墙体材料革新和推广节能住宅体系宏观指导与综合协调工作。与11个设(区)市人民政府签订目标考核书,落实了管理机构和人员,对建筑节能管理工作任务进行了细化和分解,量化考核指标。强化新建建筑执行节能标准的监管力度,到2011年,新建建筑节能设计阶段执行率达到了100%、施工阶段执行率设区市为98%,县(区)达到85%。

(三)推广可再生能源建筑应用

2007年至2011年,陕西建设国家级可再生能源建筑应用示范项目 18 个,其中地源(污水源)热泵技术应用示范项目 9 个,建筑面积 195.84 万平方米;太阳能光热采暖技术应用示范项目 2 个,建筑面积 26.18 万平方米;太阳能光伏发电技术应用示范项目 7 个,装机规模 9.39MW。中央财政已下达补贴资金 1.56 亿元。建设国家级农村地区可再生能源建筑应用示范县 4 个,可再生能源建筑应用规模合计 102 万平方米,中央财政给予资金补贴 7200 万元。建设省级可再生能源示范项目 49 个,其中太阳能光伏发电技术应用示范项目 14 个,装机容量 1651.44 千瓦;太阳能光热技术应用示范项目 23 个,建筑面积 132.31 万平方米,太阳能照明技术应用示范项目 12 个,太阳能电池板 479.2 千瓦。

(四)推进既有建筑的节能改造

2008 年以来,陕西省共争取中央财政资金 6530 万元,省级财政安排引导资金 1000 万元用于既有居住建筑供热计量改造工作。共实施改造项目 63 个,总面积 331 万平方米。以公共建筑为主推动既有建筑的节能改造,实施改造项目 334 个,改造规模 276.9 万平方米,省财政安排奖励资金 2570 万元。

(五)积极推动农村建筑节能

2009 年,省住房和城乡建设厅组织开展农村节能建筑示范工作。已安排引导资金 901 万元,指导建设农村节能建筑示范村 15 个,建设规模达到 69.6 万平方米。

(六)强化建设科技成果创新

2002 年至 2011 年的十年间,获全国建筑业新技术应用示范工程 15 项;荣获"詹天佑"土木工程大奖 4 项;推荐评选国家和省科学技术奖 15 项;推荐评选"中国建研院 CABR 杯"华夏建设科学技术奖 5 项;评审省级工法 339 项,其中获国家级工法 18 项。

　　"十二五"时期,是陕西加快转变经济发展方式、建设西部强省的关键时期。全省城乡建设系统广大党员干部将继续深入贯彻落实科学发展观,抓住用好重要战略机遇期,把握基本省情,积极实施《关中—天水经济区发展规划》、《陕甘宁革命老区振兴规划》等区域规划,聚精会神搞建设,一心一意谋发展,更加注重以人为本,更加注重全面协调可持续发展,继续发扬艰苦奋斗、拼搏进取的延安精神,集聚全行业的智慧和力量,努力推动住房城乡建设工作实现新跨越,为建设西部强省而奋斗。

科学引领 促进住房城乡建设事业跨越发展

——甘肃省住房和城乡建设事业十年成就回顾

党的十六大以来,甘肃省住房城乡建设系统牢固树立和认真落实科学发展观,认真实施省委区域发展战略,抓住并用好国家各项宏观政策,各项事业都取得了显著成绩,为全省经济社会跨越式发展做出了积极贡献。

一、重点项目建设

甘肃省确立了"发展抓项目"的战略决策。近十年间,全省共列重点建设项目 208 项,完成投资 3193.21 亿元,比前十年增加 1942.9 亿元,增长 155%。其中,"十一五"期间,共列项目 106 项,完成投资 2364 亿元,比"十五"期间增加 1534.79 亿元,增长 185%。

相继建成了宝兰铁路二期、兰临高速公路、兰成渝输油管线、敦煌铁路、敦煌机场扩建、平凉电厂、黄河小三峡水电站、酒钢公司热轧薄板工程、石羊河流域重点治理、宝天高速公路、兰武铁路二线、兰青铁路二线、西气东输二线、省科教城、省人大常委会办公楼、四库全书藏书楼、省博物馆、省人民医院等一批重大项目。住房和城乡建设厅相继代建了省科技馆、省市妇女儿童活动中心、省民政厅中央及省级救灾物资储备仓库等 13 项工程。

二、保障性住房建设工作

（一）保障性住房建设工作取得明显成效

2008 年至 2011 年,全省累计开工建设各类保障性住房 43.4 万套,已竣工 23.98 万套。累计实施住房保障家庭 66.8062 万户,其中:发放廉租住房租赁补贴 48.77 万户次、156.06 万人次,补贴资金近 10 亿元;实物建房分配入住 18.0335 万户。累计争取中央补助资金 76.24 亿元,落实省级配套资金 16.67 亿元。

（二）住房保障责任全面落实

自 2007 年起,每年安排 600 万专项资金对全省住房保障工作进行奖励。2009 年,成立"甘肃省保障性安居工程建设协调领导小组",2011 年更名为"甘肃省房地产市场调控和保障性安居工程领导小组",成员单位扩增至 14 个,为全省房地产市场调控和保障性安居工程建设工作提供了有力的组织保证。

（三）住房保障体系不断健全完善

2007 年以来,先后出台了《甘肃省人民政府关于解决城市低收入家庭住房困难的意见》等政策性文件,为全省各地廉租住房保障工作规范化管理提供了重要指导和政策依据。以廉租住房保障、公共租赁住房和经济适用住房建设为主要内容的住房保障政策体系基本建立。

（四）建立保障性住房融资平台

2011 年 11 月组建甘肃省保障性安居工程投资有限公司,作为保障性安居工程建设融资平台,以解决保障性安居工程融资困难、建设资金短缺和市州建设任务重等问题。

三、房地产市场管理

(一)房地产市场快速发展

2002年至2011年,全省房地产开发完成投资1513.62亿元,房地产开发竣工面积完成4287.66万平方米,商品房销售面积完成4979.8万平方米,房地产业对国民经济的贡献率日益提高,支柱作用日益明显。全省城镇人均住宅建筑面积由2002年的21.1平方米增长到2011年的27平方米,城镇居民住房条件显著改善。城市房屋销售价格基本稳定,房地产市场发展基本健康。住房结构基本合理,供应体系逐步完善。

(二)房地产调控政策不断完善

2003年以来,为贯彻国家关于房地产市场宏观调控、稳定住房价格的政策措施,先后出台了《关于切实稳定住房价格促进房地产业健康发展的意见》等一系列配套措施,规范房地产市场秩序、稳定房地产市场和商品房价格、进一步整顿和规范房地产市场秩序,房地产市场保持平稳运行。

2008年,出台《甘肃省人民政府办公厅关于促进房地产业平稳健康发展若干政策措施的通知》,实施支持鼓励房地产市场平稳健康发展的八项政策措施,房地产市场逐步回暖。2009年下半年到2010年底,先后出台《甘肃省人民政府关于促进地产市场平稳健康发展的通知》和《甘肃省人民政府关于坚决遏制部分城市房价过快上涨的实施意见》,提出稳定房地产市场、遏制部分城市房价过快上涨的具体措施。特别是提出"四种住房比例结构"的措施,要求落实到每一个项目、地块和小区,对抑制全省房价过快上涨发挥了积极的作用。

（三）遏制房价过快上涨

2011年年初,出台《关于进一步加强房地产市场调控加快保障性安居工程建设的通知》,采取限价、限购、核价和一房一价、明码标价等切实有效措施,有效遏制了房价过快上涨的势头。全省14个市州全部实现了年初公布的2011年度新建商品房价格控制目标。

四、住房公积金监管

（一）健全决策机制,理顺管理机构

全省14个市、州设立了管理中心,成立了管理委员会。各中心与分中心和所属的管理部基本实行了"统一决策、统一管理、统一制度、统一核算",监管手段、监管能力明显增强。

（二）规范管理,加大覆盖和缴存力度

加大了住房公积金挤占挪用和项目贷款的清收力度。适时调整资金使用方向,积极支持缴存职工购房消费,加大个人住房贷款发放力度,积极争取利用住房公积金贷款支持保障性住房建设的政策,资金使用效率明显提高。

（三）注重制度建设,加强监督检查

制定了《甘肃省住房公积金管理中心业务管理工作考核实施办法》等政策措施,通过建立考核办法、完善管理制度,使行政监督工作有章可循。

（四）加强基础设施建设,提高信息化水平

出台了各级财政支持住房公积金管理中心基础设施建设的政策,建立了信息公开制度,管理和服务水平得到明显改善。

截至 2011 年年底,住房公积金归集总额和余额分别为 543.59 亿元和 367.17 亿元;实缴人数为 149.8 万人,占应缴职工人数 175 万人的 85.6%;个人贷款余额 132.11 亿元,个贷率为 36.0%;累计向 34.2 万户职工发放了 235.0 亿元个人贷款;累计补充廉租住房建设资金 5.18 亿元;利用住房公积金支持保障性住房建设试点项目贷款 5 亿元,已发放贷款 4.2 亿元。

五、城镇化进程和城市基础设施建设

(一)大力推进城镇化进程

遵循城镇发展客观规律,坚持工业化和城镇化相协调、城镇化的速度和质量相统一、城镇化和社会主义新农村建设相结合,各城市和县城均得到了较大发展。全省城镇化水平从 2001 年的 24.51% 增长到 2011 年年底的 37.15%,年均增速约为 1.15%。2011 年,省政府首次把城镇化目标纳入年度考核体系。

(二)加快城市基础设施建设

十年来,全省城市基础设施完成固定资产投资约 636 亿元,比"九五"时期的 34.2 亿元增长了 19 倍左右。城市基础设施建设和公共服务水平进一步提高,城市综合承载能力明显增强。截至 2011 年年底,全省投入运行的城市污水处理项目达到 29 项,已建成运营的城镇生活垃圾无害化处理设施达到 36 项,兰州市城区污水全收集管网工程全部建成;全省设市城市用水普及率达到 92.5%,燃气普及率达到 75.62%,人均道路面积达到 12.58 平方米,污水处理率达到 68.82%,人均公园绿地面积达 8.32 平方米,建成区绿地率 24.02%,生活垃圾无害化处理率达到 41.7%。

（三）加强风景名胜区建设

截至 2011 年年底，先后设立了麦积山、崆峒山、鸣沙山—月牙泉等 3 处国家级风景名胜区和永靖黄河三峡、武都万象洞、渭源县渭河源、肃南—临泽丹霞地貌、两当县云屏、积石山县石海等 21 处省级风景名胜区。

六、城乡规划管理

（一）法规和制度建设取得突破性进展

2003 年，成立了"甘肃省城市规划委员会"，全省有 13 个市（州）和 29 个县（区）相继成立了规划管理局。2008 年以来，《甘肃省城乡规划条例》、《甘肃省建设项目规划许可办法》以及《甘肃省城乡规划督察试行办法》、《甘肃省城乡规划制定管理办法》等法规规章和规范性文件的颁布实施，为加强总体规划编制的科学性，提高控制性详细规划和专项规划编制覆盖率，强化建设项目规划行政许可的规划审批，明确层级管理监督确立了基础性的制度框架。

（二）城市总体规划编制步伐加快，规划覆盖体系基本形成

编制完成了《甘肃省城镇体系规划》，一些城市和县城的控制性详细规划覆盖率已达到 100%。16 个设市城市有 12 个启动了新一轮的城市总体规划调整修编工作；65 个县城有 49 个启动了第三版县城总体规划编制工作，其余县城基本完成了第二版县城总体规划编制工作，其中，"十五"期间批准完成 53 个（省政府批 42 个），占全省县城的 82%。

（三）村镇规划意识不断增强，规划覆盖率明显提高

截至 2011 年年底，全省村镇规划编制完成 379 个镇、524 个乡、15748 个村庄；镇、乡、村规划编制覆盖率分别达到 100%、68%、36%；

嘉峪关市、平凉市等2个市15个县(区)实现了镇、乡、村规划全覆盖。

七、村镇建设和管理

十年间,全省村镇建设累计完成投资992.37亿元,其中"十一五"期间累计完成投资总额710.27亿元,是计划目标300亿元的236.7%。截至2011年年底,农村安全用水普及率达到48.39%、农村砖木和砖混结构住房比例达到72%、人均住宅面积达到29平方米,农村基础设施和人居环境显著改善。

积极稳妥做好"百镇千村"建设示范工程的启动实施工作。组织市州推荐申报100个重点示范镇、1000个重点示范村,选定30个示范镇纳入第一批村镇建设专项资金补助计划给予重点支持。

八、农村危房改造工作

全省共有185万户农民危房需要改造,2009年到2011年每年实施改造20万户,已累计完成改造61.3万户、4974万平方米,中央和省市县共投入补助资金33.62亿元。中央补助农村危房改造资金6000元/户和农房节能改造专项资金2000元/户,省市补助4000元/户,每户最高可获补助12000元。加强了农村危房改造质量和安全的监管,强调房屋结构安全要求。农村危房改造项目每年通过中央、省、市(州)十几个亿的补助资金带动,可直接拉动农村固定资产投资近180亿元。全省农村住房条件得到显著提升,砖混、砖木结构住房比例已达到72%。

九、建筑业管理

(一)建筑业发展成效显著

十年来,全省建筑业累计完成总产值7832亿元,其中,"十一五"

期间累计完成 5680 亿元。2011 年年底全省实现建筑业增加值 452.9 亿元,占全省 GDP 的 9.02%。截至 2011 年年底,全省共有建筑业企业 2546 家,其中特级企业 1 家,一级企业 308 家,二级企业 849 家,三级企业 1388 家,劳务企业 344 家。共有建造师 27679 人。

(二)建筑市场管理不断加强

省建设厅组织开发的覆盖省、市、县三级建筑市场监督管理系统投入使用。《甘肃省建筑市场管理条例》获省人大批准。积极推进电子招标,节省了投标成本,为远程评标创造了条件。严格招投标监管,规范交易市场秩序,依法公开招标率达 100%。完成了甘肃省市政、仿古建筑、园林等工程消耗量定额及措施项目费用定额。工程质量呈上升趋势,重特大施工安全事故呈逐年下降趋势。已建成的甘肃省工程质量检测监管系统,实现了检测数据的自动采集,确保了实体工程质量。建筑业产业组织结构日趋合理,技术、人才和装备实力及施工技术总体水平有较大提高,软地基处理、深基础施工、工程爆破、高强高性能混凝土、大型设备和结构安装等技术已达到国内先进水平。建筑企业技术装备实力逐步增强,机械化施工能力不断提高。

(三)积极推进建筑业企业改革

全省建筑业所有制结构按照突出主业,因企制宜,分类改制,一企一策的办法深化改革。"十五"期间全省 1904 家建筑业企业中,非国有 1577 家,占企业总数的 82.8%,形成了产权多元化、多种经济成分并存的格局。

(四)强化建设工程安全质量管理

2005 年,成立了甘肃省建设工程安全质量监督管理局,结束了安全工作一无机构二无经费的局面,并从施工安全扩展为建设系统大安全监管的局面。

（五）清理拖欠工程款和农民工工资

截至 2005 年 12 月 29 日,全省偿还 2003 年以前拖欠工程款 26.7 亿元,占拖欠总数 34.4 亿元的 77.59%。全省已偿还拖欠农民工工资 3.924 亿元,占拖欠总数 3.93 亿元的 99.8%。

十、勘察设计管理

（一）完善规章制度

甘肃省人大常委会于 2005 年通过并颁布了《甘肃省建设工程勘察设计管理条例》,省建设厅先后印发《关于进一步加强全省勘察设计质量管理的若干意见》等规范性文件,强化了全省勘察设计市场和质量管理。

（二）改革稳步推进

2001 年启动勘察设计单位改企转制工作。十年来,以建立"产权清晰、责权明确、政企分开、管理科学"的现代企业制度为总体目标,逐步推进体制改革,取得了显著成效。截至 2011 年年底,全省拥有勘察设计单位 217 家,勘察设计行业营业收入 63 亿元,人均营业收入 33 万元。

（三）施工图审查制度日臻完善

先后制定了《甘肃省建筑工程施工图设计文件审查实施办法》等一系列文件和标准格式文书,严格控制建设项目施工图设计文件质量。十年来,共审查各类工程建设项目达 2.5 万余项,工程投资达 2200 亿元,保障了建设工程质量安全,保证了公共利益和公众安全。

（四）技术水平稳步提高

青藏铁路、高速公路、引洮工程、河西千万级风电基地、一大批城市基础设施和超高层建筑等的建设,推进了甘肃省勘察设计技术水平的不断提升。青藏铁路荣获国家优秀设计金奖,兰州中川机场扩建工程岩土勘察获国家优秀工程勘察银奖,兰州鸿运润园住宅小区获中国勘察设计协会"建国60周年建筑设计奖",兰州盐雁黄河大桥获全国工程勘察设计行业优秀市政公用工程二等奖。

(五)工程建设地方标准不断完善

2001年以来,先后组织编制了《甘肃省建筑抗震设计规程》等一批完善的地方技术标准和标准图集,初步形成了以城乡规划、城镇建设、房屋建筑为主要框架的工程建设标准体系,为全省工程项目建设提供了技术保障。

十一、建设科技与建筑节能

积极制定科技政策,指导行业工作,突出科技创新,提升行业水平。十年来,先后下达科技计划项目403项、科技示范工程立项97项。336项科技成果获得甘肃省建设科技进步奖和甘肃省科技进步奖,其中两项成果获得甘肃省科技进步一等奖,有2000多名工程技术人员荣获省、厅级科技进步奖励。"大厚度湿陷性黄土地基处理实验研究"等100多项成果已经或正在转化为现实生产力。

2008年出台了《甘肃省民用建筑节能管理规定》,形成了与国家《节约能源法》、《民用建筑节能条例》相配套的建筑节能法律法规体系。建立了建筑节能目标责任考核机制,既有居住建筑供热计量及节能改造任务、新建建筑施工阶段执行节能强制性标准比例两项列入省政府目标责任考核。2007年兰州市在全国率先执行居住建筑节能65%的设计标准,2011年起全省全面执行居住建筑节能65%的设计标准,施工阶段节能强制性标准执行率达到97%。积极争取国家财政资金支持,2008年以来争取国家既有居住建筑供热计量及节能改造工作补助资金、可再生能源建筑应用示范项目补助资金等 2.08 亿元,省级财政也设立了专项配套资金并逐年递增,截至 2011 年共配套 2500 万元。完成了国家下达的"十一五"期间甘肃省 350 万平方米及 2011 年 200 万平方米的既有居住建筑供热计量及节能改造任务。可再生能源建筑应用工作逐步发展,"十一五"以来 5 个项目列入国家可再生能源建筑应用示范项目,4 个县列为国家可再生能源建筑应用县级示范,3 个项目列入国家太阳能光电建筑应用示范项目。

十二、建设法制与依法行政

十年来,先后出台了《甘肃省建筑市场管理条例》、《甘肃省建设工程造价管理条例》、《甘肃省城市房地产管理条例》、《甘肃省城市房屋拆迁管理办法》、《甘肃省建设工程质量监督管理规定》、《甘肃省建设工程勘察设计管理条例》、《甘肃省城市市容和环境卫生管理办法》等地方法规和行政规章,制定了一批适应市场经济要求和行业发展的规范性文件,进一步理顺了管理职能。认真落实《国有土地上房屋征收与补偿条例》和《国有土地上房屋征收评估办法》,制定了《甘肃省实施〈国有土地上房屋征收与补偿条例〉若干规定》。

建立健全行政执法责任制,加大对行政执法人员的监督管理力度,进一步规范行政执法行为,全系统的行政执法水平不断提高。完成了"四五"、"五五"普法任务,制定了"六五"普法规划。认真做好行政复议、行政诉讼工作,依法纠正下级机关违法和不当的行政执法行为,维护公民、法人和其他组织的合法权益。

十三、积极做好抢险救灾和灾后重建工作

2008 年"5·12"汶川特大地震发生后,全省建设系统积极投入抗震救灾和灾后恢复重建,先后完成了受灾房屋建筑应急鉴定及安全评

估工作,协调各援建省市并组织本省建设过渡安置房共4.9万套、98万平方米,编制完成灾后重建城镇体系规划、农村建设规划和城乡住房建设规划,编制抗震农宅设计图集并印制3000册无偿赠送灾区,完成了城镇居民住房恢复重建任务。2010年舟曲灾后重建,住房城乡建设厅主要承担水浸公共建筑的维修加固、供水工程、城市道路工程、桥梁工程、城区生活垃圾处理工程、城区生活污水处理工程、城镇规划统筹及城乡住房维修加固方案设计和舟曲山洪泥石流地质灾害纪念公园建设等9项任务,总投资89269.8万元。

展望“十二五”,甘肃省将以推进科学发展为主题,以加快城镇化发展为主线,以改善民生为重点,按照省委“四抓三支撑”的总体工作思路和“中心带动、两翼齐飞、组团发展、整体推进”的区域发展战略,加快推进城乡市政基础设施建设,进一步完善住房保障体系、市场监管体系和宏观调控体系,推动甘肃住房和城乡建设事业实现跨越式发展。

全力改善民生
推动住房城乡建设事业跨越发展

——宁夏回族自治区住房和城乡建设事业发展纪实

党的十六大以来,宁夏住房和城乡建设系统探索出了一条适合宁夏实际的发展道路,宁夏城乡面貌显著变化,城镇化进程不断加快,城镇化率由 2002 年的 36% 提高到 2011 年年底的 49.8%;沿黄经济区成为国家主体功能区 18 个重点开发区域之一,并列入国家"十二五"规划;宁南区域中心城市和大县城建设全面展开,保障性住房建设、塞上农民新居和农村危窑危房改造加快推进,银川市跻身全国文明城市行列。

今天,沿黄城市带建设经济、社会、生态效益显现,成为推动全区城乡统筹发展的重要平台和新的引擎;固原区域中心城市暨宁南大县城建设已全面启动;越来越多的城市低收入家庭住进保障性住房……一幅充满生机、充满希望的崭新画卷正在宁夏大地缓缓展开。

一、沿黄经济区建设,把宁夏作为一个城市来经营

宁夏沿黄河分布了银川、石嘴山、吴忠、中卫、平罗、青铜峡、灵武、贺兰、永宁、中宁 10 个县区,这一区域聚集了全区 43% 的土地面积、61% 的人口、90% 以上的 GDP 和 94% 的财政收入,是人口密集度和城

市化程度最高的区域,是转移农业人口最多、吸纳能力最强、城市化水平提高最快的区域,也是经济发展的战略高地和主要增长极。打造"沿黄经济区",将会释放出更大的活力,推进宁夏的跨越式发展。

从 2002 年提出的中心城市带动战略,到 2009 年全面启动沿黄城市带建设,到 2010 年国家确立"沿黄经济区"战略,"把宁夏作为一个城市来经营"的思路一直在发展中演进,在发展中完善。在沿黄城市战略的指引下,宁夏形成了布局合理、功能定位明确、产业衔接、综合实力强的城镇体系。打好民族牌,搭建与阿拉伯地区开展经济合作及商贸文化交流的平台;打好文化牌,提高沿黄城市带知名度;打好生态牌,使黄河成为沿黄城市带发展的依托、城镇发展的灵魂;打好特色产品牌,因地制宜建设好产业经济带。宁夏着力将沿黄经济区打造成防洪保障线、富民交通线、经济产业线、特色城市线、生态景观线、黄河文化展示线六条功能线。

自 2009 年 4 月 9 日沿黄经济区建设全面启动以来,宁夏掀起了打造"黄河金岸"的热潮——402 公里黄河标准化堤防和 508 公里滨河大道于 2010 年 6 月底竣工,实现全线通车,初步构建起黄河金岸的整体大构架;中卫黄河湿地公园等沿黄标志性工程和滨河生态建设加快推进,沿黄两岸新增生态绿地 65 万亩,新增水面 11 万亩,整理开发土地 10 万多亩,滨河生态景观线和黄河文化展示线初显轮廓;太中银铁路等区域交通设施建设进展顺利,区域和城市基础设施加快建设;宁东能源化工基地等重点产业园区、穆斯林小商品城等特色产业和商贸物流加快发展。

同时,在沿黄经济区实施一体化和同城化建设,实行了住房公积金异地购房贷款、银川市城市公交一卡通、城际公交线路等同城化,以银川为中心的"一小时经济圈"和以四个地级市为次中心的"半小时通勤圈"正在形成。

宁夏沿黄经济区建设得到了中央的高度重视和充分肯定。2010 年 6 月,中共中央、国务院《关于深入实施西部大开发战略的若干意见》进一步明确要积极培育宁夏沿黄经济区,推动沿黄城市带建设,形成省域经济增长点。2011 年 3 月,作为国家重点建设的主体功能区之一,宁夏沿黄经济区写入《国家"十二五"规划纲要》,被列为全国 18 个重点开发区之一。沿黄城市带发展战略符合科学发展观的要求,已经成为引领宁夏长远发展、惠及各族群众和子孙后代的龙头工程。

二、城镇化加快发展,城市功能日趋完善

改革开放以来,特别是党的十六大以来,全区各市县坚持规划的龙头地位,突出民族特色和地方风格,科学编制城镇总体规划和专项规划,促进城市建设逐步向布局合理、功能完善的综合性、现代化、多功能方向发展,初步走上了新型城市化发展道路。

近年来,宁夏城镇化进程不断加快,城市建成区面积从 2002 年的 222.5 平方公里增加到 2011 年的 536.54 平方公里,增长 2.41 倍。城市道路长度从 1210.69 公里增加到 2789.66 公里,增长 2.3 倍。人均城市道路面积从 7.46 平方米增加到 19.05 平方米,增长 2.55 倍。城市污水处理厂和生活垃圾无害化处理场建设从无到有,共建成运行污水处理厂 25 座、在建 8 座,污水处理能力达到 98.5 万立方米/日,污水处理率达到 76.3%。建成中水厂 10 座,处理能力达到 27.2 万立方米/日,中水回用率达到 18%。共建成运行生活垃圾卫生填埋厂 18 座,处理能力 3478 吨/日,生活垃圾处理率达到 70.86%。城市集中供水普及率从 2002 年的 67.57% 提高到 2011 年的 96.4%。继银川市之后,十年内全区所有市、县都用上了天然气,山区各市县天然气工程开工建设,燃气普及率从 2002 年的 54.47% 提高到 2011 年的 79.57%。集中供热普及率从 2007 年的 47% 提高到 2011 年的 67%。

城市园林绿化水平不断提高,城市生态环境和人居环境明显改善。城市人均公园绿地面积、建成区绿化覆盖率和建成区绿地率从 2002 年的 2.73 平方米、14.35% 和 16.66% 分别提高到 2011 年的 15.4 平方

米、35.73%和32.71%,分别提高5.7倍、2.49倍和1.96倍。先后有6个设市城市、5个县城、2个城区、4个镇获得自治区园林城市(县城、城区、镇)称号。银川市、吴忠市、青铜峡市、贺兰县、盐池县、彭阳县、隆德县获得国家园林城市(县城)称号。银川市获得中国人居环境奖。银川市唐徕渠环境综合整治工程等6个项目获中国人居环境范例奖,中卫市开发保护黄河湿地资源项目获得"迪拜国际改善居住环境最佳范例奖"全球百佳范例。

三、中南部城市建设,脱掉昔日"穷帽子"

宁南山区和中部干旱带,占了宁夏的"半壁河山"。近年来,宁夏高度重视中南部贫困地区发展,加大投入支持中南部城市建设,2007年至2011年,共完成城市市政公用设施建设固定投资43.38亿元,年均增长52%,远高于全区平均水平。2011年,宁夏决定启动固原区域中心城市暨宁南大县城建设战略,宁南各市县(区)全年开工建设城市市政公用设施、产业、物流园区、文化旅游、小城镇建设等重点项目109项、总投资79.68亿元,完成投资23.8亿元(其中城市市政公用设施建设完成投资10.21亿元)。固原市固定资产投资增长速度高居全区第一。

按照"一年一小变、三年一大变、五年上台阶、十年新跨越"的总体思路,固原区域中心城市和大县城总体规划修编工作正在加快进行,各市县(区)建成了一大批城市基础设施项目。新改扩建城市主、次干道73条104.16公里,人均城市道路面积增加2平方米,达到20平方米;新建和改造热水锅炉16台(500吨),一、二级供热管网158.34公里,换热站67座,新增集中供热面积500多万平方米,集中供热普及率从35%提高到62%;新建和改造城市供水管网112.37公里、排水管网132.72公里,供水普及率从87%提高到90.55%,污水处理率从40%提高到72.65%;新建和改造城市公厕131座,城市公厕密度从2.4

座/平方公里增加到 3 座/平方公里;新建垃圾中转站 5 座,生活垃圾无害化处理率从 61% 提高到 68%。

在固原区域中心城市暨宁南大县城建设中,宁夏以产兴城,以城带乡,努力培育新的经济增长点。开工建设通用航空等一批工业物流、慈善产业园区和房地产开发项目,带动了花卉生产等一大批特色优势农产品生产加工业、商贸物流服务业,城市发展支撑能力明显增强。

四、建设保障性住房,让低收入群体住有所居

近年来,宁夏把保障性住房建设作为改善民生、调整结构、稳定住房价格、促进社会和谐的一项重大民生工程来抓,初步构建起以廉租房、公共租赁房、经济适用房为主体,限价商品房、劳务移民房为补充的"3+2"住房保障体系,走出了一条解决中低收入家庭住房困难问题的新路子。

2008 年以来,全区共建成各类保障性安居工程房 12.7 万套。其中:廉租住房 4.7 万套、235 万平方米,经济适用房 6.2 万套、525.38 万平方米,限价商品房 0.1 万套、9.4 万平方米,公共租赁房 0.3 万套、11.5 万平方米,改造城市和国有工矿棚户区 1.4 万户。通过发放廉租住房租赁补贴、实物配租、租金核减、配售经济适用房等方式,解决了6.9 万多户城市低收入家庭住房困难,惠及 38.6 万住房困难群众,实现了住有所居。

在工作中,宁夏不断健全政策体系,扩大保障范围,先后制定出台了《关于做好城市低收入家庭住房保障工作的实施意见》等一系列政策规定,使住房保障工作走上了规范化、制度化轨道。

宁夏不断结合当地实际探索新的发展思路,创新工作方法,探索出了多元化保障新路子。

一是推行了配建制。在新建商品房住宅小区和经济适用房小区中分别配建不小于总建筑面积的 5% 和 10% 的廉租住房。

　　二是建立了"四位一体"建设模式。银川市实行在一个小区中集中建设廉租房、公共租赁房、经济适用房、限价商品房"四位一体"模式,配建了幼儿园、商店,绿化面积达到43%,部分小区还按1∶0.6的比例配建了地下车库。

　　三是创新了补偿机制。吴忠市把保障性安居工程建设和黄河金岸建设、市区"城中村"改造结合起来,实行一分宅基地返还21至25平方米房子的政策。

　　四是引入了企业化运作模式。石嘴山市引入企业化运作模式,探索建立了以政府为主导、企业运作、社会参与的住房保障新路子。

　　同时,宁夏保障性住房建设工作资金配套标准、责任考核机制、年度目标任务完成进度等都走在了全国的前列。

五、农民新村建设和危房改造,春风送暖入寒门

　　近年来,宁夏强力推进"塞上农民新居"建设和农村危房改造两大工程,累计建成新村269个,综合整治旧村1200个,改造农村危房14.73万户,受益群众达140多万人。改造建成53个小城镇,配套完善基础设施,同步规划产业布局,提升城镇综合功能,促进了农村人口和产业向城镇加速集聚,吸引了近20万农业人口到小城镇就业落户,统筹城乡协调发展。

　　宁夏按照"建设中心村、改造旧村庄、拆除空心村、迁并自然村"的基本思路,编制完成了全区塞上农民新居建设五年规划、农村危房危窑改造三年规划,涵盖了1万多个村庄的布局和4700多个村庄的建设,在全国率先实现了村庄建设规划全覆盖。通过大力推进"塞上农民新居"建设,实施"五改"(改房、改路、改水、改厕、改厨)、"五通"(通路、通电、通水、通沼气、通信息)工程,在全区建成了一批以砖瓦房、坡屋顶、硬化路、绿化带、垃圾池为标志的农民新居,营造了村庄绿化、环境优美、设施完备、功能完善的农村新面貌,使广大农村逐步走上农宅建

设规范化、居住集约化、功能现代化、风格特色化、环境园林化、文化地域化、民风文明化、管理社区化、经营产业化、生活小康化的新农村之路。

六、房地产业发展迅速，城镇居民住房条件明显改善

2002 年以来，宁夏不断深化城镇住房制度改革和建设投资体制改革，大力培育房地产业，拉动城镇化发展。十年来，全区房地产投资占社会固定资产投资比重由"九五"末的 9.7% 提高到"十一五"末的 15%。房地产业的快速发展，不仅增加了全区国民经济的总量，而且带动了建筑、建材、冶金等 50 多个相关产业发展，创造了大量的就业机会，有效解决了进城人口的居住问题，推进了城镇化发展。

宁夏认真贯彻国家关于房地产市场宏观调控政策，大力整顿规范市场秩序，调整优化供应结构，加大中低价位、中小户型普通商品房建设规模，引导居民合理消费。全区房地产市场呈现出开发投资持续增长，住房供应结构进一步优化，销售价格逐步趋稳的局面，宏观调控取得了阶段性成果。基本建立了统一的房地产市场体系，形成了从投资、交易、中介服务到物业管理协同发展的产业链，有效地解决了居民群众的住房问题。全区城镇人均住宅建筑面积由改革开放前的 6 平方米提高到 2011 年的 30 平方米，初步实现了住有所居的目标。

七、调整优化产业结构，建筑业持续健康发展

2002 年以来，宁夏加快推进建筑产业结构调整和转型升级，制定出台了《关于加快产业结构调整，促进建筑业持续健康发展的意见》，进一步优化产业结构，扩大产业规模，提高市场份额，构筑大产业，培育大企业，促进了建筑业健康发展。2011 年，全区完成建筑业总产值 417 亿元，比 2002 年增长近 5 倍。创新招标投标管理方式，全面实行了工

程量清单计价招标、计算机辅助评标、网上报名、语音抽取评委等制度，全区建设工程进场交易率达到99%以上。加大对非法分包、转包、资质挂靠等违法违规行为的处罚力度，市场秩序进一步规范。强化对重点建设工程的质量监管，严格执行工程建设基本程序和强制性标准，工程质量验收合格率达到了100%。宁夏博物馆工程荣获中国建筑质量最高荣誉——"鲁班奖"，实现了我区近20年来建筑工程"鲁班奖"零的突破。加强安全生产监管，落实安全生产责任，实施了建筑生产安全远程动态数字化监管，实现了连续多年无重大事故发生。

　　同时，宁夏把建设资源节约型、环境友好型和节水型城市摆到重要位置，严格工程技术标准，加强建筑科技研究，加大节能减排力度，加快建设"节水、节地、节能、节材、环保"的"四节一环保"建筑节能示范工程。从2005年开始，在全区城市新建民用建筑中推行50%节能标准，建成节能建筑1000多万平方米。大力推广应用新型墙体材料，禁止使用实心黏土砖，年节约土地2000多亩，节约标准煤10多万吨，利用工业废渣100余万吨。建设领域科技创新能力和整体技术水平得到较大提升，建设科技产业化迈出了新的步伐。宁夏隆德县城市供热计量改造工程荣获了2011年中国人居环境范例奖。盐池县被列入国家可再生能源示范县。宁夏高沙窝日光温棚光伏发电项目、银川市政综合调度中心光电建筑应用项目列入国家太阳能光电建筑应用示范工程。

八、完善法规和标准体系，法制建设成效显著

　　一是多层次住房和城乡建设法规体系初步形成。2002年以来，宁夏先后出台了《宁夏回族自治区供热条例》、《宁夏回族自治区物业管理条例》、《宁夏回族自治区建设工程造价管理条例》、《宁夏回族自治区城市房地产经营管理条例》（修订）、《宁夏回族自治区民用建筑节能办法》、《宁夏回族自治区临时规划和临时建设用地管理办法》、《宁夏回族自治区房屋建筑抗震设防管理办法》、《宁夏回族自治区廉租房和

经济适用住房管理办法》等4部行政法规和4件政府规章,初步形成了由法律、行政法规、地方性法规、部门规章和地方政府规章以及配套规范性文件组成的多层次住房和城乡建设法规体系。

二是工程建设标准体系不断完善。2002年至2011年,宁夏共完成了19项地方标准、9项地方标准设计的编制、审定、批准、发布和培训工作,完成了25项建设领域企业标准的备案管理工作。工程建设标准基本覆盖了工程建设的各个领域,发挥了重要的技术引导和基础保障作用。

党的十六大以来的十年,是宁夏城乡建设取得巨大成就的十年,也是宁夏各项事业突飞猛进的十年。今天,在一个新的历史节点上,宁夏将切实把握新时期住房城乡建设工作面临的新形势新任务,按照"把宁夏作为一个大城市来规划建设"的理念,大力实施沿黄经济区发展战略,大力推进固原区域中心城市和宁南大县城建设,大力推进城镇化进程,继续全力以赴保民生,实现住房城乡建设事业科学发展、跨越发展,为宁夏与全国同步实现全面小康社会打下坚实的物质基础,以优异的成绩迎接党的十八大的胜利召开。

书写大美青海精彩华章

——党的十六大以来青海省住房和城乡建设事业综述

十六大以来的十年,青海省城镇化水平快速发展,城乡面貌明显改观,人居环境显著改善,城乡建设事业蓬勃发展,取得了历史性的辉煌成就,为促进国民经济发展和改善民生做出了应有的贡献,也为今后的更大发展奠定了坚实的基础。这十年,是青海住房城乡建设事业发展速度最快、城镇面貌变化最大、城乡居民得到实惠最多的十年。

一、城镇化加快发展,城市基础设施日趋完善

(一)城镇化进程快速推进

2002 年年底,全省共有 3 个城市,城镇化水平仅为 36.32%。十年来,青海坚持打造高原宜居、宜业城市,本着"小而精、小而美、小而特"的建设理念,突出生态、文化特色,做好城市特色塑造,提升区域综合竞争力。目前,全省城镇化水平提高到 46.72%,城镇人口达到 262 万人。全省控制性详细规划城市覆盖率已达 80%,县城覆盖率已达 40%。

(二)大中城市和小城镇协调发展的城镇体系初步形成

十年间,随着西部大开发继续推进、支持藏区建设等政策出台以及

三江源自然保护区的国家发展战略确定,极大地提升了青海省的区域战略地位。随着青藏铁路、西气东输等一批重大工程竣工,青海省由过去的交通末端成为区域交通的重要节点。青海将"统筹城乡发展,促进区域协调发展,积极稳妥推进城镇化"作为加快转变经济发展方式和贯彻落实科学发展观的一项重要措施,高度重视城乡规划的引导作用,区域经济优势互补、主体功能定位清晰、走中心城市带动的"四区两带一线"城镇体系空间布局基本成型。目前,全省已形成东部城镇群、沿黄河城镇带、青藏铁路沿线地区、青南地区、柴达木城市带等不同区域城镇发展群,对城乡和区域发展发挥了重要的辐射带动作用。小城镇得到前所未有的发展,数量从 2002 年年底的 114 个增加到 2011 年的 144 个,成为繁荣农村经济、转移农村劳动力和提供公共服务的重要载体。

(三)市政公用设施服务和供给能力增强

青海省城镇市政公用基础设施固定资产投资由 2002 年的 15.9 亿元增加到 2011 年的 60.9 亿元,增长显著。至 2011 年年底,县以上城镇建成区面积由 2002 年的 255 平方公里增加到 310.4 平方公里;城镇自来水综合生产能力由 2002 年的 104.8 万吨/日增加到 143.6 万吨/日,自来水用水普及率达到 96.2%;全省县以上城镇建成区排水管网密度由 3.1 公里/平方公里增加到 5.9 公里/平方公里;全省城镇道路长度达 1689.3 公里,城镇道路面积 2743 万平方米,城镇桥梁 226座,人均道路面积由 8.4 平方米增加到 11.3 平方米;人均公园绿地面积由不足 4.8 平方米增加到 6.9 平方米;人均燃气普及率由 41.1% 增加到 57.6%。

国家实施西部大开发战略以来,青海省加强了城镇垃圾和污水处理设施建设,到 2011 年年底,全省设市城市和湟水河流域沿线县城均建成并运行了污水处理厂,污水日处理能力由 8.5 万吨达到 40.2 万吨,污水集中处理率由 0.2% 增加到 54%;有 13 座生活垃圾填埋场达到无害化处理水平,垃圾无害化处理能力 2273 吨/日,生活垃圾无害化处理率达到 64.9%。

随着藏区温暖工程的持续推进,全省县以上城镇集中供热事业取得长足进步,供热能力达到 1204 兆瓦,供热面积 1089 万平方米。

二、住房保障制度逐步建立,城乡居民居住质量稳步提升

(一)城镇居民住房保障成效明显

截至 2008 年年底,青海省通过廉租住房建设和棚户区改造等方式,主要以实物方式解决了 3.35 万户城镇低收入家庭的住房困难问题。另外,有 5.38 多万户低收入住房困难家庭通过领取住房补贴等方式解决了住房问题。自 2008 年开始实施城镇保障性安居工程建设至今,初步建立形成了以廉租住房制度为主,多种渠道解决低收入家庭住房困难的政策体系。仅 2011 年国家下达青海城镇保障性住房建设任务就达 19.28 万套。截至目前,全省实际开工建设城镇保障性住房 24.11 万套,基本建成 6.13 万套,在建 17.98 万套,已分配入住 3.35 万套。全省城镇住房保障覆盖面达 28%。保障性安居工程实施以来,青海积极探索保障性住房多元化融资方式,仅 2011 年,全省共筹集保障性安居工程建设资金 95.8 亿元,落实中央城镇保障性安居工程补助资金 61.5 亿元,比 2010 年增加 39.8 亿元,争取的中央补助资金额度占全国安排资金 1000 亿元的 6.1%。

十年间,全省归集住房公积金总额由 2002 年的 20.8 亿元增长到 2012 年的 246.5 亿元,年均实现增长 10.85%;累计发放个人住房公积金贷款由 2002 年的 6.8 亿元增长到 2012 年的 139 亿元,年均实现增长 19.44%;贷款余额由 2002 年的 7.3 亿元增长到 2012 年的 64.3 亿元,年均增长 7.75%;共支持 14 万户职工购买住房 840 万平方米,由 2002 年的 0.4 万户增长到 2012 年的 14.4 万笔(户),年均实现增长 35%。全省人均住房公积金月缴存额由 2002 年的 70 元,提高到 2012

年的 400 元,实现 471% 的增幅,缴存比例从最初的 3% 提高到 2012 年的 12%。

(二)农牧民安居工程建设稳步推进

2009 年以来,青海开始实施农村危房改造和游牧民定居工程,全省共完成农牧区住房建设 33.13 万户。其中,农村危房改造 10.86 万户,游牧民定居工程 7.27 万户。2010 年组织实施了农村奖励性住房建设,共安排奖励性住房建设 15 万户。2012 年,又安排农村住房建设任务 9.96 万户。其中农村危房改造 2.5 万户、游牧民定居工程 1.46 万户、奖励性住房建设 6 万户。预计到"十二五"期末,将有 50 万户农牧民住房条件得到改善。2011 年年底,农民人均住房建筑面积达到 23.46 平方米,比 2006 年增加 4.86 平方米。

(三)城镇居民居住水平有很大提高

青海省累计竣工商品房 2116.54 万平方米,城镇人均住房建筑面积由 2002 年的 16.92 平方米增加到 2011 年的 29 平方米,人均增长 12.08 平方米,居民居住条件明显改善。城镇居民住房成套率由 2002 年的 70% 提高到了 2011 年的 82%。住房质量和居住环境也有较大的提高和改善,基础设施配套水平不断提高,居民房屋不论是工程质量,还是功能品质都有明显提高。2011 年商品房销售面积达 348.2 万平方米,是 2002 年的 5.12 倍,年均增加 0.83 亿平方米。

(四)农村人居环境逐步改善

到 2012 年年底,全省 4169 个行政村中 2202 个村将完成村庄规划,占全省村庄的 52.82%。2011 年以来,省级财政安排资金共计 19660 万元用于村庄规划补助,极大地推进了青海省村庄规划编制工作,村庄规划有了良好的起步,发挥了村庄规划在农村住房及各项建设的引领作用。投入 0.8 亿元,开展以治理"六乱、三清、五改、七化"为主要内容的村庄环境整治工作。主要道路硬化总长度 16210 公里,总面积达到 35980 万平方米;有生活垃圾收集点的村庄占村庄总数的 10.54%;对生活污水和垃圾进行处理的村庄分别占村庄总数的 1.04% 和 5.9%。村庄居住环境和农民生产生活条件正在逐步改善。

三、建设行业持续发展,房地产业稳步增长

(一)建筑业成为国民经济支柱产业

十年间,青海省建筑业规模日益增大,建筑业支柱产业地位不断巩固,建筑工程质量稳步提高。

一是全省累计建筑业企业增加值为 847.89 亿元,年均递增 15%,平均占全省生产总值的比重为 10.25%。全省累计建筑业企业总产值为 1509.74 亿元,年均递增 17.78%,平均占全省生产总值的比重为 18.25%。

二是全省建筑业企业基本完成了产权制度改革,股份制和混合所有制经济成分已占主导,施工总承包、专业承包、劳务分包三个层次组织结构初步形成,全省建筑产业结构趋于合理。2011 年年底,全省建筑施工企业总数为 755 家,其中总承包企业 338 家、专业承包企业 312 家、劳务分包企业 105 家,分别占企业总数的 45%、41% 和 14%;有特、一级总承包专业承包企业 22 家、二级总承包专业承包企业 212 家、三级总承包专业承包企业 407 家,分别占企业总数的 3%、28% 和 54%。

三是全省建筑业连续多年开展了创建安全标准化示范工地和青海省建筑工程"江河源"杯优质工程奖活动,工程质量稳步提高,涌现出一大批优质精品工程。累计获得国家优质工程鲁班奖 10 项,全国建筑工程装饰奖 6 项,青海省建筑工程质量"江河源"杯奖 142 项。

(二)勘察设计行业的整体实力迅速提高

2002 年全省共有勘察设计企业 80 家,从业人员 4109 人,年营业

收入 1.9 亿元,完成投资额 67.2 亿元,实现利润 1222.7 万元。经过十年的发展,到 2011 年年末,全省勘察设计企业达到 121 家,从业人员 6071 人,年营业收入达到了 12.5 亿元,年均增长 10% 以上。完成投资额达到 267 亿元,实现利润 15442.07 万元。目前具有中高级职称的专业人才已经占到全部从业人员的 43.1%,其中高级职称 1067 人,中级职称 1547 人。勘察设计的业务范围,也从建筑、市政、水利、公路、电力等几个行业拓展到了煤炭、化工、冶金、农林、电子通信、建材等 12 个行业,全省大中型工程项目的勘察设计,基本是由省内的勘察设计企业自主完成的。

(三)房地产业成为拉动经济增长的重要力量

十年间,房地产业从无到有,平稳起步,成为青海新的经济增长点。

全省累计完成房地产开发投资 536.97 亿元,平均占全社会固定资产投资额的 8.9%,房地产业增加值平均占 GDP 比重达 2.08%。2011 年,全省房地产完成投资 144.77 亿元,是 2002 年的 8.55 倍,年均增长 26.17%。2011 年商品房销售面积达 348.2 万平方米,是 2002 年的 5.12 倍,年均增长 0.83 亿平方米。

全省累计竣工商品房 2116.54 万平方米,城镇人均住房建筑面积由 2002 年的 16.92 平方米增加到 2011 年的 29 平方米,年均增长 1.21 平方米,居民居住条件明显改善。城镇居民住房成套率由 2002 年的 70% 提高到 2011 年的 82%。

2011 年,全省房地产开发企业达 528 家,是 2002 年的 3.66 倍,年均增加 40 余家;房地产开发企业从业人员达 1 万余人。

全省物业服务覆盖率达到 51.3%。实行物业管理的物业项目达到 648 个,在管物业建筑面积 2368 万平方米,11 个住宅小区获得全国示范(优秀)住宅小区(大厦)称号,30 个住宅小区获得全省物业管理示范住宅小区称号。

四、科技进步步伐加快,人才素质不断提高

(一)建筑业科技进步步伐加快

青海省加大"禁实限黏"工作力度,根据自身气候条件及资源特点,不断推动新型墙体材料技术与产业升级转型,保温结构一体化新型建筑节能体系、轻型结构建筑体系等一批建筑节能新材料、产品和技术得到推广。2011年全省城镇新建建筑在设计阶段执行节能标准的比例达到100%,施工阶段执行节能标准的比例达到95%。截至2011年年底,既有居住建筑供热计量及节能改造已完成近230万平方米。

全省共实施国家级太阳能光热建筑应用项目11个,示范面积66.72万平方米;国家级可再生能源示范市县7个,示范面积823.87万平方米;省级太阳能热水采暖项目12个,示范面积54.688万平方米;省级太阳能路灯示范项目11个,示范路灯2508盏;完成既有居住建筑供热计量及节能改造230万平方米;每年预计可节约标准煤约382701.8万吨。

全省水泥生产企业整合为15家,水泥生产能力由2002年的172万吨增长到2011年的1645万吨。散装水泥供应量由2002年的23.11万吨增加到2011年的467.4万吨,年均增幅超过40%以上。水泥散装率由2002年6%增加到2011年的44.81%,年均增幅超过25%。2010年散装水泥供应量增幅和水泥散装率增幅均列全国第一。

(二)建设行业人才素质不断提高

青海省建设行业从业人员由2002年的12.85万人增长到现在的36.8万人,增长近3倍。十年来,共培训建筑业农民工5.1万人次;建设行业执业资格制度已基本建立,注册建筑师、注册建造师等9个专业执业资格制度在我省建设行业得到了全面推行,十年间,取得执业资格人员从最初的不足百人发展到8000余人。目前,全省已形成了以青海

建筑职业技术学院培训基地为主体,企业及厅属学会、协会、培训中心
为补充的培训教育格局。

五、加强法制建设,依法治建取得成效

从2002年开始,青海省先后通过了《青海省建筑市场管理条例》
等12部地方性法规和政府规章,制定了规范性文件77件。在完善相
关制度的同时,不断加大建设工程执法力度,严肃查处违法违规的行
为。2002年以来,通过定期监督检查和业绩考核,对涉及质量问题的
260多家建筑施工企业,涉及安全问题的463家建筑施工企业给予了
停业整顿的处理,对未参加业绩考核的40多家建筑施工企业给予了吊
销资质证书的处理,同时对发现问题的210家房地产企业以及多家勘
察设计单位分别给予了限期整改、降级以及吊销资质证书的处理。开
展"四五"、"五五"普法工作,省住房城乡建设厅分别荣获青海省"四
五"普法和住房城乡建设部"五五"普法工作先进集体称号。

六、积极应对重大自然灾害,行业队伍得到切实锻炼

2008年至2010年,四川汶川和青海省玉树先后发生特大地震灾
害,造成了灾区人民群众巨大的生命和财产损失。两次地震发生后,青
海省住房城乡建设系统按照省委、省政府、住房城乡建设部的安排部
署,立即启动应急预案,并组建工程救援队迅速赶赴灾区开展抗震救灾
工作。

2008年汶川地震发生后,全省集结11家单位157名人员、46台
(套)机械设备迅速赶往灾区救援。历时21天,圆满完成打通213国
道茂县境内叠溪镇至两河口34公里、213国道通向天龙湖电站3.5公
里、叠溪镇通往松坪乡29公里及六个通乡公路共70公里的抢险任务。

2010年"4·14"玉树地震发生后,青海住房城乡建设系统迅速建

立起统筹协调、组织有序、高效运转的应急指挥体系。在抢险救灾阶段组建了建设系统抗震救灾工程救援队;抽调80多名专家开展对结古镇房屋灾损情况的应急评估;完成了玉树灾区省直机关临时办公场所等3.4万平方米的板房建设任务;拟定了结古镇、隆宝镇市政基础设施建设项目13个;选择省内外118家企业作为参与玉树地震灾后重建的优先备选单位;组织实施了玉树地震灾后重建先行示范村禅古村、甘达村的规划、设计和施工。在灾后恢复重建中,编制完成了《结古镇过渡性安置规划》等一系列规划设计方案;完成了总面积约16平方公里的重建区工程地质初步勘察工作,完成了玉树藏族自治州五县九个乡、镇190个自然村(社)9514户的规划设计方案编制工作;组织开展了玉树地震灾后重建房屋建筑和市政基础设施工程竣工验收标准、验收程序、验收备案等的培训工作;严格控制重建项目造价成本,发布了《玉树地震灾后重建工程造价计价规则》等相关文件。

　　未来十年是青海经济社会发展的重要战略机遇期,青海住房城乡建设事业此期间的发展思路和目标是:住房和城乡建设将更加关注和改善民生,牢牢把实现城乡居民住有所居作为我们工作的首要任务;促进房地产和建筑业健康稳定发展;坚持城乡统筹的理念,促进城乡一体化发展,让城市和农村居民共享改革发展的成果;转变住房和城乡建设发展方式,提高发展质量;继续推进改革创新,加强队伍和作风建设。踏实、奋进的青海住房城乡建设行业全体干部职工一定能够乘着西部大开发、藏区大发展的政策优势,不断激发超凡洒脱的勇气和海纳百川的魄力,全面提升全省住房城乡建设事业的质量和效益,努力实现青海住房城乡建设事业的新跨越。

与时俱进谋跨越　科学发展谱新篇

——党的十六大以来新疆维吾尔自治区
住房和城乡建设事业发展综述

党的十六大以来,新疆维吾尔自治区住房和城乡建设系统的广大干部职工,在自治区党委、人民政府的正确领导下,在住房和城乡建设部的大力支持下,坚持以邓小平理论和"三个代表"重要思想为指导,全面深入贯彻落实科学发展观,聚精会神搞建设、一心一意谋发展,新疆的住房和城乡建设事业取得了令人瞩目的成就。

一、城镇化水平稳步提高,城乡规划工作明显加强

2004 年,《新疆维吾尔自治区城镇体系规划》经国务院批准正式实施。截至 2011 年,全区设市城市达到 22 个,县城 66 个,城镇人口增加到 930 万人,城镇建成区面积 1458 平方公里。城镇化水平由 2002 年的 33.8% 预计提高到 43.5% ,设市城市建成区面积由 2002 年的 521 平方公里增加到 922 平方公里。小城镇建设呈现快速发展的良好局面,目前全区共有独立建制镇 166 个,人口 82.71 万人;乡(集镇)587 个,人口 136.89 万人。全区已建立自治区、地州、县市三级村镇建设试点网络,共有 26 个全国重点示范镇,2 个全国小城镇建设示范镇,1 个住房和城乡建设部科技示范镇,1 个住房和城乡建设部县域村庄整治

联系点,自治区重点示范镇达到 30 个、重点示范村 100 个。

2010 年 7 月,经自治区研究,并报经住房和城乡建设部同意,新疆正式启动了《新疆城镇体系规划(2012—2030 年)》(以下简称《体系规划》)修编工作。2010 年年底会同中国城市规划设计研究院编制出台了《自治区新型城镇化发展战略规划研究(2011—2020)》(以下简称《战略研究》),有效保证了《体系规划》修编工作顺利开展。为增强《体系规划》的可操作性,把《体系规划》等相关规划要求落到实处,2011 年 4 月,新疆正式启动了《自治区推进新型城镇化行动计划》(以下简称《行动计划》)制订工作。

2010 年 5 月,中央新疆工作座谈会召开后,新疆各地把坚持高起点、高水平编制规划作为首要工作任务,地州(市)域城镇体系规划编制工作全面展开,同时还组织编制了近期建设规划和住房建设规划等专项规划,城市控制性详细规划覆盖率达到 80% 以上。村镇规划编制工作也取得新进展,全区所有建制镇和 80% 的乡(集镇)编制完成了总体规划,40% 以上的行政村编制了村庄规划。城乡规划在调整空间布局、完善服务功能、合理利用土地以及统筹城乡发展、改善人居环境等方面的综合调控作用日益增强,为城乡建设事业发展提供了科学指导。

为了加强对规划实施的管理,自治区及各地、州、市均成立了城市规划管理委员会及相应的专家委员会,城乡规划重大决策都由规划委员会审定,规划决策的科学性、权威性和严肃性明显提高。自治区还启动了派驻城乡规划督察员试点工作,先后派驻四批城乡规划督察员赴重点地州开展工作,强化了城乡规划监督管理。城乡规划效能监察工作的扎实开展,有效地遏制了随意更改规划、提高容积率、擅自改变用地性质、侵占公共绿地等突出问题,有力地保障了各项建设工作的顺利实施。

二、加大民生工程建设力度,积极推进安居富民工程

为提高城乡住房抗震防灾水平,切实保障各族人民群众生命财产安全,自治区党委、人民政府决定自2004年起实施城乡抗震安居工程。2004—2010年,全区新建农村抗震安居房194.9万户(每户面积在30平方米到70平方米左右),有近800余万农牧民入住新居,累计投入资金262.5亿元,其中国家补助24.88亿元,占9.5%;自治区配套23.94亿元,占9.1%(中央和自治区每户平均补助2500元左右);对口援疆省市支持2亿元,占0.7%;地县筹措16.7亿元,占6.4%;社会帮扶5.2亿元,占2%;银行贷款22.4亿元,占8.5%;农民自筹167.38亿元,占63.8%。我区建设的抗震安居房先后经受住了2005年2月乌什县6.2级地震、2007年7月特克斯县5.7级地震、2008年3月于田—策勒7.3级地震、2008年10月乌恰县6.8级地震等7次较大地震的考验,无一损毁,没有造成人员伤亡。大力实施城乡抗震安居工程,认真解决广大农牧民的住房困难问题,取得了明显成效。

中央新疆工作座谈会、自治区党委七届九次全委(扩大)会议召开以后,自治区党委、人民政府把解决好农牧民住房问题作为贯彻落实中央和自治区推进新疆跨越式发展和长治久安战略部署、保障和改善民生、解决广大农牧民生产生活最紧迫、最现实问题的优先工程,自治区党委、人民政府决定将农村抗震安居、农村危房改造、游牧民定居、自然灾害倒损农房恢复重建、贫困残疾人危房改造、扶贫安居等各类农村住房建设项目统筹规划、整合资源,坚持高起点规划、高水平建设、高效益配套,启动实施了农村安居富民工程,"十二五"期间力争完成150万户安居富民工程建设任务。2011年各地新建安居富民工程30万户,累计投入工程建设资金229.62亿元。其中中央和自治区补助43.1亿元、对口援疆省市援助23.21亿元、地县自筹10.2亿元、银行贷款26.75亿元、农牧民自筹126.36亿元。2011年年底,在国家住房城乡

和建设部组织的全国农村危房改造检查中,对新疆安居富民工程评价是"领导重视、工作扎实、措施得力、成效明显、群众满意",经考核评定新疆安居富民工程完成情况名列全国第一。

为认真汲取"5·12"汶川大地震经验教训,自治区党委、人民政府决定自 2008 年起在全疆范围内实施城乡重要建(构)筑物抗震防灾工程(以下简称抗震防灾工程),重点提高学校、医院、城镇生命线工程以及公共建筑工程的抗震防灾能力,共排查鉴定建筑面积 3385.48 万平方米,其中不符合抗震设防要求、需要加固改造的建筑面积为 1724.42 万平方米(学校需抗震加固改造面积为 1250.3 万平方米,医院需抗震加固改造面积为 238.9 万平方米,城镇生命线工程、文体等其他建筑需抗震加固改造面积为 235 万平方米,南疆三地州需抗震加固改造面积为 462.4 万平方米)。截至 2011 年年底,中央和自治区共投入资金 62.01 亿元,完成学校、医院抗震防灾工程 1167 万平方米,其中,中小学 D 级危房重建任务全部完成,乌鲁木齐和克拉玛依市已全面完成学校、医院抗震防灾工程任务。

喀什市老城区改造工作进展顺利。改造项目计划总投资 70.49 亿元,重点改造危旧住房 49083 户,建设周转用房 4622 套,完善老城区 28 个片区内急需的配套基础设施,妥善处理老城区核心区内 35.95 公里地道。截至 2011 年年底,国家和自治区累计安排补助资金 22 亿元,已完成危旧房改造 15752 户、162 万平方米,配套基础设施建设同步实施。喀什市老城区改造工作进展顺利,充分体现了党和政府对边疆少数民族的亲切关怀。

三、房地产业快速发展,城市保障住房建设取得积极进展

2002 年以来,随着城市住房制度改革不断深入,全区房地产业实现快速发展,住宅商品化、社会化程度明显提高,城镇居民住房紧张状况得到有效缓解。截至 2011 年年底,全区累计完成房地产开发投资

2021.3亿元,城镇人均住房面积由2002年的19.96平方米增加到26.02平方米,房地产业每年拉动自治区经济增长1—2个百分点,已成为自治区国民经济发展的重要支柱产业。全区现有房地产开发企业2376家,房地产经纪、交易、中介服务、物业管理等相关产业快速发展,房地产市场秩序持续稳定好转,住宅环境质量和功能质量明显改善,住宅综合品质大幅提升,各地相继建成了昌乐园、鲤鱼山等一批配套设施齐全、使用功能完善的住宅小区。房地产宏观调控政策措施日益完善,房地产市场调控约谈问责机制全面建立,所有设市城市均可按期公布年度新建住房价格控制目标,个人住房信息系统和房价监测机制初步建立,商品住宅价格总体平稳。

加快城镇保障性安居工程建设,完善城镇住房保障体系,着力解决城镇中低收入居民住房困难是落实科学发展观,转变经济发展方式的重要内容。近年来,按照中央新疆工作座谈会的部署,新疆将城镇保障性安居工程建设纳入民生建设的重点项目,坚持民生优先、群众第一、基层重要,以新疆效率扎实推进城镇保障性安居工程建设,取得了积极成效。截至2011年年底,全区累计投资427.7亿元,其中中央补助130.54亿元、自治区补助46.2亿元,地方自筹、银行贷款、企业投入等250.96亿元,共新建、购买廉租住房24.8万套、1240万平方米,新建公共租赁住房7.06万套、423万平方米,开工改造棚户区危旧住房19.1万套、1878.8万平方米,发放廉租住房租赁补贴4.3亿元。开工建设解危解困房16.9万平方米,解决了2408户国有企业"双困"职工家庭的住房问题。

以出售公房和建立住房公积金制度为主要内容的城镇住房制度改革全面实施,截至2011年年底,全区累计出售公有住房6166.89万平方米,占可售公房的89.1%以上。所有县市均建立了住房公积金制度,截至2011年年底,全区累计缴存住房公积金752.5亿元,累计发放个人住房贷款366.5亿元,个人住房贷款率为49.45%,乌鲁木齐市利用住房公积金累计发放棚户区改造项目贷款10亿元。

四、城镇基础设施建设改造步伐加快，
节能减排工作成效明显

2002 年以来,在国家和自治区投资的带动下,新疆城市基础设施建设和改造力度明显加大。到 2011 年年底,全区城镇供水综合生产能力达到 499.63 万立方米/日,供水普及率达到 95.95%,城镇供水难的情况得到解决;城镇污水处理率达到 73.43%,生活垃圾处理率达到 78.49%,其中生活垃圾无害化处理率达到 52.55%;城市集中供热面积达到 2.5 亿平方米,燃气普及率达到 88.34%;城镇道路总长达8429.14 公里,人均道路面积达到 14.32 平方米,城镇居民出行条件明显改善。城市建成区绿化覆盖率达 33.43%,人均公园绿地面积达8.86 平方米。全区现有国家园林城市 12 个、自治区园林城市(城区、城镇)37 个,库尔勒等 9 个城市(城区)荣获“中国人居环境范例奖”。风景名胜区和历史文化名城(镇、村)保护工作取得突破性进展,全区现有国家级风景名胜区 4 个(天山天池、库木塔格沙漠、博斯腾湖、赛里木湖),自治区级风景名胜区 11 个,国家历史文化名城 3 个(喀什市、伊宁市、吐鲁番市)、名镇 2 个(鄯善县鲁克沁镇、霍城县惠远镇)、名村 2 个(鄯善县吐峪沟乡麻扎村、哈密市回城乡阿勒屯村),自治区历史文化名城 3 个。“新疆天山”申报世界自然遗产项目顺利通过世界遗产中心预审,成为 2013 年中国唯一申报世界自然遗产项目。

村镇道路、给排水、园林绿化、环卫等基础设施也日益完善,村庄整治活动扎实开展,村镇人居环境明显改善。截至 2011 年年底,新疆独立建制镇和集镇拥有水厂 555 个,独立建制镇用水普及率达到 82%,集镇和村庄的用水普及率分别达到 75% 和 73%,独立建制镇和集镇镇区共有排水管道 576.72 公里。在乡村道路“村村通”工程带动下,全区村镇内部道路达 7152.73 公里,独立建制镇人均道路面积 16.89 平方米,集镇 20.89 平方米,共有道路照明灯 37298 盏。全区建制镇、集

镇现有园林绿化面积 11723.15 公顷,其中公园绿地面积 428.05 公顷。独立建制镇、集镇共有环卫机械 447 辆,有公厕 1971 座。

《严寒寒冷地区居住建筑节能设计标准新疆维吾尔自治区实施细则》的发布,强化了新疆建筑节能的实施力度,新建居住建筑节能标准由 50% 提高到 65%,执行范围由城市扩大到建制镇,现已建成节能建筑约 1.35 亿平方米,既有建筑节能改造取得初步成效。截至 2011 年年底,完成既有居住建筑供热计量及节能改造 2110 万平方米,建立可再生能源建筑 1500 万平方米,城镇供热计量改革稳步实施,政府办公及大型公共建筑节能运行监管体系建设和供热计量改革取得初步进展,已形成每年节约标准煤 382.96 万吨,减排二氧化碳 875.58 万吨的能力。吐鲁番新区被列为国家新能源示范城市暨自治区和谐生态城区及城乡一体化示范区。

建筑节能新技术、新工艺、新产品和新材料的引进推广力度不断加大,全区先后建立绿色建筑、低能耗(节能 65%、70% 及 80%)建筑、既有建筑节能改造、居住建筑热计量收费、可再生能源建筑应用等示范工程 40 余项,其中 28 项被列为国家级示范项目。可再生能源建筑应用成效明显,各地组织建立了 1500 万平方米的可再生能源建筑应用项目,形成了约 48 万吨标准煤的节能能力,共有 12 个可再生能源建筑应用项目被列为国家级示范项目,昌吉市等 5 个市(县)被列为国家可再生能源建筑应用示范市(县);自治区研发成功的"间接蒸发冷却干空气能关键技术"达到国际领先水平,已在自治区党政机关会议中心、昌吉回族自治州人民医院等大中型公建项目中央空调系统中应用,其中昌吉回族自治州人民医院工程被列为国家"十一五"科技支撑项目。

五、建筑业实现跨越式发展,工程质量安全管理水平不断提高

2002 年以来,新疆建筑业持续快速发展,到 2011 年年底,全区规

模以上建筑施工企业达到 2417 家、勘察设计企业 278 家、监理企业 96
家,建筑业改制重组、结构调整工作取得阶段性成果,建筑施工总承包、
专业承包、劳务分包结构体系基本形成,建筑业企业经营范围拓宽到水
利、公路、铁路、通信、石油化工等各个领域;建筑业从业人员 56.4 万余
人,其中一级建造师 2600 人,二级建造师 13400 人,建筑业专业技术人
员构成发生根本变化,作为劳动密集型产业,建筑业不仅吸纳了大量农
村富余劳动力和城镇待业、无业人员,缓解了政府和社会的就业压力,
而且对解决"三农"问题、增加农牧民收入、维护社会稳定发挥了重要
作用。2002 年到 2011 年期间,完成建筑业总产值 5841 亿元以上,实
现增加值 1187 亿元以上,年均增长 20% 和 19%,建筑业产值和效益持
续增长,已经成为自治区重要支柱产业;建筑市场管理水平不断提高,
工程招投标、监理、施工图审查、合同备案等制度全面实施,市场主体行
为日趋规范。建筑业整体技术水平有所提高,编制国家级工法 5 项、自
治区级工法 74 项。

　　工程质量事关各族群众生命财产安全,自 2000 年 1 月 30 日起,全
区开始实施现行的工程项目建设质量管理体制,工程质量监管体系逐
步完善,历年来各地建设工程质量监督覆盖率和竣工验收合格率均达
100%;工程质量水平明显提高,全区先后有 391 项工程分别获得自治
区优质工程"天山奖",200 项工程获得自治区"市政金杯示范工程
奖"。其中 20 个项目获得国家优质工程"鲁班奖",36 个项目获得"国
家市政金杯示范工程奖"。安全生产重于泰山,全区建筑施工安全生
产管理制度日益健全,重大安全生产事故得到有效遏制,2002 年以来,
自治区累计表彰 783 个自治区级安全文明工地。

　　"十二五"期间是全面建设小康社会的关键时期。随着新疆跨越
式发展和长治久安战略的全面实施,全区新型工业化、农牧业现代化、
新型城镇化发展步伐加快,住房城乡建设事业发展面临着前所未有的
机遇。"十二五"期间,新疆住房和城乡建设工作的主要目标是:积极

稳妥推进新型城镇化,进一步做好城乡体系规划;全力抓好安居富民工程建设,深入实施抗震防灾工程;加大城镇保障性住房建设力度,完善房地产市场宏观调控;加快推进建筑节能工作,提高建筑节能总体水平;加大城乡基础设施建设力度,提高城乡建设管理水平;优化建筑业产业结构,规范建筑市场秩序;全面推进依法行政,提高公共管理服务水平。

顽强拼搏 献力和谐边疆建设

——党的十六大以来新疆生产建设兵团住房城乡建设领域工作综述

党的十六大以来,新疆生产建设兵团(以下简称兵团)认真贯彻落实党和国家的各项方针、政策,紧紧围绕经济社会发展大局,团结拼搏、扎实工作,在住房和城乡建设工作中取得了辉煌成绩,为新疆经济和社会稳定做出了应有的贡献。

一、城镇化水平显著提高

"十一五"期末,兵团城镇人口已达129万人,城镇化水平达到50%。基础设施建设取得显著成效,城镇自来水普及率达到97%,污水处理率近40%,集中供热普及率接近50%,城镇道路硬化铺装率达到48%,城镇绿化覆盖率达到32%以上。城镇体系逐步完善,石河子市已发展成为区域性中心城市,五家渠等三个城市规划、建设和发展步入快车道。团场城镇发展速度加快,城镇职能不断丰富,逐步形成了一批特色城镇,初步形成了具有兵团特色的城镇体系。社会事业快速发展,建设和完善了一大批文教卫生等公共设施,初步满足了城镇居民的生活和文化需求。城镇公共服务体系逐步完善,城镇公共服务设施建设不断加强,公共资源利用效率和公共服务水平显著提高。城镇化的快速发展有力推动了兵团经济结构调整和发展方式转变。

中央新疆工作座谈会和对口援疆工作会议召开后,兵团党委相继召开了六届五次、六次、十次全委(扩大)会议,对强力推进城镇化工作做出了全面安排,兵团城镇化发展进入新的历史阶段。

(一)推进城镇化工作机制初步建立,城镇化建设呈现良好发展势头

兵团党委确定了"师建城市、团场建镇、整体规划、分步实施、成熟一个、建设一个"的思路,坚持规划先导、突出重点、统筹发展、全面提升的理念,在新疆城镇体系总体规划框架下,着力构建兵团城市、垦区中心城镇、一般团场城镇、中心连队居住区为发展节点的城镇体系。按照自治区党委和兵团统筹安排,建市工作自上而下进行,兵团农十师北屯市正式挂牌成立;团场城镇和中心连队建设主要由各师按照规划,不等不靠,全力以赴,加快推进。为了提前实现城镇化发展"十二五"目标的要求,兵团党委及时出台了《中共新疆生产建设兵团委员会关于加快推进兵团城镇化的若干意见》和《新疆生产建设兵团推进城镇化行动计划(2012—2014)》,从完善城镇发展布局、加快产业发展、聚集城镇人口、提高城镇综合承载能力、加强保障措施等方面提出了 18 项行动计划,进一步加强对兵团推进城镇化工作的指导,明确了各师(市)团、各部门推进城镇化工作的目标、任务和责任。

(二)城乡规划工作全面开展,规划的龙头地位更加突出

在住房和城乡建设部的大力支持下,兵团完成了《兵团城镇化发展规划(2011—2020 年)》,印发了《兵团城镇化建设与发展"十二五"规划》,完成了《城镇市政公用设施"十二五"建设规划》,将兵团城市和团场城镇的给水、排水、供热、环卫、燃气、道路、绿化等基础设施建设纳入规划范围。积极开展师域城镇体系规划修编工作,各师师域规划全部完成,部分师已经根据实际情况开始进行修编并形成阶段性成果。

北屯市总体规划成果和图木舒克市总体规划修编已提交自治区人民政府审查,石河子、五家渠城市总体规划修编正在加紧进行。一师、二师、五师、六师、七师、八师、十三师、十四师等借助对口支援省市的技术力量,全面完成了所辖团场总体规划的修编和中心连队居住区规划编制审批。

(三)城市和垦区中心城镇发展地位进一步提升,建设速度明显加快

按照每个师有一个产业聚集园区、每个市有一个国家级经济技术开发区的要求,积极推进石河子经济技术开发区扩区和各市工业园区申报国家级经济技术开发区工作。重点园区、重点产业、重点项目建设加快,喀什、霍尔果斯经济开发区兵团分区建设正在积极协调推进,石河子国家经济技术开发区和阿拉尔、五家渠工业园区等各类园区发展势头良好。确定了农一师1团金银川镇等13个"十二五"期间重点推进的垦区中心城镇,按照小城市标准和要求进行规划建设。

(四)发挥典型引路示范带动作用,引领城镇建设健康发展

兵团办公厅印发了《关于转发兵团建设局推进城镇化重点及示范团场城镇和中心连队居住区建设活动实施方案》,各师、团按照要求积极推动活动开展,30个示范团场城镇和50个中心连队居住区建设全面启动,完成总投资约95亿元,建成了一批环境优美、功能齐全、设施完备的居住小区,新建、扩建、改造了一批城镇基础设施和公共服务设施,建立完善了各项管理制度。

二、建筑业综合实力显著提升

从2009年到2011年,兵团建筑行业开展了以"抓管理、降成本、促效益、保增长"为主要内容的建筑业管理年活动,3年累计完成建筑业

总产值944亿元,年均增长45%。建筑业产值从活动前的175亿元增加到去年的423亿元,增长2.4倍;建筑业增加值由活动前的37.5亿元增长到去年的113亿元,增长了3倍;累计实现建筑业增加值249亿元,年均增长49%,建筑业作为兵团支柱产业的地位不断巩固。

以兵团建工集团等建筑企业为代表的龙头企业集团初步形成。2011年,兵团建工集团年产值突破百亿元大关,连续6年成为全球最大225家国际承包商之一,成为自治区最大的建筑企业;北新路桥公司成为兵团建设行业首家上市公司;农二师天宇公司、农五师赛里木建筑安装工程有限责任公司等6家建筑企业晋升为建筑业一级资质企业。

三、保障性住房加快建设

2008年至2011年,兵团建设保障性住房27.8万户,建筑面积2085万平方米,完成投资320亿元,国家支持兵团保障性安居工程建设中央各类补助资金88.18亿元。

大规模的保障性安居工程改善了职工群众的住房条件,提高了职工群众的生活水平和质量,使广大职工群众能够扎根兵团、心系团场,增强了兵团凝聚力,维护了兵团的和谐稳定,使兵团成为新疆乃至全国社会稳定的基石。

大规模的保障性安居工程转变了兵团经济发展方式,促进了经济平稳快速增长。2010年和2011年保障性安居工程完成投资250亿元,有力提高了"二产"在兵团国民经济中的比重,进一步优化了经济结构和产业布局调整。通过住房建设,扩大了兵团建筑业规模,创造了更多的就业岗位,加快了团场农业富余劳动力转移,促进了服务业的发展,拓宽了职工的增收渠道。同时,带动了建材、装修、家电等五十多个相关产业的发展,投资额迅猛增加,已经成为兵团经济快速发展新的增长点,在兵团经济转型中起到了不可替代的作用。

大规模的保障性安居工程改变了团场城镇面貌,推进了兵团城镇化进程。兵团按照"高起点规划、高水平设计、高标准施工"的工作思路,在大规模的保障性安居工程建设中,引进对口援建省市规划设计单位的先进理念和技术,加强住宅小区控制性详细规划、住房建筑单体外观造型、户型设计,完善住宅小区配套基础设施,综合考虑居住区居民的生产、生活、交通、上学、就医等需求,完善各项公共服务设施,一大批具有时代特征和区域特色的高品质住宅小区相继落成(六师甘漠沿线、十三师天山南坡),城镇配套供热、供水、排水、道路、绿化等基础设施建设力度不断加大,城镇面貌得到彻底改变。

兵团党委、兵团领导高度重视是保障性住房建设工作得以顺利开展的重要保障。为了做好这项工作,兵团党委、兵团领导将其列入为职工群众办"十件实事"的首要任务。兵团、师、团自上而下层层签订目标责任书,并把保障性安居工程任务完成情况与主要领导年终考核挂钩,建立了保障性安居工程约谈问责机制。2012 年,新建保障性住房已开工 11.89 万户,开工率达到 88%,较上月开工率提高了 18%。同比去年提高 19%。2011 年结转续建项目 5.8 万户已全部复工,其中竣工 1.8 万户。保障性安居工程已完成投资 69.2 亿元,占计划投资的 41%。

四、危旧房改造工作全面推进

危旧住房改造工程是针对兵团职工住房年久失修的现实情况和顺应国家住房制度改革而进行的。在危旧房改造中,兵团积极探索危旧房改造政策,将原来由国家或单位统包的投资体制和建设、分配、维修、管理一体化的单位所有制,转变为国家、单位、个人三者合理负担的投资体制和住房建设的专业化、维修管理的社会化,对制度进行了创造性的改革。危旧住房改造工程补贴标准按照每户 3.2 万元(建筑面积 80平方米,400 元/平方米)的建房造价作为补贴基数。非边境团场兵团按照补贴基数每户分别补助 10%,师、团出资 40%,职工个人出资

50%。边境团场按照补贴基数每户补助 50%,其余由职工个人承担。工程自 1999 年开始实施到 2005 年结束的七年时间里,累计新建住房 21 万户;完成总投资 79 亿元,其中兵团补贴 16.36 亿元(含国家危改专项资金 12.45 亿元),各师补贴 4.15 亿元,团补贴 11.78 亿元,职工自筹 46.75 亿元;竣工总面积 1588 万平方米。

2006 年,兵团从更加关注民生问题,更加关注困难群体的角度,决定在危旧房改造工程的基础上,实施农牧团场职工住房解危解困工程,突出解决经济困难、住房困难的"双困"家庭的住房问题。计划"十一五"期间每年解决 1 万户,五年共计 5 万户。补贴标准按每户建筑面积 60 平方米计算,单价 400 元/平方米,每户总造价 2.4 万元。兵、师、团三级每户补贴 1.2 万元,其中兵团每户补贴 3200 元,其余 8800 元由师根据师团不同经济发展水平自行确定师团补贴比例,剩余部分职工自筹,产权归职工个人所有。2007 年对计划进行了调整,由每年 1 万户增加到 1.2 万户。目前已经建设解危解困住房 2.2 万套;完成总投资 5 亿多元,其中兵团补贴 7040 万元,各师补贴 7040 万元,团补贴 12320 万元,职工自筹 2 亿多元;竣工总面积 143 万平方米。

截至 2007 年底,危旧住房改造工程、集体所有制单位农户危旧住房改造工程、解危解困住房建设工程共建设职工住房 24.3 万户,完成建筑面积 1830 万平方米,完成总投资 87.5 亿元,使 80 多万人告别了破旧简陋的住房,搬进了宽敞明亮的新居。

五、建筑节能工作取得较快进展

兵团认真贯彻执行住房和城乡建设部有关建筑节能的部署和要求,针对新疆生产建设兵团的实际,制定出台了《新疆生产建设兵团民用建筑节能管理实施意见》,明确了兵团各级建设主管部门、建设单位、设计单位、施工企业、监理企业、施工图审查机构及质量监督部门在建筑节能工作中的职责。从 2007 年开始,兵团制定并出台了《关于做好兵团建筑节能工作的指导意见》、《关于进一步推进兵团建筑节能工作的通知》、《兵团建设领域节能减排工作实施方案》等一系列指导性文件,2008 年,制定了《2009—2011 年兵团建筑节能规划》,规划进一步明确了工作目标、总体要求和工作措施。兵团建筑节能工作进入全面推进阶段。

在建筑节能工作中,兵团坚持"以人为本,建设资源节约型和环境友好型社会"的发展方向,不断建立健全建筑节能政策法规体系,加大新建建筑节能标准的执行监督力度,服务于兵团经济发展;以改善建筑功能,保护环境,提高建筑人居质量为目标,结合兵团特殊条件和特点,稳步推进既有居住建筑节能改造;以转变建筑用能方式为根本,以示范项目为抓手,积极推广可再生能源建筑应用技术;以兵团产业结构调整和城镇化建设为契机,建立发展建筑节能产业。通过兵团建设系统广大干部职工的共同努力,兵团建筑节能事业取得了长足进步和发展。2007 年以来,新建节能建筑约 2000 万平方米,节约能耗 30 万吨标准煤/年;完成既有建筑改造约 260 万平方米,节约能耗 3.5 万吨标准煤/年;完成"359"纪念馆等 7 个可再生能源建筑应用示范项目建设,示范项目均采用了太阳能供电、供暖及地源热泵等多项国家推广的可再生能源建筑应用技术,总示范面积达 27 万平方米,节约能耗 5000 吨标准煤/年。成功申报了 4 个团场(县级)国家可再生能源建筑应用规模化示范项目,其中 2 个已经建成并投入运行,2 个正在建设中,总示范面积达 150 万平方米,可节约能耗约 3 万吨标准煤/年。

六、工程质量安全形势稳定好转

党的十六大以来,兵团建设系统努力克服装备水平低、监管手段落后等困难,着力加强质量安全监管力量等薄弱环节,使兵团安全生产长期保持总体平稳态势,兵团建设局连续六年被兵团安委会评为安全生产管理先进单位。

兵团在每年召开的兵团建设工作会议上认真安排部署建筑质量安全工作,并及时召开由各师建设部门、质量安全监督机构和重点监控企业、监理机构分管安全的领导和安全技术负责人员参加的建设工程质量安全研讨会,围绕工作重点,认真落实各级安全生产责任制,深入开展安全生产年、安全生产月、质量月、打击非法违法行为、质量通病治理及隐患排查和专项整治等活动,扎实推进安全生产标准化工作,着重改善工程实体质量。"十一五"以来杜绝了较大及以上质量安全事故,一般生产安全事故逐年下降,特别是 2011 年,兵团建筑业产值突破 400 亿大关,而生产安全事故却不断下降,百亿元建筑业产值死亡人数已降至 1.5 人以内,低于全国建筑施工百亿元产值死亡 2.5 人的平均水平。

兵团建设局不断通过综合执法检查、组织约谈、教育培训、召开研讨会等手段,从思想认识上入手,以具体管理经验和相关实例为手段,通过相关奖惩、淘汰、清出制度与差别化管理及"两场联动"的方式,不断激励建设各方主体自觉主动提升责任意识与业务素质。2003 年,兵团建设局根据《安全生产法》规定,结合建筑施工安全检查标准(JGJ59—99)的要求,重新制定文明工地活动实施细则和检查标准。从以前单一的对工程质量、安全生产综合大检查,充实为针对建筑安全管理、安全生产、文明施工规范化、标准化和制度化等项内容的检查和评选。对评出的文明工地项目,授予奖牌并进行通报表彰。2003—2011 年,共有 420 余项工程荣获文明工地称号,15 个工地获国家 AAA 级安全文明标准诚信工地称号。在企业自身管理水平不断提升的基础上,兵团建设系统大力推广新产品、新技术、新工艺,不断优化监管方式,提高监管效能,通过完善制度建设、经验交流学习、实体样板交底等多种方法,工程实体质量有了很大提升。

严格的工程质量管理,使兵团建设系统取得了辉煌的成绩。2003 年,石河子泰安建筑工程有限责任公司承建的"东苑群岛花园一期工程"被评为国家优质工程,荣获"鲁班奖",实现兵团建设工程"鲁班奖"零的突破。2004 年,这项工程又荣获中国建筑工程"詹天佑"奖。2006

年,建工集团第六建筑安装工程公司承建的石河子大学医学院一附院住院二部工程荣获中国建筑工程鲁班奖。2007年,兵团建工集团第一建筑安装工程有限责任公司承建的兵团机关办公楼工程荣获中国建筑工程鲁班奖。这些奖项见证着兵团质量安全工作所取得的成效,引领着兵团质量安全水平向着更高、更好处不断迈进。

　　党的十六大以来,兵团建设系统广大干部职工继承和发扬人民解放军光荣传统,自力更生、艰苦奋斗,在完成党中央赋予的"屯垦戍边"任务历程中不断发展壮大,成为一支具有兵团特色的建设队伍。

　　展望未来,新疆生产建设兵团将按照以城镇化为载体、新型工业化为支撑、农业现代化为基础的发展战略,紧扣"加速,提质,转型"主题,坚持以人为本,规划先行;因地制宜,突出特色;产业支撑,激发活力;深化改革,创新管理,加快推进城镇化进程,提高城镇化发展质量。坚持"立足疆内、拓展疆外、挺进海外"的市场经营战略,大力开拓疆内及国内建筑市场,巩固和拓展海外建筑市场,增强建筑企业业务承揽能力,实现到2015年建筑业增加值比2010年翻一番、年均增长15%的目标。进一步强化工程质量安全监管,保障人民生命财产安全。努力建立广覆盖、多层次的保障体系,积极形成可持续的保障性安居工程投资、建设、运营和管理机制,坚持规范管理,不断完善住房保障制度,切实改善职工群众住房条件。继续落实各方的建筑节能责任,实施新建建筑节能全过程管理,加快既有居住建筑供热计量及节能改造,强化可再生能源建筑应用工作,努力建设资源节约型和环境友好型兵团。

第七部分　代表城市

　　城市政府是很多住房城乡建设工作的具体执行者,工作任务繁重,为住房城乡建设事业科学发展做出了重要贡献。各城市认真贯彻落实科学发展观重大战略思想,结合各自发展面临的现实情况,锐意进取、开拓创新、真抓实干。在城市规划方面突出转型,以转型规划引领城市发展,区域规划开发取得新成效。在城乡建设方面突出宜居,重大基础设施和公共服务建设取得新成就,城乡生态环境品质进一步提升。在住房发展方面突出和谐,广大市民住房条件进一步改善,住房保障能力进一步增强。在建筑业方面突出跨越式发展,突出以人为本,突出统筹协调可持续,实现从做大到做强的质的转变。

转型·宜居·和谐

——深圳市规划、建设与住房发展十年回顾

深圳是邓小平同志亲自倡导建立的经济特区。经过 30 年的改革开放,深圳发生了沧海桑田的巨变,城市发展取得了辉煌成就,迅速从一个边陲小镇发展成为一座现代化大城市。党的十六大以来,深圳在贯彻落实科学发展观重大战略思想的基础上,面对城市发展的现实情况,坚持锐意创新、务实管理,在城市规划方面突出转型,在城市建设方面突出宜居,在住房发展方面突出和谐,取得了不俗的成绩。

一、以转型规划引领城市发展

(一)前瞻编制总体规划

应对城市快速增长中的形势和目标不断变化的要求,深圳经济特区成立 30 年以来形成了滚动规划的传统,多次组织编制和修订总体层面的规划和发展策略。新一轮的《深圳市城市总体规划(2010—2020)》(简称新《总规》)是深圳第 3 版具有法定意义的总体规划,着重提出了城市转型的重大战略转折思路。新《总规》确定深圳的城市性质是"我国的经济特区,全国性经济中心城市和国际化城市",承担 5 个方面的主要城市职能。新《总规》提出了减量发展的土地利用模式。深圳 2009 年现状城市建设用地规模为 801 平方公里,规划确定 2020

年建设用地控制规模为 890 平方公里,10 年净增总量不到 90 平方公里。按照规划期末常住人口规模 1100 万人计算,人均建设用地仅约为 80 平方米,充分体现了集约节约利用土地的理念。新《总规》还提出了面向区域协作的开放空间结构。在空间结构布局上,与《珠江三角洲城镇群协调发展规划》确定的"一脊三带五轴"总体布局相衔接,构筑以中心城区为核心,以西、中、东三条发展轴为基本骨架的"三轴两带多中心"的轴带组团空间结构,提出了"南北贯通、西联东拓"的区域空间协调发展策略。深圳市的不断发展有赖于历次总体规划的战略布局,尤其是新一轮总体规划,突出转型主线,已经并将继续在相当长的时间内发挥关键引领的作用。

(二)优化完善法定图则

法定图则是借鉴了香港经验,结合深圳实际情况,在全国率先实施的一项新的规划编制、审批和管理制度。2009 年,深圳市以"法定图则大会战"形式,高效推进法定图则编制,全市完成编制 227 项,面积达 1131 平方公里,覆盖率达 91%,基本实现了法定图则对城市规划建设用地的全覆盖,成效明显。近年来,深圳市还不断创新工作方法,完善法定图则制度,提升编制质量。创新技术与政策支撑体系,提升编制质量,出台了城市更新内容编制指引、容积率确定指引、法定图则文本格式等十多项配套政策和技术研究。制定了更为有效的规划公众参与机制,通过"社区规划师"、"规划宣讲"、"图则下社区"等措施增加了公众参与的方式、频次和渠道。强化信息化管理手段,开发并运行法定图则制定动态管理系统和编制入库系统,明确了各阶段时间要求,规范了成果表达,有力地保证了进度与质量。在大大提速的同时,法定图则编制的技术方法也得以改进,适应性大大加强,更好地服务于深圳市经济社会发展。

（三）开放城市设计领域

深圳是改革开放的"窗口"，也是引进先进规划建设经验的一个"窗口"，在城市设计领域始终坚持海纳百川、兼容并蓄。深圳率先在全国开展规划国际招标、开展规划设计竞赛，引来欧洲国家、美国、日本、新加坡和中国香港等地的一流规划师、建筑师共同参与特区的建设开发，也借机引入了一流的技术、人才和管理。率先引入国外"概念规划"的理念，使规划的超前性和引领作用更为突出，学习借鉴世界先进的规划技术，使深圳的城市规划设计增强了现代感。深圳华侨城则是首个通过国际规划合作开发建设的大型城市社区，由新加坡规划专家参与编制总体规划并持续跟踪规划建设达二十多年，今天已建成集旅游、文化、生态于一体的"城市名片"。近年来，随着城市精细化管理要求的提升，深圳市进一步加大了概念规划和城市设计工作力度，四大新城规划、干线道路沿线、滨海地区、城市特色街区等重要地区的规划出炉都经过了概念规划国际咨询，为后期高水平的开发建设奠定了良好的基础。

（四）争创政策先行先试

为推动城市低碳发展，深圳已经与住房和城乡建设部签订合作协议，制定《深圳创建国家低碳生态示范市行动方案》，探讨把深圳建设成为适应南方气候条件和高密度城市化地区特点的低碳生态城市典范的途径。目前，深圳正与国土资源部、广东省政府联合开展《高度城市化地区土地管理模式改革》的专题研究，希望部市合作共同探讨类似深圳这样的高度城市化地区如何创新管理模式、提高土地利用效益、实现用地减量发展的新路径。深圳市在城市更新方面积极探索，在国土资源部、广东省国土资源厅"三旧"改造政策储备工作中，深圳市"土地公开市场建设和交易程序规范"课题研究获部省肯定。

二、大力推进宜居城市建设

（一）以新城开发加大市域一体化发展步伐

进入新世纪，特区土地资源日益紧缺，遂将宝安、龙岗两区纳入全市统筹考虑，明确以特区外的重点地区为建设重点，拉开城市骨架，提高特区外建设质量，推动市域一体化发展。在这一背景下，深圳市确立了以新城开发带动发展的思路。那就是将龙华、龙岗、光明、坪山四大新城作为城市重点开发地区，形成特区外高水平建设的极核，集中投入形成强大的功能，带动特区外其他地区的发展。在新城开发的同时，深圳以干线性主干道和轨道交通为依托的交通体系同步跟进，形成交通走廊，密切联系主要节点地区。此外，面临城市建成区快速扩张带来的生态压力，深圳于 2005 年划定基本生态控制线，以此作为城市发展的刚性约束。基本生态控制线的控制范围 974 平方公里，约占全市总面积的 50%，以生态优先的理念推动城市建设从"量"的扩张向"质"的提高转变，并保证了城市空间结构的体系性和生态安全。

（二）以日益完善的交通体系拉开城市框架

从 2000 年至今，为应对城市高速发展带来的各类交通问题，深圳市确立了"实施全面的一体化交通发展策略，构筑以轨道交通为骨干，常规公交为主体，各种交通方式协调发展的一体化的交通体系"的全市交通发展目标，构建了包括铁路、轨道、常规公交、慢行、道路、停车各类动、静态交通方式的综合交通系统。从 2004 年 12 月深圳轨道一期工程建成通车，至 2011 年 6 月轨道二期工程完成轨道骨架网络的搭建，全市基本形成了覆盖全市域主要建成区的 178 公里的轨道骨干系统，大大提高了交通承载能力，奠定了现代轨道都市的基础。深圳市目前已形成总里程约 6000 公里的层次分明、结构合理的城市道路系统，基础设施建设成效显著。在交通需求及供给水平均有大幅度提升的情况下,现阶段交通需求供给基本平衡,在国内同等规模城市中相对领先。

（三）以城市更新为抓手促进土地节约集约利用

在科学发展观的指导下,深圳市通过不断创新,探索形成"法规先行、规划引导、公益优先、市场运作"的城市更新"深圳模式",工作成效显著,在节约集约用地方面探索出了一条新路。截至 2012 年 5 月,历年累计批准城市更新单元规划 128 项,涉及拆迁用地总面积约 1183 公顷,改造节地率达 64.5%,更新改造项目投入改造资金累计 322 亿元。深圳市城市更新工作有以下方面特点:

一是以法规先行作保障。2009 年,深圳市出台《深圳市城市更新办法》,成为全国首部关于城市更新的政府规章。近几年,陆续出台城市更新计划申报指引、规划审批规则、保障性住房配建、城市更新办法实施细则等一系列专项配套文件,形成以《城市更新办法》为核心的政策体系。

二是以规划引导为手段。编制深圳市城市更新专项规划,发挥规划统筹作用;创设城市更新单元制度,以城市更新单元为基本单位编制规划,确保更新单元内城市基础设施等公益性项目与经营性项目同步建设;实现城市更新单元计划常态申报制度,科学管理城市更新。

三是以平等协商为基础。深圳城市更新政策在计划申报、拆迁补偿、实施主体的确定等都体现了平等协商理念。通过平等协商,达到更新效益最大化、矛盾最小化,实现和谐更新。

四是以公益优先做重点。城市更新单元应提供不少于 15% 和 3000 平方米的用地用于基础设施和公共服务设施建设;住宅类城市更新项目根据所处区位、交通及现状功能,按照一定比例配建保障性住房。

五是以市场取向为关键。坚持"政府引导、市场运作"的理念,通过政府搭建平台,制定激励机制,充分调动政府、集体、土地原使用权人及相关权利人的积极性,吸引社会各方广泛参与更新改造。同时,在安置补偿方面也充分遵循市场规律,按照市场价补偿,保护了权利人的利益。

六是以多方共赢为目标。通过更新改造,企业盈利水平得到提高,村民分享了城市化进程中土地增值收益,政府改善了城市形象,完善了公共设施,促进产业转型升级,获得了长远的更大的收益,实现了多方共赢。

(四)多层次推动区域协调发展

近年来,跨界基础设施合作取得重大进展,西部通道建成通车,实现了深港之间西进西出的格局。深港机场合作建设共同服务于深港国际大都会的国际航运枢纽的目标已经纳入操作日程。为打造深港国际大都会在国家铁路网中的主枢纽地位,拟在深港都会区形成一北一南的枢纽格局,目前深圳北站已经建成通车。边界地区的合作开发加速,前海合作区进入实质性的开发建设阶段。深圳与珠三角周边城市的协调发展也取得重大进展。深莞惠一体化发展的思路下,现已基本实现跨市道路的互联互通,深莞深惠新建改造扩建对接的高速公路8条,城市主干道6条,取消了深惠深莞边界全部8个收费站。界河及跨界河治理取得明显进展。深圳还加强与省内其他城市合作,与汕尾、湛江、河源、潮州联手共建了7个产业转移示范区,成为当地经济发展的新增长极。

(五)以低碳理念践行城市建设

一是初步建立了各项工作机制,积极推动各类研究和政策制定。组织制订了《住房和城乡建设部与深圳市人民政府共建国家低碳生态示范市工作方案(2011—2015)》,明确了总体目标和工作任务。建立了市政府各部门参加的建设国家低碳生态示范市联席会议制度。开展和完成相关基础研究项目近30项;编制低碳发展、城市建设等相关规划20余项;出台相关政策性文件近30项,为低碳发展营造了良好的制度环境。

二是遵循循环经济理念,实现资源利用可持续化。前瞻性开展《深圳水战略研究》,强化节约用水管理,加强用水定额管理,推广节水技术,鼓励再生水利用。大力推进建筑废弃物、生活垃圾和工业固体等各种废弃物的资源化利用。2010年,深圳市生活垃圾焚烧发电处理量约占垃圾处理总量的40%,发电总装机容量81兆瓦,年发电量超过2亿度。下坪固体废弃物填埋场目前已累计回收填埋气体17000万立方米,减排二氧化碳133万吨。塘朗山建筑废弃物综合利用厂年消耗建筑废弃物100万吨,年可节省煤炭16万吨。

三是加强生态保护与环境整治,实现生态功能最优化。严格基本生态控制线管理,加快"四带六廊"生态体系的建设。积极推进自然保护区、森林公园、郊野公园、城市公园、湿地公园、社区公园和街头小游园建设。全市现建成各类公园653个,总面积超过200平方公里,城市绿化覆盖率达到45%。加快城市重点河道及沿海水系的综合整治。推进污水处理厂、污水收集管网、污泥处理厂建设。全市生活污水集中处理率达到88.81%,河流化学需氧量平均浓度下降38.5%。空气质量优良率保持在95%以上。

四是大力推广绿色建筑,实现建筑低碳减碳化。以南方科技大学、深圳大学新校区和保障性住房示范工程为重点,打造了一批主题鲜明的绿色建筑,目前全市绿色建筑面积已超过1000万平方米。全市既有建筑节能改造在建和完成项目共计177个,涉及建筑面积达到622万平方米。建筑节能验收项目共243个,建筑总面积超过990万平方米。全市建筑节能总量累积达到87.2万吨标准煤,同比增长50.3%,相当于节省用电26.1亿度,减排二氧化碳220万吨。

(六)打造精品凸显城市风貌特色

伴随城市规模的扩张,深圳的城市形象也经历了由边陲小镇向现代都市的演变。国贸大厦、地王大厦、市民中心、京基 100 等为代表的现代建筑和地铁、机场等为代表的现代化设施奠定了城市风格的主基调,海上世界、15 公里滨海长廊、大小梅沙等凸显了城市的滨海特色。深圳市获得了联合国教科文组织"设计之都"称号,并连续两次被评为"全国文明城市"。在城市服务和人文建设方面,深圳一方面在大空间内进行城市功能整合和形象再造,完善城市基础设施和公共配套设施,提升品质和内涵;另一方面加强城市重点地区地段和重要节点的建筑设计和环境营造,中心区中轴线、深圳湾 15 公里滨海岸线都以高品质的城市公共空间成为城市名片。

三、科学发展实现和谐安居

(一)集约节约建设住房

进入新世纪以来,深圳以国家房地产宏观调控精神为指导,立足全市土地资源紧缺的实际,坚持新增供应与存量挖潜相结合供应住房用地,着力调整住房供应结构,促进土地资源集约高效利用,"十一五"期间,保障性住房和中小套型普通商品住房用地供应量达到住房用地供应总量的 79%。同时,积极引导住房建设用地供应从新增向存量转变,实施以城市更新的方式建设住房,2010 年,开工 23 个城市更新项目,涉及建设用地面积约 1.18 平方公里,批准住房建筑面积达 239 万平方米,其中保障性住房约 9.4 万平方米。

(二)规范发展房地产市场

为有序发展房地产市场,深圳通过住房建设规划指导全市住房建设与发展,结合轨道交通等交通体系建设、产业结构调整及保障性住房和普通商品住房实际需求,将原特区外作为住房发展重点,积极引导住房发展空间合理布局,有效推进了宝安中心城、龙华、龙岗中心城等新城区开发建设。"十一五"期间,深圳商品住房累计新开工 26.5 万套、

2386.38 万平方米,竣工 22 万套、1980.99 万平方米,商品住房市场在引导新城建设、改善居民住房条件方面发挥了积极作用。

(三)加强落实国家房地产宏观调控

随着城市人口集聚效应逐步显现,2007 年以来,房价呈现快速上涨的局面,深圳认真落实国家房地产宏观调控,发布了一系列政策文件,逐步完善以商品住房、保障性住房、商品租赁住房和城中村出租房为主体的多层次住房供应体系,积极落实、科学布局普通商品住房和保障性住房用地,引导普通住房有效供应。同时,加强对住房需求的引导,支持居民合理住房需求,坚决抑制不合理住房需求。通过差异化的住房信贷、税收政策完善需求引导长效机制;在投机需求旺盛、危及住房市场可持续发展的特殊时期,实施了住房限购、限价等措施,严厉地打击投机购房需求,有效地扼制了房价过快上涨的势头。

(四)构建具有深圳特色的住房保障体系

2007 年 12 月,深圳市政府出台了《关于进一步促进我市住房保障工作的若干意见》,明确了廉租房、公共租赁房和经济适用房的保障对象、标准及实施方式。2010 年 1 月,深圳市人大常委会审议通过《深圳市保障性住房条例》,并制定和实施了一系列配套细则。2010 年 5 月,深圳市委、市政府出台《关于实施人才安居工程的决定》,创造性提出"安居型商品房"全新保障类型,将住房保障重点逐步转向人才群体,有条件地将非户籍专才纳入保障范围。至 2010 年年末,全市各类政策性、保障性住房达 25.9 万套,基本构建了公共租赁住房(含廉租房)、安居型商品房(含经济适用房)及货币补贴等适应深圳发展阶段、多层次、广覆盖的住房保障体系。

深圳住房保障坚持实物保障和货币保障并重,兼顾生存型保障和发展型保障的原则。自 2005 年以来,深圳连年实现户籍低保家庭应保尽保,2007—2008 年,面向社会低收入家庭提供 8209 套保障性住房,并通过安排建设和货币补贴方式,在"十一五"期末,实现将户籍低收入家庭纳入住房保障体系。

近年来,深圳进一步扩大住房保障范围,将住房保障重点逐步转向户籍"夹心层"家庭和人才群体家庭。一方面深圳将住房公积金制度覆盖到全市范围,加强居民住房消费保障;另一方面扩大保障范围,对于杰出人才、领军人才实行3—10年免租优惠政策或住房租赁补贴,对高、中、初级人才实施3年住房租赁补贴。2010年,深圳实施"十百千万"计划,为上百家企事业单位提供7000多套公共租赁住房,为3万多名人才发放了货币补贴。

在保障性住房建设上,深圳积极通过新增用地、存量土地盘活、城市更新配建、地铁上盖物业综合利用等方式落实建设用地,并积极通过财政拨款、银行贷款以及探索保障性住房租金收益融资等方式多渠道筹集建设资金。"十一五"期间,深圳建设和筹集保障性住房为16.9万套、建筑面积约1267万平方米,其中,已开工7.9万套,竣工(含筹集)约2万套。

(五)促进住房向绿色生态可持续方向发展

"十一五"期间,深圳市将住房建设纳入人居环境发展体系中;以节地、节能、节水、节材和环保为方针,全面落实《关于推进住宅产业化的行动方案》,研究开发住宅建设的新技术、新产品、新设备和新工艺,推进住宅性能认定、优良住宅部品推荐、住宅产业化示范基地等政策标准体系和配套体系建设;在深圳桃源村三期等保障性住房建设中,率先推行雨水收集、中水回用、太阳能光热光伏节能门窗玻璃等"四节一环保"住宅产业化技术,创建住宅产业化综合技术示范小区,重点突出、步骤合理地推进了住宅产业化发展。

在特区三十多年发展的辉煌历程的鼓舞下,应对深圳城市转型发展的新形势,深圳将大力弘扬多年缔造形成的特区精神,勇于创新,加快转型,以提升城市发展质量为重点,着力破解发展难题和瓶颈制约,把深圳的城市规划、建设和住房发展推上新台阶,加快建设现代化国际化先进城市,引领城市走向更加美好的未来!

成都,迈向住有所居的明天

——党的十六大以来成都市住房保障工作主要做法

党的十六大以来,成都市委、市政府坚持"权为民所用,情为民所系,利为民所谋",在建设城乡住房保障体系、城中村及危旧房改造、东郊工业结构调整与惠民工程、保障性安居工程建设以及保障房后期管理等各项民生工作上取得了积极进展,建立了城乡全覆盖的住房保障体系,让城乡居民真正实现了安居乐业。

2002年至2012年6月,成都市通过棚户区及危旧房改造(含城中村改造、东郊惠民工程)、修建廉租房、经济适用房、公共租赁住房、限价商品房、单位投资的经济适用房(集资建房)等保障性住房等共解决近50万户城乡家庭住房困难,修建和安置住房面积3699万平方米。

十年间,在旧城改造的过程中,成都市共完成改造面积1705万平方米,搬迁住户30余万户,其中共解决20余万户城乡低收入家庭住房困难,安置住房面积1680万平方米。

截至目前,成都市共开工修建廉租住房、经济适用房、公共租赁住房、限价商品房、单位投资的经济适用房(集资建房)等各类保障性住房28.7万套,总建筑面积2019万平方米。

一、率先构建起全域覆盖的城乡住房保障体系

成都市针对全域内不同收入水平的城乡保障对象,构建起了一个阶梯形、递进式的住房保障体系,让每个中低收入住房困难家庭都能找到适合自己的保障政策,实现"住有所居"。

(一)构建梯度体系

一是将家庭年收入在 3 万元以下、人均住房建筑面积在 16 平方米以下住房困难家庭,纳入廉租住房保障。廉租住房保障采取租赁补贴与实物配租相结合的方式,对符合条件的申请家庭实行应保尽保。

二是将家庭年收入在 5 万元以下、人均住房建筑面积 16 平方米以下住房困难家庭,纳入经济适用住房保障。经济适用住房根据"按照标准、提前登记、按需建设、保证供应"的原则,由政府统一组织实施。经济适用住房销售实行成本定价。

三是将家庭年收入 7 万元以下、人均住房建筑面积 16 平方米以下以及年收入在 3.5 万元以下年满 28 周岁的无自有住房单身居民,纳入限价商品住房保障。限价商品住房销售实行政府定价,按照比同等地段同品质商品住房市场价格低 15%—20% 的标准确定。

四是将家庭年收入在 10 万元以下的家庭以及年收入在 5 万元以下的大中专院校及职校毕业的新就业职工及外来务工人员,纳入公共租赁住房保障。公共租赁住房根据保障对象基本住房需求确定建设规模,实行按需建设。公共租赁住房租金标准按照市场租金的 70%—80% 确定。

(二)不断扩面提标

全市建立健全了廉租住房保障对象准入收入线的动态调整机制,不断扩大廉租住房保障面。2000 年以来,先后 6 次调整保障房分配准

入标准。

成都市还不断完善准入线确定原则,2010 年全市廉租住房保障准入收入线按照不低于上年度人均可支配收入的 40% 原则确定。2011年,全市廉租住房保障准入收入线按照不低于最低生活保障金 2.5 倍原则确定,调整后更具有操作性,最大限度地覆盖住房困难家庭。

廉租住房租金补贴水平依照低保家庭租金比照市场普通住房平均租金标准实现全额补贴的原则确定。2010 年,中心城区低保家庭廉租住房租赁补贴标准由 12 元/平方米调整为 14 元/平方米,其他低收入家庭廉租住房租赁补贴标准由 7—9 元/平方米调整为 9—11 元/平方米。

(三)覆盖成都全域

成都市在着力完善中心城区住房保障政策体系的同时,大力推进住房保障工作向郊区(市)县和乡镇延伸。目前,14 个郊区(市)县全部建立了符合当地经济社会发展实际的住房保障政策体系,2009 年底将住房保障范围由县城所在城镇延伸到所有乡镇,在全国率先实现了乡镇场镇低收入住房困难家庭廉租住房应保尽保。

为推动城乡居民均等享受公共服务,按照全域覆盖、基本保障、统一管理的原则,成都市 2011 年制定了《关于建立农村住房保障体系的实施意见(试行)》,在农村建立住房保障体系。这样,无论定居在农村,还是外出在我市城镇务工,均能享受与城镇居民同等的住房保障。

二、加快保障性安居工程建设,以需定产

成都保障房的建设力度之大,保障力度之强,在全国都是"独树一帜"。近年来,成都市累计开工建设保障性住房 15.2 万套,同时,通过棚户区改造及危旧房改造,发放租赁补贴和灾后城镇住房重建等方式,住房困难群体的住房条件得到根本改善。

(一)全面摸清需求

成都市从 2007 年开始进行大规模住房保障需求调查工作,2009年,再次对全市低收入廉租住房家庭进行逐户上门的动态跟踪服务工作。通过住房保障对象实名制档案的建立和住房保障需求预登记制度的实施,成都市住房保障工作做到了情况清、底数明。

(二)明确责任到位

以目标考核为牵引,力促责任细化到位。一是及时分解目标任务。二是层层签订目标责任书。三是进行严格的目标考核,将考核结果纳入年终市政府综合目标考核体系。

(三)强化要素保障

以要素保障为基础,力促投入落实到位。一是确保建设用地,至今,全市用于保障性住房建设的土地达 3600 余亩。二是确保建设资金,至今,全市共投入建设资金约 318 亿元。三是确保税费优惠,2011年至今,我市优惠减免各类保障性住房税收及附加 910 余万元,减免保障性住房建设行政事业性收费和政府性基金 260 余万元。

(四)多样化筹集房源

成都市在推进集中建设保障性住房的同时,通过定向回购、公开招标采购或租赁、在普通商品房中配建等多种形式储备保障性住房房源,满足住房保障工作需要。截至 2011 年年底,市住房储备中心累计采购、租赁廉租住房等保障性住房 5186 套,已在 6 个普通商品住房中开展配建公共租赁住房试点,并将长期在全市普通商品住房中配建公共租赁住房。

三、规范项目建设,严把工程质量关

成都市始终把保障性住房建设质量放在首位,认真执行国家住房建设强制性标准,在工程建设全过程扎实推进"一规范三检查一严格",严守质量"生命线"。

(一)全面公开项目信息,接受社会监督

所有在建项目信息均在建设地点公开,全面公示年度计划、项目名称、建设地址、建设方式、开工时间、竣工时间等,以公示作为承诺,以公示促压力,确保项目快速推进。

(二)强化质量监管

所有项目公开实行建设工程招标投标、信息公示制度,全面实行住宅工程质量分户验收制度,在全国率先推行"专家验房制",严把工程质量关,全市保障性住房项目从未出现过质量安全事故。

(三)及时回应社会关切

积极参与行风政风热线活动,组织住房保障相关部门走进新闻热线直播间,主动宣讲保障性住房建设情况,解答群众咨询,受理群众投诉,接受群众监督。

四、坚持动态管理,确保公开、公平、公正

为确保住房保障公开、公平、公正,成都市进一步强化管理,规范操作,在准入、监管等方面动态跟踪,严格把关。

（一）规范准入审查

成都市建立了街道（社区）、区房管和民政部门、市房管局自下而上的三级审核机制；坚持实行二次公示制度，坚决杜绝违规申请住房保障的行为；采取"一站式"服务，待保对象只需到户口所在地的街道办事处（社区）提交申请资料，中间环节全部交由住房保障资格审核涉及的各个部门内部传递完成；还在房产服务大厅专辟区域设立住房保障服务中心，集中办理住房保障相关事宜。

（二）严格分配管理

成都市先后制定了廉租住房实物配租计分办法、经济适用住房销售规则和限价商品住房销售规则等多项制度，提前公告保障性住房项目的销售信息，公开进行销售摇号。通过网络，向社会公示保障性住房配租、配售情况，接受社会监督。

（三）强化使用监管

成都市不断完善住房保障信息管理系统功能，通过与房屋产权登记信息数据库及商品房网上签约信息数据库联网，对申请家庭成员在全域成都的住房产权登记档案及商品房备案信息进行核实，一旦申请家庭住房情况发生变化，系统会自动提示，工作人员核实准确后会及时取消其住房保障资格。

（四）健全退出机制

成都市完善经济适用住房有限产权制度，规范经济适用住房和限价商品住房上市交易行为，建立廉租住房和公共租赁住房递进式退出机制，健全纠错机制和风险防控机制，严肃查处住房保障违规行为。

五、创新推进服务管理"三进"新模式

"建"好保障房,更要"管"好保障房,成都走在全国前列,基本形成了"政府部门联动、社会广泛参与、鼓励居民自治"的服务新机制,创新保障性住房小区后期管理。

(一)政府部门联动,公共服务进小区

成都市对 1000 户以上较大规模的保障性住房小区,通过社区公共服务平台,完善功能设置,灵活配置人员,促进群众诉求与特色服务的有机衔接;完善小区及周边的基础公共设施和配套设施,使各类社会资源延伸至保障房小区;建立多部门联动机制,整合就业、社保、民政、卫生、房管等部门服务资源,收集到群众诉求后,分工把口,互相协调解决,保证政府公共服务在保障房小区没有"盲区"。

(二)社会广泛参与,社会组织进小区

成都市充分利用社会资源,引入工会、共青团等社会团体、公益组织参与住房保障服务管理工作,依托社区平台,加大对老、弱、病、残等特殊群体的帮扶救助,逐步建立起多种可持续发展的协作机制,包括就业促进机制、老人关怀机制、残疾人帮扶机制、文化推进机制。

(三)鼓励居民自治,基层社区进小区

按照"以人为本、服务居民"的原则,成都市计划建立社区—小区管委会—民情联络员—居民四级自治体系,采取 1000 户以下的小区设立社区专职管理人员、1000 户以上的小区设立社区服务站(点)等方式,做好对各类重点帮扶人员的个性化服务。目前,成都市郎家社区、皇经社区分别在两个保障房小区设立了服务点,派驻专职工作人员提供各项社区服务。

六、改造棚户区和危旧房屋,提升居民幸福指数

成都市棚户区和危旧房屋改造工作在惠泽百姓、造福社会、维护人民群众切身利益等方面取得了明显的成效。以"阳光搬迁"、"惠民利民"、"多轮驱动"为特色的改造模式,是成都市在改善民生,促进城市发展的过程中获得的宝贵经验。

(一)充分尊重民意

一是对旧城区改建项目,如果大多数被征收人不同意改建的,不得作出房屋征收决定;二是所有征收项目的补偿方案经有关部门论证后应对外公布,征求公众意见;三是对房地产价格评估机构,首先由被征收人在规定时间内协商选定,协商不成的,由区(市)县房产管理部门组织被征收人按照少数服从多数的原则投票决定,或者采取摇号、抽签等随机方式确定。

(二)统一补偿标准

成都市明确规定征收补偿的价值构成包括被征收房屋补偿费、政策性补偿费、政策性补助费、政策性补贴以及提前搬迁奖励五项,并将各种补偿项目的构成、标准和限额进行了明确规定。

(三)实行阳光征收

一是政策阳光。通过新闻媒体的大力宣传,使老百姓能及时了解征收法规政策。

二是信息阳光。通过在征收范围内公布房屋征收决定等征收信息,主动告知老百姓征收项目的相关信息。

三是操作阳光。征收工作每一操作环节,都公开透明,依法行政,同时按照公开、公平、公正的原则进行征收补偿,保障执行征收政策一

视同仁,坚决杜绝暗箱操作。

(四)改造方式多样化

成都市提出"政府引导,市场化运作"的大规模危旧房改造和棚户区改造思路,将政府行为和市场行为结合起来,充分调动了社会力量,并相继出现了模拟拆迁、自主改造、收购式改造、整合式改造、模拟搬迁等棚户区改造新模式,实现了区域发展与民生改善的双赢。

成都市现有的城镇住房体系从功能上讲已基本满足现有住房保障的需求,然而从分配公平的角度,仍需进一步完善住房保障准入和退出机制,实现保障资源的有序流动和良性循环,同时进一步加强保障性住房的使用管理,以社会管理的理念,为保障对象提供优质的公共服务。在进一步加强成都市住房保障工作的过程中,还重点加强以下几点工作:进一步加大建设力度,加快保障性住房建设;创新思路,积极吸引社会资金参与住房保障;加快推进法律法规建设,不断健全准入审查和退出管理机制;融入社会管理理念,完善保障性住房后期管理;推进危旧房及棚户区改造。

从建筑大市向建筑强市跨越

——绍兴市建筑业十年巨变

党的十六大以来,在科学发展观的指引下,绍兴市建筑业发生了质的巨变,实现了超常规、跨越式的发展。

2011 年,全市建筑业总产值已达 4213 亿元,比 2002 年的 470 亿元增长了 8.9 倍;增加值 720 亿元,比 2002 年的 98 亿元增长 7.3 倍;上缴税金 121 亿元,比 2002 年的 22 亿元增长 5.5 倍;实现利润 108 亿元,比 2002 年的 15 亿元增长 7.2 倍。绍兴在全国成为建筑业总值唯一突破 4000 亿大关的地级市,各项经济技术指标连续十年稳居浙江省第一,荣登全国地级市的榜首。全市建筑业职工超过 100 万人,培养各种建筑人才 11 万多名,其中高中级职称人才 33857 名。全市建筑业连续三年以 15%—20% 的幅度为全体员工加薪,保障机制充实健全,企业文化丰富多彩,回报社会的款项超过 10 亿元。建筑业成为绍兴市综合实力最强、纳税数额最大、吸收就业人员最多、改善职工生活最快的富民产业。全市建筑业共有国家特级资质企业 17 家,一级企业 133 家,二级企业 251 家,产值超 100 亿元建筑航母企业 11 家,入围全国民营企业 500 强的 15 家,进入中国承包商 60 强的 12 家,在全国地级市中遥遥领先。全市建筑业精品工程迭现,荣获鲁班奖 36 项(不含参建工程获奖的部分,下同),国优工程奖 34 项,钱江杯、白玉兰杯等省市级优质工程奖 2000 多项。鸟巢、水立方、首都机场 3 号航站楼、上海环球金融中心、杭州湾跨海大桥、广州新电视塔等举世瞩目的工程都有绍兴建筑业的身影。

十年来,绍兴建筑业取得了辉煌成就,总结十年发展的经验,集中到一点,就是绍兴的建筑业一直在走一条创新之路

一、体制创新,走活力四射之路

20 世纪 90 年代中期,绍兴市的部分建筑企业率先探索产权改革,由国营、集体经营转为民营企业,实现了两位数的增长,当时被称为"绍兴模式"。到 21 世纪初,绍兴全市建筑企业全部实行民营化,成为建筑业的主角。民营化让企业有了适应市场经济的灵活体制,发展有了充满生机的活力。

为了充分发挥民营体制的优势,党的十六大以后,绍兴建筑业逐渐在企业内部建立起新的运行机制:一是完善股份合作制,调动经营者和职工两个积极性。进而通过股权流动,经营者持大股,经营层多持股,构筑起更能激发经营者积极性的股本结构,从本质上体现民营企业的性质。二是按照"产权明晰、权责明确、管理科学"的要求,建立健全股东会、董事会、监事会等新的法人治理结构,形成"自立经营、自负盈亏、自我发展、自我约束"的法人实体和现代企业制度。三是探索新的经营机制,形成以项目管理责任制为核心的经营模式,使权、责、利更紧密地结合。同时建立竞争上岗的人才机制,创优争先的激励机制,部门与基层挂钩的服务机制,做到人尽其才,物尽其用,货尽其利。四是集团化公司对专业公司和辅助产业探索建立独立发展的经济实体,形成了双层经营的格局,出现了你追我赶、相互争先的生动局面。

体制创新和机制创新相结合,企业的资质和实力不断提升,业务量和产值每年以 30%—50% 的幅度增长,绍兴市建筑业走上一条活力四射的发展之路。

二、产业创新,走纵横并进之路

党的十六大以后,绍兴建筑业积极调整产业结构,不断延长产业链,从"小建筑"走向"大建筑",走上了产业化经营的新路。

在产前,勘察设计和建材先行。全市勘察设计企业发展到 56 家,拥有甲级设计企业 11 家,乙级设计企业 14 家。领军的华汇设计集团,累计完成工程设计 5000 多项,连年入围"中国承包商和工程设计企业双 60 强"。全市有 31 家建筑企业投资建材业,重点发展节能环保新型建材,形成三个体系,成为浙江省节能建材产品的集散地。领军的精工集团,所产钢结构产品,年销售额达到 39 亿元,位居全国行业第一。

在产后,安装和装饰业紧跟,代表企业是诸安集团和亚厦装饰集团。诸安集团在浙江被称为"一枝独秀",荣获 11 项鲁班奖和 8 项国优工程银奖。亚厦装饰集团位居全国装饰企业第二位,连续 5 年被评为全国建筑装饰奖明星企业,荣获 20 多项全国工程装饰奖和装饰科技创新奖。

随着产业一次次扩大,绍兴建筑业又适时提出"跳出建筑抓建筑"的观念,立足主业、做大辅业、以辅业反哺主业,实现主辅业同步发展。一些建筑领域的大型企业纷纷向餐饮、宾馆、金融等服务业拓展,进而向工业、矿业、新能源等实业延伸。

三、市场创新,走"一主两翼"之路

有市场才有业务,市场是建筑产业的生命。绍兴市的建筑企业多达 700 多家,单凭本地的建设规模,"僧多粥少",很难生存,更谈不上发展。形势逼着绍兴市建筑企业到外地寻找市场,实施"走出去"发展的战略,把培育大市场作为立业之本。

　　如何走出去,走到哪里去? 绍兴市建管局经过调查研究,总结过去外拓经验,跟踪投资热点和发展趋势,提出了以上海为主市场,以市外、境外为两翼的"一主两翼"战略。同时,又总结推广了四种行之有效的外拓模式:小额投资拓市场;收购兼并拓市场;地区推介拓市场;资本联合拓市场,使市场开拓畅通进行。进入新世纪后,绍兴建筑业又提出了外拓市场的两个重点:建设优势明显,规模较大的区域性市场,形成集聚效应和辐射效应;抢抓机遇,抢占市场,扩大在新兴市场的份额。目前,绍兴进沪施工企业达到 100 多家,占了浙江省进沪建筑企业的二分之一,全国进沪建筑企业的四分之一。近几年,绍兴建筑企业进沪登记业务均占浙江省的 60% 以上,在沪施工产值达到 500 亿元,主攻上海的战略取得了巨大的成功。

　　市外一翼在长三角、珠三角和环渤海地区展翅高飞,形成了浙江、上海、江苏、安徽、山东、江西、天津等 7 个区域性大市场。随后,又把建筑市场扩展到全国 30 个省市。境外一翼的羽毛正在丰满。全市有 35 家建筑企业获得外经权,施工队伍先后进入东南亚、中东、非洲 20 多个国家,并向欧盟、日本和美国进军。

四、科技创新,走高尖技术之路

　　绍兴建筑业把科技创新作为根本大计,全市建筑企业积极实施科技兴业战略:与高等学校联合创办了一个国家级、12 个省级科技研究中心,走产学研结合的道路;大力推广应用建设业 10 项新技术和智能化建筑应用技术,深入开展 QC 小组活动,组织科技攻关,不断提高建筑工程的科技含量;借鉴国内外最新科技成果,在吸取消化的基础上走自主创新之路。十年来,全市创造国家级工法 120 多项,省级工法 200 多项,获得国家发明专利 30 多项,国家实用专利 60 多项,有 20 多项工程被列入"全国建筑业新科技应用示范工程",10 多个企业获得"全国工程建设科技创新示范企业"的殊荣。

　　把建筑业变成制造业,被业界称为是建筑业的一场革命。在绍兴建筑业中,宝业集团是这场革命的实践者。2002 年,宝业集团被住房和城乡建设部确定为全国住宅产业化试点单位后,在绍兴柯桥建立占地 1 平方公里的住宅产业化制造基地,先后引进德国、意大利、日本的全自动流水生产线,建立了宝业木制品、宝业钢构、宝业幕墙等 6 个专业车间,生产构建房屋的部件。然后像搭积木一样,把这些部件组装成住宅。整个流程被称作"工厂化生产,装配化施工。"

　　2005 年 10 月,宝业集团与同济大学合作的国家"十五"科技攻关课题"轻型钢框体系低多层住宅建筑关键技术研究与应用",通过住房和城乡建设部验收。这项科研成果填补了国内空白,达到国际先进水平,荣获华夏科技进步二等奖。

　　2006 年 3 月,宝业集团与日本大和房屋签订了《工业化住宅共同开发合作协议》,投资 2 亿元建设国家级住宅性能评估检测实验室。该实验室承担着制造标准的制定和建筑部件的鉴定、检测任务。2010 年,DB-1 系列组装式样板房建成,进入推广阶段。同时,在合肥市新建住宅产业化制造基地,实施"千亿元"装配式保障性住房工程,并且正在积极筹建武汉及北方的制造基地。

　　产研并举、自主创新是绍兴建筑科技的创新特色。在众多的拥有自主知识产权的建筑企业中,影响最大的当数精工钢构集团。

　　精工承建的南通体育会展中心体育场,面积达 17000 平方米的国内最大的活动屋盖开闭试验一次性成功。精工作为承建单位之一的北京奥运"鸟巢"工程,是世界最大的钢结构体育馆,钢结构跨度最长,施工难度最大。精工使用桁架吊柱精确衔接新技术,使用焊接机器人,大规模采用远红外电加热新技术等,以成套的自主创新技术造就了举世瞩目的鸟巢工程。精工与解放军电子信息工程学院合作,成功解决了关键技术空间箱形弯扭钢构件的测定,测定精度达到亚毫米级计量标准。精工与同济大学共建的同济精工钢结构技术研究中心,开发出国际上首个三维建模与放样软件系统,从而顺利完成了建模、放样和装配。精工与吉林大学共同研发出大吨位、大厚板异形件加工的无模成形技术，首次解决了钢板厚、弯扭构建形状复杂的加工制作难题。此外，还有高度492米的上海环球金融中心，高度610米的广州新电视台等钢结构工程，充分显示了精工集团超群的自主创新实力。

五、管理创新，走精品工程之路

百年大计，质量第一，这是对建筑产业的第一要求。绍兴建筑业在实践中领会到，质量是品牌、质量是效益、质量更是责任。在策划企业宗旨、企业观念、企业精神中，在进行工程设计和施工中，绍兴建筑业把高质量放在首位、把打造精品工程作为工作目标。绍兴建筑业在质量管理中，提出了"建一个工程，出一个精品，树一座丰碑"的质量观念，使质量第一的观念深入人心。在工程施工中，深入开展争创优质工程、争创获奖工程、争创放心工程的"三创"活动，把打造精品工程的要求贯穿在工程建设的全过程中。

针对工程创优目标管理，中成集团、华升集团等一批先进企业制定了"精品工程流水线"。这条流水线包括七个方面的内容：制订质量安全计划，提出严格的质量安全指标；在工程设计中，对各个环节的质量进行精心设计；对员工进行质量安全培训，全面掌握质量安全技术；开展质量达标活动，层层签订质量安全责任制；建立质量检查制度，做到经常检查、定期互查和专项检查相结合；层层把关，严格竣工验收；开展质量跟踪服务，达到用户放心满意。全方位调控的精品工程流程，行之有效，已在绍兴全市推广应用。

针对优化项目管理责任制，展诚集团率先开展"项目管控责任制创新"，管控责任制做到纵向到底，横向到边，创造出"六个结合"的新鲜经验，被评为2009年度浙江省科技成果创新一等奖，业内专家认为是对建筑业"浙江模式"的深化和完善。这项管理创新影响深远，包括建筑强省江苏在内的 9 个省市的行业主管部门和企业,先后到展诚集团参观考察,学习、取经。

针对大型企业建设项目"点多、线长、面广"的实际,八达集团创造了单体管理和总体管理相结合的模式,具有特色内容的是"一把尺子,两把刀子,三大管区,四大管理"。一把尺子是按照创建优质工程的质量标准来衡量质量规范、规程和规章的执行程度。两把刀子是对不符合质量要求的部件坚决返工;对不执行质量标准的人员坚决查处。三大管理是变总部统管为三大管区直管,使质量管理更及时、更有效。四大管理是深入开展质量管理、品牌管理、客户管理、人才管理活动,达到管理精细化,提高工程精品度,提升用户满意率。由于管理创新成效显著,八达集团被评为"全国工程建设质量管理小组活动优秀企业"和"全国优质服务先进集体"。

实行管理创新,全市高资质企业先后通过"QEO"三合一管理体系认证;全市建筑工程合格率始终达到 100%,优质率达到 60% 以上;在几十个城市矗立起绍兴承建的标志性建筑,使绍兴建筑成为全国知名的品牌。

多年来,绍兴市委、市政府一直把建筑业作为基础产业、先行产业、支柱产业、富民产业,高度重视、积极引导、重点扶持和全力服务。进入新世纪以来,绍兴市政府又先后出台了《关于加快建筑业发展的若干意见》、《进一步加快建筑业发展的意见》,及时提出发展目标和政策措施。市、县两级制定了对建筑业扶强扶专的政策,加强对骨干企业和优势专业企业的税费优惠力度。政府还加强年度综合考评工作,对业绩突出的企业授予建筑航母、建筑明星和 20 强企业称号;对贡献卓著的企业家授予发展功臣、劳动模范、杰出人才称号;对优质工程和科技创新项目分别给予重奖。这一系列的政策措施,激励着建筑企业提高质量,加大投入,加快技改,开拓市场。

按照"十二五"规划,到 2015 年绍兴全市建筑业总产值将达到

6420 亿元,比"十一五"期末翻一番。展望未来,到"十三五"期末,绍兴全市建筑业总产值将有望突破一万亿元,实现绍兴建筑业的又一个跨越式发展!

天柱山下好风光

——安徽省潜山县统筹城乡发展建设美好家园纪事

这里是"皖国古都、二乔故里、安徽之源、京剧之祖、禅宗之地、黄梅之乡"。2011年,风和日丽春光美,潜阳大地喜事多。天柱山荣膺国家5A景区和世界地质公园两大殊荣,天柱山旅游迈上崭新的台阶。更让潜山人津津乐道的是,全省农村危房改造和村庄整治现场会在潜山县召开,潜山县统筹城乡发展、建设美好家园所取得的阶段性成果,吸引了世人关注的目光。

党的十六大以来,潜山县以发展大旅游、建设大景区和拆县建市为目标,坚持城乡统筹一体化,建设"旅游城市、风情小镇、秀美乡村、幸福家园",潜山县城乡面貌发生了翻天覆地的变化。如今,走进潜山,城市面貌日新月异,秀美乡村风景如画。这里山美、水美,城美、镇美,村更美。

一、风情小镇拓展旅游产业链

盛夏的傍晚,夕阳的余晖在绕城而过的潜河上泛起金色的涟漪。温暖的河水、柔软的沙滩、绿色的草坪、整齐的步道……吸引了前来锻炼、纳凉、戏水、洗浴的市民和游客。潜河沿城河岸整治工程启动于2006年,全长10公里,是近年来潜山美化县城的重点实事工程之一。

　　2002 年以来,像这样的实事惠民工程在县政府每年的政府工作报告中都有一至两项。通过这些重点工程的实施和牵动,潜山路宽了,街美了,城靓了。县城规模由 2002 年 6.5 平方公里增加到 10.9 平方公里,兴建改造道路 18 条,人均道路面积达 10.6 平方公里;广场建设从无到有,兴建休闲娱乐广场 4 座,改造绿化用地 3.6 万平方米,绿化覆盖率从 2002 年 19.4%增长到 34%。

　　在加快县城建设步伐的同时,16 个乡镇村庄布点规划、20 个省级新农村建设示范村村庄建设规划、全县 135 个划定区域内村庄规划编制全部完成,规划编制完成率达到 81.5%。以源潭、黄铺、天柱山等重点镇建设为重点,带动建制镇建设,形成了一批产业集聚能力强、发展特色鲜明的小城镇。

　　为加快推进风情小镇建设,潜山县委、县政府出台了《潜山县风情小镇建设工作考核奖补办法》,以全县大景区为目标,对具备一定优势资源的乡镇,按照"宜居、宜业、宜游"的标准和"保护历史建筑、展示农耕生活、挖掘传统文化、培育百姓业态、适度旅游开发"的定位,逐步建成一批环境优美、功能配套、产业发展、特色鲜明的风情小镇。

　　风情小镇建设的基本要求是,"美":风光美、风貌美、环境美;"特":文化特色、产业特色、建筑特色;"情":田园风情、人文风情、民俗风情;"宜":宜居、宜业、宜游。风情小镇建设必须具备七个方面的元素:有一点规模的集镇,有特色的建筑风貌,有鲜明的文化特色,有美丽的自然风光,有较高的环境卫生保洁标准,有配套的基本公共服务项目,有一定的旅游项目或景点。

　　目前,已初步成形的有天柱山镇和水吼镇。天柱山集镇位于天柱山景区入口,有三祖寺、摩崖石刻、黑虎瀑布等主要景点。近些年,通过招商引资,在有百年校史的野寨中学附近,建起了具有江南徽派风格的"皖镇"建筑群,初步形成了餐饮、购物、休闲、娱乐和农耕展览一条街。水吼镇集镇所在地"水吼岭",是一座老集镇。境内的天龙关建成了安徽省第一个室外攀岩基地,白马潭水上漂流如火如荼,农业生态观光园里有潜山县第一家大型跑马场。电视连续剧《七仙女》的主要外景地就在天龙关。老集镇的风情吸引了众多游客来水吼攀岩、骑马、漂流、品尝农家菜。

正在建设的还有号称"中国刷业基地"的源潭、茶叶之乡塔畈、竹乡龙潭、舒席之乡王河、水产之乡油坝、生姜之乡五庙和特色农产品之乡管庄、槎水、黄柏……

坚持城乡统筹,以城带乡,着力提高农村集镇规划水平,农村集镇承载力进一步提高,社会化服务体系逐步建立。风光迤逦、风情绰约的新型集镇,吸引了来天柱山旅游观光的大批游客。潜山县农村集镇建设,在"宜城杯"竞赛活动中,连续五年获一等奖两次、二等奖两次、三等奖一次。

二、秀美乡村打造旅游新景点

宽阔洁净的活动广场、曲直延伸的林荫小道、错落有致的农家楼院、参天的古树、整修一新的古迹、沿路生长的郁郁葱葱果树……青山绿水环绕下的水吼镇燕窝组,俨然一个天然去雕饰的"别墅山庄",让人流连忘返。在秀美乡村建设中,潜山县按照"全县大景区、乡村小景点"的建设格局,不断带给当地群众视觉享受。

近年来,潜山县瞄准"一年抓示范,三年抓覆盖,五年见成效"目标,坚持"政府引导、农民主体、社会参与"的原则,按照"一本规划对接、一份签字承诺、一名领导牵头、一个班子主抓、一套机制推进"的思路,全面启动农村危房改造和村庄整治。为突出潜山作为风景旅游区的特色,在村庄设计上,统一推行"灰瓦白墙"的皖派建筑风格,相继完成了16个乡镇村庄布点规划、135个省划定区域村庄建设规划和49个村庄整治点规划的编制,以点带面,以线促片,全面引领村庄整治工作。同时对农村清洁工程、人畜用水、土地整理、危房改造、异地扶贫搬迁等项目进行有机整合。两年来,累计投入农村危房改造和村庄整治工程资金28190万元。各村庄整治点在政府引导下,根据自身实际,做足结合文章。源潭镇双峰村立足产业基础,借助村庄集中整治,打造"中国刷业基地";龙潭乡龙湾村发挥生态环境优势,以村庄整治带来的新貌,开展农家乐旅游。

为改变农村"脏、乱、差"现象,保护农村生态环境,提高群众生活质量,潜山县将农村清洁工程列为一项实事工程。县政府成立了"潜山县农村清洁工程"领导小组,出台了《潜山县农村清洁工程实施方案》和《关于进一步建立健全全县农村环境卫生城乡管理机制的通知》,并与各乡镇签订了目标责任书。各乡镇利用广播、电视、宣传栏、标语等多种形式,不断提高群众的环境卫生意识,激发全民参与、支持、配合"农村清洁工程"的良好氛围。同时,各地纷纷开展"卫生大扫除,垃圾大清理"活动,清除垃圾、杂物4000吨。全县已聘用清扫保洁人员190名,村民组简易垃圾收集房已建成548个,新购置垃圾桶1506个,在全县初步建立起"户保洁、村收集、乡镇转运、县处理"的垃圾处理模式。每季度开展一次全面的环境卫生集中整治活动,县有关部门实地检查评比,电视台跟踪报道,近几年全县在整治环境卫生上投入资金3.2亿元,硬化路面32.5万平方米,绿化58万平方米,新增路灯1.8万盏。改水受益3万余人,改厕3000余户,改路308.5公里,新增沼气用户6000余户。

如今的潜山,处处呈现出"村在林中、路在绿中、房在园中、人在景中"的田园景观。两年来,潜山县遵循"点上突破、线上延伸、面上拓展"的原则,确定2条整治线、29个村庄整治示范点为重点,通过示范引路,推动面上工作的开展。截至目前,完成农村危房改造7731户、建成村庄整治点49个,并相继涌现出水吼镇燕窝村和淅水湾、痘姆乡山包新村、天柱山镇白水湾等一批各具特色的村庄整治点。全省农村危房改造和村庄整治现场会、新一届市委常委第一次全体会议相继在潜山县成功召开。会后,全省共340多个团队共2.3万人次相继到潜山县村庄整治点进行参观考察,新华社、《人民日报》、新华网、人民网以及省内外几十家媒体报道了潜山县农村危房改造和村庄整治所取得的巨大成果。

三、美好蓝图绘就潜山大景区

"旅游城市、风情小镇、美丽乡村、幸福家园"是潜山城乡统筹的目标,涵盖了县城、乡镇、村庄和农户,是潜山县新农村建设的一个系统工程、龙头工程。未来五年,潜山县将以科学发展观为指导,以建设全县大景区为目标,坚持城乡统筹发展不动摇,在实现经济建设又好又快发展的同时,着力推进新农村建设的一系列民生工程、德政工程,为早日实现撤县设市的宏伟蓝图而努力奋斗。

一是继续强力推进村庄整治工作。以村庄规划为引领,以政府引导、农民主体、社会参与为原则,着力培育一批规划有序、风格统一、村容整洁、环境优美、文明祥和的秀美乡村。坚持示范带动,以线带片、以点促面。科学编制村庄整治规划,统一村庄建设风貌;抓好村庄绿化、亮化和硬化,修建引排水设施,建设文化室、村民广场和公共厕所,完善基础设施配套;发动村民主动拆除危旧房屋、猪圈、厕所、院墙等,自觉清除村内垃圾杂物,对村庄实行卫生保洁,创造整洁靓丽的村庄环境;通过村民理事会或"一事一议"方式,建立健全村庄民主管理和建设发展长效机制。

二是继续大力实施农村清洁工程。2012 年,潜山县农村清洁工程的重点工作是实施生活垃圾治理,建设生活垃圾收集、转运设施,建立"户分类、村收集、乡镇转运、县处理"的处理模式,改善农村生产生活环境。重点在 15 个乡镇集镇区、重要公路(国、省道)沿线、景区景点29 个村及 1030 个村民组先行实施。

三是进一步提升村镇发展水平。在坚持县城优先发展的前提下,根据各乡镇发展潜力和资源环境承载力,按照集聚发展、轴向联动、保护生态的规划思路,突出各乡镇的功能定位,注重塑造特色,坚持"一镇一业"、"一村一品",实施源潭、余井、县城、黄铺工业产业城镇带,县城、天柱山、水吼旅游产业城镇带,着力打造一批工业强镇、商贸重镇、旅游名镇。加快推进人口集聚,通过政策激励,积极引导农民进城、进镇、进集中居住点,努力推动城乡一体化。同时,搞好村镇规划建设管理从业人员的业务培训,提高村镇规划建设管理水平。

"长风波浪会有时,直挂云帆济沧海"。到那时,天柱山山上山下,潜山县城里乡下,放眼和谐美好,随处入景入画,大旅游,大景点……在全体潜山人民的共同努力下,一个和谐、富裕、生态、文明的新潜山必将呈现在世人面前。

第八部分　部属单位

　　党的十六大以来,住房和城乡建设部直属各单位坚持以科学发展观为统领,紧紧围绕部中心工作,锐意改革,转变职能和管理模式,为提升服务部中心工作和自身发展的能力创造条件。党的十六大以来的十年,是部直属各单位创新发展、迅速壮大的十年,各直属单位发挥职能、服务行业,从小到大,从弱到强,社会影响力日益增强,成为推动住房城乡建设科学发展的重要力量。

推动住房城乡建设科学发展的重要力量

——住房和城乡建设部直属单位党的十六大以来的科学发展之路

党的十六大以来,住房和城乡建设部直属各单位坚持以科学发展观为统领,紧紧围绕部中心工作,锐意改革、创新发展,发挥职能、服务行业,自身发展不断壮大,社会影响力日益增强,成为推动住房城乡建设科学发展的重要力量。

一、围绕中心,服务行业

始终把完成好住房和城乡建设部的中心工作作为出发点,以住房城乡建设的科学发展带动自身科学发展,是直属各单位长期坚持的宗旨和原则。近十年,部直属各单位为部中心工作的完成,在人力、物力和财力上给予了大力支持,实现了保障部中心工作顺利完成与自身发展的"双赢"目标。

(一)为城乡规划提供支撑

中国城市规划设计研究院(中规院)着力发挥城市规划引导城镇化和城市全面、协调和健康发展的作用,先后主持了吉林、浙江、江西、安徽、湖北、海南、贵州、青海、西藏、新疆等省域城镇体系规划或省域城镇化战略的编制工作,编制完成了成渝、长株潭、辽宁沿海、北部湾、黔中、太原、宁夏沿黄等城镇群规划,主持和参与编制了北京、上海、天津、重庆、广州、深圳、南京等 60 多个重要城市的发展战略研究或城市总体规划。2002 年以来,国务院审批总体规划的 107 个城市中,有 53 个城市的总体规划由该院承担。顺应并落实构建国家核心发展和改革试验先行要求,先后完成天津滨海新区、重庆两江新区、成都天府新区、深圳前海地区、浙江舟山新区等国家新区规划,探索新区的职能发展带动作用和模式创新示范作用,促进中心城市、核心城镇群的发展升级。

住房和城乡建设部城乡规划管理中心(规划中心)充分应用卫星遥感技术大力开展城市规划动态监测。2003 年,完成了贵阳、鞍山、包头等 9 个城市的规划监测工作,监测面积共 1858 平方公里,变化图斑 5851 个,面积为 111.9 平方公里。2005 年,城市规划实施情况动态监测的试点城市增加到 20 个,监测面积达 12649.71 平方公里,变化图斑总数为 15174 个,面积为 371.51 平方公里。

通过监测,获取了监测城市的变化图斑分布图、各类建设用地变化图斑分布专题图、城市用地分类现状专题图,形成了监测城市监测成果分析报告。

建立部、省、市三级城市规划监测管理系统,为城乡规划监管提供了技术支持。

(二)为住房保障贡献力量

住房问题关乎民生,中央关注,百姓期盼。大力推进保障性安居工程,是住房和城乡建设部近年来的重要职责。直属各单位积极响应党中央、国务院号召,按照部党组要求,尽其所能、参与其中,为推进保障性安居工程建设做出了积极贡献。

住房和城乡建设部住宅产业化促进中心(住宅中心)坚持通过加强住宅产业基础技术和关键技术的研究与推广、实施国家康居示范工程与国家住宅产业化基地、开展住宅性能认定与住宅部品认证等工作平台,积极促进保障性安居工程有关工作。自 2002 年以来,实施国家康居示范工程 300 多项,分布于全国 28 个省、自治区、直辖市的 100 多个城市,其中 90 多个项目已通过达标考核验收。

用装配式技术建造国家康居示范工程深圳龙悦居保障性住房小区。

将上海市设立为保障性住房开展性能认定的试点城市。通过推行住宅适用、环境、经济、安全、耐久五大性能评定,不断提升保障性住房综合品质。成立了建筑产品、住宅部品认证机构——北京康居认证中心,开展了《保障性住房产业化政策研究》,建立了"保障性住房建设材料部品采购信息平台",为保证保障性住房建材部品的质量和性能打下了基础。

中国建设报社(建设报社)围绕保障性住房建设,举办了"全国住房保障及市场调控高峰论坛"、"住房保障及市场调控高峰论坛"征文活动,主办了"中国首届保障性住房设计竞赛方案"活动,并及时报道全国各地建设保障性住房的经验和做法。2012 年 5 月 3 日,新华社刊发了该社记者拍摄的贵州省黔东南自治州雷山县丹江镇苗族群众住上具有苗族建筑风格的保障性住房的照片,被国内 30 多家媒体转载。

(三)为建筑节能减排探索新路

建筑节能是节能减排工作的重要组成部分,住房和城乡建设部承担着艰巨的任务。部直属有关单位充分发挥职能优势,在各自的行业和领域积极作为、大力推进,取得较好成效。

住房和城乡建设部科技发展促进中心(科技中心)围绕建筑节能工作,承担"国家科技支撑计划"、"住房和城乡建设部节能省地专项"及"国际科技合作"等研究项目 30 余项。组织进行了 742 个项目、72 个城市、146 个县的可再生能源建筑应用示范工作,完成了"十一五"期间可再生能源建筑应用替代量的规划任务,初步建立了适用于我国的建筑能效测评标识制度,为《民用建筑节能条例》的宣传贯彻实施提供了支撑。

积极开展"城镇供热价格管理办法"等研究工作,为住房和城乡建设部、发展和改革委员会制定《城市供热价格管理暂行办法》提供了有力的技术支撑。积极开展绿色建筑标识评价工作,至 2011 年年底,共评价完成绿色建筑标识项目 65 个,其中一星级 16 个、二星级 12 个、三星级 37 个,住宅类 28 个、公建类 37 个,设计阶段标识项目 62 个、运营阶段标识项目 3 个。调查了全国 29 万余栋民用建筑能源消耗数据,对国内建筑能耗量和节能潜力进行了预测分析。

住房和城乡建设部机关服务中心在做好后勤保障、提高服务质量的基础上,率先在中央国家机关系统开展既有建筑供暖分户热计量改造、建设太阳能光伏电站和雨水回收系统、设立院区厨余垃圾微生化处理站、安装伸缩式外挂遮阳篷等节能减排工作。其中既有建筑热分户计量改造面积 16 万平方米;建设 8 处太阳能光伏电站,年发电量近 20 万度,节约标煤 77 吨,减排二氧化碳 200 吨;每年收集雨水污水约 3000 吨,成为中央国家机关首个办公区绿化自来水零消耗的单位,被选为中央国家机关五个节能减排示范单位之一。

住房和城乡建设部信息中心承担了部电子政务网络基础设施与部门户网站建设、运行和维护,有效支撑了部电子政务工作。近年来,信息中心承担的"个人住房信息系统"、"全国城镇污水处理管理信息系统"、"住房公积金监管信息系统"、"全国扩大农村危房改造试点农户档案管理信息系统"等一批重要业务信息系统的立项和建设,为保障性住房建设、房地产市场调控、住房公积金监管、节能减排等重点工作以及政府信息公开提供了行业运行的基础数据和监测分析,有效支撑了住房和城乡建设部决策支持和政务业务的开展。例如,该中心承担的"全国城镇污水处理管理信息系统"建设任务,建立了城镇污水监管的"基层填报,省市核准,国家监督"的上下联动机制和"信息共享,联动协同"的部门协作机制,为国家实现节能减排战略、促进行业技术水平提升发挥了积极作用。

(四)为公共服务提升品质

在紧紧围绕住房和城乡建设部中心工作开展业务的同时,直属各单位积极承担社会责任,拓展公共服务范围,努力为行业做贡献。

住房和城乡建设部稽查办公室虽然是参照公务员管理的事业单位,但肩负着行政监管职能。近十年来,积极推动稽查执法体制机制创新,实现与行政监管有效衔接。全国 30 个省(区、市)成立了省级稽查执法机构,70% 的地级城市成立了市级稽查执法机构,稽查执法工作体系初步形成。加大稽查执法力度,共受理群众举报 2403 件,查办中央及部领导批示的案件 207 起,通报、曝光典型案例 36 起,有力地打击了违法违规行为,规范了市场秩序。建立并推行城乡规划督查和住房公积金督查制度,从 2006 年起,分六批向国务院审批城市总体规划的 89 个城市派出了 102 名城乡规划督察员,共发出督查文书 200 余份,制止侵占城市公共绿地、破坏历史文化街区和风景名胜资源等违法违规行为苗头 600 余起。2010 年,会同有关部门聘任了 18 名住房公积金督察员,对 29 个利用住房公积金贷款支持保障房建设试点的城市开展督查,向存在问题的 28 个试点城市政府发出了 34 份督查建议书,试点城市贷款发放率由 12.8% 增至 77.2%。认真做好建设系统治理商业贿赂工作,起草的《加大对行贿行为处罚力度问题调研报告》得到了中央治理商业贿赂领导小组办公室的肯定。会同有关部委开展了全国房地产市场秩序专项整治,切实解决重点领域、关键环节的突出问题,不断建立健全防治商业贿赂的长效机制。

住房和城乡建设部标准定额研究所(标定所)充分认识标准定额事业在国家经济社会发展中的地位和作用,完成了包括国家"十一五"节能、轨道交通科技支撑项目在内的有关标准化的体系建设、发展规划、实施与监督、法规制度建设、国际化战略、灾后重建以及造价管理等 20 多项课题的研究,其中多项获得奖励。完成了《工程建设标准体系(城乡规划、城乡建设、房屋建筑)》试点编制和修订以及城镇建设、房屋建筑、城市轨道交通产品标准体系的制定;完成了全文强制国家标准

《城镇燃气工程技术规范》、《城镇给水排水技术规范》等的编制工作。组织制定了《工程量清单计价规范》、《城市污水再生利用》系列标准和《建设项目经济评价方法参数》。近十年来,共组织制定、修订工程建设国家标准、行业标准、产品标准1225项,审核、出版各类标准定额1400多项,组织制定技术导则10多项。完成了标准、定额信息网的建设。

住房和城乡建设部执业资格注册中心和有关学会(协议)配合我部基本建成建设行业执业资格制度总体框架,建立实施了监理工程师、房地产估价师、注册建筑师、勘察设计注册工程师、造价工程师、注册城市规划师、房地产经纪人、建造师、物业管理师等9项执业资格制度。积极开展国际交流与合作,与多个国际专业组织建立了广泛的联系和合作渠道。参加了APEC建筑师项目、中日韩建筑师年会,促进了建筑师交流合作,建筑师、结构工程师、城市规划师与香港相应专业资格实现了互认,台湾地区的37位建筑师首次取得了大陆一级注册建筑师资格。2010年,推荐全国百名一级建造师取得英国皇家建造学会正式会员资格。

(五)为抗震救灾竭尽全力

近年来,全国相继发生几次大的自然灾害,住房和城乡建设部直属各单位大力发扬"一方有难、八方支援"的精神和扶贫济困的优良传统,积极向灾区伸出援助之手,谱写了立党为公、执政为民的新篇章。

"5·12"汶川特大地震、"4·14"玉树特大地震和"8·8"舟曲特大山洪泥石流发生后,直属各单位立即行动,紧急动员干部职工向灾区捐款,共计590.5050万元。

中规院在几次大的灾害发生后,都组织了救灾和灾后重建规划工作组,院领导亲自带队奔赴灾区,积极主动承担救灾应急安置和灾后重建规划工作。2010年8月,中共中央、国务院、中央军委授予中规院"抗震救灾英雄集体"荣誉称号。2011年10月,中规院北川前线指挥部获得国家发展和改革委员会、人力资源和社会保障部、解放军总政治部联合授予的"汶川地震灾后恢复重建先进集体"荣誉称号。

"5·12"汶川地震发生后,建设报社党委按照部党组的统一部署,带领全社党员干部发扬特别能吃苦、特别能奉献、特别能战斗的精神,充分发挥主流新闻媒体作用,大力宣传党中央、国务院和部党组对抗震救灾工作的高度重视和决策部署,大力宣传灾区广大干部群众奋力抗震救灾的感人事迹,大力宣传全国住房和城乡建设系统积极支援灾区的实际行动,为抗震救灾工作提供了强大的精神动力、舆论支持和思想保证。《中国建设报》发表各类文章471篇,图片148幅,总计30余万字。中国建筑工业出版社(建工社)为灾区出版相关实用图书23种、36280册,价值145万元,全部免费赠送给灾区。

(六)为人才培养搭建平台

住房和城乡建设部有多个直属单位与建设人才培训紧密相关,十六大以来,他们立足现有条件,组织建设领域各行各业的学习培训,培养了一大批优秀的建设人才。

全国市长研修学院(市长研修学院)以提高城乡领导能力和水平为目标,近十年共举办"市长研究班"52期,培训市长学员1909人次;受地方党委、政府委托,举办专题培训班49期,培训市、县(区)、乡镇长2819人次。通过培训,学员们进一步增强了贯彻党中央、国务院关于住房和城乡建设方针政策的自觉性,进一步提高了管理现代化城市的能力和水平,为促进我国城乡现代化建设做出了重要贡献。

住房和城乡建设部干部学院(干部学院)在建设人才培养上提出"一调两转四服务"的总体工作思路,2002年以来,共举办党校班17期,培训处级党员干部765名。先后开展了城镇住房保障领导干部、部属单位局级领导干部等多项培训工作;连续举办"青海省黄南州尖扎、泽库等县干部培训班";开展上海世博会建筑科技新成果系列研讨班和节能建筑、城镇规划培训;面向建筑企业送教上门,开展"建筑企业劳务管理"、"一级建造师"培训。举办多期越南培训班,积极拓展国际合作渠道。

住房和城乡建设部人力资源开发中心(人力资源中心)立足行业人力资源开发与服务,通过举办培训班、开展职业技能鉴定、《国家职业大典》建设行业职业修订、专业技术职务任职资格评审等工作,积极为人才工作服务。目前,委托人事代理的企事业单位达800多家、近2万人、20个服务项目。

住房和城乡建设部政策研究中心(政研中心)与中国社会科学院研究生院城乡建设经济系合作,设立国家硕士点和博士点,大力培养高层次建设人才。

二、适应市场,推进改革

近十年,事业单位改革的力度比较大。住房和城乡建设部直属单位也不例外,按照中央要求,根据时代发展需要,立足全面、协调、可持续发展,在职能和管理模式等方面进行了改革,为提升服务部中心工作和自身发展的能力创造条件。

(一)拉开转企改制序幕

建工出版社和中国城市出版社(城市社)的职工怎么也没有想到,两个建社几十年的事业单位,经历多次改组改制都"毫发无损",但到了2010年,事业单位却变成了企业,"铁饭碗"也随之被打破。这是根据中央有关新闻出版单位转企改制要求,两社经历的建社以来最大的一次改革,触动着每一位职工的敏感神经。

2009年,建工出版社成立体制改革领导小组,统筹体制改革各项工作。方案得到新闻出版总署批准后,建工出版社进行了清产核资、财务审计和资产评估工作,注销了事业法人,进行了企业工商登记。2010年10月,建工社按时、稳妥、顺利完成了转企。2009年10月13日,城市出版社召开全社职工大会,审议并通过了《中国城市出版社转制工作方案》。2010 年 12 月 29 日,国家事业单位登记管理局宣布:"中国城市出版社已在国家事业单位登记管理局办理事业单位法人注销登记,事业单位法人证书正本及副本已收缴。"距 2011 年新年还有 2 天,城市出版社完成了转企改制全部工作。

　　两个有着几十年历史的出版老社,过惯了计划经济体制下的"安稳"日子,突然要脱离"母体"、"断奶"自谋生路,可谓困难重重。现在,建设报社、建筑杂志社(杂志社)成为转企改制的第二梯队,也面临着同样的考验和挑战。

(二)披荆斩棘走向市场

　　出版单位完成转企任务后,如何尽快建立现代企业制度,顺利走向市场,成为两个已转企业、两个待转企业决策者的重要任务。

　　建工出版社积极调整经营战略,以建设事业发展规划和市场需求为中心,不断调整和优化选题结构,在抓住优势领域的同时,力争多板块同步扩张。通过突出学术理论、应用技术、文化积累和国家重大建设工程技术图书的出版,抢占市场。《2008 北京奥运建筑丛书》、《建筑节能技术实践丛书》等多部图书入选"十一五"、"十二五"国家重点图书出版规划。注重加强营销工作,积极与新华书店系统合作,加快销售渠道的提升与拓展,建筑图书零售市场占有率最高达到 57.2%。

　　城市出版社积极适应转企改制特点,把功夫下在图书质量、内部管理、市场营销三个方面,提出了"自主出书和合作出书相结合,以自主出书为主"的经营战略,很快融入到市场大潮之中。经过不懈努力,出书品种由"十五"初期的 60 余种升至目前每年 200 余种。

　　2003 年年初,杂志社基本处在"惨淡经营"的状态。经过几年的努力,尤其是近两年注重做好市场这篇文章,实行经营创收部门目标责任制,组建办刊和经营紧密结合的策划部,实行两刊广告独立经营,推动和引导非岗创收。目前,该社年发行净增量、广告业务量、营业额、职工收入同比均实现两位数以上的增幅,年营业额突破 1000 万元,同比增加 39%。

(三)更新理念激发活力

阻碍改革进程的是思想,推动改革进程的也是思想。几家转企改制单位注重用市场的观念、市场的眼光、市场的方法来处理问题,积极引进科学的管理理念,建立现代管理制度,发挥人才主导优势,不断增强市场生存力和竞争力。

建设报社勇于探索,积极创新,对新进人员全部实行聘任制;开展部门领导岗位竞争上岗试点工作,在全社范围内进行部门主任竞聘上岗和部门用人双向选择;进行全社收入分配制度改革;按照《新闻出版行业事业单位岗位设置管理指导意见》和《建设部事业单位岗位设置管理实施意见》的要求,积极开展岗位设置工作,形成了良好的人才流动机制,干部职工的责任意识、竞争意识明显增强。

建工出版社以引进带动输出,与国外知名出版机构建立了长期合作关系,《2008 北京奥运建筑总览》、《神州瑰宝》等图书达成多项版权输出协议,中、英、俄、法文版累计推出 10000 余册。2010 年 6 月,《中国美术艺术全集·建筑艺术编》、《中国古代园林史》等近 20 种图书被选为国家领导人访问澳大利亚的礼品书,成为传播中华文化的桥梁。2010 年 10 月,与中国文物学会等联合在法国巴黎举办"中国建筑文化展",全方位展示了具有中国特色的建筑文化,为实施"走出去"战略进行了又一次有益的尝试。

(四)合并重组做大做强

解决事业单位"小而多"、职能交叉、发展受限等问题,是中央关于事业单位体制机制改革的基本思想。住房和城乡建设部直属单位多,但规模相对较小,有的单位只有二三十人。由于编制、经费、职能等因素影响,单位的业务拓展和长远发展受到了制约。加之有些单位业务范围存在交叉重叠,工作中难免"撞车"。对业务相近、规模较小的单位进行资源整合、合并重组,有利于形成规模效益,做大做强。近年来,住房和城乡建设部按照科学发展观的要求,从长远发展出发,克服重重压力和困难,大力推进合并重组工作。2010年,启动了市长研修学院和干部学院的合并重组工作,将两个单位合二为一,有效整合了教育资源,提升了综合培训能力。今年,经充分调研论证、多方征求意见,住房和城乡建设部党组研究决定,对科技中心和住宅中心启动合并重组工作。目前,合并重组方案已基本成形,计划年内完成合并重组工作。

在大力推进合并重组的同时,注重加强对各单位内部机构的调整改革,以不断适应职能和市场发展变化的需要。近十年,住房和城乡建设部对直属各单位的内部机构设置进行了38次微调,使之更加科学合理。

三、增强实力,发展壮大

党的十六大以来的十年,是部直属各单位迅速发展壮大的十年,有的从小到大,有的从弱到强,规模、效益、影响力和竞争力成倍增长,成为各自领域和行业的权威、"龙头"。

(一)经济实力逐年增强

中国城市规划设计研究院10年间,实现总收入43亿元,保持了年均增长24%的高速度,职工人均收入也有较大幅度增长。近年来,该院的科研工作取得突破性进展,科研规模显著加大,承担的重大科研项目明显增多。2011年,取得科研经费1239万元,是2002年科研经费的5倍。2002年以来,新立项科研项目共332项,科研经费达到2.7亿元。十年来,固定资产由2002年的3000多万元增至2011年的54500多万元,增长了17倍。

2001年,建工社出版图书共计1512种,其中新书490种;出版码洋2.3亿元,实现利润总额3999万元,资产总额1.6亿元。2011年,建工社出版图书共计3956种,其中新书1218种;出版码洋7.47亿元,实现利润总额7791万元,资产总额5.98亿元,创历史最好水平。

中规院和建工社只是直属单位中的典型代表,其他单位十年内经济实力也得到极大发展。例如:科技中心的年利润从2001年的29.7713万元增长到2011年的182.5025万元。标定所固定资产从2002年的189.7495万元增长到2011年的412.3772万元,职工人均年收入从2002年的1.6154万元增长到2011年的8.1775万元。人力资源中心的固定资产从2002年的31.4374万元增长到2011年的1180.9637万元。住宅中心的固定资产从2002年的102.3852万元增长到2011年的378.4472万元。

(二)社会功能日益明显

住房和城乡建设部直属各单位通过拓展自身业务,承担社会责任,也得到了社会的认可。

政研中心以《调研参考》等各种形式上报专题研究报告90多篇,部分研究报告以《建设部信息专报》、《工作调研与信息》形式上报国务院领导并获批示。十年来,在学术期刊和报纸等公开出版物发表论文、月度报告、研究成果超过300项,并出版学术专著29部。组织编写出版的城市管理丛书(全国建设系统MPA指定教学参考书),填补了建设领域MPA教材的空白;出版的《城市对话:国际都市大建设与住房探究》、《地产中国:引导我国房地产业健康发展研究》和《求索公共租赁住房之路》等著作在社会上影响较大。

中国建筑文化中心积极组织开展建筑文化的研究交流和弘扬传播工作,致力于为社会、为行业提供公益服务。在建筑文化研究、交流、建筑图书信息服务、建筑文化展览展示、建筑技术服务培训、城市雕塑建设指导等方面做了大量的工作,取得了较好的社会效益。

全国白蚁防治中心积极做好白蚁防治行业调研与行业统计,建立和完善了国家级白蚁防治行业网络和信息数据库;加强对白蚁防治管理规范与技术标准贯彻执行情况的检查指导;开展蚁害控制对策与技术创新研究,组织对行业相关产品与科研成果的评估与论证,推广应用新技术、新设备、新药物;组织、指导、参与建立国家级蚁害控制示范项目和国家级重点项目的白蚁防治业务;开展了全国白蚁防治专业人员职业技术与岗位培训,极大地推动了我国的白蚁防治工作。

(三)人才结构不断优化

近十年,住房和城乡建设部直属单位管理人才和专业技术人才学历结构明显变化。2005年,直属单位管理人才和专业技术人才有博士学历41人、硕士282人、本科764人、专科425人、中专46人、高中以下学历61人。随着调整结构硕士以上学历人数明显增多,本科以下学历逐渐减少,到2012年,有博士118人、硕士510人、本科618人、专科156人、中专17人、高中以下学历27人。2002年以来,部直属单位新增中国工程院院士2人,"新世纪百千万人才工程"国家级人选3人,享受国务院特殊津贴专家17人。

政研中心高度重视人才队伍建设,在经费困难的情况下,自筹资金建立"青年基金课题资助项目",每个项目1万元,以课题招标形式资助中心青年研究人员自选题目开展研究,已累计资助12人。建立高端访问学者制度,自筹资金实行高级研究人员以访问学者身份出国进修半年,目前已派出8人。通过多年努力,该中心已拥有一支优秀的科研队伍,培养了一批国内外相关领域中的知名专家。现有研究人员中,正高职称8人,其中3人为享受国务院特殊津贴的专家;副高职称6人;拥有博士学位的6人。

规划中心注重人才综合素质培养,加强学术交流,鼓励深造学习,提供发展机会,构建人才平台,先后派出多名技术人员赴新疆、西藏、山东和贵州等地挂职锻炼。近十年,已有3人晋升正高级职称,10人晋升副高级职称,18人晋升中级职称。

　　十年艰辛历程,十年改革之路,住房和城乡建设部直属单位在科学发展观的引领下,一步一步走向成熟,一步一步发展壮大。展望"十二五",各单位将继续按照科学发展之路,以服务住房城乡建设为核心,以积极推进分类改革为动力,以全面实现自身发展为宗旨,争先创优、乘势而上,不断为住房城乡建设科学发展续写新辉煌提供强大力量。

开拓创新　科学发展

—— 持续稳健发展的中国城市规划设计研究院

　　中国城市规划设计研究院（中规院）是住房和城乡建设部唯一的直属科研事业单位，主要从事城市规划科技研究、设计咨询和信息服务的机构。经过 1954 年成立以来近 60 年的发展，已成为全国城市规划研究、设计和学术信息中心。

　　党的十六大召开以来的十年，中规院紧密围绕国家及住房和城乡建设部的中心任务，全面履行为部服务、科研标准、规划设计和社会公益四项基本职能，为国家经济社会和城乡规划事业发展做出了积极贡献。

　　十年间，中规院对国家住房和城乡建设公共政策的技术支撑和服务作用愈益凸显，对地方城乡建设和发展的技术服务取得了新的重要业绩，收入保持了年均增长 24% 的速度，综合实力和竞争力得到明显提升，在城乡规划行业的地位进一步提高，已经成为住房和城乡建设部重要的决策咨询和技术支持机构，成为我国城乡规划领域最具影响力和代表性的规划咨询、设计和研究机构。十年来，中规院获得住房和建设部和北京市及以上的各种奖励 30 余项，职工个人获得国家、省部和院内各种奖励和荣誉称号 280 多人次。

一、优质高效履行各项职能,倾力为住房和城乡建设事业做贡献

(一)为国家及住房和城乡建设部中心工作服务业绩显著

中规院始终将为国家及住房和城乡建设部的技术服务作为首要职能,紧密围绕各个时期国家及住房和城乡建设部的中心工作,为研究和制订政策、引导和调控城镇化健康发展提供有力的技术支撑。十年来共完成国家和部委的指令性任务 1300 余项,每年投入 300 多人·月的技术力量从事为部服务工作,专职承担为部服务、科研标准、社会公益工作的技术人员在 100 人以上,投入人力资源占全院 20% 以上。

中规院认真组织开展住房和城乡建设部及有关部门委托的一系列重大规划编制和课题研究,先后完成全国城镇体系规划,长三角、珠三角、京津冀、成渝、海峡西岸城镇群规划,全国国土规划纲要编制专题《城镇化发展战略研究》等,承担和完成了城市供水系统、饮用水水质督查、水质监测等重大水专项课题,中国工程院重大咨询项目《中国特色城镇化道路发展战略研究》等大量研究课题,积极探索国家空间开发、促进国家和区域城镇协调发展、营造良好人居环境的规划思路和对策。

中规院主动开展前瞻性、基础性、政策性研究,在城乡统筹、区域协调、历史文化保护、新农村建设、土地集约利用、生态环境保护、水资源、节能减排、防灾减灾、保障性住房等领域进行了积极的探索研究和实践,取得了《“十二五”城镇化战略研究》、《县域镇村体系规划规范研究》、《进城务工人员住房问题调查研究》等一批高质量研究成果。

(二)科学研究和标准规范编制工作成绩斐然

中规院以建设“研究型院”为目标,着力提升院的研究能力,加强科学研究和标准规范编制工作。近年来承担的重大科研项目明显增

多,2011 年,取得科研经费 1239 万元,是 2002 年科研经费的 5 倍。2002 年以来院新立项科研项目共 332 项,科研经费达到 2.7 亿元,其中完成的国家攻关项目、国家高新技术领域研究项目(863 项目)、国家自然科学基金项目、工程院重大咨询项目、住房和城乡建设部科技研究项目、院科研基金项目等 171 项,承担了国家科技重大专项"水体污染控制与治理"和 10 余项国家"十一五"科技支撑计划项目。在"十一五"科技支撑计划项目、工程院城镇化科研课题等重大科研项目中,积极推进理论、模式和方法创新,促进了研究水平的不断提高;有 18 项科研成果获得部华夏建设科学技术奖,其中一等奖 4 项,二等奖 9 项。

中规院积极发挥设在院的城乡规划、城市轨道交通两大行业的标准规范技术归口管理单位的作用,全力做好行业标准化委员会秘书处工作,每年在编的标准规范近百项。主编完成了《城市居住区规划设计规范(修编)》、《历史文化名城保护规划规范》、《文化馆建设用地指标》、《城市轨道交通技术规范》、《风景名胜区详细规划规范》等 10 多项重要标准规范。

(三)城市规划编制和设计工作硕果累累

十年来,中规院努力为地方城乡规划建设和发展提供高质量的技术咨询和服务,城市规划编制和设计工作得到长足发展,业务规模稳健增长,业务范围持续拓展,理论方法创新成绩斐然。2002—2011 年,承接各类项目 3828 项,年均增长 10.3%;获国家和部级奖励的优秀规划设计成果奖 98 项,其中国家工程勘察设计金奖 3 项、铜奖 3 项,全国优秀规划设计特等奖 1 项、一等奖 20 项、二等奖 31 项。形成了《珠江三角洲城市群协调发展规划》、《天津市城市总体规划》、《深圳 2030 年城市发展策略》、《上海虹桥综合交通枢纽地区规划》、《贵州省风景名胜区体系规划》、《北川新县城安居工程规划设计》等有代表性的获奖成果。

近年来,中规院积极担负了省域城镇体系、城镇群、重要城市总体规划或发展战略、国家新区等不同空间尺度和目标的规划设计业务，先后承担了吉林、浙江、江西、安徽、新疆等十余个省（区）的省域城镇体系规划或省域城镇化战略规划的编制工作，编制完成了长株潭、辽宁沿海、北部湾、黔中等城镇群规划，为引导国家和区域城镇化和城市发展提供了战略指导和科学依据。

中规院先后主持和参与编制了北京、上海、天津、重庆、广州、深圳等60多个重要城市的发展战略研究或城市总体规划，研究和确定国家与区域发展背景下城市的功能定位，解决影响大城市健康协调发展的矛盾和问题，制定符合科学发展理念的战略和对策。2002年以来，国务院审批总体规划的107个城市中，有53个城市的总体规划由中规院承担。

落实构建国家核心发展和改革试验先行要求，中规院先后完成天津滨海新区、重庆两江新区、成都天府新区和浙江舟山群岛新区等国家新区规划，以科学引导国家核心地区的发展，充分发挥新区对促进中心城市、核心城镇群发展的带动作用和创新示范作用。

中规院不断拓展业务领域，深化细化规划编制工作，在历史名城（街区）保护、大遗址保护、城市住房与住区、城乡统筹与村镇规划、城市综合交通、公共交通与轨道交通、城市公共安全与综合防灾、水资源与水系统、能源、生态与环境保护、风景园林与景观等各领域进行了一系列研究和规划编制工作，完成海南省、石家庄、顺义等一批省域、市域、区（县）层面的城乡统筹规划，以及天津中新生态城、广州知识城等具有较强创新性的规划研究和编制等项目，取得了显著的技术进步和社会效益。

（四）行业和社会公益服务卓有成效

挂靠和设置在中规院的学会组织、专业中心、杂志、网站等，全力为政府、行业和社会提供了大量专业信息和服务。中国城市规划学会和十多个二级学术团体每年举办年会，组织了大量全国和国际的学术交流活动。设在中规院的住房和城乡建设部城市交通、地铁与轻轨、城市水资源、水质监测四个行业技术中心和名城专家委员会承担了大量为行业服务的工作。中国城乡规划行业信息网、城市规划学会网站、城市交通网、中国城市供水水质督察网等网站成为行业宣传、学术业务交流、向公众传递信息、提供专业服务的重要平台。

中规院主办、承办的《城市规划》、《国际城市规划》、《城市交通》、《城市规划通讯》等行业杂志,发挥了在城乡规划、城市交通领域信息和学术交流的重要作用。中规院与住房和城乡建设部城乡规划司联合组织全国院、校,主编并出版了有 11 个分册的《城市规划资料集》,出版了《世界建筑史》(七卷十六册)、《城市设计概论》、《小城镇规划标准研究》等十多种学术著作和科研成果,组织编写了《中国城市规划年度报告》、《中国城市交通发展年度报告》、《中国城市公共交通年度报告》等。中规院信息中心主持开发的《城市规划知识仓库(CCPD)》是城市规划行业也是建设领域首个"知识仓库",成为我国首批面向高科技企业的电子出版物之一。

中规院注重加强学术建设,高度重视国内外学术交流活动。中规院聘请两院院士吴良镛、两院院士周干峙、美国规划学者弗里德曼等国内外知名专家为院学术顾问,尝试建立客座教授制度,邀请国内外著名学者参加合作研究与授课。与国内外有关高校、研究机构和专家等建立了广泛的联系,通过"请进来,走出去"等多种方式,广泛开展城市规划学术交流、研讨和培训等活动。

二、主动担当社会责任,出色完成灾后重建、援疆援藏等重大公益工作

近年来,中规院积极投入和承担国家重大自然灾害的灾后重建、援疆援藏等重大社会公益工作。"5·12"四川汶川特大地震、"4·14"青海玉树特大地震、"8·8"甘肃舟曲特大山洪泥石流等重大灾害发生

后,立即开展救灾和灾后重建工作的动员和部署,积极主动地承担起救灾应急安置和灾后重建规划设计工作,出色地完成了所担负的救灾和恢复重建规划编制、技术服务、实施管理等各项任务,为国家和地方政府在灾后应急安置、重建周期、方式、项目与资金安排等重大决策提供了重要依据。2010年8月,中规院获得了建院以来的最高荣誉,被中共中央、国务院、中央军委授予"抗震救灾英雄集体"荣誉称号。2011年10月,中规院北川前线指挥部获得发展和改革委员会、人力资源和社会保障部及中国人民解放军总政治部联合授予的"汶川地震灾后恢复重建先进集体"荣誉称号。2012年五一前夕,经青海省政府推荐,被中华全国总工会授予"全国五一劳动奖状",授予规划所所长、玉树灾后重建主要负责人邓东"全国五一劳动奖章"。

2008年"5·12"以来,中规院投入救灾和灾后重建工作经费近3000多万元,捐款600万元。北川及四川灾区、玉树、舟曲重建前期规划设计均为无偿援助,北川重建后期规划设计严格执行四川省按低于49%费率收费的规定,玉树、舟曲工作至今未收取费用。院内所有单位和分支机构都参加了抗震救灾和灾后重建工作,现场工作人数达300人、2200人次,现场工作总投入达22000人·天;同期在北京院部承担救灾应急和重建规划的工作量更大。

中规院2002年至2011年承担了96项援疆、援藏、援青项目,包括青海、西藏、新疆城镇体系规划;西藏阿里和昌都、新疆阿勒泰和伊宁等城市总体规划;布达拉宫、八角街、伊宁南市区等历史保护规划;拉萨市旅游发展规划;格拉丹东、怒江源国家级风景区申报等各类项目。在援藏、援疆项目中,专业技术人员切实落实国家推进新疆、西藏跨越式发展的重大战略,认真研究适合西藏、新疆情况和发展条件的发展模式、战略和措施。

三、不断加强自身建设,促进人才队伍成长,提升综合素质和能力

(一)坚持"人才立院",不断加强人才队伍建设

中规院不断深化干部人事制度改革,增强和优化激励机制,加强人才培训工作,促进了人才队伍的成长和发展。第一,增强人才队伍激励机制。对全院职工实行全员聘任;坚持公开招聘入院人员,通过笔试、面试、实习3个环节保证入院人员符合岗位标准;采取竞争上岗、群众推荐、群众直选等多种方式选拔行政和业务管理干部;以业绩、能力和贡献为主要指标,进行技术岗位的年度测评和核定,促进人岗相适;不断完善考核机制,并将考核结果作为人员培养、使用、奖惩和落实各项待遇的依据;鼓励技术创新,对获得优秀科研和规划设计奖项人员予以表彰和奖励。第二,加强人才培养。每年以院规划设计收入的1.5%—2%用于教育和培训,通过在岗培训、脱产学习、交流会、讲座等多种方式开展职工再教育。出国学习,培养硕士研究生、博士后研究人员已成为院人才培养的重要方式。十年来,中规院投入1400余万元,选派出国一年以上访问学者、参加培训班、攻读硕士的专业人员60人。国内在职攻读博士学位19人,在职攻读硕士学位54人。自1987年国务院学位办批准院为硕士学位授予单位以来,至今已毕业58人,现在读10人。自2002年院经人事部批准设立博士后科研工作站以来,已招收博士后研究人员9人,出站8人。第三,把选派地方挂职干部,作为发现、锻炼、培养人才和为地方服务的重要途径。十年来派到新疆、西藏、青海、四川等地挂职和博士服务团人员共24人,对地方的城市建设和发展做出了贡献,也有力地促进了自身锻炼成长。在灾区、西藏、新疆挂职的同志,在艰苦的环境和困难的条件下坚持工作,取得突出成绩。

（二）不断拓展业务领域，完善机构职能配置，优化技术服务体系和布局

2002 年以来，为适应住房和城乡建设部的职能调整、国家城镇化和城市发展要求业务领域拓展的要求，中规院相继成立了城建所、环境所、住房所、城乡所、水务所、城市安全中心、能源中心等机构，强化了新兴业务的载体建设，促进了新兴业务领域的发展。新机构的设置，形成了完善的对部服务机构与职能体系，并主动调整内设机构和业务布局，增强技术服务能力。2002 年以来，中规院在原设有的深圳分院等分院的基础上，先后设立了上海分院和西部分院，形成上海分院服务长三角地区，西部分院立足重庆服务西部，深圳分院坚守珠三角，加强与港澳合作交流的格局。

（三）全面加强管理，强化制度建设，完善工作运行机制

2002 年以来，为适应持续较快发展的要求，进一步提高综合素质，中规院全面加强经济、生产、技术、人事、行政等各方面管理。注重发挥经济的杠杆作用，两次对内部经济管理办法进行了重大修订，规范经济管理行为，健全经济运行机制；不断加强生产管理，促进生产运行的制度化、规范化；全面加强技术管理，坚持院、所两级管理制度，严格技术责任制，加强对规划项目的政策审查和技术审查，实行对所一级主管项目的抽查制度和分院技术巡查制度，加强对所主任工程师、项目负责人的考核和培训，有效地保障了项目成果的技术质量。十年来建立和修订管理制度近百项，为自身的健康发展提供了良好的制度保障。

（四）加强硬件建设，改善工作条件

2003 年以来，中规院启用新业务楼、租用写字楼，业务用房面积由 6000 多平方米增至 2.5 万平方米，大大改善了北京总院业务工作条件；分别为深圳分院、上海分院添置了 5000 平方米和 8000 平方米的自有业务楼，极大地改善了分院的工作条件。十年来，中规院固定资产由

3000多万元增至2011年的5.45亿元,增长了17倍;技术装备也获得极大改进,仅人均计算机拥有量就由人均1.5台增至人均2.7台。

(五)推进精神文明建设,发展企业文化

中规院组织党员和干部职工学习和贯彻实践中国特色社会主义理论体系和国家政策,开展社会主义核心价值和职业道德教育,以多种舆论宣传手段,表彰先进,弘扬正气;积极推进和谐单位建设,推进以主人翁意识、团队精神和特色文化为主要内容的企业文化建设,激发广大干部职工爱国、爱院、爱事业的热情,满足职工不断增长的精神文化需求;坚持和完善以职代会为基本形式的民主管理、民主监督制度,持续开展精神文明创建活动,促进院的全面、协调和持续较快发展,获得了物质文明和精神文明建设的双丰收。经过抗震救灾和灾后重建工作的洗礼和锻炼,作为"中规院人"核心价值观的"中规院精神"得到进一步升华和凝练:为祖国、为人民、为规划事业勇于担当的社会责任感;维护公益、独立判断的职业立场;求真务实、勇于创新的科学态度;不畏艰险、团结合作的团队精神。

世纪之初我们的探索

——住房和城乡建设部政策研究中心
十年来发展历程和成就

党的十六大以来,住房和城乡建设部政策研究中心(研究中心)紧密围绕部党组中心工作开展政策研究,在科研工作中强调基础性、超前性、系统性研究,努力站在国内外理论与实践发展的学术前沿,勇于思考、开拓创新,高度重视科研队伍建设和人才培养,致力于为建设领域培育高端人才作出贡献。

一、历程与现状

研究中心成立于 1988 年,1991 年与中国城乡建设经济研究所(1979 年成立)合并,是住房和城乡建设部的直属软科学研究机构。其主要职能是:承担着城乡建设领域基础理论、战略性和超前性政策研究;为中央和部党组提供决策咨询和政策建议;承担建设系统 MPA、中国社会科学院研究生院博士、硕士研究生的培养教育任务。

经过二十余年的发展,研究中心已成为在国内学术界享有较高声誉、在社会上发挥着重大影响的国家部委级高端科研机构;已培养起了一支非常优质的科研队伍,拥有着一批国内外和相关领域中的知名专家。

研究中心在开展前瞻性、战略性课题研究上取得了多项重要成果。

其中,完成国家软科学研究计划重点项目2项——《引导我国房地产业健康发展研究(2006GXS2B0281)》和《移居城镇的农民住房问题研究(2008GXS5B083)》,正在承担的国家软科学研究计划出版项目1项;承接部内外"国外住房保障体系研究"、"农村住房情况研究"、"物业税对房地产市场影响"等各项课题110余项。其中两项科研成果中获省部级奖励。

研究中心根据我国经济实践的发展和国内外形势变化,围绕部党组关心问题,提供了大量供领导参考的内部研究报告,完成了多项司局委托的科研课题。其中,以《调研参考》等各种形式上报专题研究报告90多篇;部分研究报告以《建设部信息专报》、《工作调研与信息》形式上报国务院领导,并获领导批示。

研究中心组织科研人员发表了相当数量的高质量论文,出版了很多有影响的科研成果。粗略统计,以研究中心课题组和研究中心科研人员个人名义在各种学术期刊和报纸等公开出版物发表论文、月度报告、研讨会公布研究成果超过300项,出版学术专著29部。其中,2007年,研究中心组织编写并出版了"城市管理丛书(全国建设系统MPA指定教学参考书)",弥补了建设领域教材的空白;在对欧、美、日实地考察基础上出版了《城市对话:国际都市大建设与住房探究》;2006年出版的专著《城市公用事业市场化投融资概论》被中国社科院列为研究生重点教材。

研究中心高度重视人才培养,下大力气加强队伍建设。研究中心自费建立了青年科研基金制度,以竞争招标形式资助副研以下青年研究人员自选题目开展研究,累计资助12人;研究中心自筹资金对高级研究人员实行以访问学者身份出国进修半年制度,目前已先后派出8人并全部按时返回工作岗位。

研究中心大力开拓为建设领域培养高端人才的教育途径,强化中心的教育职能。研究中心(城乡所)是中国社会科学院研究生院城乡建设经济系"系所合一"的国家正规硕士点和博士点;从2005年迄今共录取硕士和博士研究生 21 人,其中博士生 3 人、硕士生 18 人。从2005 年起,受部党组委托,研究中心与中国人民大学和清华大学公共管理学院合作,承担建设系统公共管理硕士 MPA 培养工作,迄今两校共录取 202 人。

研究中心在自身制度建设和反腐倡廉上也取得了长足进步。迄今共建立包括财务、科研、固定资产管理等方面管理制度 27 项;制度特点在于始终坚持贯彻和实行"三大制度",即领导班子集体决策制度、党内民主制度和学术民主制度。

二、十年来取得的主要成就

研究中心的各项科研成果提出了大量具有创新、开拓意义,在国家政策的形成、长期制度的制定和完善、正确引导社会舆论等方面发挥重要作用的意见、观点和理论。

(一)房地产市场和房地产业健康发展的政策研究

2002 年以来,在住房制度改革的基础上,我国的房地产市场呈现快速发展态势。为促进市场与产业的健康发展、探索符合客观规律和中国国情的城市化之路、让更多人民群众有机会分享国民经济及城市化发展的好处、促进社会公平、为各级领导科学决策提供依据,研究中心坚持不懈地对房地产市场和房地产业健康发展问题进行了大量政策研究。

2005 年,在关于《"广场协议"、日元升值与房地产之间关系若干问题》的研究报告中,提出了"人民币升值与'广场协议'后的日本面临的不是同一发展阶段、日本政府的政策失当是房地产价格大起大落的根本原因,我国政策应汲取的主要教训在于注重长远"的判断,此报告后来被上送国务院领导参考。

2007 年,在领导交办的关于《控制资金杠杆、实行分类按揭、卡住乘数效应是抑制房价过快上涨合理措施》的研究报告中,提出了"投资性需求膨胀的原因在于银行信贷资金放大了投资收益、控制资金杠杆是抑制房价过快上涨的关键、抑制外来资本炒房可关闭信贷资金闸门"等重要意见。这些意见已为后来的政策选择所采用。

为更广泛地利用社会研究力量,完整、客观、准确地反映市场动态,2009 年起,研究中心与中国指数研究院合作,成立了"中国房地产动态政策设计研究组",按季度和年度定期对外发布"中国房地产政策评估报告"。这些报告在政府决策和引导市场上都起到了很好的作用。

(二)建立有中国特色的住房制度与完善房地产市场的长效机制研究

2006 年,研究中心与上海中房集团合作,专门组织课题组,实地考察了纽约、东京、伦敦等多个国际性大都市,完成了《国际性大都市建设与住房探究》的课题研究。对国际性大城市建设发展的相关理论和最新研究进展、主要发达国家住房政策及制度、国外国际性大城市建设发展和住房的基本情况进行了系统化的研究。

2007 年,为系统深入地研究我国房地产业长期发展过程中面临的挑战,探索推动产业和市场健康发展的长效机制,研究中心承担了科技部立项的国家软科学研究计划项目《引导我国房地产业健康发展研究》(2006GXS2B0281)。这项成果及其后来出版的专著获得了"2008年度华夏建设科学技术奖三等奖"。

2008 年,研究中心承担财政部委托的《我国住房保障制度及财政支持研究》课题。此项研究为我国后来决策保障性住房建设的规模提供了重要判断依据。据此提出了"符合中国国情的住房保障体系应包括救助型保障、援助型保障、互助型保障和自助型保障"的观点,对住房保障体系的长期发展具有前瞻性的战略意义。

从 2002 年迄今,研究中心多次承担《全面建设小康社会居住目标》的研究任务,提出了衡量居住水平的指标,提出了到 2020 年全面建设小康社会衡量居住目标的指标体系和评价方法,以及到 2020 年应该实现的最终目标。

2009 年,研究中心承担了科技部立项的国家软科学研究计划项目《移居城镇的农民住房问题研究》(2008GXS5B083)。在这项研究中,通过实地走访农民工集中居住的工棚、城中村,发放调查问卷、召开进城务工人员座谈会等方式,掌握了大量第一手资料。

2009 年,为研究中国城市化过程中城乡协调发展问题,研究中心承揽了科技部、住房和城乡建设部村镇司、企业、地方政府委托的涉农课题达 8 项,涉及农房制度、农村危旧房改造、村庄整治、村镇规划、农村基础设施、农民工住房等极为广泛的方面。

2008 年和 2009 年,研究中心分别承担了国务院机关事务管理局委托的《中央国家机关公务员公寓建设管理研究》和住房和城乡建设部住房改革与发展司委托的《公务员住房制度的国际比较研究》等课题。

2010 年,为落实探索多渠道建设保障性住房的途径和政策,特别是开拓公共租赁住房建设的思路,与企业合作开展了《企业参与建设经营公共租赁住房》的课题研究。这项课题被列为住房和城乡建设部 2011 年软科学研究项目。

2011 年,研究中心力求从房地产金融创新的角度出发,与一些金融企业合作,承接了《我国房地产股权投资基金运作实证研究》等多项课题。对我国房地产私募股权基金的发展现状和发展趋势进行了梳理与分析,对房地产基金的资金募集、投资管理、投后管理、风险控制、收益分配和退出以及基金公司治理和相关监管问题进行了深入的研究,形成了有较大社会影响力的研究成果。

此外,研究中心还在与房地产有关的多项政策法规调整上进行了广泛研究。2007 年,《物权法》出台后,承担了我部法规司委托的《〈物权法〉实施与建设领域法律法规的调整研究》课题。

（三）城市化进程中的公用事业、城乡规划与公共管理研究

进入 21 世纪以来，推进城乡协调发展、完善城乡规划、深化公用事业改革、加强城市公共管理以及实施城市减灾防灾战略等已成为建设领域面临的新课题。

从 2002 年起，研究中心承担并完成了《我国城市公用事业改革及案例评析》（2002）、《城市建设资金及负债情况研究》（2002）、《城市建设合理负债与偿还机制研究》（2003）、《城市建设资金渠道的形成及演变》（2003）、《城市市政设施维护与资金使用研究》（2003）、《城市公用事业监管的国际经验比较》（2004）、《城镇公用事业投融资政策研究》（2004）、《利用市政建设债券融资研究》（2004）、《城市水价形成机制及监管》（2005）、《外商高溢价收购我国水务资产研究》（2008）等多项科研课题。在这些课题研究中，对我国城市化发展过程中的各方面问题进行了系统地分析，有针对性地提出了大量可操作性的政策建议。

2002 年，为配合第四次全国城市工作会议的召开，研究中心参与了有关材料的准备和政策储备的研究工作。其中，参与起草的《关于对城市基础设施国债项目建设情况专报》《城市建设负债情况调研报告》等，经国务院领导批转有关部门参阅。

2003 年，建设部提出要重点调研解决大城市和特大城市交通问题，制定城市"公交优先"的政策。研究中心承担了部领导交办的《轿车进入家庭对城市交通的影响》课题研究。这个研究报告经多方讨论修改后上报国务院，获温家宝总理、曾培炎副总理批示。

2003 年，研究中心研究对"征地制度改革意见"的反馈意见。针对当时土地管理上的突出矛盾，在优化利用土地资源、保护耕地的政策方面，提出"六个有利于"的观点，即要有利于城乡协调发展，有利于以土地为生的农民有更多机会分享城市化带来的好处，有利于对旧体制留下的城市格局进行改造，有利于城市整体资源升值和城市产业结构调整，有利于中小城镇形成更符合客观规律的发展之路，有利于更有效率地完善基础设施。

2003 年,为配合全国村镇建设工作会议的召开,研究中心牵头组织开展了工业化与小城镇发展专题调研工作。提出小城镇良性发展是中国工业化、城镇化不可或缺的组成部分,小城镇是吸纳农村富余劳动力的最有潜力的场所,抓好规划落实是提高小城镇建设水平的关键,要重点解决好小城镇发展中的量大质差问题,要以解决小城镇居民生活需求设施为下一步工作重点,要充分发挥重点镇的带动、示范和辐射作用等认识。

2006 年,为响应党中央提出的"建设社会主义新农村"的号召,研究中心与山西省阳泉郊区(县级行政区)合作,开展新农村建设调研,为推进城乡协调发展的政策研究提供了非常宝贵的第一手资料。

2007 年,推进公用事业改革、规范外资收购资产、维护公共利益与资源利益、完善城市管理等一系列问题接连涌现。在这一年,研究中心承担了《关于外资进入我国城市供水行业有关情况》的调研任务。

从 2004 年到 2009 年,针对我国城市化进程中日益多发的城市灾害,研究中心先后承担了《我国城乡综合防灾战略研究》、《城市(县城)防灾能力评价指标体系研究》等多项住房和城乡建设部司局委托的课题。其中,《我国城乡综合防灾战略研究》课题研究报告引起了多方面的广泛关注。在这项课题基础上形成的研究报告《"十一五"时期城市综合防灾的重点》被人民日报"内部参阅"和"情况汇编"所采用,供各级领导参阅。2009 年承担的《城市(县城)防灾能力评价指标体系研究》课题,重点要解决的问题是城市减防灾能力的评价方法问题。

2009 年,研究中心与部分城市政府合作,承担了《城市管理体制及其运行机制研究》课题任务。这项课题被列入住房和城乡建设部该年科技计划。

(四)大规模城市建设过程中的建筑市场与工程建设管理研究

从 2002 年以来,研究中心在工程建设管理和建筑业发展方面,积极配合住房和城乡建设部的建筑市场、工程质量安全监管等部门的中心工作,接受课题委托和工作任务布置,做好重要法规政策的前期课题调研论证工作,先后承担了我部相关司局委托课题33项;同时还完成部领导、司局交办的调研、研究报告起草等工作任务20余项;承担国资委等其他部委、地方课题多项。十年来,研究中心在建筑领域取得丰硕科研成果。

在过去十年中,研究中心先后承担了《〈中华人民共和国建筑法〉修订研究》、《社会主义市场经济条件下建筑市场监管模式研究》、《政府投资工程管理方式改革研究》、《中央建筑(工程)企业国有经济布局和结构调整》、《建筑市场"十一五"发展规划》、《建筑业发展"十二五"规划》、《〈建筑市场管理条例〉起草研究》、《建设工程质量管理法规修订起草研究》、2005—2012《中国建筑业改革发展研究报告(年度版)》、《建设领域拖欠工程款深度研究报告》、《规范工程施工总分包活动的研究》等一大批重要课题的研究工作。

研究中心在建筑业"十一五"和"十二五"规划的制定中重点承担了有关改革方面的研究任务。在相应的研究成果中,研究中心从长期性、战略性、全局性问题入手,抓住影响建筑市场规范和建筑业发展的关键问题,提出改革发展方向与具体的政策、制度建议。

三、任务与展望

在过去十年成绩的基础上,研究中心未来科研工作重点和发展思路主要有三个方面。一是进一步提高科研质量,努力开拓新的研究领域,把交叉领域的问题、城乡协调发展的问题、提高城市综合承载力的问题、提高城市现代化水平的问题、调整与优化城市结构的问题、节约资源与环境保护的问题纳入研究视野。二是继续追踪建设领域的热点、难点问题,进一步研究中国国情条件下的房价形成机制和变动规律、房地产金融的改革方向与政策、抑制投机性需求与加快人民群众住房条件改善之间的调控关系、拓宽住房保障体系的政策视野、促进健康文明的住房消费观念等问题。三是加强战略性、超前性、基础性、理论性问题的研究,为土地和税收制度改革、收入分配制度改革、城市投融资体制改革、公共管理体系的完善与改革、建筑领域监管体系改革以及不动产管理制度改革提供坚实的理论基础。

政研中心这支优质的科研队伍,将在今后的发展中,在实践发展的前沿性上,在对外开放的国际性上,在基础研究的理论性上,在顺应规律的科学性上、在政策选择的超前性上继续大步奋进和不断成长壮大。

服务行业发展　奉献精品力作

——中国建筑工业出版社十年成就回顾

　　中国建筑工业出版社(建工出版社)诞生于 1954 年,一直肩负着服务行业发展、传播建设科技、弘扬建筑文化的社会责任和历史使命,伴随着共和国建设事业的前进步伐,不断成长壮大。特别是近十年来,根植于科技大发展、文化大繁荣这片沃土的建工出版社,更是不断改革创新、锐意进取,用一本本优秀图书铸就了具有广泛社会影响的专业科技出版社品牌形象,使这个有着近六十年历史的老社焕发出勃勃生机。作为被中宣部、新闻出版署表彰的全国首批 15 家"优秀图书出版单位"之一、全国出版社 13 家大社名社之一的建工出版社,2008 年在首届"中国出版政府奖"评选中,被评为"先进出版单位";2009 年在全国首次"经营性图书出版单位等级评估"中,被评定为"科技类一级出版社",获"全国百佳图书出版单位"荣誉称号;更难能可贵的是,在 86 家科技出版社中,建工出版社的图书出版能力、队伍建设能力、资产运营能力等各项考核指标综合排名居第一位,建工出版社近年来的生产经营和改革发展得到了综合性的肯定。

　　党的十六大召开以来的十年,围绕住房和城乡建设部中心工作,建工出版社注重整合和挖掘整个建设系统的学术资源、作者资源、出版资源,把主要工作职能与建设行业牢牢地结合在一起,策划出版了大量专业理论著作、应用图书、工具书、普及读物、专业教材、培训教材、标准定额、规程规范、图集、画册等,出版物包括图书、期刊、音像制品、网络和数字化载体等各种产品形态,内容范围几乎涵盖建设领域所有专业,为培养建筑专业人才,推动建筑业科技进步,繁荣建筑出版事业提供了丰富的精神食粮和有力的智力支持。

一、以书为媒推动建设科技进步

工具书和应用类技术图书是建工版图书的一个重要板块,每年占全部出书品种的30%—40%。专业涉及面广,涵盖了城乡规划、建筑设计、室内设计、建筑结构、岩土工程、建筑施工、建筑设备、建筑材料、暖通空调、给水排水、建筑电气与建筑智能化技术、建筑节能、建筑防火、道路桥梁、市政工程、环境工程等建设行业所涉及的各个专业。内容层次上,能够满足高级管理层,高级技术人员,中级管理员、建造员、施工员以及大量的操作人员和技术工人等各个层次读者的需求。

其中品牌工具书是几代建工出版人精心策划、精雕细琢、精心打造的重要板块,其权威性、先进性、实用性、科学性、创新性得到了广大专业人士的高度认可和好评,对建设行业的发展起到了重要的推动作用。《建筑施工手册》被誉为"推动着我国科技进步的十部著作"之一;《建筑设计资料集》被读者誉为建筑设计界的"天书";《室内设计资料集》被称为室内设计行业的"红宝书",被读者誉为"一尊建工社铸就的育人平台",等等。一大批精品工具书为建工社在读者心目中树立了良好的声誉,同时也给建工社带来了巨大的经济效益:《建筑设计资料集》累计销售43万册,自2010起建工出版社已与中国建筑学会联合组织了中国建筑设计研究院、清华大学等全国一百多家知名设计机构和高等院校,上千名专家学者对《建筑设计资料集》进行第三版修订编写,并且约请了近两百名行业内资深专家学者进行审稿工作,预计2014年出版;《建筑施工手册》累计销售368万册,2008年推出第四版U盘版,2012年修订后的第五版面世。同时还有一大批工具书、应用类技术图书获得全国优秀科技图书奖、全国优秀建筑科技图书奖。

为了配合建筑节能与科技推广工作,建工出版社还专门出版了《建筑业 10 项新技术》、《建筑业 10 项新技术应用指南》、《中国土木工程詹天佑奖获奖工程集锦》等图书。其中,"中国绿色建筑年度发展报告",旨在全面总结我国绿色建筑的研究成果与实践经验,指导我国绿色建筑的规划、设计、建设、评价、使用及维护。

在建工出版社列入"十一五"、"十二五"国家重点图书出版规划的项目中,《建筑节能技术与实践丛书》、《国家重大建筑工程项目实录与分析丛书》、《工程建设节能减排丛书》、《国家重大土木工程施工新技术丛书》、《新能源与建筑一体化技术丛书》等很多都是推介科技进步成果的应用类图书。很多应用技术类图书也为建工出版社赢得了荣誉,获得国家和省部级优秀奖。《大跨径桥梁钢桥面铺装设计理论与方法》、《住宅节能》、《结构智能选型——理论、方法与应用》、《能量原理新论》等被评为"'三个一百'原创出版工程",《房屋抗震知识读本》、《结构工程虚拟现实可视化仿真方法及其应用》获得"中华优秀出版物奖"。

二、以弘扬传承建筑文化为己任

与建工出版社品牌相伴随的,有一大批这样的著作,《梁思成全集》、《刘敦桢全集》、《中国古代园林史》(上、下卷)、《中国古代建筑史》(五卷)、《世界建筑史》、《中国古代门窗》、《中国古建筑大系》(共 10 卷)……

2010 年陆续出版的《中国民居建筑丛书》是"十一五"国家重点图书出版项目。该套丛书共 18 卷,分别介绍了贵州、福建、广东、山西、北京、新疆、西藏、台湾、西北等 18 个地域不同类型的民居,荟萃众多专家数十年民居研究成果,具有很高的学术性和知识性。

2006 年建工出版社以传统的印装方式出版了《营造法式》(共 8 册)一书。《营造法式》是我国现存最早的官方编定的建筑技术专书,是最重要的古代建筑典籍之一。

2006年,我国园林界第一位中国工程院院士、著名的园林学家、园林教育家汪菊渊先生的《中国古代园林史》和我国造园前辈、南京林业大学教授陈植先生的《中国造园史》由建工出版社出版发行,由此结束了我国造园史一直由外国人撰写的历史。2007年,《中国古代园林史》从众多参评图书中脱颖而出,获得首届"中国出版政府奖"图书奖。

2003年《中国古代建筑史》(五卷)由建工出版社出版,这是一套按中国古代建筑发展过程编写的、全面、系统描述中国古代建筑历史的巨著,书中体现了大量最新的建筑考古研究成果。这套巨著传播到我国的台湾、香港地区以及韩国、日本、美国等国家,受到海内外学者的关注,成为海内外学者研究中国古代建筑的重要资料。2009年,建工出版社对全套书重新设计、排版,修订后的《中国古代建筑史》(五卷),2010年获得第二届"中国出版政府奖"图书奖。

三、引领城乡规划科学发展

2011年度国家科学技术奖励大会上,中国科学院院士、中国工程院院士吴良镛被授予"国家最高科技奖",以鼓励他在人居环境研究方面所取得的成就。2011年11月,建工出版社出版了吴良镛的《人居环境科学研究进展(2002—2010)》一书。自2001年出版《人居环境科学导论》开始,由他主编的《人居环境科学丛书》已经先后在建工出版社出版了17本。

《人居环境科学丛书》内容涵盖人居环境建设理论与实践,已陆续出版《香格里拉·乌托邦·理想城——香格里拉地区人居环境研究》、《张謇与南通"中国近代第一城"》、《南通近代城市规划建设》、《人居环境视野中的游憩理论与发展战略研究》等分册。《河西走廊人居环境保护与发展模式研究》、《黄河晋陕沿岸历史城市人居环境营造研究》、《黄土高原·河谷中的聚落——陕北地区人居环境空间形态模式研究》等着眼中国西部,对中国各时代人居环境发展演变的内在规律进行探讨,加强城市与区域规划研究。丛书中的《文化遗产保护与城市文化建设》一书,2010 年获第三届"中华优秀出版物图书提名奖"。

　　城乡规划类图书也成为建工出版社的一个重要板块。其中《城市规划资料集》是对我国城乡规划有巨大指导意义的图书。该套书由住房和城乡建设部城乡规划司担任总主编单位,上百家规划设计单位和高等院校参与编写,参编人员集合了我国上百位权威的专家、学者,内容汇集了国内外先进的基础理论、设计标准、技术方法、规划实例等资料,是我国规划界大协作的产物。《城市规划资料集》共 11 分册于 2008 年全部出齐。2011 年,建工出版社推出《城市规划资料集(光盘版)》作为纸质出版物的有益补充。

　　村镇建设是城乡建设事业科学发展的一个重要组成部分。近年来建工出版社策划了《村庄整治技术手册》、《中国当代小城镇规划建设管理丛书》、《村镇建设与灾后重建技术》等一大批村镇建设方面的图书。2006 年《怎样修水窖》等图书被中宣部评为"三农优秀图书"。2010 年建工出版社出版了《新农村建设丛书》,该丛书为"十一五"国家科技支撑计划重大项目"村镇空间规划与土地利用关键技术研究"的成果之一,获得了国家出版基金的资助。丛书包括《农村基础设施建设及范例》、《农村新型民居与范例》、《农村建材与工程施工》、《农村用水管理与安全》等 12 分册,部分列入"农家书屋"工程。

四、优质服务保证规范出版

　　工程建设领域的国家标准、规程规范、地方标准等相关图书一直是建工出版社的出版重点,也是出版社为住房城乡建设行业服务的重要标志。近年来,建工出版社每年出版新规范 100 种左右,规范重印 400 多种(次)。

　　建工出版社出版此类图书,主要是主动加强与标准规范主管部门、主编单位的沟通联系,争取在一些重要标准规范的编制、审批阶段即参与其中。为了方便读者使用,除保证标准规范单行本及时供应外,建工出版社还按内容、专业不同,策划出版了合订本、缩印本等多种形式的"标准规范汇编本",并根据新修订的规范不断修订。2009年新版《现行建筑设计规范大全》、《现行建筑结构规范大全》、《现行建筑施工规范大全》,梳理了现行工程建设国家和行业标准,参考住房和城乡建设部编制的"工程建设标准体系",结合各专业特点,进行了全面的调整、补充、修订,同时推出与上述三本"规范大全"配套的《条文说明大全》。此外,建工出版社还组织出版了许多省市的地方性建设工程概预算定额、预算基价、操作规程等。

随着数字技术的发展,建工出版社尝试开发光盘、U盘、网络下载等不同载体形式的标准规范出版模式,如将《现行规范大全》(电子版)列为数字出版重大项目;在建工出版社网站上开辟"规范大全园地",在网上提供规范大全相关查询服务,等等。

五、各类教材滋养行业发展

建工出版社成立至今,出版了大批建设行业专业教材。从学校教育到职业培训,建工版教材层次多样、专业覆盖面广、质量好、市场占有率高,为建设行业的人才培养做出了积极的贡献。

十年来,建工出版社教材出版进入稳定增长期,传统的精品教材不断升级。入选"专业指导委员会规划推荐教材"、"21世纪课程教材"、"国家'十五'、'十一五'规划教材"的品种显著增加,《房屋钢结构设计》、《土木工程施工》(第二版)、《外国建筑简史》、《房地产开发》等50多种教材被评为"教育部普通高等教育精品教材"等。出版的《室内设计与建筑装饰专业教学丛书暨高级培训教材》等一批教材不断重印、修订再版。此外还扩展到全国高等美术院校建筑与环境艺术设计专业、高校工业设计专业、国际工程管理专业等多个领域,已出版了60

多个系列高校教材及教学丛书。

随着教育改革的深入,高等职业教育、中等职业教育蓬勃兴起,建工出版社开展深入调研,主动与住房和城乡建设部、教育部加强沟通联系,与各级各专业指导委员会、中国建设教育协会等组织策划编写相关教材,目前已出版了涵盖土建、工程管理、建筑电气工程技术、建筑设计技术、楼宇智能化工程技术等20多个专业的高职高专教材、中职中专教材共计60多个系列。

十年来,建工出版社共出版各类院校教材1800余种,其中国家级规划教材120余种,部级规划教材500余种。为了支持各地建设类院校图书馆建设,建工出版社先后向青海建筑职业技术学院等多所院校赠送了上百万的图书和教材。

2000年前后,建设行业注册执业制度逐步开始实施。建工出版社配合部执业资格注册中心等有关单位,出版了一、二级注册建造师考试系列教材。策划出版了注册建筑师、注册城市规划师、注册结构工程师、注册岩土工程师、注册造价师、注册设备工程师、注册电气工程师、注册环境影响评价工程师、注册安全工程师、注册房地产经纪人、注册房地产估价师、注册土地估价师、注册物业管理师、注册监理工程师等一系列考试教材以及继续教育丛书。

此外,建工出版社还出版了各层次的专业培训教材,如《建筑职业技能培训教材》、《建筑技工考级培训教材》、《市政工程专业人员岗位培训教材》等。2007年3月,原建设部、中央文明办、教育部等5部门联合发文,要求在全国范围内的建筑工地创办农民工业余学校。为此,建工出版社首先策划出版了《建筑业农民工业余学校培训教材》(共12册),成为进入业余学校的首批教材。同时建工出版社与中国建筑工程总公司决定,联合推出一套农民工教学片——《建筑业农民工业余学校培训教学片》,于2010年荣获第三届"中华优秀出版物音像出版物提名奖"。

六、大力推动中华文化"走出去"

建工出版社一贯重视开展国际合作出版,从 20 世纪 80 年代简单的版权贸易,到今天的中外文同版成书,从大量译介国外优秀著作,到向国外推介我国优秀建筑文化、建设成就,在对外合作出版方面迈出了坚实的步伐。

柯布西耶、赖特、密斯、安藤忠雄……这些国际建筑界响亮的名字,借着建工出版社引进版图书深深印进中国青年设计师的心中。十年来已经出版了《空间的语言》、《建筑学的理论和历史》、《可持续性建筑》等近 30 种图书,印行上万套。《国外城市规划与设计理论译丛》、《国外景观设计丛书》、《国外建筑与设计系列》等,都得到业界的高度认可。

建工出版社积极实施"走出去"战略。2006 年建工出版社策划、编辑、出版了介绍中国古典园林的大型画册《园林古韵》,较为全面地展示了中国古典园林的艺术特色。由于该书内容专业、作者权威,国务院新闻办将其定为对外宣传的礼品书,受到国外读者、出版商的青睐。

建工出版社图书"走出去"的另一典型案例就是《2008 北京奥运建筑丛书》。作为国家级建筑专业科技出版社,在 2008 年北京奥运会即将召开之际,建工出版社决定策划出版 10 卷本的《2008 北京奥运建筑丛书》,以多种文版推向海内外,全面、系统、科学地记录和介绍北京奥运建筑工程,促进国际建筑科技文化交流。《2008 北京奥运建筑·总览卷》中、英、法文版于 2008 年 5 月正式出版,由建工出版社主导翻译、审校、版式设计、编校、印制出版,实现了中国图书进入外国主流销售渠道的愿望,真正实现了版权输出和实物出口的最佳结合。

2010 年 10 月建工出版社牵头与中国文物学会等联合在法国巴黎文化中心举办"中国建筑文化展",展示了建工出版社出版的经典中国古代建筑图片、中国书法艺术、中国古代宫廷藏画精品(复制品)和建工版建筑文化精品图书200余册。这是国内出版社首次到国外办展，纷至沓来的各界参观者对中国建筑文化产生了浓厚的兴趣，为建筑文化的交流与推广带来了新的机遇，也为实施"走出去"战略进行了一次有益的尝试。

2007年建工出版社被批准加入"中国图书对外推广计划"工作小组，成为该小组首家科技类专业出版社。目前建工出版社已与全球60多家知名出版机构建立了长期稳定的合作关系，近十年来翻译引进了1600多种国外经典著作，输出了500多种本版优秀作品，连续多次获得"全国版权贸易先进单位"、"北京市版权贸易'十佳单位'"等称号。从2007年至2011年，在中国出版工作者协会组织的"引进版、输出版优秀图书评选"中，建工出版社连续5届成为获奖品种最多的出版社。

党的十六大以来，建工出版社迎来了快速发展的春天，十年来累计为读者奉献各类出版物近万种，获得各种奖项200余项，其中近50项为"中国出版政府奖图书奖"、"三个一百"原创出版工程，"中华优秀出版物奖"等国家和省部级奖项。薄发始于厚积，敦行终能致远，书籍筑成台阶使建工出版社正稳步向更高的目标迈进。

七、转企改制，推进建工出版社科学发展

2010年，建工出版社按照中央关于推进新闻出版体制改革的要求，积极部署落实，平稳顺利地完成了转企任务。新一届领导班子增强危机意识和责任意识，在对社内外进行了深入调研的基础上，经过党政联席会议和干部职工多次研究讨论，形成了今后几年建工出版社发展的主要思路，制订了"十二五"发展规划。建工出版社今后几年发展的指导思想和总体思路是：全面贯彻党的十七届六中全会精神，高举中国特色社会主义伟大旗帜，深入贯彻落实科学发展观，坚持正确的出版导向，紧紧围绕住房和城乡建设事业发展，深化改革，转换机制，进一步转变发展方式，实施差异化竞争战略，充分发挥传统优势，切实加强企业

管理,全面提升出版物开发能力和出版质量,不断提高核心竞争力,推进建工出版社科学发展,努力开创改革发展的新局面,将建工出版社打造成为"行业领先、国内一流、国际知名的专业出版强社"。

建工出版社正积极稳妥推进"三改六加强"深化改革的措施,建立适应建工出版社科学发展的体制和机制。"三项改革"即进一步深化机构改革、深化选题制度改革、深化考核分配制度改革。"六个加强"即加强选题策划,提高出版物综合开发能力;加强质量管理,不断提高品牌信誉;加强营销工作和渠道建设,确保利润实现;加强数字出版工作,力争在数字时代的竞争中取得优势;加强队伍建设,不断提高员工素质;加强企业文化建设,营造良好的发展环境。

相信中国建筑工业出版社这艘航船,一定能够在新的起点上,扬起理想的风帆,在通往科学发展的航道上,破浪前行,为住房城乡建设行业的发展、为繁荣我国出版事业,奉献更多的精品力作,做出新的更大贡献!

第九部分　典型人物

党的十六大以来,全国住房城乡建设系统广大干部职工深入贯彻落实科学发展观,求真务实,开拓进取,爱岗敬业,无私奉献,为推动住房城乡建设事业又好又快发展做出了积极贡献,涌现出了一大批先进典型,激励着广大干部职工充分发挥工作的积极性、主动性和创造性,促进住房城乡建设事业持续健康发展。

推进住房城乡建设事业科学发展的榜样

党的第十六次全国代表大会召开以来,全国住房城乡建设系统广大干部职工,深入贯彻落实科学发展观,不畏艰辛、忘我工作、顽强拼搏,积极投身社会主义现代化建设的伟大实践,在推动住房城乡建设事业改革与发展的进程中做出了积极贡献,涌现出了一大批先进集体、先进人物和有突出贡献的科技人员。他们的先进事迹成为全系统的宝贵精神财富,激励着广大干部职工充分发挥工作的积极性、主动性和创造性,促进住房城乡建设事业持续健康发展。

一、爱岗敬业做奉献

为表彰先进,弘扬全心全意为人民服务的宗旨,激励广大干部职工开拓进取、服务人民、奉献社会,住房城乡建设系统多次对先进集体和先进个人给予表彰,上海物业服务行业职工徐虎、全国首届道德模范范玉恕等都是其中的优秀代表。党的十六大以来,人事部、建设部于2004年、2007年先后两次决定表彰全国建设系统先进集体、劳动模范和先进工作者。2004年,人事部、建设部印发《关于表彰全国建设系统先进集体和劳动模范、先进工作者的决定》(国人部发[2004]7号),授予北京城建集团有限责任公司、山东省青岛市建设委员会等48个单位为"全国建设系统先进集体"荣誉称号,授予北京市公共交通总公司驾驶员郭联华、北京市热力集团输配分公司副经理印伟民等378名同志为"全国建设系统劳动模范"荣誉称号,授予北京市建筑设计研究院总建筑师邵伟平、中国城市规划设计研究院工程规划设计研究所副所长沈迟等470名同志为"全国建设系统先进工作者"荣誉称号。2007年,人事部、建设部印发《关于表彰全国建设系统先进集体劳动模范和先进工作者的决定》(国人部发〔2007〕157号),授予北京首汽(集团)第三营运分公司于凯车队等199个单位"全国建设系统先进集体"荣誉称号,授予王宵云等378名同志为"全国建设系统劳动模范"荣誉称号,授予王玮等323名同志为"全国建设系统先进工作者"荣誉称号,追授王忠平同志"全国建设系统先进工作者"荣誉称号。2008年2月,建设部党组又印发《关于在全国建设系统开展向王忠平同志学习活动的决定》(建党〔2008〕8号),追授王忠平同志"全国建设系统行业标兵"称号。

2005年10月,中央文明委首次表彰全国文明单位,全系统共有55个单位受表彰,其中,建设部推荐了15个单位,地方推荐了40个单位。2009年1月,中央文明委表彰第二批全国文明单位,全系统共有61个单位受表彰,住房和城乡建设部推荐了15个单位,地方推荐了46个单位。2011年12月,中央文明委表彰第三批全国文明单位,全系统共有97个单位受表彰,住房和城乡建设部推荐了18个单位,地方推荐了79个单位。另外,住房和城乡建设部第二批推荐的15个单位经复查认定,继续保持了全国文明单位荣誉称号。

2006年10月,建设部党组发布《关于在全国建设系统开展学习张璟同志先进事迹活动的决定》(建党〔2006〕50号);2012年7月,住房和城乡建设部党组做出《关于在全国住房城乡建设系统开展向周江疆学习活动的决定》,号召全系统学习他们强烈的社会责任感、崇高的精神品质和良好的职业道德。

二、献身科技建丰功

新中国成立以来,住房城乡建设系统培养了大量有突出贡献的科技人员,他们潜心钻研,努力工作,成为各自领域的大师、院士,做出了很多重大的创造性贡献。除吴良镛、周干峙、张锦秋等老院士继续坚持工作、坚持奉献外,党的十六大以来,住房城乡建设系统又有多名土木、建筑领域的专家当选为中国工程院院士,包括:中国城市规划设计研究院邹德慈、广州大学工程抗震研究中心周福霖、中国城市规划设计研究院王瑞珠、解放军理工大学王景全、哈尔滨工业大学欧进萍、同济大学沈祖炎、东南大学纤维与纤维混凝土技术研究所孙伟、上海市政工程设计研究总院林元培、铁道第一勘察设计院梁文灏、中联·程泰宁建筑设计研究院程泰宁、新疆建筑设计研究院王小东、贵州省土木学会结构委员会马克俭、新疆自治区人民政府黄卫、哈尔滨工业大学任南琪、中铁大桥局集团有限公司秦顺全、中国建筑设计研究院崔愷、兰州大学周绪红、江苏省建筑科学研究院有限公司缪昌文、西安建筑科技大学刘加平、浙江大学龚晓南等。

2012年2月14日,胡锦涛主席将"2011年度国家最高科学技术奖"授予中国科学院、中国工程院院士,建筑学家、城乡规划学家和教育家吴良镛。2012年2月27日,素有"建筑界诺贝尔奖"之称的普利茨克奖评委会宣布,将2012年普利茨克建筑奖授予中国建筑师、中国美术学院建筑艺术学院院长王澍。吴良镛、王澍的获奖是中国建筑业专业技术人员的骄傲,是中国建筑理论与建筑科技成果得到举世公认的标志,也是中国建筑人才队伍成长壮大的有力证明。另外,由农民工出身的企业家赵正义独创的"赵氏塔基"项目,荣获2011年度国家科技进步二等奖,他成为中国农民工中荣膺这一奖项的第一人。

为激发广大勘察设计人员的责任感与荣誉感,建设部自1990年开始评选全国工程勘察设计大师,激励了广大工程勘察设计人员努力钻研工程技术,在工作中积极践行建设资源节约型、环境友好型社会要求,不断提高我国工程勘察设计技术水平。党的十六大以来,住房城乡建设部(包括原建设部)共评选了四批共 136 名勘察设计大师。2004 年评选出第四批全国工程勘察设计大师徐瑞春等 60 人,2006年评选出第五批全国工程勘察设计大师王争鸣等 21 人,2008 年评选出第六批全国工程勘察设计大师于长顺等 26 人,2010 年评选出第七批全国工程勘察设计大师王丹等 29 人。工程勘察设计大师是国家的宝贵财富,他们为提升我国建设工程勘察设计水平做出了巨大贡献。

三、抗震救灾显精神

住房城乡建设系统广大干部职工不畏艰险,在抗震防灾和灾后重建方面也做出了大量贡献。特别是四川汶川地震发生后,全系统和广大建设工作者,发扬特别能吃苦、特别能战斗、特别能奉献的精神,夜以继日地奋战在抗震救灾第一线,涌现出一大批先进集体和个人。为鼓励广大建设工作者大力弘扬抗震救灾伟大精神,住房城乡建设部印发《关于表彰全国住房城乡建设系统抗震救灾先进集体和先进个人的决定》(建精[2008]166 号),授予北京市建设委员会等 245 个单位“全国住房城乡建设系统抗震救灾先进集体”荣誉称号,授予郝小兵等514 位同志“全国住房城乡建设系统抗震救灾先进个人”荣誉称号,追授戎金亮同志“全国住房城乡建设系统抗震救灾先进个人”荣誉称号。2009 年 5 月,住房和城乡建设部党组又印发了《关于在全国住房和城乡建设系统开展向崔学选同志学习活动的决定》(建党[2009]39 号),授予崔学选同志“全国住房城乡建设系统抗震救灾先进个人”称号。

住房城乡建设系统涌现的先进集体和先进个人,以无私无畏的高尚情操、敢于担当勇于奉献的崇高精神,成为促进住房城乡建设事业科学发展的强大精神动力。全国住房城乡建设系统各单位和广大干部职工,要以他们为榜样,全面贯彻落实科学发展观,求真务实,开拓进取,爱岗敬业,创先争优,不断为住房城乡建设事业科学发展贡献力量。

人民得安居，毕生情所系

——记国家最高科学技术奖获得者吴良镛院士

我毕生追求的就是要让全社会有良好的与自然相和谐的人居环境，让人们诗意般、画意般地栖居在大地上。

——吴良镛

960 万平方公里的国土，有锦绣山河，也有巍峨城郭。中国人世世代代居住的地方，灾难与建设无数次改变了它的面貌。建筑与城乡规划学家、建筑教育家，人居环境科学的创建者，清华大学建筑学院教授吴良镛，用近 70 年的时间读万卷书、行万里路，探索中国建筑与城乡规划的发展道路，荣获 2011 年度"国家最高科学技术奖"。

苦难中迸发的建筑梦

吴良镛生于 1922 年，他的早年成长历程中饱含着流离失所、国破家亡的民族血泪，这促使他义无反顾走上学习建筑的道路。1940 年，他走进了中央大学建筑系，在图书馆里，看到了国外建筑杂志缩微胶卷。吴良镛惊讶地发现，同样饱受战乱侵扰的西方，建筑界并不是无所作为，而是信心百倍地放眼未来，致力于战后城市重建和住宅建设的研究。国破山河在！战后重建的美好愿景如同一道划破黑夜的闪电，照亮了这个建筑学子的心。

1946 年抗战胜利后，刚毕业两年的吴良镛应梁思成之邀，协助他创办了清华大学建筑系。建系之初,梁思成赴美讲学,吴良镛是系里最初的两名教员之一。1948年夏,梁思成推荐吴良镛去美国匡溪艺术学院深造。在建筑大师沙里宁的指导下,吴良镛开始探索中西交汇、古今结合的建筑新路,其间曾获罗马奖金建筑绘画雕塑设计竞赛荣誉奖,在美国建筑界崭露头角。

重建家园的创造与困惑

新中国成立后,梁思成给吴良镛寄去了一封信,表达了对祖国重获新生的喜悦之情,希望他赶紧回来参加新中国的建设。"百废待兴",这四个字让吴良镛迅速做出抉择。1950年年底,吴良镛冲破重重阻挠,绕道归来,投身新中国的建设和教育事业。作为新中国建筑教育和建筑事业的开拓者之一,吴良镛于1951年开始主持清华建筑系市镇组工作,并与中国农业大学汪菊渊教授一道创办了我国第一个园林专业。1952年起,吴良镛历任清华大学建筑系副主任、主任,全面推动建筑技术科学、建筑历史与文物保护等学科的发展。

1959年,吴良镛倡导创办了清华大学建筑设计研究院。在此前后,他主持全国建筑会议、制订共同教学计划,参与领导全国建筑学专业通用教材的建设,并主持《城乡规划》教学用书的编写;担任北京市都市计划委员会顾问和保定、北戴河、秦皇岛、邯郸等城市的规划建设顾问;参与了人民英雄纪念碑、北京图书馆等著名建筑的设计;1976年唐山大地震后,作为最早一批专家参加重建规划。

20世纪40年代初,吴良镛抱着希望避免西方"城市病"的愿望学习城市规划,回国后也相信中国城市可以避免交通拥挤、住宅短缺、破坏自然等现象。然而,数十年间中国城乡变化虽巨,现实面貌却和他的理想有较大偏差。在曲折中,吴良镛蓄积力量、摸索前进。

时代激流中的探索

1980 年,吴良镛成为"文化大革命"后第一批当选的中国科学院学部委员,从西德讲学归来后参加了 1981 年的中科院学部大会,感受到全国学术界探索未来的高昂热情,感受到当代建筑学家对建筑学科发展所应肩负起来的重任。"这次大会使我认识到,面对新中国成立与文革后的经验与教训,建筑学要有所作为就必须走向科学,向建筑学的广度和深度进军。"为了求解这条建筑的科学发展之路,吴良镛从理论与实践两个维度同时进发。

在理论上,吴良镛从 20 世纪 80 年代初就开始进行"广义建筑学"的思考,并于 1989 年出版了专著《广义建筑学》。其着眼点从单纯的"建筑"概念转向"聚居","从单纯的房子拓展到人、到社会,从单纯物质构成拓展到社会构成",大大拓展了建筑学的视野。事实上,广义建筑学已经在很大程度上将"广义的住"、"空间环境"、"多学科综合研究"等思想从理论上结合起来,形成了后来人居环境科学思想的雏形。

在积极探索理论的同时,吴良镛还和同事们一起踏遍千山万水,为解决中国城乡建设的实际问题,完成了一项又一项贡献重大的开创性工作。如他指导完成的"北京奥林匹克建设规划研究",就是其中较早的一项成果,获得 1987 年国家教委科技进步一等奖;又如 20 世纪 90 年代初,针对长江三角洲地区城市化加快,但城市规划的思想、原则却相对落后的突出问题,对上海、苏锡常和宁镇扬三个地区进行了细致的调查研究,以此为基础一次又一次撰写国家自然科学基金重点项目建议。

1992 年,国家自然科学基金委首次将重点项目资助投放在建筑领域。在吴良镛主持下,清华大学、东南大学和同济大学联袂开展"发达地区城市化进程中建筑环境的保护与发展"研究。这样一个多单位、跨学科、多领域、综合性的区域性研究,成为我国建筑和城市规划领域的首次尝试。

上世纪八九十年代,吴良镛把北京菊儿胡同当作探索北京旧城保护与发展问题的一块"试验田"。他多次带领研究生在这里进行调研和规划设计,通过居民互助、政府资助、单位补贴等途径,以及房改加危改的方式,把当年破败的"危积漏"(危房、积水、漏雨)院落变成由一座座功能完善、设施齐备的单元式公寓组成的新四合院住宅。扩展形成的"跨院"又突破了北京传统四合院的全封闭结构,形成邻里交往的崭新空间。粉墙黛瓦、绿树成荫,气象一新的菊儿胡同仍旧保持了与北京旧城肌理的有机统一。北京菊儿胡同改造项目获得了"世界人居奖"与"亚洲建协建筑设计金奖"。

对于清华大学建筑与城市研究所承担的苏锡常地区规划研究,吴良镛带领团队,通过认真考察和科学预测,完成了若干城镇和县域规划,使研究呈现出城、乡并重的丰富性和整体性。这项长达 5 年的研究于 1997 年结题。它首次提出区域协调发展观念并注重保留与发扬地方建筑特色,获得 2000 年"中国高校科学技术奖"二等奖。

北京西北文教区和中关村科技园规划建设、上海浦东规划、广州城市空间发展战略研究、深圳城市总体规划和福田中心区规划、三峡工程与人居环境建设、滇西北人居环境可持续发展规划研究、南水北调中线干线工程建筑环境研究……在这一个又一个至关重要的实践课题中,吴良镛倾注了自己对吾土吾民的热爱,奉献了自己的才学与思想。

中国人居环境科学的奠基人

伴随着理论和实践探索的不断深入,吴良镛逐渐理解到,不能仅囿于一个学科而应从学科群的角度整体探讨学科发展,因此提出了"人居环境科学"这个整合众多学科的"学科群"概念。

1993 年 8 月,在中国科学院技术科学部学部大会的学术报告中,吴良镛(与周干峙、林志群共同撰文)提出"人居环境学"这一新的学术观念和学术系统。

　　1999 年,国际建筑师协会第 20 届世界建筑师大会在北京召开,吴良镛担任科学委员会主席,作大会主旨报告,并起草《北京宪章》。《北京宪章》以人居环境科学理论为基础,指出"建设一个美好的、可持续发展的人居环境,是人类共同的理想和目标",在大会上获得一致通过。时任国际建协主席斯戈泰斯称赞这是一部"学术贡献意义永存"的文献。英国建筑评论家保罗·海厄特认为吴良镛以一种乐观和利他主义的姿态,提出了引导未来发展的"路线图"。作为国际建协成立 50 年来的首部宪章,它成为指导新世纪世界建筑发展的重要纲领性文献,并以中、英、法、西、俄 5 种文字出版。

　　2001 年,吴良镛出版专著《人居环境科学导论》,创造性地建构了中国人居环境科学的理论体系、学术框架和方法论,进一步奠定了中国人居环境科学的研究基础。人居环境科学以人居环境为研究对象,是研究人类聚落及其环境的相互关系与发展规律的科学。它针对人居环境需求和有限空间资源之间的矛盾,遵循五项原则:社会、生态、经济、技术、艺术;实现两大目标:有序空间(即空间及其组织的协调秩序),以及宜居环境(即适合生活生产的美好环境)。2010 年,人居环境科学作为原创性重大科学技术成就获得"陈嘉庚科学奖",该奖认为:"人居环境科学理论针对建设实践需求,尊重中国历史传统与价值,为中国大规模城乡空间建设提供科学指导……为世界人居环境建设提供指引。"

　　人居环境科学构建起一个有中国特色的建筑学理论体系,而吴良镛主持的一系列重大科研项目同样是以这一理论体系为指导,并以其现实成就印证了人居环境科学理论的重要价值。

　　例如:自改革开放之初起,吴良镛就一直在思考北京及其周边地区发展的问题。直到 1999 年 1 月,国家自然科学基金"九五"重点资助项目——"可持续发展的中国人居环境的基本理论与典型范例"正式立项,其主要课题即为"京津冀地区城乡空间发展规划研究"。随后,相关研究又先后得到清华大学"985 研究基金"和建设部重点科研项目的支持。

吴良镛以其个人声望和课题的重大战略意义动员了十多个单位、几百位专家直接参与这一项目,组织了北京、天津、河北"两市一省"有关部门和不同专业的合作,利用多层次的沟通与交流,建立起"科学共同体",在区域层面具体运用人居环境科学理论进行研究。研究确立了地区规划的一些基本思路,如核心城市"有机疏散"与区域范围"重新集中"的结合、明确划定保护地区或限制发展地区、"交通轴+葡萄串+生态绿地"的发展模式等,无不体现出整体塑造区域人居环境的理念。

2002 年,《京津冀地区城乡空间发展规划研究报告》发表后,北京市、天津市先后邀请课题组参加其空间发展战略研究和城市总体规划修编,并由吴良镛担任首席领衔专家。这一系列研究直接指导了北京近 10 年来的建设发展,开创了新时期北京城乡规划的新局面。

现在,吴良镛又带领团队开展了面向建国 100 周年北京城市发展模式的研究——"北京 2049"。建设学科群、打造跨学科平台、开展多情景模拟……人居环境科学的思想理念和方法论在其中得到充分体现。

吴良镛总是努力走在时代的前面,"远见于未萌,避危于无形":在北京保护与发展的矛盾尚未完全暴露前,就主动开展区域整体的规划研究;早在 20 世纪 90 年代,就提出三峡工程不是一个纯粹的水利工程,而是人居环境一个大的变动,建议应对三峡人居环境建设予以及时关注、切实指导……时至今日,《国家中长期科学和技术发展规划纲要(2006—2020 年)》已经把"城镇人居环境的可持续发展"列为城镇化与城市发展领域的三个战略重点之一。

正如两院院士、建设部原副部长周干峙所言,"吴先生通过总结历史的经验和中国的实践提出的人居环境科学,从传统建筑学扩展到广义建筑学,再到人居环境科学符合科学发展规律。如今我们的规划设计工作已经相互交叉、融会贯通、相互集成、多学科已经联系起来。实践证明,这样的融贯、集成避免了许多决策的失误,所带来的经济、社会和环境效益不可估量。"这是对吴良镛荣获 2011 年"国家最高科学技术奖"恰当的解读。

"科学发展观为我指明新航程"

——记上海物业服务行业劳动模范徐虎

徐虎是上海物业服务行业的一名老职工、一名普通的共产党员,自1975年进入房管系统以来,已经工作了35年。

35年来,徐虎曾长期从事水电维修工作,并以夜间义务挂箱服务的方式,为千家万户解决了许多后顾之忧,被上海市民誉为"19点钟的太阳"。1998年以后,根据组织的安排,徐虎开始从事管理工作,他一如既往地为提高物业服务水平尽心尽职。徐虎在平凡的工作中做出不平凡的成绩,曾五次被评为全国劳动模范;2009年,在庆祝中华人民共和国成立60周年之际,还光荣地当选100位新中国成立以来感动中国人物,并作为全国劳模代表登上了建国60周年国庆观礼台。特别是1997年,徐虎作为党员代表,光荣地出席了党的第十五次全国代表大会,受到了时任中共中央总书记江泽民同志的亲切接见。江泽民总书记当晚还亲自题词:"为人民服务,点滴做起,贵在坚持"。

徐虎出生于1950年,生长在一个普通的农民家庭,这一代人是和新中国一起成长的,从小就沐浴着党的阳光雨露。1975年,徐虎因征地被分配到普陀区中山房管所从事水电维修工作,在单位党组织的教育培养下,光荣地加入了中国共产党。在多年的为民服务中,徐虎始终坚持"辛苦我一人,方便千万家"的信念,真心诚意地为广大住户服务,受到了业主、住户的欢迎。

2002年5月,由于工作需要,徐虎调任上海西部企业集团任物业总监。从普通的水电维修岗位到企业中层管理岗位,工作角色变了,但"辛苦我一人,方便千万家"的信念没有变;在科学发展观的指导下,用自己的敬业、钻研和奉献,在物业管理工作中做出新的贡献的目标没有变。于是,徐虎开始积极钻研"本帮"物业和现代经营管理理论,撰写了多篇具有前瞻性和可操作性的研究论文;并且主动带徒,热心地把自己的专业技能和服务理念传授给徒弟,形成了广泛的"徐虎效应",促进了集团员工队伍整体素质的提高。徐虎也经常深入社区听取意见,及时处理群众来信,解决了多起物业维修方面的疑难杂症,受到了居民群众的称赞。

尽管所从事的物业管理和服务技术含量不高,但真正要做到位、做到家,经验和窍门很多,非下苦功不可。由于工作职能发生了变化,客观上徐虎直接上门为居民群众服务的机会少了,为弥补这个缺憾,他主动向组织提出挂牌授徒,以使"辛苦我一人,方便千万家"的精神薪火相传,生生不息。只要有时间,徐虎经常到徒弟所在的小区管理处走走看看,遇有棘手的报修单,他都会拽着徒弟上门,亲自示范,悉心指导。

1999 年年底,徐虎完成了华东师范大学的业余大专学业,怀揣着红彤彤的毕业证书,他萌发了一个念头,要学以致用,学用结合,用笔把自己的感受、想法和建议写下来。5 年多来,徐虎勤学苦练,笔耕不止,发表管理论文和工作体会 30 余篇近 4 万字,对物业管理和服务的工作提出了一些新思路和新举措。在蓬勃开展的上海市物业行风评议活动中,徐虎除认真履行物业总监职责,做好本职工作之外,还在集团的《物业行风专报》上开辟"徐虎观点"专栏,先后发表了《小区物业需要超常服务》、《用社区文化营造物业管理新亮点》等 7 篇文章,给物业员工以很大的启迪。

身为高级技师的徐虎,动手能力毋庸置疑,但如何对技术经验进行有效的总结,并转化为有用的指导手册,却让他着实犯难。为此,徐虎经常翻阅一些专业书籍,有了较系统的专业知识基础,在科学发展观的指导下,摸索总结出了物业管理工作的一系列规律和方法,如《上海本帮物业管理模式》、《服务业主若干观念》、《物业企业职业经理 8 项基本要求》等等,以最浅显而实用、质朴而精练的观点,给业内外人士提供参考。

物业管理工作事关千家万户,因此居民群众的服务投诉和意见有时也较多。在物业企业领导和集团物业总监的岗位上,徐虎也不止千百次地遇到过来信来访的处理问题。一次,某居民向有关方面上书反映,与他家一墙之隔的泵房噪声太大,影响了他家人的正常生活。信件转来集团后,信访室的同志随即按程序转物业公司进行处理。徐虎在检查小区工作时恰巧得知这件事,便叫上公司分管领导一同前往居民家中了解详情,经现场踏勘和论证,拟定了在泵房内墙敷设隔声层的方案,施工后,效果非常明显。

为给业主、住户提供更便捷的服务,1996 年西部集团开通了旨在为普陀区居民群众服务的 24 小时"徐虎热线"。徐虎经常与"徐虎热线"的同志们交流思想,谈谈自己对物业管理和服务的感受。如果有空,徐虎会拎起话筒直接与居民群众沟通,解答疑难问题,提供咨询服务。徐虎办公室的电话乃至家中的电话,都是"徐虎热线"的延伸,在他眼里,为民服务是一种本能,从没有上班下班、分内分外的区别。热线开通的 9 年间,每年都要接到各类报修、咨询电话 3 万个左右,在上海各行各业的服务热线中,"徐虎热线"的知名度、美誉度始终名列前茅。毫不夸张地说,"徐虎热线"已成为居民业主心中的依靠和希望,成为社会和谐和行业形象的代名词。

劳动模范不仅需要默默奉献的精神,更需要关键时刻挺身而出的品质。在实施迎世博 600 天行动计划中,徐虎深入社区,走上街头开展志愿服务活动。在设摊服务中,徐虎热情接待居民报修,上门解决疑难杂症,再现了老劳模关注民生、奉献群众的风采。在小区环境整治工作中,徐虎与集团广大志愿者一起,整理小区乱停放的非机动车,拣拾花坛内的垃圾杂物。2008 年年初,上海遭遇多年未见的雪灾天气,厚厚的积雪为居民出行带来了不便,于是徐虎主动请缨,天刚蒙蒙亮,就带头来到小区扫雪,忙得不亦乐乎,每每总是在居民出行高峰来临之前,扫出一条宽敞的道路,博得了居委会和广大居民群众的好评。

2010年12月,从年龄上讲,徐虎已到了退休的时候了,但作为一名党员、一位劳模,他还为社会、为群众继续贡献余热。普陀区委、区政府以徐虎和其他先进典型的名字命名了一批普陀区志愿服务工作站,他利用"徐虎志愿服务工作站(室)"这个平台,将多年积累下来的为民服务的心得体会,与更多的新一代志愿者沟通、交流。工作站成立两年多来,徐虎随集团的志愿者们多次参与了集团内外的志愿服务活动,如为辖区居民新春送春联,慰问青浦区泾珠村的困难孩子和江苏海门楼盘的业主共度家庭欢乐日,参与节假日的设摊便民咨询和服务,时常关心应急中心维修队的工作情况,就遇到的疑难杂症进行交流和探讨等等,这让人感受到了"辛苦我一人,方便千万家"精神的延续。

老实人盖结实楼

——记全国首届道德模范(诚实守信)范玉恕

　　刚刚退休的范玉恕曾是天津三建建筑工程有限公司项目经理、副总工程师,是全国闻名的"群众信得过的建房人"。

　　他在建筑业从事施工管理工作几十年来,先后组织完成的 26 项、近 40 万平方米的施工任务,工程质量项项优良,其中由他担任项目经理的多项工程获得国家建筑工程最高荣誉奖——"鲁班奖"。

　　他先后获得全国劳动模范、全国"五一劳动奖章"及全国首届道德模范(诚实守信)等荣誉称号,还光荣地被选举为中国共产党十六大党员代表。

　　多年来,范玉恕自觉恪守"老老实实做人、结结实实盖楼"的人生理念,努力为社会筑造更多的优质工程、精品工程、放心工程。他自觉实践科学发展观,是全国住房和城乡建设系统的一面旗帜。

新岗位的不变追求

　　十几年前,获得了众多荣誉的范玉恕担任了天津三建公司的副总工程师,全面负责企业的施工质量管理工作。

　　天津三建公司每年同时施工的工程都有几十处,施工面积超过 300 万平方米。范玉恕努力把工作压力变成自己的岗位责任。为了协助总工程师抓好日常的质量管理工作,他每天早出晚归,牺牲了自己的全部双休日和节假日,坚持每个月都要把正在施工的工程逐个转一遍。

在质量监控中,他对每项工程、每个关键部位的质量现状,都一一记录在笔记本上,熟记在心里。他还在抓好企业全员的质量教育、管理培训和动态监控工作的同时,带领有关人员编制有关"工法",使三建公司上有国家规范,下有企业工法,逐步实现了企业质量管理由"人治"向规范化制度建设的新层次迈进。

2003年,在天津市实施海河综合开发战略中,天津三建公司承建了海河起步段工程的石材地砖铺设和延伸到海河15米的亲水平台工程。面对亲水平台冬季施工等种种困难,他带领有关人员到水工、市政等施工现场学习观摩,反复查找和刻苦钻研有关施工技术和质量规范,严格细致地制定施工技术质量方案。范玉恕带领攻关小组成员吃住在现场,连续科技攻关,先后创新和实施了"碎石清障作业法"、"整体钢沉箱作业法"、"浸水混凝土浇筑作业法"等10余项施工方法,大大提高了水下施工的科技含量,带领全体参建人员提前8天优质快速地完成了施工任务,为整个海河堤岸改造工程树立了样板。

黄河之巅新贡献

范玉恕"老老实实做人、结结实实盖楼"的精神,在社会上产生了巨大的影响。一些工程项目的建设单位常常点名让范玉恕担任建设项目的质量总监。

青海省重点工程——黄河上游梯级电站调度楼工程是天津三建进入青海承建的第一个工程项目,建设单位要求让范玉恕担任质量总监。施工中,他面临着前所未有的压力与困难。由于工期的急迫,工程必须抢抓冬季施工;然而,在青海省建筑史上,没有在冬季浇筑大体积混凝土的先例。范玉恕作为质量总监,充分利用自己曾经在天津金皇大厦工程组织冬季基础施工的成功经验,指导项目班子一起科学制订冬季施工方案。经过青海省有关部门的审核批准,他们经过科学施工,保证了大体积基础混凝土连续三天两夜的一次浇筑完成。后经青海省质检部门检测,各项数据均达到了质量规范的要求,一举打破了历年来青海省冬季不能进行混凝土施工的惯例,填补了该省冬季施工的一项技术空白。

在随后的工程主体和装修工程的施工中,范玉恕指导项目班子相继应用了大量的新技术、新工艺,同时在当地率先创建高标准的文明工地,迅速提升青海省建筑施工技术水平和管理水平,引起了青海省社会各界的高度重视。

最终,该工程如期竣工,被评为国优"鲁班奖"。当"鲁班奖"颁奖大会在北京召开时,范玉恕却由于长期劳累过度,正在医院进行手术治疗。

奥运工程夺金牌

2004年6月,范玉恕被企业任命为北京奥体中心运动员公寓工程的项目经理。他把主持这一奥运工程施工,当做了自己建筑生涯的新起点和提升点。他说:"干奥运精品工程,没有创新精神绝对干不成。必须坚持理念创新、手段创新、技术创新。""运动员要在奥运赛场上冲金牌,我们在奥运工程中必须夺'金牌'!"

从开工那天起,他带领项目班子及全体参建人员认真制订科学的施工方案,全方位、全过程地贯彻质量目标,建立健全质量保证体系,强化和完善了技术交底制、材料进场验收制、岗位责任挂牌制、质量样板引路制、工程成品保护制等一系列的质量控制责任制度。

由于采用了一系列施工新技术,确保了所有的工序部位都达到了一次成优。当工程主体如期封顶后,由北京"长城杯"专家组成的评审团先后两次对该工程主体进行质量等级评审验评,最终,该工程主体质量以优异的验评结果,荣获了北京市建筑工程质量最高奖——"长城杯"金奖。

一棵树变成一片林

范玉恕在努力为党和人民筑造优质工程、精品工程、放心工程的同时,不忘对企业青年人的"传、帮、带"。他常说:"科学发展观的核心是以人为本,企业发展的根本也在于建设一支过得硬的人才队伍。提高工程质量和施工技术含量,有我一个范玉恕不行,还需要一大批超越我范玉恕的人才。要把我这棵树,变成一片林。"

为此,他坚持每年都与大学毕业的年轻项目经理签订"师徒合同",担任企业青年项目经理的"导师",进行"传帮带"。为了保证"师徒合同"的落实,他坚持与青年项目经理在思想上的定期交心制度、工作上的定期交谈制度、经验上的定期交流制度,把自己所掌握的国内外的先进的管理方法、管理手段乃至一些"绝招"、"高招"毫无保留地传授给他们,帮助这些企业未来的栋梁学有所得、学有所用、学有所成,加快成长步伐,早日成才。

为了使公司的全体项目经理迅速提高自身的综合素质,范玉恕还在总结自己多年的成功工作经验和思想心得的基础上,向公司全体项目经理传授"怎样当好一名政治合格、管理过硬的项目经理"的工作体会,给全体项目经理上了生动的一课,在企业项目经理队伍中引起了强烈的反响。

近年来,在三建公司实施破格将优秀大学生推上项目经理岗位、组建三建公司"青年优秀项目经理研究生班",范玉恕又责无旁贷地担任了指导导师,带头培育企业精英群体,使他们尽快地成长为企业的栋梁和城市建设的脊梁。范玉恕"这好大一棵树,已经繁茂成了好大一片林"。

挑战世界性技术难题的"当代鲁班"

——记农民工出身的发明家赵正义

"咬定青山不放松"郑板桥这脍炙人口的诗句，不少人耳熟能详，但真要做到，并持之以恒，却绝非易事。赵正义，这位农民工却凭着百折不挠的坚定信念和几十年如一日的顽强钻研做到了：发明了被誉为"赵氏塔基"的预制混凝土塔机基础，对我国的资源节约、环境保护，实现可持续发展做出了突出贡献。在 2011 年度国家科技奖励大会上，由他独创的拥有完全自主知识产权和完整技术体系并实现产业化的"赵氏塔基"项目，荣获国家科技进步二等奖。他成为中国农民工中荣膺这一奖项的第一人。

行业状元的"诀窍"是爱一行钻一行

1946 年 5 月 7 日，赵正义出生在北京昌平的农民家庭，初中毕业后回乡务农。1976 年，进入乡镇建筑企业成为农民工，开始干起了瓦工。

从一开始他就安心岗位、勤奋努力、苦练基本功，为了掌握技术，除了上班认真苦练、悉心博采众长外，更是每天晚上自我操练。入行仅 3 年，在上百人的专业大比武中崭露头角，一跃成为企业瓦工的标杆，也从此养成了勤奋刻苦、用心钻研，不论干什么都要拔头筹的"习惯"。一路攀登求索，从学徒到大工匠，连创质量、日工作量、砌砖总量 240 万块无返工的三项企业最高纪录。17 年拼搏进取,走过了从瓦工、班组长、质检员、施工队长到企业经理的成才之路。在各个岗位上都以"人能我能,我能人不能"为标准,争上游、创高峰。

赵正义的人生有"三宝":一是自信和自强;二是学习:他深信读书是学习前人经验最便捷的途径;三是创新:在他看来,世界上一切事物都是可以改变的。

"天生我材,就为破解这道难题而来"

1997 年,赵正义负责的建筑公司准备引进新的固定式塔机。考察市场时发现,固定式塔机无一例外配置少则几十吨、重则二三百吨的整体现浇混凝土基础,因体积大、重量大、无法搬运,只能一次一报废。塔机基础的平均寿命不足半年,资源利用率不足 1%! 同时也造成环境污染,使用这种塔机,施工成本大增,更是他无法接受的。于是,他给多个塔机厂打电话,咨询探讨有没有变革这种基础的可能性。得到的答案归纳为两类:一是,固定式塔机是洋设备,基础是原装的,外国人明知这种基础的负面效果,但也没招儿。二是,国内外专家都对这个难题束手无策。其他塔机专业人员都有专业"缺口",谁也不敢冒险去撞这道"南墙"。

这道难题遇到了生来乐于面对挑战的赵正义;遇到了没有专业出身和专科界线,缺什么就学什么并能融会贯通的他;遇到了百折不挠、锲而不舍的他。这道难题就和他结下不解之缘。

1997 年 6 月,赵正义用了 3 个月,经十余次修改,终于设计生产出第一套由 13 件混凝土预制构件装配为一体的塔机基础。怕不保险,他请几位老工程师做了验算。他亲自指挥,把这套基础装好。新塔机进场,厂家人员发现基础不是他们设计的,拒绝安装,"倒塔谁负责?""当然是我负责。"赵正义斩钉截铁地答道。

在拿到他签字的"倒塔责任书"后,厂家人员才开始装塔。经过对塔机做例行的动、静载试验后，证明基础性能稳定。2 个月后，5 个单元宿舍楼 6 层封顶，一颗悬了近半年的心总算落了地。

赵正义得知，全国在 2000 年的塔机保有量达 10 万台并以每年 2 万多台的增量在增长；到 2010 年国内塔机保有量将达 25 万台以上，中国的建筑塔机保有量超过世界总量的 50%，每年因塔机消耗大量水泥等建筑材料。"以我的身体状况，还能再干 20 年。粗算一下，传统基础在未来 20 年消耗的水泥和钢材可以与世界最大的水工工程——三峡工程——相提并论。我再活一万辈子也创造不了这么多财富，我要是能做成这件事，该是对社会多大的贡献啊！想不到这天大的好事竟然轮到我！"他不敢再往下想，可嘴里不停地念叨："天生我材，就为破解这道难题而来。"

2001 年 6 月，赵正义出人意料地辞去了公司经理职务。8 月 1 日，他带领两个部下在一无资金二没技术的条件下，创立了专业从事"预制混凝土塔机基础"（世称"赵氏塔基"）研发和产业化的企业。

为筹措注册资金，他用住房作抵押，后又卖掉了一套楼房，日常生活靠每月 800 元"内退生活费"和爱人退休金维持。1997 年至今，赵正义历 15 年锲而不舍，他没有一天节假日，平均每天工作超过 10 小时。他潜心自学了多学科专业知识，这还不够，他拜多位著名专家为师，虚心求教。他以 40 多个不断优化的总体方案和一千多个新构造加上百次试验，彻底破解了这道技术难题。

第九代"赵氏塔基"的占地面积、构件体积、地基条件、安装时间、制作成本、综合效益六大指标都达到最先进的水平。在无数的探索者之后，赵正义当之无愧地成为这一新技术领域的开拓者和奠基人。

"赵氏塔基"在我国推广应用意义重大，仅在我国建筑业全面推广，就可以节约大量水泥、钢材、砂石料，减少混凝土垃圾，经济效益显著。

"当代鲁班"证明"人人皆可成才"，
"赵氏塔基"彰显时代精神

中国塔机技术领域奠基人刘佩衡对"赵氏塔基"的评价："这是中国人在塔机技术领域首次超越西方的开创性贡献。"

两院院士罗沛霖认为："以极简单的方法利用现有材料解决重大技术难题是技术创新的最高境界。赵正义正是用人们认为再普通不过的传统材料，通过空间结构的重新组合使这些材料在新的结构形式下赋予了新的性能，从而彻底破解了困扰业界几十年的一道技术难题，成为一项节资节能减排标志性的新技术和经典发明。"

赵正义关于"赵氏塔基"创新理论的专业技术论文，由罗沛霖和刘佩衡推荐在国家级专业杂志上发表。

我们树立科学的发展观和人才观，需要更多赵正义这样知识型的"新鲁班"，需要更多赵正义这样技术型的能工巧匠。

赵正义同志是新时代工人阶级和共产党员学习的榜样；是自强不息、开拓创新、自学成才、岗位成才的时代楷模。

赵正义1989年入党，1995年至今任所在企业党支部书记。一位平凡的农民工，在时代的阳光下，走过了36年的岗位成才、自学成才之路；更经过20年的自觉求索，终于实现了人生价值的顿悟。2006年4月，赵正义正为筹措研发经费而着急，美国一家著名的国际投资公司提出以高价一次性买断"赵氏塔基"专利技术，对方的条件之一是中国人要用这项技术必须用美元向他们买，他婉言回绝了对方。"5·12"汶川地震后，赵正义将具有很高价值的技术无偿贡献给灾后重建。

回顾赵正义的人生历程，不难得出一条经验："机遇属于有准备并不懈奋斗的人，机遇青睐有社会责任感并甘于无私奉献的人。"

如今头上已有北京市劳模、奥运火炬手、"当代鲁班"、优秀发明家、时代先锋等多个光环的赵正义这样评价自己："我是中国2亿6千万农民工中极其普通的一员,更是中国共产党八千万党员中的一名小战士,'赵氏塔基'是改革创新伟大时代的产物。我做了一件自己乐意做、自己能做,又对国家有益的事儿,尽管几十年不停地拼搏、不懈地求索,可我内心充满了快乐!"

审慎执墨笔　倾心绘蓝图

——记中国城市规划设计研究院副总规划师沈迟

我热爱规划事业,热爱我的工作。不仅仅是我,我的同事们都对城市规划工作充满热爱。每当看到我们做的规划为城市的和谐发展做出贡献,看到当年的规划变成今天的现实,我就会感到由衷的自豪。跋山涉水、露宿河滩的艰苦在这种喜悦面前都变得微不足道,所有付出都得到了最大的回报。

——沈迟

沈迟从事城市规划设计工作已近三十年。他走遍祖国大江南北,主持了包括《天津市城市总体规划(2006—2020 年)》、《西宁市城市总体规划(2001—2020 年)》、《青海省城镇体系规划(2004—2020 年)》等在内的几十项重大规划设计项目;主持了《小城镇规划及相关技术标准综合研究》、《沿海发达地区城镇群及城乡关系研究》等国家、省部级课题。2004 年 1 月,他被人事部、建设部授予"全国建设系统先进工作者"荣誉称号;2005 年 4 月被国务院授予"全国先进工作者"荣誉称号;2007 年当选中国共产党第 17 次全国代表大会代表。

面对这些荣誉,沈迟很珍惜,也很淡然。他说,自己的理想很简单——踏踏实实、尽心尽力地做规划,让城市因为有科学的规划更协调地发展,让老百姓因为有贴心的规划更幸福地生活。

全面科学认识：规划不仅是技术活儿

城市规划是一项政策性、技术性、综合性很强的事业和工作。尤其是在当前，城市规划由于其较强的公共政策属性，越来越多地为公众所瞩目。

作为规划编制人员，沈迟在工作中愈发慎重和严谨。有一次，在主持某市的城市总体规划编制过程中，沈迟通过研究论证提出：要改变上一版规划将城市发展用地主要安排在平坝（高产田）上的习惯做法，在低丘缓坡台地上发展城市新区，并将原已确定的在平坝上建设的新行政中心转移到坡地上。规划编制团队一致认为，这样既可以节省优质农田，又能使城市结构更加合理。然而，当时该市政府已经在平坝上划好建设用地准备建设新的行政中心，不愿轻易更改已经做出的决策。沈迟坚持不懈地带领团队反复论证、劝说，当地政府最终同意了规划组的方案。

"在城市规划的编制过程中，我们跟甲方有不同意见在所难免，这个时候需要双方都站在一个更高的层面上去看问题。"沈迟举例说，由于环境保护的需要，在一些地方，规划不允许污染比较严重的工业项目入驻，而这常常为一些政府部门所不解，甚至认为城市规划是城市经济发展的"绊脚石"。"这是一个比较全面、系统的体系，从一个统领全局的高度去指导城市规划，各方面矛盾在科学发展观的统领之下更容易协调。我们和甲方站在同一个层面、用同一种方法看问题——总体规划既不能只强调生态环境和耕地的保护，也不能只顾经济发展。用科学发展观指导城市规划，能够让双方都比较清醒、全面地认识问题。"沈迟认为，科学发展观是做规划、做决策的一个比较全面的指导思想，可以落实到每一个规划项目和规划项目的每一个环节之中。

遵循客观规律:规划用脚"走"出来

沈迟常说,在一个地方做规划,一定要对当地情况有全面、深入的了解,地质条件如何、自然规律怎样、哪儿是洼地哪儿有山。这些问题,做规划师的应当比当地老百姓更清楚。为此,他十分注重规划的现场和实地工作。

2002年,他承担带有扶贫性质的项目——《青海省城镇体系规划》。沈迟主动带队走青海南部果洛—玉树一线。他们克服了高原反应等困难,坚持完成了考察任务。

在2004年承担《天津市城市总体规划》编制工作的过程中,沈迟率领小组成员在现场工作了大半年,走遍了全市各区县和市区的大街小巷,深入调查现状,从而对城市情况非常了解,为认识城市的主要矛盾和问题、科学编制规划方案打下了坚实的基础。

2010年4月14日,玉树发生大地震,山河破碎,家园尽毁。沈迟和他的同事们主动联系青海方面,第一时间赶到玉树,投入了紧张的灾后重建工作。他们以最快的速度拿出灾民临时安置点的规划和恢复重建规划的方案。由于沈迟同志灾前两次到过玉树,对那里情况最熟悉,被抽调到由国家发改委牵头的玉树灾后重建规划编制组。由于他的介入,编制组迅速地了解了玉树地震前后的全面情况。他还亲自主持编制了《玉树地震灾后恢复重建规划城镇体系规划》,亲自参加了灾后重建规划中面对当地居民的宣传和公众参与活动。

什么样的将带什么样的兵。沈迟在工作中严格却不严厉,手下的人都很服他,于是,整个团队都有了沈迟一样的性格。2005年,中规院编制规划团队为某市做城市总体规划。在规划已经通过省规划委员会的纲要评审后,该市又提出扩大城市发展规模。规划编制团队经过考察后提出,该市地形复杂,且其拟定的发展规模用地远远超出了城市现有土地的承载能力。为此,他们及时跟甲方进行了沟通。对此问题甲方早有思虑,并准备用"削山填谷"的方式解决用地难题。然而当地属于湿陷性黄土地区,削山填谷后一旦发生非正常降水地面就会沉陷,后果不堪设想。规划编制团队不肯让步,并将此情况汇报给沈迟。沈迟的态度也很坚决:"这样做完全是违背客观规律,并且涉及安全问题,本着对人民生命财产的尊重原则,我们决不能让步。"

他在广东省南海市的规划中首次尝试了"城乡一体化"的规划理念和实践,为在规划编制中解决当时以珠江三角洲为代表的沿海发达地区城乡协调发展问题起了良好的示范作用;在《四川省绵阳市的总体规划》中,将研究—规划的方法引入规划实践,率先通过专题研究的形式,加强对规划中重大问题的研究和论证;在新版《天津市总体规划》中,坚持贯彻科学发展观,突出"五个统筹",将生态、气象、近期建设行动计划等专题研究成果直接应用到规划之中,并与资源的节约利用、环境影响评价紧密结合,取得了良好效果。

坚持以人为本:做老百姓看得懂的规划

"规划不应该像原子物理、航天技术那么高深,它与老百姓生活息息相关,是为老百姓服务的,所以要做就要做老百姓能够看得懂、听得明白的规划。"沈迟是这样说的,也是这样做的。

2006 年,沈迟接到援疆任务,编制《伊宁市南市区改造与更新规划》。新疆维吾尔自治区伊宁市南市区是伊宁的老城区,南市区的民居与环境建设始终保持着较为完整的传统风貌与格局,形成了独具民族特色和艺术价值的街区。但基础条件差、少数民族众多等因素让这个规划充满了挑战,而沈迟似乎胸有成竹。俗话说"想当先生先当学生",他走街串巷,深入到住户家中,跟当地老百姓聊天,了解他们的风俗、文化,采取多种形式了解当地群众的需求和愿望。

时间证明一切。如今,南市区已经成了全国闻名的旅游景点。

沈迟说:"无论给什么地方做规划,也无论是做哪个层次的规划,对当地的情况并不是听别人讲一讲、看一看材料就行了,必须是实地考察,做全面深入的了解,要到了如指掌的程度;另一方面,规划中有大部分的协调工作,自己所提的方案与设想要让对方接受认可,在政策依据和科学根据的基础上说服对方,还要协调各部门之间的利益。但我从没后悔选择这一行。"

责任编辑:崔继新
封面设计:徐　晖
责任校对:周　昕

图书在版编目(CIP)数据

建设美好城乡　迈向住有所居——科学发展观指引下的住房城乡建设工作
　(2002—2012)/住房和城乡建设部 编. -北京:人民出版社,2012.10
("科学发展　成就辉煌"系列丛书)
ISBN 978－7－01－011301－2

Ⅰ.①建…　Ⅱ.①住…　Ⅲ.①住宅建设-成就-中国-2002—2012 ②城乡
　建设-成就-中国-2002—2012　Ⅳ.①F299.2

中国版本图书馆 CIP 数据核字(2012)第 233317 号

建设美好城乡　迈向住有所居

JIANSHE MEIHAO CHENGXIANG　MAIXIANG ZHUYOU SUOJU
——科学发展观指引下的住房城乡建设工作(2002—2012)

住房和城乡建设部　编

人民出版社 出版发行
(100706　北京市东城区隆福寺街 99 号)

北京中科印刷有限公司印刷　新华书店经销

2012 年 10 月第 1 版　2012 年 10 月北京第 1 次印刷
开本:710 毫米×1000 毫米 1/16　印张:51.75
字数:690 千字　印数:0,001-5,000 册

ISBN 978－7－01－011301－2　定价:105.00 元

邮购地址 100706　北京市东城区隆福寺街 99 号
人民东方图书销售中心　电话 (010)65250042　65289539